論語明意

温海明 ◎ 著

孔學堂書局

本书获2024年贵州省出版传媒事业发展专项资金资助

本书为贵州省2019年度哲学社会科学规划国学单列课题"论语明意——《论语》的中西
    比较哲学诠释与建构"（项目批准号：19GZGX20）成果

本书获泰山学者工程专项经费资助

图书在版编目（CIP）数据

论语明意 / 温海明著. —— 贵阳：孔学堂书局，

2025. 6. —— (孔学堂文库 / 郭齐勇主编). —— ISBN

978-7-80770-559-8

Ⅰ . B222.25

中国国家版本馆CIP数据核字第2025N569B2号

孔学堂文库　郭齐勇　主编

论语明意 温海明 著

LUNYU MINGYI

策　　划：张发贤
责任编辑：王紫玥
责任校对：杨翌琳　贺雨潇
责任印制：张　莹

出版发行：贵州日报当代融媒体集团
　　　　　孔学堂书局
地　　址：贵阳市乌当区大坡路26号
印　　制：盛大（天津）印刷有限公司
开　　本：787mm×1092mm　1/16
字　　数：625千字
印　　张：39
版　　次：2025年6月第1版
印　　次：2025年6月第1次
书　　号：ISBN 978-7-80770-559-8
定　　价：148.00元

林安梧序：诚几惟意、生生不息

　　《论语》这部经典，我常说它是中国人的认证之书。正如同基督教的《圣经》［《新旧约全书》（Bible）］，就是基督徒的认证之书。我认为每个基督徒应该都读过《圣经》，最好能通读一遍，即使没通读，也要对于几大福音书，有较为熟悉的阅读。每个中国人，甚至包括汉字文化圈的族群，应该都读过《论语》，也是一样的，最好能通读一遍。即使没通读过，也要选着读个半部，这是最少的标准。语云"半部《论语》治天下"，果真是有道理的。

　　改革开放以来，休养生息，"文化搭台、经济唱戏"，这口号响彻云霄、声动天地。它既搭起了文化，也启动了经济。经历了几十年安定的发展，中国的变化是惊人的，中国已然成为大国，在这个世界已经有了举足轻重的地位。然而，就此回头，我们该当如何呢？十多年前，我呼吁应该到了"经济发展，文化生根"的年代了。"文化搭台，经济唱戏"，文化是个引子，可以做成平台，而唱戏的主角是经济。经济发展起来了，文化产业也随之被带动起来了。

　　起先，被带动起来的文化产业可以是娱乐的、可以是实用的。当然，它也会慢慢生长出艺术的、美学的枝丫，也会生长出更多的可能。但如果只是以"经济"为主导，那便不免是商业的、功利的，特别在现代性的机制底下，真正的文化底蕴要恢复起来，那可不容易。真正要"经济发展，文化生根"，除了依循着时代的发展，"顺势成理"以外，更重要的，得是高屋建瓴地契入道体本源，从"相乘之几"中，识得"贞一之理"，才有可能"以理导势"。

　　思考问题，本该宽广，容许多元，但求其会通可也。因为，许多话语会因为人言人殊，各有不同。正因为这些不同，显示了这个世界的多彩多姿。正如同园子里栽种着不同的树，春天来了，便有青葱绿意，盎然生机。一本经典，读者自会其意，自有领略，自有感触，自有书写。或有轻重、或有深浅，也可能有些不是切处，但依我看来，都是好的。"天清月朗，与物为春"，范围天地之化，曲成万物，这世界本来就是多彩多姿的，经典的诠释更是如此。

　　"存在"是中国哲学的底依，这"存在"不是亚里士多德意义的"Being"，而是回到华夏民族的汉语语言学传统来说的，"在"是"从土才声"，说的是草木生长的意思。"存"是"从子从在，土省"，说的是人参赞于"在"，人参赞于天地万物。这可以是《中庸》所说的"致中和，天地位焉，万物育焉"，可以是《易经》所说的"范围天地之化而不过，曲成万物而不遗"。这样来说，孔子"删《诗》《书》、订《礼》《乐》、赞《周易》、修《春秋》"，其实是所谓的回到存在本身，任由存在而自如其如地生长。

　　回到存在自身，其实就是"志于道"。"志于道"而"道生之"，"道生之"而"德畜之"；如此之德，当为可据，这便是"据于德"。孔子与老子的道理，都回到存在本身来立言。老子重在"回归"，回归天地之位，回归存在本身。孔子重在"启动"，创生人伦天地。儒道本为同源互补，无分轩轾，后学者，强为分裂，殊有不勘者矣！"道"为根源，"德"为本性，如其根源，顺其本性，斯为道德也。天地有道，人间有德，道德原来离不开天地的生长，天地的生长离不开人的参赞化育。总的说，就在天地万物之间，就在生活世界之中，绿树青山，鸢飞鱼跃，人伦孝悌，就在此中如如孳息着。

　　这么说着，会把它归到这是《易经》的传统，也让人联想起柏格森（Henri Bergson）的《创造的进化》，怀特海（A. Whitehead）的《过程与实在》，不错，二十世纪二三十年代，许多中国的哲学家便将这些连结在一起。方东美、熊十力、唐君毅，在东西方哲学的交汇上，都有着耀眼的光辉。但"存在即是生成"（Being is becoming），在西方哲学毕竟不是主流，它很快又被导引到另外的存在问题上去，因为这里的"生成"若不是如《中庸》《易经》之所说，便无法进到"生生之源"。无法进到生生之源，它便立不住，也就转而他途了。

　　要真能回到"存在"本身，不只是海德格尔意义的，而是老子、孔子意义的，是中国古来六经传统意义的，这便是所谓的"默契道妙"。"默契道妙"不是西方哲学所说的神秘主义，而是古来《易经》传统所说的"神也者，妙万物而为言者也"，这说的是气得妙运造化，这说的是"天地变化，草木蕃"，这说的是"万物皆备于我矣，反身而诚，乐莫大焉！"这是整个中国哲学的基底，是回到存在本身。存在者，大道也。大道者，天地人交与参赞而无分别之总体根源也。大道如斯，人生其中，人乃最重要的触动点；自然气化，人参赞之，生生之，续成之，所以广其生，大其业也。

大道开显，"诚无为，几善恶"也，诚本无为，几有善恶，诚者实也，诚而实之，此纯粹之意也。"意""念"两字对比，"意"是纯粹的指向，而"念"是于外在对象有所"涉着"之谓也。大道开显，必在于"意"，意必落实，而有"象"存焉。"道显为象，象以为形，言以定形"，这是我在《道言论》八句中的前三句，这便是我所说的"存有三态论"，由存有的根源，而存有的开显，而存有的执定也。这里说的"存有的根源"就是"道"，"道"本无言，而此是一切言说的原初点，"道"之初几而为"意"，"意"之显而为"象"，这便是"存有的开显"，结象成"形"，名言概念加之，"言"以定焉，"存有的执定"就因此而确定了。

就此而论，"道"是"隐而未显"，"意"是"显而未分"，"象"是"分而未定"，"形"是"定而未执"，而"言"是"执之已矣"。"道、意、象、形、言"的存有开显五阶结构，与"隐、显、分、定、执"的心意之几五阶开展是相互呼应的。这刚好可以解决长久以来老子《道德经》"道生一、一生二、二生三、三生万物"中，"道、一、二、三、万物"的难题。"道"说的是"根源性"，"一"说的是"总体性"，"二"说的是"对偶性"，"三"说的是"对象化"，"物"说的是"对象物"。这样就把"存有的开显"历程阐述清楚了。

最近，捧读温海明教授的《论语明意》，他大力地阐扬了"意本体"论。他把这"意"字，提到了"神也者，妙万物而为言者也"的高度，置之于中西比较哲学对话语境，意图揭示古代圣哲智慧是不离伦常日用的，不离生活世界的。在话语的诸多交涉之中，他努力地在西方学术话语、中国古代经典汉语、中国现代生活话语三者中，取证多方，沟通糅合，提出了他自己的"意本体"论。当然，这"意"不只是"意念"之"意"，也不只是"意志"之"意"，而是上升到"诚无为，几善恶"的"诚、几"之"意"，这是不容易说明白的。它之所以不容易说明白，是因为它不是一个可以对象化去说的对象，而是作为一切可以被说清楚的对象的本源初几。这与我所提出的存有三态论，"道、意、象、形、言"的诠释学五阶论，是可以相互发明的，我读了之后，大有深获我心之感。论虽有别，意乃相通，通同于道也。

温海明教授对于"理、心、意"三者的思考深入，大有"摄理归心，还心于意"的趋向。"理"说的是"客观法则性"，"心"说的是"内在主体性"，而"意"则说的是"纯粹的意向性"。这可说是从朱子学，到阳明学，到蕺山学的发展，也可以视作宋明理学发展最为深层内在的轨迹。朱子主张"性即理"，心性为二；阳明主张"心即理"，心性为一；这个内在精神史的发展，必须到刘蕺山指出"意是心之所存，非心之所发"，才算是极致。这时的"意"已经不只是"心性论"的论题，而且是本体论，宇宙论的造化之几了，"意"可以说是"通神之意"了。"意者，明道之意也；意者，道明之意也"，两相回环，环抱为一也。温海明教授的"意本论"我以为是深有得于刘蕺山哲学所主张的"善的纯粹意向性"者也。

学问者，博学之、审问之也；思辨者，慎思之、明辨之也。由此"学、问、思、辨"，必然笃实于行；努力地学、问、思、辨，就是笃行。笃行是不离学问思辨的，学问思辨是不离笃行的，阳明先生所说的"知是行之始，行是知之成""知是行的主意，行是知的功夫"。理论不离实践，实践不离理论，而且真正的理论是很具动能的实践的，真正的实践是很具深层的理论的。不理解"实践很理论，理论很实践"则不足以理解《中庸》所述"博学之、审问之、慎思之、明辨之、笃行之"的真切处。

在这"学、问、思、辨、行"过程里，学问或有得于"朋友讲习"者，或有得于"深造自得"者。没有朋友讲习，便很难深造自得，没有深造自得，只是努力于朋友讲习，其实也无多大益处。《论语明意》一书所呈现出来的，既有朋友讲习处，也有深造自得处。书中取证，多来自讲习，这里所说的讲习，不只在课堂，不只在当代，而且回溯到了近现代和古代。更为可贵的是，不只是在汉字文化圈，他还扩及了多数境外学者，中西辉映。这本书的视域是宽广的、观点是多元的，观点互视、视域融合，这也是做学问所最当行的。能够在一本书里，呈现出这么丰富多样的内容，是十分难得的。

《论语明意》就要出版了，温海明教授要我说几句话，我仔细阅读，想了想，逡巡多时，思量很久，提笔写来，却有快然不可以已者。不错，进到21世纪了，中国哲学的话语在当代也该有些学术转型了，而这必须下真实功夫。当然，转型不会马上就成其大功，转型必须经由几代人的努力，才会生发出茁壮的苗芽来，发荣滋长，枝繁叶茂，绿树成荫。"插花"最为容易，"种植盆栽"已为不易，而"育树成林"则更为艰难。《论语明意》之作，非插花之作也，非种植盆栽之作也，乃有意于"育树成林"者，这是值得大书特书的。

"诚者，天之道也。诚之者，人之道也。""寂然不动"者，诚也；"感而遂通"者，神也；动而未形，有无之间者，几也。"意"本体论者，"诚神几"之教也。学问者，诚几惟意也，厚德载物也，生生不息也，是为序焉！

林安梧*
甲辰之春五月十七日写于元亨书院

---

* 林安梧，曾任慈济大学人文社会学院院长，美国傅尔布莱德访美学人，山东大学儒家文明创新协同中心杰出海外访问学人，台湾清华大学通识教育中心主任、台湾师范大学国文学系教授，《鹅湖》主编暨社长，《思与言》主编。现任山东大学易学与中国古代哲学研究中心暨儒学高等研究院特聘教授、中华本土社会科学会会士、东华大学荣誉讲座教授、元亨书院院长、尼山圣源书院副院长。著有《王船山人性史哲学之研究》《儒学与中国传统社会之哲学省察：以"血缘性纵贯轴"为核心的理解与诠释》《存有·意识与实践：熊十力体用哲学之诠释与重建》等专书30部，论文300余篇。

刘强序："意"的回溯与周流

温海明教授的大著《论语明意》即将付梓，承其美意，聊叙拜读之心得如下。

先说作者学术之宗旨，或可曰"道意之辨"。

如所周知，"道"作为一哲学范畴，在中国传统文化中位极荣宠，"莫之与京"。不仅儒、道、佛三教之精义，须赖此一"道"字以光以明，即诸子百家之思想，亦莫不借此一"道"字以大以彰。"道"之为物，与西方文化之"逻各斯"和印度文化之"梵"差可仿佛，三者皆具本源性、语言性、规律性等内涵。至于儒、道、佛三家义理之所本，则又有分判：儒家以"仁"为本，道家以"无"为本，佛家以"空"为本，亦可谓各有宗旨，衢路分明。历来欲会通三教之大德硕儒，多以"中"字弥缝三教，曰中道、曰中庸、曰中观，庶可舍筏登岸，殊途同归。

反观儒学内部，向有理本、气本、性本、心本等多种本体论言说，晚近又有学者提出"情本""仁本"之论，虽胜场各擅，亦莫衷一是。本谓此中胜义已尽，不意近年温海明异军突起，于"道"之外，特拈出一个"意"字，创为"意本论"之新说，引起海内外学界广泛关注。揆其理路，盖以"道""意"之间，原本不二，经典所载之"道"，大象无形，大音希声，须由诉诸"言"而又不执着于"言"之"意"来疏通和解会。故"道"不唯离不开"意"，甚至"意"亦可成为一本体性概念，有着超越"情本论""理本论"之上的哲学阐释价值，此即所谓"意本论"哲学。

"意"作为一哲学范畴，是否能上升到与"道"同参的本体论高度，或许还可商榷，但海明兄在"言意之辨"外，又提出一"道意之辨"，其问题意识极为敏锐，理论勇气亦足可敬佩。须知"言意之辨"，乃儒道两家共同"话头"，如《易·系辞上》"书不尽言，言不尽意"，《老子》首章"道可道，非常道；名可名，非常名"，《庄子·天道》"语之所贵者意也，意有所随。意之所随者，不可以言传也"，又同书《外物》"言者所以在意，得意而忘言"，凡此种种，读者早已耳熟能详。然而，正如王弼在"言""意"之间，插入一个"象"字，称"意以象尽，象以言著。故言者所以明象，得象而忘言；象者所以存意，得意而忘象"（《周易略例·明象》），遂使"言意之辨"更趋精密和完备一样。海明兄此番"寄言出意"，将本属认识论和方法论范畴的"意"，从"形下之器"向上拔高一层，使与"形上之道"遥契互参甚至等量齐观，从而在"义理学的诠释学"层面，赋予"意"以近乎本体论的诠释学功能——此一番用心良苦的"理论经营"，对于中国哲学的本位话语转换和本土理论建构，或真能收"嘘枯吹生""夺胎换骨"之效，亦未可知也。

次说作者撰述之特色，或可曰"明意之辨"。

温海明是我同辈学者中，具有打通三教、融汇中西之强烈问题意识和学术抱负者。多年来，他以"著论"和"注经"相结合的方式，苦心孤诣，盈科后进，步步为营，陆续写出《周易明意》《道德经明意》《坛经明意》《新古本周易参同契明意》《中庸明意》《传习录明意》等六部大书，加上这部数十万言的《论语明意》，庶几完成了其"意本论哲学"的体系建构。其学出入中西，调和古今，会通三教，虽立足比较哲学之视野，而不失中国文化之本位与殊趣，故颇能开新而返本，辨异而玄同。

所谓"明意之辨"，盖指人名与书名之辨。温海明本是作者姓名，然其取一"明"字以为学，遂使"声色大开"，境界全出。其在《周易明意·后记》中云："从入哲学门始，就发心要明白解读《周易》，并依托卦爻辞建构一个哲学思想系统。"据此可知，其早期"明解"之谓，既秉承"明白解经"之初心，亦含"海明解经"之隐语，机带双敲，一语双关，不无"姓名学"之谐趣。不过，其2015年开启的"周易明解"微信群，还只是"明解"而非"明意"。迨及2019年《周易明意》出版，作者以"明译""明解""明意"三纲，诠释《周易》经传义旨，又以"意本形上学""意本创生论""意本认识论""意本相容论""意本感通论""意本心通物论""意本伦理学""意本动机论""意本政治哲学"九目，推明"易学与哲学"之关系，才正式建构了以"意本论"为旨归的"周易哲学"，此即所谓"推天道以明人事"的"人天之意"。

同年出版的《道德经明意》，又将道家哲学的"意本论"建构提上日程，作者别出心裁地提出"十玄意门"，即万物之意、创生之意、道意之意、意会之意、时间之意、反弱之意、意物之意、反身之意、无欲之意、无为之意，并以一言以蔽之，曰："自然之意"。其注例虽有微调，分"译""注""明意"三部分，而大体结构则一仍其旧。

时隔两年，《坛经明意》（2021）出版，此书对肇始于胡适的"《坛经》虚无主义"和"六祖虚无主义"，予以迎头痛击，正本清源，鞭辟入里，读来令人神旺。作者以"空有之意"概括"《坛经》哲学"，又以"空有顿悟观""意转万物观""意量无待观""自力开悟观""心开意悟观""体用一如观""此即彼岸观""心（意）佛融通观"等八端诠释之，左右逢源，收放自如，成功建构了自傅伟勋以来的"现代化意义的中国禅"。此书"导论"对于"禅意"的解读尤为精彩。

> 禅意就是空有之意，也是无意之意。领悟禅意，就是意识到空有之意生于身，此"意生身"之谓，此意"空"则不坏，"有"则非坏不可。……佛意本无，悟者自有阶级，必有分别。所有二分，皆意会之二法，非本体之有二。悟必因心，必由意会，会通我法，言语皆表，本意不言。既然融贯物我，必然无法用分别对待的文字表达本体性的不二状态。[①]

此一段解读，不唯可作为其"意本论"哲学之注脚，更可见"明意"云者，非仅语词话术之游戏，实含"明心见性"之"明察""明了""明觉""明照""明诚"之意也。其在《坛经明意·后记》中云：

> 我觉得自己运思的"明意"，其实如若无意，本来无意为之，而天意生成"明意"，随着"明意"生成的一切，随时烟消云散，好比洛城写作"明意"的时光，如今也如烟云，当时既然可以空掉一切有，如今一切明意也皆可如暗意，明而暗之，有而空之。

至此，作者已完成儒、道、佛（禅）三教三经的"意本论"哲学建构，"明意"二字也成为一学术话语，甚至一学术品牌，成了温

---

① 温海明：《坛经明意》，宗教文化出版社2021年版，第49—51页。

海明的身份标识。就我狭见所及，能将人名与书名，巧妙缩合，互文见义，且在"意"之统领下，抉发出如此丰富多元的概念群和范畴库（如"意念""意识""意涵""意趣""意境""意向""意旨""意能""意量"等），并借以支援其学说，加持其理论，一"意"孤行且一以贯之者，环顾海内外，真是"多乎哉？不多也"！此又可见海明兄愿力之广大，用力之精勤，学力之深厚，心力之诚笃，几乎到了令人望而生畏的地步。读其书，思其论，想其人，每令人有河伯临海、望洋兴叹之感。

三说《论语明意》之特色，或可曰"仁意之辨"。

所谓"仁意之辨"，实则即"仁本"还是"意本"的反诘和追问。窃以为，就诠释的有效性而言，以"意本论"建构《论语》哲学，难度和风险远比《周易》《道德经》和《坛经》为大。盖《论语》中"仁"字凡109见，"意"字则仅一见，比例太过悬殊。且《子罕》篇仅有的一例正是："子绝四：毋意，毋必，毋固，毋我。"何晏《论语集解》称："以道为度，故不任意也。"此亦可谓何晏的"道意之辨"，似乎构成了对本书作者的善意提醒和微妙反讽。换言之，以"意本论"来解读《论语》或者孔子哲学，是否可行或可通，显然还有讨论空间。

好在，作者是以"仁人之意"来解读孔子的"意识状态"，"意"在"仁"中，"仁"不离"意"，这就使整体的诠释框架得以相对平衡和巩固。作者自言：

> 如果说《周易》《道德经》是圣人通过"人天之意"和"自然之意"构筑自然视域，那么《论语》就是圣人通过"仁人之意"构筑自己与他人的社会视域，这种"仁人之意"可以切入无限广阔和深远的社会历史领域。此书从"仁人之意"的角度延伸展开《道德经明意》的"自然之意"，让《周易明意》"人天之意"的智慧持续发动。

尽管"以意解仁"似有"增字解经"之嫌——尤其是，当我读到作者径直将"仁人之意"植入对《论语》章句的翻译中，不免时感吃惊和错愕——但是，倘若转换一种思路，以现代意义的经典诠释学视之，则作者对"仁人之意"的近乎显微镜般的"内向化""结构性"解读，又的确不无"心理学透视"和"现象学还原"的诠释效能。欲充分理解作者的撰述宗旨和诠释理路，本书《导论》不可不读。作者说：

> 黑格尔的对儒家哲学的论断，在一定程度上可以说宣判了《论语》之哲学的死刑，让很多人以为《论语》没有哲学，至少没有严格意义上的哲学思想，原因是因为《论语》"不具备严谨逻辑的世界观和科学的方法论"。正是在这个意义上，本书要回应和建构《论语》的"仁人之意"意本论哲学，说明以《论语》为中心的儒家思想本来就"具备严谨逻辑的世界观"和"科学的方法论"。

黑格尔对孔子哲学的浅表化误读积弊甚久，贻害无穷，凡对中国文化主体性之失落有所觉察者莫不嗤之以鼻。然而，如何在确立中国哲学合法性和自洽性的过程中，既收它山之石可以攻玉之效，又不至仰人鼻息、削足适履？又实在是知易行难，过犹不及。就此而言，本书作者秉持为中国哲学正名，且为儒家哲学"一洗沉冤"的抱负从事《论语》意本论之哲学建构，仅此一点，已足够令人肃然生敬；而作者从"天—孝—礼—仁—学—知—政—命"八个维度解释"先天境界"的"仁人之意"，以及在此基础上所做的"天意—意生、孝意—意能、礼意—意向、仁意—意缘、学意—意识、知意—意行、政意—意量、命意—意境"的"范畴库"推衍，别出心裁，自成体系，就更是令人耳目一新。作者又称：

> "意"是从"仁人之意"的角度出发，建构意本论哲学系统，既是对孔子哲学思想的继承，又是其思想的当代发展。该部分有如下几个特点：突出说明孔子的核心思想"仁"可以理解为"仁人之意"，与"仁"范畴的内涵和外延接近；突出意本论意义上的"意"，适机运用关键词如意向、意能、意量等概念来建构意本论；建构意哲学，即通过与西方哲学中的心灵哲学、现象学、过程哲学等哲学思想对话和比较建构"仁人之意"意本论，在中西比较的哲学视域当中建构"意本论"的儒家哲学思想，展现儒家传统哲学的当代形态。应该说圣学血脉本来超言绝相，作者希望通过"仁人之意"与孔子心心相印，展开孔门心法的当世版本，让更多人成为孔门心法的传人和使者。

可以说，作者既是以西方哲学为参照，来建构"意本论"的《论语》哲学，又是站在整个《论语》诠释史的立场，来完成孔子"仁学"的当代诠释，尽管彻底避免认识论和方法论上的"以西释中"和"以今律古"并不容易，但如此纵横交织、一体两维的思想推明和学术勘探，不能说不是一种对中华传统文化的"创造性转化和创新性发展"。

当然，要想充分把握本书的思想脉络，还须对温海明教授的其他"明意"系列著作有一初步了解。比如，作者正是借助《周易明意》"后天八卦"之逻辑，来说明《论语明意》"仁人之意"之"后天八论"的，如果对其"缘—识—向—境—能—生—行—量"的"人天之意"一无所知，也就难以契入对孔子"天—孝—礼—仁—学—知—政—命"八个维度的"先天境界"的整体把握。我在写作此文时，每有疑窦，便不时翻阅作者过往赠书，甚至以微信咨询，以便探其初心，明其理路，通其意脉，感其志向，心摹手追之下，温故知新，获益良多。

《说文解字》释"意"："志也。从心察言而知意也。从心从音。"又《说文解字》释"志"："志，意也。从心，之声。"要言之，"意"者，心音也；"志"者，心之所之也。孟子又尝论仁，曰："仁，人心也。"是知仁意、志意，无非人之心意也。孟子说《诗》，有"以意逆志"之训；吾辈"以意逆仁"，有何不可？又，古人论文，固重"载道""明道"，亦常标"以意为主"。论诗衡文如此，哲学之阐释何必不然。海明兄大才，其"明意"诸作，正当作如是观。作为朋友，我固"卑之无甚高论"，唯"乐观其成"而已矣。

刘强[*]

2024年7月18日写于守中斋

---

* 刘强，同济大学人文学院教授，博士生导师，贵阳孔学堂学术委员、孔学堂高等研究院研究员。已出版《论语新识》《四书通讲》等二十余种学术著作。

目　录

导论：从仁本到意本

儒家的创始人孔子，其所传之意如日月之明，无论风云如何变幻，世事何其艰辛，孔子之意总是能够穿过乌云，散发出此书被称为"仁人之意"的意识之光。孔子的意识境遇塑造了后世儒家学人的意识状态，其"仁人之意"不仅仅是"仁爱之人的意"，而且是"仁爱他人之意""仁爱世人之意"。这个"之意"不是"的意思"，而是"的意识"，这种意识像阳光照耀天下那样，仁爱他人，把自己的意识能量持续不断地给予父母兄弟朋友以及天下苍生。

儒家为什么要强调仁爱？为什么要不顾一切地去关爱身边的人？一切都在变化，世界的本体变化无常，从不停止，而人生短暂，要想抓住流变的世界，只有不舍。而带着情感性的不舍，就是用仁爱之情去随附那些时刻要离开的人，那转瞬即逝的事物。可见，仁本来就是一种过程当中的冗余意识，因为过程本身是自在的事物，并不需要仁，所以仁爱的不舍情感就成为冗余的内容。面对流水一样的人生，人如果只是让自己的意识如流水一般地反映如流水的外境，那么，意识本身不过只是机械地反映，而没有人的情感参与，意识之流并无意义。可见，仁爱之情就是人赋予这个迅速变化的世界的意义。

从孟子到阳明，都强调这种仁爱之情，并称知晓、了悟这种仁爱之情的意识状态为良知，其实就是赋予这种最纯粹的意识状态以"良"的判断，所以良知其实是天良，是天地本体继续下来的良，是本源性的、本来的良。这种"良"是人之为人，是人舍不得自己能够仁的能力，并期待保持仁者状态。换言之，"仁"或者说体会到仁爱，都是舍不得的情感体现，而儒家认为，正是这种舍不得的情感，使得人成为人本身。在儒家看来，人的存在状态必须通过仁爱来体现，因为仁爱可以反思自己人之为人的状态，所以是仁爱使得人之为（仁）人的状态得以持续。在虚幻不实的人生过程当中，人应该时刻抓住仁爱他人这个本体，在仁爱中成就自己的同时，也成就着他人。而这种"应该"其实就是人当下时刻的意识活动"应该"为空虚的人生赋予意义的努力，这就是仁爱意识主动性的开端。

一、仁人之意

儒家认为仁爱的生机来自天地，人要充满生机地去爱人，其实就是接续天地生生不息的生意本体。本书中心思想"仁人之意"的"仁人"是个动宾词组，是动态的，而不是一般意义上的偏正词组，不是名词性的。张祥龙曾经对名词性的"仁人"这样论述道：

> "仁人"是什么呢？就是君子的原本完整的时机化或生存时间化。仁人在本质上和君子没有什么不同，只是把时机化实现得更彻底、更充分。这主要是指将君子所学的艺本身回过头来又化入"亲亲"之中，让它们达到父母的慈爱、子女的孝爱那样的时晕化的境地，让艺获得鲜明的代际肉身感受，从而得其亲，并由此更充分地体会到亲亲本身的艺术性和婴儿成长本身的仁——人道性。这样就成就了"仁人"。仁人并不是神秘化的东西，但又确实不是光靠坚守某些原则就能达到的。①

张祥龙论述的"仁人"是君子时机化的生存状态，处处彰显"慈爱"和"孝爱"那种爱、亲之感，虽然他只是强调了作为状态存在的"仁人"，但其中包含着作为一种动态的仁爱之时机化展开的"仁爱他人"的意识境遇。也就是说，"仁人之意"就是把目光从仁爱的对象，转向仁爱的意识行为本身，聚焦在对"仁人之意"的意识活动和行为的理解与分析过程中。所以本书也可以说是对孔子意识状态的现象学分析，是对其"仁"爱世人的意识境遇的现象学还原和考察。陈来写道：

> 从仁的伦理本质来说，仁代表指向他人的爱。这种爱是个人对于他人的爱，而不是指向自己的爱。……就伦理关系而言，仁代表指向他人的伦理、他者的伦理。因此，仁正如其字形从人从二一样，其本身就预设了人与他人的关系，并以此为前提。②

"仁人之意"首先是仁爱他人的意向性，这种意向性可以从他人和世界作为仁爱意识对象转向仁爱意识的活动本身，即人类的意识如何具有"仁爱"的温度。孔子终其一生，竭尽全力向学生们说明，仁爱他人的意识行为应该如何保持"仁爱"的温度，如何才能够把仁爱

---

① 张祥龙：《先秦儒家哲学九讲：从〈春秋〉到荀子》，广西师范大学出版社2010年版，第9页。
② 陈来：《仁学本体论》，生活·读书·新知三联书店2014年版，第78页。

的温度坚持到"造次必于是，颠沛必于是"的极致恒温境界。我们要穿过《论语》的记述和孔子的意识活动，去做一个基于经典翻译和解释的现象学还原，一起来面对孔子意识发动的状态本身，也即那种纯粹的、温情的、超越一切仁爱对象的意识状态本身。

本书中心思想是"仁人之意"，比起之前用"心""理"等的解释角度，多有新"意"。在先秦诸多经典的哲学解释当中，《论语》哲学解释的推陈出新可谓极难。历代对《论语》的研究相对较多，近现代的研究新说亦汗牛充栋。与《道德经》诗化的语言带来的丰富解释不同，《论语》是有历史情境性的，哲学解释既要符合史实，又要根据历史时空的可能限度适当延伸，所以解释空间其实是相对有限的，至少比起《道德经》要有限得多，但历代关于《论语》的解释丝毫不比《道德经》少，甚至更多。因为《论语》是读书人的必读书，也是儒学的根基所在，所以读书人多少都有所研究，基于《论语》的著述自然宏富。只是其中确有心得，并于字里行间能够推陈出新并有所新见的不多，而要依经而立新说，就显得难上加难。

陈来《仁学本体论》贯彻"仁"实体化的理论进路，试图建构以"仁体"或"仁本体"为基石的本体论。该书继承宋明理学家"仁体"论，论证"仁本体""仁学本体"等说法，从仁为万有之本然实体、为统体流行、为道源而能生生、为人与万物之一体四个角度①，回应熊十力 "心本体"和李泽厚"情本体"，试图实现宋明理学"仁体"论的现代哲学转化。

"仁体"出自程颢"学者识得仁体，实有诸己，只要义理栽培"②，从存在论、本体论的根源上来说，"仁者浑然与物同体"可以理解为，仁者本来就浑然与万物一体不分，是心物一体、身通万物的存在状态，这就跟从主客分离的角度讨论万物作为存在的"本体（onto）"、实体与"现象"相对的"本体（noumenon）"等意涵都不同。从本根和本原意义上说，朱熹"理学"和阳明"心学"都是"仁学"，因为"理学"和"心学"都认可"仁者浑然与物同体"作

---

① 参见陈来：《仁学本体论》，第68页。
② 程颢、程颐：《河南程氏遗书》卷二上，《二程集》，王孝鱼点校，中华书局1981年版，第15页。

为"仁学"意义上的"仁体"论出发点这一思想条件。

关于"仁"与生意的关系，陈来以"仁"为"生意流行的实体"，论证"仁体"的历史和理论合理性。从朱子"天地以生物为心"出发，他力图建立"仁体"的生义，这就有先有仁体，后有生意的意味。其实，"生生"发自《易传》，历代哲学家谈"仁体"生生不息之义不在少数，而且多从即本体，即生意的角度来讨论。仁不仅是生意，而且是生生之气，不仅仁是生气，连仁义礼智全体都是生气。周敦颐、程颢、谢良佐、朱熹都明确强调"仁"与"生"一体不分。陈来做了宇宙论意义的提炼，把"天地生物之心"转化成为"天地以生物为心"①，突出"仁"具有本根论、本源论意义的"本体论"内涵，以"仁"为本体，为道体之本、无所不在。

"仁学本体论"从传统"本体"即本根论、本原论来讨论，不是在西方ontology（存有论、存在论）的意义上来讨论。②"仁体"为万物本根、本原，先行于存有论、存在论意义上的"仁体"之"有"，可以说，"仁体"论超越心物二元论的实有论，进入心物一体的"仁体"本根论、本原论，成为万物和存在之本体。陈来把人与万物"共在""共生"与克尔凯郭尔、海德格尔、萨特、马丁·布伯、列维纳斯等人提出的相关哲学论题做比较思考，作了吸收西方哲学的努力。

从跟现代新儒学对话的角度，"仁学本体论"超越了冯友兰"新理学"，认为"新理学"从本体论预设方面就大有问题，其体系所用"理、气、形式和大全"等都是形式的概念，没有实际的内容，这些概念的内涵都是空的，不可以作为儒家哲学与儒家伦理的基础，③该论断超越了冯友兰"新理学"的儒家境界，从"新原仁"意义上发展了"贞元六书"哲学系统。作者还超越了"新理学"空灵的道家境界，并试图超越熊十力《新唯识论》的"心本体"说。熊十力早期反对以"仁"为本体，但其"心体"充满仁爱之用，正是从心体仁爱发用流行的本体论意义出发，陈来认为其"仁体"可与熊十力"心体"相互发明，从而同情肯定熊十力后期《体用论》中虽然转向非心非物的本

---

① 陈来：《仁学本体论》，第310页。
② 参见陈来：《仁学本体论》，第13页。
③ 参见陈来：《仁学本体论》，第97页。

体论，但未放弃儒学"仁"本的理论努力。①陈来还认为马一浮"仁是心之全体"没有超越心本论，②而梁漱溟希望通过人类学和心理学来解答人的问题，可惜进路不够哲学，梁的后期学说更接近"仁"体说。③可见，"仁学本体论"在熊十力、马一浮和冯友兰之间，明确接续熊十力体用论和心物一元论。

《仁学本体论》是为了回应李泽厚"中国哲学登场"之说④，提出"仁体"说则致力于回应李泽厚"情本体"之论，这样"情本体"就成为"仁本体"的思想底色。陈来认为，"情本体"在"用"中讨生活，⑤不是真正的本体，李泽厚仅从肉体生命之"生"的意义上肯定"生"，而没有从宇宙万物"生生不息"的"生机"意义上来理解、肯定"生"。⑥李泽厚虽然同情、理解、认可"人类与宇宙协同共在"的说法，可以说他理解"天人合一"，但他长期批评甚至厌恶港台新儒家和宋明理学，所以止于儒学之"情"，未能入于儒学之"仁"，而谈儒学的本体，"仁"比"情"才更加合理，建构儒学"仁本体"比"情本体"更有合理之处。⑦

李泽厚借解读《论语》寄托他之前已经形成的"情本体"论说，其《论语今读》后记反对白牧之、白妙子《论语辨》那种认为"孔子以及弟子们的言行既绝大部分为后人撰造，那所谓'孔子'也者，实际也就不复存在"的看法，⑧指出："如传统旧说所承认，《论语》一书并非当时记录，乃由弟子特别是再传弟子追忆而成。"⑨他们认为，只有第四至第八篇是孔子亲传弟子们编纂的，第九至第十一篇是再传弟子们编的，其他各编就更靠后，第二十篇是最后（孔子去世之后225

---

① 参见陈来：《仁学本体论》，第259—374页。
② 参见陈来：《仁学本体论》，第380页。
③ 参见陈来：《仁学本体论》，第380—388页。
④ 参见李泽厚、刘绪源：《该中国哲学登场了？——李泽厚2010年谈话录》，上海译文出版社2011年版；又参见李泽厚、刘绪源：《中国哲学如何登场？——李泽厚2011年谈话录》，上海译文出版社2012年版。
⑤ 参见陈来：《仁学本体论》，第394页。
⑥ 参见陈来：《仁学本体论》，第401页。
⑦ 参见陈来：《仁学本体论》，第418页。
⑧ E. Bruce Brooks and A. Taeko Brooks, *The Original Analects: Sayings of Confucius and His Successors* (New York: Columbia University Press, 1998).
⑨ 李泽厚：《论语今读》，中华书局2015年版，第373页。

年）才加入的。①这样的说法似是而非，关键似乎在"追忆"上面，似乎记忆已经模糊了，然后自己记起什么就怎么写下来，这样几乎彻底否定了孔子弟子记录的真材实料和第一手文献，为后世认为孔子是制造出来的说法②留下了过分广阔的空间，这种说法其实并不合情理。相比之下，刘殿爵坚持传统看法，认为前十五篇基本上都是孔子死后不久由弟子们编纂，后五篇相对更靠后，是在第一代弟子们思想成熟之后的某个时间编撰而成的。安乐哲认可刘殿爵的看法，认为过去四十年的考古发现已经一再推翻现代疑古派的不少臆测。他认为通行本《论语》对定义"中国性"的巨大影响从未受到质疑。③

李泽厚提倡"情本论"，强调合情合理。但对于《论语》成书的问题，却带着允许不强调实情的感情，既给离开实情记述留下空间，又带着主观的倾向性，而不惜偏离更为真实的《论语》成书过程，等于方便自己的解说离开孔子本人的教诲。基于如此不够真实的记录和发挥成论的"情本体"哲学理论，其实与孔子思想本身的距离也越来越远。④

李泽厚讲"情本论"，却对《论语》成书的实情缺乏真情实感，不得不令人怀疑其"情"之真实程度，正如他自己承认："尽管我远

---

① 参安乐哲、罗思文译著：《导言》，《哲读论语：安乐哲与罗思文论语译注》，彭萍译，中译出版社2022年版，第9页。
② 参见Lionel M. Jensen, *Manufacturing Confucianism: Chinese Traditions and Universal Civilization* (Durham, NC: Duke University Press, 1997)。詹启华：《制造儒家：中国传统与全球文明》，徐思源译，北京大学出版社2019年版。该书检视了16、17世纪来华耶稣会士开启的对于"儒""孔夫子"等概念和形象的建构过程，以及晚清时期中西文化激烈碰撞背景下，章炳麟、胡适等学者对于"儒"的再发明。作者认为，耶稣会士搭建的中西方交流中建构了西方人现在所熟知的"孔夫子"形象。这种建构中夹杂着对理想"他者"的想象和误读，在启蒙时代对西方思想家产生过深刻影响。耶稣会士们借由"儒"概念进行的中文写作，又多或少与胡适等近代知识分子对"儒"的再发明相暗合。他认为，"儒"的传统正是历史上思想家们进行发明创造（即本书名"制造"）之结果，正是这些"制造"赋予传统以新的活力。
③ 参安乐哲、罗思文译著：《导言》，《哲读论语：安乐哲与罗思文论语译注》，彭萍译，第9—10页。
④ 如果认为《论语》的话是孔子后学制造出来，而不是孔子言行的真实记录，那就跟胡适开启的否定《坛经》是惠能讲法真实记录一样，认为是惠能弟子神会伪造出来的，这其实是开传统文化虚无主义的历史倒车。（参见温海明：《坛经明意》）

非钟爱此书，但他偏偏是有关中国文化的某种'心魂'所在。"①如此说来，他对《论语》和孔子的真情实感，确实是需要打点"折扣"的，因为他没有解释自己为什么不去注释自己明明感觉更有兴趣的"老庄玄禅"②，我们似乎可以说，李泽厚解读《论语》时注入的生命力仍有所欠缺，《论语今读》更像一部李泽厚思想记述，缺乏与儒家大道的印证和体证。相比之下，其学生彭富春对《论语》的注释虽然简化很多，但对孔子思想的"道"之连贯性的体悟却更到位。

> 孔子的思想具有一内在的隐秘的道路和结构。其主干是道（第一章）。道具体化为天道和人道。天道是天命（第二章），人道是礼乐（第三章）。人学道（第四章），知道（第五章），并言道行道（第六章）。人行道分为两个方面。一般性的行道是为仁（第七章），而特别性的行道是为政（第八章）。其完满的实现是成道（第九章）。③

如果后人缺乏孔子之"道"的类似融贯性体悟，儒家的大道如何让人领会，如何传播于世？无疑，孔子大道是鲜活的，是可以践行于世的。彭富春写道：

> 人为仁就是让生成。仁是生，一方面是生者生成，这是自己生成；另一方面是生成生者，这是生成他者。如此理解的仁就是爱。爱不是其他，就是让存在者生成。仁者让自己生，让众人生，让万

---

① 李泽厚：《前言》，《论语今读》，第1页。周志文从文明比较的角度，认为《论语》代表了祖先的文化传统和我们的文化之根。（参见周志文：《后记》，《论语讲析》，北京出版社2019年版，第599—600页）陈少明从学习和研究的角度指出："在中国哲学的经典学习课程中，先选《论语》，理由不是它容易读出心得，而是它最重要，即使无功而返，也不能绕过这个关隘。"（参见陈少明主编：《序》，《思史之间——〈论语〉的观念史释读》，上海三联书店2009年版，第2页）
② 李泽厚：《前言》，《论语今读》，第1页。吊诡的是，李泽厚虽然情感上并非最为亲近《论语》，却最后仅注释《论语》传世，或许其思想系统，用于注释《道德经》《周易》《坛经》其实难以贯通。其选择《论语》，还是承认"《论语》为中国的第一书"，虽然未必承认伊藤仁斋（1627—1705）在其《论语古义》首页所刻："最上至极，宇宙第一。"（参见毛子水注译：《论语今注今译》，重庆出版社2009年版）
③ 彭富春：《论孔子》，人民出版社2016年版，第438页。

物生。在仁中，人实现了最高的存在，也获得了人的本性的最高规定。

这样一种生生之爱就突破了孝道的血缘之爱可能具有的差异性和非正义性，而成为了一种超出血缘之爱的普遍性和正义性。同时，孝道在此基础上也获得了新生。①

与彭富春对仁之生意的认可类似，张其成说他著书的目的是让"《论语》鲜活起来，与今天的生活有关联"②。《论语》之"道"是鲜活而可修行的。

道乃人之心体，即《中庸》云，天命之谓性。是性天然而有，寂然不动，而人不自知。德者由体所起微动之相，亦即初动之心念，人亦昧而不知。仁与艺，皆是体相所发之大用。仁者亲也，厚以待人，推至于物，乃用之根本。艺者，礼乐射御书数，以及一切艺术技能。读《论语》者，要在知有是道。知而修之，则渐与俗习相远，与天性相近。修至极处，则无俗习，而唯自性，即至圣人之境。③

所以读《论语》要修道，就不可从牟宗三的解读风格，偏康德的冷峻疏远，如缺乏生活气息的高头讲章。牟宗三虽然纵论中国哲学史，却宁可翻译康德三大批判，而不对某部经典做完整系统讲解和疏解。④

蒙培元认为，中国哲学本体的立足点在人的作用心上，本体不能离开此本心之大用，他认为熊十力的心体、牟宗三的性体都走向实体论，没有从"作用心"来开显本体。⑤可是，他把这个作用心的立足点归结为人的情感，尤其是情感理性，以与认知理性相区别。虽然强调

---

① 彭富春：《论孔子》，第444页。
② 张其成：《张其成全解论语》，华夏出版社2017年版，第7页。
③ 李炳南：《开卷语》，《论语讲要》，长江文艺出版社2011年版，第1页。
④ 李泽厚《论语今读》注释中对牟宗三的质问引人深思："令人难解的是，牟宗三抬孔子，认为高出一切，当然也远超康德。但只征引孔子一两句话而已，从未对《论语》一书作任何全面的阐释或研究，而宁肯花大力气去译康德，不知这是什么缘故。当然，我对此并无不满，这是个人的选择自由，只是颇感奇怪而已。"（李泽厚：《前言》，《论语今读》，第4页）
⑤ 参见蒙培元：《心灵超越与境界》，人民出版社1998年版，第11页。

情感理性，走出了西方情感主义把情感当作私人的、主观的、易变的观点，但是容易导致踏入相对主义、怀疑主义的误区。其实，"作用心"更有"心"本或者"意"本的意味，而归结为情感理性，则"作用心"的灵动和妙用就不再能够彰显起来了。

二、仁为中心到一意贯之：解读《论语》的方法

《论语》可以理解为孔子学生们的笔记汇编，最初先生一边讲，学生一边记，跟今天学生们记笔记的情形和速度大同小异，只是那时没有纸，用毛笔蘸着颜料记在竹片（简）上，相对慢一些，只能择要而记。①孔子逝世之后，学生们在守墓期间把竹片连串成"册"，加以汇编整理、编辑校对，所以《论语》就是先生与弟子的对话讨"论"和先生日常的"语"录，选择最佳的表达方式记录下来。相传子贡不忍离开老师，又折返独居三年，编订出《论语》的最初版本。

此书经历过如此漫长的编辑过程，说明其间弟子们整理先生之"论"与日常之"语"，必有一贯的编辑思路和内在逻辑，即使今天通常把"论"读成"伦"，解为"有条理的"，也说明其内容不可能是随意拼凑而成的。②当然，《论语》的编辑结构虽然不能说完美无缺，但随意改动经文次序，认定错简无数的新编解法，既否定了孔子弟子们的编辑努力，也否定了2000多年以来历代圣哲前赴后继的解读。改编《论语》章节的中外研究者们认为，孔子弟子和历代注家都没有能力还原真实的孔子及其《论语》，但2500多年之后的今人，却有能力把《论语》编辑得比孔子的弟子和历代圣哲更完美，更接近孔

---

① 刘宝楠《论语正义》有其子恭冕的《后叙》："窃以先圣存时，诸贤亲承指授，当已属稿，或经先生笔削，故言特精善。……先儒谓孔子没后，弟子始共撰述，未尽然也。"参见刘宝楠：《论语正义》，中华书局1990年版，第797页。参见周志文：《论语讲析》，第9页。
② 《论语》之"论"，有论纂义，有伦理（次序）义；杨伯峻认为，伦理义比较牵强，意义是"语言的论纂"（杨伯峻：《论语译注》，中华书局1980年版，第25—26页）。应该是"讨论编纂"、编辑整理之意。参见杨军：《导言》，《论语今释》，长春出版社2020年版。陈来认为，"语"是孔子和他的弟子讲的那些话；"论"是把这些话整理得有次序。参见陈来、王志民主编：《论语解读》，齐鲁书社2021年版，第2—3页。另参见吴宏一：《序论》，《论语新绎》，北京联合出版公司2018年版，第4页。

子思想的原义——应该说，这其实是不可能的。[①]

今人杨伯峻《论语译注》旧版导言说道，《论语》"篇章的排列不一定有什么道理；就是前后两章间，也不一定有什么关联。而且这些断片的篇章绝不是一个人的手笔"[②]。李零在《丧家狗：我读〈论语〉》当中，多次提到《论语》"杂乱无章，漫无头绪"[③]，"杂乱无章"[④]，"东拉西扯，没固定话题"[⑤]，另有学者认为"简牍零乱，内容庞杂，本难编辑"[⑥]，这种看法虽然有道理，不少学者也认可[⑦]，但如此则基本不把《论语》理解为一个有机的整体，不认可其成书经历过一个精心编纂的过程，而且自有其严整内在的逻辑，足以贯穿全书。应该说，这样的说法既不符合《论语》章节次第之间的内证，也不符合历代大思想家对《论语》一书的尊崇和解读。毕竟，历代的思想家们除了像一般百姓那样从情感上尊崇孔子，他们还要深刻体会《论语》一书的内在融贯的道理，在此基础上，他们才可能发挥孔子的思想。

---

① 钱宁认为《论语》是一部未经整理的课堂笔记，不是一部成熟之作。他把《论语》分为内编、外编。内编是孔子之语，分为：核心、路径、实践、例证、哲思五编；外编是弟子之言，分为评价、记忆、阐释三编。（参见钱宁：《重构的经典——写在〈新论语〉问世之前》，《新论语》，生活·读书·新知三联书店2016年版）类似的工作还有富金壁模仿《世说新语》，把《论语》原书20篇顺序打乱，重新定题分为24篇，参见富金壁：《论语新编译注》，北京大学出版社2015年版。打乱重编的还有台湾王世宗：《孔子之道》，非马劝学会2020年版。刘定一认为《论语》有很多错简，句法有问题，所以要加以"质检"重编。参刘定一：《前言》，《论语求真》，上海教育出版社2021年版，第3—9页。英译本也有类似看法，如森柯澜（Edward Slingerland）认为《论语》的编辑有点随意（haphazardly），参见Edward Slingerland, preface to *The Essential Analects: Selected Passages with Traditional Commentary* (Indianapolis: Hackett Publishing Company, 2006).
② 杨伯峻：《论语译注》，第26页。
③ 李零：《丧家狗：我读〈论语〉》，中华书局2022年版，第491页。
④ 李零：《丧家狗：我读〈论语〉》，第3、441页。
⑤ 李零：《序》，《丧家狗：我读〈论语〉》，第1页。
⑥ 吴天明：《论语本意》，商务印书馆2019年版，第31—35页。吴天明虽然考察了《论语》的编辑过程，但结论是编辑者错误很多，难以原谅，显然不能理解编辑者的良苦用心，也就难以理解何以《论语》在文化典籍中的地位如此崇高。
⑦ 骆承烈认为，全书20篇不成体系，彼此缺乏联系，没有重点；各篇之中的内容互不连属。（参见骆承烈：《孔学研究》，齐鲁书社2002年版，第392—393页）倪培民认为《论语》"段落章节之间都没有一个清晰的逻辑层次排列"。

相传《论语》最初由仲弓于孔子去世时（前479）[1]编，由有若守孝三年结束时（前477）再编，由曾子弟子在曾子死后（前432）又编。[2]秦始皇焚书坑儒之后，诸子百家的书籍焚毁殆尽。汉朝建立后，废除"挟书令"，民间开始献书。当时世传《论语》有三种：《鲁论语》（鲁人传授）、《齐论语》（齐人传授）、《古论语》（孔家夹壁发现的）。传世的《论语》版本，是汉成帝的老师、济源人张禹（？—前5）根据《鲁论语》《齐论语》《古论语》整合编成的。他按照《鲁论语》二十篇的篇次，综合《齐论语》，重新编排章节，人称《张侯论》。[3]这些说法，应出自《汉书·艺文志》：

> 《论语》者，孔子应答弟子时人及弟子相与言而接闻于夫子之语也。当时弟子各有所记。夫子既卒，门人相与辑而论篡，故谓之《论语》。汉兴，有齐、鲁之说。传《齐论》者，昌邑中尉王吉、少府宋畸、御史大夫贡禹、尚书令五鹿充宗、胶东庸生，唯王阳名家。传《鲁论语》者，常山都尉龚奋、长信少府夏侯胜、丞相韦贤、鲁扶卿、前将军萧望之、安昌侯张禹，皆名家。张氏最后而行于世。

今天读的其实就是《张侯论》。根据"门人相与辑而论篡"，"论"字解为"次、撰"当读去声。但皇侃《论语集解义疏》则采用"伦次""伦理""经纶"等义，如果解作"纶、轮、理"，则当读为阳平。习惯上都读阳平。[4]

应该说，《论语》的成书过程与佛经的几次大集结、《坛经》和禅宗语录的汇编等经典形成的经过有类似之处，但一经编定，即成为

---

[1] 江晓原认为，孔子于公元前479年3月9日（据《史记》"鲁哀公十六年四月己丑卒"）去世。生于公元前552年10月9日，根据是《春秋谷梁传》："（鲁襄公）二十有一年春……九月，庚戌，朔，日有食之。冬，十月，庚辰，朔，日有食之。……庚子，孔子生。"按照儒略历，公元前552年8月20日，曲阜可以看到0.77分的大食分日偏食，这一天正好是庚戌日，与"九月，庚戌，朔，日有食之"记录吻合。从"九月庚戌"逐日往下数50天，就到十月"庚子"，这天就是孔子诞辰。参见江晓原：《中国古代技术文化》，中华书局2017年版。
[2] 周志文认为："《论语》完成于曾子弟子之手应该是最为可信。"参见周志文：《论语讲析》，第7页。
[3] 参见骆承烈：《经贵求新》，闫合作：《论语说》，河南人民出版社2006年版，第7—8页。
[4] 参周志文：《论语讲析》，第5—6页。

"圣经"一般的经典，不再轻易改动。历代对于其中一些存疑和重复出现的字句一仍旧贯，这不仅是为了尊重经典本身，更是为了尊重经典成书过程当中历代学人付出的那种极为特殊、恭敬而且谨慎的编辑努力——正是这种有思想的系统编辑，为此书复活了孔子的灵魂。[①]其中，孔子弟子们的"意"与学生笔记背后的真"意"交相辉映，融贯一体，成为后世无法逾越的思想高峰——"仁人之意"。

基于对这种编纂过程的同情理解，今天我们解读《论语》，如果确实有史实背景的，当尽可能还原场景以明其意；如果场景不明的，就不必强求回复到历史情境当中。因为孔子的弟子们编纂《论语》，根本要义不在于说明史实，也不是严格基于史实再提出见解，而是力图表明先师孔子的伟大哲学思想。这一哲学思想不仅是崇高的，而且是系统化的、连贯的，甚至是环环相扣、融贯一体以至于天衣无缝的。孔子弟子们和老师共同作为儒家学派的创始人，他们有着共同的哲学关怀，类似的心思意向，对学问和家国有几乎共同的基本倾向。应该说，《论语》作为一个文本载体，所要传达的，本质上是先师孔子的哲学与思想体系，相关历史资料本来就只是作为辅助材料。陈来指出：

> 如果从文献和文献解释的角度看，从汉代到清代，《论语》最重要的注释恐怕是一部以何晏《集解》为核心的《论语》注疏史，表现出力图理解古注、求文本原意的解释意向。……从文献和文献解释的角度看，在《论语》学史里面最受关注的注释著作，主要是以何晏《集解》为核心，这是一种文本的语文学的诠释学最明显的表现。[②]

陈来认为，文本的诠释学分为"语文学的诠释学"和"义理学的诠释学"，前者对文本进行语文学的诠释，落脚点在文字；后者对文本进行义理诠释，落脚点在文字之外的意义和精神。

本书接续的是"义理学的诠释学"，取向以哲学思想为主。本书以"仁人之意"为中心，力图还原孔子以"仁"为中心的哲学思想

---

① 黄克剑认为："诸多话语的分篇纂录显然不是了无意致的凑集。各篇既有隐在的命意贯穿其中，则不能设想其最终定稿出于不分主次的多人之手。"（参见黄克剑：《〈论语〉解读》，中国人民大学出版社2008年版，第16页）

② 陈来、王志民主编：《论语解读》，第25—26页。

意向性结构，并在这种意向性指导下，系统性建构《论语》的哲学思想。"仁"通常被理解为"仁爱"，所以引申为"仁爱之意"较容易理解。我在著述的过程中，把"仁爱之意"改为"仁人之意"，是因为觉得用"爱"来注解孔子的思想容易让人产生误解，"爱"难以翻译，尤其在比较哲学与比较宗教的语境当中，"爱"容易产生"爱上帝"的误读。应该说，儒家是爱人之学，但不是爱上帝之学。儒者是爱人之儒，不是爱上帝之儒，全书没有对上帝作为人格神发出的诫命之记录。历史上的孔子虽然成"圣"，但不是超越这个世界的彼岸之上帝。所以我们可以体悟孔子之"意"，而不必把孔子之"论"和"语"仅仅当作伦理性的诫命。①

正是基于从仁本到意本的转换努力，本书致力于说明《论语》一"意"贯之的篇章次第。笔者认为，记忆《论语》篇目可按以下歌诀：

学为八里长，（学而、为政、八佾、里仁、公冶长）

雍述泰子乡，（雍也、述而、泰伯、子罕、乡党）

先颜路问卫，（先进、颜渊、子路、宪问、卫灵公）

季货微张唐。（季氏、阳货、微子、子张、尧曰）

这个歌诀有助于篇目记忆。而下面这篇关于《论语》次第的文字，虽然不知道作者是谁，但确实有穿针引线的功能。②

学而第一：学也者，所以学为圣人也。人无不学而知之，故《学而》居首。

---

① 周志文比较耶稣和孔子后认为："孔子一无神迹可显，他不是神，其实也做不到，但他却做出最高远的人文关怀，我们可以说，人文精神是《论语》最珍贵之处，也是传统中华文化最珍贵之处。"（周志文：《论语讲析》，第595页）伍晓明认为："在一个没有上帝的文化中，道与他人密不可分。"（伍晓明：《吾道一以贯之：重读孔子》，北京大学出版社2003年版，第318页）
② 刘强在《论语新识》开篇之首处引用此次第，并注"今按：此文未详撰人，盖辗转引据，今录于卷首，以明《论语》次第也"。深以为然。他在《误读〈论语〉多少年？》序中引用此篇《论语次第》，认为此文将全书二十篇"穿针引线"，作者定对《论语》精研有年，并"知通体而好之"，可惜此文未详何人所撰，一直引以为憾！（参见刘强：《误读〈论语〉多少年？——〈论语的大智慧：首届两岸学者论语会讲文集〉代序》）

　　为政第二：学而优则仕，故《为政》次之。

　　八佾第三：政在礼乐，礼乐分明，不可僭越。政之衰僭，乐者为之也，故《八佾》次之。

　　里仁第四：礼乐虽衰于上，而风俗尚清于下，故《里仁》次之。

　　公冶长第五：乡里之仁风成于家庭之雍睦，故《公冶长》次之。

　　雍也第六：家既齐则国可治，雍也可使南面，故《雍也》次之。

　　述而第七：国卒不得而治，乃有志著述，故《述而》次之。

　　泰伯第八：著述之事，首在表章至德，故《泰伯》次之。

　　子罕第九：礼让纯乎义，后人之争纯乎利，子罕言利，故《子罕》次之。

　　乡党第十：夫子为人师表，须以身作则，故《乡党》次之。

　　先进第十一：居乡须守先进，先进于礼乐，故《先进》次之。

　　颜渊第十二：承先之责，惟大贤乃胜任。先进于礼乐，以颜渊最为好学，故《颜渊》次之。

　　子路第十三：仁者必有勇，故《子路》次之。

　　宪问第十四：知耻近乎勇，故《宪问》次之。

　　卫灵公第十五：邦之无道，由于人君，故《卫灵公》次之。

　　季氏第十六：诸侯失道，政在大夫，故《季氏》次之。

　　阳货第十七：大夫失道，政在陪臣，故《阳货》次之。

　　微子第十八：陪臣柄政，贤人远隐，故《微子》次之。

　　子张第十九：贤人虽隐，仍讲学以延道脉，故《子张》次之。

　　尧曰第二十：由尧舜至孔子，皆一脉相承，故以《尧曰》终焉。①

---

① 更加缩略的版本如下：学也者，所以学为圣人也，故《学而》居首。学优则仕，故《为政》次之。政之衰僭，乐者为之也，故《八佾》次之。礼乐虽衰于上，而风俗尚清于下，故《里仁》次之。乡里之仁风成于家庭之雍睦，故《公冶长》次之。家既齐则国可治，故《雍也》次之。国卒不得而治，乃有志著述，故《述而》次之。著述之事，首在表章至德，故《泰伯》次之。让纯乎义，后人之争纯乎利，故《子罕》次之。弈争者须以身作则，故《乡党》次之。居乡须守先型，故《先进》次之。承先之责，惟大贤乃胜任，故《颜渊》次之。仁者必有勇，故《子路》次之。知耻近乎勇，故《宪问》次之。邦之无道，由于人君，故《卫灵公》次之。诸侯失道，政在大夫，故《季氏》次之。大夫失道，政在陪臣，故《阳货》次之。陪臣柄政，贤人远隐，故《微子》次之。贤人虽隐，仍讲学以延道脉，故《子张》次之。由尧舜至孔子，皆一脉相承，故以《尧曰》终焉。

这篇次第说明《论语》篇目之间确有内在联系。其中有一以贯之的道，可供学者参考。林安梧《论语译解》也强调古代篇章的合理性，他说：

> 我教读《论语》，一向主张顺着既成的二十篇，逐章逐句阅读，有学者另做一《论语》分类去读它，我总觉不浃洽、不适切、不妥贴。因为《论语》二十篇自有分类者在，只是它的分类不是科学逻辑的分类，不是分析论理的分类；它重视的是存在的脉络，生命的气息、精神的意韵的类聚，经由一种"云从龙、风从虎，水流湿、火就燥"的类聚方式，构筑累积而成。[①]

他认为《论语》"像是一首乐章，像是一棵大树，绵绵若存，生生不息。二十篇意旨，或可勾勒如下"：

《学而》第一：为学悦乐、君子自反。为政第二：《为政》以德、养其性情。

《八佾》第三：礼乐教化、人文化成。《里仁》第四：里仁为美、君子怀德。

《公冶长》第五：不罪无过、道器不离。《雍也》第六：南面居敬、文质彬彬。

《述而》第七：述作默识、志道据德。《泰伯》第八：礼让为国、民可使由。

《子罕》第九：承命立统、岁寒后凋。《乡党》第十：乡党宗庙、时处以礼。

此为《论语》上卷，始于《学而》，终于《乡党》，这是从为学之始，到乡党之立。

《论语》下卷，自《先进》的质朴礼乐，最后则完成于《尧曰》的执中君子。

《先进》第十一：先进质朴、礼乐可成。《颜渊》第十二：克己复礼、天下归仁。

《子路》第十三：勇者力行、以正治国。《宪问》第十四：知

---

① 林安梧：《论语译解：慧命与心法》，上海古籍出版社2023年版，第2页。

耻明德、修身居藏。

《卫灵公》第十五：恭己南面、忠恕一贯。《季氏》第十六：礼乐征伐、君子三畏。

《阳货》第十七：出处进退、兴观群怨。《微子》第十八：陪臣柄政、贤臣远隐。

《子张》第十九：道德宏笃、仲尼日月。《尧曰》第二十：允执其中、知命君子。[1]

本书不仅认为篇目之间关联一贯，"仁人之意"一脉相承，而且认为章与章之间，都可以通过"仁人之意"建立内在一致性的主题和意旨，所以在解释当中尽量加以说明，以期后学涵养体察而悟通之。诚如黄克剑《论语解读》所言：

> 历来注释《论语》皆以剖章析句为能事，罕有学者统摄诸章以探究其所在篇帙的总体意趣。作为一种尝试，这里的疏解由章而篇而又由篇而章，在经心于章句的辨析时也对那些看似互不连属的章句间隐然贯穿的线索有所留意。从松散的篇章结构中寻找某种可依篇疏解的措思头绪，原出于这样一种预断：《论语》分篇辑录"孔子应答弟子时人及弟子相与言而接闻于夫子之语"（《汉书·艺文志·六艺略序》）绝非随机杂凑，其编纂者集取先师话语时不可能不融进自己对所辑话语的理解，试图经由《论语》走近孔子的人，首先不期而遇的当是儒学境域的引路者，他们把散落的夫子遗句有序化了，也因此辟出了一条可望进到孔门而登堂入室的蹊径。[2]

以此条贯而有序的思路去解读孔子的意识状态，尤其是《乡党》篇的哲理含义，可谓《论语》解读的试金石。相比之下，金安平也试图"寻找一个贯穿《论语》记录的线索"，她比较注重《子路》篇第

---

[1] 林安梧：《论语译解：慧命与心法》，第3—4页。
[2] 黄克剑：《后记》，《〈论语〉解读》，中国人民大学出版社2008年版，第441页。2022年新版将此段文字放入《自序》。

十三，认为政治是孔子思考问题的中心。①

以解读《论语》的思想主线观之，可见林安梧《论语译解》试图读出孔子意识境界的高度，这是一种充满生命感悟的理论高度，体现出解读者的思想高度和人生境界。孙福万《论语易解》以《易》解孔子，读出了孔子意识与行动的时机化意味，可谓深得《易》之蕴。刘强《论语新识》解读侧重言语，解读清晰，深入细致，可谓于其基本意义上多有新识。解读者们通过《论语》篇章如《乡党》篇所能够解读出来的孔子的思想意识境界，其实就是解读者思想意识的投射。②张祥龙写道：

> 儒家所有正式经典，皆形成于先秦与"古文"中，"六艺"、四书，加上近年发现的竹简，都是"另一个"文化和思想世界的产物，他们是中华文化的真正源头。须以"密释学"（Hermetik）方式（即尊重其原—缘发生的独特性）读之，领会之，神契之。③

密释学认为，在解读者的视域打开、与其他视域交融之前，一定有一个自结构的生成过程，这个生成过程是一切意义、理解和思想的源头，使得后来的解释学成为可能。所以领悟《论语》篇章意义，不可脱离其原生的、缘发的情境性，不仅仅指多数孔子师徒之间的对话有具体的时空，而且指篇章的意涵不能离开篇章本身的内在脉络，这是编辑者赋予篇章的意义生发空间，所以对于很难确定的章节意涵，需要回到编辑者最初编辑《论语》之时的那种意义贯通感。相比大部

---

① 参金安平译注：《导言》，《论语英译及评注》，鄢秀译，广西师范大学出版社2019年版，第6—7页。夏海认为"为官从政的思想占了孔子学说相当大的篇幅"（参见夏海：《君子——〈论语〉与人生》，孔学堂书局2014年版，第52—53页）。我们可以这样理解，"为政"的主要目的在于教学生做官，而做官的根本在于说话的分寸，所以大量的师生对话都在锻炼学生们在不同时机、不同场合说话的分寸。但有意思的是，孔子办的又不是一个纯粹的政治家培训学校，他同时坚持强烈的道德理想主义，要求学生们念念培养仁人之意，涵养仁者爱人的品格，甚至不计较外在的功利得失，最重要的是内心的修行。
② 杨泽波把"仁界定为社会生活和智性思维在内心结晶而成的心理的境况和境界，简称'伦理心境'"（参见杨泽波：《中国文化之根——先秦七子对中国文化的奠基》，生活•读书•新知三联书店2022年版，第60页）。
③ 张祥龙：《孔子的现象学阐释九讲》，《儒家哲学史讲演录》（第一卷），商务印书馆2019年版，第49页。

分经典来说，解读《论语》的工作并不容易，不仅中心思想难找，而且要贯通到每篇每章当中，更是难上加难。加上《论语》的时代感、对话的具体情境相对很强，之前的章节解说多独立分割，好像其中的关联度很小，甚或没有，所以我们要借助前人的成果去努力贯穿起来，要能够深入到文本后面的意义系统当中去。所以基于《论语》解读、转化、生成的"仁人之意"意义生成结构，本身也是关于《论语明意》意本论解释学的基础。

三、孔子"仁人之意"的纯粹意识结构

孔子的"仁人之意"生生不息、生而能感，才有意向性；意向性生感而反思，感知意识之有意能，意向性有意能才能展开想象；有想象之后才能有直观，意向性能够直观事物之后，才能让事物作为意识对象进入非直观的领悟，也就是意向性的对象在直观当中，呈现为非直观的意识对象。换言之，事物从与意向性合为一体的隐性状态，逐步展开成为显性状态。这是意识生成之前的表象，这个表象为意向性的反思所领会，被意识认知为客体性的存在，成为意向性的对象。孔子的意向性奠定了儒者之意，其意向性的对象都是儒者之遇。

《论语》描绘了孔子所遇的人生、社会和世界，它们构成孔子意向性的"意指"，是孔子意识所指向的对象；孔子所遇的世界，成为给予孔子意向性的"所与"，它们构成了孔子意向性的"生活世界"，并赋予其生生不息的意义。孔子运用其意向性，归结为"仁"，也就是本书的"仁人之意"，来统摄其一生所遇。在与学生的对话中、在各种生活和政治场景当中，孔子不断建构其意向性之形，使之实在化，并赋予其"仁人之意"的意向性以灵魂。《论语》的对话，表明孔子在时机化的对话境遇当中，不断激活其"仁人之意"，不断阐释其"仁人之意"的意义，不断让周围的人、社会和时代，以致整个后代社会无数的读书人，前赴后继地认同其意向性。

可见，孔子"仁人之意"的意向性有着无限深远神圣的精神统摄力。这里把"仁"作为动词，比"仁爱"多了动词性意义维度的强调。如果用"仁爱之意"来贯通全书，或许可以做一点打通儒教与其他宗教对话的工作，但这不是我此书的中心思想。本书要点在于建构基于《论语》的动态性"意哲学"，所以对"爱"的强调，需要让位于动态性的"仁",何况动态性的"仁"本身就是"仁爱"之意,已经包含了"爱"的维度。可以说,"仁爱"含义清楚,亲近人生经验,"仁人"的动宾用法虽然少见,但包含有"仁爱他人""仁爱世人"的丰富意蕴,可以理解和发挥的意义空间更大。孔子认为,人心天生就是仁心,仁心与天良是人之所以为人的根本。所以没有仁心,或者仁心泯灭就不是人,也就是说,一个人不发动"仁人之意",即已经不是儒家意义上的人,仁人是时时刻刻都仁爱他人的人,是理想化的境界。如果只是偶尔发动"日月至焉"的话,不过就是平常人而已。

如果用"仁爱之意",那么强调的是"爱",这种"爱"的意向性没有"爱"的对象,容易陷入主观之爱、反思之爱,也容易过度发挥,偏离孔子之道,与孔子始终强调的政治意味不合。仁爱之意如果没有对象,就显得空洞,不实在,不真实,不完善。《论语》中讲政治的言语可以说比比皆是,说明孔子不仅要仁爱他人,而且不断强调这种"仁爱"要有政治性的功效。如果用"仁人之意",就把人作为仁爱的对象,以此来解读《论语》的思想,就浑然天成,圆融无碍。①

① 在把"仁"理解为动词的意义上,"仁人之意"就超越了孟子心性之学的心性儒学维度,而与荀学强调礼法的政治儒学维度相通。梁涛近些年倡导"统合孟荀"来创造新儒学,学者们多有回应。李泽厚认为朱熹就是"举孟旗,行荀学",表面上推崇孟子,骨子里强调"格物致知",并认为荀子和朱熹是儒学正宗,孟子与阳明是歧出,与牟宗三截然相对。这样的观点,与他说的"西体中用"有类似之处,多有口号意味,更多是为了令人记忆犹新。任剑涛认为,李、梁都是书斋政治儒学,虽然蒋庆强调当代新儒学必须从心性儒学走向政治儒学,但其实也是"反政治的"。综观《论语》,孔子介入政治,而且不反政治,他一生都保有政治身份,都保持着"介入"的政治姿态,随时准备参与现实政治。这种"介入"政治的姿态,其实比现实性地参与政治更接近政治儒学的本意,但学者因为多不保持"介入"的政治姿态,因此鲜有学者强调儒者与隐士截然不同的政治态度的重要性。任剑涛强调要学习董仲舒,而不是康有为,其他儒者更不足法,这样的观点,其实是儒家功利主义,以儒家现实功利为准绳来衡量政治儒学是否足够"政治",否则,即使程颐、朱熹等曾经当过帝王师,也不足法。虽然有理,但现实功利主义的色彩太过浓重。陈来认为统合孟荀史上早有此倾向,比如北宋三先生之一的孙复就主张把荀子加入"道统",类似梁涛"合同异"的倾向史上所在多有。在这个问题上,陈来主张"一本多元",认为儒学的一本是"宗本五经孔子,倡导王道政治,重视德性修身,强调家庭伦理,注重社会道德,崇尚礼乐教化",只要基于此本根,儒学的分化、展开甚至对立都是必然而且可以接受的,不一定需要统合为一。

本书"仁人之意"的"仁"为动词，"人"为名词，"仁人"不仅有仁爱的人、仁慈的人，更有仁爱他人、仁爱世人之意。作者认为，如果读者能够理解"仁人之意"这个中心意思，就基本上读懂了整部《论语》，就理解了本书哲学解读的核心思想。

经典的原意不可能完全复原，但经典的意义确实地、本然地存在，而且读者可以感受到经典本"意"的生生不息。《论语》作为经典，其原初的意义早已不是后人解读的意义，但作为儒家经典，《论语》的意义世界是"依境而生"的，是与世共存的，在不同的时空条件下，其意义如渊深的泉水，自然而然汩汩涌出。所以，经典作为意义生发之源泉，其多层意义可以在不同的历史语境当中得到新的阐发，也就是经典的意义可以不断地跟理解者进行新的视域融合，形成新的意义。在这些解读出来的意义当中，解读者选取哪一种意义，不仅体现解读者的知识背景、思想倾向，更体现解读者对传世经典本身是否有整体性把握的深度和力度。

张祥龙非常重视现象学的构成视域，他在四卷本《儒家哲学讲演录》里这样写道：

> 孔子是中华文化的试金石，更是中华哲理的试金石，是否能够领会这个文化和哲理的神髓，就要到这个文化的最高峰和极深渊来检验，别无他途。孔子不是达到其他山峰的通道，而是哲理的极致所在，其中那深邃原发、质朴绚烂的智慧还有待今天和未来的人们逐步领会。[1]

张祥龙这么说，是认为《论语》比《道德经》《周易》更难让西方人搞明白，因为"此书似乎有太多的文化预设和情境领会的要求"[2]。他这种说法很有道理，因为《道德经》和《周易》都有诗性和发挥的空间，而《论语》对历史背景、人物性格、知识储备等要求都更高，所以更加难读。张祥龙坦承自己"属于那极少数至今还真心相

---

[1] 张祥龙：《作者序》，《孔子的现象学阐释九讲——礼乐人生与哲理》，华东师范大学出版社2009年版，第3页。

[2] 张祥龙：《作者序》，《孔子的现象学阐释九讲——礼乐人生与哲理》，第3页。

信他的圣人性和思想真理性的人"①。这里其实存在一个非常关键的问题,即孔子的"圣人性"是孔子在世的时候,就流露在《论语》的字里行间,还是像有些学者考证的,孔子不过是一个凡人,其"圣人性"是后来出于政治需要而重新塑造的。按照另一种说法,《论语》不过是一些家长里短,后来人为了统治和政治的需要,把孔子神化成为"圣人",因为毕竟连孔子自己也不敢自称"圣人"(7·34)。这话似是而非,孔子本人不把自己称"圣人",原因不正是因为学生们和朋友们觉得他说的话基本上跟圣人的理想境界非常接近吗?(19·23)

在《周易》和《道德经》的文本里面,"圣人"是个抽象的概念,是理想人格的极致形态,无论是"人天之意"还是"自然之意"的圣人,虽然都可以理解为不离人伦日用,但在意向性的领会当中,圣人都是世外高人;而《论语》的"圣人"是在世高人,因为"圣人"与君子,与所有人都有一种意识的"交互主体性",而且《论语》的"圣人"主体就是在这种交互当中,在人与人的交流和互动当中不断生成和提升的。如果说《周易》《道德经》是圣人通过"人天之意"和"自然之意"构筑自然视域,那么《论语》就是圣人通过"仁人之意"构筑自己与他人的社会视域,这种"仁人之意"可以切入无限广阔和深远的社会历史领域。

从这个角度来看,李泽厚认为"中国纯粹思辨太不发达,以致无真正哲学可言"②则未免失之武断。他的这种论断,令人想起黑格尔对《论语》之哲学宣判死刑的著名故事,说的是黑格尔在致好友谢林的一封公开信中写道:"我怀着如饥似渴的心情阅读《论语》,结果令我大失所望。作为中国国教的儒家,本质上是缺乏思辨充满虚伪道德的君王宗教和士大夫宗教。它并不属于哲学范畴:不具备严谨逻辑的世界观和科学的方法论。熏习儒家经典的中国不会产生智者,只会盛产伪君子。"按照很多类似版本的说法,黑格尔认为孔子那里只有一些老练的、善良的、道德的教训。他认为孔子所论及的常识道德

---

① 张祥龙:《开篇辞》,《孔子的现象学阐释九讲——礼乐人生与哲理》,第1页。
② 李泽厚:《论语今读》,第302页。

是我们在任何民族中都可以找到的，有些甚至比在中国所找到的更好。《论语》中孔子要求人们尽到自己应尽的义务，但这义务并不是内心自由的情感也不是主观的自由，更多只是基于形式上的一种表达方式。黑格尔的对儒家哲学的论断，在一定程度上可以说宣判了《论语》之哲学的死刑，让很多人以为《论语》没有哲学，至少没有严格意义上的哲学思想，原因是《论语》"不具备严谨逻辑的世界观和科学的方法论"。正是在这个意义上，本书要回应和建构《论语》的"仁人之意"意本论哲学，说明以《论语》为中心的儒家思想本来就"具备严谨逻辑的世界观"和"科学的方法论"。

张祥龙认为，正如黑格尔说的，孔子的思想里面"没有什么概念的确定性，而是充满了黑格尔哲学所没有的生机，那是透入历史和未来的几微"[①]。其实，根本原因在于，《论语》反对西方哲学的语言定义和叙述方式：

> 孔子都不愿意自己去说（性与天道），不愿意凭借（苏格拉底、柏拉图追求的那种）"定义"的方式，从观念上用精确的语言将其把捉住。孔子认为这种把捉住的"仁"就不是仁了。但是，孔子不谈仁吗？《论语》里"仁"字出现了105次，但都不是定义，孔子全部都是根据当时的语境或学生的发问来说，每次谈论都使你对仁加深了理解，而且用现象学的话说，是带有明见性的理解。有些西方学者感到挺困惑，觉得孔子似乎总是这样躲躲闪闪，他们认为孔子的哲学性不够，从黑格尔开始就这么看，觉得孔子只有一些世俗的道德智慧而已，缺乏真正概念化的哲理。其实孔子非常自觉，就是要避免这种概念化。[②]

张祥龙认为，孔子像避免伪善一样避免定义，因为定义永远是不确定的，而且定义一定会违背求真的精神，诉诸权威，诉诸真理，诉诸绝对化，这都不是孔子的目标。正是在非定义的情况下，我们要理

---

① 张祥龙：《孔子的现象学阐释九讲》，《儒家哲学史讲演录》（第一卷），第9页。
② 张祥龙：《孔子的现象学阐释九讲》，《儒家哲学史讲演录》（第一卷），第445页。

解孔子哲学如何具备严谨的世界观，同时也具备科学的方法论。

首先，《论语》的篇章并不是没有逻辑的，如前所示，篇与篇之间的逻辑不仅存在，而且可以建构和表达清楚。

其次，章节之间也不是没有逻辑的，本书尽力在章与章之间建立逻辑关系，可以看出，之前的多数解读并没有把章节之间的逻辑关系明晰起来。具体章节之间的逻辑体现在对具体章节的内容解读过程之中。

再次，《论语》的哲学范畴之间是有逻辑关系的，这种逻辑关系可以运用先天、后天八卦和五行生克理论来建构。这种逻辑关系，是超越西方语言表面逻辑关系的。孔子的哲学范畴表可以解析为"天—孝—礼—仁—学—知—政—命"八个维度，这是先天八卦的结构，而后天八卦结构就是"仁—学—礼—命—孝—天—知—政"。

最后，《论语》"仁人之意"中心思想的范畴之间的逻辑关系，也是可以运用《周易明意》先天、后天八卦的逻辑关系来说明的。当然这种说明方法是借鉴性的，并不是说《论语》的内容可以用《周易》各卦来解释，而是说，《论语》当中孔子要诠释的人间大道，其实和《周易》当中圣人代天立言的天道是一脉相承的。在《周易明意》中，圣人体悟天道的人天之意，可以用意本论的先后天八论来分论；在《论语明意》的世界当中，"人天之意"表现为"仁人之意"的多重面向，并可以展开极其丰富的诠释空间。

四、"仁人之意"先天八论：严谨的世界观

本书引导读者面对的是孔子"仁人之意"的纯粹意识，并将这种意识的结构建立起来。本书借用《周易明意》"人天之意"的八维结构，将孔子的"仁人之意"也分析为八个维度，并借助这八个维度来诠释"仁人之意"。以下是从先天八论来说明通过孔子运用的逻辑范畴可以建构其先天的世界观。也就是说，孔子"仁人之意"的先天境界可以从"天—孝—礼—仁—学—知—政—命"八个维度来展开。

一、天意，也通于道意，对应于"意生"的意识状态。说明孔子的心意生生不息，而且时刻接天，其"天意"能够领会"天地之道"的意识状态。意念之中包含天意，既是孔子的意识状态，也是他要求君子应该达到的那种念念接通天地本然、意念随着天地之生机而生生

不息的意识境域。儒家的人意时刻接续天意，也就是本于自然宇宙运化之意。儒者实化仁人之意，先顺天随天，后化天运天。

二、孝意，相当于儒家的意能。孔子强调，孝的意识是意能的缘发端点。也就是说，没有孝的意识，整个儒家的意识宇宙也就崩塌了。孝本身是通过反思才能理解的，但在儒家的系统当中，被提升到先行其他一切范畴的最高地位，所以孝意通天，而落实到人伦共同体当中，孝为仁本，也是为人之本。儒家认为，人伦家国这个共同体都需要建立在孝心、孝情、孝意之上。

三、礼意，也可以说是儒家的意向必须指向"礼"。孝意的能量发动，即有意向，这个意向表现出来，就是礼意，也就是说，儒者的孝意之指向，总是向着"礼"让之境，这种礼让他人、将心比心的意识当中，内藏仁爱他人之意。学礼之意便是让意向通达天地之秩序，因为人间之礼仪是从天地之节文转化出来的。

四、仁意，相当于意缘。在孔子看来，"仁"是其中心思想，也就是人之为人就必须要"仁"爱他人之意。换言之，一个人如果不能保持仁爱他人的意识状态，在儒家看来，这个人因为不"仁"，也就可以说已经不再是人！孔子正是从这个意识境域的高度，来确立"仁"的极致恒温状态作为其儒家意识的基本存在状态的。儒者人心之仁通天贯地，内心仁爱通于天地之生意，所以仁爱他人就是对天地生物之心的体证和实化。

五、学意，相当于意识。也就是通过学习，人不断对意识状态进行有意识的反身修习、修养和练习，这是学为君子的根本过程。儒者的学习，其实是致力于驾驭天地的生意，转而为学、成学，至于成人，也就是儒者的学习意识是要学至天人，不仅是对象化的学习，而且要学习止于一种非对象化的极致境界。

六、知意，也可以说是行意，相当于意行。因为学习知识之后，就要付诸实践，其实学习知识的过程，本身就是意念之行，也是意念实化的过程。知行合一是儒者意识实化的基本状态，能够知行合一的根源在于，儒者的知意是化天、运天则知天意，知人、知世而知史、知今，所以知行合一止于知人心通乎万千物化的极致境界。

七、政意，相当于意量。因为儒者学而为政，其政治意识就是儒者意念真正实化的分寸和量度；换言之，政治是儒者个人意念操作的意量限度，通过家国结构，儒者个人之意识境遇汇聚成为社会和时代的意识境域。儒家政治意识小到家庭，大到国家和天下，本质上一切政治行为都来自政治意识，也都是意念修行境遇的绵延所构成的意识量度。儒者关心政治，改进政治，其心意实化皆是政意，即让斯文"正"于世间，使得斯文能够真"正"实化于政治生活之中。这往往被解读为道统高于治统。其实，儒者入世改变现实政治，并不能简单抱着道统高于治统的观念，而是要让"治"统有儒家之"道"，让儒家"正"道能够真正实化出来，并融入现实的政治生活当中。

八、命意，孔子很少讨论关于性的意识，但他讲命意。意念生发之后，意识遭遇的一切意缘，其实都是命，这就是"命意"。儒者的"命"意，其实是不让一切人生遭遇改变自己仁爱他人之意识之根本性的"命意"，这构成儒者之为儒者的意境之底色。在儒者看来，人命本自然天地运化之命，通过入世从事政治，让斯文之道显于人生之政治生活之中，从而化被动之命运为主动实意之命。

从这八个意识的先天结构出发，本书可谓对《儒家实意伦理学》以"意"为核心的意本论中心思想的细化和展开。通过对"仁人之意"的纯粹意识的反思和分析解构，本书力图返回到孔子本人之意识状态，即那种原初的、主客合一的，时刻充满温情与爱意地与礼崩乐坏、分崩离析的世界相遇，意向性与世界相交之后构成融为一体的、纯粹的、独一无二的意识状态。孔子希望通过他的讲学，让学生们意识到，世界虽然不完美，但我们仍然可以建立一种意识的中道观，一种中立的、一元的、纯粹的仁人之意，这样一种纯粹意识，甚至可以说是一道绝对命令。作为一个儒者，就必须这样看待世界，这为整个儒家传统的意识状态，注入了根本性的建构力。所以，孔子的意识状态构筑和塑造着后世全部儒家士人的意识境遇，成为儒者看待世界的意识底色。

范畴之间先天八卦类的关系可以用来说明《论语》"仁人之意"的纯粹意识结构具备严谨逻辑的世界观。落实到具体的章节解释之中，本书既致力于建构《论语》范畴之间的逻辑关系，又要梳理出每篇每章之间通顺的逻辑关系，在"解"的部分加以解释疏通，比如《子罕》第九主要讲命讲仁，但前人很少从第九篇本身的内容加以论证。我们认为《论语》的内在逻辑环环相扣，非常精妙，如果发掘出来，基本可以推翻之前一些注家认为全书章与章之间分崩离析、彼此无关的解读观点。应该说，《论语》篇章之间的逻辑关系本来就有，只是近现代以来，运用西方逻辑关系来思考和研究者，对于《论语》本身内在的逻辑关系缺乏体认而已。

五、"仁人之意"后天八论：科学的方法论

以上通过说明"仁人之意"的先天八论来解释《论语》具备严谨的世界观。这个世界观具有先天性，成为后世儒家世界观的基石，并且具有超级稳定性，也就是说，所有儒家思想的论述都不可能离开儒家本自具足的严谨世界观，只是这个世界观不是论证出来的，而是需要体证出来，之后加以说明的。

下面我们通过基于以上先天八论转出的后天八论，来说明《论语》也具备科学的方法论，而且至今并不过时。我们通过将先天八论转化为后天八论，基于这个范畴表，我们发现，后天的儒家功夫可谓分两步走：内圣修身部分，开始于仁，开悟于命；外王治世层面，开始于孝，落实于政。后天内圣修身和外王治世的功夫，修到极致则可以达到先天的圣人境界。可见，这个后天结构拆分成两部分之后，"仁—学—礼—命"可以成为内圣修身功夫的核心步骤；"孝—天—知—政"可以成为外王治世功夫的核心内容。我们可以借助《周易明意》后天八卦"缘—识—向—境—能—生—行—量"之逻辑来说明"仁人之意"后天八论有逻辑自洽性和内在合理性。

一、仁意，相当于意缘，是后天意识发动的开始，也是孔子之教的开端和核心。仁人之意发动，即有意缘，表现出来，就是仁爱他人。这是人之为人的本质，如果一个人不仁爱他人，不能保持仁爱他人的意识状态，就可以说不再是人。所以，人的意识必以他人为意缘，才是仁人或者仁者。当然，后来的儒者把仁人延伸到仁民爱物上去，但爱物的前提是"仁民"，即仁爱人民，如果一个人不爱人，却去爱物，还要声称自己是个仁者，孔子认为是不成立的。仁意在传统的五行当中属于木性。

二、学意，相当于意识。孔门之教，从"学"开始。即人必须通过学习才能仁爱他人，也就是对意识状态的有意识的反身修习、修养和练习，这是学为君子的根本过程。学习的意识，是君子化去动物之性修行人（仁）性的关键所在。仁意和学意一样，在传统的五行当中属于木性。

三、礼意，相当于意向，学习就是要意识到礼仪存在的重要性，是帮助人们培养人的共同体，而不是动物性弱肉强食的生存体系。所以学习礼仪并践行礼仪，是人伦家国①得以存续的基本意向性状态。可以说，不仅仅个人"立于礼"，人类的文明共同体，人从家到国到天下的群体之维系，都要靠"礼"才能立得起来。礼意在传统的五行当中属于火性。

四、命意，相当于意境。学习礼仪，即君子之命，既是君子意识之命定的分限，也是意识实化出来的实际状态。因为孔子不讲性意，但讲命意，即意生之后遭遇的一切意缘，都是命，即"命意"，也是不让一切人生遭遇改变自己仁爱他人之意识的根本性的"命意"。修身从选择"仁"开始，就选择了作为儒者的"命"，所以，当下尽"仁"之性，也就是尽了自己仁者的命运。命意在传统的五行当中属于土性。

五、孝意，相当于意能，因为是对父母和祖先的孝，让儒者具有在人间无穷无尽的意能，因为儒者不是孤独地活在人间，而是与无数的先祖一起活在世间。这虽然是一种在世间跨越世代的感觉，但孔子专门提出来并加以强调，认为孝之意能，是整个人生所有意能的缘发端点。可以这样说，没有孝顺父母先祖的意识，一个儒者就无法给自己赋能。孝意在具体的伦理生活当中实化为义意，即道义之意，也就是说，孝意是对尊老敬长的分寸的意识，孝意实化出来就是具体的生活当中人与人之间的合理分寸，也就是关于道义的理解，这种道义的意识其实是通天的，所以孝意、道义之意都通于天意，属于金性。

六、天意，相当于道意，是"意生"实化的意识状态。孔子要求君子的心意时刻接天，其"天意"能够领会"天地之意"，这种"与天地参"的意识状态时刻接通天地，达到与自然本体生生不息的"齐天"或"天人合一"的意识境域。天意配乾意，所以属于金性。

七、知意，"知"是对"意"的反身而"知"，也是意之"行"

---

① 本书中"人伦家国"的意思等同于"人伦共同体"，之所以用"人伦家国"而不用"人伦共同体"，是因为家国才是儒家的根基，是仁人之意生发的基石，而共同体的含义不明，没有强调"家"本位，甚至有模糊"家"本位的倾向，所以不太合适。

时刻反身而"行"，方能延伸出去，所以相当于行意，或者说意行。儒者强调学习而有知识，之后才能付诸实践，而收获知识的过程，其实都是意念行于世间的过程，也是意念实化的过程。儒家之"知"是德性之知，不是客观确定性知识之"知"。儒家的"知"是对内在修养的"知"，这种"知"高于对外在世界的探索的那种科学之"知"。可见，儒家的"知意"，不是求客观知识之"知意"，而是培养仁人之意的"知意"，让"仁人之意"发动而纯洁就是纯粹至善，心心念念发动于孝、弟、信、爱、亲之中，如果"德性之知"涵养得足够好了，才有必要去学习客观知识。儒者认为，最大的"知"是知道心意发动如何端正，知道如何修持意念，如果反省和改造意念，这种"知意"就是"行意"，是知行合一的，是意念发动之处就知道并且能够改变世界的。所以，"知意"其实就是"政意"，是使得念头到天下都归于"正"的政治性努力。知性如水，所以属于水性。

八、政意，意念实化的过程就是"为政"，因为儒者生活在人伦家国的系统当中，努力修身养性，致力于人伦关系的和谐和家国的兴旺，就是儒者最大的政治，即继承和发扬"斯文"，使圣人之道与政治之道相合为一。这是儒者实化其意识之意量，即儒者的意念实化于世间政治领域体现出来的分寸和量度。政意致力于人间的正义和公平，是天意之"正"道在人间的实现，所以要把天道之"中"落实在具体的人间，在传统五行学说当中属于土性。

从以上八个角度理解内圣外王的八个核心范畴，可以发现，每个范畴都可以有具体的、清楚的分疏。应该说，后天八卦是内圣外王的方法，是回复先天八卦世界观的不二法门，所以带有科学方法论的意义。前四个是个人修身的功夫，从本体论落实到人生论，"仁—学—礼—命"与《说卦》"穷理尽性以至于命"可以相配；后面四个，"孝—天—知—政"是开物成务、齐家治国平天下的功夫。

如果用五行关系来说明，我们知道，传统的五行学说与后天八卦的关系环环相扣，有一种内在的科学方法论。总的来说，仁意配震，学意配巽，都属木性，木能生火（礼意），对于儒者来说，学习的主要内容就是礼仪，这是儒者之命意（坤土），在儒者的命运（土）过程当中，和在其一生的政治生活当中，其意识状态都要把本乎孝意（金）的道义之意（金）实化出来，并使之至于通天的境界，这就是天意（乾金），这就是儒者之知（水），也是儒者之行，儒者的知行合一最终落实于政意（艮土），即儒者一生的政治生活当中。这个政治生活（土）其实又是儒者仁人之意（木）的根本场域。

可以说，历代儒家的问题都是从《论语》"仁人之意"意识结构涉及的概念、范畴、命题、结论转化出来的，《论语》无疑是儒家思想之发展的源头，是历代儒家思想大厦的奠基石。当然，《论语》的哲学思想既是原发的，同时也是后世哲人共同参与建构的过程，比如张祥龙在说明自己解读孔子哲学思想的方法时说：

> 只有生存—结构现象学，方能够尝试跟随孔夫子那"动无常则，若危若安"（曹植《洛神赋》）的思想足迹，凌波微步般前行，因为这种现象学突破了西方观念对象化的思维方式，让思想透入人生存脉络和时机化视域，在诗与思的某种交织中开出哲理新境，但又能穷本究源。通过它来体会夫子哲思，即不会以现成框架切割之，以形而上概念塑造之，以科学、逻辑硬化之，而是容吾夫子回到深刻意义上的原文，也就是回到原本的人生起伏、时代思潮、诗书礼乐、家国之忧、好学之乐中；让《论语》回到上下文，其根得土，其叶得舒，其微言大义得以滋生攀缘，开花结果，从容展现于当今的哲学话语世界。由此而可知，"文章"正是夫子哲理的兴风之处，"学""问"是其发意之几，"不言""罕言"乃其"执御"之道，《诗》《书》礼乐春秋则尽是时机境域化哲思之发而中节者。[①]

正如张祥龙指出，孔子之"发意"的几微都是从"学"与"问"中来，《论语》就是孔子之"学"与"问"的过程的活生生的记录，其生存经验和生成状态可谓活力四射、哲思无限，让后世得以做无穷无尽的哲学思考和解读。《论语》正是一部孔子"仁人之意"不断兴发和展开、实化的过程之记录，里面蕴含着丰富而充沛的生命力量与哲思方法，体现出孔子圆融无碍的世界观，只是这种带有先天意味的、全体性的、融贯性的世界观，又无一不在孔子的后天"仁人之意"的意识状态和言语行为之中天衣无缝地展现出来。如此也就不难

---

① 张祥龙：《孔子的现象学阐释九讲》，《儒家哲学史讲演录》（第一卷），第9—10页。

理解，为什么黑格尔等西方哲学家那种浮光掠影的解读，当然不可能理解孔子哲学思想的哲理深意。

与张祥龙一样，安乐哲反对用西方哲学基于二元论的思维框架来切割孔子之思，他和郝大维在《通过孔子而思》当中，试图以孔子生平的动态主线为经，回到孔子的人生叙事场景之中，以孔子哲学的关键词为纬，构架起西方哲学语境当中对孔子哲学的全新解读。[①]郝大维和安乐哲的解读视角强调儒家哲学的过程性和创造性，正如安乐哲近年来借助希腊词"zoe（生命）"来创造"Zoe-tology（生生本体论）"，说明宇宙作为现象本身生生不息，其变化的动力也是生生不息的。他对孔子哲学思想的解读基于《易经》的"生生本体论"，试图直接面对世界整体性的、包容全体的、有机和生态性的变化，强调一切存在都是生生不息的"事件（events）"而不是"事物（things）"，人不是"human beings"而是"human becomings"。他以"生生本体论"反对希腊哲学开始的"作为存在的存在（being qua being）""存在本身（being per se）"为基础的、永恒不变的、指向存在终极目的的、给出事物定义的、自足隔离的、从下面支持的"实体（substance）"本体论。

安乐哲的哲学解读，试图恢复孔子哲学思想的创造性和内在哲学力量，这与张祥龙试图体悟孔子人生的经历和气象，寻找其哲思兴发的土壤和机缘，感通其言语舒展的氛围和力度，可谓有异曲同工之妙。张祥龙和安乐哲都从比较哲学的角度，无论是"生存—结构现象学"还是"Zoe-tology（生生本体论）"，他们对孔子哲思的解读都无疑具有开创性意味，有助于让西方哲学的同仁意识到儒家哲学的特殊性，消除西方哲学对儒家哲学的不尊重和误读。诚如张祥龙所言，即使"海德格尔、梅洛-庞蒂、列维纳斯虽大有帮助，但在关键处，他们有时反倒要被《论语》提携，其板结不透之处也相形见绌。这里中西哲学已有交汇，与黑格尔看孔子的形势迥异，但道不尽同，摩擦难免，好似佛学入中国后几百年间的情景，相激相对，相摩相荡，或有

---

① 参见郝大维、安乐哲：《通过孔子而思》，何金俐译，北京大学出版社2005年版。另参英文本David L. Hall and Roger T. Ames, *Thinking Through Confucius* (Albany, NY: State University of New York Press, 1987).

开出新路的一天"①。所以，最为重要的是，如何让孔子哲学思想在与西方哲学的对话当中激发出其思想的光辉，帮助打通西方哲学多有不通的气脉甚至死结。对儒家哲学界的同仁来说，"Zoe-tology（生生本体论）"可谓新瓶装旧酒，是用一个新名称来说明大家熟悉的传统生生哲学思想，但它代表着开创自儒家哲学的思想试图进入世界哲学的言说和叙事。

本书融贯各种比较哲学方法，以建构"仁人之意"为中心，同情并认可安乐哲、张祥龙、林安梧等前辈的比较哲学解读径路，重建关于儒家之"仁"的哲学，认为无论是现象学还是过程哲学的阐释，都将有利于推动儒家传统哲学，并使之得到理解。安乐哲试图将西方哲学"实体本体"的意味从儒家哲学的解读当中化解掉，而张祥龙试图重构孔子礼乐哲学的兴发语境，林安梧试图重构夫子的生存活力和哲思气象，相比之下，意哲学试图继承他们的解读，强调孔子的哲学中心思想"仁"可以从"仁人之意"的角度加以哲学解读和重构，这本身就是仁人之意之意识生生（意生）的过程。孔子的人生意识生发过程，就是仁人之意识之生机的实化过程，孔子的意识本体之前被称为"仁本体"，或者"情本体"，其"仁人之意"无疑是一元的、连续的，成为后世儒者看待世界的基本意识状态，塑造了中国文化的无意识，并因其"亲亲""仁民"的经验基础，化为中国人个人潜意识的深层部分，只要家庭不败，社群不灭，儒家"仁人之意"文化潜意识的深层影响就会久恒存在。

六、"仁人之意"的意本论哲学

心思意念发动尺度最难，而孔子对于每一个尺度都给予了明确的规定，这就是心意发动的瞬间要反思心意发动的情境之状态。这种反思的状态是儒家心意哲学（Confucian Philosophy of Intentionality）最为特殊、最为核心的内容。儒家心意哲学的几个重要特点：一、心生一体性（continuity of mind-heart and human body），即身心的交融互

---

① 张祥龙：《孔子的现象学阐释九讲》，《儒家哲学史讲演录》（第一卷），第10页。

动性。二、心意的反身创造性（reflective creative intentionality），反身自省的意念状态是对意念修正的关键，是对心意之境（intentional context）的反省明白，如"三省吾身"（1•4）的反身性就是对心意发动状态的反省，这种反省的机制是儒家心意哲学的重要特色，可以与现象学、心灵哲学相关问题做比较。

李泽厚的"今读"并不是为了说明中国或者儒家的经典有哲学，而主要是以《论语》为基础随文附带说出他过去几十年的相关哲学思想，这样的立意使他对很多篇章不求甚解。其实，他有能力解释出《论语》中有中国的"真正哲学"，可惜他没有做这样的工作。《论语明意》则希望能够依托《论语》说明中国有"真正哲学"。同时，此书致力于推进安乐哲与罗思文《论语》译文的副题——"一种哲学翻译（A Philosophical Translation）"的哲学性，推进他与郝大维合作的《通过孔子而思》到他的《儒家角色伦理学》的相关哲学论题、命题、论证等，以期证明《论语》不仅是中国"真正哲学"当之无愧的代表，即使在世界哲学经典当中，也称得上是有"真正哲学"的哲学思想经典巨作。但是如何将其中的"真正哲学"理解出来，而且是用"真正哲学"的方式来论证和解说，这就需要在比较哲学视域中加以疏解并重新建构。

本书从"仁人之意"提出"天良之善"①，致力于回答儒家之善何以可能的问题。人性是善，还是无善无恶，还是可善？借助胡塞尔现象学和心灵哲学等比较哲学视角，我们可以讨论意识的"纵向结构"、意识的生成论、意识的本源、好善恶恶的来源，其极致状态如何理解和表现、意识的实化与经验的落实，意念如何转化为德行、凝聚为德性；儒家如何对治妄念、恶念、恶行？儒家对恶性何以可能的理解，对恶的意识的判断和反思；儒家对四端、七情、好恶等的思考

导论：从仁本到意本

———————

① 从孟子到阳明，为了说明心灵的反思能力，需要一个带有认知能力的主体，能够反思意念的善恶、正误，称为"良知"，其实认真琢磨之后，可以发现，从孔子开始，中国哲学家强调的是意念发动处就有能力反省意念的善恶，不是意念发动出来，另外有一个"良知"在观察和反省单向性的意念，所以良知的主体并不明确，是心吗？是脑吗？都没法说清楚。其实，应该是意念本身就是"良意"，也就是说，意念本身具备反省能力，知道是否善恶，而这里的"良"，不是后天的判断，而是来自先天的"天良"，通于天地自然之善。所以，"良意"其实就是"天良之意"，所以具有反思的、判断的能力。

和判断；对于慎独、改过、诚意、工夫等的思考，对时间意识、情感反省和意识转化与道德意识生成的可能探讨；对基于家的情与孝的反思等问题。

虽然今天研究《论语》不能离开西方哲学的参照，但应该尽量用内在化的、同情性的视角，带着温情和敬意去理解把握先哲的思想，而不应该用外在化的、描述性的视角，因为那样很难把握孔子思想。李零倾向于描述孔子为"丧家狗"，认为"他这一辈子，颠沛流离，精神无所寄托。郑人的比喻很传神"[1]。杨立华、崔茂新、董楚平[2]等不同意李零把这篇译文作为解读《论语》的基调，认为这样解读出来的孔子形象失去了无限机趣。类似的情况在胡适与铃木大拙的著名争论中也存在，胡适重视历史脉络中的文献考订，铃木大拙则强调禅思想超历史的内涵，这种分歧使得二人在1949年夏威夷大学举办的哲学会议上公开针锋相对，互有诘难。辩论文章最终发表在1953年的《东西方哲学》杂志上。铃木大拙在文中犀利地回应到，胡适根本无法理解禅是什么，因此"没有适当的资格来就禅论禅"，因为"禅必须从内在去了解而不是从外在"[3]。可见，学者的学术关怀和思想倾向有所不同，李零与胡适类似，用的都是外在化的视角，对于铃木大拙运用内在的视角理解到的思想几乎无感，那就只能停留在黑格尔对《论语》的理解层次，而不可能有真正的哲学推进。

虽然凡是谈论儒家、研究《论语》，似乎就不可能无立场，即便

---

[1] 李零：《序》，《丧家狗：我读〈论语〉》，第4—5页。在第一版当中，他着重引用这段话：孔子适郑，与弟子相失，孔子独立郭东门。郑人或谓子贡曰："东门有人，其颡（sǎng）似尧，其项类皋陶（gāo yáo），其肩类子产，然自要以下不及禹三寸。累累若丧家之狗。"子贡以实告孔子。孔子欣然笑曰："形状，末也。而谓似丧家之狗，然哉！然哉！"并加以翻译：一次孔子到了郑国与弟子走散，孔子在城墙东门旁发呆，郑国有人对子贡说："东门边有个人，他的前额像尧，他的脖子像皋陶，他的肩部像子产，不过自腰部以下和大禹差三寸。看他劳累的样子就像一条"丧家之狗"。子贡把这段话一五一十地告诉了孔子。孔子很坦然地笑着说："（一个人的）外形、相貌，是细枝末节（或"不重要的"）。不过说我像条无家可归的狗，确实是这样！确实是这样啊！"（参见李零：《丧家狗：我读〈论语〉》，山西人民出版社2007年版）
[2] 参见董楚平：《自序》，《论语钩沉》，中华书局2011年版，第2页。
[3] 参见傅伟勋：《从西方哲学到禅佛教》，生活•读书•新知三联书店1989年版，第297页。

如此，尝试那种没有视角的观点（the view from nowhere）①，虽然是一种奢望，但也值得一试。道家有"道"观，佛教有"空"观，而儒家有"圣人之道"观，本书中改为"仁人之意"的意念之观。儒家因为眼中有人，心中有仁，所以总是饱含着对生命、活生生的个体的充沛情感，也就任何时候都不可能去掉或者离开生生之"仁（人）"。也就是说，儒家不应该站在无人的、非人的视角和立场，这种无论如何不能离开"人"的立场至少是人类中心主义，或者人道主义的立场，或如"仁爱"和"恕道"等说法的基本立场，也可以说是以人（仁）或者人伦为中心的思想视角或场域。

基于此，本书不同意儒家需要外在超越论者说。现代人还说"老天爷"，并不代表现代人这么说的时候，就真心信仰外在超越人格的神的存在，只是为了表达一种超越人力控制的力量，让自己非常痛苦和难受，把这种无法控制的力量归结为"天"，与相信一个外在超越的人格神或他者，有着不一样的文化敏感性。不可把西方犹太—基督教的上帝观植入儒家的文本和思想系统，否则就是混为一谈，自己降低自己文化的特殊性，也就消解了儒家思想深沉的哲学意味。

《论语》之美、之深、之极致，来自孔子本人的意识境界之美之深之极致，所以解读《论语》之首要的工作，是体会到孔子本人境界之美之深之极致。要沉潜研磨，长期体会，与孔子的境界融通为一之后，才能把人文化成的大道发挥出来。孔子一生"纵横江湖"，其仁人之意的中心思想可谓他的"独孤九剑"，纵横天下，从不言败。其思想的剑气和锋芒，绵延两千五百多年，至今不衰。仁人之意在每个时代都被重新锻造，注入新的意能，不断扩展其意量，从而被修炼成为万古长青的"意丹"，熠熠生辉。

七、重建《论语》哲学的世界意义

如何立足儒家的仁人之意、亲孝哲学，改变和纠正这个世界对东方文明普遍性的忽视，尤其是对儒家为主体的中国文化的误解和不

---

① 参见Thomas Nagel, *The View from Nowhere* (New York: Oxford University Press, 1989)。

公正的解读，如何帮助以儒家为中心的中国文化在世界上占据它应有的地位，这是我们今天重建《论语》哲学的世界意义。本书认为，儒家思想的核心是"仁人之意"，也就是仁爱他人的意识状态。这种仁人之意来自那个风云激荡的春秋时代，四面来风，云诡波谲，长风浩荡，顺承天势，新奇之气层出不穷，孔子的生命力量被当时的国际形势、生活结构所激发，涌动鼓荡而摇曳生姿。今天我们要重建《论语》哲学的世界意义，就需要领会这个世界几百年来的风云际会，让儒家思想首先去面对世界历史的发展趋势，进而再去面对世界哲学思想的行进气脉。

1831—1832年，年仅25岁的法国贵族托克维尔到美国考察9个月后，于1835年出版了《论美国民主》（第一卷），预言美国和俄国将二分天下，他写道："其中的每一民族都好像受到了天意的密令指派，终有一天要各主世界一半的命运。"托克维尔注意到，美国人在与自然为他们设置的障碍进行斗争，追求自由；而俄国人在奴役其他民族，在与人搏斗。在宗教和思想方面，托克维尔发现了美国的一大特征，即美国的宗教虽然并不直接参加社会治理，但其实却是政治体制中的重要构成部分。所以今天我们考察美国的立国精神，有助于思考儒家哲学、思想和文化的全球性命运之出路。

第一批来到美国的清教徒把北美大陆视为复兴基督教的理想之地，致力于建造未来基督教世界的楷模，这些清教徒认为自己肩负着拯救世界的使命，他们的四种观点成为美国的立国之本。一是基于《五月花号公约》的民众自治精神，成为清教徒到美洲160年后，美国立国的宪法精神基础；二是山巅之城（City upon a hill），要求清教徒遵守他们与上帝的约定，否则将受到神的审判；三是昭昭天命（Manifest Destiny），认为美国被上帝赋予了向西扩张、横贯北美洲、直达太平洋的天命；四是美国例外论（American exceptionalism），认为美国地位独特，以自由、个人主义、法律面前人人平等、自由放任的资本主义等思想、制度作为建国基础，在世界上引领捍卫自由潮流，为人类提供机会与希望。这四点可谓美国人的天命观，是他们对自己终极使命的认知。

19世纪中叶之后，随着美国成为全球性的国家，美国的天命观在世界上一方面遭遇了伊斯兰世界的抵抗，一方面遭遇了国际共产主义运动的挑战。伊斯兰文化与基督教文化水火不容，表现为亨廷顿的

"文明冲突论"。国际共产主义与美国天命观在20世纪中叶一度构成平分天下的均势，但随着20世纪90年代苏联解体，美国的天命观重新一方独大，表现为弗朗西斯·福山的"历史终结论"。几十年来，在美国的社会主义组织团体基本缺乏政治影响力，这与欧洲大不同，所以眼看着美国天命的历史已经上演终结版而无能为力。不过，在美国致力于全球化的进程中，极端个人主义的泛滥和跨国资本无限度地追逐利润，激发了追求公平正义的社群主义思潮风起云涌，而美国在军事和经济方面对俄罗斯和中国长期的战略性挤压，事实上曾经的全球化时代已经被自己终结了。安乐哲一再强调，如今的美国想要走出严重的社会和思想危机，就要向以儒家文化为中心的中国文化和东方文化学习。

但美国的天命观使得美国的领导人觉得自己不需要向任何涉政文化谦虚地学习，反而保持和强化着"文明冲突"的态势。与此同时，儒家文化的天命观则得到复苏，并致力于保持时代发展的中道，在"允执厥中"的执政精神基础上，以"天之历数在尔躬"的主人翁精神构建人类命运共同体。所以，儒家的全球化命运就是要理解世界历史的发展趋势，也就是让儒家的天下观与"文明冲突"论展开对话。不过，文明冲突论致力于不同文明之间冲突的暴力解决，而以暴制暴必让暴力永无止境，相反，儒家天下观则致力于不同文明之间的对话和交流，试图重建人伦共同体的仁爱精神与公平正义。

从世界哲学思想的行进气脉来说，欧美虽然内部政治分裂，但其因为精神上的统一而对外相当一致，这是基于西方宗教有永恒、绝对的上帝以战胜一切的宗教信仰。中国基于传统的大一统精神，认定天下大势必然分久必合、合久必分。相对来说，西方上帝主宰一切的思路是单一的合的思路，而中国传统认为，分合都是大道的自然表现。西方世界史是上帝主宰的"合"的世界史，而自古以来，中国与世界互动的历史就是大道运化、自然演进的、分中有合、合中有分的世界史，分分合合从来都是家常便饭。可见，西方"合"的世界史思路是以人代天，以人的意志代替上帝意志，实现对世界大历史的引领，但中国则把分与合都交给天道，认为即使人力可以有所作为，但最终必然天道往复，历史的最终发展是分是合，其实会有天道在引领。所以世界历史演变具有偶然性和变化性，不能以决定论、命定论、目的论来判断或预言世界历史的发展方向，毕竟决定历史发展的因素非常复杂。

儒家哲学的时代复兴将有助于中华民族浴火重生,依从天道,突破欧美几百年来带给世界的殖民、压制和围困,以"允执厥中"的天道之运,破除欧美试图永远主宰世界的意图,改写欧美主宰世界史话语的书写方式。今天国际风云变幻,可谓又回到春秋战国那样的大变革时代,何谓天下之"中"?以儒家的观点来看,英美人并不在全球中正之处,他们并非没有破绽,不能认为他们有金钟罩,虽然西方文化的发展有希腊文化、基督教文化和罗马文化三大基础,美国建国以来一直试图模仿新罗马帝国,致力于复兴"条条大路通罗马"的古代高峰。不过,儒家认为天道好还,"穷则变,变则通,通则久",美国主导的全球化已经不可能继续下去,美国包容涵纳世界精英的气象如今已成明日黄花,这是基督教文化不愿也不能跟其他文化共存的延伸。

与此同时,复兴中的儒家文化却以雍容、宽厚的气度谋求与基督教文化、伊斯兰文化和世界其他文化和平共处。历史上,儒家文明已经被证明具有最根本和最广泛的普适性,所以终将在文明对话和竞争当中胜出。以儒家文化为主干的中华文明有2000多年的文明交流对话的历史经验,可以说具有最为宽泛和包容性的普适性,终将跑赢与新教文明的历史性竞争。在殖民地时代和全球化时代之后,儒家文化与世界文化的竞争格局已经形成,在这个文化竞争的阶段,儒家文化一度处于衰世,甚至被抛弃,张祥龙甚至认为应该进行"思想避难",建立"儒家文化保护区"来保护儒家文化,虽然这是致力于保护儒家文化的活种子,但既然儒家文化根基于"孝"和亲亲,那么只要人伦不变,就没有理由相信儒家文化会在文化竞争上永远居于弱势。

天道阴极阳生,所以儒家文化的复兴必须要化解和打通世界哲学思想的行进气脉。首先,天道的行进不可能受思想进化论的支配,单一的宗教文化精神和哲学精神,都不可能永远主宰世界哲学思想的行进方向,也就是说,肇始于赫拉克利特的"逻各斯"、柏拉图的《巴门尼德篇》和黑格尔的《逻辑学》等西方哲学经典所规范的世界哲学整体之内在逻辑所决定的二元论、无中生有论、本体论(根据论)、目的论设定、纯粹主体论等,都将为儒家的仁人之意哲学所破解和化解。

儒家仁人之意的哲学是天道一元论、非对象化思维方式,将化解西方哲学二元论和对象化思维方式。对象化的思维来自世界根源于"理念""实体"等根据和奠基者,从而造成主体和客体二分对待的思维模式，整个西方哲学史可谓为了弥补二者的分别而无限努力。儒家的一元论不是僵化的整体观，不是观念性、概念化的整体论，而是充满动力的、融汇阴阳二分的动力性、非对象化的天道一元论。

儒家生生哲学是境遇创生的，而不是无中生有的。西方宗教的神创论影响了西方哲学中的无中生有论传统，外在、超越的神在哲学中被永恒的、单一的本质和根基所代替，但希腊哲学的理性并没有从根基上摆脱希伯来宗教的哲思精神，那种以"神"为中心的宗教哲学精神，被西方哲学转换为以"理念""实体""绝对精神"为中心的本质论和本体论。相比之下，儒家哲学是以人为中心的、境域性创生的哲学，是基于人的身体和意识经验的哲学运思，而不是对人生经验加以概念分析、逻辑演绎的哲学系统。儒家哲学思想的构成性、生发性都以生生不息的生命体验为基础，从来都不是冰冷的概念推理和逻辑展开。

相比西方的本体论、本根论，儒家哲学是以孝、仁为中心的哲学，孝为人情之极致，而仁则来自天地或宇宙的生生之仁，孝和仁是以性命贯通的根本生发点的一体两面，所以孝仁之学即参赞天地之学。孝与仁的实化过程就是成己成物、成就自我、进而参赞化育的人生演进过程。所以儒家形而上学重视关系而非根据性的实体，关系是原发性的，打开之"间"的，过程性的、动态的、富有创生力的，概念都是彼此缘构的、意识都是互生互成的。关系不是某种概念，不是某种设定，而是活生生的缘发态势，是意识生成必有其缘的本源性的关系动力型状态。

儒家哲学没有永恒的、超绝的目的论设定，循环的天道时间观也反对把时间视为永恒的单向度的轴线，相比来说，当下的时机化才是时间的真正意义。节气是对天道运行的领悟，阴阳合历、六十甲子的历法时间架构中的意义构成，从来不指向某种终极性的目的，所以儒家的时间是当下的、在世的，传统上以阴阳五行为缘构境遇的，而不是未来的、来世的，以离开人间、追求出世间为根本指向的。本书重读《论语》，并不等于只是简单回复2000多年前的时空境遇而已，孔子的时间意识的生发状态，其实已经包含着后代无限开启的各种可能性。

儒家天道哲学是无对象、无主体的，所以不可能有与追求本根相关联的纯粹主体论。孔子不是儒家哲学思维的启蒙者，孔子的理性也不能成为盖过一切、主导历史的启蒙理性，因缘而时机化展开的仁人之意更不是黑格尔意义上那种"绝对精神"的展开，儒家天然地化解任何绝对性的、唯一性的、单调的、纯粹主体的精神性言说状态，其哲学思考都是"述而不作"的、境域性的、缘发性的、乘势而成的。

相对于西方哲学的行进气脉来说，儒家哲学的复兴至今不过是边缘性的，外围性的。但从人类哲学演进的大历史来看，世界哲学不可能永远是西方哲学一枝独秀的独白，而能够包容、吸纳和化解西方哲学思想气势的，只有以儒家为主干的中国哲学思想，所以长远来看，中国哲学思想现在虽处西方主体的世界哲学地图的边缘，但终将对西方哲学中心构成深层的、决定性的挑战。①儒家哲学本来在古代就与希腊哲学一样乘天势而生，如今再乘中西激荡的天地之气势而涅槃重生，以仁人之意转化西方宗教之博爱，以义化解现当代的公平正义，以礼化通现当代各种政治与管理制度，以知通达当代认知科学。通过现当代格物致知的洗礼，儒家思想已经浴火重生、脱胎换骨、返本开新，从而实现仁人之意构成为现代意味的哲学思想之转化。

仁人之意原发于意，是意本论之意生的新维度。如何让孝乘天势而重回现代社会，就需要让孝意重生于当代人的生活场域。儒家之"仁"本身就是对天地生生之意的意会，是意识之生，即"意生"，所以无意则无生，无仁人之意则无儒家孝仁之生。可见，"意本"在"孝仁"之生生之前，有仁人之意之"生"，才有"孝意"和"仁意"，所以仁人之意是儒家的原发基点，不离孝的天然发生情境。这种仁人之意来自永恒的亲子关系。虽然儒家已经失去制度化的存在基础，但只要确认儒家基于亲子关系的源头活水，儒家就有复兴的可能。在全世界各大哲学和宗教当中，只有儒家哲学特别重视亲子关系，重视孝心和孝情，即使最强调家庭关系的犹太教，都以人神关系为中心。②所以儒家对亲子之孝的特别重视，以及对"仁人之意"的推致之努力，说明儒家哲学的世界意义，必须要回到儒家思想独一无二之处。

这就是说，西方哲学的世界化历程行进到东方哲学的深层底蕴的时候，如果仍然只是如过去几百年那样一味地强调自身的主体性，

---

① 安乐哲的努力试图改变中国哲学在世界哲学当中的位置，"他一直试图让典籍说话，让典籍来回答世界所遭遇的种种问题"。参见罗思文、安乐哲：《儒家角色伦理——21世纪道德视野》，吕伟译，浙江大学出版社2020年版，第190页。
② 参张祥龙：《孔子的现象学阐释九讲》，《儒家哲学史讲演录》（第一卷），第207—208页。

却不能有开放和包容的气度，那就要被复兴中的儒家哲学的"仁人之意"所包容、所涵摄、所蕴含。这就是儒家哲学复兴的天势，而儒家哲学的仁人之意以亲子关系作为最切近人生经验的思想核心，是最活泼和无可否认的纯粹经验，其实也最没有超越性，甚至最不需要超越性。那种认为，涵摄西方哲学与宗教需要重建儒教，而重建儒教又需要诉诸天或帝的宗教性、超越性的努力，其实是走错了方向，忽视了儒家对人情之体认的源头活水。儒者之真诚和原发的动力来自对生命本身来源的真诚，是儒者对家庭的真诚，对亲子关系本身活泼泼的体认，所以不需要诉诸外在的、实体性的神灵。儒家的一切哲学思考，都从身体出发，而身体是不超越的，因而基于身体的运思都是不超验的。

儒家理解了人类生命的源头活水，家庭关系无论怎么受到伤害，都无法被忽视和否认，所以只要人类存在，就有家庭，就有亲情、孝顺和仁爱，儒家生存和发展的土壤就不可能被忽视。儒家对身体的重视意识也就能够一再得到强调，而代际的传承，代际的时间观念作为儒者的生存时间感，也不可能被否定。儒家的真诚，首先来自家庭的理解和对家庭成员的真情实感。

儒家从根本上不需要依托教会、党派和国家来生存和发展，只需要依赖家庭和家族关系的体认就可以延续不绝。儒家也不完全需要依靠学习、教育或者政治生活来维持，因为亲子关系的体认才是真正的学习和教育，从持家开始的儒家生活才是真正的政治操练。正是在这个意义上，儒家的哲学意识是一元的，不需要借助人神二元关系来建构，更不需要通过纯粹的信仰来维持，也不需要维系信仰的教会组织，而且没有组织化、军事化的倾向，即使政治儒学，从古到今基本都是强调儒家道统高于现实治统的学术理想，而不是为把儒家政治化、组织化、军事化而实践努力。

正是因为儒家哲学仁人之意的中心足以对抗历史上无数的风雨，故而儒家的仁人之意表现出无限的韧性，它是一种和基于"亲亲"一样不可否认和无法抹去的韧性。即使今天的社会再也不是传统社会的"耕读传家治国"的基本形态，但儒家基于"亲亲"的仁人之意，是可以超越社会形态本身的，而且可以跨越政治和国家的边界。

传统社会里面，儒家的教化是依托科举制度和风俗影响的，所以很多人觉得科举没有了，传统的风俗不在了，那么儒家的教化基础就被动摇了。其实，这是没有搞清楚什么是儒家教化的核心。儒家教化的核心还是对"亲亲"的体认，对仁人之意的确证，只要人与人基于亲子关系的各种人伦关系能够得到理解和体认，那么儒家的教化之核心就能够被确证和建立。

亲子关系恰恰是一切关系当中最为普遍化的、最有普世性的存在。虽然西方化对中国传统社会结构摧毁相当严重，但中国不可能、也没有必要完全按照西方"市民精神"去建构"公民社会"，更不应该把每个人都逼成原子式的个人。儒家明确反对西方那种超越家庭、废除家庭的努力，反对国家建基于科学原则、神学原则或者法西斯的种族主义原则对后代进行优选和重新组织的倾向。①虽然科学的发展、科技的进步、政治的革命、两性平等的努力等对传统家庭关系构成了巨大的冲击，但人不可能真的没有"家"，所以基于亲子关系的仁人之意总会得到维持和传承。

从19世纪中叶开始，西方打压、侵略和拆解中国的历史持续了一百多年，最后中国不得不以独立的军事力量重新立国。但为了在国际上生存发展，中国不得不在国际上谋求力量平衡，可以说，今天中国再次回到寻求全方位独立自主和文化自救的历史关头。也就是说，之前的文化史都是民族文化走向自决的历史，是中华民族文化争取立足于世界民族之林的过程史，从今往后，才是中华民族文化自本自决的历史，是中国文化重新独立于世界民族文化之林的历史。未来几十年中，中国需要参照世界文化重构自己的文化系统，既不否定和抹杀自己的文化，也不过度崇拜西方文化，而是扎扎实实重建中华文脉。

蒙培元说："今日理解孔子，必须参照西方文化，但又不能简单地套用西方文化的观念，庶几可以讲出孔子思想的真精神。"②这其实是几个世纪以来理解孔子和解读《论语》的基本视角和主要共识。《论语》作为中华文脉之核心所系，当然需要在世界文化大历史观之中得到重新解读和建构，在此过程当中，既不能抹杀孔子的见地，也不可以过多移植、嫁接西方的理论，毕竟这两方面的工作，前人已经做了很多，如今要做的，是真正让儒家的精神重新生根发芽。

---

① 参见张祥龙：《孔子的现象学阐释九讲》，《儒家哲学史讲演录》（第一卷），第208页。
② 蒙培元：《后记》，《孔子》，北京大学出版社2019年版，第209页。

虽然土壤已经发生了巨大变化，但儒家思想和精神的元炁还在。《论语明意》重新解读《论语》篇章，力图恢复儒家哲学、思想与文化的元气，甚至再造和重启中华文脉。希望《论语明意》的读者能够意识到，只要《论语》在，中华民族的文化气脉就在。

3000年前的周代文化就蕴含了后来的大一统气象，其中的精神可以包容后来历代和各国的各种文化，而且因为《论语》没有一神崇拜的宗教，所以反而可以涵纳和通约各种有神论的文化和宗教情感。《论语》孕育了中国的礼仪精神，或者说恢复了周礼的精神，而这也是中国未来要继续分享给"天下"的。《论语》的核心是仁人之意，也就是仁爱他人之意，没有种族，没有宗教的区别，一切人都要彼此相爱，儒家的仁爱精神其实不逊于基督教的博爱精神。虽然儒家的爱始于家庭、基于家族、终于家国，但中国的"家"文化意识经过近代化和工业化的改造，已可建立与西方家庭意识对话的"家哲学"，认为"家"是中国哲学的一个自主论题，且具有本体论地位。①传统的祖先崇拜、宗族观念等之前被打破，今天需要重构、再造和提倡儒家新的家庭之爱和社群之爱，如此或许可以消解基于一神论的族群仇恨和宗教战争，为未来文明世界走向永恒和平提供理论基石。

周代的文化经典奠定了中国人3000年的审美意识，这种审美意识只有在中国文化重新回到世界文明中心之后才有世界性的意义，之前它多作为他者被冷眼旁观，比如放在博物馆里面被欣赏。如今我们要说，这种以仁爱为核心的礼制文明，有着"美美与共"的价值追求，建立在基于人类共通的人性之上，需要全世界人民一起去欣赏和守护。人类各大宗教都基于共通的人性和彼此仁爱，儒家思想可以化约世界各大宗教如伊斯兰教、基督教、天主教等宗教的基本教义，而且可以超越一神论宗教之间的竞争和冲突。

在写《论语明意》的时候，儒家的发展到了一个历史性的十字路口，当代儒家不能再走传统公羊学的道路，不必寄望通过改变制度来改变时代；不太可能纯粹通过发展经济来改变民生；也不太可能走依托顶层设计的道路的时候，留给儒家的空间到底在哪里？品读《论

---

① 参见孙向晨：《序》，《论家：个体与亲亲》，华东师范大学出版社2019年版，第1页。

语》我们会发现，所有这些改变现实的可能性，夫子一生之中，都竭尽全力地尝试过。《论语》告诉我们，这些道路之外，儒家仍然能够大有作为，儒家仍然能够成为儒家。3000年前的周朝就建立了延续至今的家国道义意识，这些家国道义意识经受住千年风霜雪雨的残酷考验。今天，我们重新解读《论语》，也是要证明这些家国道义意识真实不虚，而孔子确立的礼乐教化的治国理想，其实可以与康德意义上"永久和平"的理想遥相呼应。

八、仁人之意的哲学判摄

儒释道三家虽然构成了中国从古至今文化江山的主体，但比重不同，并不是三分天下，而是儒家占据主流，所以关于儒家的哲学讨论，也是历代哲学思考和讨论的主轴。这或许是因为孔子虽然一生颠沛流离，不为所用，但在后世确如无冕之素王，从未离开思想文化的最高宝座。在西方，很少哲学家的言论能够像孔子言行记录的《论语》那样，其各种解释几乎成为装点门面、粉饰太平、打倒权威、以至于推翻文化宝座的重要手段之一，各种诠释之间时常翻云覆雨，变化无穷，实在令人感慨万千，唏嘘不已。

正因如此，本书力图独立自主地走出解释《论语》的思想路线，所以要围绕古今中外关于《论语》的介绍对中西哲学加以判摄。我们看到从古至今关于《论语》的解释纷乱杂多，仅断句就五花八门，如果都仔细考察，往往令人莫知所从，所以训诂学、语义学的考察虽然是翻译和解释的基础，但不是考察的重点。本书的重点在于借鉴孙向晨提倡的"迂回西方"，"以中国的眼光重新审视西方哲学在这方面的缺失与论述，形成新的视角，发现新的线索"[①]。如果以《论语》的各种翻译和解释来判摄古今中西各种哲学思想，可以发现今天中国的思想天下，并没有离开《论语》所"视"之"掌"。今天中西哲学领域各位有见识的哲人所要拥有、面对、经营全新的天下，也并不可能离开《论语》所"运"之"掌"。

仁不同于存在，不同于希腊哲学开始的"作为存在的存在""存

---

① 孙向晨：《序》，《论家：个体与亲亲》，第5页。

在本身"，所以研究仁，要离开强调永恒不变、指向终极目的、强调概念定义的实体本体论。虽然仁的解释源远流长，但其哲学意味可谓"不识庐山真面目"，几乎无法在传统哲学语境当中自己讲出来，所以仁人之意建构确实需要迂回西方哲学，在参照西方哲学，尤其是过程哲学的过程当中才能建构起来。所以说，仁人之意倾向于过程哲学的解读路径，同时重视面对现象学、心灵哲学、实用主义等他者去激发仁的意哲学韵味。

《论语》一"意"贯之的大美，需要细心玩味，沉潜涵泳，出入其间，用生命情感去"体贴"，而不仅是"翻译"和"理解"！所以本书通过译和解来出"意"，建构以"仁人之意"为中心的意本论儒家哲学。从"意"的角度，我们不仅要复兴传统儒家文化，而且需要传统文化的指导，从圣人之教中汲取智慧以解决当世的困境。

本书的解释体例主要分为译、解、意三部分，但因为全书有500多章，不一定每章译、解、意面面俱到，根据每章的不同情况，适当运用。原文断句折中诸家，合理取舍，有些地方说明如此断句的理由。有些注有辨析字音，以便阅读和解释字义。

"译"是尽量精准地译释文意。一方面译出本意，但也试图围绕"仁人之意"的中心思想加以合理诠译。关于人名的翻译，学生同辈记录，用对方的字（如子贡）表示尊重，而先生可以直呼其名（如赐代表端木赐）。举例来说，"子贡方人。子曰：'赐也贤乎哉？夫我则不暇。'"（14·29）称呼自己、平辈或彼此地位相当者、尊称别人的时候，用字而不用名；直接叫别人的名，是对别人的冒犯和不尊重，比如"指名道姓""直呼其名"就是贬义词。关于"子"的翻译，依据不同情境，或者译成"孔子""老师孔子"，有时译成"先师孔子"，或者直接译成"夫子""先生"，以突出语境的礼敬味、追忆味，虽然都是学生们的记录或者追忆，但可以尽量补足其情感色彩，以还原活泼生动的对话场景。

"解"的部分包含必要的注释，说明和解释译文如此翻译和诠译的理由。根据历代注释和当代注本，解释每章的历史情境、言外之意、理解的要点和难点等。解中带注，把历代相关的合理注释加以分辨和讨论，形成围绕中心思想更加合理的新解释。本书多用英译并加以比较辨析来帮助读者理解文意，而对于古注，则尽少引用。一来，古代和现当代引用古注的《论语》解读著作，可以说比比皆是，读者很容易找到；二来，几乎所有的英译，都是在参考多家中国古代注本的基础上，经过译者的理解和消化而后找到他们认为最恰当的英文来表达的，所以译文不仅有英文本身表面的意义，更有译者消化古代注本之后体悟到的意思融入其中，读者通过多家相互比较，可以细细品味译者的笔法和理解的深刻程度。

"意"是从"仁人之意"的角度出发，建构意本论哲学系统，既是对孔子哲学思想的继承，又是其思想的当代发展。该部分有如下几个特点：突出说明孔子的核心思想"仁"可以理解为"仁人之意"，与"仁"范畴的内涵和外延接近；突出意本论意义上的"意"，适机运用关键词如意向、意能、意量等概念来建构意本论；建构意哲学，即通过与西方哲学中的心灵哲学、现象学、过程哲学等哲学思想对话和比较建构"仁人之意"意本论，在中西比较的哲学视域当中建构"意本论"的儒家哲学思想，展现儒家传统哲学的当代形态。应该说圣学血脉本来超言绝相，作者希望通过"仁人之意"与孔子心心相印，展开孔门心法的当世版本，让更多人成为孔门心法的传人和使者。

学而篇第一

1·1 子曰："学而时习之，不亦说（yuè）乎？有朋自远方来，不亦乐乎？人不知，而不愠（yùn），不亦君子乎？"

【译】先师孔子说："学（着如何把心意持守在仁人之意的大道中），能及时、适时地常常温习和练习，更进一步付诸实践，难道不是一件很愉快的事情吗？有志同道合的良朋佳友从五湖四海来相聚，大家一起来修习如何持守仁人之意，难道不是很让人快乐吗？人家（一开始）不了解自己（对仁人之意大道的体悟），而我们（仍然要继续仁爱他人）并不动恼怒埋怨之意念，这不就是君子风度吗？"

【解】子：古代对有地位、有学问男子之尊称，相当于今天的"先生"，有时也可泛称男子。①《论语》书中"子曰"的"子"都指孔子。从学生记录和追忆的角度，"子曰"不仅仅是"孔子说""老师（先生）说""夫子说"，更应该是"先师孔子说"，但具体译文根据具体的情境来决定。

儒以"学"为本与源，"学"不仅要学习西周的诗、书、礼、乐等文化典籍，成为"君子"，更要对"仁人之意"有所"觉（enlighten）"，即觉醒和领悟，才能让心意当下反躬自省，保持觉知状态，把心意时刻持守在仁爱他人和世界的状态之中。学的繁体字"學"的下面是孩子被蒙住（如《周易》山水蒙卦，山下有水，水流而出，蒙住了，所以要蒙以养正）。孩子小时候懵懂，智慧被遮蔽，通过双手让他开启觉悟，好像卦变之中，阴阳"爻"交流互动，从而使得整个卦的含义得以明白而觉悟起来，好像学到了什么的意识状态。②理雅各（James Legge）和韦利（Arthur Waley）把"学"译成learn，许渊冲认为"学"的对象主要是知识而非技术，所以learn不

---

① 古代诸侯爵位分公、侯、伯、子、男五等，子是国君称呼的一种。春秋时大夫彼此之间，或大夫的下属，称大夫为夫子，等于称子，等于称君，孔子曾经做过鲁国的司寇（地位是大夫），所以弟子们称他为"子"或"夫子"。（参见潘重规：《论语今注》，台湾里仁书局2000年版，第1页）
② 参张祥龙：《孔子的现象学阐释九讲》，《儒家哲学史讲演录》（第一卷），第35—36页。

如gain or acquire knowledge（得到知识，辜鸿铭）[1]，但都没有提到"觉"仁人之意的高度。

时：古意为"某时"或"适时"，朱熹注"时"为"时常"，可引申为习惯、习常。"学"和"习"都在时间之中，意识之修"学"和实"习"也在时间流变之中。时间流变并不抽象，春夏秋冬时刻不同，不同的时和刻需要对应不同的"习"，所"习"得之"学"也就与初"学"之"学"不同。不同"时"意识状态也就不同，有不同的"习"，身与时不可分，意与时也不可分，所以学之时是学习的核心所在。长幼不同，朝暮有异，而"习"学有不同，被动择时而学习，是被动教育的基本状态，而自主学习的最高境界，是自动知时、悟时而主动学习。对身体的把握，如适时而休，适时而习；"习"于生活之中，温习加练习，包括心理意识的操练和在生活当中的历练，不断实践。《说文•习部》："习，数飞也。"朱子谓："如鸟数飞也。"习：指演习礼、乐；复习诗、书，也含有温习、实习、练习之意。《周易》有习坎卦，"习"指习于坎险之境，熟习、习惯于某种情境，在《论语》开篇当指的是习于仁爱之境。也就是说，儒门教人，个人心意发动要习惯保持在"仁人之意"中，用功既久，就会自然而然地习于仁爱之常境了。"习"有主动练习的意思，但最终的目标是习惯于仁爱之境。可见，"时习"是在时间中练习保持仁人之意境。可以说，"学"和"习"都是在时间之中的重复和练习，前提是学习者有控制时间能量的心力，这里体现出学习者必须具备的对时间的敏感，而对时间的敏感其实是文明的特质。康有为认为，"时势不同，则所学亦异"，不同时势境遇下，人们需要学习不同的内容。[2]总之，学是觉知；习是实习、习行，带有实践、行动之意。[3]学习是运用心意之力转化时间流逝过程当中的能量，即转化后天的天时之力，力图努力"觉"悟而进入先天之境。如果能够从后天之时"习"入于先天之"习"常，那么，思想的永恒性就开启了。孔子的"仁人

---

[1] 许渊冲：《〈论语〉译话》，北京大学出版社2017年版，第2页。
[2] 康有为：《论语注》，楼宇烈整理，中华书局1984年版，第1页。
[3] 参见赵薇、王汉苗：《正心：传统文化与人格养成》，中华书局2018年版。参见张祥龙：《孔子的现象学阐释九讲》，《儒家哲学史讲演录》（第一卷），第39页。

之意"正是在其后天的实践当中展开，但《论语》的字里行间总是具备先天恒常意境状态，所以2500多年之后，我们仍然能够"习"入孔子先天性的"仁人之意"境，可谓对孔子"仁人之意"的哲学思想进行了现象学还原，还原到了那种历代不断被体证和阐发的圣人意境。

对"时习"的翻译体现出不同程度的理解。首先，学习者在继续获得的过程中，要把已获得的付诸实践（as you go on acquiring, to put into practice what you have acquired，辜鸿铭）；其次，时常练习是不断把所学的重复性地运用［repeatedly apply what you have learned，安乐哲（Roger T. Ames）和罗思文（Henry Rosemont），以下简称安乐哲］；再次，是在恰当的时机重复练习（repeat at due times，韦利）；也是在适当的时候操练一下［in due time rehearse it，白牧之（E. Bruce Brooks）和白妙子（A. Taeko Brooks）］；当然也是每隔一段时间都尝试一下［try it out at due intervals，刘殿爵（D. C. Lau）］；第四，隐藏的重要意思是要坚持不懈地努力运用（constant perseverance and application，理雅各）。可见，时常练习、实践也可翻译出层层叠叠的深意。

说：通"悦"，学习仁人之意的大道，应该从内心深处感到愉快和高兴。李泽厚以"乐感文化"和"实用理性"为华夏传统之精神核心，[1]这符合心意持续保持仁人之意，同时把让自己欣悦的意能传递给他人，让他人也喜悦起来的修身境界，正如许渊冲认为译为pleasant（理雅各）或pleasure（韦利）都表示感性，所以不如表示理性之悦的delightful。[2]

有朋：一作"友朋"。旧注"同门曰朋"，在同一位老师门下学习，因而志同道合者，此处当指有能够理解与同情仁人之意这种大道的人从四面八方来学习的状态。换言之，"我"的仁爱之意的大道之学引发了"朋"友们从遥"远"的四面八方来应和，并以仁爱之意来回应我对大道的体悟和理解，我因为"我"与"朋"可以共同构筑"仁人之意"的意境而欢喜雀跃。与远方的友朋一起构筑仁人之意的通天乐境，是与朋友们一起经历对象化地学习，在交融激荡的过程中

---

① 李泽厚：《论语今读》，第4页。
② 许渊冲：《〈论语〉译话》，第6页。

融入非对象化的、时刻新生、纯粹而有力的仁爱化境。[①]

乐：与"说"有所区别。旧注说，悦在内心，乐则见于外，近于礼乐之乐。[②]相对于悦指的是仁人之意发动处的内在欣悦状态而言，乐是乐人乐事乐境，也就是乐于意之所向，意之所指，带有外向性和具体性。李泽厚强调"乐感文化"[③]，许渊冲也认可[④]。儒学修养是不断在欣悦的状态中充实意能，进而将意能传递给家人、他人和天下人的过程。理雅各译为pleasant，韦利译为delightful，许渊冲选择表示感性之乐的pleasure[⑤]。

人不知：通常理解是没人注意、不受重视（take no note of，理雅各），不被人注意到（be not noticed of men，辜鸿铭）；看起来似乎只是被别人知道或不知道（being known or unknown，许渊冲）[⑥]，其实应该不仅是他人知道不知道自己的意思，而是指别人不了解、不承认自己的价值（one's merits are unrecognized，韦利）。可以说，对仁人之意这种大道只有少数君子可以体悟，一般常人不学、不悟道，当然不能了解君子们已经悦乐于仁爱之意的大道当中的境界，也就是一般的人们不能够体会同情君子所发的仁人之意的状态、内涵与韵味。君子可以理解、宽容他人不够智慧、不够聪明，当然也就没有必要跟其他人生气。

愠：恼怒，怨恨。心念所发要每时每刻在仁人之意之中，不可转变仁爱他人的心念，不因为他人不能理解自己而有情绪，不把念头转

---

① 在意识的交融互动当中，进入非对象化的、纯粹而有力的灵感共振性的天乐之境，有"意丹"意味。（参见温海明：《新古本周易参同契明意》，上海三联书店2022年版）

② 音乐和快乐既是内在的又是外在的，其实互相造就，心情快乐时听到快乐的音乐，心情悲伤时听到悲伤的音乐，但音乐的物理性质，可以引发人的内在情感，如摇滚乐和咏叹调。音乐的经验要求内在与外在的共同作用。毕达哥拉斯说过：主观性的本质其实未必全部是主观的，我们内在的世界的创造是音乐可能的原因。主观性的来源，如果不是上帝创造的，那么是哪里来的？主观性是有目的的，有价值的，自动引发快乐的体验，好像无来由的。主观、客观的分析是需要的，内在外在的区分也是需要的。

③ 李泽厚：《论语今读》，第3页。

④ 许渊冲：《〈论语〉译话》，第5页。

⑤ 许渊冲：《〈论语〉译话》，第6—7页。

⑥ 许渊冲：《〈论语〉译话》，第9—10页。

到恼怒怨恨他人的方向上去，如乾卦初九《文言》"遯世无闷，不见是而无闷"。理雅各译成feels no discomposure（感受不到不安，面不改色），达意且传神；韦利译成to remain unsoured（并无酸意、心情并不变坏）；许渊冲译为careless（满不在乎）。

君子：在《论语》中有时指有德之人，有时指有位之人，此处指念念发动都在仁人之意之中的、对儒家大道有深刻体悟的人。君子时时刻刻仁爱他人、不因形势和利益改变仁人（仁爱他人）的意念。理雅各译为a man of complete virtue（德行完美的人），重君子之德，类似的译法有the superior man（优秀的、出众的人），a man of superior virtue（德行出众的人）等；辜鸿铭译为a wise and good man（明智而良善的人）[1]，类似的译法有a scholar，a man of wisdom（有智慧的人），the profound man（深刻的人）；刘殿爵、白牧之和白妙子译为gentleman（绅士），原意指有地位的富人，尤其不需要用工作谋生的人[2]，他们待人有礼貌、懂礼仪，会照顾他人，尤指英国贵族阶层，现代社会当中被认为有性别倾向的意味；安乐哲和罗思文译为exemplary person（典范人物），突出其为民之榜样和模范之意，其理想人格足供一般人模仿学习。安乐哲最初译"仁"为authoritative conduct，后译为consummate conduct[3]，基于他主张儒家伦理是角色伦理学（Confucian Role Ethics）[4]，认为人的关系先于个体性，君子之德行和位置，应该成为社会典范和人民表率。孔子反复讨论君子言行，就是想树立"君子"作为道德典范，让人民去模仿，因此"君子"作为儒家人格，就肩负着努力塑造自己社会角色的义务，修身以让自己成为典范人物。另外，重君子之"位"的译法有the man of high rank，the superior man，the man of high station，the man in authority。许渊冲认可钱锺书的新词译法intelligentleman（有

---

① 辜鸿铭：《西播〈论语〉回译——辜鸿铭英译〈论语〉详释》，王京涛译注，东方出版中心2013年版，第1页。

② 参见许渊冲：《〈论语〉译话》，第17页。

③ 参见安乐哲主编：《一多不分：儒学与世界文化新秩序》，山东友谊出版社2021年版，第95页。

④ 参见安乐哲：《儒家角色伦理学》，山东人民出版社2017年版。

才智的、聪明的绅士、上流人士）^①。

【意】"学"是《论语》的重要主题之一，但学的对象是文化知识，还是为人处世的道或理？还是关于世界与人生的智慧？"学"的本义有起卦看爻，学习心意通天之境的意味。孔子以关于世界与人生的智慧教人，是天人合一而且心物一元的大哲学家，在主客不分的哲思情境当中，孔子不仅教文化知识和为人处世的道理，也教关于世界与人生的哲学理解。

作为开篇的教导，本章可以理解为孔子在开学仪式上对学生们的讲话。结合孔门教化的核心是要学生们学会时时刻刻保持仁爱之意，也就是时刻让心意所发皆在仁爱之境中，对于这个孔门教化的主旨，我们可以这样理解：大家来学习理解仁人之意，并且学会如何在生活与社会实践中保持仁人之意，进而实化自己的意念到一种仁爱之境中，如果能够做到这一点，就可以保持一种欣悦的心境，让这种欣悦的心境作为心念所发的基本情境。

"一开始"代表意念与人交汇的初始阶段，人需要特别注意意念发动并与他人感通交流的起始状态。当自己有能力让心意保持在"仁人之意"之中，就可以跟周围同样有能力维持仁人之意的人心意相通，即使相隔千万里之远，彼此的心意只要都在仁人之意中，就可以感通于遥远的心境相通的朋友，就跟同门之中意气相投的同学一样开心，这是因为内心的仁人之意能够把无论远近的他人带入开心快乐的状态。这种乐不再是自心的小乐，而是与所有能进入仁爱之境的人之间心意相通的那种大乐。

当一个人能够让天下进入仁人之境的人彼此心意相通，并进入大乐之境之时，自己就有自知之明，因心意相通的人自然能够感知。即使周围的人对于仁人之意无感、不通，甚至完全不能理解仁爱之意为何物，此时仍然不要去转化自己的仁人之意，不可让自己的心意偏离仁人之境，不可因为与自己没有感通的他人对于自己的仁人之意无感而有一丝一毫的愠怨之意。

自己能够自始至终保持仁人之意，在实践中时时练习并习惯之，而且不因为他人不理解自己而有丝毫偏离，这种心意时时刻刻保持在仁人之意境界的人，就是君子的境界了。

---

① 参见许渊冲：《〈论语〉译话》，第9、10、17页。

1·2 有子曰："其为人也孝弟（tì），而好犯上者，鲜（xiǎn）矣；不好犯上，而好作乱者，未之有也。君子务本，本立而道生。孝弟也者，其为仁之本与？"

【译】有子（有若）说："如果一个人能够孝顺父母，尊敬兄长，却喜欢冒犯长官上级，这样的人很难碰到；一个人如果不喜欢冒犯长官上级，却喜欢造反作乱，这样的人从来没有过。君子专心致力于追求世界与人生智慧之大本大源，如果根基稳固了，他一生起心动念的正道就随之发展起来了。孝顺父母、友爱兄弟，这就是推行和弘扬仁人之意的根本啊！"

【解】有子：姓有名若，是小孔子13岁的学生，一说小33岁，后说较可信。《论语》中，孔子学生一般称字，只有曾参、有若称"子"，可能因《论语》由曾参、有若主导编著。

孝：字从"老"从"子"，意指子女善事父母的仁爱态度；弟：同"悌"，弟弟善事兄长仁爱态度；引申为根于孝心与孝情而应有的、对兄弟姐妹的、合宜恭顺的友爱态度。儒家认为"孝"道是人都应该而且能够意识到的，是对关爱我们的父母和长辈的回馈，人们都应该理解，"孝"意识是人之为人的根本所在。张祥龙认为，世界上只有儒家文化对"孝"特别重视。[1]

罗思文和安乐哲把"孝"译成family reverence[2]，强调其家庭情感境遇性和关系的本体性。通常认为，把"孝"译成filial强调自己的感觉和想法，不如fraternal responsibility；而早先的英译filial piety多被诟病。"孝"是《论语》中心思想"仁"的根源，首先指人因父母的养育而应对父母具备的回报之心、感激之情，并由此生发出孝顺父母的行为，这种因"孝"而"顺"没有"屈服（obedient）"的

---

[1] 张祥龙写道："这种以人间的亲子之爱为源头的学说，在世间大宗教中和哲学及伦理学中（包括中国的道教和东方的佛教），几乎是独一无二的，即便十分强调家庭关系的犹太教，也还是以人神关系为第一位。"[参见张祥龙：《孔子的现象学阐释九讲》，《儒家哲学史讲演录》（第一卷），第207页]
[2] 参见罗思文与安乐哲的《孝经》翻译，Henry Rosemont Jr. and Roger T. Ames, *The Chinese Classic of Family Reverence: A Philosophical Translation of the Xiaojing* (Honolulu: University of Hawai'i Press, 2009), 12.

味道。在此孝心与孝情的基础上，人应该主动对兄弟姐妹、父母亲友，还有世上的他人都保持近于孝心孝情的仁爱之意，即"仁人之意"。正如辜鸿铭所译，儒家希望人孝首先是做一个好儿子（a good son），才可能做一个好公民（a good citizen）；刘殿爵更强调要做一个服从的年轻人（obedient as a young man），这就把"悌"包含的尊敬兄长的意思往"孝顺"延伸了。犯：指冒犯、干犯。上：指在上位的人。安乐哲译成have a taste for defying authority，带出了几微，知几即行的意味。鲜：是少，《论语》中"鲜"字都是此意。未之有也即"未有之也"。务是专心、致力于。本是（树的）根本。刘殿爵区分单复数，以单数的root代表大人的根本，以复数的roots代表如孟子所言"四端"。道：《说文·辵部》："道，所行道也。从辵，从𩠐（首）。一达谓之道。""道"包含"首"，象征头或面孔，有主导、寻找方向、行走的意思，连起来是人在行走的过程当中，主导自己前进方向的意思，所以安乐哲译成way-making，强调其"行道"（making the way）之意。人最初作为胎儿离开母体时需要在母亲的产道中不断前进，在离开母体后，就要自己寻找前进的方向，不断完善自己，提升修养功夫。理雅各把"道"译成practice courses强调其实践性，他把"而"译为naturally（自然地）。

　　"仁"在《国语》当中出现多次，有"仁，文之爱也""爱人能仁"[①]的说法，说明西周的时候，仁就有爱的含义。《国语·晋语》还有"为仁与为国不同。为仁者，爱亲之谓仁。为国者，利国之谓仁"的说法，说明"仁"有关爱亲人、利益国人两重意义，在生活实践当中的表现也有所不同。为仁之本的"仁"通常译为benevolence（仁慈），其形容词benevolent来自拉丁复合词benevolens，bene是副词，意为"良好地""善待地"，volens是volo（我想要）的现

---

① 孟子在孔子之后提出"亲亲，仁也"（《孟子·告子下》）的说法。可以说，关爱、亲近、慈爱自己的亲人，是仁的首要表现。但孟子也说："亲亲而仁民，仁民而爱物"（《孟子·尽心上》），这就把亲、仁、爱做了区分，认为亲的对象是亲人，仁的对象是人民，而爱的对象是物或事。但更重要的是，孟子强调三者之间有一种递进关系，从亲人到一般人再到天地万物，这种爱的程度是不一样的，仁爱是居于对亲人的亲爱和对万物的博爱之间的状态。换言之，仁人之意正是基于亲爱亲人的亲情之实践和经验基础才能生成和发用，也正是在这种生成发用过程当中，才能及于天地万物一体之大仁大爱。

在分词，所以benevolent指想要善待别人的人或善良的行为，希望其他人好起来，不希望别人发生坏事，不嫉妒，不让人出事，可理解为圣洁的慈悲。只是benevolent不能传达"仁"更深层的意涵，如humanity具有的基于人性的人道意味。"仁"与"德"不易区分，在英译当中也有类似问题，如理雅各译为true virtue（完美品德），辜鸿铭译为moral character（道德特性），韦利译成goodness（善德）等。杜维明提到几种译法：E. R. Hughes译的human-heartedness（人之爱心）；Derk Bodde译的love（爱）；H. H. Dubs译的benevolent love（仁慈之爱）；H. G. Greel译的virtue（德性）；陈荣捷译的humanity（人道）[1]。杨克勤译成co-humanity（同人）[2]。安乐哲译为authoritative conduct（有权威性的行为），力图强调"仁"的社会关系性，"仁"者可以理解为代表社会价值的典范，authoritative有权威之意，与其"儒家角色伦理（Confucian Role Ethics）"认为"仁"是儒家角色在社会伦理关系当中的成就状态human becomings[3]（成人）相一致。"仁"是仁人之意在人际关系中实化的过程，是仁人之意在人际关系、礼仪活动、社会交流当中习得、操练、提升并实化的过程，也可以说是仁爱之"仁"实化出来而实现自我的过程，或是人之"仁"性实化出来成为人（仁人）的过程。许渊冲建议不妨创造一个新词manship[4]或humanhood（为人之道）[5]。

【意】《论语》当中的"仁"与爱有关，而爱又是建立在对他人和自己（人与己）关系的反省和察知基础上的，也可以称为"醒觉"，在意识

---

[1] Chan Wing-tsit, "The Evolution of the Confucian Concept *Jên*," *Philosophy East and West* 4, no. 4 (1995): 295–319; Tu Wei-ming, "*Jen* as a Living Metaphor in the Confucian Analects," *Philosophy East and West* 31, no. 1 (1981): 45–54.

[2] 参见杨克勤：《孔子与保罗：天道与圣言的相遇》，华东师范大学出版社2009年版，第260—265页。

[3] 参见Roger T. Ames, *Human Becomings: Theorizing Persons for Confucian Role Ethics* (Albany, NY: State University of New York Press, 2021)；亦参见Roger T. Ames, *Confucian Role Ethics: A Vocabulary* (Hongkong: The Chinese University Press, 2011), 87.

[4] 参许渊冲：《〈论语〉译话》，第61页。

[5] 参许渊冲：《〈论语〉译话》，第89页。

发动的当下反观自照。①"仁"是生命之爱，是生命力存续和转化的必然状态，也就是人之为人必"仁"，即必须爱人之意。换言之，不爱人，就不"仁"，就不是人，也就没有人之为人的生命力，根本就不能把"人"之为人的根本状态存在起来，一个人不"仁"，其意念不发动"仁人之意"，就不能以"人"的状态行于世间。"为仁之本"即以孝悌作为仁的根本。一说"仁"就是"人"，"为仁之本"即做人的根本。刘殿爵用单数的root来译，可以理解为仁爱之意有其大本大源。儒家从天道领悟出一个"仁"字，通过孝落实于人情之中。帮助人们意识到自己具有孝的反身经验，从而实现仁爱他人，并能够通达天地之仁。

孔子并没有强调人性善，直到孟子才明确提出并论证。"本立"其实是要求学生们要"立本"，当把"本"稳固住了，"立"起来了，之后一生起心动念的正道才能随之发生成长起来。因为"本"是人与世界相通的根基，"道"是人与世界每时每刻相通的起心动念，而这种起心动念需要遵循正道。《论语》是一部致力于匡正世道人心的著作，致力于让人心正而不偏，就是让人在每时每刻的起心动念中要涵养仁爱之情，所以为仁的根本，就是"仁爱之心的发动"，也是孔子教学的宗旨所在。②

孝的核心是意识的随顺，来自人意识到祖先对于天地的随顺，而自己必须随顺祖先的意识。孝的情感性存在让人在世间的实存从原初一点开始就是一种实实在在的情感存在，可以理解为felt-creativity，即情感性的创生性存在，孝心与孝情带着对父母之爱神圣感的回馈，也带着对父母之上的祖先的"慎终追远"情感意味。也就是说，所有的人只要血脉相关，从先人祖先到今天的家人，都是一种先天性的情感共在体（pre-heavenly felt-creative continuity），这是一种基于血脉联通的情感性不可分割的存在状态，不仅是哲学反思的对象，也有强烈的宗教色彩，因为与祖先的情感共在性可以延伸到天，感受到天命的实存性，即人的生存其实是天的创生，是天的一种创生性的表现。

---

① 杨立华认为，仁至少有两层意思，一层是爱，一层是醒觉，如"麻木不仁"之仁。（参见杨立华：《中国哲学十五讲》，北京大学出版社2019年版，第17—18页）
② 大部分《论语》解读都同情孔子试图拯救礼崩乐坏世界的理想，而礼崩乐坏并不仅仅是孔子那个时代，极而言之，每个时代都有礼崩乐坏的一面，即使是所谓的盛世繁华的外表之下，礼崩乐坏的状态也随处可见。如王邦雄序《论语义理疏解》，由王邦雄、曾昭旭、杨祖汉著，（台湾）鹅湖出版社1982年版。

孝顺父母、友爱兄弟的前提，即自己的心意时刻保持在仁爱之意的状态中，即时刻保持在仁人之境中，只要达到这种境界的人，是会努力不让自己的意念偏离仁人之意的。上一章讲怨恨他人不理解自己，这一章讲冒犯长官上级，是偏离仁人之意、背离仁人之境而不可取的行为。有若的论证是经验论证，不能理解为全称判断，即所有孝子都必然不冒犯长上。古代哲学的论证，不宜以严格的哲学命题去要求，而应如林安梧所谓"存在的读"而不是"论理的读"①。

君子把仁人之意视为人与世界相通的根本状态，把所有的心思意念、努力与用功都放在这上面，根本不允许有心思偏邪的可能性。如果能够心心念念都在努力护持仁人之意，就是努力涵养根本性的生机，浇灌仁人之意使之茁壮成长，务必培植根基令其稳固，则一起心动念的正道就能够坚贞强固了。而起心动念之正道的核心行为就表现为孝顺父母、友爱兄弟，这就是仁人之意发动的最为基础的仁爱之境。孝心孝意通达天地，当"自强不息"地发动出来，既通于人身之源即天地生生之本，又充满生机地在人间实化为"悌"，犹如"厚德载物"一般。"孝悌"即儒学之乾坤，或者鸟之两翼，儒学因孝悌而有人间之用，通天之效，翱翔宇宙人生之功。

儒学可以说是纯粹以"仁人之意"为中心的情本体论或情感伦理学，认为爱人是一切人类生活的根本原点，是极致的人道主义或人本主义。儒学不以上帝为中心，不以律法为中心，即使强调儒学以关系为本体、为中心的说法很有道理，但人际关系也要以人的存在为前提，所以儒学是真正的"人本"主义，而人之本即"意"，"意"乃人"意"，是人之为人的"意"，而不是"上帝之意"，不是《旧约》所谓律法之意，也不是孟德斯鸠意义上的"法的精神"，而是彻底的人在人间当有的仁爱之意。可见，儒学是彻底的（radical）、真正的人间哲学。相对于西方呼吁离开上帝中心的人本主义，儒学才是真正彻底的"人一元论"，也就是"仁一元论"，而意本论作为"意一元论"与"人（仁）一元论"是相为表里的。

1·3 子曰："巧言令色，鲜矣仁。"

【译】孔子说："言语华而不实，神色谄媚讨好，这种（虚情假

---

① 林安梧：《论语译解：慧命与心法》，第1页。

意的）人极少发动仁爱他人的真心真意。"

【解】前两章都是正面解释仁人之意的状态，并说明具体如何落实仁人之境，这一章即从反面来说明表现得花言巧语，色厉内荏，这种状态就是偏邪离开仁人之意的表现。上一章的孝心孝情是从正面的角度理解，这里是从负面的角度说明人的心意必然通过言语和神色流露出来。仁人之意是天地自然之意的流露，而仁人之意的真诚显现，也是"诚于中"道之状态，即诚中之意。

朱熹注曰："好其言，善其色，致饰于外，务以说人。""巧""令"意为美、好，指说话讨人喜欢，逗人喜爱。英译"巧言"为plausible speech（借口或解释似乎合理的、似是而非的言论①，辜鸿铭）/ cunning words / artful words / glib speech，都是"巧妙、巴结、狡猾、貌似可信"之意，比译为fine words好。"言"译为speech比words好，因speech有演讲义，出自古希腊修辞术，故有文饰意；强于word表达的"言语、话语"之意。"令色"的译法有insinuating appearance（含沙射影的外表）/ ingratiating countenance（讨好的表情）/ fine manners（伪善的态度）/ impressive appearance（令人印象深刻的外观）等，insinuating和ingratiating有讨好、巴结意，强调虚伪；fine 和impressive表示好、印象深刻，但欠缺逢迎意涵。"色"可译为appearance（外表）或countenance（面容、表情），译为manner（礼貌）指向整体行为举止，含义最宽泛。

仁爱他人之心发动无法伪装，毕竟言语和神色难以掩盖人真实的心意。孔子这里承认，人的言语神色不见得是人真心实意的流露，所以心意的发动，至少有里外两层，里层真实，外层表面，所以可能虚伪。他认为，那些虚情假意的人极少真正发动仁爱的心念。他希望人要努力做到内外合一，仁爱在心，心意发动皆真诚不虚。

【意】孔子通过强调虚情假意的意识是不可能来自仁爱他人的意识状态的，进一步说明一个人如果没有仁爱之心意，在世间就不可能有创造和成长的力量，更无法立身处世，枉论成就功业。如果不能从内心发动仁爱他人之心，就不可能推己及人，通达人心，也就不可能在人间成事。

---

① 辜鸿铭：《西播〈论语〉回译——辜鸿铭英译〈论语〉详释》，王京涛译注，第4—5页。

这通于《中庸》"不诚无物",也就是心念发动不真诚,就不可能成就事物,不能够建功立业。《中庸》"不诚无物"可以这样理解:任何事物如果离开了真诚至极的创生之力,就不能够保持其自身物之为物的同一性、延展性和绵延性的内在力量,也就无法维持其"同一性(identity)",即物存在的"身份"状态。可见,《中庸》说明心通万物的创生力之本,《论语》强调仁爱之心意的发动。

1·4　曾子曰:"吾日三省(xǐng)吾身:为人谋而不忠乎?与朋友交而不信乎?传不习乎?"

【译】曾子(曾参)说:"我每天从这三个方面反省自己:在为别人谋划考虑的时候,发动心思意念是否有不忠诚尽力之处呢?同朋友交往的时候,起心动念是否都诚实可信呢?要传授给学生的人生智慧,全部都经过我自己的实习并检验了吗?"

【解】曾子:名参(shēn),字子舆,生于公元前505年,小孔子46岁,鲁国人,是为鲁国所灭的郕国贵族后代,孔子得意门生,因孝出名,传著《孝经》。

省:是检查、察看。三省:一解"从以下三方面检查";二解"三次检查";三解"多次检查"。古代在动作性动词前加数字,表示动作频率高,不必解为三次。意识经常自我反省需要较强的意能,经常自我反省之后,能够扩大意量。

朱熹注"忠"为"尽己之谓忠",指对人当尽心竭力。理雅各译为faithful(忠实忠贞);韦利译为loyal to their interests(忠于对方利益);许渊冲认为应该译成think of their interest(为对方利益着想)[1]。朱熹注:"信者,诚也。"彼此诚实方能持守信用。理雅各译成sincere(诚恳);韦利译成be true to one's word(忠实于自己所说的话);许渊冲认为应该译成be agreed with one's words(言行一致)[2]。信是人之为人作为主体不仅彼此感通,而且信任对方。

传:指老师所传,如许渊冲所译what I teach them(我所教授

---

① 许渊冲:《〈论语〉译话》,第12页。
② 许渊冲:《〈论语〉译话》,第12—13页。

的）①。他认为理雅各译instructions of my teacher（先师所传授的教诲）和韦利译precept that have been handed down to me（传下来给我的规范/准则）都太过具体。习：指复习、温习、实习、练习。自己传授给他人的内容，是否是经过亲身练习的实践性真知智慧。阳明《传习录》之"传习"当取后者之义，指阳明从百死千难中来的，经过亲身实践的智慧。

相传《论语》最初是由仲弓在孔子去世时（前479）编辑；由有若在守孝三年结束时（前477）再编；之后曾子弟子在曾子死后（前432）又加以编辑。因此书中只有有子、曾子称子。"传不习"有不同解释，很多译成"老师传授给我的学业是不是复习了呢"也通，但应该是上面那样翻译更好。

【意】"三省"可理解为自我多次省察当下的意念状态，心意通于他人与己意同，人与人彼此相通应和。儒家是实化心意的伦理学，其实就是"反省"伦理学，心意当下的反省可谓是儒学的重要特质之一，甚至与道家、佛教的伦理学判然有别。"省"是儒家特别强调的，而且是自省，不是他省，不依靠外在的规矩或者命令，不是基督教外在的上帝之省，也不是道家的顺"道"或者依"道"而省。

自己如何可以成为自己心意的反省者、观察者，甚至评判者？这其实是儒家实意伦理最大的特色和最根本的伦理根基。儒家伦理终其所有都在论证意识的自省机制有自因自为的合理性。

仁人之意的彰显必然在人己关系之中，而人己关系的中道，操之在己，这里是曾子此章要强调的。可见仁人之意发动需要一种先行反省的机制，即一种自我反思与调适意念的机制，这个机制的开关，皆表现在主体对心意的控制力上。儒学在心意的控制力这个问题上可谓当仁不让，要求自己反省掌握自己的意念，进而掌控自己的命运。这与基督教认为个人应该承认自己有原罪，起心动念都可能自然出偏，从而需要上帝为自己的心意发动作主，可以说形成天壤之别。

简言之，如果说儒者主动控制意念，那么则可以说基督徒主动放弃对意念的控制力，交由全权主导的上帝来掌控。反省的机制是儒者调适个人心念的重要机制。这种意念当下的反省机制（self-reflective intentional

---

① 许渊冲：《〈论语〉译话》，第12—13页。

mechanism）致力于体察与修正当下的每一个念头的意能大小与意量分寸，关联着意念发动的情境（felt-creative context）。主体在意识发动之时，反省情感参与当下情境的程度，从而形成一种反省性的意念省察机制，这种机制在儒家的修身之中极为切要。总之，心意的反省机制是儒者修身的核心要素。

1·5 子曰："道（dǎo）千乘（shèng）之国，敬事而信，节用而爱人，使民以时。"

【译】孔子说："治理、领导一个有千辆兵车规模的国家，要敬畏且谨慎地处理政事，人民信任才能令出必行，节约用度而爱护官吏和人民，差使百姓要顺应农时。"

【解】道：同"导"，治理、领导。千乘之国：指拥有一千辆战车的诸侯国。乘是古代军队基层单位，每乘配四匹马拉的兵车一辆，甲士三人，车下步卒七十二人，后勤人员二十五人，共一百人。

敬事：指对待所从事的事务要谨慎专一、兢兢业业。儒者认为，人在世间扩展意量需要从敬开始，从而能够延伸到广远的意境之中。爱人：是孔门仁爱他人的仁人之意的核心。仁人之意意行而有节度，让人们感受到统治者有仁爱众生的儒家情怀，体现出儒家意识的生生气象，意念生生而富于行动力。

时：是农时，中国传统社会是农业社会，天时主导春生夏长秋收冬藏，一切意识和实践活动都要按照天时规律来。使民：是役使百姓，即希望百姓付出时间、精力来配合国家和社会的安排，这需要特别注意不能违背耕作与收获的农时。即使如今进入了工业社会，天时能量对社会政治活动的影响也非常明显，社会管理者意识状态还是应该时刻配合天时来行动。

本章强调几个方面："敬"就是要对所有的事务保持恭敬与虔诚敬慎的态度，之后专注做事，人们才会信任你；"节用与爱人"其实就是心意上处理事情的分寸，"节用"就是节约用度，"爱人"是爱护人民，都是仁人之意的自然发用；"使民以时"就是为了让人民能够顺着天时的节律生活作息，这是君主要有的"人天之意"，助成其仁人之意，即生生"自然之意"化为在人间的仁爱，而不可陷入被君主私意折磨的人为驱役之中去。

【意】《论语》中有很多讨论现实政治的篇章，说明儒家哲学思想有明确的治世用世的倾向，比如此章说明如何治理一个大国的方法，这一类讨论不少，可以说形成了"儒家政治哲学"的基本内容。如果认真体会本章的语脉，可以看出道（导）的心意状态，即一个领导者要如何保持合适的领导心态特别重要。

《论语》与《周易》《道德经》都提及治理国家的智慧，而这些智慧虽然说法不同，其实相通。儒家领导人的仁人之意，可谓《周易》"人天之意"的现实实践，也是《道德经》"自然之意"流露于人间的状态。可见，儒家领导人应该自然而然地助成天地自然的"人天之意"，仁人之意的"敬"（事）、"爱"（人），皆是完全自然而然，也是帮助老百姓达成心意通天的状态。

儒家论证自我驾驭的心意伦理采取的是类比法，即心意可能驾驭广土众民，当然可以反省自己，也可以观自改过，无所不能。换言之，这种论证是以王者之心来推导常人之心意来加以论证的，合乎"既然王者可以反省驾驭自己的心意，那么常人也都可以"这种推断逻辑。而一个王者的心意，是典型的时机化的心意，必依境而生（*creatio in situ*），依人民之境、依四时之境而生其心意，否则王者不可能成为王者。君子修身，也要像王者那样心意时刻都依时依境而生（contextual creativity）。

1·6 子曰："弟子入则孝，出则弟，谨而信，泛爱众，而亲仁，行有余力，则以学文。"

【译】孔子说："年轻人在家里要孝顺父母，出门在外要敬爱长上。行为要恭谨，言语要诚信，要普遍关爱众人，主动亲近仁厚之人。这样把仁人之意付诸实践之后，如果还有意量用在其他方面，就可以去学习文化知识。"

【解】弟子：是为人弟和为人子者，如安乐哲译为a younger brother and son[1]；或学生。这里是用前一种意义，不仅针对学生们，而是统称年轻人和后辈。入：入于父宫，指进到父亲住处；一说入

---

[1] Roger T. Ames and Henry Rosemont Jr., trans., *The Analects of Confucius: A Philosophical Translation* (New York: Ballantine Books, 1998), 72.

父母房间；或说在家。出：指外出拜师学习，要用为弟之悌道对待师长，以及年长于自己的人。谨：是寡言少语，不是不善言语，而是因为恭敬而对言语之发特别谨慎注意。仁：即仁者，发动仁人之意者，指修习仁人之意达到相当高的境界的人。英文译法有多种，以humane，humanity之译较为合适。①文：指古代文献，主要有诗、书、礼、乐等文化知识，可以泛指书本文字的学问。仁爱他人的意识层次感，可以扩展至全人类的意境。意识之文，是意识使境文化，赋予意境以文，使之有"文"，近乎天然景色需要"文"来雕饰。

【意】儒家认定这个世界是人的世界，而不是物质的世界，所以才会以人为中心，而不以身外之物（社会、物质）为中心；换言之，儒家以伦理为核心，不以科学为中心。儒家之"人"的世界，也跟道家"道"的世界与佛教"空"的世界有别。这章强调教育的首要目的，在于培养学生的仁爱之情，具备仁爱他人的能力之后，才去学习文献。其背后的意思是，如果人没有仁爱之意，学习知识越多，则偏离仁道越远，那样的知识学习并不会对人的伦理生活有根本的帮助，甚至可能适得其反，因为知识的训练不必然使人成为一个"善"人、好人。起心动念皆在仁中，比学习书本知识重要太多。但学习文献知识的前提是要运用仁爱之意，而不是其他意念。否则，知识越多，危害越大，这就偏离了儒家本"意"。

基于此本"意"，我们可以建立儒家的意本论哲学。儒家一开始就把心意的端正、意念的持守放在高于对一切外在客观事物确定性的求索之上。就短暂的人生来说，这样的排序并非没有道理，因为努力探究自然并不增加人们的福祉，也不能让人们得到在世间的安宁和快乐，所以修身养性，过一个快乐而仁爱他人的人生，是人生所有目标中的最高目的。

仁厚长者是有仁德之人，有仁德则起心动念皆在"仁"中，从而形成"仁"爱的品格，并且把"仁"内在化为自己的德性。仁厚之人即仁德深厚之人，是修行仁爱之心已经比较有成就的人。亲近仁厚之人就是亲近仁人之境，即主动接近于心灵充满仁人之意的人所涵养的境界（benevolently creative

---

① 陈荣捷认为，选择humanity来翻译"仁"是因为"人性（humanity）"包含了"仁"的所有方面，同时包含了"真正的人（true manhood）"所没有的形容词形式。（参见陈荣捷、张加才、席文：《新儒学的术语解释与翻译》，《深圳大学学报（人文社会科学版）》2013年第6期）

context）。也就是说，人应该主动选择处在一个仁爱的境界中，接受仁爱之境遇的熏陶，心意发动就容易习惯成自然，自然而然亲近仁人之意。

心意的仁人状态比起心意所及的客观知识来说更重要，这是儒家修身的关键特质之一，即所谓道德胜于知识，内在修养胜于对外在世界的探索。长期农业社会发展缓慢导致道重于器，影响到儒家强调求知不是追求客观知识，而是涵养纯善的心意状态。让心意纯洁，自然发用就是纯善，心心念念可以孝、弟、信、爱、亲，之后才去学习客观知识，而其实客观知识也不在这样的仁爱之心的范围之外。所以后来才有王学所谓"心外无物""心外无事"，因为心的端正，意念的修持，是比研究客观的物和事更重要的事情。

1·7　子夏曰："贤贤易色；事父母能竭其力；事君，能致其身；与朋友交，言而有信。虽曰未学，吾必谓之学矣。"

【译】子夏（卜商）说："如果一个人专心向贤，起心动念都向有贤德的人学习，同时能够压抑自己的轻慢或好色之心意；侍奉父母的心意能够尽心竭力地实践到位；服侍君主的心意能够把自己生死置之度外；同朋友交往的心意能够言语诚实、信守诺言。起心动念都能够做到这些的人，即使他自谦说没有专门学习过，（但因为他已实化了仁人之意，所以）我也要说他其实已经学得很好了。"

【解】子夏：姓卜名商，字子夏，孔子学生，生于公元前507年，小孔子44岁。孔子死后他在魏国宣传孔子思想，认为孔子思想是在力行中实化仁人之意的实践哲学。

贤贤：第一个"贤"作动词，意为尊敬、尊重。易：有四义，一是改变，意念生发之初，就及时改变意念状态，用心反省，时刻保持自觉和观照，孔门心法强调改变心念，或者当下改变好色之心，或者立即改变轻慢的面容和神色；①二是为尊重贤者而压抑好色之心，如皇侃、邢昺（bǐng）、朱熹说；三是以好色之心好贤，如孔安国；四是轻视，因为看重贤德所以轻视女色，如重视妻子贤德甚于长相、色

---

① 周志文的解释相对朱熹的解释更加合理一些："见到贤人在前，要收起平常轻慢之容色而肃然起敬。"（参见周志文：《论语讲析》，第35页；又见该书《后记》，第598页）

貌，如刘宝楠、宋翔凤、康有为、杨伯峻等。①

致其身：致意为"献纳""尽力"，即"忠君"是从政的核心，要全力以赴、竭尽忠诚地处理政治事务，达到时刻准备着献出自己生命的程度。孔子把"忠君"的人身依附关系与"事父母"相比附，认为都是一类的意识状态，父母是不可选择的，在孔子时代，君主也是不可选择的，其实在历史上大部分时期，人民都没有选择君主的自由。既然人民无法选择领导者，所以也就倾向于强调下属忠于上级要有忠孝于父母那种意识状态。

【意】一个人对待妻子的心意着重于她的贤德，而不在于她的美色，虽然有理，但不是孔子修养所强调的内容，更重要的是如何对待贤人，其实这里强调需要压抑自己的好色之心（感性欲望）才行，这通于宋明理学"存天理，灭人欲"之教。成为孔子提倡的文明人，做有修养的人，需要压抑自己的好色之心，让意欲向天上超拔，而不向地下坠落。"食色性也"，故"好色之心意"被认为是自然而然的倾向，而仁爱之意与向贤德之人学习的心意，被认为是与食色之心意相冲突的，这有常人的生活经验做基础。虽然好色之心很难改变，但运用理性来压抑是可能的，这与弗洛伊德认为文明起源于对性意识的压抑思想异曲同工。

与朋友交往就是与朋友进入一个共联的情境之中，这个情境的理想状态是前几章提及的，彼此都是仁人之意相互应和与感通，表现在言语上，是彼此能够互相信任，并信守诺言。孔子所谓的学习，是学习保持仁人之意，而不仅是学习客观外在的知识。

当官是为天子服务，这一点孔子不仅看得非常清楚，而且有很深的经历与体验。换言之，为君主服务，不仅要费心思为君主着想，关键时刻要敢于豁出自己的生命，这也说明从事政治有身不由己的特点。儒家的吊诡之处，一方面是意识到从政之人的身不由己，连自己身体的安危都不能保全，也就是要把自己的身体处于一种自己主体意识把控不了，而且要交给君主来把控的高风险的情境当中。另一方面，孔子只能寄望于掌控自己身体安危的君主是个爱民如子的君子，否则他只能离去。因此，他反复强调，无论政治情境带给自己身体的风险有多高，从政的人都要操控好自己的仁人之意，自始至终仁爱他人，因为这样一来，身体的安危就可能操之

---

① 参见韩星：《论语之道》，陕西人民出版社2022年版，第10页。

在己，自己也就容易明哲保身。所以儒家政治总是期待君王仁爱下属，官员仁爱百姓，造福他人与民众，这是儒家政治的根本原则，不可移易。

1·8　子曰："君子不重，则不威；学则不固；主忠信，无友不如己者；过，则勿惮改。"

【译】先师孔子说："君子对意境的持守如果不庄重就没有威严，学习的内容也就不会跟仁人之意一同凝固长久；为人处世要尽量保持忠诚信实的状态，不要同持守心志不如自己慎重的人交朋友；有了过错，就不要怕改正。"

【解】重：指庄重、稳重地（grave，理雅各）持守仁人之意的状态，是对意境的持守。刘殿爵和安乐哲译为gravity，表示有重心，持重。相较而言，译为grave比serious（辜鸿铭）更严肃，显得庄严肃穆。威：是威严，安乐哲译为dignity（尊严）。

学则不固：一解牢固、凝固、坚固，意境不庄重就没有威严感，意识不容易凝固，所学也就不会牢固；强调心志专一，注意力集中才能学得牢固。二解固陋，喻人见闻少，多学就不会固陋。主忠信：以忠诚和信实为主。"尽己之谓忠"（doing your utmost）。可见，学习的目标是为了对君主忠诚和对朋友信实，以便能够处理好人际关系，也就是在家庭、职场和政治场域，在人与他人的关系互动之中，保持并实化仁人之意，而实化出来的特点就是忠诚信实，这就是学习到了"觉"醒，也就是自我意识时刻反省而自知的状态。

无：通"毋"，意为不要，是意识在自我觉察的当下保持对于他人意识修为状态的分别和判断，比较他人与自己持守修行仁人之意的功夫和境界。不如己：一般解释为不如自己，特别指持守仁人之意的功夫和境界还不如自己（忠信）的人。另解类似，指与自己不同，不一个类型的人。大部分英译也都是在这个意义上翻译的，如理雅各译成have no friends not equal to yourself（没有一个朋友跟我不平等）；韦利译成refuse the friendship of all who are not like him（拒绝跟与自己不同的人交友）。刘殿爵译为do not accept as friend anyone who is not as good as you（不要跟那些没有你那么好的人交朋友）。辜鸿铭译为have no friends who are not as yourself（不要和与你不同的人交友）。许渊冲译为befriend his equals（与对等者交友）①。这样对朋友的要求很高，太理想化，中译基本也都是这样的意思。但不如不学习朋友"不如己（忠信）"之处的解释合理，而英译也基本没有触及"忠信"的内涵。这里应该强调，自己的意识分别之后，发现和辨别他人可能持守心意的境界，若是持守仁人之意的状态不如自己那么忠诚信实，那就不要学习这些缺点。

过：是过错、过失。惮：是害怕、畏惧。如果自己像之前分辨的"不如己"的朋友那样，意识到自己持守仁人之意不足，有了类似他们不够忠信的过错，那就不要害怕马上修正，虽然改过要求自己有比较强的意能，但改过正是增强意能的过程。

君子不重，则不威：指的是一种心意的持守状态，即内心对意念之发的枢机之谨慎持重的状态，这种状态是一种面对意念发动的枢机意味的领会，即意念发动就是一个世界的开启，所以对于当下意念的启动，都要非常谨慎小心，而且只有慎重至极，才能在言行上表现出一种威严之感。

"学则不固"要跟前面"不重，则不威"一起理解，否则五花八门，莫衷一是。因为重而威，心意持守有力，则学习的东西就跟仁人之意一起凝固共存，这是心意持重之后再学习所带来的结果。举例来说，一个人对某些事情特别用心，就是心意重而威，此时与心意相关的内容就会明白清楚，而且牢固长久。

【意】君子为了强化和提升自己的仁人之意，就要"无友不如己者"，就是不要跟持守心意状态没有自己那么持重和威严的人交朋友，因为这不是能力与知识的问题，而是如果他人对心意的持守状态不如自己忠信，就可能降低自己持守心意状态之重与威的问题。所以，与持守心意跟自己一样忠信或更慎重的人交朋友，自然心意的慎重力量就不断提高。人在修身养性的过程中，目标始终盯着朋友比自己好的方面（忠诚信实），至于不好的方面，当然不能学，这与"三人行，必有我师"（7·22）相通，都是要学习友人比自己好的方面。

"过，则勿惮改"的关键在"惮"字，一个人持守心意非常有力，自然对起心动念的过错极其敏感，一旦有过错，发现自己做得不够忠诚信

---

① 许渊冲：《〈论语〉译话》，第16页。

实，那就要立即改正，改正错念是需要意识力量的，也最需要勇气。换言之，意念的发动和持守，需要运用很大的意能与精力。自己有意能尽快去掉自己的缺点、私欲，就能让更多的君子亲近自己，远离小人，有利于建构仁人之意的人伦家国。

1·9　曾子曰："慎终，追远，民德归厚矣。"

【译】曾子说："（主政者）敬慎地料理丧事，虔诚地祭祀追念久远的祖先，人们的道德风俗自然就会趋于淳厚了。"

【解】慎终：是敬慎地处理丧事，让死者安心地（保持着仁爱之意在仁爱世人的意境中，不必继续牵挂世上的事情）安详地去世。朱注曰："慎终者，丧尽其哀。"通常指对待父母的去世，也可以旁及其他死者。主语加上"主政者"是因为"民"受"主"的影响，所以主语当是"主"，而非一般的"民"。

远：指祖先。朱注曰："追远者，祭尽其诚。"生者的意能接续先人，而显现出厚度（如安乐哲译"厚"为thrive），表现出更强大的生机，接续先天气机与意缘，从而显得生气勃发。强调在世之生是继天地之生，此生是接续先人之生而来。先人在世上走过一遭，其生意（生时之意）值得体会和追念。

【意】视死如生，事亡犹存。逝者身虽逝去但其意仍在，尤其是父母的意念对子女的影响在其死后仍然能够保持很久，而祖先的存在，其实就存在于后代的意念之中。儒家认为自己的生命来源于血脉的流传，这种后代对先祖的感怀，对天地的感恩是人民风俗淳朴厚重的来源。一种解释是如果人民都这样做，当然就移风易俗，民风就向善趋好。一种解释是领导人带头如此认真地处理丧事，会有移风易俗的示范作用，可能也是对于礼崩乐坏的时代提出的一个解决方案和处理方法。

死亡是心意发动的生理终点，虽然不同人在一生中所凝聚的心意、传递的力量不同，立德、立功、立言者的心意可以在死亡之后持续，但大部分人的心意主要在自己亲属与后人那里，以亲情的方式持续下去。后人要谨慎地对待先人肉体的终点，所以儒家强调重视丧礼。

通过对父母丧礼的重视去追念自己的先祖，体会自己的身体血脉与祖先及天地的关联，让自己的心意之境发动，意境从此变得厚重，让人民的道德与风俗因此变得醇厚起来。毕竟所谓道德与风俗的淳厚，就是人们的心意发动都不轻薄，都有深厚沉重的意念情境。如果贵族能够这样对待丧礼，对人民就有教化作用，人们的心理因此沉淀而厚重。丧礼教化的核心问题，是人们通过对亲人死者心怀感恩之情，不断沉淀追溯先人而变得越发厚重，那么这样一种内在的情感状态就可以涵养得深沉淳厚，这就有较为强烈的宗教意味，在体会别人的死亡的状态中领会死亡者在当世存续的精神意味。

"慎终"主要是指敬慎地料理丧事，即慎重处理父母的丧事。"追远"是指后人透过父母之丧虔诚地祭祀，进而追念久远的祖先，感受到自己的生命与祖先血脉相连。人民的道德与风俗的淳厚真正表现在每一个人的心意都不再轻薄，逐渐修养变得深沉厚重，这种慎重，尤其在对待先人去世的事情上可以涵养出来，其实最终还是要推到人与天地的感通之情，这对于今天建立儒家宗教感的现实依托形式有启发。

宗教礼仪确实是感通生死的关键，有助于人们沟通阴阳，让每一个生命超越个体当下有限的存在，与天地生生之气相互感通。死亡是生者的重新开始，每一个生者在面对先人死亡的瞬间，都倾向于重新思考生存的意义。意会向死之情，会增加我们德性的厚度，拓展我们德行的宽度和广度。关键在于，人民的道德和风俗通过对丧事的谨慎处理，就会变得更加醇厚。人民知道丧事之所止，将有助于人民道德风俗的培养。死亡是人生的生理终点，但未必是人的精神终点。人肉体之所止，未必是人精神之所止。先人的存在，通过我们的姓氏籍贯而为当世人所知，而其父其意，就如经典是公共的生生之意的凝固，后人可以借品读经典而穿透有限的人生，越过肉体有限的边界，去体会精神无限的存在。

1·10 子禽问于子贡曰："夫子至于是邦也，必闻其政，求之与，抑与之与？"子贡曰："夫子温、良、恭、俭、让以得之。夫子之求之也，其诸异乎人之求之与！"

【译】子禽［陈亢（gang）］向子贡（端木赐）问道："我们老师每到一个国家，总是能够听到这个国家的政事。这是他自己有意去打听才知道的呢，还是人家主动告诉他的呢？"子贡说："老师为人温和、善良、恭敬、自制、谦让，所以才得到人家的信任与尊敬。老师获取别人信任而预闻政事的方法，应该说跟别人主动打听的方法很不一样吧！"

【解】子禽姓陈名亢，字子禽。郑玄注为孔子学生，但《史记·仲尼弟子列传》未载，故有人认为子禽不是孔子学生。子贡：姓端木名赐，字子贡，卫国人，生于公元前520年，小孔子31岁。子贡有辩才，孔子认为可以胜任大国宰相。《史记》载子贡在卫国做了大商人。夫子：是古代对做过大夫者的敬称。孔子曾任鲁国司寇，所以弟子们称他"夫子"。邦：指当时割据的诸侯国。抑：表选择，"还是"意。温：是温和、温顺；俭：是节俭、自制。其诸是发语词，有"大概""或者"意。

【意】心意对当前形势，尤其是政治动态的关心是主动，还是被动，这里面有一个主体的分寸问题，也有旁观者的解读问题。一种理解是孔子非常主动，他一直积极了解动态，寻找介入现实政治的机会。这种解读主要是为了强调儒学为政治哲学，对政治的关心是儒者心意之基石与本根。另一种解读是学生子贡的理解，也就是说孔子靠着自然而然的人格吸引力而得到相关信息。这种解读是仁人之意之境的解读，即老师孔子的心意修养如此之高，他的心意之境充满了温良恭俭让这样的意蕴，使得很多政治家和当世之人愿意主动与孔子分享其充满温情的仁爱心意之境。

从另一个角度来说，孔子修养自己的心意力量（意量）如此光明有力，大家都愿意分享他的心意，与他共鸣。不仅当事之人如此，时至今日，人们通过学生记述的老师的言行，仍然可以清晰地体会到孔子执守仁爱之意的坚强有力，即意能巨大。这种表现出温、良、恭、俭、让的强大意能，是一种接通大自然"自然之意"的"人天之意"境界，可以念念持中于天地未发之中与已发之和，近似于《中庸》的"诚中之意"。所以，千载以降，仍然感动后人，自然吸引大家去学习、参研和领悟。

孔子的仁人之意，在他的时代就已经成为一种带有超时空意味的"临在"，威临着他的时代，人们都与他分享自己国家的政事，这也是由于他的仁人之意令他那个时代的人关心和在意。

1·11 子曰："父在，观其志；父没，观其行；三年无改'于父之道'，可谓孝矣。"

【译】孔子说："（考察一个人的心意跟他父亲之间的关系，）当他父亲在世的时候，观察他的心志是否向着父亲；在他父亲过世之后，考察他的言语、行为是否仍然挂念着父亲；如果他父亲过世后的多年里起心动念都能够挂念父亲，一个人能够长期保持这种心意状态，就可以说是孝顺了。"

【解】 其：是他的，指儿子，不是指父亲。观察其意生，即意识如何生，意识生起的时候，一个人在乎的是什么。行：是行为举止。三年：指多年、较长时间，不一定确指。一般理解为多年不改变父亲生前立下的行事规则，或者不改变父亲的途径和方向。孔子的时代早已离开氏族传统，孔子的教导不会保守复古到多年不可改变父亲职业的程度，如此注释的注家多未把握到其中的关键，应该主要指的父母去世之后，一个人意识生机绵延的状态，也就是一个人的意识在父母不在的时候如何能够长时间地保持父母还在的状态。也就是说，即使父母去世了，但子女仍然可以继续保持父母在世时对他们那种孝顺的意识。于父之道：是对待父亲的方式方法，尤其指心意状态，即一个人生前对父亲充满仁人之意，那么死后仍然不能改变用仁人之意继续对待父亲，这就是对于父亲的本义和真道。《中庸》十九章说："事死如事生，事亡如事存，孝之至也"，指的是子女在祭祀时侍奉先祖，就如同生前侍奉他们一样，祭祀时侍奉亡故的先人，就如同在世时侍奉他们一样，这就是达到孝顺的最高境界了。可见，孝顺的最高境界不体现在父母活着的时候，而体现在父母不在之后，一个人的行为活动体现出来的那种对父母的意识状态。

【意】 心志是否向着父亲就是心中是否有一直牵挂着父亲的意识，是否起心动念都把父亲放在心上。如果父亲在，心里没有关于父亲的意识，那其实就是不孝了。如果父亲去世了，三年里起心动念都还能够挂念父亲，指的并不是一直念叨，而是潜意识里仍然在乎父亲，好像父亲还在一样，就可以说是"孝"了。

古代伦理、政治、宗教三合一，其实是家庭中的父子伦理，子之意要念父；政治中的君臣伦理，臣之意要念君；宗教中的人天伦理，人之意要通天。但这里的天是祖天，祖天并不是天祖意义上的人格神，不是天神崇拜，严格说是伦理、政治二合一。①

孝顺是一种起心动念的意识状态。儒家的一个重要特点就是父教，即父在的意识之教。主要是说，即使父亲的肉身不在了，但子女关于父亲的意识仍然应该是一切意识发动的基本情境（context），这就是孝之谓父之

---

① 参见陈来：《古代宗教与伦理》，生活·读书·新知三联书店2009年版。

在的情境创生力的意味（filial piety as the familiar contextual creativity），即心意作为基于家庭（父）的情境的意念创生之力。孝是一个人不仅在情感上保持父在的情境（felt-creativity），而且保持一种父在的意念状态，即父之为心意发动的基础那种心意状态。父亲在世的时候，念念都有父亲，如父亲病重，舍弃自己的前程和生命也要换回父亲的再生，这就是念念给予父亲以加持，渴望父亲能够延续自己生命作为自己心意发动的根基。父亲不在的时候，也要长久保持父亲仍然在时的状态，使之成为心念发动的基本情境，这是一种情感基础的心意发动的情境（felt-contextual creativity）。

"于父之道"可谓儒家意本论的核心原点，即一个人对待父亲（父母）的那种孝顺的意识，是一个人应对世事的根本原点。一个人以孝事父母之道，不仅在父母在世的时候，应成为其立身处世的根基，而且父母去世之后，也要延续父母生时的那种孝顺之情。在父母死后让孝意延续，绝不间断，并通过日常祭拜、清明扫墓等方式，让自己体认保持孝顺父母的心意，并追溯到家族的先人和天地的生意，并以天地、祖天之生意印证和强化自己当下持守的仁人之意的信心与能量。因为一个人可以感通天道和祖天，所以天地之道会加持自身的意识状态，犹如祖天临在，时刻提升自己仁人之意的意能。

1·12 有子曰："礼之用，和为贵。先王之道，斯为美；小大由之。有所不行，知和而和，不以礼节之，亦不可行也。"

【译】有子说："礼的应用，以达成和谐为最可贵的目标。古代圣明君王的治国之道，也是以遇事都能做到恰到好处为美好与可贵；无论大事小事都应该本着达成和谐的目标去做。可是有的时候就未必可行，（这是因为）单纯为了达成和谐而一味追求恰切，而不用礼仪规矩来节制的话，恐怕还是行不通的。"

【解】在春秋时代，"礼"是基于人之差别性而建构的人心与世事互动的分寸系统。孔子谈"礼"既可指"周礼"，也可指一般的礼节、仪式，泛指道德规范。礼：是意念通天之意境的节文，是天地本来的文理，显现为人与人之间人际交往的分寸，表现为行为规范，据此形成一套礼仪文化。理雅各把"礼"译为the rules of propriety， propriety强调能被社会接受的适当行为，propriety的复数还指有教养的社会中的习俗、礼貌、习惯等；刘殿爵译为rites，强调比较正式、规模较大的仪式，尤其是宗教仪式；白牧之译成ritual，强调在仪式（尤其是宗教仪式）中、比较固定甚至精准的行为。ritual与rite含义接近，强调仪式的规范性，比较具体；propriety强调生活中日常行为的适当性，较为抽象。安乐哲译为ritual propriety，可以说既重视规范性，又讲究适当性。

在"礼之用，和为贵"里，"礼"不特指祭祀之礼，而是包含事君、事父、交友乃至规章制度等社会生活的礼仪，因此rite和ritual不够恰当。"礼"在"死，葬之以礼，祭之以礼"专指祭祀之礼（可译为rite或ritual），但本章就不太合适，而用propriety比rite、ritual更合适，只是propriety在制度规范方面不如rule，如六佾或八佾"舞于庭"之礼用propriety就难以表达，但用复数proprieties（the customs and manners of polite society；the rules of correct behavior）较合适。不过，译成ritual propriety是用ritual修饰propriety，强调仪式（尤其是宗教仪式）中比较固定甚至精准的礼仪行为，又不如单用proprieties。

和：是调和、和谐、协调；一说遇事处理恰切。指人们都合乎礼仪之后那种文质彬彬，错落有致，和而不同的合礼境界。礼仪的和境作用于人民的意境，有助于创造和谐的意境。此处的先王之道没有确指，后世儒家道统说解释为尧、舜、禹、汤、文、武、周公等古代圣王以儒家仁人之意成功治理世界的道。斯：这、此等意，指代通过礼制来达成和谐的目标。

从表现形式看，似乎礼以别异，乐以和同，但其实礼来自天之和，是天地自然和谐的节文在人间社会表现为行为的方式与尺度，落实于人间为人之和。王是把天之和推到人间的人。和谐虽然是目标，但没有礼的和，并不是理想的和，而可能是低级趣味的和，意能和意境都很低的和，这不是孔子要追求的，因为孔子要追求的是礼与身通、乐与心通、人与天通的和乐美境。所以，所谓"和"是建立在"礼"的基础之上，其实就是要通于天之大"和"，而不是人间的小和。

在这个意义上理解"小大由之"就会更清楚，因为跟着前半句，主题是"和"，前后一致，后面有转折意味，合乎逻辑。但也有断句跟着后半句的，解为"大事小事都光用礼而不用和"，这样主题变成"礼"，跟最后的转折语气就更弱化了。孔子之意是不能为了纯粹追求和而去努力实现和（小和），而要让给有礼节的（大）和。也就是说，如果不讲礼义的和，可以是小人之和及同流合污之（小）和，那就不是礼仪之和当通于天和的本意了。

【意】礼因为是基于人天生与自然物一般的自然差异而确定的人为差异系统，其本意是模仿自然秩序来建立合理的人间秩序，在一定程度上有西方自然法的意味，但既然外在化成为一套人际互动的行为守则，那么礼的存在首先就是对行为的规定与约束。而对行为的规定与约束不能离开对心意分寸的制约，所以礼就成为一种由外在的行为规范内向化的、制约心意分寸的系统。这个系统运用的目的是"和"，跟建构礼制的自然秩序之和是一致的。先王通于礼制治国的道都是以和为目标，但和的达成都要以礼为节制。可见，礼的分寸在一定程度上是优先于"和"的，是在礼节分别前提之下，致力于人心与人伦秩序之间的和谐调适。不能为了完美（perfect）意义上的纯粹形式之"和"，而牺牲合适的（appropriate）、现实礼仪的差别之"和"。所以，合适的差别、合理的区分其实是构成秩序的重要前提。

可见，以差异性为基础的"和"是一种心意致力于外境的努力，是心意之和的一种外化，对心意相关事件的梳理和协调。对经典文献的心灵事件（即文本解读与相关讨论）如果确有见识，即使是非常幽远莫测，其"和"也可有悠久影响和深度。跟经典解读相关的心灵事件是心意最有力量、影响最为深远的表现方式，因为关于经典的洞见可以随着经典一起长存不息。

秩序与差异、一与多是唐君毅、安乐哲强调的"一多不分"关系，可以理解为，"一"与"多"当和谐，"多"本来就是"一"意所分，所以礼是意中的礼，礼的约束与意的自省与调适有异曲同工之妙。礼之运用，存乎一意，所以内心要时刻持守仁人之意再来用礼，以仁运礼，而不可为了彰显"礼"的表面分寸而去用礼，那样就失去了礼法之内在当有的"仁人之意"。

1·13 有子曰："信近于义，言可复也；恭近于礼，远耻辱也；因不失其亲，亦可宗也。"

【译】有子说："讲信用应该从礼义出发，这样（有信用而且合乎礼义）的言语才能经得起检验；处世恭敬应该从遵守礼仪出发，这样（态度恭敬而且合乎礼仪）的言行才能远离耻辱；施恩于人应该从自己的亲友出发，这样［施予恩惠而且合乎亲情和情谊（义）］的做法是值得大家敬重和仿效的。"

【解】近：是接近、符合。义：有公义、正义、适宜、恰当、公理、规则、应当等含义，是与"礼"有关的"公义"，公共的讨论，合适的尺度，而不是规矩、原则、义务、责任，更没有不可改变的教条意味。接前一章主要指"礼义"之义，即基于差别性的礼制的合适尺度（appropriateness）。道义、正义都不如礼义，因后面又强调礼，礼义并举，所以主要是"礼"之义。义也指思想和行为一定的标准，即"礼"。"义"有符合原则的意味，但孔子不是明确的道德原则论者，不是人应该符合某种原则来行为，而是心为人世立法，心为人生立法，心为意之根。李泽厚认为，义"既是绝对律令（categorical imperative）又是自律要求（moral autonomy）"[1]，此说有理，关键在于，一个人内心的自律要求，如何能够同时成为所有人的心意发动的绝对命令？

复：是履行（fulfill your word）、践行、力行、实践、检验、兑现（keep your word）。朱熹注："复，践言也。"对言语的"复"接近检验，在反复实践当中验证言语，看看是否能够兑现。

因：是因循（旧制）；一说依靠、凭借，指的是人在困境中首先依靠自己的亲人，这样最合乎礼仪。此说听起来有理，但没有体现儒家仁爱他人的生生之力与意境之深远宏阔。一说应写作"姻"，强调女方很重要，男婚要看重男子可亲可重应该作为标准，不取。"因"解作"恩"比较通，即施恩于人。亲：即亲友。不解为背叛或者脱离自己的宗族，因为儒家的推恩就是从自己的家庭成员开始的。一解为

---

① 李泽厚：《论语今读》，第17—18页。

"新"，该句译为"承继传统而不失创新"①。廖名春认为"亦"当训为"则"。宗：主、可靠，一般解释为"尊敬"似有不妥之处。廖名春认为"言"通"焉"，因为句子结构前后当一致，可备一说。

因信与义、恭与礼皆继前章关于礼之和而来，故当以施恩不离亲友最接近"礼之和"。"因不失其亲，亦可宗也"虽然朱解"因循旧制而不抛弃宗亲"之义也是可以取法的，因为既有信，又有恭在里面。或者解为"所依靠的都是可靠的人，也就值得尊敬了"，但都不如施恩于人不离亲友，更接近儒家意念生生的情境。

【意】礼不是僵化的礼制，而更重要的是其活泼的礼之义，即礼作为人间的差别，有其合理的分宜，这种分宜本诸自然、天地，只可意会，不可言传，却是人间行事的重要源泉。最后一句的应循旧制，不弃旧人，表示主事者的心意状态合乎有子的要求，也就是既合乎礼义的信用，又有合于礼义的谦恭，才能做到，所以足以效仿。

儒家之礼义机制是自明的，不阙如的，自证自成，因为天人同构，心天相通，所以心的分寸，本来就来自天的分寸。人与人的关系，本诸人与天地自然的感通关系。儒家人伦家国的底色，是人与天地感通的人天共同体。

1·14 子曰："君子食无求饱，居无求安，敏于事而慎于言，就有道而正焉，可谓好学也已。"

【译】孔子说："君子在饮食方面不追求饱足，居住方面不追求安逸，做事勤劳敏捷，言语谨慎小心，主动向心意发动都在道中的人那里去修正自己的心思意念，这样可以说是好学了。"

【解】理雅各把"敏"译为earnest（认真热切）；辜鸿铭译为diligent（勤奋）；刘殿爵译成quick有点表面，因为敏不仅指行动快速，也指行动得好；安乐哲译为persons of action（擅长）行动的人，直接把行动当作人的属性来形容。慎言是不要用带着主观、外在判断的意念和言语强加给事情本身，在言语出口对事情加以判断的时候，要特别小心谨慎，时刻警惕。

---

① 林安梧：《论语译解：慧命与心法》，第10页。

就：是靠近、看齐。理雅各译"道"为principle（行为原则，哲学原理），"有道"是man of principle（有原则的人）；辜鸿铭译为virtue（德性），范畴小于principle；刘殿爵译为Way。正：是匡正、端正，改正错误。Profit（辜鸿铭译）和improve（安乐哲译）都有自我提升的引申，rectify（理雅各译）和put right（刘殿爵译）是改正自己错误行为之意。许渊冲连起来译为be prompt in amend his faults（及时改正错误）。①

能够主动以心志发动都在道中为标准，不断去修正自己起心动念，是心意发动都在"仁人之意"之道中的人。修养的根本在于修心，也就是修正自己心意发动的机制，如果见到有人的心意发动都在道中，就应该主动地接近他，跟他学习修正自己心意的方法，这才是真正的好学。

【意】君子与普通民众不同，以起心动念不偏离"仁人之意"为努力的要务，这是一种有强烈宗教情怀、当下自然超越的理想人格。君子要求自己不为食物温饱，而以好学为饱，不以住所为安，而以择善而居于"仁"之中（"里仁"）为安。君子的心意如何判断他人是"有道"呢？何以"有道"超越道德与伦理的评价呢？这是儒门修养的核心功夫，即对"有道"之人、有道之学的认识与分辨。这里的前提，就是"道"不在"饱"与"安"中，"道"是超越人间物质生活的，是在日用伦常生活之中的，但不求人间的饱与安，而求世间之外的有道之人、有道之学，这才是真正的好学，也是孔门学问的实质，带有强烈的修行意味和宗教意义，甚至带有对世俗生活的超越，以及用道来拯救世俗生活的精神。

君子的心意状态最要紧的是心念发动皆合乎道，而且亲近得道之人，参照并依托他们的意识境遇来修正自己的起心动念，因为修心的工作如此之难，所以其他方面的要求，如食、居都可以不在乎了，这才是真正的好学，也就是喜好修养仁爱之意之学，修正自己的心念之学。

---

① 许渊冲：《〈论语〉译话》，第18页。

1·15　子贡曰："贫而无谄，富而无骄，何如？"子曰："可也。未若贫而乐，富而好礼者也。"子贡曰："《诗》云，'如切如磋！如琢如磨'，其斯之谓与？"子曰："赐也！始可与言《诗》已矣，告诸往而知来者。"

【译】子贡问："虽然贫穷但不谄媚逢迎，虽然富有但不骄横傲慢，这样的人怎么样？"孔子说："还可以吧。可还是比不上虽然贫穷但起心动念都乐在其中，虽然富裕但起心动念都崇尚礼仪的人。"子贡问："《诗经》上说，'要像修整骨角、象牙和玉石那样，不断切割、不断削锉、不断雕琢、不断打磨，精益求精'，人需要不断打磨完善自己的仁人之意，您要讲的应该就是这个意思吧？"孔子说："端木赐呀，我现在可以同你讨论《诗经》了，因为我告诉你了一些话，你就已经能从中领悟出我想讲，但还没有讲出来的意思了。"

【解】谄：巴结、逢迎、奉承。贫而乐一作"贫而乐道"。如切如磋，如琢如磨：出《诗经·卫风·淇奥》。一解切磋琢磨，指把骨、象牙、玉、石四种材料加工成器的动作；另解切了象牙和骨还要磋，琢了玉和石还要磨，才能精益求精。象牙虽好，有待切磋；玉石虽美，尚需琢磨。引申为儒家仁人之意的精细修炼需要不断切磋琢磨。孔子非常在乎一个人起心动念的状态，穷人虽穷但乐，富人要知礼守礼。但这都是需要意识长期修炼才可能达到的境界。

告诸往而知来者：诸即"之于"；往是过去之事，指代说出来的意思；来指未来之事，指代言语背后的深层意蕴。意识修炼是为了扩展意量，达到意识延伸的境界，可以举一反三，触类旁通，知道未知事物之境，意会未言之意。本章接着上章讨论君子当下修正自己的心意至于理想的境界。孔子非常在乎一个人的领悟能力，如果能够从一件事推知并领悟另一件事情，就是一个悟性比较好的学生，学习的能力就强。

子贡借用《诗经》来赞叹老师的意思，而孔子表示认可，都没有直接说。子贡借《诗经》说，孔子借表扬的口气说，都不是直接回答，但答案却已经包含在其中了。这也是类比思维、关联思维（correlative thinking）模式的表现形式，学习《诗经》就要有强烈的关联思维能力。类比与联想思维也易被称为"诗化"思维，这与严格的逻辑思维形成对照，但是，真正的类比思维有其自在的关联逻辑

（correlative logic）。但这只是表面的，深层的在于心意的磨炼。孔子和弟子经常用这种表面上顾左右而言他的方式来应答，而且孔子认为这种方式是对话的最高境界，也就是意在言外，又在对话者的心意来往之中。

【意】不能说修心就与饮食居住的需求完全冲突，这不是二择一的两难选择，因为人总得吃饭睡觉，追求修心为主的人，可以不太讲究生活的条件。子贡引用《诗经》，恰为了说明穷人修养起心动念达致和乐的境界，富人修养起心动念力图合乎礼仪，都不是容易的事情，而是要如研磨玉石等坚硬之物那样，不断加工打磨。这其实很费工夫，也要非常小心。

肉体之心虽然柔软，但心意发动的意能却何其坚强。因为不论肉体之心是否休息，意念之发都可以刚强不休。按照弗洛伊德的潜意识和梦的理论，人在睡眠时也没有完全休息，还在以不同的形式工作，但这种坚硬如玉石一样的意念之必发的状态，其实需要很好地研磨才行。不论穷人富人，起心动念都要不断地研磨、琢磨、雕刻才能达到相对合宜的状态。

意念的研磨是意念实化的方式。前人很少讨论前后两句之间的逻辑关系，为什么穷人要安贫？是为了乐道，让意念乐于道中不断琢磨、磨炼，从而有所成就。为什么富人要好礼？富人好礼了才不会自私，其心意才会超越本来狭隘的自我限定，所以富人好礼也是锤炼其心意的分寸，扩展其意量的边界。自己守仁人之意，不必为他人是否了解自己而忧虑。但仁人之意不可蹈空，要实化出来，发于人伦，具备了解他人的能力才行。

1·16　子曰："不患人之不己知，患不知人也。"

【译】孔子说："不应该为别人不了解自己而忧虑，而应该为自己缺乏了解别人的能力而忧虑。"

【解】患：忧虑、担心。辜鸿铭译为concern（关注）；理雅各译为afflicted（感到痛苦）；韦利译为grieve（感到悲伤）和anxiety（忧虑），许渊冲认为程度太重，当译为care[①]；刘殿爵译为failure（失败）；安乐哲译为worry about（担忧）最切近本义。

辜鸿铭把"知"译为understand（理解）；理雅各译为know（知

_____

① 许渊冲：《〈论语〉译话》，第19页。

道）；刘殿爵译为appreciate（欣赏），认识到全部价值；安乐哲译为acknowledge（公认、承认、普遍认可）；许渊冲译为understand and recognize（理解并承认）。

人是否被他人了解，从一开始孔子就要学生们不要太在意和忧虑。一解孔子不担心别人不了解他，而担心自己不理解他人。康有为认为"虽知人未易，尧舜犹难，然愈难愈当讲求其术也"，认为了解别人比千方百计去让别人了解自己更重要。①

【意】"人"与"民"不同，"人"指有教养、有知识的人，是自己意境能够感通他人意境的"人"，领悟感通更有利于自己意识之生的"人"。这是一种感悟自己的意识境遇可能与他人的意识境遇相连、相知、相通的意识能量。

孔子觉得人应该在意的是，是否有能力了解别人。这种通达人心的能力，是仁爱之意发动的根本。所以孔子一再强调，人如果没有能力了解别人，也就无力推进仁爱之心。心意不能通达于他人，就不能推广仁爱之心。

从第一章可知，同时达到仁爱之境，对自己的仁人之意能够有回应的是"朋"，但很多非"朋"之人不能够回应自己的仁人之意，这是自然的状态，不要因此不开心。这里孔子进一步强调，应该增强了解那些不能理解你仁人之意的非"朋"之人（他人）的情况，这就要求学生们在修行仁人之意的过程中，要不断地扩大自己的仁人之境，使之深沉广远，包罗万象，这样其仁人之意才会更有力量。

---

① 康有为：《论语注》，楼宇烈整理，第15页。

为政篇第二

2·1　子曰："为政以德，譬如北辰，居其所而众星共（gǒng）之。"

【译】孔子说："修养达到仁人之意境界的领导人能够以得道之心念来统御和处理政治事务，治理国家，自己就如同北极星那样，安坐在它的核心位置上，其他众多星辰就会环拱着它运行。"

【解】为政以德：以是用；德是道德教化，德性，德行（外在）。生与境之间，要充满仁人之意，凝聚而成德。北辰：北极星。所：处所，位置。共：拱的本字，围绕、环绕。

第一篇主要讲仁人之意的深沉博大，本篇第一章讲如此渊深厚博的仁人之意，在运用和实践当中，不能一刻没有中心。而《为政》的开篇，就是正心，也通于诚意（仁人之意）。心意居中守正，好像北极星在天之中，但这种心意的修持不能脱离外在的时位，如果没有相应的时位做保障，自己的心灵之"中"只是一种修养的状态，虽然一定程度上心意可以超越客观时势（孟子对于"不动心"等的讨论皆如此），但是如果要让心意有力量（意力和意量），需要有相应的时与位，包括后面的"正名"等说法，都包含类似的意思。

"德"是从道之运化之中而得的状态，是对道的心之所得而为德性，也是心意长期安驻于仁爱之意而沉淀下来成为德性。心意顺道而行，成为"德行"，这不是凭借外在的道德原则去施行德政。

【意】心对道的所得之德性运化而成德行，皆在一定的时间与空间之中。所以，德行要在时空当中展开。这里"北辰"的比喻有唯一性，以为心意修养到最高境界时，位不足以到九五之尊，那么就是失败，这样说就过了。应该理解为，心意修养达到九五之尊的人，其起心动念都有九五之尊的魄力与愿力，因此无论他在什么地方，都可以形成众星捧月的态势。

这一章往往被作为儒家"无为"的典范，与《道德经》"无为而无不为"加以比较，但儒者显然并不无为，而是有为如若无为。北极星的比喻代表着中心的权位，即权力核心的状态。

2·2　子曰："《诗》三百，一言以蔽之，曰'思无邪'。"

【译】孔子说："《诗经》三百多篇，用一句话来概括，就是

'起心动念纯正无邪'。"

【解】《诗》三百：指《诗经》三百零五篇，"三百"是举其整数。"无邪"是无偏差、无过错，引申为从政、论政之无邪，这一章与前后两章的义理都是连贯的，与"为政"篇的主题也是一致的。

思无邪：出自《诗经·鲁颂》，表面意思是真情流露，毫无做作，没有虚假；孔子要强调的是理想的从政者之"思"，即思想、念头、愿望时时刻刻都是"无邪"（纯正、直）的，也就是说，一个理想的为政者的起心动念是时刻真纯正直而不偏邪的，其意念之生，如生乎《诗经》早已构筑的仁民意境，其意念流布，顺乎"天何言哉"之天道，春生夏长秋收冬藏，毫不偏离大道，不入邪径。理雅各译为having no depraved thoughts（不要有堕落的思想）；韦利译为let there be no evil in your thoughts（思想不走歪门邪道）；辜鸿铭译为have no evil thoughts（没有邪思邪念）；刘殿爵译为swerving not from the right path（不离正道）；安乐哲译为go vigorously without swerving，强调意识的能量发动于学习和为政方面的源头时，就要正直不偏。许渊冲认为可以译成there is nothing improper（无不当之思）或there is nothing but heartfelt feeling（流露的都是真情实意）[1]。

起心动念纯正而不偏邪不仅仅是《诗经》的核心，更是儒门修养（政道）的核心。前人很少注意到为什么此章排在"北辰"章之后，因为北辰居中而不偏邪，而儒门教导从讨论《诗经》开始就要起心动念如北辰一般中正不偏。蔽：包含、概括（《诗经》内容）。辜鸿铭译为the moral of them，注重《诗经》的道德内涵。本章孔子表面论诗，实是论学论政。此章接第一章"为政以德"，其译文注重前后两章关联，其余多是直译。

【意】通过研读经典而接受教化，这是上古以来中国古人的智慧结晶，以保证能够把历经千秋万代检验的智慧精华传之后人。《诗经》的编纂与修订也正是出于这样的目的，选取能陶冶后人情操、心思不偏的内容。这其实就是用经典阅读来打造学生们的"仁人之境"，一旦学生们在陶冶之中涵养出了仁人之境，就会生发出仁人之意，所以仁爱的教化可以分两个层次来进行：一方面是就意念发动上反省修正，即"三省"；另一

---

[1] 许渊冲：《〈论语〉译话》，第22页。

方面是通过教化，涵养出意念发动的基本境遇，也就是所谓"无邪的境遇（non-deviated context）"，音乐与诗歌是涵养人的仁爱之意的重要教化途径。

《周易·蒙卦》谈"蒙以养正"，因为政治是改变自己和他人命运的操作艺术，所以孔子特别重视培养为政者一开始的初心、初意要端正无邪，因为为政者的"意"不仅对自己的命运，而且对他人的命运都可能有重大影响。孔子有仁爱世人、天下为公的为政发心，也因为其发心超越真实的现实政治世情，而成为儒门永恒的政治理想。

2·3　子曰："道之以政，齐之以刑，民免而无耻；道之以德，齐之以礼，有耻且格。"

【译】孔子说："用行政命令去引导百姓，使用刑律罚则来约束他们，百姓虽然暂时得以避免犯罪受惩，但不能培养他们的羞耻心；用人文德教来引导百姓，使用礼仪制度去规范百姓的言行，百姓自然升起羞耻心，而且内心认同并主动归附。"

【解】上一章讲"思无邪"，这一章讲"耻"，含有"思无邪"是免"耻"之道的关联意味。以儒家文化为主体的中国文化可以说是耻感文化，知耻是促进仁人之意的主要一环。道：指导、领导、引导人民起心动念正直不偏并付诸行动；一解治理，疏导民众意向，培养民众的意识（修行的意识状态），引导人们知礼、行礼的意境，实现人文化成。大部分译成lead，较guide（刘殿爵译）有"在先"义，而辜鸿铭译为enforce（强制）则意味过强；韦利译成govern（管理），许渊冲同意[1]。

齐：整齐、约束。涵养仁人之意需要一定的情境去培植和引导，这体现了"教化"的重要，教化并不仅是教育，还包括环境培养、政策引导，奖罚措施等各方面。孔子强调正面引导，因为仁人之意的仁心需要正面引导而不是负面的方式，强迫人爱人是不可能的。要让百姓心悦诚服地从心底深处爱人爱物。刘殿爵译成keep them in line with（齐同如一）；理雅各译成uniformity（整齐划一）。免：躲避，避

---

① 许渊冲：《〈论语〉译话》，第25页。

免因犯罪而遭刑戮。耻：羞耻之心。因失去仁人之意而招致群体性的心理压力，于社群是自发的道德气氛，这是对生命存在状态的自我觉知，是对心意不能"思无邪"而导致的自省极致。

格：正而至，心意端正而主动归附。为政是先把自己的virtue（德性）格好了，才能去感化别人，引导民众，有发扬光大自己的"德"之意。只有君主才能"道之以德"，扩展自己的意识境遇以至于引导社会性道德的意味，所以把"德"译成moral（道德）和ethic（伦理）是较为贴切的，而辜鸿铭译成moral sentiment（感）则显得单薄。安乐哲译成excellence可谓强调君子之"德"具有对社会大众的引领功用。

【意】《礼记·缁衣》载："夫民，教之以德，齐之以礼，则民有格心；教之以政，齐之以刑，则民有遁心。"所谓"格心"是反省与羞耻之心，这是孔子教化的关键所在。反之，"遁心"是逃避之心。领导人心念仁爱则发为德礼于百姓，百姓反躬自省，自然向善。主政者残暴则发为政刑于百姓，百姓憎恶痛恨，自然逃遁。故统治者之心念仁爱与否，百姓立即会有感应，也会作出反应。所以，统治者当有仁爱之心，方能与百姓共同塑造心念感通的仁爱之境。

仁爱他人，自然知耻而有所止。不仁爱他人，则可能"无耻"，为了能够免于刑罚无所不用其极。西方现代法制虽然有其可取之处，但基本上不可能做到让人民"有耻且格"，所以今天西方"个人主义"走向其反面，导致欧美社会陷入巨大的危机，就是因为过度的"个人主义"和法制导致个人追逐利益最大化，失去了对人之为关系性存在的认同和理解，也丧失了人需时刻于关系中维系自我（identity）所需要的羞耻之心。显然儒家并不追求法令滋章、法治严苛，但人民却未能成功营造礼义廉耻的"无耻"社会。

2·4　子曰："吾十有五而志于学，三十而立，四十而不惑，五十而知天命，六十而耳顺，七十而从心所欲不逾矩。"

【译】孔子说："我十五岁立志于学习（圣人之意）；三十岁学成自立（建立自己的思想体系和事业基石）；四十岁能通达事理而不再迷惑；五十岁知晓自己在天地之间的命分；六十岁能够顺利听取

并理解深奥的天道；七十岁时（心天合一，心意发动都跟天命相一致），随心所欲但任何意念都不会越出（人世和天道的）规矩。"

【解】有：通"又"。学：学习圣人之道，也就是领悟、涵养圣人之意并实化出来。人的存在一开始就是意识发动，而意识是有能量的，意能生而有向，即"志"，心之定向。孔子要求把心定向在圣人之意，即仁人之意上。心志的吊诡之处在于，虽然心志可以有无数种方向，但当下的心向只能有一个方向。理雅各把"志于学"译为是set my heart on learning；辜鸿铭译为made up my mind to give myself up to serious studies；刘殿爵译为have my mind bent on learning；辜和刘二人都用mind，强调"心灵"的意味。白牧之译为determined on learning（决定）；而安乐哲用heart-and-mind was set upon learning译"心"，其实是假设了"志"的基础是"心"，而heart-and-mind综合了肉体和心灵之"心"，传达心有所欲，有心灵投射的方向和目标感，有意向的趋赴感。这里隐藏之意就是人一生修行，其实是心灵发动的意识之所知、所向、所悟的境界之提升和变化的过程。

立：指孔子建立自己的思想体系和事业基石，也就是使得他仁人之意的思想体系能够系统化，成为一生意识发动之源泉，而且能够在社会上实化出来，站得住，如理雅各stood firm（立得稳）和白牧之be established（建立）所译。传统认为，建立自我要"立于礼"，即确立一生以"礼"为意识之缘。人的意志依境而生，依从意境而生生不息，向着实践先王之"礼"当中蕴含的圣人之道方向而努力。"立"包含个人意识境遇之"立"和从个人意识境遇延伸至家庭、家国天下之"立"。孔子言："不学礼，无以立。"在孔子仁人之意的思想体系中仁与礼的关系不可忽略，仁爱世人的意识和心理结构为礼注入了实质和内涵。仁人之意包含在"礼"中，但不是指"礼"的形式，而是"礼"作为活的、仁人之意展开和实践化的过程。

不惑是通达事理，确然明白之后，不再被外界事物迷惑。修行自己的意识而在反思之中自觉没有迷惑。"不惑"之感只能是自我反思之后所得，不能是他人的判断。一说不为功名利禄所惑，因为孔子一直追求从政的机会，但见到世道太乱，一直没有机会，所以到四十的时候，觉得不必再孜孜以求，也就不再盲目追求功名了。

知天命：指意识对命的知觉，所谓知晓自己在天地之间的命分。天命指不能为人力所支配的事情，因人力无法抗拒而只能听天由命，也就是大自然的天道在人的有限意识境域当中的时机化展开。儒者虽然时时刻刻心志专注于天下正道，一生择善固执，但外在的情境多有自己意识和力量所不能控制之处，所以必然需要理解命运带给人的约束和无奈。安乐哲英译propensities of *tian*①强调天命带有不能为自己的力量所操控的"势"，有限制和限定自身意识的意味。这种理解有比较强烈的命运感。其实，孔子所处的时代虽然礼崩乐坏，但个人的生命力量完全可以充沛而饱满，《论语》里的帅徒对话，常常电光火石，激情四射，千载以下仍然令人感动。张祥龙不同意对"五十而知天命"的传统解释，认为孔子五十过后才开始他的"高光"时刻，从政四年，周游列国十三年，生机勃勃地把仁学提振到"国内"著名、"国际"知名，晚年再回国整理经典，最后流芳百世，可见"注满了他个体和时代的生命血脉与乐感"，所以孔子五十岁知道的天命，其实是继承伟大文化的永恒使命，没有无法把握，甚至无可奈何的意味，而是五十岁的孔子意识到自己传承斯文的天命召唤刚刚开始，正激情满怀地准备出发去推致仁人之意于天下四方。可以说，五十岁之后的孔子推致仁人之意的过程充满激情，他的梦想永不褪色。②

其实，意识也可以通过心灵长期的修炼而延伸到天道性命的"创化义"。③知：指自己意识的自觉，能够听（意识）到天地的声音，知晓（领悟）天道的节律。在the decree of heaven意义上理解"天命"有宗教色彩，儒家之"天命"是内在的仁人之意上达于天，而不是有人格意味的上帝从上而下地发布诫命。"知天命"是通晓了人伦家国的边界，并解悟人伦家国延伸到自然共同体的边界之感。

耳顺：是随顺人所能听到的一切，也可以说是能够顺利听取并理解深奥的天道。一般指对那些于己不利的意见也能正确对待。经历过一生的意识生生之旅，意能不断增进，耳有能够听于天籁之能力，可达运命之奥义，修行仁人之意至于人天之意境，即仁与天道相通之境，自然无所不顺。

---

① Hall and Ames, *Thinking Through Confucius*, 77.
② 参见张祥龙：《孔子的现象学阐释九讲》，《儒家哲学史讲演录》（第一卷），第62—63页。
③ 参见林安梧：《论语译解：慧命与心法》，第15页。

从：遵从；逾：越过；矩：规矩。"从心所欲不逾矩"是心天合一，达致人天之意境，从此心意发动都跟天命相一致，随心所欲但任何意念都不会越出（人世和天道的）规矩。修炼达致天地之意境，由生而贯通意境，即从生到死的命运之境。安乐哲译为I could give my heart-and-mind free rein without overstepping the boundaries，强调边界意味；许渊冲译为I can do what I will without going beyond what is right，[①]强调人到晚年已经知道正误，言行而不再会偏离正道。

【意】在意与命的关系中，其实人的意识汇聚成为意识流，而意识流动一生就成为命。生命的洪流虽然受限于各种外在条件的影响，但根本上不过是当下意识的绵延，而这种绵延，从来说不上自主，那种无奈的、不得不顺其自然的命运感，就是"命"的意味，是自己不得不接受这种命运，不得不如此在此间存续的无奈之感，其实也就是如此——"如是"的本来面目。在这个意义上说，意与命都是为了说明命运的本相，也就从其命运之根源的本来面貌来说，如此这般而已。

孔子讲自己人生不同时期的心念状态，十五岁时立志，立志定于仁爱、仁人之意，三十岁时仁人之意境基本确立，四十岁时善于听道而用道，心意之发于事物，皆能不惑，因此通达事理，知道进退。五十岁达于天命，心念皆能接于天命，凡事皆顺天道。六十岁时已经顺利地达至天道，一通百通。七十岁时的仁人之境就完全顺从自然之意，也通于人天之意，诚中之意，完全从容中道，非常合宜。可见这样的境界极其难以达到。

生命来自宇宙生生之机，心念当下就可以通达于宇宙的生机。心念要努力接续天道，这一著名章节给后人无穷启迪。人生之初，心本在天道之中，但意识兴起之后，心意相分，要恢复到原初性的心通于天道的状态就很难。孔子自述了自己如何修心，到晚年终于达到了心念接于天机的化境。心念如何接于通天之化境，这既需要对命运本身的理解，更需要对命运化为当下心机念头的深刻体会。孔子的很多教导都渗透着参透生命的智慧，可惜后世的解读者各得一隅，离孔子真正强调的仁爱之意之化境还差距较大，需要非常艰辛的修养过程。

对意识流的阶段性划分，本来就是生命反省当中无比艰难的课题。人

---

① 许渊冲：《〈论语〉译话》，第190页。

建立了天地时空中的公共时间——日历，为的是大家有一个共同的时间刻度可以认知和遵循。日历大大方便了人与人的沟通、交流、理解和学习，以及对于历史的记忆和追溯。每个有限的人生都在日历中间走过一瞬（一个人从出生到死亡的时间间隔），如何来理解和把握这有限而偶然的人生，就成为生命哲学的核心。孔子在本章建立了生命的日历，从此成为两千多年来读书人的人生参照系，反省观察自己的意识状态与孔子相比的差距。孔子无疑是把握有限人生的伟大艺术家，其对人生意识之流的分界判断至今仍是人们衡量自己有限人生成就的意识尺度。

2·5 孟懿子问孝，子曰："无违。"樊迟御，子告之曰："孟孙问孝于我，我对曰'无违'。"樊迟曰："何谓也？"子曰："生，事之以礼；死，葬之以礼，祭之以礼。"

【译】孟懿子（仲孙何忌）向孔子请教什么是孝道，孔子说："孝就是不应该违背（体现仁人之意）的礼节。"后来樊迟（樊须）给孔子驾车时，孔子告诉他："孟孙问我什么是孝，我回答他说'不要违背（仁人之意）'。"樊迟问："您是什么意思呢？"孔子说："父母在世的时候，要尽量按礼节侍奉他们；父母过世后，要尽量按礼节埋葬、祭祀他们。"

【解】孟懿子：鲁国三家大夫之一，姓仲孙名何忌，"懿"是他的谥号，他的父亲临终前嘱咐他要向孔子学礼。三家常有僭越礼制的情况，所以孔子的回答是不要违背礼制，所思要符合仁人之意，所行要符合礼制的要求。樊迟：姓樊名须，字子迟，孔子弟子，小孔子46岁，曾和冉求一起协助季康子从事革新。御：驾驭马车。孟孙：指孟懿子。

【意】本章与1·11相通，即与心念时刻有父之教近似。心念皆有父母，这是孝的根本，与父母的身世无关。儒学是心念时刻有父母之教。"礼"可理解为仁人之意的外在化，也就是不可以违背仁爱父母的本意，要具体体现在实践出来的礼上。礼是有生命的，是人用生命去实践出来的，不是外在的、不可违背的教条，跟犹太—基督教中上帝的诫命不是一回事，那种诫命有超时空、超个体的意味。无论在任何时代、任何地方，都要按照教条行事的教条主义（dogmatism）在儒家这里是没有的。至于儒家复古到三代之治的理念并不是教条，而是给予现世的参照。

孔子强调不要违背仁人之意实化出来的礼节，不是简单地完全不违背父母，不是愚孝。朱熹认为，道通于礼，也就通于理。人的心意依天意之生而有生意。无是毋，这里是不应该，也有不可以之意。仁人之意是孝的核心，不可以违背，从养生到丧死，儒者一生的意识发动都应该以仁爱他人之意为核心。

2·6　孟武伯问孝，子曰："父母唯其疾之忧。"

【译】孟武伯（孟彘）向孔子请教孝道。孔子说："自己的父母主要担心他们的疾病。"

【解】孟武伯：名彘，是孟懿子的儿子，武是其谥号。父母唯其疾之忧：其指父母；一解孩子。疾：病。

孟懿子之子孟武伯可能把握不好自己尽孝的分寸，问自己如何尽孝，对此问的答案是"父母唯其疾之忧"。其通常有三解：一是子女主要担心父母的病痛和疾苦，其他方面不必过多担忧。此处采用此解。二是父母感通和仁爱自己的子女，无微不至，非常担心孩子生病，疾病和身心痛苦可谓父母最大的忧患。子女也能够感通并体会到父母的这种心情，在日常生活中需要格外谨慎小心，可见孝是在乎父母，仁爱父母之意。三是子女只需父母在自己有病时担忧，其他方面就不必担忧了，表明父母的亲子之情。孔子的意思是，像你这样善武又容易惹是生非的人，能够担心父母的疾病就不错了，做到这样就可以算是尽孝了。

结合谥号，可能孟武伯尚武勇猛，所以孔子认为他如果能够做到关心父母的健康，即他对自己的父母如果能够主要担心他们的疾病，就可以算是孝了。一解因其行事尚武，喜欢用武力，而疾病又是自己无法控制的，所以不要让父母担心其他方面，如品德等。这样理解，孔子觉得孟武伯应该是只让父母担心他的身体，或"让父母唯一担忧的就是子女的疾病（或者身体健康）"，这样把"其"理解为子女，其他方面不担心，也通。因为无论让年长的父母担心子女什么，都不应该是为人子女孝顺父母的本意。

【意】本章异义而同"质"，即"亲亲"之大"仁"为仁人之意的根本。父母对于孩子的病痛能够感同身受，这是儒家"亲亲"感通之基石，所以担心孩子是人情通畅之常。仅仅担心孩子生病，含有不让父母担心其他方面的意思，但父母自然担心孩子除身体健康之外的各个方面，说让父母只担心孩子的病痛，或只在孩子生病的时候才担心孩子的身体，这都不太符合人之常情。也就是说，父母仁爱孩子、孩子与父母感通的意识是天然的，而这种感通意识，是仁爱他人、仁体流行的本体论基石。

承前所论，孝的核心是仁爱长辈，对父母的表现就是要仁爱父母，不可以让父母有任何担心。对父母的担忧是人情之中心，也是孝的根本，孝的中心是关心父母的身体，因父母身体在，父母之为生身父母的元气就在，滋养我们身体的元神元精元炁就可以存续下去。我们担心父母的健康，希望父母健康长寿不生病才是真正的孝顺意识。

2·7　子游问孝，子曰："今之孝者，是谓能养。至于犬马，皆能有养，不敬，何以别乎？"

【译】子游［言偃（yǎn）］向孔子请教什么是孝，孔子回答说："如今人们所谓的孝，指的是养活父母而已。然而，就连狗和马都能够得到人的饲养。如果对父母没有敬顺的心意，那么赡养父母与饲养犬马又怎么区别呢？"

【解】子游：姓言名偃，字子游，吴人，小孔子35岁，一说小45岁，不合理，故改。上一章孝是关于孝顺父母应该关心父母哪一点，本章孔子继续指出孝的中心是敬。敬：首先是敬顺父母如崇敬祖先，因为父母是传递给我们肉身和灵魂的来源，所以要孝顺。饲养犬马的意识与赡养父母的意识之最大不同在于敬顺。对于人，要特别表现出人对于人的仁爱，否则就没有拿父母当人，甚至不如犬马，如果不敬顺父母，这样的意识传递给他人，就完全背离仁人之意。一解狗和马等畜生都能够相养，如乌雏反哺，如果人在赡养老人的时候不带敬意，就跟禽兽没有区别了。[①]此解异途同旨，都强调"敬"的重要性，但禽兽如果能够反哺，未必就不带敬意，只是人意不能感知而已。但饲养犬马的人对犬马缺乏敬意，孔子不同意把赡养父母当饲养犬马来对待，这是没有问题的。

---

① 参见高尚榘主编：《论语歧解辑录》，中华书局2011年版，第37页。

【意】儒家着眼于人的世界，致力于建立人伦家国。仁人之意是仁爱他人而不是犬马，这有本质区别，跟问人不问马（10•17）相通。只有人才能仁爱，才能领会天地生生之仁，虽然动物可能本能地关爱照顾自己的子女同类，但动物没有仁心，不能像人仁爱人类那样关爱整体的族群，这种人文主义思想虽然是以人为中心的思想系统，但并不排斥对动物的关爱。

儒家以仁为中心的仁爱观强调对父母的敬顺是孝的核心，孝的表现是敬与顺，而单纯赡养父母是不够的。这里的敬是敬顺，没有敬畏，敬畏在《论语》里的其他地方提及。敬顺是仁人之意的自然表现，否则养人如养动物，没有敬顺之心就算不上仁人之意。

2•8　子夏问孝，子曰："色难。有事，弟子服其劳；有酒食，先生馔（zhuàn），曾（zēng）是以为孝乎？"

【译】子夏向孔子请教什么是孝，孔子说："（当子女的要尽孝，）最难的就是保持让父母感到顺心的脸色。而有事情要办时，年轻人就来效劳；有酒菜食物时，就让年长者先享用，仅仅这样难道就以为算是尽孝了吗？"

【解】色难：色指脸色；难是不容易。要主动改变自己的脸色，即改变意识状态，以温情和孝意、充满愉悦地面对自己的父母，并不容易。服：从事、担负，"服其劳"就是服侍"先生"，即长者或父母。弟子：指代晚辈或儿女等。馔：饮食、吃喝。人的意识带出的真情实感，可以超越服务和酒食，所以需要和颜悦色，改变意识。

本章与上一章有相通之处，即孝敬不仅是让父母吃好喝好，单纯养父母不够，还要让父母看到自己的脸色感到顺心而喜悦，所以"敬"比"养"进一层，"色难"又比"敬"显然更进一层。孝为仁之本，不仅要做到敬，还要做到顺。上章强调对父母敬，本章强调要对父母顺。这都说明，带有情感深度的孝才能成为仁人之意的开端。在每个人的意识之中端正孝心孝情，就是为了仁人之意能更好地涵养。

【意】孝首先是仁爱父母和长者之心意，所以办事、给父母吃好的，都是表现，做到了并不够，因为这不足以让年长者（父母）感到顺心，而顺心其实才是最难的。对父母和颜悦色，承续之前（2•7）"敬"之具体化。敬而和顺、和乐、和美，以敬为孝，以和悦为孝，都是要求仁爱他人不仅在于发动仁爱之心，还要见到仁爱父母的效果才行。也就是说，子女的孝意要延伸到父母那边，转化为父母顺心顺意的满足感，才能扩大孝意的意量，这是实实在在的修行过程。从这个角度来看，孝是动机与后果一体的"心意—行动"（intention-action）体系，是孝心与孝行构成了孝的全体。

2·9 子曰："吾与回言终日，不违，如愚。退而省其私，亦足以发，回也不愚。"

【译】孔子说："我整天给颜回讲学，他从来没有不同意见，也不发问，好像是个愚钝的学生。但我私下考察他的言行时，发现他对我所讲授的仁人之意能够发挥不少心得，可见颜回其实并不愚笨。"

【解】回：指颜回，字子渊，因"回"有旋回义，如流水漩涡处，即深渊所在，所以字"渊"。生于公元前521年，小孔子30岁，鲁国人，孔子的得意门生。关于颜回活了多久，有不同的说法，有说31岁的，有说41岁的。参见11·8颜渊死，颜路请子之车以为之椁。子曰："才不才，亦各言其子也。鲤也死，有棺而无椁。吾不徒行以为之椁。以吾从大夫之后，不可徒行也。"颜渊在孔子儿子孔鲤之后去世，当活了41岁。按照毛奇龄《论语稽求篇》和崔适《论语足征记》的考证，颜回当生于前511年，死于前480年[1]。孔子离世之前一年去世。退而省其私：考察颜回私下里与其他学生讨论学问的言行。一说"退"是颜回从老师那里出来，回去之后，再反省自己的言行。但还是以私下里考察颜回更合理。

上章讲弟子如何孝，此章举颜回为例说明颜回发挥先生的仁人之意是一种更高的孝，因为能够继长者之志，发挥年长者之所教，这是比上章提到有酒食让年长者先吃更加重要的精神性继承和发挥，也是更大的孝。

【意】弟子颜回确实有自己深入的见解，有心得体会，甚至可以使老师孔子得到启发。孔子显然很感慨，颜回理解得那么深，但具体的内容，应该是孔子讲的仁人之意这个中心思想。颜回能够慢慢领悟孔子言外之意

---

[1] 参见孙福万：《论语易解》，第37页。

的深意，能够从后天的言语文字之境深入理解和体会老师孔子要表达的先天意境，并且体会其中的先天至乐。所以，可以说颜回所悟，其实是仁人之意的先天之学，是孔子意识境界通天达圣的部分。

除了孔子特别欣赏喜欢之外，颜回事迹不多，思想记录尤其少，应该属于那种特别聪慧，学习认真，完全认可老师的学生，也得到孔子的充分肯定。但另一方面，在孔子学生当中，虽然能干的很多，但在学问上的地位都没有像颜回那样那么得到孔子认可的。在一定程度上，对其他学生来说，这是比较遗憾的，因为他们可能也有智慧和才学，只是没有像颜回那样获得肯定。加上颜回早死，孔子此后经常怀念、表扬颜回，这让其他学生心理上觉得颜回永远不可逾越。

客观地说，颜回的学问事功似乎没有比其他著名的弟子们更加突出多少。但因为在老师孔子心目中的特殊地位，和老师经常公开表扬，成就了一种完美学生的理想形象，甚至成为后世许多老师故意标榜的最佳学生楷模——聪明灵巧，绝对认同老师，似乎没有任何自己的想法，绝不可能对老师的学问和事功构成任何挑战。加上颜回过早离世，就显得他有更加完美的符号化意味。

从这点上看，比较亚里士多德与柏拉图之间的师徒关系，他们之间那种"吾爱吾师，吾更爱真理"的精神，在儒学传统内部，虽然不能说绝对没有，但很少得到称颂和赞扬。后代最著名的儒家学生挑战老师的例子，可能是王阳明怀疑朱熹的学问，但他们不是直接的师徒关系，只是因为朱熹的学问长期居于正统地位，阳明只敢表示对朱熹部分说法的不认同，但总体上还是要强调自己都接近朱熹。直到牟宗三才公开以王学为正宗，认为朱熹未得儒学正脉。虽然牟的说法可以检讨，但说明中国历史上的儒门师承与师徒关系在大多数情况下不鼓励独立性的师承建构与创造，根源从孔子与颜回的师徒关系就开始了。

其实，好的学生不仅要能四处传播老师的思想，更要能够加进自己的理解，建构出新的思想。但儒学传统对这样的学生总体来说是不鼓励的。这与整个西方哲学史上蔚为壮观的、学生超越老师的哲学创造图景构成鲜明对照。因为西方哲学的原创力就在继承与推翻先人哲学思想之上，进而创造出新的思想系统。在这样前赴后继的状态中，西方哲学思想得到不断推进和创造。

2·10 子曰："视其所以，观其所由，察其所安，人焉廋（sōu）哉？人焉廋哉？"

【译】孔子说："（了解一个人）应该认真看清他言行的动机和依据，清楚观察他过去的所作所为，仔细考察他安心于何种状态。这个人怎么可能隐藏得了他的心意呢？怎么可能隐藏得了他的心意呢？"

【解】所以：是所为、所做的事，如理雅各what a man does；辜鸿铭译为at how a man acts；安乐哲译为watch their actions；刘殿爵译成look at the means a man employs（看一个人使用的方法）较为特别。一解为所与，所交之友。

所由：是所走过的道路，心意发动过的轨迹。可以说是观其意生，即意念所生之来由，一个人何以如此起心动念的根据在哪里。辜鸿铭译为consider his motives；与理雅各mark his motives和安乐哲observe their motives相近，基本理解"由"是由来，表示原因，观察行为的内在原因，即动机。但刘殿爵译成observe the path he takes（观察人选择的路）较为特别。

所安：是心意安住的意境。一个人的意念之行无法掩饰，考察其所安就能够看出其心志的方向。辜鸿铭译为find out his tastes（爱好）注意一个人要什么，即他的精神需求；理雅各译为examine in what things he rests（看什么能够让一个人休息和依靠）；刘殿爵译为examine where he feels at home（检查他在哪里感到自在舒适），自注：the benevolent man is attracted to benevolence because he feels at home in it（仁爱的君子会被仁所吸引，因为在仁之中感到舒适）；安乐哲译为examine wherein they dwell content（考察他们住得满意之地），关心一个停歇之处，其心存在之所，感到满意安乐之地。

廋：隐藏、藏匿自己的意向。意念所发皆由行而察知，如何隐匿？辜鸿铭译为how can a man hide himself；理雅各译为how can a man conceal his character；刘殿爵译为In what way is a man's true character hidden from view；安乐哲译为won't you know what kind of person they are。理雅各和刘殿爵用character（特质）强调人无法隐藏自己的特征，较为合适。许渊冲译为Can he have anything hidden in his mind? Could he?[1]

本章如果理解为承接上章，可以把"其"理解为颜回，表示对颜回的一种深度考察。当然，这种深度的察人方式可以用在所有学生身上。这是儒门"以心观心"的绝学，也是"以意会意"的绝妙法门。[2]

【意】儒家实意哲学是动机主义的哲学，因为儒者察人最根本在于考察人的动机是否端正。一个人过去做了什么，他安心地在干什么事情，都能看出他的动机所在。孔子是善于观察人的，他认为人很难掩饰自己的真实心意。换言之，一个人有什么样的动机，就一定会有什么样的心意实化出来，表现为人情与世事，并被他人感知和觉察到。这是现象与本质一贯的一体性形上学，开出后世理气融为一体、道器不分、心理不二等各种哲学命题。心体当下呈现，与天理流行融为一体，人心之发与世事之情交融无二，生命的生生之力，在人间一切意识实化的现象上呈露出来。

2·11　子曰："温故而知新，可以为师矣。"

【译】孔子说："如果在温习以往的知识见闻时，能够体会和知觉新的见识和道理，就可以当老师了。"

【解】故：是过去的、故旧的、重要的、本体性、本源性、根本性知识与见闻。新：是当下新得到的心得体会，见识与道理。蒙卦强调启蒙者作为意缘的重要性，但也强调被启蒙者学习的主动性。其实，为师的人，是需要时刻对意缘有新的体会和认识的人，这种认识，来自对"故"的温习，其实就是反省琢磨，进而推陈出新。旧知识和见闻其实都可以用到新问题上，以知道未来。就学习来说，主要是学过去的，以知道新的。学者意识能量的增强，来自对故旧知识的重温而有心得体会。在古代的语境当中，对于经典当中记载往圣先贤的言语和行为，如果能够深刻体会，有了新的心得，就可以成为别人的老师，因为心得扩大了意量，为他人对于意识的修炼提供了参考。

【意】从考察人推进到考察各种知识，都有温故知新的可能性，而之所以能够做到，其实是因为意识的反省和提升。在这个过程当中，意量得

---

① 许渊冲：《〈论语〉译话》，第31页。
② 类似的察人之术可以见于《鬼谷子》的揣摩之术，但对于了解一个人之所安，《鬼谷子》认为并不容易找出来，没有孔子这么乐观。

到扩大，并通过意识回溯反省，也因为意量的扩大而可能成为没有如此温故知新之感的人的老师。从另一方面来说，人类知识的复制多无新意，而关键在于一个人是否有回溯和温习以知新的能力。科学的发现与信息的积累，大多不是创造，而创造的智慧不能离开古老的经典。在科学日新月异的当下，经典中的智慧仍然可以历久弥新。

　　能够考察过去已有的而能推陈出新的体会之人，其实在意识之中已经更新成为新人。而没有心得不能当老师，其实就是一个人是否具备时刻更新自己意识状态的能力。真正的智慧并不是凭空创新，而是回到故旧的经典当中，用心去体察琢磨，自然可以有新的见解出来。而一个能够从故旧的经典中读出新见的人就可以当老师了。这里强调一个所谓老师的特质，就是有新知、新见、新识（insight），即对过去的经典内容能够有新的见解出来。

　　可见老师当指那种自己有心得体会的人。老师应该谈他自己的新见，而不应拾人牙慧。可见老师本不当是教书匠，"师"与"匠"可谓天壤之别，因为工匠做的是重复的事，老师则应该做推陈出新的创造性工作。老师应当是有眼光（vision）、有见识（insight）的人，是在对过往知识推陈出新的意义上更加高明的、有新眼光、新见地的人。也可以说，所谓的教书匠都不是合格的老师，因为他们只是"温故"，只是推陈，而没有"知新"，也就无法出新，算不得真正的老师。

2·12　子曰："君子不器。"

　　【译】孔子说："君子不应该成为只有某种特定用途的器具。"
　　【解】器：器具，容器，器皿；一解小道，即小技艺等形而下者。理雅各译为utensil（器具）；韦利译为implement（工具）；安乐哲译为vessels（容器、器皿）；辜鸿铭认为不应该成为一个可怜的机器，只适合做一种工作（not make himself into a mere machine fit only to do one kind of work）[1]；许渊冲建议意译成specialist（专家）[2]，都可以表达君子不被某种形而下的用途所限定。

---

[1] 辜鸿铭：《西播〈论语〉回译——辜鸿铭英译〈论语〉详释》，王京涛译注，第29页。
[2] 参见许渊冲：《〈论语〉译话》，第141—142页。

君子不能被某种特定的形而下功用限定住，其实是不愿意其意量被限定。孔子拒绝"异化"，不愿意被"物于物"，因为孔子认为君子的仁爱之意不是针对具体物的意，而是通天的真意。如果只是器具那样的存在，就只有某一方面的用途，是主动或者被迫接受某种意量的限定，可能开始是被外在的形势所限，但后来就可能习惯于这种限定而自我限定。所以君子不应该成为只有某种特定用途的器具，或者君子不应该只追求某种特定的技艺，这是因为孔子对"君子"赋予了全方位的使命，要追求大道，就不可以拘泥于小道小技。到孟子那里，这就演变成君子是劳心者，要治理国政和民众；而小人是劳力者，要从事具体技艺。

【意】君子不仅有道德修养高尚的意义，更是心念广大的人，是接近于"智多星（mastermind）"的人，不应该是某种从事具体事务的人。君子的意识与大道相通，大道是无限的，所以君子不会允许自己的意识被某种具体的状态所限定，好像被局限在某种器皿的边界当中一样。可见，君子是通才，是掌握了无所不通的道的人。儒学作为君子之教化，是反对所谓"匠气"的。因为一个人受到良好的文化教育，受过传统文化的熏陶和教化，就不应当甘于做某种螺丝钉般的器皿。

当代中国社会追求西方现代化状态，其实是高度分工导致所谓"君子必器"的现象，也就是说，即使是受到最高层次的教育者，也只能成为某个很小领域的专家，不可能也不允许成为通才。现代学科分类庞杂，信息量巨大，任何专家都几乎无暇顾及其他领域的内容，使得少数能够超出本领域的专家变得凤毛麟角。

应该说，现代社会的君子必器是有其合理性的，但如果再品味原文，结合上下文，我们可以理解，器与匠相通，但与师对立。孔子要人们当师、当君子，而不当匠人，不要重复制造器物，也可以理解为，孔子不鼓励总是做重复的、缺乏创造性的事情。这可谓孔门教化的根本目标，也可以说，儒门教化是致力于培养有创造力的大师，而不致力于塑造学匠、教书匠。

2·13 子贡问君子。子曰："先行其言，而后从之。"

【译】子贡问如何做一个君子。孔子说："先去实践你想要说的话，之后再把你所做到的说出来（这就够说是一个君子了）。"

【解】对于你要说的话，先实行了，再说出来。先实化为行，后实化为言，言是对行的实际描述，有修正和调整让言语不落空的意味，如果识之有物，那么行之有物。"从"指按你做的说，也就是要言必行，而且要言行一致，强调君子奉行言语必落实于行为的生存方式。

这里涉及言—行—言的关系，行后之言与未行之言，是完全不一样的经验。儒家是经验主义者，非唯理论者，强调人的意念要以人生经验作为根据。人生经验都从社会实践当中来，换言之，人是生活在人伦家国当中的，人应该过的是人的政治生活，不能简单如亚里士多德所说那般，说人是政治动物。在儒家看来，人的言语行为（speech act）都是有政治意味的。《论语》没有总结出《周易》八卦般的宇宙模式，也没有给出犹太—基督教中上帝箴言或者近乎原教旨主义的教条，而给出活生生的、基于人生经验可以验证的实意记录，其中没有绝对真理，更不是超绝真理，而是此岸的人生经验之真理。

【意】君子是言行一致的人，会践履他说的话，会非常认真地把自己的心意发动当回事，会让自己的行为与心意发动协调一致。这里其实是强调君子先行而后言，也就是少说多做，做了再说，反对只说不做。

子贡多言，孔子教导他多行是有针对性的。从另一个角度讲，仁人之意不是单纯的意念，而是行动性的意念（active intention or intentional act, or intentionality as action），是在行动中才能落实仁爱的意念，也有"一念发动处即是行"的意味，是行动之中，人的意念会生成一种行动之境（intentional context of actions），也就是作为意念生发的行动性境遇。行动是身与境通，是身在境中行，所以是从身的移动考察心灵运动的变化状态，不一定需要身体实行的移动才构成行动。

2·14 子曰："君子周而不比，小人比而不周。"

【译】孔子说："君子对所有人一视同仁，开诚布公，不拉帮结派，小人讲究朋比营私，而不讲究周遍公平。"

【解】周：合群。普遍，周遍，指仁情之周，厚泽众人。比：勾结，偏袒、偏私。《周易·比卦》是人与人之亲比，犹如水与地的亲密无间。这种亲密的比合关系，可以作褒义和贬义的延伸。这里，孔子就把君子之间的亲密关系称为"周"，比较接近比卦通过亲比而延伸扩展自己的意境的意思，可以理解为，君子通过与人建立亲密的关系，使得人与人之间的关系更加周延、周遍、亲密、厚重，可以说，亲比是厚德的功夫。但孔子这里把小人之间的亲密关系称为"比"，为的是拉帮结派，结党营私。而小人是没有道德修养的凡人，在乎的是聚众而谋取私利。

这是从观察和人生经验当中得出的，该命题反过来也成立。君子意量大，而且能够周全、开放而变得更大。小人意量因为不求周遍公平，所以就会越来越小。韦利把"周而不比"译成see a question from all sides without bias（不含偏见地从各方面看问题），许渊冲译为 cares for the whole more than for the parts（在乎全体而不是部分）；小人比而不周 be biased and sees a question only from one side（带着偏见所以总是从一方面来看问题）；许渊冲译为 cares for the parts rather than for the whole (or for the gain or loss of the parts)①（因着得失之心对部分过度关注却忽视全体）。

【意】亲比本身是中性的，在人际关系与网络中，因为目标、目的不同，意识境界有高有低。君子与小人都试图与他人建立亲密关系，但君子的意境是开诚布公的，包容悦纳的，是充满仁爱他人的心意的，而小人建立与他人亲密关系的意境则带着明显的私利目的。

君子有仁人之意，通于天地，包容人情，意境广大。但小人不与天地之气感通，也不通人情，只在乎自己的利益以及自己周围的小圈子。这是孔子看不过去的。

君子的仁人之意周普周遍，仁爱他人，及于万物，推广到他人、他物，以至天地；小人的心意狭隘，心思都在自己身上，推不出去，喜欢比合私情私意，所以称"小"，在乎小利，因其心念小，所以意境也就小。

只有君子的心意可以通天，小人不可能通天，因小人心小而囿于己身。小人患自身而必有身患，大人不患自身而无身患。可见，"患"在于"心"，心中升起一串与"身"有关的忧愁，就是身之"患"，身患有了，就有心病，而《论语》就是对治这种道德性的心病的。②

---

① 参见许渊冲：《〈论语〉译话》，第143页。
② 相比之下，《黄帝内经》对治的是身病，因为人的身体来自天地，身体之病来自人身与天地之间气息沟通出现问题，所以医治人的身病要重回人与天地之间的和谐状态，即天人合一。

2·15　子曰："学而不思则罔，思而不学则殆。"

【译】孔子说："只读书学习，而不思考问题，就会罔然无知，没有收获；只苦思冥想，而不读书学习，就会困惑无助，疲倦危殆。"

【解】"思"是人需要在反思（reflection，安乐哲）中运思（thinking，辜鸿铭、白牧之），从而熔铸实化其意。"罔"是因为困惑（bewildered，刘殿爵）而导致迷惘、迷惑、糊涂（perplexity，安乐哲），从而陷入迷惘、诬罔的状态；导致人的思考越来越僵化、发硬（rigid，白牧之），意能越来越弱，那么做什么都是徒劳的（labour lost，辜鸿铭）[①]。殆：疑惑、危险、危殆；是意能落空导致危险可能降临。白牧之用shaky（摇摆不定）表达迷惑状态。

学习是把意识对象经过意识活动和思考转化为意识之内的存在，思是通过意识活动的反思过程不断推广实化意量。当然，"不思"就是不去思考，也就不能理解，只能枉然而无所得。不过，只有苦思冥想，孔子认为也不行，因为那样会思之无物，困惑倦怠。

可见，学习与思考之间要保持一个中道，即一个合理、合适的分寸，既要学习，又要思考，在学习中思考，在思考中学习，其实是一个学思相长的过程。因为没有思考就不能把外在的知识转化为自身的经验与智慧，没有学习就不能增加补充自身的学养，增进知识与智能的深度与广度。

【意】意识能量的增强来自对意识的运思和琢磨。思考是一种很奇妙的机制，不只是简单的物理—化学过程。思考出结果，成为心得，才算是意能有所增强。而心得作为自得的意能，可以作为意识发动的深层能量，轻易不会失去。

人的思考只能基于其经验，但人同样历事成长，不同的人的经验之同异，这与每个人运思的尺度与分寸不同有重大关系。空思而不学（吸收新经验）则无法支撑思考。

---

① 参见辜鸿铭：《西播〈论语〉回译——辜鸿铭英译〈论语〉详释》，王京涛译注，第30页。

2·16　子曰："攻乎异端，斯害也已。"

【译】孔子说："（过度）下功夫攻击那些离经叛道的学说，这样做反而是有害的。"

【解】本章接续上章，"周而不比"的君子，仁爱他人的心意时刻发动，也仁爱包容那些异端邪说，不去过分攻击他们。

本章历来解释较多，争议较大。李泽厚说"攻"有三种解释：一是专攻；二是攻剿异端邪说；三是儒家求同存异，他选第三说。[1]本章"攻"当理解为攻击。何晏将"攻"释为"治"，不取。如果理解成为攻击而认真学习，反而不好，虽然读起来通顺，但背离了孔子仁人之意延伸出来的、自然包容化解一切矛盾的儒家精神，不如理解为过度攻击那些离经叛道的学说更为合理。

【意】"异端"是与自己的意向所指和分寸不同的学说，通常所谓自己与自己的意识发动不一致的、另外的、不同的、另一端的言论。当下的意识当中，过分攻击异端，反而据此把"异端"作为思考的出发点和背景，这样就自我狭隘化了意识运思的境遇，从而有害于思考。

异端要不要攻击？要，孟子攻击杨墨，宋明理学家攻击佛老，都是攻击异端。但孔子认为，过分执着地、持续地攻击，就不合适了。毕竟，对异端要加以攻击，就需要对异端深加研究、攻读钻研，孔子认为这样也是不合适的，而且反而是有害的。既然异端邪说本来就偏离仁人之意的正道，那么，为了攻击它们而深入研究之，就难免可能陷入很深，会在邪道上走得更远，所以反而会有害处。

看来孔子很担心君子持守仁人之意的能量，容易被异端带偏并消耗掉。他担心学生们持守仁人之意的力量总是那么微弱，可能转去邪道上就回不来了。而且孔子认为，这样多少对仁人之意的境界涵养是有害的。作为老师的他可能看到很多人为了攻击自己不喜欢的所谓的异端邪说，下够了功夫，但时间久了，反而被绕进去了，害了自己的仁人之意。但我们也看到后世比较狭隘的儒学版本，虽然不了解异端却不断攻击异端，这其实也是违背孔子本人不要过度攻击异端的教导的。孔子仁人之意宅心仁厚、大意无声。

---

[1] 李泽厚：《论语今读》，第36页。

理性主义是仁人之意哲学思考的基本精神，因为孔子让后世相信他所言的道理，不是通过"异端"的方式来实现的，正如伏尔泰指出的，孔子的言论从不诉诸奇迹，也不谈论奇迹，没有先知的口吻。儒学思考的理性精神，是切近人伦日用的"实用理性"精神，在宽容、包容、消化异端邪说的过程当中，儒学不断充实发展，而从来没有诉诸任何外在超越的宗教信仰对象的非理性教条和说教。[①]可以说，儒学与美国实用主义都是理性主义的、讲究实效的哲学思想，它们具备哲学思考的根本精神，可以对话会通，成为"儒家实用主义（Confucian Pragmatism）"新哲学话语。

2·17　子曰："由，诲女（rǔ），知之乎？知之为知之，不知为不知，是知也。"

【译】孔子说："仲由（子路），我教给你怎样做的话，你都知道了吗？知道的就是知道，不知道就是不知道，这才是求知的正确态度！"

【解】由：姓仲名由，字子路。生于公元前542年，孔子学生，长期追随孔子。子路好勇，求知可能不诚不实，孔子教化实化仁人之意的意缘，要实实在在，不可虚假，知与不知，可以通过当下意识对意缘的反省而自我感知。

这一章异义不多，"知之为知之"的实事求是态度主要是针对所谓不懂装懂的态度而发的。一个人的所知是有限的，要有自知之明，这当然是对所谓的客观知识来说的。有些知识，如关于哲学问题的知识，如道、天、性等，本来就没有标准答案，所以，所谓的知道并不容易界定。可能子路觉得自己已经知道，但老师并不满意。因此，一种对客观知识的清晰边界的老实态度和一种对默会知识的模糊边界的自知之明，都是求知的人所需要的。

【意】本章强调以正直诚实、严谨务实的态度面对自己的意识之缘。这种反省可以说有一个"良知"作为一切"知"的校准和基石，也可以说是意识当下反省有一个从天良下来的仁心，可以知善知恶。儒家意识面对

---

① 参见刘强：《论语新识》，岳麓书社2016年版，第55页；李泽厚：《论语今读》，第36—37页。

外缘的风浪，意识内部有一个风向标，这个风向标总是指向良知通于天道自然之善的"北斗星"。

但不论求知意识的边界是清晰还是模糊，求知的对象终归还是有边界的，不可能都遍及意境的全体。意境全体性存在是只可意会，而难有边界性客观认识。这需要对意识之缘保持自觉的、正当的反省态度，不要过度附着主观价值，以为自己已经知道，或者应该知道，而要切身向己，就可以通过近似于良知的反省机制，明白自己到底是真的了知还是不懂装懂，而不用等实化出来才发现，甚至实化出来了自己还一无所知。

2·18 子张学干禄，子曰："多闻阙（quē）疑，慎言其余，则寡尤；多见阙殆，慎行其余，则寡悔。言寡尤，行寡悔，禄在其中矣。"

【译】子张（颛孙师）请教怎样才能谋取官职与俸禄。孔子说："要多听各种言论，有怀疑的地方先放在一旁不说，其余有把握的，也要谨慎地发表意见，这样就可以减少过失；要多观察，有危险的事情先放在一旁不做，其余有把握的，也要谨慎地采取行动，就能减少后悔。说话少过失，做事少后悔，官职俸禄便自然会有了。"

【解】子张：姓颛孙名师，字子张，生于公元前503年，小孔子48岁，是孔子的学生，孔子死时他24岁。干：是求。禄：是古代官吏的俸禄。干禄就是求取官职，以谋求官职俸禄为自己的意识之缘，虽然是大多数读书人的现实目的，但却不是孔门仁人之意之教的主旨。阙：缺，此处意为放置在一旁。寡尤：寡是少；尤是过错。对意缘的取舍代表儒家价值观的养成。

在其中：有一种随缘感，让意缘如其所生的意味。儒家的随缘与佛教的随缘不同，一般人常常混淆。儒家的随缘是择善而从，内心中时刻要有仁人之意发动，对身列的意缘中有疑问的，要放下，有危险的，要避开，是一种主动选择的有明确主体性（agency）的随缘。相比之下，佛教的随缘则有明显的无力感和被动感，即一切意缘都是因缘和合，既没有内在的根据，也因主体四大皆空而不强调主观能动性的选择，有明显被动随适的意味。

【意】很多学生像子张一样，求学是为了谋取官职与俸禄，这很正常，但多听慎言，多看慎行，基本上是为人处世、获得重用的重要路径。

当然，这种心态的主要目的是让主权者与主政者满意，能够得到机会为他们所用，可见是为了创造一个自己的意识之境，一个能够与主权者、主政者感通的境遇，让主事者通过自己言行的分寸来理解和认可自己的意念及其境遇。

2·19　哀公问曰："何为则民服？"孔子对曰："举直错诸枉（wǎng），则民服；举枉错诸直，则民不服。"

【译】鲁哀公（姬蒋）问："怎样才能使百姓顺服呢？"孔子回答说："把正直无私的人提拔起来，使他们居于邪曲不正的人的上位，老百姓就会心悦诚服了；把邪曲不正的人提拔起来，使他们居于正直无私的人的上位，老百姓就不会服从统治了。"

【解】哀公：姓姬名蒋，哀是其谥号，鲁国国君，公元前494—前468年在位。对国君及在上位者问话的回答用"对曰"以示尊敬。举：选拔。直：正直公平。错：通"措"，放置、安置。枉：不正直。统治者的意缘具有示范天下的作用，能改变人民的意识，让人民的意念化诸行动。服：孝顺家长，人民顺服，是孔子致力于维持社会秩序的核心目标。孔子那个时代礼崩乐坏，可以说最大的问题就是社会秩序多有不顺，人民与君主、家与国的关系无法理顺，孔子提出从仁人之意出发梳理自我与社会的一整套应对方式。

本章强调在位者、统治者有主动权，与上一章人心意选择的主动权一脉相承。"好的政治""顺的政治"是古今中外政治理想，而且理想只能以理想的方式存在，所以孔子的说法至今仍然保持理想的价值，而现实的政治，从来都充满不让人满意的成分。制度只是一种辅助性框架，有助于权力的分配与制衡，但制度本身并不可能解决所有的政治问题，也不必然带来好的、良善的政治。儒家追求"善治"的政治理想，其实，只要有君臣关系，平民对统治者就不可能百依百顺，有不顺是常态，关键是如何实现一种动态的、平衡的、稳定的政治状态。

【意】正直的人，这是道德品格的判断。选用言行一致，正直公平的人，这是一种品德优于制度的思路。在当时基本上不去思考建构一个新制度的可能性，即使在近现代，如果没有西方做参照，国人也很难仅靠想象去评判另一种可能制度的实践效果如何。

当人民没有机会选择领导人的时候，只有在服与不服之中选择。一般的不服对领导人不会有什么影响，除非大部分百姓都不服，才可能对领导人有影响，也才有改变领导人的可能。平民百姓从服与不服的选择过渡到自由选择自己的领导人，并预设一定的多数（不管是简单多数还是程序多数），终归是很不一样的制度。这与现实的情境、历史的选择等等都有关系，很难说哪种好哪种坏。

好的制度不能保证人民都顺服，好的政治或许可以；但好的政治也不仅是直人的政治，也需要是直人加好的制度，才能让平民有选择，让人民有自由选择自己生活的权利，有安全感等。让百姓能够安身立命，其意当下安宁，生而能活，无死亡之威胁与压迫，其意能发于世，顺社会有正气之直道，而能有"生命"即命生之感，不觉得命运有无奈感和压迫感，这就是所谓人心悦诚服之理想良政、善政。

2·20 季康子问："使民敬、忠以劝，如之何？"子曰："临之以庄，则敬；孝慈，则忠；举善而教不能，则劝。"

【译】季康子（季孙肥）问道："要使老百姓对当政的人敬顺、忠诚而又勤勉，该怎样去做呢？"孔子说："你用庄重的态度对待老百姓，他们就会尊敬你；你对父母孝顺、对儿女慈爱，百姓就会效忠于你；你提拔贤良，教育能力不足的人，百姓就会相互劝勉，加倍努力了。"

【解】季康子：姓季孙名肥，康是他的谥号，鲁哀公时任正卿，是当时政治上最有权势的人。以：是连接词，与"而"同。劝：勉励。这里是自勉努力。统治者的意识当中有百姓，百姓能够感受到其意识的能量，也表示统治者意识的边界，即意量。临：对待百姓要表现出庄重的意境。孝慈：一说当政者自己孝慈；一说当政者引导老百姓孝慈。孝是仁人之意的根源性领悟，可追溯到天地生生之源。慈是这种生生之机在人间充满温情地时机化展开。

季康子的提问非常理想化，人们不但要敬，而且要顺且忠。孔子的回答只是把这种要求转到领导人身上，认为领导人应当转变自己的意识境遇。当然，法家则不这样看。可见，儒家政治的前提，是人民和君主的本性都是好人，且生活在一个好的人伦家国当中，那么儒家教化即可顺理成章。然而现实往往并非如此，人性纯善的人伦家国假设，可能只是假设而已。当然，如果强调儒家认为性是可以趋善的，而人性本善本恶或者善恶混都可以，逻辑上可以，这是与法家最不同的地方，也是与西方经济人追逐利益最大化的假设不同之处。孔子强调以"礼"治国，影响到后来的古代中国社会，不是靠"法"，而是靠"礼法"来治国。①

【意】孔子的高明之处，在于把这种百姓慑于权位的服从改为统治者自身当有的态度，因为领导人的庄重心意通于人民的敬意，领导人的孝顺慈爱通于人民的效忠，领导人欣赏善良的人民，人民就争做善良的人，这是一个社会向好的方向转化的关键。

儒家教化有几个前提。第一，统治者有位；第二，这个位对百姓有影响，即权位可对百姓的权力进行限制；第三，百姓有接受影响的能力；第四，更重要的是，百姓有自然向善的倾向，这样百姓才不是出于对威权的慑服与惧怕而去服从，而是内心向善，认为向善符合人性自然之道，大家才会自勉努力。

2·21 或谓孔子曰："子奚不为政？"子曰："《书》云：'孝乎！惟孝，友于兄弟，施于有政。'是亦为政，奚其为为政？"

【译】有人对孔子说："你为什么不当官从政呢？"孔子回答说："《尚书》说，'孝啊，就是孝敬父母，友爱兄弟！把这孝悌的道理推广于政事，影响当政者。'这也是从事政治啊，何必一定要做官才能算是从政呢？"

【解】或：指有人，无指代词。奚：疑问词，相当于"为什么"。《书》：指《尚书·君陈》。施：施行、延及。意生于孝，当下意念发动就是意识之实化，施行于身体及于外物，由身之行而及于身边的人与物，可见，儒家意义上的"为政（参与政治）"是"及物"意义上的，不是"不及物"意义上的。而最有意思的是，儒家政治的原点是把起心动念皆看作及于人事的政治活动，这种心灵活动时

---

① 参见俞荣根：《走出"律令体制"——重新认识中华法系》，《兰州大学学报（社会科学版）》2020年第4期。

时刻刻影响外物运行的本体论基础是心物一元论，心物同时便会，所以这种心身政治活动，是心物交关进行时意义上的政治活动，是当下的，也就是现在进行时意义上的，所以不是完成时或者过去时、将来时意义上的、非当下的活动。

本章与上章相通。孔子的善政以人民的善性为前提，至少人民有向善的自然倾向（natural tendency）。孔子的从政观，从家庭里做好家长，兄友弟恭，就足以延伸到社会，比如为人师表，教化一方，但前提是家人、族人、师生都是人性本善的好人，都心慕良善，志存高远。有人问孔子的背景是孔子不主动为政（not taking part in the government of the country，辜鸿铭），问者质问孔子的是他参与政治的主动性，孔子化解为参与政治的场域，认为"国"也是"家"，"家"就是"国"。

【意】孔子把从政泛化了，认为孝悌友爱即广义上的政治。这种理解其实有理，想想孔门教化两千多年以来，对世道人心和现实政治的影响都非常深远。所以，政治不仅是从事政治事务，政治也可以是从孝悌推出去的现实努力。孔子的人生在这个意义上是一种成功的政治，人生每时每刻都有时位，如果每时每刻推行孝悌之道，即从事政治的表现。

2·22 子曰："人而无信，不知其可也。大车无輗（ní），小车无軏（yuè），其何以行之哉？"

【译】孔子说："一个人不讲信用，不知道他怎么可以立身处世。就好像大车没有接连横木的輗、小车没有接连横木的軏一样，你怎么可以让车前行呢？"

【解】輗：指古代大车（载重的牛车）车辕前面横木上的木销子，或牛与车的连接处。軏：指古代小车（即马车）车辕前面横木上的木销子，或马与车的连接处。没有輗和軏作为连接的关键，古代的车就无法开动。

人的心意正于孝，才能加强人与人之间的信任关系，这就是从政。这可以说是国家政治的命根子，相当于车之为车的关键所在。人与人之间有"信"才能顺，车才能走，这种说法也可以说孔门以信为本，从私德出发去建立全社会的公德。儒家道德是公私合一的，是从"实意"出发的，因意念坚实而有信，有信而得人，而后兄友弟恭，夫唱妇随，君臣和顺，天下大治。儒家强调公德是私德的延伸，所以儒家没有西方公德和私德分开的传统。

【意】信任是增进人与人之间共通意量的关键所在，是人伦家国的黏合剂。"信"有点像刹车，非常之关键，甚至可以说是车行驶的最重要部件，控制车行的分寸，此处指代心意发动的分寸。

人的心意每时每刻在动，但教育和经验使人知道心意发动的分寸何在，也是自我控制力的表现，即如通神之意①所言，心神飘忽，需要意志力来控制精神和意念，收摄内敛。儒门教化是教会学生们知道中道与分寸，了解在儒家修养中，不存在不涉及他者的私意，毕竟一切意皆以他人为意缘。

2·23 子张问："十世可知也？"子曰："殷因于夏礼，所损益可知也；周因于殷礼，所损益可知也。其或继周者，虽百世，可知也。"

【译】子张问孔子："可以知道今后十个世代的情况吗？"孔子回答说："殷商因袭夏朝的礼仪制度，所减损和所增益的情况，我们是可以知道的；周朝又沿袭商朝的礼仪制度，所废除的和所增加的内容，我们也是可以了解的。（由此推之，）如果将来有接续周朝的朝代，（不要说十代，）就算是一百代以后的情况，应该也是可以预先知道的。"

【解】世：古代称三十年为一世；一解"世"为朝代。因：因袭，沿袭、沿用、继承。人的意量损益有时间性，或在时间之中的延展性。损益：减少和增加，即优化、变动之义。世代之间意量的继承与调节、意量的减损，与后世的意量增强，而相对来说前世意量的消退相关。孔子认为，"礼"是一种超稳定的结构性存在，只要以"礼"治理国，哪怕百世之后，礼仪制度虽然有所损益，但礼的内核与其制度化表达，都可预见到长治久安。

---

① 参见温海明：《新古本周易参同契明意》，上海三联书店2022年版。该书将"制神之意"作为修养功夫，而"通神之意"作为修养的境界，其实，道教修仙更近"通神"，而儒家修身治世更近"制神"。

【意】孔子对于古代政治有一种"天不变道亦不变"的稳定感，觉得后来的历史最多就是三代的重复，百世也不过如此。历代诸家已经注意到这一点，即孔子认为周礼是不应该变的，但其实还是很快就变了。倒是以法治为根基的秦制，从秦代建立之后就基本延续了下来。

在20世纪工业化之前的传统社会当中，基本上延续了传统血缘家庭（家族）为主的模式，也一直很稳定。但工业化与现代化打破了这种格局，现代化与工业化相对于传统社会的损益来说，就是革故鼎新，因为社会的基本结构被破坏了，其实是基于人的亲情与血缘的传统意识状态被消解和破坏了。现代化建立于法治基础之上冷漠的与赤裸裸的陌生人社会，非常冷酷，没有人情味。如何找到传统的人情社会与现代法治社会的契合点，是未来社会转型的重要课题。

如果把理性哲学看做对原始宗教的突破，那么中华文明在周初就已经脱昧，建立了理性的经典系统，离开了上古愚昧的巫术宗教意味。[①]相比之下，古代西方虽然有哲学思考，但后来宗教兴起，影响了社会的方方面面，导致西方直到文艺复兴才从中世纪的宗教蒙昧中走出来，而且哲学、科学与宗教的紧张关系无法消解。相比之下，中国的儒家与儒教、道家与道教、佛家与佛教，作为哲学思想与宗教系统，彼此圆融无碍，不同宗教之间也没有你死我活的紧张关系，这是与西方基于宗教战争基础上的文明冲突完全不同的文明内在张力。

2·24　子曰："非其鬼而祭之，谄也。见义不为，无勇也。"

【译】孔子说："不是你该祭拜的鬼神，你却去祭拜，是谄媚的表现。遇见按照道义应该挺身而出的事情，如果袖手旁观，就是没有勇气的表现。"

【解】鬼：一解鬼神；二解死去的祖先。可泛指鬼怪和神仙。谄：是阿谀谄媚。谄媚是希望别人来加持自己的意能，对自己的意能不够自信，充满担心。义：意识和行动的合理分寸。见到别人去祭祀

---

① 李泽厚在其《论语今读》多处强调，孔子的说法多与"巫术"有关，这其实是对孔子思想已经走出上古巫术时代缺乏深刻体察。不能以今度古，说两千多年前的古代就是非理性的、巫术痕迹明显的时代。

的不是他自己的祖先，也就是依靠外在的他者（the other）来保佑自己，如果不勇敢地指出，那就不是儒家了。勇：是意能发动机制的表现。孔子对于从政之人身不由己有非常切身的感受，认为很多从政者丧失了自己的人格、家格、族格，更有甚者去祭祀上司的祖先以讨好上司，孔子非常瞧不起这种人的谄媚行为。他觉得一个官员去祭拜上司的祖先实则放弃自己的士人本分，堕落成为后面所言，没有勇气、没有独立人格、不敢自我选择的奴才一类。

一个会去祭拜上司祖先的官员，其实已经自己放弃儒士的本分，也就一定会见义不为，不再会为人民利益、国家利益挺身而出，因为他的眼里只有上司的私利和自己的蝇头小利，这样的官员已经被孔子开除出儒士的队伍，为孔子所不齿。

【意】前人解析本章多单纯地强调勇敢，但这只触及了表面。这一章的核心是对自己意念要自作主宰的强调，不可屈服于他人外在的权势而改变自己的心向，不可计较自己的得失而不做正确的事情。

人的意识状态当忠于自己，如果忠于他人，尤其是因为权力、势力等外在原因而把意念之境交给他人，这就是谄媚、讨好。该做的事情，尤其按照礼仪应该做的事情不去做，却屈服于外在的权力和势力，就是没有勇气。可见前后的核心都在于一个人对控制自己的意念善念的勇气。如果一个人连控制自己意念的勇气都没有，还能做什么呢？人为什么会可怜到不仅仅外在的身体受制于人，而且内心的意念也受制于人的地步呢？孔子对于谄媚即主动地交出自己意念控制力的人深表反感，也同样反感那些没有勇气、屈服外力、被动地交出自己意念控制力的人。孔子认为，人的意念不能主动或被动地交给他人，不可以屈服，而只能自作主宰。

儒家是人（仁）政而不是鬼政，求之于人，不求之于鬼，也不求之于任何超越外在的人格神。这是《为政》篇最为根本的落脚点。开篇说明，儒家政治始于正心诚意，结尾说明，此正心诚意的功夫，从来不需要诉诸任何外在超越的"鬼"，即人的心意之"仁"内在自发流行于天地之间，不需要依靠和依托外在的人格神来护佑或加持自己内心的意能。

如果明白仁人之意发动的分寸（义），却没有足够的意能去实化出来，施于政治，那就是没有勇气！实意不勇，则从政无望。政治是改变人伦，改变世界的努力，最为重要的是需要勇气。学习儒家不体味孔子强调为政是当下实化仁人之意的学问，却去强调外在超越的神灵，诉求人格神的护佑，那就完全丧失了儒者的精神。

八佾篇第三

3·1　孔子谓季氏："八佾（yì）舞于庭，是可忍也，孰不可忍也！"

【译】孔子在指责季氏（季孙意如）的时候说："他居然忍心在自己家庙的庭院里表演天子专享的八佾之舞。如果这样的事他都忍心去做的话，那还有什么事情不可以忍心去干呢！"

【解】季氏：指鲁国正卿季孙氏，即季平子（季孙意如）。佾：行列。古时一佾8人，八佾就是64人。按《周礼》礼制，只有周天子才能用八佾之制，诸侯用六佾，卿大夫用四佾，士用二佾。季氏是正卿，按照礼制只能用四佾，可是用八佾舞，说明季平子以君王自居，孔子认为他这种意缘极度违法背礼。"可忍"一解可以忍心，胆敢去做；一解可以容忍。

在一个礼崩乐坏的时代，人的意识也被带偏，这是孔子所不能忍受的。这一章接续上一章，孔子在这里表现出了自己"见义不为，无勇也"的品质，即"路见不平一声吼"。孔子对当时官场上横行的失去儒士品格的官员众生相横加鞭挞，觉得已经到了无法无天、无可容忍的地步。跟学生们抱怨多了，学生们就记录下来了。违背礼制的事情他们都忍心去做，那么他们还有什么做不出来的呢？而孔子的态度是，如果这样的事情都可以容忍的话，那还有什么事情不可容忍？所以绝不应该容忍，必须势不两立。这表现了先师孔子的见义勇为。

【意】对于季氏明确通过八佾舞表达出来的僭越之意，孔子的表现是决不容忍，决不妥协，认为其完全没有存在的合理性。因为逾越一个人合适的身份相应的礼仪规定，这种心中完全没有尊重基本礼仪的心意之境，孔子表示绝对不能接受。他的意缘时刻牵绊着古老的周礼，念念希求领导人能够以周礼治国，国泰民安，趋于大同。

3·2　三家者以《雍》彻。子曰："'相维辟（bì）公，天子穆穆'，奚取于三家之堂？"

【译】孟（仲）孙氏、叔孙氏、季孙氏三家大夫在举办家祭，最后撤去祭品时，会让乐工演奏《雍》这篇诗。孔子说："（《雍》有）'前来助祭，四方诸侯，主祭天子，神情肃穆'这些诗句的中心内容，哪一句适合在他们三家（明明没有天子、诸侯）的庙堂里颂唱呢？"

【解】三家：即鲁国当政的三家，孟（仲）孙氏、叔孙氏、季孙氏。他们都是鲁桓公的后代，又称"三桓"。《雍》出自《诗经•周颂》，是在古代天子祭宗庙完毕撤去祭品之时演唱的。听歌唱《雍》所意会出来的东西是天子般的意境，而这种意境在孔子看来不可以用于诸侯之家的。"相维辟公，天子穆穆"是《雍》诗中的两句。相：是助。维：语助词，无义。辟公：指诸侯王公。穆穆：形容庄严肃穆的容貌。

这还是接续前章，表示自己应该见义勇为，看到不恰当、不合适的事情，就应该直接指出，否则任由礼崩乐坏的局面持续下去，国将不国。三家掌握实权，所以不把天子放在眼里，冒用天子之礼奏乐，孔子对他们竟然敢演奏天子的乐曲感到难以忍受。

【意】与前章相似，三个权臣不把天子放在自己的意识里，但孔子认为他们对待君主应当像孝顺父母，把自己父母时刻装在意识里一样，时刻要把君主放在自己的意念里面。所以孔子一旦看到臣下的意念之中没有君主，就会觉得完全不合适。

这个心理机制的阐发非常关键，即子对父、臣对君、妻对夫，不仅是后来批判的所谓人身依附关系，本质上是一种心理服从机制，即心中一定要把后者放在首位的心理机制。这种尊长的心理机制成为中国社会的长辈具有某种特殊影响力的来源。

3·3　子曰："人而不仁，如礼何？人而不仁，如乐何？"

【译】孔子说："一个人如果起心动念没有仁爱之意，礼仪对他来说有什么用呢？一个人如果起心动念没有仁爱之意，音乐对他来说有什么用呢？"

【解】这还是继续前面见义勇为的说法，看到那么多不仁的人，做出了那么多不仁义的事情，孔子一方面提倡仁人之意，另一方面也备受打击，也可能会觉得，"仁"对那些不仁的人其实没有多少作用。这里面也体现出孔子"知其不可而为之"的情怀，该提倡就提倡，该努力就努力，在乎自己的动机，成败不必在我，不要太在乎结果。

在对现实政治的理解层面上，孔子比孟子要更加现实一些。这样不仁的人，没有能力行礼。他怎么能实行礼呢？说明不得不承认礼乐对没有仁爱之心的人无用。类似的话，在8·16提到，人如果表里不一，就没有什么办法。

理雅各把"人而不仁"译为if a man be without virtue proper to humanity；刘殿爵译为is not benevolent较准确，但有轻微宗教信仰色彩；辜鸿铭译为without moral character。"不"意味着"仁"可当动词，那么does not act humanely或者not according to the virtue of ren更恰当；所以可译为if being human one does not act humanely。

【意】仁爱之意生生不息，是意本的生生，是意体仁用，仁爱是仁人之意的表现，是仁人之意生起的状态。孔子自己也意识到，外在性的礼仪对人们心理的约束力其实有限，需要自觉自愿地接受礼仪的劝导和约束才有用。礼乐塑造的是人的心意之境，不是心意本身。一个人如果不主动接受礼乐的引导，则自己的心意之境不会发生改变。

3·4 林放问礼之本。子曰："大哉问！礼，与其奢也，宁俭；丧，与其易也，宁戚。"

【译】林放请教礼的根本是什么。孔子回答说："你问的真是个意义重大的问题啊！就日常的礼节仪式而言，与其铺张奢华，还不如俭约朴素一点；如果专就丧礼而言，与其仪式上周全完备，表面平静和易，还不如内心哀戚伤悲一些。"

【解】林放：鲁国人。易：一解有关丧葬的礼节仪式办理得周到，仪式隆重；一解平易、谦和、和易、平和（indifferent）；一解控制自己的表情，忍住、过分自制。戚：哀戚、心中悲哀。辜鸿铭译"礼"为art（艺术），认为是the art used in social usages（用于各种社会习俗的艺术），[①]不强调礼的规范义，而突出礼的分寸感和艺术感。

中国哲人在讨论"本"（根本、本质）的时候，往往不说某个

---

① 参见辜鸿铭：《西播〈论语〉回译——辜鸿铭英译〈论语〉详释》，王京涛译注，第42页。

具体本质，而是从树根之本，有生命力的本源开始，因为中国哲人之思从对生生根源性意涵的意会开始流出。由面到点，礼的简朴说明仁爱真挚，丧礼则以真心哀伤最为根本，其他礼仪形式都是表面文章。换言之，哀伤之情可以说是丧礼的本质，但礼本身是形式，而情感都是人所赋予的。可见，一个有仁爱之意的人，在丧礼中投射出哀伤之情，当是自然而然的。

孔子的回答明显没有正面回答礼的本质，而是仁人之意实化为礼的分寸，而礼的本质，需要从中另行分析体会。当然，礼跟分寸有关系，但如何才是礼的本质，这需要从"宁戚"当中体会，也就是情感之本，礼是人情的节文，是对人情的调节和修饰，是对人情分寸的把握，以传递人的真情实感为礼的根本。而情感的尺度，又来自于自己调控心意的能力。

【意】虽然礼仪是具体的行为规范，但礼在生活当中实化出来的关键在心意的分寸。礼的要素在情，而人情流露就有分寸，人作为情感的存在（felt-creative being），其意念发动（"情—意"）都有情感的分寸。意念都本乎情，意念的发动都有情的色彩，这就是"意—情"，意念发动皆在情中，皆带有情感色彩，关键在于，人的意识能控制情的分寸。修养的核心就是制情之意。①但在礼的情与意的因素之中，意为情之本，没有仁爱的意念就没有仁爱之情，哀戚之意显为哀伤之情。

礼的根本在于意能的合度，丧礼是礼的具体表现，也是首要的表现形式。孔子认为，如果运用仁人之意来行事，自然就会简朴，就会哀戚，所以仁人之意为行动之本。

3·5 子曰："夷狄之有君，不如诸夏之亡（wú）也。"

【译】孔子说："（文明落后的）夷狄尚且知道目有君长，还不至于像诸夏各邦国那样目无君长呢。"

【解】夷狄：古代中原地区的人对周边民族的称谓，泛指落后的

---

① 有点类似于《新古本周易参同契明意》之"通神之意"，即控制情感发动的分寸。参见温海明：《新古本周易参同契明意》。

异族。诸夏：古代中原地区华夏族的自称。亡：通"无"。

全篇内容基本都是《为政》篇"见义不为，无勇也"的细化和展开，提到了各种礼仪不合适的状态，所以本章虽然有很多解释，但还是与前后章的主旨一致而译。

从文化的角度看，落后的异族缺乏教养，不知书达礼，但孔子觉得他们尚且目有君长。而看到中原那么多僭越礼制的情况之后，孔子觉得自己周围那些中原的人反而像没有开化的一样。[①]

本句如解为：夷狄还知道有君主，不像周朝诸国连国君都没有了，就不太合适。首先不是事实，虽然可能有几年没有国君，但不是通常情况，如果这样说就过了，好像当时都没有君主一样，不合实情。一解孔子对于中原文明充满自信，如译为："（文明落后的）夷狄即使有君主，还不如中原诸国没有君主（的文明状态）呢。"这就是说，诸夏之礼虽然俭朴，但有文明气象，而且无所谓君的存在，但夷狄那边，即使有君王，也不知能否带入文明。可见，孔子强调中原的文明状态比夷狄进步很多，说明他对中原文明的进化是肯定的和赞赏的。可是似乎又过度强调中原的文化自信，虽然有理，但参考上下文，不如现译。

【意】僭越礼制是没有仁心的体现，就是"不仁"，也是第一章指出的"忍心"破坏礼制，导致礼崩乐坏。孔子对于"忍心"的不忍，在本篇当中多次出现，以至于说出"礼失求诸野"这样的意思来。古时国在城内，城外为郊，郊外为野，野外为荒。荒郊野外的人都目有君长，知道礼的根本，可是文明国家的人，却丝毫没有尊君敬长之心，孔子实在是忍无可忍了。

从文化哲学的角度来说，中华民族对于中原文化自古就有自信，孔子的言论对中原地区的人要建成礼仪之邦提出了很高的要求，认为不能停在文化比较意义上的进步感当中，故步自封，否则连在郊野之外的异族都不如了。虽然中华文化的主体性强，历史上一直逐步融汇外来的各个民族义化，但如果不是礼仪之邦，异族为什么要来归附呢？依靠暴政和强力的统治，是不可能持久的。对理想的礼乐文化的意念（intentionality based on culture）是儒者仁人之意的重要特征，有更加强烈的文化哲学意味。这也

[①] 参见林安梧：《论语译解：慧命与心法》，第28—29页。

是儒家哲学相比佛教和道家哲学，更加有超越当下人生和个人生活而重视文化、文明之教化的意味。

3·6 季氏旅于泰山，子谓冉有曰："女弗能救与？"对曰："不能。"子曰："呜呼！曾谓泰山不如林放乎？"

【译】季孙氏计划（逾越礼制）去祭祀泰山。孔子责备（当时是季氏家臣的）冉有（冉求）说："你难道就不能劝阻他去吗？"冉有回答："学生做不到。"孔子感叹道："呜呼！难道（季氏他们居然会以为）连泰山神都没有（不懂礼之本的）林放那么知晓祭祀礼仪的规矩吗？"

【解】旅：祭名，祭祀山川。那时只有天子和诸侯才有祭祀名山大川的资格。季氏只是大夫，却不把国君和周天子放在眼里，以泰山为意缘便是僭越礼制的攀缘，孔子反感这种明目张胆违背礼制的攀缘行动。冉有：姓冉名求，字子有，孔子弟子，生于公元前522年，小孔子29岁。孔子自卫反鲁（前484，鲁哀公十一年）之后，冉求给季氏做家臣，不能阻止季氏去祭祀泰山，孔子失望而责备他。女：通"汝"，你。救是挽救加劝阻，指进谏阻止。

这继续上一章说明当时僭越礼制的现象太多，孔子对学生的无能为力有深深的无力感和失望感。此事当在孔子自卫反鲁之后，当时鲁国权力在权臣手上，有君如无，不过周代文化与礼制文明尚存。季氏以泰山为意象，在孔子看来，就是僭越礼制的意念发动，所以要弟子冉有去阻止这样的念头付诸实施，可是冉有说自己挡不住。在孔子看来，如此天怒人怨的越礼行为，是应当见义勇为去制止的。对于学生不能见义勇为，孔子只能指望泰山神认得季氏不是天子，不接受他的祭拜。这种山神有分别的信仰，与其说是巫术思维，不如说是平民对掌握实权的主政者无法无天、倒行逆施的抱怨。

【意】泰山的神灵知不知礼，这不是核心问题，孔子认为泰山之灵应当知礼，不会接受季氏越礼之拜。隐含的意思是，山神当有灵，这是古时自然神论的表现。礼的分寸更多是人为的，但孔子认为它有自然的基础，如泰山之神就会同意。可见，古礼以天道为基础，体现仁人之意的礼仪制度有天然遵循自然之意的含义在里面。

3·7 子曰：“君子无所争，必也射乎！揖让而升，下而饮，其争也君子。”

【译】孔子说：“君子没有什么需要跟别人去争的。如果一定要说有的话，恐怕就是射箭比赛了。先相互作揖谦让，然后升堂比射。射完之后，又相互作揖，礼让退下，再举杯对饮。可见，君子如果一定要争的话，也是很有君子风范的。”

【解】射：原意为射箭。此处指古代的射礼。揖：拱手行礼，表示尊敬。意缘的升进，必有比赛和争斗，要以礼为先。君子心胸宽广，不与人争，即使争也跟射箭比赛一样有礼。孔子致力于建构一个与人无争的理想社会，即使争也是按照礼仪来，可是这往往不是人类社会的正常情况，只能成为理想。从原始社会为了生存而射击野兽这种最野蛮的杀生行为，进化到为了人与人之间的礼仪而比赛射中靶心的具有君子风范的仪式，孔子想要说的是，人可以把非常凶险野蛮的射杀行为，演变为非常文明、光明、开明的礼仪活动。要相信人的文明潜能和向着光明前进的意向终将指引人们走向光明的未来。

【意】射必有意向，意向不可争高下，而必在君子之交，胜败不论。第一，君子的争不仅都是正当的比赛，更重要的是，时刻不违背礼的底蕴，每个细节都合乎礼的要求。君子之争也是基于礼，君子所有意念发动之境（context）都当基于礼。第二，无礼则意念不发，也不当发，礼自然而然地成为君子意念的底色。第三，仁人之意在爱的角度是仁爱之意，在礼的角度是仁礼之意。第四，礼为意本，意为“礼—意”（ritual contextual intentionality）。

3·8 子夏问曰：“‘巧笑倩兮，美目盼兮，素以为绚兮。’何谓也？”子曰：“绘事后素。”曰：“礼后乎？”子曰：“起予者商也！始可与言《诗》已矣。”

【译】子夏问孔子：“（《诗经》里说：）‘美巧的笑多么青春靓丽啊，清亮的眼眸多么顾盼有神啊，白衣上的彩绣多么绚烂耀眼啊。’这句诗是什么意思呢？”孔子说：“要画彩绘，就需要先有素洁的底子为基础之后才行。”子夏又问：“这么说来，是不是说礼仪也是在正常的人伦关系之上才发展出来的呢？”孔子说：“卜商啊，看来你真的是个能启发我的人啊！这样我就可以与你一起讨论《诗经》了。"

【解】"巧笑倩兮，美目盼兮"出自《诗经·卫风·硕人》。倩：笑得好看。盼：眼睛黑白分明。绚：指有文采。绘事后素：绘是画；素是白底。底子要好，布要白。笑得好看，眼神迷人，但前提是人要长得灵动秀美，正如彩绘绚烂的前提是洁白的底色，或良好的质地。杨伯峻认为是人本来就好看。起予者商也：起，启发。予：我，孔子自指。商，子夏名商。诗的比兴借喻礼仪的存在和兴起的方式，子夏聪敏，一点就通。

本章开头引逸诗说明，礼仪后来产生，但有些注家没有说明在什么之后。应该是正常的人伦关系之后，而正常的人伦关系，在孔子眼中，来自仁人之意，"人而不仁，如礼何？"即人需仁爱他人，才能有正常的人伦关系。魏何晏《集解》引东汉郑玄注："绘，画文也。凡绘画，先布众色，然后以素分布其间，以成其文。"宋邢昺疏文对郑玄注进一步阐释："案《考工记》云：'画缋之事，杂五色。'下云：'画缋之事，后素功。'是知凡绘画，先布众色，然后以素分布其间，以成其文章也。"这种说法其实大有问题，绘画的时候在布色之后"以素分布其间"不符合绘画的实际过程，也难符合妇女上彩妆需要在白肤盼目的基础上才能"素以为绚"，而且诗和乐也不在"礼"之"后"。所以朱熹《论语集注》认为："后素"是"后于素也"，并引《考工记》说："'绘画之事后素功。'谓先以粉地为质，而后施五采，犹人有美质，然后可加文饰。"朱熹的说法比较合理。

【意】礼的产生和形成，要有纯洁的、素朴的人伦关系作为基础，而素朴的人伦关系，来自仁爱他人的心意，这是孔子要强调的。素朴的人伦关系其实也是一种假设，基于所有人都有天然的向善向仁的自然化倾向（natural tendency），类似于罗尔斯的"无知之幕"假设。

人对意向的修为、修饰与调节，都需要有基础，也就是说，仁礼之意需要以正常的人文关系为底色。礼不是凭空所造，不是人生造出来的秩序，不是人为主观的规定。礼不是画成之后的素修，而是基于纯洁素朴的人伦之上的，不是凭空而来的，大义不能乱。

除了3·6说的礼仪有天道自然的依据之外，这里强调的是，礼仪有人伦实情作为底色。礼义以人情为基础，孔子的人情即"仁情"，即仁爱之情、仁人之情，基于礼的意也就是"仁礼之意"，或者是"仁人之意"表现为礼节，即"仁礼之意"。仁礼之意不是仁先礼后，而是仁礼一体，体用不二。虽然可以说仁体礼用，但体用一如，如仁在礼中，礼在仁中。仁礼如阴阳，"意"为"仁"和"礼"之三，二生三，如《道德经》之"二生三"，意如《易》之阴阳之意和人天之意，《论语》是仁礼之意或仁人之意。

3·9　子曰："夏礼，吾能言之，杞不足征（zhèng）也；殷礼，吾能言之，宋不足征也。文献不足故也。足，则吾能征之矣。"

【译】孔子说："夏朝的礼仪制度，我还能大概说清楚，（但是它之后的）杞国（的材料）已经不足以考证我的判断了；殷商朝的礼仪制度，我也能大概说清楚，（但是它之后的）宋国（的材料）也已经不足以考证我的判断了。这都是由于文献资料和熟悉夏礼和殷礼的人才都不够充足的缘故。如果有足够的资料和人才，我应该就可以完整扎实地考证我的判断了。"

【解】杞：春秋时的国名，夏禹后裔，在今河南杞县一带。征：证明。用文献来证明古礼的意向（所指）已经不可能了。宋：春秋时的国名，商汤后裔，在今河南商丘一带。文献：文指历史典籍；献指贤人或贤达。

礼除了产生于人伦关系之外，本身的演进也有一个历史变迁。孔子本人诉诸古礼，其实有后来康有为所谓"托古改制"的意味，虽然证据不够，但仍然要恢复古礼。思想家为了开新，返本也是可以理解的。所谓"言"，就是表达其中的意向所指。意向之生要合乎时世变化。文献是历史考证的基础，但孔子不为其所束缚，仍然要下一些判断，并且对自己的判断充满自信。

【意】本章叶以引申出，孔子认为礼在仁后可以有历史的根据。孔子对于礼有自己的判断，即推仁礼之意，虽然他明确知道杞国和宋国已经不足以支持他的判断，但是孔子仍然坚持他提倡的古礼，并坚持认为，古代的礼有古人的"仁"做基础这样的判断。

从这个角度说，孔子对夏商周三朝的礼仪的判断有超过既有证据的一面，这说明孔子不是强调"一分证据一分话"的所谓学问家，而是哲学家或思想家，有他自己的定见，坚持自己的理解和判断。虽然缺乏证据，但并不影响孔子的判断，当然他推崇周礼，相对的年代不算太远，也就不难得到文献的证明。

即使没有足够的现实证据，孔子也坚持自己的哲学性判断，即他对于仁和礼之紧密关系，也就是礼当基于仁人之意的理解。孔子坚信自己的判断能够为足够的文献所证实，这就是一种前瞻和自信，哪怕他自己的系统性观点不能完全依托于既有文献也在所不惜。

3·10 子曰："禘（dì）自既灌而往者，吾不欲观之矣。"

【译】孔子说："从举行禘祭（祭祖大典）的仪式，进行到灌酒（迎神）之后，我就实在看不下去了。"

【解】禘：古代只有天子才有资格办的祭祖大典，与郊祭有关。灌：禘祭礼开始时把酒浇在地上的礼。①吾不欲观之矣：表示不愿意再继续观察，而让意念继续生发（意生），面对礼之不足（不合适），自己的意识无法继续容忍。因为不认可这样的事，自己深知相关的意念和行为再这么生发下去，全部都是误导和错误的，所以应该遵循礼法的良知是无法忍受的。

本章继续说明礼崩乐坏的惨状，以至于所谓隆重典礼让孔子不忍直视。也可以说，编者在总说礼仪的人伦基础、礼的历史演变之后，开始举例说明礼仪的变迁。祭祀的礼仪具有明显的教化意义，但没有必要强调其原始巫术的意味。②因为，孔子时代已经努力运用人文理性，建构人文主义的精神传统，尽可能走出巫术的影响。

礼仪有它的历史情境和相应的教化意义，如果改变太多，就有不忍目睹的感觉。主祭人的意识本来应该可以感天动地，也是典礼当中非常关键的部分，但主祭人没有敬畏之心之后，孔子就实在看不下去了。孔子当然无法接受鲁君用天子的禘祭礼仪来祭祀其父祖，这种僭越天子之礼的做法。这样的解释也配合开篇3•1、3•2、3•6等等所谈关于礼制的僭越问题，孔子对这一点非常介意，也与他"正名"思想紧

---

① 有好几种不同的理解。参见马恒君：《论语正宗》，华夏出版社2007年版，第38页。
② 参见李泽厚：《论语今读》，第54—55页。

密相连。当然，如果解释为灌酒之后就是提供摆盘，摆上器具，都不用主祭人亲自做，起不到什么感化人心的作用也可以，这样解释是要强调主祭人要由内而外发出真诚的情感和心意，如此才能感动人心，从而体现出礼的本质和教化的作用，否则不过就是形式而已。

【意】孔子实在不愿意看着主祭人僭越礼的规定，完全不可忍受他们实践礼制却没有仁人之意作基础。他看不下去是一种态度，最重要的是表示孔子对于仁、礼、意三者合一的一体性已经缺失，在当时已经得不到很好表达感到失望。

孔子认为，他所理解的仁礼之意是最高、最完美的，而且必须在当世得到表达和实践的。可以说孔子择善固执，相信最好的东西、最高的理想，强调必须成为人间的现实。礼要以仁人之意为本，如果没有，礼就是空洞的、纯粹的形式，因为僭越还会有各种明争暗斗的权力之争，这都大大违背礼的初衷。

3·11 或问禘之说。子曰："不知也。知其说者之于天下也，其如示诸斯乎！"指其掌。

【译】有人请教孔子关于举行禘祭的道理。孔子说："我也不知道啊。能够知道禘祭道理的人，他如果要治理天下，就会如同把东西摆在这里一样（明白）吧！"孔子边说边指着自己的手掌。

【解】说：指道理、理论或规定。"禘之说"意为关于禘祭的道理或规定。斯：这里，指掌。行礼者的意识之境通于天下，以天下百姓为其意念发动之缘，则治理国家尽在掌握，手掌代表人的意识足以控制天下。行礼者在极其真诚的仁人之意中，以天下苍生为意缘，则能掌握天下（人民的民心、民意等）。

本章继续讨论禘祭，说有人请教孔子关于举行禘祭的规定，可见孔子公开表达对现行禘祭之礼的不满，被人知道之后，有人就想请教孔子，问他认为正确的禘祭之礼应该是怎么样的呢？孔子不可能完全不了解，可他故意不说，他想告诉当时的国君和人民，如果没有正确的礼仪，是不可能治理好天下的，而如果能够掌握好正确的礼仪，治国其实很简单。这样的回答说明孔子非常看重礼仪的治国功能。平心而论，治国没有礼仪不行，但肯定不是单纯靠礼仪就能够解决一切问题的，更不是有了正确的礼仪，天下就可以被运于掌上那么容易的。

但孔子毕竟强调，如果治国者知道正确的礼仪，就能把天下运于掌上，否则就是纲纪失范，人伦大乱，影射当时礼崩乐坏的现实，其实他想强调的是正确的礼仪会有巨大的示范作用，可导人心于正道，纲举目张，事半功倍。

【意】与其说礼能够治国，不如说知礼用礼者能治国。因为知礼者通于仁人之意，即其意皆仁礼之意。百姓受其影响，自然也会有仁礼之意，所以依礼而行就容易了。这是孔子从意念发动出发建构的社会政治理想。

孔子说自己不知道禘祭的细节，含有细节已经不那么重要的意思，而其中的关键，其实在于主祭人的虔敬之心，这才是所谓"知其说者"，好比观卦"有孚颙若"的那种极端虔诚、感天动地以教化民众之心。

儒家的天下可以说是心通天下，仁意天下，主政者的仁意发动，因其表率作用，就会为天下所观察、所在意。儒家之所以诉诸主政者的仁人之意，其实有非常深刻的现实政治考量。因为在孔子之前，中国社会已经运作了一两千年，一直没有能够脱离以君主为核心的权力制度，读书人做官对社会的改变，远远不如君主的善心与良意对社会的改变，所以"格君心之非"成为政治儒学的根本目标。这个目标当然说明儒学有理想化倾向，但何尝不是面对不能改变的权力世界最无奈的妥协呢？

3·12 祭如在，祭神如神在。子曰："吾不与（yù）祭，如不祭。"

【译】孔子祭祀祖先的时候，（他的心意真诚纯净，）就好像祖先出现在自己面前；祭祀神灵的时候，就好像神灵真在自己面前。孔子说："我如果没有亲身参加祭祀，（就算找了别人代行祭礼，可是对我来说）那就跟没有祭祀一样。"

【解】此句有人断成："吾不与，祭如不祭。"意为：我不赞成那种祭祀时好像不在祭祀的态度，意思相通，就是不认真祭祀，不投入真情实感。本章继续强调行祭祀之礼背后要有极端虔诚的心意，又在下面两章加以强调。没有亲身体验，没有参与祭祀时的那种真诚纯净的心意，就如没有举行一般。

孔子说过"敬鬼神而远之"，所以不喜欢过多提及鬼神，此章祭祖先、祭鬼神好像祖先、鬼神真在面前，并不是承认鬼神真正存在，主要强调参加祭祀者内心要虔诚，并没有强烈的宗教色彩。而这种内心的真心实意，是通过身体当下的在场来体现的，身在则意在，意在则神在。

【意】祭祀的意缘要归于祖先存在的状态，不存在没有祖先的祭祀之意缘，否则祭祀的意念落空，祭祀之礼则为空礼、虚礼。最重要的是，祭祀时要心意真诚纯净，以心意的参与带动身体的全部投入。也就是说，祭祀是亲身参与才有感觉的，也是要通过身体实实在在的感通性参与才能带动祭祀虔敬的情感。

神为祭祀时意念的意缘，心思离神，则不在祭中，祭仅徒有其表而已。从身到情，身为情本，儒学不仅是情学，如李泽厚所言，儒学也是身学，在身体参与，双手和合向祖先祭拜的状态当中，人的精神意识随之深度投入。[①]儒家修身是通过修意而修身。祭的要素是心在神上，也就是心意通天的状态，可以感格先人，感化民众。[②]

3·13　王孙贾问曰："与其媚于奥，宁媚于灶，何谓也？"子曰："不然。获罪于天，无所祷也。"

【译】王孙贾问道："（人家都说）与其讨好尊贵的家神，不如讨好当今的灶神。您理解这话的意思吗？"孔子说："这样做没用。如果人心违背了天意，不管到哪个地方祷告都没有用了。"

【解】王孙贾：卫灵公大臣，时任主掌军政的大夫。媚：献媚、谄媚、巴结、奉承、讨好。奥：指屋内位居西南角的家神，比喻上朝；一解指代虽尊而无权的卫灵公。灶：指管烹饪做饭的灶神，比喻私下；一解指代虽没有奥神之尊贵，但掌握实权的王孙贾或南子。天：喻君，天高于世俗权力，仁人之意从天不从人，从道不从势，从仁不从力。

王孙贾问这话，其实话里有话，说他是当今的灶神，可以帮助孔子办事，孔子的回答字面意思是，巴结谁都不行，表示办事不应该不走正道，也有不理睬他的意思。另一说是王孙贾暗示自己可以帮孔子联系当今的南子，请孔子不要去讨好卫灵公。但孔子的回答和后来向

---

① 参见林安梧：《论语译解：慧命与心法》，第33页。
② 李泽厚过度强调"巫术痕迹"，其实是没有去体会孔子的本意，而只是一种外部视角的评断。（参见李泽厚：《论语今读》，第55页）

子路保证"天丧予",意思是自己不会做让上天觉得不合适的事情,自己起心动念都会合乎天意,更会按照天理人情来行于正道。

【意】孔子认为自己的意向都会指向仁人之意,否则即违背天的意向。孔子对自己的意向有把握。"如果人心违背了天意"指人不可不走正道,用歪门邪道行事。在孔子看来,天意实实在在存在,天意通于人心,只要仁人之意发动,自然通天,就不需要靠灶神去帮你说好话,因此祭祀也没必要功利心太强。不是没有地方可以祷告,因为这是不可能的事情,总有地方可以祷告,但关键是如果有罪过,则祷告也没有用,因为罪过其实是记在自己的心意状态里面的。所以关键是人心要合乎天意。孔子相信心意能通天(灵),但要真诚纯净,有点类似于《中庸》的诚中之意,心诚则灵。孔子认为仁爱之意合乎天意,如果违背天意,即非仁人之意,心意之发已错,无论如何无法改回。

儒家认为人性本善,自己发动仁人之意就可以推而广之,其中罪意识是自我反省而得的,也成为后来中国人罪意识的主要来源。这与西方的原罪意识不同,原罪需要上帝的救赎。在人生的罪和耻面前保持逍遥态度和距离感的是道家,认为只要合乎自然之意即可。而儒家则要入世,要求念念仁爱世人,只要心意通天就不会获罪于天,如果心意只在乎私利,那就可能违背通天的状态。

3·14　子曰:"周监(jiàn)于二代,郁郁乎文哉!吾从周。"

【译】孔子说:"周朝的礼仪制度借鉴继承了夏、商二代的优秀传统,多么灿烂多彩、盛美富郁的文化啊!我选择遵从周朝的礼仪制度。"

【解】监:同"鉴",借鉴周代之前夏代和商代两个朝代;一解视,相比。郁郁:形容盛大、茂盛、丰富、浓郁的状态,表达孔子对周代之文极度认可和感佩。

周文以夏商二代之文为镜鉴参照。孔子一生意念以周文为意缘,意周代文化的量为意量,认为要恢复周文浓郁、盛大、丰美的文化状态。那是一个多么令人神往的伟大文化时代啊,中国的经典最初就是在那个时代确立下来的。

【意】这一章强调意念的文化底色,即仁礼之意也是仁文之意。文是儒者意念的又一底色，儒者自命为文化的继承者、传承者。以文为根本，即我的心意发动都以周文为基础。事实也是这样，孔子一生的意念之发，念念不出周文，所以才能恢复周文的血脉，所谓"宪章文武"（《中庸》）表达的是一种心意的继承性。后人解读孔子充满感慨，领会孔子的意境，也能理解要拿自己一生的意念系于周文的深意。孔子的教化是文教，周文之教，是人文教化，而神性的宗教意味淡薄。

中国3000年前就说得上是一个疆域、文化几乎大一统的国家，文化郁郁葱葱，在3000年后仍然令人向往。"中文"之为"中国文化"不是仅指语言文字系统，更是指3000年前周文王时代就确立的六经之文的根本和源泉，不可改易。①"中国"之为"中央之国"，如果说秦国是现实版的大一统帝国，那么说3000年前周朝以其文化作为大一统国家的雏形，是有合理之处的。

3·15 子入太庙，每事问。或曰："孰谓鄹（zōu）人之子知礼乎？入太庙，每事问。"子闻之，曰："是礼也。"

【译】孔子进入鲁国祭祀周公的太庙，对每件礼器和摆设的相关事情都要发问。有人说："谁说鄹县叔梁纥的儿子对礼很了解的呀？他进入太庙之后，每件事都要先问别人。"孔子听到这种批评后说："（问清楚行礼的细节，）这正是礼呀！"

【解】太庙：君主的祖庙，鲁国太庙即祭祀始祖周公旦的庙。

---

① 孔子晚年删述"六经"，即《诗》《书》《礼》《易》《乐》《春秋》六部经典，其中《乐经》到汉代的时候就已失传，所以通常又称"五经"。"五经"当中的《诗经》《书经》《周礼》《易经》成形了距今3000年左右的周代初年，《春秋》是周朝时期鲁国的国史，"五经"的现存版本据传都是由孔子修订而成，距今已有2500多年的历史。自汉武帝设立五经博士以来，在中国古代文化历史的主要时期，"五经"一直占据着儒家文化的中心地位。汉代立《诗经》《尚书》《周易》《礼记》《春秋》于学官，为"五经"；唐代加《周礼》《仪礼》，并将《春秋》分为《春秋左氏传》《春秋公羊传》《春秋穀梁传》，为"九经"；至唐文宗开成年间刻石国子学，又加《孝经》《论语》《尔雅》为"十二经"；南宋复增《孟子》，因有"十三经"之称。虽然"五经"的具体所指，在历史上略有变化，比如《五经》中的《礼经》汉代指《仪礼》，宋朝以后一般指《礼记》，但是，"五经"一直居于2000多年儒学发展的核心位置。

鄹：春秋时鲁国地名，也作"郰"，在今山东曲阜附近。因为孔子父亲叔梁纥当过鄹邑大夫，所以"鄹人之子"指代孔子。

礼是分寸，这是不能错的，不知道分寸的情况下，搞清之前礼仪制度的分寸与因革损益，正是知礼的表现。孔子当时还年轻，可能已有一定的地位，已"知礼"，他便开始努力推广周朝礼乐文明使之闻名天下。他每次问，可以说是故意引起他人重视，也有让参与者对太庙的相关礼仪更加熟悉的用意，甚至促使周围的人意识到：当时上至君臣，下至百姓都已经不再清楚的礼，本质上不可能离开周代的文化根基。

【意】孔子并不是真的不懂，但问一遍是确认一下，不可以出错，这种谨慎与认真本身就是"礼"的应有之义，也是持守意能的分寸感的表现。孔子的教化是礼教，综上一章，可以说是文礼之教。教化是对人的意念进行构造，可以说是"意专、意聚、意凝"的状态，让仁人之意的意念在人与人之间传达，并代代相传；不让人心散意乱，陷入意乱或"意一散"的状态。这种对礼的意识状态，不以任何具体的礼为意识对象，而是强调礼的整体性、非对象化意识，且这种意识的深层，又带有非常丰富的重振古礼、拨乱反正的志向，还有以礼教化众生的文化潜意识。所以，孔子早年的意识状态，通过儒家学派的发展，对中国知识分子的意识状态的塑造，是多层次和全方位的。

3·16 子曰："射不主皮，为力不同科，古之道也。"

【译】孔子说："比赛射箭的时候，不要求把皮侯靶子射穿透，因为各人的力气大小分属不同级别。从射礼中可以体悟古礼之道。"

【解】皮：用兽皮做成的箭靶子。科：等级。古之道：是自古以来定下的规矩。古代的射箭比赛区分不同的等级，而不只是比赛力量，孔子特意强调气力的不同等级，在于说明礼乐制度下的射礼不应过度追求力量的展示。

本章前后都讲礼，此章是以射讲礼，即射箭之礼，关键在于射中与否，而不在力量大小。射箭的意境讲究中和美善，不在力量。

礼是有方向，有目标的，行礼之意是有意缘的。礼的目标达致了，中了，准了，就可以了，不必在如何行礼的力量上花费过多的精力和时间。礼的目标是合于人情，建构和谐社会的人际关系和美善的社会。从古至今的大道都是这样。

【意】以射中目标来比喻，行礼要真诚，如射击要因中道而"中"的，近于《中庸》的诚中之意。射箭的目的不在射透，不在力量多么巨大，不在形式多么奢华，更不在消耗多少金钱或物质。孔子强调这是古道，是他的复古之意的流露，即他认为自己对礼的理解具有历史合法性，他不断论证礼是基于人、基于情、基于文等前提条件，都说明他将礼所具有的历史深度性与合法性作为持论基础的表现。

射礼可以区分背后的王霸意识。霸道以力服人，求透箭靶；王道则以礼服人，不求穿靶。可见孔子求的是王道情境中的射礼，或者明确以王道反对霸道，重情谊不重气力，重点到为止，不重你死我活。王道是典型的"无限游戏（infinite games）"，大家都在一个空间下好好生活，即使是失败者也可以好好生存发展，这与"有限游戏（finite games）"的思路大不相同。"有限游戏"认为资源非常有限，一山不容二虎，只能赢者通吃，所以有我没你，失败者必须从有限的生存空间中彻底抹去。①

3·17　子贡欲去告朔之饩（xì）羊。子曰："赐也！尔爱其羊，我爱其礼。"

【译】子贡认为可以去掉每月初一日告祭祖庙之礼时用的活羊。孔子说："端木赐啊，虽然我知道你爱惜那只羊，但我却更加珍爱那种礼。"

【解】"朔"是农历每月初一。告朔：周天子每年岁末把第二年的历书颁发给诸侯，告知每月初一日。饩羊：祭祀用的活羊；一解杀而未烹的羊。因鲁君不再亲自参与，所以不"如在"，祭礼也就不受重视，子贡就觉得羊可以去掉，但孔子想维持这种礼仪的形式，认为形式本身有价值。在孔子那里，爱惜礼远甚于爱惜羊，礼可以用于教化众人，而羊只是行礼的工具或仪式的一部分，不希望人们因为鲁君不参与，再加上去掉活羊，就会觉得这礼可有可无。

---

① 参见詹姆斯·卡斯：《有限与无限的游戏：一个哲学家眼中的竞技世界》，马小悟、余倩译，电子工业出版社2019年版。

【意】孔子显然认为，只要礼的形式还在，对民众来说，就可能仍然有生意，可以教化民众生出仁礼之意，这是激发民众意识的意生状态。

这里爱为核心，爱解释为爱惜，似有不足。对礼之爱及对礼本身之爱，是对礼从形式到内容本身的爱。对形式的在意是对礼之内核、礼本身的在意，所能引发的礼从形式到内容都值得珍惜。孔子对于动物祭祀或祭礼，对动物生命没有子贡表现的那种怜悯，也就是说，孔子对于礼的形式史重视，相比之下，则对动物生命的怜悯不够。对动物生命的怜悯是把礼的运用范围扩大到动物，认为人与动物可以构成生命共同体。[①]孔子的礼更多是基于人伦的人文形式，致力于建立人伦家国，这与动物的关系不大。也可以说，孔子特别重视的是礼的教化意味。这种对他人的教化意味，是建立在人与动物不同的基础上的，动物变成了行礼的工具，成为礼仪过程的一个道具。更重要的是，仁爱动物是小仁，存礼以仁爱天下，才是大仁。孔子崇礼不是推崇古礼的形式，而是推崇古礼本身蕴含的仁人之意。

3·18　子曰："事君尽礼，人以为谄也。"

【译】孔子说："侍奉君王应该尽量遵从周礼，但这样做别人却以为是在向君王谄媚讨好啊。"

【解】孔子生活在君弱臣强的时代，对君主尽礼，周围人就觉得他谄媚，他非常无奈。同时也凸显三桓大夫不对君王尽礼。礼作为孔子提倡的核心，可以说是非常重要，所以他表现也特别突出，这让他受到误解，势所必然。虽然不为人理解，心理矛盾，但孔子还是要坚持君臣之礼。

理雅各译"谄"为名词flattery（奉承、恭维），主要是言语方面；刘殿爵译为形容词obsequious（奉承的、顺从的），主要指通过奉承话让有影响力者有好感；安乐哲译为形容词unctuous（油腔滑调的、虚情假意的），强调过分殷勤让人不快；辜鸿铭译为形容词servile（奴性的、卑屈的），因强调态度和行为两方面，最接近原意。但这些都只是"尽礼"的表面，至于"尽礼"而谄媚的情境，是

---

① 参见方旭东：《"庄子蔽于天而不知人"新议——基于当代动物权利论争的背景》，《深圳大学学报（人文社会科学版）》2014年第1期。

需要另外的解释和翻译的。《论语》之难恰在于所有的概念都有丰富的情境意味，很多时候只可意会而难以言传。

【意】仁人之"意生"依境而生，礼之意也是依境而生。孔子的意识发动之时，当然清晰地反思而知道自己尽礼，因为他的心中有君，如心中有父。孔子有自我反省的意识，知道人们以为他谄媚君上，但他不是出于外在的功利目的，而是出于内在的真诚，这种真诚通于《中庸》的诚中之意。孔子如果不是出于实用的目的，这一章就没有跨越时空的影响力。可以说，正是因为他的心念合礼，合于天地自然之意，所以可以穿越时空，影响深远。

3·19 定公问："君使臣，臣事君，如之何？"孔子对曰："君使臣以礼，臣事君以忠。"

【译】鲁定公问孔子："君主使唤臣下，臣子侍奉君主，应该怎样做才好呢？"孔子回答说："君主应该礼贤下士地去使唤臣子，臣子才会尽忠职守地来侍奉君主。"

【解】定公：鲁君姬宋，"定"是谥号。前509—前495年在位。君臣关系是上下级关系，孔子的回答指的是君与臣自己彼此都有不同的本分。君的本分是合礼，臣子的本分是忠诚、忠厚，竭忠尽力。这就是古代的君臣契约，并不需要外在的、有形的契约。彼此都要按照礼的要求，维护礼仪合度的状态，分享共同的意境。

【意】孔子指出君臣之道的理想化状态，即"礼—忠"状态。当然当时甚至后世的君臣关系大多达不到这种状态。这是一种对关系双方的心念约定，即君当守礼、崇礼，但现实中人君守礼的很少，连法都未必守；臣当侍君以忠，是向着君主约定心意，如孝是心中有父，忠则当心中有君，这是时时刻刻不可改变的。

3·20 子曰："《关雎》，乐而不淫，哀而不伤。"

【译】孔子说："《关雎》这首诗，喜乐而不淫溺过度，哀愁而不痛苦悲伤。"

【解】前面都谈礼，这里虽然谈《诗经》，但其实仍然有礼的分寸的含义在里面。行礼的分寸非常重要，丧礼要哀愁、哀伤、哀痛，但不可以过度痛苦，以致伤心、伤身。同理，欢乐的礼仪当中，也不可沉溺于欢乐当中而淫溺过度。《关雎》是《诗经》首篇，它描绘君子"追求"淑女，思念时辗转反侧，寤寐忧思，结婚时钟鼓琴瑟和鸣，情感合度，富有教化意义。

"乐"是可能得到淑女的欢乐、快乐，但强调不能是过度求色的放荡、淫荡之乐。关于"乐"的译文：理雅各expressive of enjoyment强调享受当下之乐、乐在其中；辜鸿铭passionate强调热情、热烈、激昂，程度较强；刘殿爵joy指欢乐、喜悦、乐趣，更重情绪；白牧之happy较为开心，也较表面；安乐哲pleasing指令人愉快的、合意的，更重愉悦之美。可见，不同译文的选择，体现的是译者对"乐"之理解的程度与状态的分辨。中文的译文相对来说没有那么多分辨，但译成英文之后，往往见仁见智，各有千秋。

"淫"是淫荡、放荡，指求色过度的状态。理雅各和白牧之译为licentious，是不顾道德准则，尤其在性方面过度放纵，与刘殿爵译文extent of wantonness强调过度、放纵、放肆之意接近；辜鸿铭译sensual主要指感官愉悦的、世俗的、性感的；相对来说，安乐哲的being excessive就没有直译，只是表示"淫"的意念体现出来的意境比较过分，超出常态。

【意】人间最难把握的是爱情心意的分寸，或者说是感情与礼制的分寸，因为情感之炙热足以燃烧彼此所有的理智和精神，也容易忘了分寸。对爱情之心意控制的分寸当以《关雎》为模板，可乐可哀，但不宜淫、伤。这当然是从公共情感而非私人情感的分寸来说的，说的是诗教与乐教，即诗之教有公共意向、公共意境，能影响他人，而乐教也同样。音乐可以改变与教化人们的共同意念，一旦有公共意念的培养问题，即有榜样的分寸问题。

3·21　哀公问社于宰我。宰我对曰："夏后氏以松，殷人以柏，周人以栗，曰：使民战栗。"子闻之，曰："成事不说，遂事不谏，既往不咎。"

【译】鲁哀公咨询宰我，土地神的神主应该用什么木料做。宰我回答说："夏朝的时候用松木，商朝的时候用柏木，周朝的时候用栗木。用栗木的意思是要让老百姓战栗害怕。"孔子听到这样的回答后，说："（宰我被人批评，已经够难受的了，）已经成为事实的事不要再说明，已经造成后果的事不用再谏阻，已经过去的事也不必再追责。"

【解】这一章也要从礼的角度来理解，礼是随时代进化的；礼是象征，有多重的意义，可以作多方面的发挥；既然能够引申出相关的意义，产生相关的效果，如"使民战栗"，那就顺其自然，毕竟礼的作用是情境性的。

社：是土地神，祭祀土神的庙也称社。郑玄认为，社是"社主"，应该是土地神的标志，相当于祭祀时用的牌位。估计上面写着：后土，土地神，社神之位之类的文字。康有为认为"社"当是"主"，庙主之意①，后来的出土文献用"主"。宰我：名予，字子我，孔子学生。战栗：恐惧、发抖、害怕。当时鲁哀公问话的时机，其实话里有话，就是如何讨伐三家，这个念头占据了鲁君的心意境，孔子听出了宰我回答的言外之意，所以跟学生们表示，既然事情已经过去，虽然宰我解释不见得恰当，但过去了就让它过去吧。

跟君主说话要小心，不能没有根据，否则影响很大。宰我是孔子眼里著名的差生（虽然他言语第一，但是喜欢乱说话），可是这样的学生居然有机会跟当时的君主见面说话，不出孔子所料，差生不但得了"差评"，而且几乎丢尽了师门的脸。

鲁哀公问宰我，土地神标志一般是用什么木料做的啊？这看起来是给孔门弟子长脸的"送分题"。宰我回答，夏朝时候用松木，商朝时候用柏木，周朝时候用栗木。宰我本来回答到这里，应该是问题不大的。可是宰我回答完之后自作聪明，画蛇添足，说出了著名的得到"差评"的后半句话，接了一句话说周朝时之所以用栗木，是为了吓唬老百姓，让他们战栗害怕。根据孔安国注"各以其土所宜之木"，本来用料因地制宜，但宰我的回答显然过犹不及。

这件事传出去，大家笑话说孔子学生水平原来不过如此。传到孔子那里，本来以为孔子应该收拾宰我，但孔子的回答实在意味深长。孔子的回答一方面宽容宰我，一方面另有深意。虽然宰我自由引申发挥，似乎丢了孔门的脸面，门人希望孔子惩罚他，但孔子提出"既往不咎"，即认为他犯的不是根本性的大错误，既然已经受到相应的讥讽、嘲笑，那就不必要加重惩罚了。

---

① 参见康有为：《论语注》，楼宇烈整理，第41页。

其实宰我恐怕也有深意的，言语第一的宰我做出难得的创造性解释，不见得完全没有根据，估计想劝哀公用严刑峻法，使民战栗，甚至可能想劝哀公除三桓。[1]大多数注家认为本章对话发生在鲁哀公四年（前491），刚刚主政鲁国不久，应该是君王以礼使臣，收拾民心的时候。所以孔子听说以后，觉得这个差等生到底还是差等生，一点都不知道哀公当时怎么有实力使民战栗，也没有到用强力的时机。

可见，孔子其实肯定宰我的应对有一定的创造性，并不是完全否定，但更深层的原因是当时的社会政治情境，不方便明说。孔子认为三家主政的状态是既成事实，难以改变，再用使人战栗的方式，可能会适得其反，对君主和国家不利。果然孔子死后，哀公被三家赶走，奔卫入邹，归国后死于有山氏之家。

【意】所以言语功夫再强，如果没有高明的见识，可能会带来可怕的后果。宰我的回复说明他拎不清形势，或者为了达到私人的目的而罔顾当时的形势。这样越伶牙俐齿越可能把君王带到沟里去。后来哀公被逐，可能跟重用太多宰我这样的"差等生"有关系。这就可以理解，为什么孔子看起来好像一点都不关心宰我知识点出错的问题，而是看清了宰我的回答居心叵测，所以才说了一番意味深长的话。三桓之事是既成既往之事，而谏言是中止当下、未生之事。这个时候让实力很弱的哀公来干先辈君王都没法办成的大事，而且当下三桓还没有犯错，如果突然下手，只能让君王变成真正的"哀公"。宰我之流看不到既成的形势改变不了，既然哀公如此，进谏也不会有用，孔子一听，只能哀叹哀公马上就要真的"哀了"。

《论语》很多师徒对话意在言外，孔子是语境对话的大师，这里虽然没有对话，但内涵之丰富深刻甚于师徒直接对话。这一章也要从礼的角度来理解。首先，礼是随时代进化的；其次，礼是象征性的，有着多重含义，可以作多方面的解释和发挥；第三，既然某种发挥可以引申出相关的含义，比如从栗木到让百姓战栗，那就顺其自然吧，毕竟礼发挥功能都是情境性的。

虽然孔子不赞成"使民战栗"，他确实想用仁人之意来治国，对于乱说周朝统治者让人们恐怖战栗，他打心眼儿里是不同意的。孔子认为要用

---

① 参见孙福万：《论语易解：〈论语〉与〈周易〉的对话》，团结出版社2018年版，第78页。

仁和礼让人民亲仁相爱，而不要用恐怖手段，这说明孔子不喜欢宰我这样的学生。虽然已经跟着老师学习很久了，但对老师的核心思想不但不能领会，还故意适时做相反的解读，传出去贻笑大方。

3·22 子曰："管仲之器小哉！"或曰："管仲俭乎？"曰："管氏有三归，官事不摄，焉得俭？""然则管仲知礼乎？"曰："邦君树塞（sè）门，管氏亦树塞门；邦君为两君之好，有反坫（diàn），管氏亦有反坫。管氏而知礼，孰不知礼？"

【译】孔子说："管仲这个人的格局与器量实在太狭小了呀！"有人问："您这是说管仲生活俭朴吗？"孔子回答说："他有三处家室，每家管事的人各有分工互不兼职，（这样淫逸的生活）怎么能算是俭约呢？"那人又问："如此说来，可以说管仲知晓礼仪吗？"孔子回答说："国君在官殿的大门内设立了照壁，管仲在自己公馆的大门内也兴建了照壁；国君为了宴请别国国君方便，在堂上设有放置空酒杯的土台，管仲在自己家里也造了这样的土台。如果说管仲这样做都算知晓礼仪的话，那么还有谁是不知晓礼仪呢？"

【解】管仲：名夷吾，齐国大夫，辅助齐桓公成为称霸诸侯，公元前645年去世。孔子对管仲评价很高，说他"仁"（14·16、14·17），但本章却批评他，先说管仲器量狭小，再说他不俭朴，然后说他没有达到礼的要求。好像是说管仲这个人还是可以的，就是缺点一大把。孔子认可管仲是成事之人，不受任何条条框框限制，甚至可能有点羡慕管仲有机会得到君王的赏识，可以大展宏图。

说管仲器量小，是因为管仲帮齐桓公灭蔡国、陈国，其实是齐桓公器量不大，管仲也就不敢表现出器量大来。"三归"的讲法比较多，一说三处藏钱币的府库；一解府第①；也许这里讲成娶了三个夫人比较合理，古以女子出嫁为归。包咸说："三归，娶三姓女，妇人

---

① 辜鸿铭译成Sansouci Pleasaunce（无忧宫乐园），即德国波茨坦市北郊的无忧宫，是18世纪普鲁士国王腓特烈二世模仿法国凡尔赛宫而建的，非常奢华，被称为德国建筑精华之作。（参见辜鸿铭：《西播〈论语〉回译——辜鸿铭英译〈论语〉详释》，王京涛译注，第59页）

谓嫁曰归。"按照《战国策》的说法，因为齐桓公王宫巨大，市场七处，妃嫔七百，所以管仲就娶了多房夫人，以吸引国人骂声。一说器量小是因为管仲辅助齐桓公称霸，用的是暴力，在非暴力主义者孔子眼中，他内在的修行功夫其实很差，不如颜回，所以器量太小，可见讲的是心意的量，不是功业的量。

摄：兼管兼任，合并做事。孔子批评管仲手下管事的人不是一人多职，用今天的讲法就是不精减机构，有点事就多设一个机构，设置了很多的冗官。管仲特别会为齐桓公分谤解忧，看到齐桓公娶了很多的妃嫔，自己就跟着娶了很多夫人，这样老百姓就连他们君臣一起骂了。管仲发展经济，重视商业，当时的经济情况应该还不错，能够养得起一些官员，但历史地看，还是觉得管仲滥用公权力，在这方面很不注意。可能管仲认为自己只要对齐桓公负责就可以了，所以滥用权力。按照今天的标准，管仲估计也是搞腐败的，但属于能够建功立业的腐败分子。齐桓公估计也希望他搞腐败，这样可以多抓着他的一些小辫子，大家就都变成一根绳上的蚂蚱。

最后孔子说管仲不知礼制。树：树立。塞门：在大门内建的屏风、照壁、屏墙、影壁，以塞挡门外人视线。坫：古代君王招待别国国君时，用来放置献过酒的空杯子的土台。酌毕要把空杯子倒过来放，所以叫"反坫"。国君当门立影壁，管仲家也有；国君接待邻国的首脑专门设个放爵的台子，管仲在自己家里也造了一个，等于把自己家的规格搞得跟国君的宫殿一样，这是僭越礼制的。管仲这种做法可能都是为讨齐桓公高兴，如果齐桓公对他满意，他就没事，但如果齐桓公哪天对他不高兴了，那他做的这些恐怕都是大的罪过。看来齐桓公对邻国的器量很小，但对管仲的气量却很大。

伴君如伴虎，管仲为得到伴君成事的机会付出了很多，也不可能离开国君的支持，他是事功之才，任何时候都不能没有齐桓公的信任，否则立即就有危险。所以他也不敢表现出自己有什么雄心大志，一定要表现得气量狭小，不惜贪污腐败，甚至故意越礼来换取自身暂时的安全。可以说管仲是君主制下典型的官员，用实际行动向齐桓公表示，自己随时准备肝脑涂地，但因为他的忠心和能干，所以才能够得到施展抱负的权力。

【意】其实管仲这样的政治家是天生不守规则的政治家，很难用简单的礼法来规范他，因为他本身就不守礼法。按照一个好的政治家的标准来衡量管仲，管仲肯定是不合格的，但孔子充分肯定他的历史贡献，甚至认为他已经达到了"仁"的境界，也就是承认管仲算得上一个伟大的政治家。这也就说明孔子的"仁"除了修身正心、提升内在修养之外，还有推之于天下国家，让天下百姓都达到"仁"境的层面，所以"仁"其实不仅是个人修养层面的事情，还有政治事功层面的意义。

管仲虽然气量小而不节俭，看起来无礼，但其实孔子认为管仲"仁"。管仲仁是因为他心中有人民（即仁人，仁爱人民），做了实事让人民的生活更好，让文明向前推进。但他做事不讲礼，是仁而无礼的典型。

所以虽说仁和礼体用不二，但在管仲这里，仁和礼是可以分开的。他心中有仁爱人民的仁，但没有孔子要求的那种心里时刻装着君王、顺服君王的礼，和仁爱君主的忠诚。

管仲与上一章的宰我一样，不可以完全否定。毕竟管仲有仁人之意的意识，关键在于他确实能够仁爱天下的百姓，而且通过政治手段可以确实实现并做到，那后人就不要过分求全责备（正如对宰我的自由发挥不宜过度谴责一样），不必计较小节。

3·23　子语（yù）鲁大（tài）师乐，曰："乐其可知也：始作，翕（xī）如也；从（zòng）之，纯如也，皦（jiǎo）如也，绎如也，以成。"

【译】孔子告诉鲁国大乐官关于演奏音乐的道理，说："奏乐的道理应该是可以知道的吧：开始演奏的时候，各种乐器一起发声合奏，众音协和、翕合绵延；演奏继续发展下去，曲调纯粹和美、悠扬悦耳；节奏分明、清莹洁晰；接近尾声时，余音袅袅、络绎不绝；一首乐曲就这样演奏完成了。"

【解】"语"做动词，告诉。大师是鲁国掌管音乐的乐官之长。"翕"是合拢（unison）、聚集、协调、齐奏（sound together，理雅各）；在合中有发动之势态，是潜在的聚合之力，预示着动能的实化。张祥龙解为："凭开合之势而发起，出现一个原来没有的状态，并且这个新出现的状态一定是盛大的、动人的。……音乐一开始让人摆脱一切羁绊、算计、筹划……一下子飞了起来，蓦然、勃然而振起，凭空出世、冲天一飞，进入与非音乐态截然不同的翔翔状态。"①"从"是放纵（liberty，韦利）、展开（full swing，刘殿爵）、即兴（improvise，安乐哲）。"纯"是纯一（purity of tone，安乐哲）、美好、和谐（harmony/harmonious）。"皦"是音节分明（clear，刘殿爵；brilliant，韦利），清楚明亮（distinct/distinctness）。"绎"是连绵不绝（flow/flowing）、连续不断（unbroken，刘殿爵；consistent，韦利）。张祥龙的解释是：

音乐的本性是：于起始处横空出世，摆脱一切线性、因果、功利的思想方式，一下子进入由发生之纯气势所鼓动托浮的翔翔之意识状态，并让它顺性而行，灿烂充沛而又清新纯净，和谐回旋而又生动曲折，不受拘束和克扣地达到完成。……音乐带给人的感受是反理性的吗？在孔子看来，它恰恰是理性的源头，没有音乐，我们理解不了世界上最理性的东西，比如礼、格物致知等，它们的源头都在音乐，因为它一开始就是天人相和、相动的。……它超出了所有对象化或个人主体化的意识状态，但又不是反理性或仅仅下意识的，而是意识和意义之源，发动之机，风行之势，礼义之所据，狂放之所本，曲折而通幽。得乐感之意识与不得乐感之意识进入的是两个不同的生存世界……不同的道德境界……②

张祥龙把得乐感和不得乐感归为两种不同的生存世界和不同的道德境界，认为儒家整个修养境界和哲理境界都发源于乐，得了乐感，就得了孔子思想的源头。这样，他就把整部《论语》的解读都归为得乐感的鼓动状态，既是孔子的"朝闻道夕死可矣"的得道状态，也是其"一以贯之"的中心思想之所在。

关于本章的解释角度，有些是从音乐演奏本身的状态，有些是从音乐演奏起来后与听众一起达到的那种状态，理解起来还是不一样的。想到乐官一般都是盲人，对音乐演奏本身是专业人士，孔子没必要班门弄斧，这里的"可知"，可能有让我来给你描述一下演奏的时候人情随音乐而动的那种状态的意思吧。人情能受乐的感化，教化就

---

① 张祥龙：《孔子的现象学阐释九讲》，《儒家哲学史讲演录》（第一卷），第86页。
② 张祥龙：《孔子的现象学阐释九讲》，《儒家哲学史讲演录》（第一卷），第87—88页。

成功了。他们一起谈乐，也一起体会人情随音乐演奏而动的境界。所以这里，不仅不是面对学生，反而是面对老师。孔子的口吻有点学生被考试的味道，因为他的音乐老师是"师襄"，师襄的地位大概比师挚低一些。

本章似在讲乐，其实礼乐不分，还是为了说礼。乐教的本质不是纯粹教音乐，而是为了礼教。这一章提升了礼教的境界，达到连管仲都无法企及的高度，为下一章的"木铎钟声"之最高境界作下铺垫。

音乐的节奏和程式，其实也是"礼之用和为贵"的具体展开和呼应，是对仁人之意付诸治国平天下的理想时可能达到的和乐美善的境界之展望。这样的礼乐之治，本诸仁人之意，推致四海一家，天下大同，达到《中庸》"致中和，天地位焉，万物育焉"的生生化境，当然寄托着3000年前礼乐之教追求全体人类和谐的美好梦想。

音乐的意缘在于美，在于醉人，准确说是乐曲的演奏过程。孔子告诉鲁国的大师（乐官），那是对专业人士展开乐教，这里没有记述对方的回应，也就没有更加深沉的讨论。虽然孔子表面提出的只是音乐演奏的程序，也有说是乐教的程序，但从乐教通于礼教的角度，似乎不难推论说，礼乐和美的治国理想，是多么让礼崩乐坏时代的士人梦寐以求啊。

【意】乐教的前提是国泰民安，是人民在"亲亲"的关系当中，能够因为体会人情之美，感悟基于亲子关系的礼乐之境域的和乐美好，从而因情而感悟的、激荡而兴发的、乐于其中的、从而在代际时间性之中传递下去的教化系统。乐声要尽可能清纯和谐，在这里都有政治意味，如河清海晏之类，是礼乐施于天下的极致意味。张祥龙以风雷《益》来解读如《二泉映月》一般"让人脱尽拘束，振起于无可构想、万般绝望之处"[1]的效果，更接近的是乐教对政治教化的影响，既如雷地豫卦"雷出地奋"，又如雷风恒卦风雷激荡般，具有"意念生发情境的恒定性"[2]，哪个时代不需要音乐教化民众呢？

---

① 张祥龙：《孔子的现象学阐释九讲》，《儒家哲学史讲演录》（第一卷），第86页。
② 温海明：《周易明意》，北京大学出版社2019年版，第399页。并参见孙福万：《论语易解》，第80页。

要想用音乐教化民众，就需要让民众摆脱拘束感。而民众要在舒缓的状态当中，才能接受音乐，但不可以让音乐散漫，要保持天籁般生发和谐的情势，让民众领略其中来自天然、质朴、清亮、明白的辉光，能够与当下的意境和意缘相互映照。

音乐梳理仁人之意的意识流，使之成为美善和顺的华章。乐教是改变人之心意的重要方式，是移风易俗的重要媒介。主要是人心可能因乐而改变，即人心发动的心意节奏可以改变，如果心意发动之境清纯和谐，能够对心意之境做出很多修养涵养之效。乐的节奏是心意节奏通天的一种表现，乐是大自然节律的提升，心念发动也应该合乎大自然的节奏。所有的描述本身就是对天地之节奏的一种表达，虽然上升为人为的音乐形式，但也要把握这种节奏。

3·24　仪封人请见，曰："君子之至于斯也，吾未尝不得见也。"从者见之。出曰："二三子何患于丧乎？天下之无道也久矣，天将以夫子为木铎。"

【译】仪这个地方的封疆官员请求谒见孔子，他说："凡是到这里来的贤人君子，我从来没有不跟他们见面的。"孔子的学生引他去拜会了孔子。他出来后（对孔子的学生们）说："你们几位何必为文化的断绝而忧愁呢？天下没有正道的时间已经够久了，上天将以你们老师他老人家作为木铎来向天下百姓们传播文明教化啊。"

【解】仪：地名，在今天河南兰考县东，孔子到卫国去经过此地。封人：是管理边界的小官，有点像老子出关的那个边官。此章通过一个通常不会有很多文化的边境小官来预言2000多年文化道统终将生生不息的结局，也表明孔子弟子编纂水平实在太高！

"见之"应该是安排了他跟孔子见面，使他与孔子成功见面会谈。"从者"是跟随孔子出游的弟子，其他人要见孔子这样的大人物，必须通过孔子身边的随从来安排，跟今天想见到大名人、大明星要通过经纪人差不多。他的理由非常有趣，他说凡是经过这里的君子，我都要拜访拜访，到目前为止，还没有我没拜访过的。感觉是他想见谁就能见到谁。他听说孔子来了以后，就请求来见孔子。应该比较尊重欣赏有名望有学问的人吧。

"丧"有不同的理解，一种是说孔子在鲁国失去了官职。钱穆的解释就采取这种解法。另一种说法结合本章的上下文来看，应该是指文明教化的丧失，引申为失去文明的血脉。《子罕》第五章（9•5）："天之将丧斯文也，后死者不得与于斯文也；天之未丧斯文也，匡人其如予何？"指的就是丧文，丢失、丧失文化传统。"患"是担心忧虑。"二三子"是对孔子学生的称呼，好比说是：诸位，同学们，学生们。我们已经不知道孔子跟他谈了什么，反正结果肯定是，孔子的一番话让他醍醐灌顶，身心受到巨大的震撼。

木铎：以木为舌的铜质大铃。古代天子发布政令时摇它以召集听众。聚集民众讨论天下无道，在无道之天下，何谓正道，如何判断政治正道（政道）。孔子志于承续斯文之道，其意境要力图遍及后世，木铎钟声遍及中华文化之境。

此章再次重复了上一章孔子礼乐之治推广于全体人类的美好梦想；认为它必然与木铎钟声一样，悠扬地传遍全人类生活的每一个角落，让他们世世代代享受礼乐之治和乐美善的极致境界。

"天将以夫子为木铎"，就是说你们大家有什么必要担心呢？文明教化传承怎么会断绝呢？只要你们的老师在，天下迟早就会返回正道。因为你们的老师，就是上天派到人间来传播文明教化的使者啊。按扬雄《法言》的说法，"木铎"是金口木舌，是一种铜质木舌的铃铛，古代宣布政令的人，摇着木铎让大家出来听。相当于开学术会议，或发布重要告示之前，先敲钟打铃，让大家注意，引申为宣传文明教化的工具。"无道"就是没有正道，天下的正道已经很久不出现，丧失太久了，言外之意是孔子就是出来弘扬人间正道的，上天要通过你们老师孔子来传扬天地之间的正道。

【意】中华文明在两三千年以前就确定了最核心的典籍，而且一代又一代的学人致力于传承和创造性地解释这些文化经典，它们内在的生命力是超越一切现实斗争和人为毁灭的，即使国破家亡也不可能真正伤害到这些文化经典活生生的"慧命"，所以只要有人如孔子致力于传承发扬这些文化经典的"慧命"，它们就一定会永远发扬传播下去，这是我们华夏文明绝对不可能改变的正道和核心。①

中国文化历史上经历过多次浩劫，如"焚书坑儒"等。虽然这些浩劫对文化传承客观上造成了伤害，但只要有像孔子这样献身于传承文化正道的人在，源远流长的中华优秀传统文化还会生生不息，不可能真的被中断。

孔子的心意感动当朝之人，感天动地而能够感动千百年之后的世道人心。因为孔子虽然提倡仁爱之意，但他的仁爱之意确实是接天机的仁人之意，也就是说，因为他的仁人之意有明显的天机蕴涵和意味，才能够让人理解为"天将降夫子为木铎"，也就是孔子是代天立文，"斯文"即天文，天降之文；他是代天行礼、代天立言的人。而在短暂的会面与交谈之中，能够对孔子有这样的感慨，就是因为这个边境小官有极高的悟性和极深的文化归属感，他感悟到孔子接续天机，孔子的意识发动就有天机意味，是代天立言之人。

3·25　子谓《韶》："尽美矣，又尽善也。"谓《武》："尽美矣，未尽善也。"

【译】孔子评论《韶》这一乐舞时说："艺术形式是美到极点了，内容也好到极点了。"他在评论《武》这一乐舞时说："艺术形式是美到极点了，但内容却还没有做到纯粹至善。"

【解】《韶》：相传是古代歌颂虞舜的乐舞；《武》：是歌颂周武王的乐舞。木铎钟声之后，这一章讨论《韶》《武》之乐，也是为了突出礼教的境界，因为礼教的核心是教化民心，使之尽善尽美，而乐教只是礼教的辅助手段而已。帝王和国家的音乐风格跟其取得权力的手段有着密切的关系，如果取得权力的手段是和平的，那么音乐也充满着和平之气，如果取得权力的手段是靠武力，那么音乐也就充满了杀伐之气。孔子明确认为，揖让才有"善"，如果武力征伐，就不

---

① 孔子通过其言行将古代文明积累整合成为一个自洽自足的儒家文化体系，进而凝聚成为有巨大文明感召力的文明系统。换言之，《论语》不仅是中华古文明的积累和沉淀，而且是对古文明的升华和飞跃，其思想对人间的影响犹如天降木铎，可以一直引领人类文明发展的方向。（参见彭亚非：《论语析义》，河北人民出版社2017年版，第383—384页）

够"善"，或者说，德就有了缺失，可见，善和德，都是非暴力的。

朱熹说"美"是"声容之盛"，指乐曲的音调、舞蹈的形式。皇侃《论语义疏》："善"是"理事不恶之名"，指乐舞指代的道理和事情不是恶的。《韶》乐歌颂虞舜因圣德受禅，唐尧礼让天下，是礼乐治国的先声，符合孔子的政治理想，所以说尽善尽美。《武》乐歌颂武王伐纣而有天下，虽然大功告成，意气洋洋，但因为运用暴力，所以虽然尽美，但不尽善。孔子通过对乐曲的评论，要传达他的礼乐治国的非暴力政治理想，明确说明运用暴力的征伐，没有运用道德的揖让好。

孔子沉迷其中，出神（ecstasy，"三昧"，梵文*samadhi*）[1]良久。理雅各和刘殿爵都译"美"为perfectly beautiful（极其漂亮），译"善"为perfectly good（完善之极）；辜鸿铭译文it has all the excellence of the physical beauty of harmony; it has also all the excellence of moral grandeur强调和谐自然之外在美，还有道德方面的卓越和崇高；安乐哲译文it is both superbly beautiful and superbly felicitous（极其漂亮和适当），表示圣德者的选择合乎情境至于完美无缺。应该说，乐舞之美首先来自乐声和舞蹈之美，还有合乎礼仪的和谐，所以beauty / beautiful（美感）的程度似乎还不够。

【意】人们在欣赏音乐、乐舞之美的同时，可以体会到制礼作乐者那种意行是否全善，如果有丝毫的暴力意味，那就不是全善，也就不能感化全部人心，不能推之四海，及于天下。尤其是制礼作乐者的意生之中，如果带有杀气，那就不可能泽及万民，也就是说，教化者因为不能意生而善，只要还带着丝毫武力的杀伐之气，能够让被教化者听出杀伐之音，就无法让被教化者归于纯粹至善的、文治德治的理想境界。

从乐教的角度说，形式与内容当然是评价乐舞的基本方式。《韶》乐音调优美，而且能够陶冶人的性情，引导人们变得更加善良，而《武》乐音调虽然优美，但在陶冶人的性情，引导人们变成善良的人方面，相比就要差一些。

孔子想要说明，乐教的目的主要是为了教化百姓，引导人变化气质

---

① 参见张祥龙：《孔子的现象学阐释九讲》，《儒家哲学史讲演录》（第一卷），第52页。

而向善，分寸在于仁人之意是否得到表现，也就是说，导人向善是孔子礼乐教化的根本目的。音乐的形式美和人对音乐美感的享受，都是不难达到的，但在达到美的状态之后，音乐还能够传达出对人性情的陶冶，这是非常不容易的。虽然美也很难达到，但善更难。

可见，乐教从形式到内容，都要以服从教化为目的。乐教的目的在于移风易俗，而且音乐被认为是移风易俗最有效的手段。又美又善的音乐是天籁之音，把天地自然之善传递到人间。有一种说法认为，舜在位39年，他的善能够发挥到极致，而武王伐纣之后仅在位4年，还没有很好制礼作乐就离开了，他的善没有能够彻底表现出来。这是从文治武功的现实状态来说的，乐与礼实化出来，实现阶层之间的和谐。毕竟，拿着刀枪唱歌跳舞，无论跳得唱得多么完美，其实都是不善的。颂扬武力的歌舞充满杀伐之气，不善居多。

孔子在本章所提到的逻辑落脚点在于礼乐之教的本质是和平的，只有极度宽容和平的，才是真正美善和优雅的。虽然在现实政治当中，和平禅让的理想从来都很难实现，但这是我们要竭力去追求的最高治世理想，不能因为理想看起来太遥远、不现实，就不去努力追求和接近它。

3·26　子曰："居上不宽，为礼不敬，临丧不哀，吾何以观之哉？"

【译】孔子说："如果居于执政地位的人不能宽容民众，举行礼仪时不严肃恭敬，参加丧礼时不悲伤哀戚，这样的人我怎么能看得下去呢？"

【解】正如上章评论所言，后世大多为政者看淡和平的治世之教，无法摆脱杀伐之气，这是孔子所不齿和厌恶的。在他看来，这样的领导人有什么好看的呢？要怎么看他呢？为什么要看他呢？人民对领导人的意境非常敏感，时刻可以感知到。

孔子认为只有礼乐教化可以实现永久和平的理想，他作为士大夫已经提炼出礼乐之教的最高境界，可惜当时和后世的统治者并不能意识到礼乐之教的重大价值，总是不用礼乐之教，不重视以礼乐为本来教化民众。这就以孔子对执政者不接受礼乐之教表示失望作为结尾，代表孔门弟子们的满腹哀愁，让后人凭吊，无言。

【意】在孔子看来，礼之本在于仁人之意，即当政者意念生处，就当生万民。此章与3•10异曲同工，有类似的意义，即统治者的心意不能达到仁人之意的境界，其意念所发的礼就不忍目睹。宽、敬与哀都是仁礼之意表现出来当有的分寸，但很多当政者做不到，所以孔门政治哲学是对君主心意进行限制与要求的政治哲学，君主心意的分寸是孔门政治哲学的核心。

　　本章说明人可以观察他人的意念之生（意生）的状态，尤其是领导人被民众的意识所关注，如果领导人的意无生，那就不能仁爱人民，也就不可能把仁人之意推及民众。领导人观人民之生（民生），观其中的生生之意，为的是观生生之民，是心意之观，能观到"民一生"，让人民能够好好养生丧死，生养繁衍，安生乐俗，化民善生，这才是一个有仁人之意的主政者，进而推出第四篇的核心"择仁善之地而居而人人得生"。

里仁篇第四

4·1 子曰："里仁为美，择不处仁，焉得知（zhì）？"

【译】孔子说："选择居住在民风仁爱、质朴、淳厚的地方才是最美好的，如果一个人不选择有仁义风尚的地方居住，怎么能够算得上明智的选择呢？"

【解】里：住处，借作动词①。里仁为美：是从住处的空间展开的带有"仁"爱他人意味的空间化状态；知道选择住在民风淳厚的地方才好。古时里是二十五家，有邻里之义，周围的邻居仁，里仁是择善而从，不仅是情境当中具体的人，更是情境和人的优点，通于"无友不如己者"（1•8）和"择其善者而从之"（7•22）。一解为仁德之人，不是住处。处：居住。知：通"智"。

本篇可谓立意于仁，礼让如己。本篇之前，孔子先提出礼乐的极致境界，再说这种境界其实来自仁人之意。仁爱和礼让是一体的，内心仁爱的人自然礼让他人。本章开始，强调邻居的存在有利于自己的意念之生，有利于调整修行自己的意识状态（intentional creativity）。在孔子看来，真正的智慧是意识当中充满着仁人之意，由择邻体现出来，因为只有自己有仁人之意，才会与同样意识状态的

---

① "仁"作为"里"的宾语，有名词化意味，虽然如此，这种名词化其实可以说是动名词意味的，如安乐哲认为，中国古代的哲学思想都是动名词性的，他反对把"人"译成名词性的human being，而强调要译成"human becomings"。《系辞上》："安土敦乎仁"，孟子"仁，人之安宅也"（《孟子•离娄上》）。都把"仁"名词化，比喻为如土一般的宅第，有趣的是，古代的住宅和房子都是土做成的，所以人其实是住在"土"做成的"宅"里面的，而"宅"还是来自土，不过是土的一种转化形式而已，这就是地气，安于地气，其实就是安于大地之"仁"，即大地对人和物无差别的仁爱。只有心意接续地气，才能具有"安"的意识和意味，即从土里来的"仁"之宅，具有能够让人"安"的力、气、能和量，所以人本来来自天地，自然也就应该"安"其意于"仁"意。在大地为万物生生之本的基础上，在房子宅第为人生存于世的本根的意义上，我们可以说"仁"是本体性的，也就是说，"仁"应该是本源性的、本根性的，而大地和宅第，就是"仁体"，因为是"仁人之意"生发的母体和源头之体。但在本书当中，"仁人之意"具有本体性意味，也就是说，《论语》强调仁者爱人，并不强调仁者与天地万物为一体，所以"仁人之意"是本体性的。这种本体性意味的宇宙论意义，不在《论语》当中，而在《易传》当中。《中庸》可谓兼有本体论和宇宙论意味。

人为邻。择邻之善而居于此善之中。儒者自我选择善心善念的世界，时刻格物"为善去恶"，格物即善恶之战，而不是格自然世界之道理。孔子对于自然世界的物理变化和运动讨论得很少。

【意】人生是一个情境创生（contextual creativity）的过程，人都受环境的影响，如孟母三迁。人与物，与周围的环境一体，习与性成，要主动选择好的环境才是正确的选择，仁有美好与正确的意思。好的环境塑造人的心意之境，而心意之境涵养好了在一定程度上能够决定人的意念发动。

仁爱之意是依境而生的，仁爱的人会选择与仁爱的人一起生活，这就假设了存在着一个不仁爱的人的正常世界，只是智慧的人会选择与仁爱的人生活在一起，那么隐藏的前提是一个好人可能被坏人带坏，所以要避开。

4·2　子曰："不仁者不可以久处（chǔ）约，不可以长处乐。仁者安仁，知者利仁。"

【译】孔子说："内心缺乏仁爱之意的人不可能长久安于清苦的处境，也不可能长久安于安乐的处境。内心充满仁爱的人能够安于念念仁心发动的境界，内心充满智慧的人知道念念保持仁爱之心发动的状态可以让自己和他人受益。"

【解】约：贫约、穷困、困窘。安仁：安于仁道。利仁：是认为仁有利自己才去行仁，这就有点功利主义，有负面义。"利"指对自己有利，还是对别人有利？朱熹认为有贪的倾向，其实是过于强烈了，应该说仁爱他人的人有主动地推致仁爱之心于天下他人的努力，自己的仁爱之心坚定之后，就会努力地去爱人，这其实有宗教家的情怀在其中，但并非来自对上帝的承诺，而是来自"自己是个仁人"的内在信心，会主动地推致天下。

里居于人所择之善中，念念皆善。仁人之意的意念发动，自然择境中之善而构筑意境，此仁人之境，让仁人之境（时空时势）来促进自己内心仁人之意的修为。但这里又说，仁爱之意是依托于自己的，是动机论的，是否仁爱，不取决于外在的环境，而取决于自己的心念。其实，意念行于世间，自然受外在条件的限制和约束，而仁者能够保持仁人之意的意向，不为外境所转。意向不能够长久保持仁人之意的人是没有仁德的人，不能长久地处在贫困中，也不能长久地处在安乐中。仁人是安于仁道的，有智慧的人则是知道仁对自己有利才去行仁的。"智者乐水，仁者乐山"，都有好的。

【意】里仁即"仁里"，仁之里，即仁人之意之居所、处所，即仁人之意发动之处，就是宅心仁厚的居所，就是仁者之生命安顿的宅第。仁者的家，其实是其仁人之意时刻实化而凝聚而成的。

仁爱之人可以随遇而安，不仁之人难以做到。仁爱之意有自足性，即自我满足性，不为境转，而心能转境。"利仁"是总保持仁爱之意，兴起利于他人的仁人之意，意念实化出来能够持续让他人受益。持志的魄力很重要，对心意的坚持只能是内在的，而不能是外在的。意念创生的仁境可以转化外在处境的困窘，"吾心安处是吾乡"。

4·3　子曰："唯仁者能好（hào）人，能恶（wù）人。"

【译】孔子说："只有那些念念发动都保持仁爱之意的人，才能真正知道如何去亲爱好人，憎恨坏人。"

【解】好：是喜爱，作动词。恶：是憎恶、讨厌，作动词。仁人之意发动实化之处，即分善恶。儒家的善恶之战，不是零和游戏，而是无限游戏，不是要对恶人斩尽杀绝，而是要保留对恶人向善之可能性的期待。

【意】推致仁人之意于天下的第一件事，就是区分好人与坏人，可见，儒家伦理是区分善恶的，是扬善去恶的，儒家的善恶之战，从这一章开始了。

仁者心意一动，即分善恶。儒者肯定善恶之分，强调为善去恶。首先表现在人上，其次表现在事上。人自然分好坏，但其实有些时候孔子又不轻易论断人的好坏，至少喜欢好人好的方面，厌恶坏人坏的方面。他仍然相信恶人有向善的可能。从另一个角度讲，可以说仁人之意的儒者总是同情与关怀那些恶人，虽然憎恨他们，但仍然不会去把他们斩草除根，不会对他们彻底失望乃至绝望。这与上帝主宰的二元对立的世界中，"善"的一方一定要彻底斩杀"恶"的一方很不一样。

4·4　子曰："苟志于仁矣，无恶（wù）也。"

【译】孔子说："如果立志于念念保持仁爱之意发动的状态，人的心念当中就不再会有憎恶之念了。"

【解】上一章刚说知道如何去亲爱好人，憎恨坏人，所以把恶理解为厌恶、憎恶是合适的。当然，心中没有邪念，自然就不会做恶（坏）事了，也可通。而人时刻保持仁人之意，那就不再会有做坏事的念头，自然也就不会去做坏事了，因为没有憎恶之念，导致恶从念头层面就被消除掉了。

可见，理解为恶（è），不做坏事，虽然也通，但心念之中没有邪念，不等于人就不会做坏事，只是不会主动为恶，因为不可能完全避免好心办坏事的客观情况，所以"无恶（è）"就显得太过理想化。"无恶（wù）"表示只问动机，强调动机的纯正，不问结果，比较合于前后章的语境和孔子的本意。

【意】意向时刻仁爱他人，则自然不会厌恶他人。这说明上一章"恶（wù）人"不是邪恶之念，而是用正念去恶（wù），可见正念也可以厌恶他人。邪恶之念是心念偏离仁爱之意。孔子认为"只要就"或者"如果就"，前提是志，即立志于、持志于等，即念念保持、坚持仁爱之意。

孔子从人伦日用的角度消除了基于迷信的善恶之战理论框架，使得儒家从一开始就走出了有神论的束缚，这是非常伟大的。当然这其实就是对周代文化的继承和发展，中国3000年前就走出了有神信仰，开创了理性主义的经典传统。

4·5 子曰："富与贵，是人之所欲也，不以其道得之，不处也；贫与贱，是人之所恶也，不以其道得之，不去也。君子去仁，恶乎成名？君子无终食之间违仁，造次必于是，颠沛必于是。"

【译】孔子说："富裕和显贵是人们都想得到的，但如果不能用合乎道义的方法去得到，君子是不会居处其中的；贫穷与低贱是人们都厌恶的，但如果不能用合宜正当的方法去摆脱，君子是不会去摆脱的。君子如果一念离开了仁爱之意，又凭什么还能保持君子之名呢？君子的意念没有片刻的时间偏离仁爱之意，即使是在最匆忙急迫的时刻，也必然念念不离开仁爱之意，即使是在颠沛流离的时候，也一定会念念不偏离仁爱之意。"

【解】上一章说到无神论宗教性的确立，本章就用定言命令的方式印证了这种无神论的动机主义的仁人之意观，内心的心意念念不离仁爱之意，而且至死不改，就此彻底确立了儒学的宗教意味，这种持守意念的恒定性与世界上各种宗教情怀其实没有根本性区别。因为宗教通常强调持念定于外在的人格神，不可因处境的变迁而改变信仰；儒学强调信自己的仁人之意，并且在任何处境中丝毫不改。

"富"和"贵"应指富裕而又显贵的地位；而"贫"和"贱"当指贫苦而又身份低微。理雅各译为riches and honors和poverty and meanness（地位卑微、见识浅薄）；辜鸿铭译成riches and honors和poverty and a low position（位置、方位、职位）；刘殿爵译为wealth and high station和poverty and low station，较合适；安乐哲译为wealth and honor和poverty and disgrace（丢脸、耻辱、不光彩）；许渊冲译为wealth and rank[①]。杨伯峻认为："'贫与贱……得之'应该改为'去之'。"[②]如果不能用正道去应对（摆脱）贫贱的境遇，君子会安宁地处于贫贱的境遇当中（不用非常之道来摆脱）。可见obtaining to poverty其实应该是avoiding，如"子绝四"之"绝"。刘殿爵也认为"不以其道得之"有问题，他觉得不是"得之"，而是"去之"，是去unfavorable circumstance（不喜欢、不如意的处境）；白牧之、白妙子认为是yet unless they are avoided in the proper way, I will not despise them，意思跟王充《论衡》认为当言"去"不当言"得"接近。"得"是happening（发生），encounter（遭遇），不是getting（得到），"得富贵，得贫贱"与"安得贫贱……"意思有微妙的区分。

【意】儒学强调时刻保持意念生于仁人之意，重点在于处境无论如何艰难困苦，心意都要通天合道。仁不是一种抽象的状态，而是念念保持仁爱之意的状态，这是孔子要求君子必须做到的修养。

上一章讲动机要正当，这一章讲手段也要合适。手段要正当，合于目的。君子不论身份贵贱，对于世间身外之物的得失如何，时时刻刻都会用正当的手段。如果一念离开仁人之意，即非君子。即使在极其艰难的境遇之中，也绝对不会让心意偏离仁人之意。总之，时刻操持不失仁人之意，才为君子。

---

① 许渊冲：《〈论语〉译话》，第149页。
② 杨伯峻：《论语译注》，第36页。

君子为什么要这样？一定不是因为功利的目的，而是出于内在的目的。什么是如此持守仁人之意内在的根据呢？从孟子的良知到王阳明的良知，可知良知即天地自然之善或者先天之善，或天善（天良），儒家承认这种天良之理，即仁人之意的存在。这里的仁人之意，是纯善无恶的，有先天的善性之意味。没有天善，则一切善都不可能；也就是说，没有天道自然的先天本善，则人间一切善的（意念、言语、行为）存在和生成都没有基础。认识天善需要靠体悟，单靠学习是不够的，因为先天本善超越知识、经验与逻辑，有一种超越而普遍的状态，只能当下领悟，一念即至天善之境。

4·1里面有功利的目的，这里持仁没有任何功利目的，所以仁不是外在的道德原则。这与天然之善是内外一体的相互贯通。仁就是天善在人间的自然流行，所以君子每时每刻领会、体会沉浸在天地之善中的状态，把天地之善作为意念发动的根据，时刻处于天人合一的极致乐境之中。

4·6　子曰："我未见好仁者恶不仁者。好仁者，无以尚之；恶不仁者，其为仁矣，不使不仁者加乎其身。有能一日用其力于仁矣乎？我未见力不足者。盖有之矣，我未之见也。"

【译】孔子说："我没有见过念念发动皆有仁爱之意的人厌恶那些心思偏离仁爱之道的人。念念发动皆有仁爱之意的人，实在是到了修身的最高境界了；厌恶那些心思偏离仁爱之道的人，他这种（修行合于）仁爱之道的方式，就是不让偏离仁爱之道的意念出现在自己身上。有能够把一天从早到晚的时间全部投入到念念合于仁爱之道的人吗？我从来没有看到意志力量连这都达不到的。大概也会有这样（意志力不足）的人吧，可是我也一直都没有见到过。"

【解】本章具体解释仁人之意作为宗教情怀的实际表现。后面7·30说"我欲仁，斯仁至矣"说明，仁道是动机主义，不难实现。任何人想一天到晚行仁并不难，只是人们很少努力去做。康有为认为仁道有两种方式：好仁与恶不仁，强调爱好人的同时，要恨不仁爱的人。如果既不跟着别人行仁，也不憎恶他人，那就是对仁冷漠，这不是孔子提倡的。可见"恶不仁"如果不是真正的厌恶，那么就容易纵容乡愿，当好好先生，似乎允许人们在坏人群中，只要自己觉得自己看起来像个好人就可以，其实仍然在纵容和附和坏人。而如果理解为不爱坏人，则有排他性，在分善恶的基础上只爱善人，这样就显得儒家之爱的边界过分明晰，比较狭隘了。

有把开头译为"我没有见过爱好仁德的人，也没有见过厌恶不仁的人"，这种"没有见过"很奇怪，于理不通，以至于李泽厚说只能是"半宗教式的实践劝导"①，并上升到中国哲学传统缺乏逻辑思维的高度，而且基本上各家的断句和解释皆如此，可是这样不通，需要如林安梧"真厌恶不仁"②，刘强"真正厌恶不仁"③的解释才通。

所以分歧应该是断句的问题，这两句不应该断开，之所以被断开，就是没有理解连在一起的意义的完整性，其实应该是"我没有见过念念发动皆有仁爱之意的人，厌恶那些心思偏离仁爱之道的人"，因为他们的心意都被仁爱之意充满，也就不再起心动念去厌恶他人，无论他人如何偏离仁道，自己都不能没有仁德。也就是说，心中充满仁爱的人仁爱一切人，不会因为对方是恶人就不继续仁爱对方，如此的仁爱才有神圣性和高洁性，有儒家特有的宗教意味。对恶人的厌恶之中包含仁爱之意，这种仁爱之意就不再是狭隘意义上的爱善人，而是爱一切好人和坏人，包含着对坏人的慈悲、怜悯、扶助与教化之意。"恶不仁者"的心意之中，其实包含着对"不仁者"的关爱甚至拯救，如果实在无能为力，至少也要让自己心生戒惧，以"不仁者"的心意状态为鉴镜，时刻警醒。

【意】一个念念发动都是仁人之意的人不会是恶人，因为心念不会出偏。念念持守仁人之意靠的是强烈的意志力，是内驱的力量，而不是向外寻求的力量。放纵念头出偏，只是意志力不足。内驱的意志力的来源：对天地自然之善的体悟和认可；推行仁人之道的使命感；儒家特有的宗教感，或宗教性的敬畏感；对违背社会礼法而反思带来的耻辱感，担心引发后果而对自己的言行进行自我约束。

可见，不应该得出儒家有宗教情怀就不讲逻辑的说法。④其实孔子有

---

① 参见李泽厚：《论语今读》，第72页。
② 林安梧：《论语译解：慧命与心法》，第45页。
③ 刘强：《论语新识》，第100页。
④ 参见李泽厚：《论语今读》，第72页。

其内在的逻辑。人的仁爱之意可以从人犯的错误当中分析出来。仁者的意量是纯仁之境，不必去厌恶不仁的人，而是仁爱他们，有众生一体之仁的宗教情怀。仁者之意能，时刻不间断，意能展开有圣洁的光芒。

4·7　子曰："人之过也，各于其党。观过，斯知仁矣。"

【译】孔子说："人们所犯的各种错误，都跟他的心性整体的偏向、个性的类别有关而各不相同。所以，观察分析各种各样的过错，就可以知道一个人是否有能力念念发动都充满仁爱之意了。"

【解】本章继续观人。人的心意是有境界的，念起即有不同的意境，而且人的意念发动，带动起来的意境是各不相同的。译成"与他那个集团的人所犯错误性质是一样"，或者"宗派的狭隘"，虽然有理，但都太具体，太局限了。儒家的"过"与基督教的原罪、佛教的无明，或俄狄浦斯无法逃避和被掌控的命运不同，各种过错可以分门别类，归类入"党"，即小型、封闭的家与国中的令人迷茫和痛苦的人伦问题和处置过程。这种对"过"的理解，使得对"仁"的思考更加深刻，因为自省犯下无法预测的人生错误之后，还继续保持仁爱他人的意念其实是很难的。

在一个人犯的过错当中，有其自己的意识境域的投射，因为不同的意缘，有不同的过错。可见，"党"表示人伦关系的类型不同，人与人意境有别。"党"应该是心向（意向）相通的、同类的、心意之境彼此感通之人组成的团体，带有对身份的认同与归属。理雅各译为class to which they belong（人们所属阶级）；辜鸿铭译前半句为men's faults are characteristic（人的错误各有特征）；刘殿爵译为type（品德类型）；安乐哲译为groups（分组），指错误的类型，较可取。

【意】孔子教人如何观察意念之生，仔细考察一个人意念生发与其改过的状态，可以知道他所处的人伦家国（党）所存在的问题。虽然党在后世的理解更多是一起谋取私利的小团体，但首先是心志相通的人群集体，所以这样的社群集团成员之间的心意相通不可能否认，也因为相通，所以一个人心思意念存在的问题，就是这个社群和集团所有人的问题。只要看第一类人的心意共通存在的问题，就知道这些人是安于、习惯于这些过错，还是有自我反省的能力，愿意发动意能去改变这些过错。

人的心念发动都会有偏离仁人之意的时刻，会实化为各种各样的过错。孔子认为，错误都是可以分门别类的，认真观察、考察这些错误，就能不断修正、改正自己的心意，不使其偏离仁人之意，也就知道本来的仁人之意的大道在哪里，这里是经反思而觉醒，从而安处于仁人之境之中。

4·8 子曰："朝闻道，夕死可矣。"

【译】孔子说："如果早晨彻底领悟了仁爱之道，就是当天晚上死去也心甘情愿。"

【解】如果如前一章，知道如何安处于仁人之境中，那就可以安静地等待死亡的降临，可以一念持守仁人之境而不在乎死亡随时会降临了。这就是"向死而仁"的境界，即面向人生的绝境而永远保持仁人之意境，以仁爱的心态去接近和拥抱死亡。这与道家顺道而无情的死亡观不同，儒家把温情保持到最后一刻。道家的死亡情怀不免枯槁而清凉，佛家的死亡观则是死生一体的空无，但对世间万缘聚散又保持一种慈悲之心。

傅佩荣把"道"译成"人生理想"，廖名春译成"实现人生理想（达道）"①似不合适，谁知道或者实现人生理想之后就愿意去死呢？"社会状况清明了"（白平）就更具体了，也到不了可以去死的高度，"真理"比较合适一些，但内容不明，在《论语》当中，真理就是"仁爱之道"，就是念念充满仁爱之意的道理，不但认识到难，实践起来更难，所以理解了，当天死去都不可惜。

理雅各把"闻道"译为hear the right way（正确之道）；辜鸿铭译为has learnt wisdom（智慧）；刘殿爵用被动态be told about the Way（被告知大道），但人被告知"the Way（大道）"可能需要一个人格神的预设；安乐哲译为you learn of and tread the way（学到并实践道），强调不仅领会道并要去实践，引申出孔子要死而无憾就不仅要闻道，还想把道推行天下；许渊冲译为knows ... the right way of

---

① 参见刘强：《论语新识》，第102页。并参见廖名春：《孔子真精神：〈论语〉疑难问题解读》，孔学堂书局2014年版，第104页。

living (or how to live)①（知道正确的生存之道）。

理雅各把"可"译为without regret（死而无憾），表示愿意以身殉道；刘殿爵译为he has not lived in vain（人生没有白活）；辜鸿铭译为he may be content to die（满意地死去），比死而无憾还强，强调得道的满足感；安乐哲译为can face death（可坦然面对死亡）。

【意】用仁爱可以超越此生的孤独。发动仁人之意，有能力爱人，自己就不会孤独，当下就可以坦然面对死亡。而面对死亡是宗教家的必修课。儒家哲学具有宗教力量，即对养生丧死的彻悟和坦然，帮助人们坦荡地面对死亡，这是非常重要的宗教情怀。

仁爱之道为大道之本，是大道流行于人间的汹涌澎湃之流，但却不是那么容易明白的，如果能够彻底明白，此生足矣。这种仁人是时刻为了真理之道牺牲自己的人，是不要名利的纯粹的人，他们是中华悠久文化的脊梁。用仁于念念之中，这种对仁的敬畏之持守有宗教家的情怀在里面。儒者决意用仁人之意于万化之中，不同于佛家之破我、散我、消我以离世，或者说在世离世，在世出世；不同于道家之无为而治，顺从自然之意。儒者要在滚滚红尘之中注入热情如火的仁人之意。

仁道是根本大道，理解了仁人之意就等于彻悟了人生，也可以理解为，只要树立了仁爱他人的大道，那么即使马上死去，也死而无憾了。为什么仁人之意的心念具备如此巨大的力量呢？因为仁爱他人，会觉得此生不孤，生命存在很有价值、有力量，哪怕马上死去，也会觉得了无遗憾。人生最可怕的是不会爱人，没有爱人的能力。孔子的仁爱之道是非常实在的，这与同体大悲的佛教之慈悲形成鲜明对比。可以说，仁爱之意体现出了孔子学问的真精神，其气度通达天地万物，与日月同辉。

4·9　子曰："士志于道，而耻恶（è）衣恶（è）食者，未足与议也。"

【译】孔子说："读书人有志于（学习和实行圣人的仁爱之）道，但又以自己穿简陋的衣服，吃粗粝的食物为耻辱，对这样的人，就不值得与他谈论仁爱之道了。"

---

① 许渊冲：《〈论语〉译话》，第40页。

【解】本章继续重申仁人之意的宗教意味与情怀。仁道是纯粹的精神追求，而且自我满足，不依赖于外在的其他生活条件，能够爱人救人帮人，那么就不在乎身外之物了，就一切顺其自然了。内在的仁人之意境，完全不依托于外在的标签。

【意】本章强调知识分子在人间最重要的是领悟和推行仁爱之道，仁爱之道是形上的，超越人间烟火的，是关于宇宙人生的根本智慧所在。心中念念充满仁人之意，则自然不会有念头再去在乎衣食。求道者与求仁者的最大特点之一就是意念持守于仁，不让心意偏离仁人之意。在意衣食的人，即非求道者，即非心念皆在仁爱之意中的人。所以，得道的境界很纯粹，近似于王阳明说的"人到纯乎天理方是圣，金到足色方是精"[1]，仁就是金子之精纯状态，不会让念头有丝毫的偏邪。

4·10 子曰："君子之于天下也，无适（dí）也，无莫也，义之与比。"[2]

【译】孔子说："君子对于天下所有的人或事，不是一定要怎么做，也不是一定不要怎么做，而是怎样正当合乎道义就怎样去做。"

【解】"君子对于天下所有的人或事"也可解为"君子治理天下所有的人或事"，这样"君子"就更有统治者意味。适：通"嫡"，

---

[1] 王守仁：《传习录上》，《王阳明全集》卷一，吴光等编校，上海古籍出版社2011年版，第31页。

[2] 杨少涵认为"中庸"的一层涵义就是"无适无莫"。"无适无莫"历来有很多不同的说法。郑玄等认为"适"与"敌"意通，"适"就是仇敌的敌；"莫"与"慕"音同，贪慕、爱慕。"无适无莫"即没有好恶憎慕。北宋邢昺却认为适（适应）是厚遇之厚，莫（冷漠）是薄待之薄，"无适无莫"意味着没有远近亲疏。宋儒多主张适是有所专主（注）、执着，莫是无所专主、不执着，无适无莫就是无心而行，无可无不可。各种说法都公认一点：适或莫都有所偏执，不合乎中庸之道，无适无莫才合中庸之道。义者宜也，"义之与比"是说无所偏执，要合乎义，以义为心意发动的状态，可见义是合宜性。《中庸》第八章"择乎中庸，得一善则拳拳服膺而弗失之矣"与第二十章"诚之者，择善而固执之者也"，说的都是"中庸"的这层含义。可见，无适无莫是对"中庸"作否定形式的说明，义之与比则肯定地指出中庸的内在原则就是仁义的义，而义作为合宜性的存在状态就是仁。无适无莫是不执着于意欲，对于声色利欲既无所亲慕也无憎恶；义之与比是全神贯注、一心执守内在的仁人之意。他倾向于郑玄音义两个方面的引申较直接，而宋儒的说法过于曲折的论断。（参见杨少涵：《孔子中庸的三重境界》，《人文杂志》2010年第5期）

意为醉心于（弯下腰亲近的对象）（bent on，安乐哲）；厚待、赞同（for，理雅各、刘殿爵）；偏袒（predilection，辜鸿铭）；affections（钟爱，韦利），"非如此不可"①。可以理解为亲近适合的事情。②莫通漠，疏远、冷淡、偏见（prejudice，辜鸿铭）、反对（against，理雅各、刘殿爵），至于敌人的程度（enemy，韦利）。可以理解为不干那些自己想疏远的事情，是"切不可如此"③，或者"不肯"④做什么。义是适宜（appropriate，安乐哲）；妥当、正当、正确（right，辜鸿铭）。比，旧读bì，意为亲近（go with，安乐哲）、相近、靠近（associate with，森柯澜），站在某一边（on the side of，辜鸿铭）。

这是关于how（怎么做）的问题，而不是关于what（一定要做什么）的问题。儒者除了仁道是必须要推广到天下的中心事件，心心念念实化仁人之意之外，其他事情一概都可以放下来。也就是说，只要合乎仁道的，儒者就去做，该做什么就做什么，否则就不必太过在乎。这就是明显的儒家宗教情怀。这就是要合"义"，都要合乎仁人之意这个哲学思想的合宜变化。

君子对于天下的事情和仁人君子，没有一定要亲近的，也没有非疏远不可的，只有道义是时刻必须亲近的。君子从来都只是按照义去做，没有固定的厚薄亲疏，对天底下所有人所有事都是如此。

【意】"义"是仁义，也是礼义或仁和礼的分寸（义）与合宜的尺度，即仁是天地自然之善的彰显和呈现，礼是天地之自然差异与区分的呈现，因为有自然之意作为基础，所以礼应该顺从义，也就是自然的分限和状态。仁人之意的合理尺度（义）要顺从天道自然之意，这里的义要合道，也就是合乎天地本然的情境。如果整个天下都以亲近道义为本，那么天下概念的边界就是模糊的，因为可理解为天下所有的人、物或所有的事情。

本章"君子"有明显的统治者意味，强于道德意味。其"义"也可以

① 林安梧：《论语译解：慧命与心法》，第47页。
② 刘强解为："专注、适从。"（参见刘强：《论语新识》，第104页）
③ 林安梧：《论语译解：慧命与心法》，第47页。
④ 刘强：《论语新识》，第104页。

理解为权力运作的中道状态和合适的分寸，其权变也是领导者不断适应变化的情境之权变。后世多在修身的意义上发挥权变，虽然有理，但容易忽视其中坚持仁人之意的根本宗教意味的前提。即权变永远是纯粹追求仁人之境的根本意境之下的权变，不是随时变化的无中心的权变。

4·11 子曰："君子怀德，小人怀土；君子怀刑，小人怀惠。"

【译】孔子说："君子念念在乎的是仁义道德，小人念念不忘的是乡土人情；君子念念在意的是法度规范，小人念念不离的是恩惠利益。"

【解】刑：是法制惩罚，刑政法度。一说通"型"，范型、模范之意，偏向自己是否成为模范的意思。法度规章有更加强烈的公共意识，此处强调的是君子意念之强大。

以仁道分君子小人，以念念在乎的意缘之不同来分，君子与小人有明显的道德意味。虽然"小人怀土"解为老百姓在乎土地也通，但君子是孔子提倡的、超越具体的土地区隔的。中国人离开家乡故土、安逸之地，就是为了涵养天下情怀，培养仁爱他人以推致天下的德性，所以要超越小恩小惠、故土家邦、安土逸情，这都是君子情怀作为超越性的理想人格引领着中国人的修身、修心、修养方式，提升着整个民族的精神性。

君子之念的意生都在德（thinks of virtue，理雅各），把心思放在道义力量上（set their hearts upon moral force，韦利），因为仁爱他人持久之后，方能有德，表现为一种道义的力量感（moral force），不断增强意量；强调人致力于修身到最佳境界的努力（cherish their excellence，安乐哲）；从而表现出卓越的教养和优秀的公民品格（civil excellence）；心心念念希望实现仁政（cherishes benign rule，刘殿爵）。①

君子之心意在天下礼法，致力于国家安宁，政治清明，期待社

---

① 刘殿爵在本章的注释当中指出，君子和小人之分，不是统治者和被统治者之分，而是统治阶级内部的区分。参见D. C. Lau, trans.，*Confucius: The Analects* (New York: Penguin Books, 1979), 73。

会公正（expects justice，辜鸿铭）；珍惜公平（cherish fairness，安乐哲）；心中在意、担心被法律制裁（thinks of the sanctions of the law，理雅各）；只担心被惩罚（think only of punishments，韦利）；即珍惜对法律的尊重（cherishes a respect for the law，刘殿爵），不希望做犯法的事情。

相反，小人之心意在土地（set upon the soil，韦利）；在意自己的老家、故土（cherish his native land，刘殿爵）；只在乎他们自己脚下的土地（cherish their land，安乐哲）；从根本上是因为小人只贪图自己的享受和舒适（thinks of comfort，理雅各）。

小人的意生都在自己的私利（expects favours，辜鸿铭）；记挂（私人可以得到的）恩惠和利益［thinks of favours（which he may receive），理雅各］；喜欢得到慷慨的惠赠（cherish generous treatment，刘殿爵）；只在乎自己能够得到什么私利的想法（cherish the thought of gain，安乐哲）；只想着如何豁免、法外开恩、免除刑罚（think only of exemptions，韦利）。综观各种译法，其实译出了在法治和利益的社会情境当中，一个人面对利益的时候，心中在意的是社会公平和正义，还是只是个人的私利，那一瞬间的意识和念头决定着一个人在利益面前到底是君子还是小人。

【意】君子与小人念念在乎的内容不同，君子心中念念皆仁爱之意，不偏私具体的乡土亲情，小人过分在乎亲情，不在乎仁爱与真义。君子心念发动皆有规矩尺度，小人的心念发动只在乎自己的利益，就不可能在乎法度规范。君子意念大，在乎家国天下，所以法度与正义也是君子念念不忘的，小人心思都在计算得失利弊，缺乏公心。

4·12　子曰：“放（fǎng）于利而行，多怨。”

【译】孔子说：“为人处世如果主要为了追求利益才采取行动，就容易对周围人产生很多怨恨之念，也容易招致怨恨。”

【解】放：通“仿”，效法，引申为追求、只顾及（look only to，辜鸿铭），只盯着去行动（act with an eye to，安乐哲）；即依从追求利益的原则去行动。怨：心生怨恨也招致别人的怨恨。本章接着“小人怀惠”说，小人境界必然引人抱怨。孔子认为，只依从个人利益去行动是不合适的，所以反对。这里孔子明确反对自私自利，反对仅仅追求个人私利，那样就必然导致互相伤害，彼此抱怨。当然，一个人升起的怨恨之念会产生怨恨之境，招引他人怨恨。从利之念，如从禾从刀，如秋天收割，若无分寸感，则伤人且伤己。

【意】在乎利益而行则对道义是损害，所以"义"只有失利，而无功利，如此基于利益的言行容易引发怨恨。西方追求利益最大化的个人主义已经走向其初衷的反面，伤害了全球正义（global justice），也伤害了广大谋求个人权益的欧美世界的人民。任何一方都不应该只努力追求自身的绝对优势地位（act with a constant view to his own advantage，理雅各），更不应该不择手段地以伤害其他国家和人民的利益为代价。

中国古代哲人早已指出全民追求利益，看起来生产力大大提高，科技力量和经济水平日新月异，但其实这种趋向可能会伤害社会公益，并最终伤害到自己。长远看，极端个人主义的泛滥成灾，不仅导致社会道德滑坡，而且对增进社会福祉并无好处。如今需要借鉴儒学的智慧，意识到人永远是关系中的人，是关系使人生存和发展，而非反之，要增进社群的共同利益，把全人类视为同呼吸、共命运、时刻命运与共的生命共同体。

4·13　子曰："能以礼让为国乎，何有？不能以礼让为国，如礼何？"

【译】孔子说："能够用礼制和谦让来治理国家，那治理国家怎么会难呢？不能用礼制和谦让来治理国家，那礼还有什么用呢？"

【解】何有：即"何难之有"，表示不难。如礼何：一解"把礼怎么办"，但意思不够准确。上一章说了不可过度逐利，本章说要礼让，承接上章可以把礼让理解为让利与人。礼是差异、条理和分寸；礼让是心善、和解、利生；君主的礼让是依礼谦让，让利于民。礼让就是心念上的自我克制，仁爱他人的心意当中时刻有他人，让利给他人。礼的作用就是为了让他人感受到自己的爱，感受到自己的爱能够给他带来温情和利益，因为自己先让了，让他人觉得自己受到了尊重和仁爱，这个世界才变得更加美好。

【意】人君特别需要有依从礼仪而谦让之心，则其心生之意时刻"生民"，让人民得到生养，这才是真正的"民生"，人民因而成为"生民"，否则有礼也没用。孔子强调统治者的心意之中要有生养人民的意念，并且此种意念生生不息，充满生意才可。

所谓道义所在，该做就做。但道义既不是利益，也不是形势，而是以内心的感动（仁）和合宜的尺度（义）、具体的礼仪、法度、规范（礼）、明晰的分辨能力（智），进而展开从孝、仁、悌出发而爱众人，修身、齐家、治国、平天下。

孔子的国是善人之国、仁人之国，他不愿意面对、不太承认用来维系军事力量和作为暴力机器的国。孔子的政治思考艺术是把意念转向治国，而不在意君子为了维持国家可能要处理推行仁义之道之外的其他问题。孔子最后归结为修身为本，认为修身就足以治国，至于国的本质，治国的法制、暴力、军事等其他面向，孔子留意不多。孔子基本没有西方那种对权力本质的追问，也缺乏法家那种对恶人管束的考量，他认为现实中的恶人其实本来也应该是天然向善的，所以君主发动仁人之意，即可以"礼让"来治理国家，让人性中天然的善得到发展，就可以达到天下太平的局面。

4·14　子曰："不患无位，患所以立；不患莫己知，求为可知也。"

【译】孔子说："不要去担忧自己有没有官职地位，应该去担忧自己如何安身立命。不要担忧没有人了解自己，要去努力成为有真才实学值得让人去了解的人。"

【解】这是从礼让治国延伸到礼让他人，一个人如果明白了礼让他人，则可以立身处世、安身立命。在礼让他人的基础上，才能讨论自己是否有立身处世的真本事。如果只是求有让人了解的本领，或者求自己成为有真才实学、德行过人、值得为人们知道并称道的人，那么人靠什么在社会上站立起来？又如何在职位上尽忠职守？可见这只是狭义的。安身立命的"立"应该是立起仁爱他人的意念，而仁人之意行之于世才能让自己立身处世畅通无阻。

【意】自己的意念发出来，其他人是可以感知的，而且自己当下也可以反省。《论语》中多处提到不要担心别人不了解自己。常人过度在意他人的评价，在乎职位带给他人的认可度，孔子认为这些并不重要，关键在于自己有没有立身之本。如果自己有真才实学，再时刻发动仁人之意，别人不可能不去了解你。

4·15 子曰："参乎，吾道一以贯之。"曾子曰："唯。"子出，门人问曰："何谓也？"曾子曰："夫子之道，忠恕而已矣。"

【译】孔子说："曾参啊，我平日所讲的道（仁人之意）都可以用一个中心思想贯彻始终。"曾子说："的确如此。"孔子出去之后，在场的同学们便问曾子："老师刚才说的是什么意思？"曾子说："夫子他老人家平日所讲的仁爱之道，就是忠恕两个字罢了。"

【解】"忠恕"其实是礼让精神的具体表现，是仁爱之意实化出来的具体表现，因为仁爱君主，自然就忠；仁爱他人，自然就恕。朱子说："尽己之谓忠，推己之谓恕。"落实在己，以己为中心，把自己的忠推致他人，让"忠"的意向保持一贯状态。

理雅各把"道"译为doctrine（学说、教义、信条）；辜鸿铭译为underlying（潜在、根本、优先的）connected principle（原理、原则、本质、本义、根源）；刘殿爵和安乐哲用way（道路、方法）；许渊冲译为principle①。

理雅各把"一以贯之"译为all-pervading unity（普及的、普遍传播的），突出普遍和统一的内涵；辜鸿铭译为in all my life and teaching（在我一生中），从孔子讲学的人生经历出发；刘殿爵译为there is one single thread binding my way together（有一条主线把我的思想贯穿起来）；安乐哲译为bound together with one continuous strand（用一条连续的主线串起来）。

"忠"是中心，了解自己并以己心为"中"便是"尽己"，明白自己的本心之"中"，从中间推广出去，就是真正的忠诚忠心；"恕"是如心，了解他人之心如自己之心便是"推己"，明白他心之后再推己及人才是恕道。可见，孔子认为，人我不二，"他心"是可知的，而且只有可知之后，才能推己及人，这与西方哲学"他心（other minds）"不可知论，形成了鲜明的对照。理雅各将"忠"译为be true to the principles of our nature（忠实于本性的原则）；突显出自本性的真诚，而不强调道德层面；辜鸿铭译为conscientiousness

---

① 许渊冲：《〈论语〉译话》，第41页。

（尽责、凭良心、责任心办事），强调尽责；刘殿爵译成doing one's best；安乐哲doing one's utmost（极限，最大可能），表示尽最大程度努力做到。

《说文》："恕，仁也。"可见恕是他人之心和如己之心，以他人比照自身之心而知仁爱他人之心意。理雅各将"恕"译为the benevolent exercise of them to others（对人宽厚地运用这些原则）；辜鸿铭译为charity（慈善、宽容）；刘殿爵译为using oneself as a measure to gauge others（以自己为尺度来衡量他人好恶）；安乐哲译为putting oneself in the other's place（把自己放在他人的位置上）；许渊冲译为leniency（宽待他人）[1]。陈荣捷认为，"忠恕"是"忠诚和利他（conscientiousness and altruism）"，认为"忠"指充分发展一个人原本很优秀的品质，而"恕"指发扬这些品质惠及他人的过程。[2]

【意】孔门确有心传，有高于文字的工夫在其间，曾子有所感悟。忠是维系上下维度的瑰宝；恕是维系平行维度的法门；后来子贡也有所了解，应比上下平行的空间还要深远广阔一些。曾子的理解比较形而下，落实于人伦日用，并非就是"一以贯之"的全部维度。

钱穆认为忠恕是当下工夫，比仁要更容易落实："忠恕之道即仁道，其道实一本之于我心，而可贯通之于万人之心，乃至万世以下人之心者。而言忠恕，则较言仁更使人易晓。因仁者至高之德，而忠恕则是学者当下之工夫，人人可以尽力。"[3]孔子对"仁"有很多不同的讲法，而忠恕就变得比较具体而清晰，容易操作。

曾子把孔子对于"仁"圆融的理解，转化为具体的道德原则，这其实是接引下根人的方便说法。但是如果"仁"只是具体的道德原则，那么孔子的学说之彪炳千秋的力量和气象就被大大降格了。所以那个"而已"其实是非常关键的，是对于一般人来讲，你们能够这样理解这些道德原则也就可以了，也就只能如此而已了。

---

[1] 许渊冲：《〈论语〉译话》，第41页。
[2] 参见陈荣捷：《新儒学的术语解释与翻译》，《深圳大学学报（人文社会科学版）》2013年第6期。
[3] 钱穆：《论语新解》，生活·读书·新知三联书店2002年版，第98页。

忠恕是待人之道，是仁爱之道的具体表现。"恕"在《论语》中仅出现两次，"其恕乎！己所不欲，勿施于人"，这是领悟自己与他人的心意之境相通，自己不想要的，别人也不会想要，以至于不应该强加于他人。"忠"是忠诚之义，如《中庸》"诚中之意"，心之诚中为"中"，即忠于天道自然至善，诚之于天，开发自身的潜能，与天地共同创造，尽己之性，起心动念即如天地之心意，方是天地间之大"恕"。

4·16　子曰："君子喻于义，小人喻于利。"

【译】孔子说："君子念念在意的是道德仁义，小人念念在乎的是蝇头小利。"

【解】本章是恕道的延伸，即知人论世，了解他人而知道他人思考的分寸所在。上下之位有分，在上位的君子不缺财利，但念念都要注意分配财利的分寸，注意礼让他人。在下位的小人缺财缺利，故念念逐利而思而行，可以理解。

【意】君子与小人的地位和德行不同，君子念念在乎仁人之意的合理分寸，小人之意念在乎利益而忘记分寸。"义"是礼让他人的分寸所在。君子在乎礼义，知道礼让。"义"是道义，是仁人之意行于世间的分寸感，实化为道德的仁义。而小人见利忘义，见有利于自己的利益就忘记了自己当时刻保持仁爱他人的分寸。

4·17　子曰："见贤思齐焉，见不贤而内自省也。"

【译】孔子说："见到心意端正、德行高尚的贤人，心念就应该立即转向他，向他学习看齐，争取像他一样心意端正；见到心意不端、德行有亏的人，心念就应该立即转向自我，反省自己的心念是否也会常常偏离仁爱之道。"

【解】因为君子、小人有别，故当时刻判断他人，并向能够止自己心向之人学习。"不贤"对应小人之心。孔子跟学生们强调这一点，应该是针对人性的普遍弱点，忌妒贤人、见人不如自己反而窃喜。这样的状态无助于进德修业，所以要求在心意的发动之处作功夫。

理雅各和辜鸿铭译"贤"为of worth（有价值的人）；白牧之译为worthy；安乐哲译为exceptional character（卓越的品格）；刘殿爵译为better than（比我贤明的人）比较意味明显，应该说"贤"确指比自己好的人，所以许渊冲也译为a man better than you[1]，强调是比你好的人。

不贤而内自省者的"省"应是省察自己有无他者之不贤，反观自己并弄清楚是否与他们是不一样的（turn into ourselves and find out if we do not resemble them，辜鸿铭）[2]指出了省察克治的具体内容，只是找出、发现（find out）或未有examine那么细致、切己。

【意】贤人是礼让的好榜样，要主动向能够礼让的贤人看齐，自动、主动地改变校正自己的意识境遇，即"自省"是儒家意（识）哲学的重大特色。如此一来，君子之意不是简单外投的意，而是在投射过程中能够分辨贤与不贤，并时刻保持自我反省能力的意。

4·18　子曰："事父母几（jī）谏，见志不从，又敬不违，劳而不怨。"

【译】孔子说："侍奉父母，（如果父母稍微有做得不对的地方）就要委婉地劝阻他们。（自己的心意表达了，）如果父母心意仍然不愿听从，还是要恭恭敬敬地对待他们，不要违抗触犯他们，继续替他们担忧操劳，且不生埋怨之心。"

【解】几：轻微、婉转。可以理解为见几就谏，可以合着理解，看机会，看情况的变化而提出建议，这是一种时机化的选择。劳：忧愁、烦劳。在时间上表现为对父母要有特别的耐心和理解。

父母不从，就礼让父母。礼让父母很重要，即使劝不住他们，也要礼让他们。劝谏虽然必要，但要讲究方式方法，不能让父母觉得没有面子，情感上受到伤害。子女即使自己受委屈，也不能违抗，不能抱怨。这充满了孝顺之教的精髓，也就是要念念以父母为本的精神。"几"表示事情有苗头的时候尽早规劝父母，等到苗头变成行动，来不及规劝就晚了。一解不再继续言语劝说，而是好好按照他们的意思去做，最后用精诚的心意来感化父母。一解可以继续劝谏，不违道理即可。

【意】持守仁人之意的君子相信父母也通于天地自然之善，所以能被

---

[1] 许渊冲：《〈论语〉译话》，第46页。
[2] 参见辜鸿铭：《西播〈论语〉回译——辜鸿铭英译〈论语〉详释》，王京涛译注，第76页。

感化。有不能被感化的父母，即使父母不能被感化，也仍然不是人不持志于仁爱之意的理由。这等于是说，即使仁人之意的对象是恶人，也要继续仁爱他们；即使自己的父母无法被劝谏，也要继续仁爱他们，所以仁人之意成为无条件的先行状态，先行于一切与意念相交接的情境。

4·19　子曰："父母在，不远游，游必有方。"

【译】孔子说："父母在世的时候，子女尽量不要去远方游历；如果实在不得已要出远门，就必须让父母明确知道自己在什么地方。"

【解】游：指游学、游官、经商等外出活动。方：一定的地方，方向，方位，或者出游的方法等。旅游是意念化为行动，无论行到多远，只要在行于外的时候，心中都得有父母才行。也就是说，孩子作为父母放出去的风筝，要让父母时刻感受到你对父母的挂念和关爱，让他们觉得他们一直攥着牵引你的绳子才合适。

本章继续讨论侍奉父母作为仁人之意的当然选择。父母在的时候，要时刻把仁人之意投射到父母身上，让父母知道自己关心爱护他们的情感。"不远"既是一种空间意识，也是一种时间意识，空间上不远就不会离开父母太长的时间，这是维持父母与自己时空一体性的努力，尽量护持父母和子女"亲亲"生存结构和缘生共同体生生不息的状态。

【意】儒家不承认个体的独立存在，认为家庭情感先行于家庭成员的个体性存在，自然也就不会认为家庭情感如风筝之线一般脆弱，即使家庭成员死去，家庭情感也不可能断。这是儒学强调的家庭情感先于个人和个体性存在的生存境域，也就是说，人的情感跟父母一直共存永在，即使父母不在人间，心中也应该对父母念念不忘。挂念父母，无论父母是否在世，只要自己活着，父母就跟我们一起活着，起心动念之间，都要时刻把父母永远作为自己生存、思考、实意的基石，这是一个人活着的基本意识境域。

4·20　子曰："三年无改于父之道，可谓孝矣。"

【译】孔子说："如果一个人三年里起心动念都能够挂念父亲，能够长期保持这种心意状态，就可以说是孝顺了。"

【解】很多书都以本章内容见于1·11，而在此处从略不加解释。但本章前后都与父母有关，当是再次强调。其实，看起来文字相同，但语境不同，所以意思已经发生了变化，不可等量观之。

【意】"于父之道"即于父之孝，因为对父母必须孝顺，所以对父母的孝意不可更改。孝有非反思的先行性，即孝顺本身是需要自觉的，需要反思的，并不是天然的，但儒家重孝，把孝提出来，放在一切道德言行之前，成为所有起心动念的底色和背景。可以说，儒者的心意实化过程，是"孝本"意念的实化过程（process of filial-based contextual creativity）。

心中时刻都有父母，这是儒家义教的起源，即起心动念中皆以父母为意识发动之境，故孝教即为"父教"。换句话说，父母永远是我们的人生底色，"孝父意识"或"孝意识"应该作为个人生命的起点。

4·21 子曰："父母之年，不可不知也。一则以喜，一则以惧。"

【译】孔子说："父母的年纪，做子女的不可不知道，并要念念记挂不忘。一方面为父母（健康长寿）而欢喜，一方面又为父母（年迈体衰）而忧惧。"

【解】孝敬父母就是要心意时刻在乎父母的年岁，心里担心，意念当中也就放不下来。看到父母年纪大了仍然在世而感到欣慰，但同时又能看到，年迈的父母正在日渐衰老，所以会为他们来日无多而深感担心。

"惧"到底是忧惧还是恐惧，程度有所区别。忧惧是一种无对象的担忧状态（anxiety，辜鸿铭、刘殿爵、森柯澜），也可以理解为因担忧而害怕（fear，理雅各）；恐惧是一种对象化的状态，即把父母年龄渐长看作一种令自己惶恐、惊恐、惊惶的对象化存在（trepidation，安乐哲）。这里面还有乐观和悲观的区分，乐观状态是指使人充满有益的恐惧（fill one with salutary dread，韦利），salutary dread指尽管往往让人不愉快，但还是有益的害怕、担心之情。悲观状态就是因为担忧、害怕而惊恐、惧怕。

【意】孝是与父母联通的意境。儒家的"家"庭观念是有限度的，念念有祖先、有父母，而不是孤独的、漂浮如浮萍般的。儒家是父教，是"子—父"存在一体的教化。人的先天状态是子母一体，儒家认为后天状态是子父一体，其实就是子女的心念应当时时刻刻挂念父母。我们关于父母之念是一种潜意识，是人间一趟所有意识状态，或者说人间发动的所有念头的底色。

4·22　子曰："古者言之不出，耻躬之不逮（dài）也。"

【译】孔子说："古代人的诺言不会轻易说出口，因为他们担心自己能做到的事赶不上已说出口的话，那样对他们来说是可耻的事啊。"

【解】礼让首先要记挂父母，谦让父母，要在行动上做到，不要仅留在口头上。当下就反省自己是否能够做得到，做不到就不要说，做得到才说。

就孝顺父母这样的事情来说，说出与做到有很大区别。换而言之，说出来了就要努力做到，否则就可能会给自己带来耻辱，所以古人强调言行一致的美德。孔子有感于时人随口出言，言行不一，说了不落实，还没有羞耻感。任何时代都有人说话不算数，而且不以为耻。现当代极端个人主义盛行于世，加剧了言行不一致的状态，无德之人不知羞耻还不加改正，于是世风日下，人心失范。

【意】言行一致，行为要配合言语，也就是配合意念。"言出乎身，加乎民"，所以为公德。"行发乎迩，见乎远"，这也是公德，儒家的公德和私德是一体的，公德是从私德修养延伸出去的。儒家公私一体，表面上一个人的心思意念不在外面表现出来，但是所有的心思意念都会有感应。如果空言而不去践行，则失信于人，损伤自己的仁人之意和仁人之境，会给自己招致耻辱。如果意识到仁人之境需要与他人的意念共同构筑，就要小心维护，比如孝顺父母之心意境遇，从来都是与具体的、活生生的父母意识境遇密切联系的，即使父母不在世了，他们的音容笑貌对自己当下的意识来说，仍然是有生命力的意识情境和背景。

4·23　子曰："以约失之者鲜矣。"

【译】孔子说："能够控制自己的心意、约束自己言行的人，在为人处世上面犯的错误就很少了。"

【解】约：是节约，俭约，守约，约束；指"约之以礼"，整饬、控制、审视自己的心意状态，即"收拾精神，自作主宰"。鲜：少。能够礼让就能够减少犯错误的机会。用礼仪来自我反省，自我约束，这是儒门之教的核心。

【意】孔子要求人们谨言慎行，按礼约束自己。"约"可以理解为起心动念间的一种反思机制（reflexive mechanism），也是心意发动的本然机制。通过反思来控制心意的机制在《论语》中主要是仁与礼。[①]

4·24　子曰："君子欲讷于言而敏于行。"

【译】孔子说："君子在言语方面要有意做到谨慎迟缓，但在行动方面要有意做到勤快敏捷。"

【解】讷：迟钝，指说话要谨慎。敏：敏捷、快速。礼让的人，言语谨慎，行动敏捷，能够做到都因能约束自己。自制力强是因为意念的反思力强，深思熟虑而后实化自己的意念为言语行为。实化的过程要从容，因为有仁内礼外的自信，所以就自然相信外礼要通过内仁才能起作用。

【意】实化意念的力量很重要，实化为言要迟，而实化为行要敏，这是控制心意的分寸，因为言出而难收，所以要在将出未出之际，深思熟虑。言与行其实是一样出而难收的，因为言直接入耳，相比之下，行为要被人觉察还有一个迟缓的时间，好像闪电过后，震雷必至一般。这当然是指时刻持守仁爱之意来做好事。如果心念有所偏斜，就不是敏行，因为那时根本就不该做了。所以，讷于言、敏于行才是孔子真正要提倡的行为。

4·25　子曰："德不孤，必有邻。"

【译】孔子说："有仁德的人不会孤立无援，一定会有志同道合

---

① 杨国荣认为真正的儒学要强调"仁"和"礼"的统一，既体现于儒家自身的整个思想体系之中，又展现于人之存在的各个领域，后者包括精神世界、社会领域以及天人之际。但他没有提及儒家心意修炼的机制。（参见杨国荣：《何为儒学？——儒学的内核及其多重向度》，《文史哲》2018年第5期）又参见杨国荣：《再思儒学》，济南出版社2019年版，第3—17页。类似强调"仁""礼"的观点较多，如参见薛永武：《导论》，《论语译评》，中国书籍出版社2019年版，第7页。相比之下，陈来强调"心学就是'修心之学'"（参见陈来：《阳明学的传承——2023年6月15日在北京国际书博会上贵州〈阳明文库〉发布会上的讲话》）。自我约束和修心与道教修炼通过对先天之炁的领悟来反省和参照意识的活动可以形成比较，参见温海明：《新古本周易参同契明意》。

的人来亲近并支持他。"

【解】礼让就有仁德,以仁人之意关爱他人,视人如己,就能得到邻里朋友。"德"主要指仁德,表现为礼让,心中仁爱他人,行为上礼让他人,当然会有亲近的人来当邻居,过来陪伴。仁人之意以其充满生意,足以吸引他人而能生人,所以有邻、有同伴。

【意】仁德的人,其心意之境与他人同在,他能欣赏喜欢而且愿意分享,所以不会孤立无援,自然会有志同道合之人,马上有感应,如心电感应的状态。马丁·布伯论"我与你"和列维纳斯论"我与他者(others)"不同:有邻之人,是与己相通的"你",而非与己异质的、超越性的"他者"或"它"。

4·26 子游曰:"事君数(shuò),斯辱矣;朋友数,斯疏矣。"

【译】子游说:"侍奉君主过分琐碎殷勤,就会自取其辱;对待朋友过分琐碎逼促,就会反被疏远。"

【解】数:屡次、多次,引申为烦琐、逼迫。斯:就。本章还是继续强调礼让。如果一个人多次被数落之后,还是不知礼让,那就会有被侮辱的麻烦。仁爱之意付诸人际关系要讲究分寸,不可过度勉强他人,不可强加自己的倾向给他人。这当然有点怪异,一方面本篇开头孔子要求人们一心一意保持仁爱他人的意念,似乎只讲动机不讲情境,但到本篇结束,又似乎非常在乎情境是否合适。其实并不矛盾,因为仁爱他人是儒家的定言命令,甚至是绝对命令,即认为一个人要成为人,就必须这样做,但仁爱他人本身有明确的情境性,在具体情境中碰到不同问题要灵活处理,所以并不矛盾。

【意】敬从父母延伸到君王,但过分反而会自取其辱;敬朋友过度,有时反而会被本来志同道合的朋友疏远,觉得你都是做表面文章,没有真情实感,可见敬的分寸很难,不可以过度。

这是实化意念,把心念变成行动的分寸问题,如果心念琐碎,则行动就会引发君王与朋友的猜忌。可见,持守仁人之意,不可不重情境,不可持意过分刚强,导致情境的反弹。因此,孔子反对简单的原则化,而强调情境化(contextualized)。

公冶长篇第五

5·1 子谓公冶长（cháng）："可妻（qì）也。虽在缧绁（léi xiè）之中，非其罪也。"以其子妻之。

【译】孔子谈到公冶长时说："可以把女儿嫁给他。他虽然曾经有牢狱之灾，但那并不是他的罪过呀。"于是，孔子就把自己的女儿嫁给了他。

【解】公冶长：姓公冶名长，齐国人，孔子弟子。缧绁：是捆绑犯人用的绳索，借指牢狱。古时无论儿女均称子。知人在于知心，即人的心意所发的意向。公冶长虽经牢狱之灾，但此人的意识状态仍然是仁爱他人的，是稳定的、可以放心的。

在谈完礼乐之教、仁人之意后，孔子弟子们绘制了儒门的群生像，通过弟子与老师的互动来展开。人生于世，生命的状态与政治的形势密不可分，也与自己对政治的理解与修身之道密不可分。孔子强调持意行仁，顺道成文，也就是要顺政治之道而成就斯文。后代演变成为"得君行道"，本来得到时势的青睐而行文教之道才是孔子的理想，但容易被"外王"的维度发挥太过。

【意】公冶长曾被惩罚，或许是被冤枉的，此人心念端正，应该是无妄之灾。如无妄卦所示，即使心念基本不出偏，但仍然可能被人连累，或被人陷害而受灾，有时甚至可能有牢狱之灾。孔子向学生们说明，心念的端正状态要高于世俗的道德评价。以嫁女这么大的事说明，心正高于外在功利的评价。只要此人的心念充满仁人之意，女儿就能幸福，可以不必在意世俗功利的评价。

5·2 子谓南容："邦有道，不废；邦无道，免于刑戮。"以其兄之子妻之。

【译】孔子谈到南宫子容时说："国家有仁爱之道、政治清明时，他能够做到不被摒弃而有官做；国家没有仁爱之道、政治黑暗时，他也可以避免受刑或被杀。"于是把自己兄长的女儿嫁给他为妻。

【解】南容：姓南宫名适（kuò），字子容。孔子学生，通称南容。废：摒弃，废置，不予任用，埋没；一说废黜。刑戮：即刑罚。

国家有道，即有仁爱之道，君主仁民爱物，政治也行仁爱之道，君民要发动仁人之意，即君主和民众都要仁爱他人。政治的清明来自彼此仁爱。但政治不清，彼此不爱的时候，也要有防身之术，南容即这样的人。

【意】南容能维持仁人之境，无论处境如何，他的意念都不偏离仁爱之意，所以孔子认可他。他认为南容懂得因势而化，改变自己的生存策略，其仁随境转，仁爱之意依境而生，依境而成。仁爱之意不是外在的原则，也不仅是外在的礼仪规范，而是内在意念随意志的控制而能依境而生，依境而成。意识依境而生发变化，并不偏离仁人之意的中道。

5·3 子谓子贱："君子哉若人，鲁无君子者，斯焉取斯。"

【译】孔子谈到宓（fú）子贱时说："这个人真是个君子呀。如果鲁国没有君子的话，这个人怎么能够学得到这些君子的品德呢？"

【解】子贱：是孔子弟子，姓宓名不齐，字子贱，生于前521年，小孔子49岁。若人：是这个人，此人。斯：是此；第一个"斯"指子贱，第二个"斯"字指子贱的品德。

仁人之意必生于其境，依境而生仁人之意。从这个角度说，孔子认可社会环境、历史条件、政治情境，甚至经济发展，物质水平等生产实践条件对人心意的塑造。一个人从哪里学到那些优良品质？是一方水土培养了他，鲁国多贤人，所以能够涵养出他的品德。

【意】鲁国风俗尚存，培养和孕育君子仁人之意的意念之境尚在。个人（君子）与其生存环境之间存在正相关关系。君子的言行是其他君子之合意构筑的情境熏陶出来的，这就有情境创生（contextual creativity）的意味：没有其他君子仁人之意构成的仁爱之境，君子几乎不可能产生。君子的仁人之意必须依赖仁人之意境而生，二者相辅相成。所以，此处"君子"不应该理解为孔子自己，因为需要贤人共同构成其生存和存在的境遇。

5·4 子贡问曰："赐也何如？"子曰："女，器也。"曰："何器也？"曰："瑚琏也。"

【译】子贡向孔子请教："我这个人怎么样？"孔子说："你呀，好比一个有用的器具。"子贡又问："是什么器具呢？"孔子说："是宗庙祭祀时的礼器瑚琏。"

【解】瑚琏：古代祭祀时盛粮食用的器具。瑚琏属贵重之物，所以是肯定的评价，认为子贡是宗庙重器。一说有沟通鬼神的作用，子贡善于沟通，但也不过是器具之用而已。

孔子说"君子不器"（2·12），"管仲之器小哉"（3·22），认为君子最好"不器"，可见，"器也"似乎有先贬后褒之意，贬是说不过是有用的器具，褒在于是有用的大器，也算肯定了子贡的才华和非凡的才具。

【意】孔子肯定子贡是有才之器，是能派得上大用场的人，但既然"君子不器"，那就是觉得子贡的君子之学还没有成，只是有才有用而已。换言之，老师孔子认为子贡的仁爱之意有一定限度，即"器"的限度。器的限度就是物质存在于世间的边界，既是物理的边界（体），也是功能的边界（用）；既是身体的边界（身），也是心意的边界（心）。君子之学通天通地，无边无际，是体用一如之学，是身心一体之学，是心意通天之学。

5·5　或曰："雍也仁而不佞。"子曰："焉用佞？御人以口给（jǐ），屡憎于人。不知其仁，焉用佞？"

【译】有人说："冉雍这个人有仁德但不够能言善辩。"孔子说："为什么一定要能言善辩呢？靠伶牙俐齿和人辩论，常常招致别人的憎恶。虽然我不知道他到底是不是能够时刻保持仁爱之意，但（能够安身立命）又何必要能言善辩呢？"

【解】雍：冉雍，字仲弓，生于前522年，孔子学生。佞：能言善辩，有口才。口给是言语便捷、嘴快话多。不知其仁指有口才者有仁与否不可知。

孔子并不非常重视一般意义上的口才，而更强调内心的仁德，即对他人的仁爱，如果内心仁爱他人，也就不必能言善辩了。安身立命与口才无关，因为安身立命是自己安于仁人之意的发动状态，不求外人的肯定和理解，自得其乐。立于身外之物是靠不住的，这种自得其乐，是乐于与他人关联的意中，并非自己的仁人之意只内向自身，只关注自身利益，而是时刻关注他人、仁爱世人和家国天下的自得其乐。

【意】孔子不喜欢能言善辩，因为这不是仁人之意的必要表现。他强调仁高于佞，有仁无佞也可以的，即心意仁爱高于言语表达。孔子不是纵横家，不是功利主义者，其强调的是动机，倾向于动机主义，即内心之意充满仁爱即可。其逻辑是：人如果仁爱，则他人自然受到感应，也能理解仁爱。所以，一个人只要仁爱就可以了。

孔子不从现实与功利的角度来理解人的安身立命，故其否定墨家那种从功利角度为了对自己有利才去爱所有人，也否定法家那种用法律来强制，以利益来驱动民众的努力。

5·6　子使漆雕开仕。对曰："吾斯之未能信。"子说（yuè）。

【译】孔子想安排漆雕开去出仕做官。漆雕开回答说："我对做官从政这件事还没有把握。"孔子听了很高兴。

【解】漆雕开：姓漆雕名开，字子开，一说字子若，生于前540年，孔子的门徒。说：通"悦"。一解漆雕开对做官真的没有自信；一解"学道极深，立志极大，不安于小成，不欲为速就"（康有为注）。后世儒家八派之一有"漆雕氏之儒"，说明其心志不在做官，而在传孔子之学，后来确有开山立派的才具。一个人有信心，有把握，自然有自信。

【意】做官是外在的意缘，漆雕开对做官的意缘没有把握，孔子觉得是有自知之明的表现。自己觉得不能胜任，表示有自知之明，知道自己修行仁爱之意的分寸还没有掌握好，火候未到。师徒不是君臣，徒弟有很大的选择权，不会因为老师的安排就觉得必须服从。如果徒弟明白这一点，老师就会更加欣赏。不是因为学礼或者知识性的积累不够，知识性的积累不足以产生做事的智慧，不见得学习礼仪的知识到位了，就可以出仕，因为外在的知识无法成为从政智慧的标准。推"仁"爱给他人和世界，就自然有从政之实践智慧层面，自然包含在仁人之意的发动机制之中。

5·7　子曰："道不行，乘桴（fú）浮于海，从我者，其由与！"子路闻之喜。子曰："由也好勇过我，无所取材。"

【译】孔子说："如果我主张的仁爱之道推行不通，我就干脆乘个木筏子漂流到海外去。那时愿意跟随我一起去的，恐怕只有仲由吧！"子路听到这话喜形于色。孔子说："仲由啊，你确实在爱好勇力方面超过了我，但是我看你也没有其他才能来裁度这件事情。"

【解】桴：用来过河的竹筏或木筏。从：跟随、随从。孔子这种假设的话，并不代表他倾向于道家或出世的情怀。后面孔子关于隐士的对话，说明孔子与真正的隐士有别。孔子只是这么一说，表示有可能退隐，其实并不会真的付诸实施。

儒家的真精神就在于"知其不可为而为之"，即使把仁人之意推向天下的目标不可能实现，无法完成，也会竭尽全力去努力实现它，这才是真正的儒家情怀。相比之下，有道家情怀的人就不会为了不能实现的目标去尽心竭力，而会放下对外在目标的努力，回到自己的内心，以顺道而行的方式修身养性。

"无所取材"是没有地方去弄到木材，也就是做木筏的材料。一解子路没有什么可取的，不懂得裁度事理，如朱注引程子曰"讥其不能裁度事理"，因为孔子不是真的要去，等于"贬低"了一下子路，认为他有勇无谋，缺乏分寸。一解你恐怕不能够很好地运用你的勇气，认为其意之生生过于鲁莽，还要修炼意生的分寸，如李泽厚"不知道如何裁剪自己"①。其实这句话两个意思都有，孔子认为子路搞不定，从具体到抽象两个层面上都弄不好。刘殿爵译文has not even a supply of timber for his raft（根本连筏子的木料都找不到）和安乐哲译文brings nothing with him from which to build the raft（要建个筏子，可是他什么也拿不来）都是具象译法；可见，此句可以从两个角度来翻译诠释。②当然，这句话是借具象来说抽象，具象是否定子路有能力找到木头去制造木筏，抽象是他没有足够的才华去做成（陪老师出海逍遥）这件事。抽象译法如理雅各把"无所取材"译为does not exercise his judgment upon matters（没有办法把他对修木筏这件事情的判断付诸实践）；辜鸿铭译文do not exercise judgment when using it（在运用的时候不能检验其判断）相对不够清晰；许渊冲译文what could I do with his bravery if it turned to be reckless?③（如果他胡闹乱来，我可拿他的盲勇之力真没法子啊）虽然也是偏抽象的译法，但表

---

① 李泽厚：《论语今读》，第89页。
② 还有其他解释，如李炳南认为，虽然子路不合中道，"然而，再取如子路此种人才亦无矣"，说明再想要子路这样的人其实也是不可能的。（参见李炳南：《论语讲要》，第77页）
③ 许渊冲：《〈论语〉译话》，第54页。

达出了一些最深意，可也有推理的意味在其中。

【意】孔子的话可以理解为：对出海这件事，我看你除了有勇气之外，什么也没有；推进一层，就是你也不知道怎么来裁度这件事情（包括找木头这样的事情）。再往深里说，他认为子路没有什么其他可取的才能，综合素质还是差一点。①即使你有勇气，这件事你也办不好。

最重要的是，孔子是个不可能去隐居避世的人，子路跟在老师身边很久，此刻却不能明白老师说的不过是一句调侃的空话，并不是真正在表扬他，他会错意了，这是老师话里有话的深层含义。子路这样的亲弟子，这时候不能领会老师的真意，当然会招致老师的批评。子路尚且不能明白先生真正的仁人之意不在生活世界之外，不可能真的乘筏子出海去寻找能实现自己理想的地方。老师孔子批评子路之后，又再告诉其他同学：连子路都办不好这件事，隐居的事情大家还是不要再提了吧。大家记下来，说明理解了老师不会真正去避世隐居，他致力于建构人伦家国的努力任何时候都不可能放弃。

儒家即使在人间不能实现仁人之意的理想，也要时刻把仁人之意实化在人间，因为离开了人间，就无所谓人与人之间才可能存在的仁人之意了！儒家的仁人之意可以理解为"向死而仁"，便是死在人间也要时刻仁爱他人。不会离开人间死在世外的。也就是说，即使死后的灵魂也要在人间，成为家人和家族祭祀的对象，不会真的上达于天，到这个充满仁人之意的"人间世"之外去。儒家只有一个人间世界，这个人间世界不需要被拯救到另一个世外的超越世界去。

5·8 孟武伯问："子路仁乎？"子曰："不知也。"又问。子曰："由也，千乘之国，可使治其赋也，不知其仁也。""求也何如？"子曰："求也，千室之邑，百乘之家，可使为之宰也，不知其仁也。""赤也何如？"子曰："赤也，束带立于朝，可使与宾客言也，不知其仁也。"

【译】孟武伯问孔子："子路达到了仁爱境界了吗？"孔子说："我不知道。"孟武伯又问了一遍。孔子回答说："仲由这个人啊，

---

① 参见马恒君：《论语正宗》。

在拥有一千辆兵车的大国里，可以让他负责兵役、带领军队，但我不知道他是不是达到了仁爱境界。"

孟武伯又问："那冉求这个人怎么样？"孔子说："冉求这个人，可以让他成为一个有千户人家的公邑，或为一百辆兵车的大户当总管，但我也不知道他是不是达到了仁爱境界。"

孟武伯又问："公西赤又怎么样呢？"孔子说："公西赤这个人，可以让他穿着礼服，立于朝廷之上接待宾客，办理外交，但我也不知道他是不是达到了仁爱境界。"

【解】赋：是兵赋，向居民征收的军事费用。邑：是古代居民的聚居点，相当于后来的城镇。千室之邑：是有一千户人家的大邑。百乘之家：指卿大夫的采地，当时大夫有车百乘，是采地中的较大者。宰：是家臣、总管。赤：人名，姓公西名赤，字子华，生于前509年，孔子的学生。

起心动念皆在仁爱他人之境是很高的境界，孔子轻易不承认子路、冉求达到此境。他看重内心的仁爱境界，而不看重外在可能的功业成就，正是这样，孔子才会说颜回已经达到仁爱的最高境界，但其他学生达不到。

【意】仁人之意是很高的境界，由内在的动机决定，不由外在的功业决定。子路、冉求、公西赤都有才能，但孔子不肯定他们达到了仁人之境，说明才能再高，与仁人境界还是有点距离。仁人之意是比才华更高、更难达到的境界。孔子在仁人境界与才能之间，更看重仁人境界，因为仁人境界是需要长期修行才能达到的。

王阳明发挥过类似的意思："圣人之所以为圣，只是其心纯乎天理，而无人欲之杂。犹精金之所以为精，但以其成色足而无铜铅之杂也。人到纯乎天理方是圣，金到足色方是精。然圣人之才力，亦有大小不同，犹金之分两有轻重。"（《传习录上》）仁人之意是意通天地的化境，即使是自己几个能力最强的学生，可能有外在的功业成就，但内心的境界还是难以达到。这就将起心动念都是仁人之意，"其心纯乎天理"之圣人境界提升到一个非常纯粹的崇高境界，但这种圣人境界是在世修行出来的，不是外在于人伦世界这个"人间世"的。

5·9　子谓子贡曰："女与回也孰愈？"对曰："赐也何敢望回？回也闻一以知十，赐也闻一以知二。"子曰："弗如也。吾与女弗如也。"

【译】孔子对子贡说："你和颜回两个相比，谁更出色一些呢？"子贡回答说："我端木赐怎么敢和颜回相比呢？颜回他听到（先生您讲仁人之意）一个道理就可以推知十个道理；我知道了一个道理，却只能推知两个道理。"孔子说："是不如他呀，我跟你都比不上他。"

【解】愈：胜过、超过。十：指数的全体，一是数之始，十是数之终，表示多、全。二与一相对，表示少。理雅各把"闻一以知十"译成hears one point and knows all about a subject（知道一点，就对所有内容无所不知）；辜鸿铭译成When he has learnt one thing he immediately understands its application to all cases（当知道了一事，就能立刻理解它如何适用于所有情况）；刘殿爵译为When he is told one thing he understands ten（当他被告知一他就理解十）；安乐哲译为learning one thing he will know ten（学习一个东西他就会知道十个）。"一"可以理解为仁人之意的核心点。

孔子评价三个学生之后，为突出颜回之仁，说连自己都比不上他。颜回的聪敏是师生们公认的，但颜回其实没有太突出的功业，对孔子本人的帮助也有限，最后《论语》是其他弟子编成的，只是颜回特别受孔子的重视，这就让其他同学不可比拟，不可逾越。颜回虽然紧跟并完全认可老师的思想，但他的创造性其实非常有限。

"与"如果理解为赞同、同意，读四声，意思就是"我同意你说的，是不如他"，赞许子贡有自知之明，虽也通，但过度强调师长姿态，有失孔子平易近人的活泼形象。

【意】在中国教育传统中，颜回被视为理想化的学生，其实是一个有反讽意味的样板，好像一个好学生就应该像颜回那样，完全认同老师，亦步亦趋，甚至崇拜到极致。而不要"青出于蓝而胜于蓝"，更没有必要强调"吾爱吾师，吾更爱真理"，甚至不需要做到孔子本人提倡的"当仁不让于师"，不用在学问上有胆有识，自立成学。

师生们都肯定颜回聪慧敏捷，自己也很难比得上。子贡谦让，是有自知之明的表现。孔子同时表扬了两个学生，又强调了自知之明的重要性，他向学生们说明，有些能力是很难学到的，谦让比聪敏更重要，不如他人就应该谦虚向学。

5·10 宰予昼寝，子曰："朽木不可雕也，粪土之墙不可杇（wū）也，于予与何诛！"子曰："始吾于人也，听其言而信其行；今吾于人也，听其言而观其行。于予与改是。"

【译】宰予白天睡觉。孔子说："腐朽的木头没法用来雕刻呀，用粪和泥土垒的脏墙没法再粉刷啊。对于宰予这个人，责备他还有什么用呢？"孔子说："起初我对于人，是听了他说的话就会相信他会照着做；现在我对于人，听了他讲的话还要观察他是否会那样做。我是看到宰予这样的例子，才改变了观察人的方法。"

【解】粪土：腐土、脏土。杇：抹墙用的抹子，这里指用泥刀粉刷墙壁。诛：意为责备、批评。与：语气词。听其言而观其行：指观察其意念之生与实化出来的行动之间的一致性。

孔子评论好学生，就用宰予这种学生不合适的表现来比较。学生学习要精进不休，如果偷懒则对不起恩师教诲。宰予对老师的教诲不当回事，这是让孔子不满的地方，孔子故意表达出来，让其他同学们听到，请他们引以为戒。

【意】孔子对宰予比较失望，几乎认为没救了，他因宰予而改变了对人的看法，说明宰予虽然很会说话，老师以为他会照做，但老师一旦发现宰予并不照做，就觉得他的话不可信。从另一个角度说明，孔子原来对宰予期望很高，宰予在一定程度上欺骗了老师，让老师很失望。孔子希望通过斥责，帮助宰予成才，这种激将教学法有可取可学之处，后来宰予确实也有成就，说明孔子的批评，激发了宰予的内在心志。

5·11 子曰："吾未见刚者。"或对曰："申枨（chéng）。"子曰："枨也欲，焉得刚？"

【译】孔子说："我没有见过刚强的人。"有人回答说："申枨可以说是刚强的人。"孔子说："申枨这个人的心意充斥着各种欲望，怎么能算是刚强的人呢？"

【解】申枨：姓申名枨，字周，孔子的学生。本章继续评论差生。孔子心中的"刚"是念念有仁人之意的刚。一个人念念仁爱他人，则没有自私自利的欲望，如果心中有自私的欲望就不可能心心念念纯粹地仁爱他人。

"刚"是仁人之意之"直"持久延伸出去而凝固出来的气象。意念之生受情境压力的影响。后面5·24提到微生高有乞醯之行，说明他不直，可见"直"与"刚"连带。

【意】无欲则刚，心意之中一旦有私欲，则不再"直"，也就不能"刚"，也就没有力量。心念的力量因其无私才能有力量。无私的心意还因为接了天道，仁人之意接了天地生生之道，而有无穷的力量。欲望可以是瞬间的，但即使是瞬间的私欲，也伤害了心意通天的力量，心意生生是接续自然之意中的生意，求生的本能或欲望都不如求生的意志力。因为求生很多时候不是私欲，而是自然性的意欲，即顺天地生生的本能是与生俱来的自然意志力。

5·12 子贡曰："我不欲人之加诸我也，吾亦欲无加诸人。"子曰："赐也，非尔所及也。"

【译】子贡说："我不愿别人强加于我的事，我也不愿强加在别人身上。"孔子说："端木赐呀，你这样的认识还没有达到我所要求的恕道的境界。"

【解】"非尔所及也"一般译为：这不是你所能做到的。原因是子贡好"方人"（评论人），所以达不到他所言的境界。子贡用自己的方式诠释自己对孔子恕道的理解，算是有心得的学生。但孔子的意思是，你的理解其实还没有达到我对恕道的要求。其中包含着通常理解为"这不是你所能做到的"这种意思。可是按照孔子说的恕道，子贡的言行还没有达到要求，因为他是有条件的，而孔子的言行是没有条件的。

恕道是"己所不欲，勿施于人"，意思是我不要的就不要强加于他人，自己要的要先做到，先设身处地为他人着想。但是子贡说的还是有条件的，要等着别人先做到，意思是：如果别人不强加于我，我也不会强加于人。但孔子认为这应该是无条件的，自己应该先做到，这才是仁恕之道。而子贡显然没有达到恕道的要求。

【意】不是子贡说的境界他自己达不到，而是子贡的理解还没有达到孔子要求的仁人之意境界。如果理解为，每个人彼此让渡一部分私人空间出来，以促成社会公德的养成，建立公平与秩序。如每个人过马路等红灯，大家都付出等待的时间，为了形成安全的环境，协同了彼此的利益，是互相让渡个人权利之后订立的公共契约。有点近似于子贡的意思，只要别人不强加给我作为条件，那么我也不会强加于人，这就是彼此让渡一部分达到一种协同的状态。但孔子是无条件的动机先导主义者（unconditional motivationist），只要我认为是不合适的，就不可以强加于他人，是以"我—他人（me-others）"的同情心、同理心、一体性为前提的，而不是子贡那种近似"契约论"和个体性的网络存在为前提的，可见大前提根本不同。师生的方式不同，子贡被动等着别人让之后，自己才让；孔子强调主动让，要设身处地为他人着想。

5·13 子贡曰："夫子之文章，可得而闻也；夫子之言性与天道，不可得而闻也。"

【译】子贡说："老师讲授的《诗》《书》《礼》《乐》等文献知识，我们有机会可以听到、听懂；老师讲授的关于人性和天道方面的理论，却是我们难得听到（也难于领会）的啊。"

【解】文章：指孔子传授的《诗》《书》《礼》《乐》等。《论语》中孔子多处讲到天和命，但孔子关于天道的言论很少，主要在《易传》当中。"性与天道"并举，说明性与天道有关，性来自天道，是天道降下而为性，所以性首先是天性。也就是说，人性的第一位是天性，即天地元气降下成为人性的天然部分，这部分来到人间，经过阴阳之气和合的过程，才构成阴阳交融形成性体之后的后天之性。孔子并不是不讨论先天的天性部分，只是说得少，即使说了，学生们也听不懂，就过去了。但先天的天性与道的关系其实是儒家形上学的核心部分。

【意】儒家的圣人之道是依境而生的，理解"道"就是要理解"道"之依境而生的理。文章比较外在，性与天道比较内在，即使听到也还是似懂非懂，需要学生们自己体悟。学生知道孔子有关于性和天道的理解和说法，似乎很少听孔子讲起，但不能因此就说，孔子不重视性跟天道相关的问题。因此，《子罕》篇的"与命"也应该理解为孔子关心和在意

"命"，无论是人的命运、天命、使命、性命等，孔子虽然跟学生说得不多，但还是在意的，并有自己的一整套哲学性的理解。

按照传统的说法，孔子整理写作《易传》，对"性与天道"有很深的理解，但因为一般学生难以理解，所以孔子很少跟他们说。理解性与天道要以强烈的人生体验、人生智慧做基础，从这个角度来看，性与天道确实不仅见闻口传就可以，更需要心悟。

5·14　子路有闻，未之能行，唯恐有（yòu）闻。

【译】子路在听到一条为人处世的道理之后，如果没有能够达到亲自付诸实践的程度，就唯恐自己又听到什么新的道理。

【解】有：通"又"，再。"有（又）闻"什么，并不明确，可以是同一件事，也可能是不同的事。子路的个性是急于付诸行动，或者说，行动能力超强。

本章涉及思想与行动的关系问题。如果思想与之前的一致，那就不应该干扰行动的一致性才对，但子路的反应似乎担心新思想会干扰之前的行动，那是因为思想不一致吗？还是因为行动不一致？其实，先生的教导和子路的行动都有一个变化过程，只是他们彼此的变化过程之间是否存在内在一致性的问题。这章如此就变得难解了。

【意】其实，要理解本章的一致性问题，还必须与上章连起来理解，也就是说，因为子贡向同学们强调自己其实老在琢磨先生讲得很少，先生讲的也是非常难懂的性命之学，所以觉得之前的关于人生性命的道理还没来得及付诸实践，担心先生又开示新的人生道理，这样才通。因为一般的为人处世之道不需要费功夫琢磨，但性命之学就完全不同了。

这说明子路努力理解和践行性命之学，也非常听从孔子最为深刻的哲学教导，渴望上达天道。他希望自己能够践行性命之学到"能行"的境界，也就是通过修炼形成习惯，让意能凝聚到一定程度而开悟通天。可是，他又担心这个境界快要达到的时候，老师又会有新的教导出来，好像达到一个阶段的标准之后，老师马上又说要冲刺新的标准，于是非常担心自己可能达不到。不过，只要知道了性命之学，就要努力去做。即使做了，虽然又怕听到老师的新教导，但还是得继续马上落实，不要过分担心会干扰之前把仁人之意实化出来的行动。

5·15　子贡问曰："孔文子何以谓之文也？"子曰："敏而好学，不耻下问，是以谓之文也。"

【译】子贡问道："孔文子凭什么得到一个'文'的谥号呢？"孔子说："他天性聪敏而又爱好学习，不以向比他地位低下的人请教为耻，所以他能够得到'文'的谥号。"

【解】孔文子：卫国大夫孔圉（yǔ），"文"是他的谥号，"子"是尊称。据说比孔子早一两年去世。敏：敏捷、勤勉。正是因为上一章说到子路怕听到老师不停发出新的教导，即使感觉跟不上，作为学生也应该努力尽快落实老师的教导，所以这一章就接着谈如何才能"敏"捷去落实老师教导的问题。

内心好文、敏感而努力向学，不会就向人提问，而且不在乎对方的身份地位比自己低下，这样的人才能不断学习进步，积累"文"。此"文"是内心有文化，不是外在的文化知识比别人多，而是内心的文化敏感度和文化谦虚度超过一般人，这是孔子认为卫国大夫孔圉被追加谥号为"文"的原因。从这个角度看，"文"是人的文化敏感度和学文的谦虚程度，这都是孔子认为他配得上"文"的地方。

【意】做事勤敏跟"学"不直接相关，跟"文"的关系似乎不大，所以首先指的是天性或材质的聪敏。不强调知识的增益，而强调孔文子持守意能的状态谦虚好学好问，所以能够有意识地反省和增进自己的意能。

"文"强调其勤学好问的状态。孔子不说孔文子的文化成就，而说他求学的特点，这样的说法说的是人学习的态度，或者说是一种持守意念的状态。这再次说明，孔子与世俗的眼光不同，不以外在的功业成就，而是以内心持守意念之境界为判断的标准。

5·16　子谓子产："有君子之道四焉：其行己也恭，其事上也敬，其养民也惠，其使民也义。"

【译】孔子评论子产说："他有四个方面的君子之道：他实化言行、谦恭庄重，他侍奉君主严肃诚敬，他教养百姓恩惠慈爱，他役使人民合乎情义法度。"

【解】子产：名侨，字子产，郑穆公之孙，郑国贤相。"行己"与"事上""养民"都是动宾词组，故解为"实化言行"，因"己"

乃与人对待之"己"，而内涵为言语行为；"行"即付诸实行，所谓将意念、言语、行动实化出来。与"敬上""惠民"一样，当"恭己"而后"恭人"，让人的意行于己与意行于人合内外而为一通贯的道体。内不自欺而恭己，外不欺人而恭人。他意念付诸行动的分寸把握得很好，处理自己与上级的关系，教养或役使人民都非常注意分寸，其实这些分寸就是君子之道。所谓礼之道也就是人与人的分寸，而分寸持守的关键在于内在的心意。

【意】使民如打仗，始于意念之行，发动就需要有所节制，因为意念发动，就会引发行动，所以行动的节律，其实在意念发动的过程当中就已经在操练和把握了。恭敬忠义是操控意量的内在分寸，但可以延伸出去通于天地之间。儒者持守仁人之意的温情，可以被惠予多重名字：恭、敬、惠、义等，这些都是温情爱人的别名，是仁人之意在不同情境当中的展现。

5·17 子曰："晏平仲善与人交，久而敬之。"

【译】孔子说："晏平仲（晏子）善于与人交朋友，跟朋友交往越久，别人越敬重他。"

【解】晏平仲：名婴，齐国贤大夫，"平"是他的谥号。久而敬之：有久而人敬他和久而敬他人两解。孔子表示晏子有内在的心意魅力，擅长与人交往，能长久地吸引人。晏子对意缘的持守非常恒定，不会轻易改变。一解把"之"理解为"敬"的宾语，"敬之"就是尊重别人，只是更加受人敬重更能合理解释"善与人交"。

【意】晏子能够不断扩大自己的意量及于天地之间。"善与人交"能够让人久而生敬，说明他与人为善而能够取得别人的尊敬。所以善首先是方式与方法，是善于跟人交往的方式，但又不仅是方式方法。这里的善是心意的善，能够让他人同样回应以善。善的心境能够感通他人的心境，善的心意能够在当下证成一个善的世界，如此小心敬慎地尊敬他人，长长久久，[①]此一念之善即可让人善，让世界善，也就能让他人敬。

---

① 如辜鸿铭译为maintained throughout the same invariable careful respect（始终保持同样的谨慎的尊敬）。（参见辜鸿铭：《西播〈论语〉回译——辜鸿铭英译〈论语〉详释》，王京涛译注，第94页）

5·18 子曰："臧文仲居蔡，山节藻棁（zhuō），何如其知（zhì）也！"

【译】孔子说："臧文仲私藏了一只大龟，藏龟的庙堂的柱头雕成山的形状，梁上短柱画着藻草花纹，能够这样（装饰得好像天子祖庙）的人，怎么能算是聪明有智慧呢！"

【解】臧文仲：臧孙辰，"文"是谥号。居是藏，使之居，建居而藏。蔡指国君用来占卜的大龟。蔡地产龟，所以把大龟叫作蔡。节是柱上的斗拱。棁是房梁上的短柱。山节藻棁是把斗拱雕成山形，在棁上绘水草花纹，说明臧文仲把藏龟的庙堂装饰得好像天子祖庙一般，这种模仿古代装饰天子宗庙的做法僭越礼制，是不明智的做法。宝龟应放在天子的宗庙里，不可以藏在家里。一解迷信，如李泽厚所言。

【意】人的心意自有其力，心意之力的增长来自内心，不会因崇拜外物而增强心力。孔子显然反对外物崇拜，不赞成神化动物和其他物件的做法。他认为，真正的力量只能来自人的内心，不可以寄托在外物之上，无论如何供奉外物，外物的力量都不可能真正加持自己，可见孔子明确反对外物崇拜，更反对僭越礼制地崇拜外物。臧文仲不明智，就是因为他已经丧失了反思和控制自己意识和行动的意能，而且这种反思意识的不足和控制自己言行能力的不够，已经导致他的行为背离了礼制的要求，随时可能给自己带来巨大灾祸。

5·19 子张问曰："令尹子文三仕为令尹，无喜色；三已之，无愠色。旧令尹之政，必以告新令尹。何如？"子曰："忠矣。"曰："仁矣乎？"曰："未知。焉得仁？""崔子弑齐君，陈文子有马十乘，弃而违之，至于他邦，则曰：'犹吾大夫崔子也。'违之。之一邦，则又曰：'犹吾大夫崔子也。'违之，何如？"子曰："清矣。"曰："仁矣乎？"曰："未知，焉得仁？"

【译】子张问孔子说："楚国的令尹子文三次被提拔为楚国宰相，他从来没有表现出喜悦的神色，三次被罢官免职，也从来没有表现出怨恨愠怒的神色。（他每一次被免职的时候，）都一定把自己任内的施政之道和一切政事毫无保留地告诉来接任的新宰相。你看这样的人怎么样？"

孔子说："他可以算是忠于国君的人了。"子张问："那他能够算得上是仁人吗？"孔子说："不知道。他这样的人怎么能算得上是仁人呢？"

（子张又问：）"崔杼以下犯上，杀了他的君主齐庄公。陈文子是家有十辆马车的人物，都舍弃家产不顾，毅然离开了齐国。到了一个国家不久，他就说，'这里的执政者跟我们齐国的大夫崔子差不多呀'，于是就离开了。到了另一个国家不久，他又说，'这里的当权者同我们的大夫崔子差不多呀'，于是又离开了。这样的人您看怎么样？"

孔子说："可以算得上是清高了。"子张说："那他可以算得上是仁人了吗？"孔子说："不知道。这样的人又怎么能算得上是仁人呢？"

【解】令尹：楚国官名，相当于宰相。子文：楚国著名宰相。三：三次，一指多次。已：罢免。崔子：齐国大夫崔杼（zhù），曾杀死齐庄公，震动巨大。弑：指地位低的人杀了地位高的人。齐君：指被崔杼所杀的齐庄公。陈文子：是陈国大夫，名须无。忠：可以是忠于职守，也可以是忠于国君，当然这是一体两面，就上下文强调"政"，则偏职守义。也就是说，在上下文语境当中，首先是忠于职守，其次才是忠于国君。因为他对官位的得失毫不在意，而对官位相应的职责忠诚尽责，可以说是责任伦理的典范。因此，忠于职守与忠于君主，不可能截然两分。

忠与清未必就是仁，这是孔子在本章中要强调的。忠君无私，将自己的全部交给国君，但未必一定充满仁心，所以忠未必仁。清白或清高的人，虽不愿受坏人的影响，不愿意同流合污，但也可能没有强大的仁爱他人之心，所以也未必仁。

【意】心念忠于职事，也忠于国君，但未必有仁人之意，更多是出于责任，而不必强调对他人和百姓的关爱。子张说的只是良好的品格、操守而已。心念忠君，却未必关爱他人，甚至可能是纯粹的小人或坏人。陈文子虽然清高，但不能与人合作，就不可能把自己的仁爱之意落实在实践中，所以说还没有达到仁的境界。清高的人，不愿意介入与他人的关系，其实也是很难仁爱他人的。

李泽厚认为仁是内在的"情感本体"①，这其实是不够的，仁是打通自我与他人的仁人之境，依此而生的仁人之意，是贯通人我、人己关系，本质上还是意念的感通关系。仁爱他人必须在人我关系当中。其实，人我关系是根本性的。也就是人对于他人存在的意念性觉知，还有主动发动的关爱他人的心思，是最为根本的。人不仅要有个人品德，同时要有关爱他人、与人感通的仁人之情，才能实现"仁民爱物"这一从政的最高理想。

5·20　季文子三思而后行。子闻之，曰："再，斯可矣。"

【译】季文子每做一件事都要考虑很多次才去做。孔子听到之后，说："考虑两次也就行了。"

【解】季文子：季孙行父，在鲁成公、鲁襄公时任正卿，"文"是谥号。斯：就。郑玄、皇侃、邢昺认为这是赞扬文子，认为贤人做事很少犯错，不必思考太多就可以，也就是不必谨慎过度之意。朱注引程子云："为恶之人，未尝知有思，有思则为善矣。然至于再则已审，三则私意起而反惑矣，故夫子讥之。"或者孔子讥讽他不够仁义，或者他曾经因为多思而坏事。还有一种说法认为，念头刚开始的时候，没有功利计较，比较正，但多思考之后的念头，就有私意计较，容易不正，所以不应该思考过度。唐文治认为，"此章盖指临事而言"，因为做事，做学问之前多思考没有什么问题，但如果临事却犹豫不决就不太合适了。

一解转念之间，确实可能计较太多，反而有所担心、犹豫，甚至可能在转念之间铸成大错。可见，遇事谨慎是对的，但思虑太多又不一定合适。一解孔子认为不应该过度思考，思考太多可能是计较利害，其实计较道义就差不多了。

【意】意念发动的分寸和状态，是非常重要的。其中合适的度，可以说非常难以把握。思考问题慎重是对的，但过分慎重就未必正确了。一个人临事的意念状态非常关键，很有必要在临事的一刻经过反省想清楚意念发动的合理分寸。一方面当然应该慎思，另一方面却又不必过度慎思，其

---

① 李泽厚：《论语今读》，第99页。

中的分寸可以说只能由心意在事上反复磨炼才能炼出来。

5·21　子曰："宁武子，邦有道则知（zhì），邦无道则愚，其知可及也，其愚不可及也。"

【译】孔子说："宁武子这个人，当国家实行仁爱之道和政治秩序时，他就显得聪明能干，当国家不实行仁爱之道时，他就大智若愚。他的那种聪明能干别人可以学得来，他的那种大智若愚别人就学不来了。"

【解】宁武子：姓宁名俞，卫国大夫，"武"是谥号。愚：愚蠢、愚笨，这里是大智若愚，指为了生存而有目的地装傻。宁武子为了保护卫成公，多次有明智之举，并能以自己的智慧纠正成公的过失。但宁武子作为宋国的贵族，有主人翁的精神，所以为了护主护国可以"愚不可及"地努力，孔子作为宋国贵族后裔到鲁国做官，并不是鲁国的主人翁，所以在自己受挫的时候，可以一走了之，周游列国，这当然比不了宁武子作为主人翁的那种护主护国的"愚"的精神了。其实，这是因为彼此政治地位连带的身份意识不同，导致在政治领域里心意向背和坚守的分寸不同。政治是基于身份的，没有超越身份和利益的政治。儒家政治讲君子的道德意味，其实是努力超越身份政治，虽然在理论上是一大进步，但在实践上受到阻碍，其实也是顺理成章的事。因为儒家政治剥离了现实政治的核心——身份和利益，试图建构理想的正义世界，一个好人战胜坏人的世界，基本只能作为永远的理想。

关于"知"，理雅各和安乐哲译为wise；刘殿爵译为intelligence；理雅各、刘殿爵和安乐哲都把"愚"译为stupid。辜鸿铭译文较为特别，他把"知"译成a man of understanding；把"愚"译成no understanding，understanding有理解和掌控时局的过程性意味，更加可以体现宁武子审时度势的品质。

【意】一个人的意识状态随着境遇而改变，似乎有所变化，都是为了保护自己内心的仁人之意，不得不随境而迁，所以宁武子有过人之处，而孔子是认可这种政治智慧的。人的仁人之意随境而生，如果君王所处之境允许其表现出仁人之意，则生发仁人之意，如果君王所处之境不允许其生发仁人之意，则隐藏自己的仁人之意。

邦国有无仁爱之道主要通过君王是否仁民爱物体现出来。君子感知君王的意念，而选择自己的意缘，也就是政治场域的进退之道。这种境域创生，不仅仅是本体性的，而且成为儒家的伦理要求，进而成为政治选择。孔子欣赏政治性大智若愚的"愚"智，认为一般人学不来，但孔子看得明白。儒家的政治意识是纯粹理想化的政治意识，要求为政者的意识发动要全是仁人之意，而且领导者受因其身份和高位的关系，其意识决定着臣子的身份和地位的实际存在状态；换言之，君主之"主"意对其情境充满掌控力和抉择力，而臣子之"民"意其实是被君主意识所塑造和改变的。

仁人之意是一种情境制造及情境创造（*creatio in situ* / contextual creativity），一个人的仁人之意随境而迁，依境而生，能够混同尘俗，隐藏真意，不显山露水，其实是一种很高的境界。大智若愚作为一种更高的境界，超过一般人的智力和经验所指的境界，需要高超的人生智慧。发挥仁人之意去行事，也要能够成事。从这个角度看，生存和发展也是孔子非常在意的，不是死守一种刚强直硬而不转弯的简单原则。仁人之意的发动状态纯粹依托于情境的分寸。"在身"的政治是身体离不开政治场域的政治，而"观身"的政治是讨论与谋划中的政治和旁观者的政治。

5·22　子在陈，曰："归与！归与！吾党之小子狂简，斐然成章，不知所以裁之。"

【译】孔子在陈国的时候，说："回去吧！回去吧！我们家乡的学生们志向高远，狂傲不羁，思虑简单，性格粗率，都很有希望成为斐然成章的君子，可是我还没有想好怎样来裁剪约束他们。"

【解】陈：古国名，约在今河南东部、安徽北部一带。党：乡党，古代以500家为一党，"吾党"指我的故乡。小子：指孔子在鲁国的门人弟子。狂简：指志向远大但行为简单草率。斐：有文采，"斐然"比喻弟子们如锦缎般初具规模。成章：是以织布成匹比喻弟子们学业有成，蔚为可观。裁：裁剪和节制，引申为教诲和指导。

上一章谈孔子的政治理想，其实过度理想化，本章孔子的"归与"表示放弃了把自己的政治理想推致天下的想法，但孔子保持着教化学生的理想，希望通过教化学生来传递自己的社会政治理想，应该说他成功了。

【意】政治的核心是人才，而人才的关键是青年人的培养。有眼光的老师都非常在意好的学生，把有才气的学生好好引导以使成才。本章也有对现实艰难的感慨之言，快走的时候，让学生表态，看看他们是否意识到政治的时机已经发生了变化，大家需要在新的意境下生发出新的意向选择。

孔子自己一生持守仁人之意的境界，也希望能够尽快调教出更多弟子们来生发这种境界。文化、思想和意识的传承靠能够体悟和生发老师意识境界的弟子们，因为弟子是老师意识境界的同情者、继承者和发扬者，更是老师意量的扩大者。所以，孔子晚年深深寄望于自己能够有更多学生来传承和发扬自己的仁人之意。

5·23　子曰："伯夷、叔齐不念旧恶，怨是用希。"

【译】孔子说："伯夷、叔齐两个人对过去的仇恨没有念念不忘，（因此，）怨恨之念也就越来越少了。"

【解】伯夷、叔齐：是殷朝末年孤竹君的两个儿子。父亲死后，二人互相让位，都逃到周文王那里。周武王起兵伐纣时，他们试图拦阻，因为在他们看来这是以臣弑君，是不忠不孝。周灭商统一天下后，他们耻于吃周朝的粮食，于是逃进深山，以野草充饥，最后饿死在首阳山中。怨包含被人怨恨和自己抱怨两层意思。客观来讲，别人对他们是否有怨恨，应该是说不清楚的，因为他们选择政治上的不合作，就不是一个简单的是否存在怨恨的问题，而是在表达政治态度，从而甘愿成为现实利益受损的一方，也就不能、也不必去责备时势。他们既然不食周粟至于饿死，他们自己是否还有怨恨之心，已经无从考证，如果说越来越少只能是孔子的一种解释。在孔子看来，他们仁义至极，不计怨恨，所以自然无怨，但这只是儒者理想的状态。司马迁在《史记·伯夷列传》中就说他们死前还唱歌抱怨"以暴易暴兮，不知其非矣"，并以"怨邪非邪？"作结，表示他并不同意孔子的判断。

他们自己做出的选择，所以应该没有多少怨恨，也可以说，他们是君子，所以他们本来就没有怨恨。他们坚持自己仁人之意的意境，自始至终保持其纯粹状态，只是爱人，而从不恨人。《论语》中多次提到。"伯夷、叔齐饿于首阳之下，民到于今称之。"（16·12）"伯夷、叔齐何人也？"曰："古之贤人也。"曰："怨乎？"曰：

"求仁而得仁，又何怨。"（7•15）子曰："不降其志，不辱其身，伯夷、叔齐与？"（18•8）"不念旧恶"可以理解为不算旧账，既往不咎，无怨恨之心，即使处境艰困，也从不起怨恨之念，这当然是持守心意的理想境界。

【意】他们两个曾经试图阻挡武王伐纣，认为武王是以臣弑君，不忠不孝，后来又以吃周朝的粮食为耻，以致饿死。那么他们是否认为武王所作的是恶，而且后来一直没有放下呢？还是他们饿死了，只是因为坚持善念？孔子认为他们"求仁得仁"，既不怨恨父王，也不恨武王，只是为了坚持求善求仁。他们已经修养成为君子的品格，无论处境多难，也要保持念念都是善念，时刻都是善行。如此言行自带光明，别人当然就不会怨恨他们。

应该说，他们是以天地万物为一体的仁者，见别人之恶，只会有悲悯之心，而不生怨恨之心。孔子提倡伯夷、叔齐不记旧仇的品格，认为他们都是君子，毫无怨恨之心。无论情境有多难，他们都不会生发怨恨的意念。君子本来没有恶念，"不念旧恶"就是根本不起怨憎之念，别人当然也就不会怨恨他们。

把他人的旧恶当作浮云，这是君子仁人之意的境界。君子心心念念都念人之好，小人心心念念都念人之恶。人只能控制自己的心念，不让对他人的怨恨之心念生起，但无法控制别人对自己生起怨恨之心，也无法影响他人对自己的愤恨和怨怒之心意。话外之音是人不可因他人所犯的、针对自己的恶心恶行，而起任何怨恨之心念，要做到好像浮云过太空，什么都没有发生一般。

5·24 子曰："孰谓微生高直？或乞醯（xī）焉，乞诸其邻而与之。"

【译】孔子说："谁说微生高这个人直率？有人向他讨点醋，他（不直说自己家没有，却暗地）到他邻居家里讨了点给人家。"

【解】微生高：姓微生名高，鲁国人。当时人认为他为人直率。醯：醋。"直"是当下意念为直念，为本念，为真念，直接表现出来，顺性成命叫"直"，我没有醋，就说我没有，这才是"直"，但他转念一想，觉得说没有不合适，又去找人借醋来，再转借给来借醋的人，那就不"直"了，说他"直"就不太合适了。

【意】意念的本境顺生命本源的发动才"直"，如果求虚饰，那就不是"直"。微生高做事是常人境界，因为既要帮助他人，也要维系自己的面子，虽然是举手之劳，但孔子觉得他得到直的名声，已经过了。本章从字面可以理解微生高并不直，因为没有告诉邻居自己没有醋。孔子认为，真正的直是放下面子的直，不隐藏自己本来状态的直，但这其实在日常生活当中并不容易做到。

人在反思之后实化出来的念头，其实已经是第二念，或者说是次生（二阶）念头，是有计较、有思虑、有谋划之后的念头了，这样的念头已经是转念，已经是不"直"的了，可别人还说微生高"直"，孔子觉得那就不合适了。13•18"父子相隐"章里，孔子说"直在其中"，因为父子相隐是自然人情之直。不过，"子为父隐"又说明孔子觉得，父子在面对官府的时候应该相隐，不当直接告发对方，或者说出真相。那么，在父子相隐的情境之中，到底什么才是合适的真相，如何才是真正的"直"，这个问题看来得依据不同的情境才可以有合适的理解。

5·25 子曰："巧言、令色、足恭，左丘明耻之，丘亦耻之。匿怨而友其人，左丘明耻之，丘亦耻之。"

【译】孔子说："花言巧语，装出好看的脸色，摆出逢迎的姿态，低三下四地过分恭敬，左丘明认为这种行为可耻，我也引以为耻。把怨恨藏在心里，表面上却假装友好的样子继续与人做朋友，左丘明认为这种行为可耻，我也认为可耻。"

【解】足恭：一说两只脚做出恭敬逢迎的姿态，为了讨好别人；另解足为过，指过分恭敬。这里采用后说。左丘明：鲁国人，相传是《左传》的作者。本章继续讨论"直"念。如果善于掩饰自己的直念，用虚念，或者是第二、第三等次生念头来立身行事的人是不"直"的，他们总是习惯用次生念头来敷衍或者伪装自己，在孔子看来，这样做是非常不合适的。

评价完学生朋友，本章开始回到孔子自画像，有说明为什么孔子可以评价学生们的意思在。"足恭"，从足的特别状态表示恭敬，推出非常恭敬，过度恭敬，孔子认为没有必要。匿怨：一说释怨，因为直接表达显然也不对。从仁者爱人推出化解怨恨，但于原文无据。无论如何，都是次生念头，都是在转念一想之后的，都是很不"直"的念头。

孔子并没有教人不以直报怨，直接跟他人解释自己的怨恨，希望如此可以化解，这涉及儒家对于复仇问题的讨论。怨与仇确实很不好处理。夫子很少教人化解怨心，也没有说要不生怨心，正直坦诚就能化解对他人怨恨和他人对自己的怨恨吗？夫子的直和自我化解还是有距离的。

【意】"直"是顺从心意的本然，让其从未发状态过渡到已发状态，以未发状态为本体去实化心意，而不是经过反省之后，再来虚饰心意，那样实化出来的念头就不是"直"了，因为已经不顺从未发的本体状态。

本章讨论的多是不直的状态，不过，曲意逢迎掩盖真意是否"直"其实要看目的。如果为了生存，为了仁爱他人，孔子认为是应该做的，也就是"直"的；但假如只是为了个人的名声，如上一章5·24，或者为了个人的私利，如本章，孔子则认为不合适，不"直"，而且觉得这是可耻的做法。所以是否合乎"直"的标准主要在于是为了他人还是为了自己，为了生存而更加仁爱他人，这是可以的；但为了增加个人私利，孔子认为是不合适的。

5·26　颜渊、季路侍。子曰："盍各言尔志？"子路曰："愿车马，衣轻裘，与朋友共，敝之而无憾。"颜渊曰："愿无伐善，无施劳。"子路曰："愿闻子之志。"子曰："老者安之，朋友信之，少者怀之。"

【译】颜渊、子路两人陪侍在孔子身边。孔子说："你们何不各自说说自己的志向？"子路说："我愿意把自己的车马、衣服、皮裘都拿出来，与我的朋友们共同使用，即使用坏了也毫无遗憾。"颜渊说："我愿意做一个不夸耀自己的优点，不把劳苦的事情推给别人的人。"子路向孔子说："我们也希望听听老师您的志向。"孔子说："（我的志向是）让年老的人得到安养，让朋友们彼此信任，让年轻人都得到关怀。"

【解】侍：服侍，陪侍，站在旁边陪着尊贵者。伐：自己夸耀。无施劳：一解不表白自己的功劳；二解不让他人劳苦受累。从后解。少者怀之：是让少年人都得到关怀。"言"就是要"直"言其志，直接表现表达自己的志向，所以"志"是第一念的期待。最后一句是理想境界，不仅仅是从自己角度来讲的。一解三个"之"意思有所区别，后面两个可以是我，第一个"安之"的"之"没法理解为"我"。这种解释不取。

【意】本章提到仁人之意实化的三个不同层次。首先如子路所言，是物质层面的分享。其次如颜回所言，是精神层面的互相理解，不让他人不舒服，设身处地为他人着想。最后是孔子的境界，把自己仁爱的心态推广到天下所有人的境界，体现出无与伦比的巨大意量。三种境界可以说就是三种仁人之境：与人分享物质之乐的境界；与人分享精神之乐的境界；与人分享远大抱负的境界。

5·27　子曰："已矣乎！吾未见能见其过而内自讼者也。"

【译】孔子说："唉，算了吧，我到现在都还没有见过能够意识到自己的错误就马上在内心里进行深刻的自我谴责的人。"

【解】反省与忏悔有区别，反省是主动的自我觉醒、自我觉知、自我省察；能够自讼是反省能力强，孔门修养特别强调自己不断增强反省能力。"自讼"是自己改变自己的心念和意向，也就是当下转念，谴责自己，开辟新的意向。虽然有点近似忏悔，但不是在人格神面前的忏悔，而是意念正念的临在和自我观照觉察。

意向的转变，虽然无形，但却极难，所以孔子才会说，几乎没有见过这样的人。《易·复》初九"不远复"提示人们需要时常反身修行，努力克服邪念，及时回到正道上来。当下转变意向，就开启了新的意识境遇，也就开启了新的面对自我和世界的状态，开创了新的人生意境。

【意】在孔子看来，自我谴责的当下转念是很高的境界。这恰恰表明，意念发动之处的自我反思机制是实化仁人之意而成己成物的重要部分。自我反思的机制，如萨特《存在与虚无》对"自欺"的反思和批判，是人在对自己当下生存境遇的体察和反思中展开的。宗教性的忏悔是被动的，是意识到自己犯下了不可饶恕的错误之后才忏悔，才与自己争讼的。宗教性忏悔通常不是自我的觉醒和觉知，而是被一种外在的律令与规范所约束，被人格神的诫命所震慑的忏悔，这与儒家的"内自讼"主要靠自己良知发动、观照和自我反思、自我修正不一样。反思的目标更加切近仁人之意的本意，即"意"以"诚中"的状态面对自己的良知和生存的本相。"诚意"有自我反思的机制在，才能"自讼"并返回正道。儒家修身之道的根本是修正意念，或者说是当下修治念头，因为意念一转，意境就可能发生根本的变化，而人生的经历，不过是意念实化的过程。

5·28 子曰："十室之邑，必有忠信如丘者焉，不如丘之好学也。"

【译】孔子说："即使在只有十户人家的小村子，也一定找得到像我孔丘这样做事忠诚可靠又讲求信用的人，只是不太可能像我这样好学罢了。"

【解】一解"焉"跟后句，表示孔子以反问来肯定会有如我一样好学的人。最后以"好学"压轴是为了说明老师孔子是一个不断坚持学习的人，因为有不断学习自新的底气，才能不断去评价学生们。"好学"也表明仁人之意有持续发动的意能，要不断学习以持续充实意能。

【意】孔子好学、忠信都是自谦，不说自己会什么，而只说喜欢学习罢了，再一次说明孔子对意念之境的持守重于对意念对象的关注。修治仁人之意不在意向所发的对象，而要在意和反思自身的心念状态，这种心念状态是可以通过修行达到的，即可以通过学习不断觉悟，进而不断注入新的意能，因此也是可与过去和自己经历与体验到的状态相比的。

雍也篇第六

6·1　子曰："雍也可使南面。"

【译】孔子说："冉雍这个人，可以让他去坐北朝南听理政务。"

【解】南面：指居帝王或诸侯、卿大夫之位。孔子这里有一个很有意思的理解，即君主需要某种素质，而最好是自己的学生去做。他认为君主需要某种素质固然不错，但孔子不愿承认自古就有暴力为王的传统，大多数君主不是因为有某种道德的品行才当上君主，而是在残酷的杀戮中幸存到最后而已。"可使"即"可以派他去做君主"，这样的说法在某种意义上已经是帝王师的心理和姿态，即自居于帝王之上的心理状态。

本篇继续评价学生们，但后半部分又回到德行修养的讨论上来。总体来说，通过评价学生，来说明一个理想的君子人格应该具备哪些素质，最后归结到仁人之意的最高境界上去。一说此篇可以说是国师篇，即如何培养儒门合格的政治家。

【意】其实，帝王与大官很不一样，大官可以指派，而帝王从来就不可能指派。孔子在这个问题上只讨论道德，而不讨论事实，也不愿意面对政权来自暴力的机制。不是孔子不了解，而是他不愿意面对这个问题，他只与学生讨论善政、良政如何可能，即如何把社会治理好的问题。从这个角度看，孔子不讨论政权合法性的问题，不讨论政权怎么来、怎么守、怎么持续的问题，只讨论德行与治理关系的问题，或者说，主要讨论君子治理社会的问题，而不去面对君王的权力基础来源是否合理或者如何稳固的问题。他的从政经历也说明了他的意向性，他认为冉雍的才德不小，其意向所指应该常胸怀天下。

6·2　仲弓问子桑伯子。子曰："可也，简。"仲弓曰："居敬而行简，以临其民，不亦可乎？居简而行简，无乃大简乎？"子曰："雍之言然。"

【译】仲弓（冉雍）问孔子：子桑伯子这个人怎么样？孔子说："此人也还可以，只是办事太简单了点。"仲弓说："以恭敬严肃的态度，简明扼要、干净利落的（行事）方式治理人民，来（为百姓）处理政务，难道不也可以吗？可是如果以简慢大意的态度（或以只求简单、少找麻烦的态度）来简单随意地处理政务，不是也太简单草率（太不负责任）了吗？"孔子说："冉雍啊，这话你说得对。"

【解】子桑伯子的生平不可考。①简：简要，不烦琐。居敬：指为人严肃认真，依礼严格要求自己。行简：指推行政事简而不繁。临：面临、面对、治理。君主如何处理政事，可以看出其作为"民"之"主"的意境是否包容民众。无乃：意为岂不是。大：通"太"。孔子通过肯定学生的评价带出自己的评价，或者说，学生们在记述中也为弟子们自己的判断保留一定的分量。

孔子觉得子桑伯子还行，但仲弓认为他也太简单了一点，孔子最后肯定仲弓，只是没说明白而已，其实是说子桑伯子也太简单，太不负责任了。仲弓肯定讲礼仪，在乎做官的威仪，所以不喜欢子桑伯子。反证仲弓较适合做官，有做官的意识。

【意】本章推进从政隐含的素质，强调内心态度比行为表现重要。居心恭敬，行为简明是可以的，虽然行为方式可以简单，但态度不可大意，不可简慢。内心有恭敬的仁人之意，处事简明扼要，可以是一种风格。反之，为政处世时内心轻慢则不可取。为政者能够做到内心敬畏，其仁人之意就顺着天与民沟通之境流出，上对得起天地，下对得起黎民百姓，这才是儒家推崇的为政意识。也就是说，为政者需要对人民有一种如敬畏天地般的态度，把人民敬畏如天，把人民的心意尊为天心，作为自己为政意识的指南针。

6·3 哀公问："弟子孰为好学？"孔子对曰："有颜回者好学，不迁怒，不贰过，不幸短命死矣。今也则亡，未闻好学者也。"

【译】鲁哀公问孔子："你的学生中谁是最好学的呢？"孔子回答说："有一个叫颜回的学生最爱好学习，他从不把怒气牵连到无关的人身上，也从不再次犯同样的过错。不幸短命死了！现在再也没有

---

① 参见郑玄注为秦大夫。刘宝楠《论语正义》反对，认为考证不清。一说隐士，太简单就来见孔子，参见马恒君《论语正宗》。钱穆怀疑是《庄子》书中的子桑户，鲁人。参见钱穆：《论语新解》，第139页。

这样的学生了，再也听不到谁像他那样好学的了。"

【解】不迁怒：指不把对人对事的怒气发泄到他人身上。不贰过：贰，是重复、一再；不贰过，是犯过的错误绝不再犯。对于"好"学到学习得"好"的程度，是非常"好"的高标准。短命死矣：指颜回死时41岁，一说年仅31岁，不取。亡：通"无"。

孔子前484年回国，鲁哀公应该是孔子回国之后问孔子的。孔子于前479年去世，去世之前，必然对颜回之死伤心欲绝，他本来可能想立颜回为孔门之长，即让颜回来当掌门师兄，可惜颜回走后他过分伤痛，就没有把传人定下来，导致后世"儒分为八"。

"未闻好学者也"可以理解为再也听不到学生或者朋友们告诉我哪个学生很好学了。当然，作为老师的孔子对哪个学生好学心知肚明，只是故意用"听说"这个模糊的方式来表达没有人敢告诉孔子自己其实比颜回更好学，所以孔子也就说自己不知道，以看似客观的情形，来说明自己不是主观判断。

"不迁怒"是不随意发怒，不乱撒怒气，不是绝对不会发怒，而是不会随意把怒气发到无关、无辜的人身上。"不贰过"是不犯同样的错误，如《易·益卦·大象》："风雷，益。君子以见善则迁，有过则改。"这应该成为"好学"的结果，也就是修身应该达到的理想状态，但这个状态显然非常不容易达到。朱子《论语集注》中引程子曰："颜子之怒，在物不在己，故不迁。"此怒在物说，当然不是物会怒，而是怒的意向投向了物，而不是自己。怒因在心而有迁与不迁之别。程子又曰："如鉴之照物，妍媸在彼，随物应之而已，何迁之有？"这是用明镜照物来比喻"不迁"，犹如庄子"至人之用心若镜，不将不逆，应而不藏"。不过庄子强调不起怒意，而孔门是当怒则怒，该止就止，不迁到无辜的人或物之上。许渊冲认为，理雅各把"好学"译成love to learn，不如译成eager to learn；把"迁怒"译成transfer his anger，不如译成shift the blame；把"不贰过"译成repeat a fault，不如译成make the same mistake；把"短命"译成his appointed time不如译成died early。[①]怒在心，是心为物奴，"不迁怒"是制心有术，控心主物；怒不在物，"不迁怒"与具体物无涉，

---

① 许渊冲：《〈论语〉译话》，第60页。

是指任何物和人都不会被迁怒的意思。所以关键在于"迁"，也就是转移自己怒气的行为要受自己当下反思的意念控制。

【意】其实我们也应该思考，什么是儒家学问的核心。好学当然是儒家非常重要的问题。孔子的字面意思好像是现在没再听说还有好学的人了。这里有一个很明显的问题，就是孔子的教育目标不是传授知识，而是培养德行，所以要求一个人努力修养达到像颜回那样的修为境界，此人的心意状态，时时刻刻都不会有怒气表现出来，也不会第二次犯过错，这样的人的心理状态其实已经比较难得，所以孔子说，没有第二个了。一个人如果能够保持住儒家这种最高精神境界的话，自然就不会把怒气发泄到他人身上。

孔子显然非常怀念颜回在的时候那种师徒志同道合、和谐融洽的意境，因为颜回在世的时候，念念都有夫子，从来不把意念"迁"到老师孔子之外的人或物之上。而颜回一走，孔子好像面对死亡的深渊，有一种眩晕的感觉，不知道自己的人生选择将要何去何从。从这个意义上，颜回，而不是孔子自己，才是孔门学问的定海神针。因为有颜回这样时时刻刻的心意回向，老师孔子的孔门心意才能落到实处。颜回一离世，孔子似乎觉得自己一生学问无处安放，不知如何是好。

"不迁怒、不贰过"是好学的理想状态，说明孔子教育的目标是仁人之意的学习和修行，而不是学习知识。心意时刻保持在仁人之意的人，会努力做到让仁人之意自然发动，所以不会发泄怒气到其他人身上。仁人之意发动的人自然自觉地不会犯过去犯过的错误。一个死去的好学生颜回达到了这样的境界，潜台词是活着的其他学生都没有达到这个境界，至少在好学方面都不如颜回。孔子明确说"今也则亡"，这其实是对其他活着的学生的否定，也说明他最看重的仁人之意的修行非常难以企及，所以才会用这种方式表达出来。其他学生对此印象实在太深刻了，才会这样记录下来。这种"亡（无）"其实有一种孔子感悟颜回离世之后，那种望着深渊时无边无际的茫然感。后世称颜回为"复圣"，称赞他能修复自己的意念，时刻达到圣人境界，同时暗指只有他才能复制孔子仁人之意的境界，能够"复天地之心"，所行"不远"就能"复"孔门圣学这种心心相传的学问。宋明理学讨论的"颜子所好何学"，实是关于如何体悟仁人之意并使之得以跨时空传递的学问。孔子的高明之处在于将颜回的生命境界树立成为难以企及的标杆，也就确定了仁人之意境界几乎无法再现的高度。

6·4　子华使于齐，冉子为其母请粟。子曰："与之釜（fǔ）。"请益。曰："与之庾（yǔ）。"冉子与之粟五秉。子曰："赤之适齐也，乘肥马，衣（yì）轻裘。吾闻之也，君子周急不继富。"

【译】子华（公西赤）奉派出使齐国，冉有替他的母亲向孔子请求支助一些谷米。孔子说："给他六斗四升。"冉有请求再增加一些。孔子说："再给他二斗四升。"冉有私下却给他八百斗。孔子说："公西赤此去齐国，乘坐着肥马驾的车子，穿着又暖和又轻便的皮袍。我听说过，君子只是周济急需救济的人，而不继续济助已经富有的人。"

【解】子华：是公西赤的字，小孔子42岁。冉子：即冉有，在《论语》中被弟子们称"子"的只有四五个，本章有可能是冉有弟子或部下所记。古文中"粟米"连用时，粟：指带壳的谷粒，去壳后的叫米；粟字单用时指米。釜：量器名，一釜合六斗四升。庾：古代量名，一庾等于二斗四升。秉：量器名，一秉合十六斛，一斛十斗，一秉就是一百六十斗，五秉就是八百斗。但刘定一认为五秉是三斗四升，马融可能本来应该写"十六秉为斛"[①]。周：周济、救济。

一般理解此时孔子在大司寇任上，有能力周急济困，给底下人较多的报酬。但当人已经拥有很多的时候，就不需要继续给他增加，这是一个分寸问题。

【意】一个人心意要时刻牵挂他人，尤其是那些在苦难当中的人，换言之，君子的意识境遇要时刻保持对平民和穷人的敏感和关爱。对于亲近之人的关爱意识，一般人认为只要有能力救济亲人，就尽量增加，但孔子认为这种意识也要适可而止，不可过度。

仁人之意实化的分寸，是要关心真正需要的人，可以雪中送炭，但不必给富裕的人锦上添花。孔子对这种社会现实很不满意，因为这不符合公平正义的分配原则，还有自己的损益之道。如《易》之益卦所言"损上益下，民说无疆"，人间的公平正义要符合天道的损益原则。

---

① 参见刘定一：《论语求真》，第138页。

6·5　原思为之宰，与之粟九百，辞。子曰："毋，以与尔邻里乡党乎！"

【译】原思（原宪）给孔子家当总管，孔子给他九百斗小米的报酬，原思推辞不要。孔子说："不要推辞。（如果有多的）你可以分给邻里父老乡亲们啊！"

【解】原思：姓原名宪，字子思，鲁国人。孔子学生，生于公元前515年。孔子在鲁国任司寇时，原思曾做他家总管。宰：家宰，管家。九百：没有说明单位，应是九百斗，比较多。相传古代五家为邻，二十五家为里，五百家为党，一万两千五百家为乡。邻里乡党：指原思的同乡，或家乡周围的百姓。

本章继续讨论资源分配的公平与正义。主政者心中有他人，有平民百姓的生活，自己在社会上能够立足，并有所建树，也要考虑帮助家人和乡人都能过上更好的生活，让大家一起协助建构人伦家国，人与人在公平正义的状态当中发展，生生不息。

【意】对有需要的人尽量多给，可以接济邻居、乡亲。这说明仁爱之意不能停留于任何一个固定对象身上，而要通过一个对象延伸到其生活情境中去。仁人之意指向的不是某个人，不是有边界的个体与具体的人，而总是隐隐指向多数的人，或者人的全体，包含所有人都当是仁爱之意作用对象的意识。本章也涉及中国人治社会的公平正义来自领导者的良心，一旦领导者贪污腐化，目中没有百姓，人民的生活可能就非常凄惨。因为掌控资源分配者几乎垄断了所有的资源，其是否愿意公平分配完全取决于其良心和良知，是否愿意在意念发动的时候保持一种仁爱他人的温情。

6·6　子谓仲弓，曰："犁牛之子骍（xīng）且角。虽欲勿用，山川其舍诸？"

【译】孔子在谈到仲弓的时候说："耕牛产下的牛犊，长着红色的毛和整齐端正的角，即使人们不想用它做祭祀用的牺牛，但山川之神难道会舍弃它吗？"

【解】犁牛：耕牛，毛色花杂。古代祭祀用牛不能用耕牛，需要用单独饲养的红毛长角的牛。此处用犁牛比喻仲弓之父，出身低微贫贱，但冉伯牛后来也同列德行科有成的弟子行列。骍：红色；骍且角：指祭祀用牛毛色赤红，犄角端正，喻仲弓秉性高贵。用：指用于祭祀，喻入世有用之才。山川：指山川之神，喻上层统治者。其舍诸："其"有"怎么会"的意思；舍：是舍弃；"诸"是"之乎"二字合音。

孔子有才，不愿被埋没，反对用命定论或决定论（fatalism/determinism）看人，认为人的品性不由出身决定。孔子虽然有贵族血统，但年幼时贫贱的处境，使孔子知道人间冷暖，了解平民子弟当中也有很多秉性高贵的人。君子之为君子，取决于其当下的仁人之意，而不取决于其出身是否高贵（君之子），这是孔子的划时代贡献。

【意】孔子认为，仲弓是一个会考虑他人的人，也是一个于世有用的人，其意念之行必然能够得其时运而得大用。人的意念之行，是自我决定（self-determined）的，有充分自由意志（free will）的。是否发动仁人之意，是否成为仁人君子，都是由自己当下的意念行动来决定的。虽然有才有德的人可能出身低微，但总还有机会出人头地，不会被埋没。

孔子强调仁人之意在才能之上，仲弓不仅有才，而且对仁人之意的修行已经达到炉火纯青的境界，可以出仕了。这就是说，仲弓修身养性达到的水平如此之高，应该被任用。如果不被任用，就是非常不公平的。不过，正如牺牲对牛来说是大用，也暗含出仕当官就是做牺牲，是为国家和人民的公务去祭祀牺牲。

本章孔子的口气虽然乐观，但还是暗含悲观和失望的情感，含着对当时社会过度讲究出身的批判。因为没有背景但有才学的仲弓最后可能未必有施展才华的机会，所以孔子诉诸"山川之神"，但这种情感性、想象性的诉求本身，就等于把识才用才的可能性寄托到超越尘世的超自然力量之上，无疑是对当时众多昏聩的君王无能慧眼识才、大胆用才而感到痛苦甚至绝望。

6·7 子曰："回也其心三月不违仁，其余则日月至焉而已矣。"

【译】孔子说："颜回这个人，他的起心动念可以在长时间内不偏离仁义正道，其余的学生则只能在短时间内保持在仁义正道上而已。"

【解】三月：指较长时间。日月：指较短时间，或者某些时刻，偶尔达到之意。颜回三个月甚至更长时间心中念念都有仁爱之意，能保持着、居住于仁爱的意境,这是极言颜回心地和心境之纯粹。相比之下,一般人的意境好像转瞬即逝。颜回保持仁人之意境的时间稳定且持久,老师和弟子们都能感应得到。

【意】心意时时刻刻不可偏离仁人正道,而且要修养得自然而然。[1]仁人之意的极致境界没有神秘性,李泽厚认为这种境界接近马斯洛的高峰体验,[2]暗含不容易保持的意思。对一般人来说,仁人之意可能瞬间把握,却稍纵即逝,难以持久保持。但孔子还是强调,学生们要像颜回那样,不断修持仁人之意,努力"尊德性"而持久不失。仁人之意有天人合一境界的一面,但无神秘感。仁爱他人至于天下人民,是以人我一体为前提的,人与他人的意念之境是共通的,心意相通。这种境界是理性的极致,不依赖于盲目的迷信或崇拜。

6·8 季康子问:"仲由可使从政也与?"子曰:"由也果,于从政乎何有?"曰:"赐也可使从政也与?"曰:"赐也达,于从政乎何有?"曰:"求也可使从政也与?"曰:"求也艺,于从政乎何有?"

【译】季康子问孔子:"仲由这个弟子,具备从事政治事务的素质吗?"孔子说:"仲由做事刚毅果决,怎么会没有从事政治事务的素质呢?"季康子又问:"端木赐这个弟子,可以让他管理国家政事吗?"孔子说:"端木赐通达事理,对于管理政事有什么困难呢?"又问:"冉求这个弟子,也能够让他从事政治、管理政事吗?"孔子说:"冉求富有处世的才华与技巧,对他来说从事政治、管理政事怎么会有困难呢?"

【解】季康子在公元前492年继其父为鲁国正卿,当时孔子正周游列国。8年后孔子返回鲁国,冉求当时正帮助季康子推行改革,老师孔子对三个弟子做评价。果:指果断、决断。达:指通达事情之道理,有能力使得事情顺畅。艺:指做事有才能与技巧,指冉求有很多

---

[1] 参见李泽厚:《论语今读》,第149页。康有为认为这是一种"存养至熟,涵游自然"的功夫境界,不需要"坚苦力持",不然的话,"一刻之间,万念纷起,朋思憧憧"。参见康有为:《论语注》,楼宇烈整理,第74页。
[2] 李泽厚:《论语今读》,第150页。

才能和技艺。

孔子认为学生们都有从政的能力，都能仁爱、礼让他人，有主政和照顾帮助人民的能力。有说此章强调对国家未来的学生进行教育，要有果、达、艺作为为政的三方面素质，层层递进。他希望自己的学生能够"学而优则仕"，服务国家和社会。首先，政治人物要能果敢决断，能凭直觉瞬间抓住要害；其次，通情达理，洞晓事情内在的机理；最后，在对人事之理洞明而且深察其中几微的基础上，为政者才可能发挥才艺和能力来达成目标，不回避极其琐细的小事，尽心竭力地成就事情。

【意】从政是心意志向都随从、跟从政治、政事而转，是一种心意之境，需要坚定的志向和丰沛的意能，才能转动周围的人事，改变政事的阴阳，从而为周围的人谋事，为黎民百姓造福。果是心意刚决，坚毅果断，善于从一个意境迅速切换到另一个意境，并不被情感性的意境牵连羁绊。达是通达圆融，心意富于感通的能力，有非常丰富且迅速的共情能力，通达他人的心意和心境，并且迅速判断事情的关键所在。艺是意念实化多姿多彩，同时具有将意念展示为多重意味、带有艺术性的状态，在处事上指富有才华与技巧，能够百转千回，曲折成事。一个人的多才多艺本身似乎并无助于管理国家，但政治性心灵之"艺"指从事政治的人能够千方百计地达成从政的目标，通过各种各样的才华与技巧去灵活处事，做出事功。可见，果、达、艺三方面都是从政者持意需要的功夫，从事政治事务的时候，要能够果决、畅达地处世，同时运用好各种才能和技艺，不仅仅心意修持的状态要时刻专注于政治事务，而且持意的功力、意能的力度也需要提升和保持到一定境界，才有可能处理好政治事务，在心意流转之间，成就政治事功。

6·9 季氏使闵子骞为费（bì）宰，闵子骞曰："善为我辞焉！如有复我者，则吾必在汶（wèn）上矣。"

【译】季氏派人请闵子骞去做费邑（季氏领地）的长官，闵子骞（对来请他的人）说："请你委婉地替我推辞掉吧！如果他又派人再来召我，那我一定逃到汶水北岸去了。"

【解】闵子骞：姓闵名损，字子骞，鲁国人，孔子学生，小孔子15岁。费：是季氏封邑，今山东费县西北一带。复我：是再来召我去做事。汶：水名，今山东大汶河，当时流经齐、鲁两国之间。在汶上：是说要离开鲁国到汶水北岸的齐国去。

孔子当鲁国司寇时，闵子骞当季氏领地费邑的长官，孔子辞职后，闵子骞也辞了。闵子骞不臣季氏，其气节在季氏家臣冉求之上，可谓辟地之贤者。他忠于老师，不为外在的利益所屈服，政治上与老师共进共退，所以有德行的成就，仅在颜渊之下。

【意】闵子骞觉得自己仁爱他人的境界还没有修成，孔子赞赏他有不去求官的自我意识。仁爱的人，其心意要时刻保持在仁人之境中，这个境遇不是自己的、孤立的，而是与情境联通一体的，从政者的仁人之意与长官的意境尤其有莫大关系。如果长官不仁，臣子就无法长期保持仁人之境，此时当离去为上。长官之意念，按孔子对人、对君臣要求必须推致仁人之意的逻辑，必须时刻以父、以君、以民生为念。如果君主心意邪恶不堪，心中仁爱的臣子只有挂冠求去，不可久居，因为邪恶的君主不可能提供仁人之意生发的情境，臣子则无法让仁人之意依境而生（contextual creativity）。

6·10 伯牛有疾，子问之，自牖执其手，曰："亡之，命矣夫（fú），斯人也而有斯疾也！斯人也而有斯疾也！"

【译】伯牛（冉耕）生重病了，孔子前去探望他，从窗户外面握着伯牛的手，（不断感慨）说："让这样的人死，这真是命里注定的吧！这样好的人竟会得这样的病啊，这样好的人竟然偏偏会害这样的病啊！"

【解】伯牛：冉耕，字伯牛，鲁国人，孔子学生。牖：窗户；一说房屋的南墙。冉伯牛是孔门德行科成就最高的门生之一，仅排在颜渊、闵子骞之后（11·3），所以上一章谈闵子骞之德行成就，本章接着通过孔子对冉伯牛的临终问候，突出冉伯牛的德行成就。

到底是孔子从窗口伸手进去握着冉伯牛的手，还是孔子从南窗下握住伯牛伸出来的手？这需要想象一下：其他学生作为旁观者，也跟孔子一样不能靠近伯牛，所以大家都站在窗外。如果孔子伸手进去，显得伯牛作为学生，连手都不伸出窗外，不太合礼。而且那样学生们可能也看不清孔子伸进去的手是握住伯牛的手，还是他身体的其他部位。既然其他学生明确说是执伯牛之手，应该是伯牛把手伸出来，让孔子握住，而孔子强忍悲痛，感慨系之。当然，也可能大家都看得到伯牛伸起他无力的手，老师孔子在窗边握着他的手，也就是说，伯牛的手不一定伸出窗外来了。

【意】孔子当然非常感慨，一个德行有如此成就的好学生，居然会生如此严重的病，回天乏术，有德而无福，无法抗拒命运，非常无奈，但又只能顺其无奈而行。孔子对命运无限感叹，可是又只能徒叹奈何！命是对人生之无可奈何情境的领会，是人对生命在一定的时空中有限性的理解。人生在世，经历一定的时空而离开，自我选择的空间是有限的。对这种命运的限度、时空有限性的领会就是命运感，人的出生、经历都有无数无可奈何的感受。自由意志（free will）永远是在一种情境（context）中的自由意志，没有超越情境的绝对自由意志。德行再好的人，也可能有无妄之灾，孔子对命运的无常之感体会极深，修德与保命之间，没有必然关系。儒家提倡尽人事而听天命，人虽然对天命无可奈何，但仍要积极有为。

6·11　子曰："贤哉，回也！一箪食，一瓢饮，在陋巷，人不堪其忧，回也不改其乐。贤哉，回也！"

【译】孔子说："颜回持守仁人之意真是到了贤明的境界了啊！每天只吃一竹篓饭，喝一瓢水，住在简陋的巷子里，一般人都忍受不了这种穷困和忧苦，颜回却不改其道，照样乐在仁人之意中。颜回他持守仁人之意真是到了贤明的境界了啊！"

【解】箪：古代盛饭用的圆形竹器；一说乞食之具，极言其简陋。饮：是水，一解酒。巷：指颜回住在简陋的小巷里。

颜回是孔门德行科成就最高的门生，在闵子骞和冉伯牛之上，其德行的意境令人回味，此处孔子感叹，似已成绝响。颜回保持自己的乐境，不依靠、凭借任何外在条件，可谓无待之意境，其内心充盈、喜乐富足；安贫乐道、乐在道中。如《中庸》："道也者，不可须臾离也，可离非道也。"可见，决定一个人意境贤明与否不在于外境和外缘，而在于自己意境本身是否清明。

【意】颜回怡然自乐，不改变他的好学之乐，其所乐之学与所乐之境，成为后人深思却如深渊一般难解的课题。好学自然要有对象，可是此处的乐学却明显是乐于非对象化的乐境之中，是没有具体对象的大乐之境。不过，既然老师孔子认可颜回所乐，似乎说明师生之间有共同认可的所乐对象，可是，这个所乐的对象是如此超言绝相，不可言传，只有领悟和意会才可能直觉感悟到。孔颜之间的乐境显然有禅宗拈花微笑的意味，可惜颜子先孔子而去，孔门绝学似乎从此成为空谷足音，然而后世未必不可穿越时空，悟此真传。

颜子所乐的孔门绝学似乎成为难以逾越、难以参透的深渊，若隐若现，深不可测。后人如程颐、朱熹、阳明等都希望把这个思想深渊参透，可是深渊之所以是深渊，就是因其深不可测，深到无法看清讲明白，只能存而不论。如此渊深沉静的大乐，是否有特定的对象，或只是无对象的、心天相通的乐，成为后世探讨的永恒课题。当然，乐首先是身体、心灵、灵性各层面向天地敞开的整体性反应，不是被动的，即不是通过制止欲望（制欲）来达到的，而是主动持守仁爱之境（体仁）所达到的大乐境界。其次，人生至乐显然不是简单的"刺激—反应"，而是通过内省、内观而来的，没有任何意念对象，是纯粹的、非对象化的乐境。最后，乐是体仁之乐，即沉浸在仁人之意的境界中，时刻仁爱世界上所有的人，是一种拥抱和奉献给全人类的极致之乐，是极乐的高峰体验，让人沉浸其中无法自拔。

仁爱世人的大乐没有对象，所仁爱的不是特定的人，而是人类全体，因有大爱所以大乐，可谓拥抱人道全体，致力于建构公平正义的人伦家国。如此仁爱至极，达致深渊一般无法言说的极乐，是人道之极致，是接续天道、通达天意的大乐，即人天贯通之道。从后世"寻孔颜乐处"无法言说之境来看，这是天人合一、人意接续天意的境界。因为高妙玄远、无法言说之乐，只能是所谓乐天。其心意之发皆乐于天道，旁人观之，老师孔子考察他，就有别样的、令人赞叹的崇高美感。孔子和颜回师徒领悟大乐，主动持守，乐在其中，都达到无待之境，即不需要任何外在生活条件作为支持的境界。甚至可以说，即使物质条件很差，哪怕身体被拘役，他们的心灵仍然是自由的、奔放的，依旧可以持守其乐。这种持守仁人之意而自得其乐的境界，好像深渊般的临在，令围观者头晕目眩，深感无法测度。如此可以理解，何以孔颜乐处之大乐之境，既让颜回持意不失，为之献身，而且成为世世代代儒家宗教性的根基。

6·12　冉求曰："非不说（yuè）子之道，力不足也。"子曰："力不足者，中道而废。今女画。"

【译】冉求说："我不是不喜欢老师您所讲的道，实在是我的能力不够呀。"孔子说："能力不够也应走到中途（实在走不动了）才停下来。现在你却是（还没有上路就）先给自己画地自限（不想前进）。"

【解】说：通"悦"。画：划定界限，停止前进。上一章说颜回领悟大道，自得其乐，本章说冉求不愿意领悟大道，践行大道，画地为牢，反证上一章颜回之乐是乐于仁人之意的最高境界，超过其他所有学生。冉求在政治上很有才干，与颜回那种深渊一般不可测度且自得其乐的境界自觉保持距离，觉得那种宗教自省意味的境界深不可测，于事功无补，所以自评说自己不是不想达到颜回那么崇高的境界。也可能是冉求自己尝试过但实在达不到，就只好推脱自己能力有限，怎么做都难以企及。

冉求的反应也是对圣人之意的一种心得体会，只是程度与颜渊不可同日而语。孔子火眼金睛，看得明明白白，批评他说，哪里是你能力达不到，其实是自己不愿意真正去努力达到颜回的境界。所以孔子虽然欣赏冉求的处事能力，但还是希望所有的学生都向颜回修为的最高境界看齐。冉求的回应应该也是很多学生的心声，觉得老师的要求有点高，自己似乎永远也达不到颜渊那种深渊一般深沉宁静的极致境界。如果连冉求都达不到，那么大多数弟子就会有某种绝望感。他们都知道圣人之道的境界就像身边的颜回一般，似乎就在触手可及之处，但自己永远无法如颜渊一般亲炙、沉迷、乐在其中无法自拔。

【意】儒家之道是仁爱世人的正道，是时刻持守仁人之意的正道。这一章也代表学生们并非绝对认可孔子与颜回师徒之间宗教信仰般的认同，或者说，大家都尝试之后，觉得自己实在能力有限，而无法企及。冉求说自己能力不够当然是托辞，很可能就是不想努力去实现颜回那种宗教感、那种非功利的自得之感，推脱自己意志品质不足。

孔子评价冉求，认为他已经实现了一定的仁人之境，但没有努力达到全体大用之境，是他自己的意能不足，不够奋发努力。冉求为自己开脱，说自己意行没有力量。但孔子认为是他自己限定了自己的意缘，自己把自己的意识境遇拘束起来了。可见孔子是传道之人，一生一世都在努力传授大道给学生，但不是所有学生都愿意花功夫领会和践行通天大道，甚至可以说，因为颜回先于老师孔子而去，颜子之乐就没有机会传递下去，导致颜子对孔子大道的真正领悟成为绝响。

那么，是不是如果无法描述颜回那种深渊一般的乐，老师孔子的大道就永远无法领会了呢？当然不是。弟子们辑录老师言行而成的《论语》，就是老师一生传道授业的最好证明。大道不离人伦日用，先师孔子时刻发动仁人之意，就成为大道的化身，学生们对他的言行记录，也是大道化身为仁人之意的实化状态。仁人之意曾经通过孔子而显现于世，就一直停驻人间，永不消失。

6·13　子谓子夏曰："女为君子儒，无为小人儒。"

【译】孔子对子夏说："你要成为一个君子一般气度恢宏的儒者，不要成为一个小人一般平庸狭隘的儒者。"

【解】这是接续上一章，要求学生要念念追求君子气度宏大的精神境界，而不要堕落陷入小人平庸狭隘的精神状态。虽然"儒"有"懦"（心之所需）义，也有懦弱义，如《说文解字》："儒，柔也，术士之称。"孔子要求儒者心柔，但只是心意温柔地对待他人他事，不是要求人们做懦弱的、柔弱的儒者，而要做强大的、刚强的儒者。

【意】君子小人之区分在于心念的大小及心念之境界的界限。君子心通天地，小人心只在乎自身的私利。君子之儒气干云霄、泽被当世、名垂后世，与小人之儒空言无行、空洞无物、无意能亦无意行，可谓截然不同。

6·14　子游为武城宰。子曰："女得人焉尔乎？"曰："有澹（tán）台灭明者，行不由径，非公事，未尝至于偃（yǎn）之室也。"

【译】子游做武城的长官时。孔子问他："你在那里发现什么人才没有？"子游回答说："有一个叫澹台灭明的人，从来不抄近路，不走捷径，没有公事，就从不到我言偃的屋子里来。"

【解】武城：鲁国小城邑，今山东费县境内。焉尔乎：三个字都是语助词。澹台灭明：姓澹台，名灭明，字子羽，武城人，小孔子39岁的弟子。一说据《史记》孔子以澹台灭明相貌丑恶而未收其为弟子，后其收弟子三百人，孔子觉得自己以貌取人不合适，故收其为弟子。径：小路、小道、捷径，引申为邪路。

接上章，举例说明一个君子心念大公，只为公事，不为私事。这种一心为公的人才是合格的人才（理想化的政治人才）。

【意】澹台灭明这个人对自己意量的把握恰到好处。孔子在乎人才，用人第一。此人心正，不走邪路，而用人正要用心正不邪之人。子游以仁人之意评判他人心意，则知偏正。正心诚意的人是有公德而没有私心的好人，不为自己谋私利的好人。

6·15　子曰："孟之反不伐。奔而殿，将入门，策其马，曰：'非敢后也，马不进也。'"

【译】孔子说："孟之反从不夸耀自己。（一次军队战败撤退的时候，）他殿后掩护全军，将进城门的时候，他一边鞭打自己的马，一边说：'不是我敢于断后啊，是我的马实在跑不动了！'"

【解】孟之反：名侧，鲁国大夫。伐：自我夸耀，邀功。奔：败走。殿：指殿后，在全军最后作掩护。公元前484年，鲁国与齐国打仗。鲁国右翼军败退的时候，孟之反在最后掩护败退的鲁军。可见，本章接续上章说明孟之反是一个理想化的政治人才，做了殿后这种需要巨大勇气的事情，却丝毫不夸耀自己。

【意】本章说明一个有涵养的君子必然会有谦虚的意境，不会主动邀功。作为断后之人，要有巨大的勇气，敢于舍生忘死。不仅如此，他还不自居有功，借口说是马跑不动，所以非常令人感动。当然这种谦虚不排除已经得胜班师，殿后有轻松自嘲的味道。意思是我也是怕死的，不是我真的想落在后面。其实大家都已经知道，他还是故意落后，以便掩护他人。这样舍己为人的人，才是真正的大仁大爱，不是为了在乎自己，也不是为了关心自己身边的人，而是为了仁爱自己身边的每一个战友，宁可把自己置于险地，甚至牺牲自己生命。这种仁人之意的境界，只能是舍生忘死的大仁大爱。孔子跟学生们强调孟之反殿后的故事，是要推崇将生死置之度外的极致仁爱境界。

6·16　子曰："不有祝鮀（tuó）之佞，而有宋朝（zhāo）之美，难乎免于今之世矣！"

【译】孔子说："（一个人假若）没有祝鮀那样能言善辩的口

才，而仅有宋国公子朝那样的美貌，在如今这样的世道，恐怕也难免遭到祸害啊！"

【解】祝鮀：字子鱼，卫国大夫，以能言善辩受到卫灵公重用为掌宗庙之官。宋朝：宋国公子朝，容色俊美，《左传•定公十四年》载他近乎男色，有小男宠之美，与卫灵公夫人南子私通而惹起祸乱。关于"而"，一解即使有，一解反而有，都是有宋朝那样的美貌之意，也符合史实。最后的结果，一解恐怕；一解定然难免受害于当今之世；一解如果这两样都没有，那在今天的社会上处世立足就比较艰难了。

【意】这是孔子对学生们出路的一个整体性评价。那个时代天下无道，世风不好，有貌而无口才，难以立足于世，而孔子并不单纯强调口才，他主要还是强调君子要有德行才能畅通无阻。孔子讽刺世风，认为口才和美貌都不是真实的品行表现。即使美而不佞，有美貌而无口才，在衰世也还是不行；即使有口才能够避免灾祸，孔子也不推崇口才，因为无道之士，才会去图谋利用口才和美色来做表面文章，去求身外之物作为表面利益。即便某人以男色见爱于其他男子，孔子以为，他们之间最多只能合适一时，因为不是以道相合，最后也还是会遭到祸害。

可见，人与人之间，离开基于仁人之意这种"人应当仁爱他人"之大道，去依托口才而谄媚，依赖男色而接近，那都只能成就一时的表面文章，不可能实现深沉的人情链接，一旦表面关系破裂，就必然招致各种挫折和苦难。

6·17　子曰："谁能出不由户，何莫由斯道也？"

【译】孔子说："谁能不经过门户就走出屋外去呢？可是为什么没有人按照（我所指出的仁人之意的）正道去走呢？"

【解】这是继续说明孔子对学生们出路的整体性感慨。孔子觉得真正按照自己设计的道路去行走、去发展的学生并不多，表达孔子的一种失望情绪：反问学生们为什么不依据我说的这个道理去走啊？朱熹说："人知出必由户，而不知行必由道。"行虽然都必然在道上，但是否在"斯道"之中？即是否在孔子要继承和发扬的斯文之道之中呢？这是可以存疑的。

【意】斯文之道依斯文而生，而斯文的载体，在孔子时代，就是六经，后世儒学发展都不能脱离五经为斯文之根本。斯文之道依斯文之境而生，因续写斯文之生生而有道，道在继承斯文的意境之内，也就是士人之道都存在于士人致力于斯文的仁人之意的意识境域之中。

每个人都应该追随此道。斯道，即斯文之道，或仁爱之意的正道。对斯道和斯文有如此的感慨，表明孔子体悟确证了道的存在。他对斯道虽有信仰意味，但不是信仰外在的人格神，而是对自己内在的文化之道有深深的体认，是以生命证道，以身心一体来证道，是那种生命、身体与斯文合一不分的状态。

6·18　子曰："质胜文则野，文胜质则史。文质彬彬，然后君子。"

【译】孔子说："内在的质朴胜过外在的文饰，就会显得粗野陋俗；文饰盖过质朴，就会流于虚浮。只有质朴和文饰配合得宜，才能称得上君子。"

【解】质：是朴实、自然，无修饰的。文：是文采，经过修饰的。野：指粗鲁、鄙野，缺乏文采。史：是言辞华丽，这里有虚伪、浮夸的意思。彬彬：指文与质的配合很恰当。

这也是对学生素质的整体性评价，想成为君子，则外在的文与内在的质要相当，差不多就好，不要过分偏废，表里相济，德才兼备。荀子的性和伪也可以理解为一种平衡，毕竟"无性则伪之无所加，无伪则性不能自美"。

韦利把"质"译为natural substance（自然的本质），"文"译为ornamentation (i.e., when nature prevails over culture)（华丽的装饰，即自然超过文化），"野"译为boorishness of the rustic（乡下人的粗野）；"史"译为pedantry of the scribe（文书的浮夸卖弄），许渊冲认为太过"文胜质"，认为可把"质"译为natural（自然的），"文"译为cultured（文化），"野"译为rustic（粗野）；"史"译为artificial，这样才"文质彬彬"[①]。辜鸿铭认为，"质"是人们天生的特质（the natural qualities of men），即人的天性；"文"是教育的

---

① 参见许渊冲：《〈论语〉译话》，第65页。

结果（the result of education）；"野"是粗野（rude），指原始、野蛮的。①君子居于文与质之中，不取一端，这首先是一种中道意识，其次是由身意发出的意境，居于文与质之间而彬彬合宜的状态。

【意】本章接续上章之"道"，启发下章之"生"。人就是天地之间的通道，从身体到精神都是如此，人身之质体，如果得不到文饰，就是本然的粗野状态，儒家以此为不够文化和文明，不太合适；但如果把附着于人身的外"文"看得很重，就会忽略内在的身体之"质"，变得虚伪浮夸。人的精神本乎天地，如果得不到文饰，就是原始的无聊和痛苦的情绪，飘忽不定，没有文化可言；但如果沉浸在虚无感的情绪当中不能自拔，忽略了人身存在"人间世"的生存本质，文化表达即使天花乱坠，也是空文无根，不知所谓。所以人的肉体和精神都要文质彬彬，这才是儒家感觉合适的生存状态。

文与质是人关于自己身体与精神存在意量尺度的不同判断。儒家既要文也要质，认为二者相得益彰，不可偏废。其实，儒的本质是文，没有文肯定不行，文就是礼仪，既是对身体实存于世的修饰，也是对精神之展现条理的梳理，让精神得以顺着礼仪之条理而得到畅发。仁爱之境是由肉体与精神的文与质共同建构的。质应该是天地自然本身的差别，因为大自然的存在本身就有差别，与人和人之间本来存在差别的情形很类似，与人与人关系的本来千变万化的状态也有类似之处。人生于世，短短几十载，不过是天地和古今气息迁流的一个管道而已，所以无论是人的精神还是肉体，作为有限时空当中的气息通道性的存在，如果只重视存在的文化和文明状态就会过度虚华，需要重视内在的质朴和原生的状态，反之亦然。

6·19　子曰："人之生也直，罔之生也幸而免。"

【译】孔子说："人生存在世上应该走正道和直道，那些走邪道和弯道活下来的人只是侥幸地避免了灾祸。"

【解】罔：诬罔不直的人。这还是孔子对于学生出路的整体性评价与感慨。希望学生们直道而行，走邪道就是走弯路，那样能够活下

---

① 参见辜鸿铭：《西播〈论语〉回译——辜鸿铭英译〈论语〉详释》，王京涛译注，第117页。

去的，其实都是靠侥幸，不值得美慕。这是向学生们直言相告，要作一个正直的人，要走直道，真诚正直地发扬仁人之意而立身行事，不要走歪门邪道。

前后两个"生"的理解有所同，亦有所不同，共同点在于都是生存，身体和精神在世上得以生存延续；不同在于"人之生"是全体的生，而孔子认为正道在"直"，而"罔之生"是部分人的生，只是侥幸活下去而已，不值得一般人去学习他们走入歪道。一解天性。[①]

【意】人的肉体和精神作为天地间生气的通道，人的生当是顺天地之生，人自然之生就是直的。人的仁人之意是顺从天地生生之仁爱的意念，仁人的意念就是直心起念。直心起念的人，得天地之大道而有德；邪心邪道的人，可能得天地一时之幸，但天道好还，福祸有报，不可能永远幸运，也就是说，不幸可能一直如影随形。不直心起念者，走邪门歪道，只能靠运气幸存下来。孔子认为社会之道，处世之道与自然之道相通，认为社会不应该是一个虚伪的、需要邪门歪道的社会。

6·20 子曰："知之者不如好之者，好之者不如乐之者。"

【译】孔子说："人了解道不如爱好道，爱好道又不如乐在道中。"

【解】这还是对学生求学境界的明确要求，即好而乐之。乐是意境，而好仍然有方向感。孔子明确地说，有具体方向感的学习，甚至是境界不够高的。一解"之"为道。乐与知合一，爱好学习的对象到达一定境界之后，就会乐于行道，也就是说通过了解而逐渐喜欢，通过深入细化而加强实践。"之"即"道"，可以理解为仁爱之意，许渊冲同意理雅各译成truth（真理）[②]，但安乐哲认为，中国古人对"道"的追求，与西方人对客观外在的Truth之追求，多有不同。"知之"和"好之"都只是学者境界，只有"乐之"才是哲人境界。正如阳明"龙场悟道"之后，一生保持其悟道的体验方成就其绝学，

---

① 参见刘强：《论语新识》，第169页。
② 参见许渊冲：《〈论语〉译话》，第62页。

古今中外的大哲学家都以乐此不疲的"乐之"体验为其思想和意识原发的根基，因为他们保持着那种强悍无比、经久不失的人生体验，其一生一世的所言所行才能感动世人。

【意】知之、好之、乐之是三种意念之行带来的意境，都是因为意念实化、知行合一、付诸行动才形成意境。知道、爱好、乐在其中，可谓仁爱之意实化出来的三个层次。乐在道中，也就是接续天道之乐，感通天地大我之乐，心意与天地之生意融会贯通，所以层次最高。心意合天可以达致无量无边的大乐，即仁人之意通于天地生意的大乐之境，念念皆在大乐之中。真诚至极的大乐之境，就是诚意境界，也是实意乐境，其实就是明意而乐在其中之化境。这跟一神论宗教当中，信徒与对象化人格神的合一的神秘体验得到的欢乐不同，因为"乐之"的"之"相对对象化的人格神而言，是非对象化的，没有确指的，是广袤的无限，是深空般深不可测的神妙境域。

6·21　子曰："中人以上，可以语（yù）上也；中人以下，不可以语上也。"

【译】孔子说："对具有中等以上资质的人，可以同他们讲（仁人之意的）高深哲理；对中等以下资质的人，就没有必要同他们讲（仁人之意的）高深哲理。"

【解】中人：根器、资质、天赋中等的大多数人。孔子还是认为学生们的悟性有上、中、下之别，而领悟仁人之意的高深哲理需要悟性，所以大部分的学生难以领悟仁人之意的境界。

【意】不同的人根器和意能都有别，其意能展示出来的意境也不同。高深的道理（即仁人之意）需要中等以上资质的悟性才能领悟得了，这都是经验之谈。人的意识状态从天赋的角度就有区别，加上后天家庭、社会、文化的熏陶，差别可以说越来越大。对于一些高深的道理，因为自古就是顶级的智者发现和发明的，所以也需要顶级的智者才可能理解和发扬。要领悟和传播儒家仁人之意的智慧，尤其是其中形而上的高深层面，就更是离不开这样的规律。

6·22 樊迟问知（zhì）。子曰："务民之义，敬鬼神而远之，可谓知矣。"问仁，曰："仁者先难而后获，可谓仁矣。"

【译】樊迟问孔子怎样才算是智。孔子说："教化百姓最合理的做法是，可以敬奉鬼神，但对鬼神过于崇拜要远而避之，这样就可以说是有智慧了。"樊迟又问怎样才是仁，孔子说："仁者需要通过艰苦努力才能够收获成果，这可以说是仁了。"

【解】知：通"智"，智慧；一解见识，识明。务：从事、致力于。义：专用力于人道之所宜。所谓艰苦努力，也可以理解为帮助百姓祛魅，是一个很不容易的过程。这就涉及孔子对学生们资质的评价问题。人的悟性总有高下，高深的道理只能对悟性高的学生讲，而对悟性低的学生，其实是无法讲高深的道理的。这是经验之谈，得出如此领悟，也是教学经验如此，没有什么办法能够改变。

钱穆译"先难而后获"为"难事做在人前，获报退居人后"，做官之道，需要先付出。[①]引申到先天下之忧而忧，后天下之乐而乐。但这偏向对后半句的理解。仁人抢在人先做难做的事，收获成果之时退居人后，此为一解，境界自然不低；也可以是经过艰苦努力之后的更高境界，即心忧天下，心忧他人。

【意】孔子把在意识当中排除鬼神当作"智"，这一重要的前提可以成立，因为那种认为要保持巫术性的情感，认为鬼神真实存在的看法，就显得缺乏智慧。他希望人民能够去掉对鬼神的过度崇拜，走出巫术思维的状态，否则就无法领会他苦心推广的仁人之意。因为仁人之意是纯粹理性的，没有任何神秘主义的意味。孔子的宗教感，可以说是世俗的人文主义（secular humanism），也可以理解为祛魅的人文主义（disenchanted humanism）。[②]

鬼神是否实存不去考察，但鬼神应视为在意念中存在。意念中人与鬼

---

① 参见钱穆：《论语新解》，第157—158页。
② 周志文指出，2500年前的孔子已经实现了欧洲"文艺复兴"之后的"人的觉醒"，而且没有很多纠缠、抗拒、奋斗，似乎中国文化原本就是以人为本的。所以"孔子与六经的贡献……不仅限于中国，而是为全世界提供了极其珍贵的人性的曙光"（参见周志文：《论语讲析》，第18—19页）。

神的实存有其合理性。仁者持念于仁人之意，不应当受鬼神的威胁。与前面闵子骞不愿受邪恶的领导人季氏的领导一样，保持仁人之意的人，要学会"里仁"（与同样有仁人之意的人一起构筑仁人之境），相信自己、相信与当下心意相通的人伦家国，是儒者心意的归属之地，而不必诉诸他者（the other）。所以要远离鬼神，即心念上不可受鬼神的困扰，否则仁人之意难以生长。

孔子认为要保持仁人之意的意境，心念不可受超自然人格神的影响，单就这一点来说，就不容易，所以他强调"难"。因此他后面说，这样保持仁人之意需要拒绝外在他者、把自己从抽象无解的巫术思维当中解脱出来的艰苦努力，就非常顺理成章。在这个意义上，仁人之意的生发要超越鬼神之境，进入一种非对象化的、无差别的、境域性的仁爱之境，这是意识缘构生成之境域，正是鬼神构筑了仁人之意的差异性境域，因为鬼神的不仁，所有人心意之仁生生不息才显得非常珍贵、真切。这种超越鬼神的时空境域可能需要借助超越外在时间的机缘，进而体验内在时间性的特殊艰难的经历，比如坐牢、流放等，类似于阳明龙场悟道那样的特殊机缘，才能形成真正的内时间意识，超越外在的时空分隔，去面对纯粹生命流动的意识状态。

6·23 子曰："知（zhì）者乐水，仁者乐山；知者动，仁者静；知者乐，仁者寿。"

【译】孔子说："有智慧之人的快乐状态像源源不断的水，有仁爱之人的快乐状态像耸立不倒的山；智慧的人灵动变通，仁爱的人心境平和；智慧的人常保喜乐，仁爱的人得享天年。"

【解】知：通"智"。乐：作动词，读古音yào，比喜乐更加喜爱。如果解释为快乐的状态，就可不读古音。人的心思意念当中如果去掉了鬼神崇拜，精神就容易悠游于自然山水之中，或乐山、观赏山景，或乐水、观赏水景，都能自得其乐，达到这样的状态就是"仁"者。仁者：指仁慈、温良、平和、宽宏的，超越普通人的精神境界的人。仁者表现出其智慧一面的时候，如水流动，可以称为"知者"；当表现出仁爱一面的时候，如山之静，就称为"仁者"。

仁者是智慧的而且仁爱的，并不与"知者"相区别，好像仁爱的人就不智慧，而智慧的人就不仁爱，这种两分法式的理解是不合适的。①只是仁者在表现出智慧那一面的时候，好像水一样流动，而在表现出仁爱的那一面的时候，好像山一样安宁。仁者修炼出这样的精神状态并善于保持，对延长先天和气在世间的存续有帮助，所以能够长寿，而这也正是仁者有智慧的表现。

许渊冲指出，理雅各把"乐"译成find pleasure 和joyful，不如韦利用delights in；但把"静"译为tranquil好于韦利译成still；理雅各把"寿"译成long-lived比韦利译成secure好。②

【意】智慧之人的仁人之意如水流动，善于就下滋润万物，带着仁爱的温情，温暖世间万象，舍身忘己而自得其乐。仁者之仁人之意乐于接通天地，如山之接天触地，沐浴于天地之间，乐于与一切因缘交互往来，超越个人得失利益。天地之通道本道体而存续，生生为功用之显著状态。从认识道的角度视之，则以阴阳为本体，日离月坎为阴阳之用，而儒家所推崇的智慧之人即心心念念仁爱之人，一体两面，动静一如，仁寿相得益彰。

仁人之意实化出来，或仁或寿，可谓仁境与寿境，可谓亨通有福之享。仁境或寿境像水或像山，指的是仁人之境如水，寿者之境如山。仁人之境是人心与自然融贯的状态，是与宇宙合拍的状态。这种融贯的状态在日常生活中，通过意念的当下状态自然呈现出来，即意念之境通于天地自然之境。当然，智者也能欣赏山，仁者也欣赏水，所以不是简单的乐于什么对象，因为"乐"不是对象化的乐，"乐"总是一种与对象融为一体的主客合一之境遇。

6·24　子曰："齐一变，至于鲁；鲁一变，至于道。"

【译】孔子说："如果齐国的文明一得到改变，就可以达到鲁国的教化水准；如果鲁国的文明一得到改善，就能够达到先王之道的理想状态了。"

【解】孔子认为，提升人民的精神境界，改变文明的状态，是为

---

① 不明白这一点，深究下去就会觉得难以理解，参森柯澜关于本章的注释部分，Edward, Slingerland, trans., *The Essential Analects: Selected Passages with Traditional Commentary* (Indianapolis: Hackett Publishing Company, 2006), 60.
② 参见许渊冲：《〈论语〉译话》，第61页。

政者的首要目标。后世儒学的根本目标也致力于此。所以他才有化民变俗的社会政治理想。"变"是比于周礼，而周礼是大道的化身。一解孔子提倡复古。变是改变、变革，而不是革命，不是简单的齐国变成鲁国，鲁国变成王道。

齐国、鲁国是自己变，还是由外力来使之改变？孔子那时候有政治改革的思想，只是向着先王之道的方向改革。历代注都是圣人自己来变，当然可以理解为孔子的假设，如果他来变，可以把齐变得像鲁，把鲁变回更像先王之道。此语说明夫子真有实现王道的理想，也是后世尊他为"素王"的原因。

【意】"变"代表一代代文化人对仁人之意境的追寻。如果文化和教化的水平较低，就难以实现人文化成的理想。孔子认为鲁国比齐国好，通常认为是传统更好，当然，鲁国也是他的父母之邦，礼乐之乡。不过，孔子的目标是"至于道"，也就是要追求个人到国家都实现仁人之道的理想状态，要尽心竭力地去实现仁爱大行于天下的状态。

夫子不推崇霸道，他反对弱肉强食的国际关系，或许他没有邦国存续、民族可能亡国灭种的危机感，因此主要关注同种族者如何达到更高文明程度的思考。齐强鲁弱，但夫子强调鲁国比齐国文明，因为传统还在，变得不多，所以在这方面说夫子保守复古。近代中国败于西方列强，几乎亡国灭种，知识分子意识到没法再保持夫子的先王理想，百多年来不断变革，儒门推崇的先王之道岌岌可危。其实，国家民族对自己古代优良传统文化之自信，是一个民族的尊严之源，也是其作为一个人伦家国存续于世重要的精神支柱。

6·25 子曰："觚（gū）不觚，觚哉！觚哉！"

【译】孔子感叹说："连觚都不像个觚了，这还算是觚吗？这不像觚的东西难道还能称为觚吗？"①

【解】觚：古代盛酒的器具，上圆下方，有棱角，容量约二升。孔子时代，觚被改变了，没有棱了，容量也变了，所以孔子认为觚不像觚。承续上章继续说明孔子希望恢复古礼的意向，这是基于孔子对

---

① 标点叹号和问号二者皆可，皆有道理。

现实的民风之不满的反证，他时常流露出抱怨，觉得当世那种随意改变古代礼仪制度的状态，哪里还有他期待和向往的古风呢？

【意】觚虽然是一种酒器，但其改变说明那个时代的意向变了，风俗改变了，民众意向性状态变了。酒器形制的改变代表那个时代把古礼从形式到内容都改变了，即所谓礼崩乐坏的时代改变，在孔子看来相当严重，他的心意向往古代，自然对他的那个时代的变化不满。孔子心意复古，自然影射当下名实不符。名与实的问题虽然也可以理解为约定俗成，但实物的改变也可能带来名相的变化，二者都含有改变古代、认为古代不合适当代的价值倾向，而孔子认为当代是不合适的，要变的是当代，所以孔子的仁人之意有明显的价值与情感投射。

6·26　宰我问曰："仁者，虽告之曰'井有仁焉'，其从之也？"子曰："何为其然也？君子可逝也，不可陷也；可欺也，不可罔也。"

【译】宰我问道："对于有仁德的人，即使别人告诉他'井里有仁义'，他是不是会跳下井里去啊？"孔子说："他怎么会这么傻呢？君子可以被抛入井中而死，却不可以被陷害；君子可以被（有道理的话）欺骗，但不可以被（没有道理的话）愚弄。"

【解】仁者：仁义的人，指有仁德的人，也带有杀身成仁的意味，指修行达到仁境之人。井有仁焉：一解井里有仁义，明显是故意骗人的；一解为人①，不取。逝：往，这里指到井边去看并设法救之。陷：陷入。一解到井里求仁，诱骗和愚弄意味强烈。一解君子接受欺骗是仁慈的表现，但要愚弄君子，这是不可接受的。

接续上章，世风败坏，如果还要说天下有仁，鬼才会相信，不要用这种鬼话来欺骗君子。换言之，人民可能看不明白，甚至自欺欺人，但有所修为的君子当然不会相信有人告诉他说，现在仁人之意已经推行天下了。孔子认为，君子明察秋毫，怎么可能会被欺骗呢？君子看得很明白，所以说君子是不可能被愚弄的，言外之意是，现实的社会政治情况离自己要实现的、把仁人之意推广天下的理想境界差得

---

① 参见刘强：《论语新识》，第176页。

十万八千里。

本章历代异解迭出，如"井有仁焉"是井里有"仁德"还是井里有"仁者"？或者是井里"有个人"？抑或是"井里有个好人还是坏人"？"从之"，是"从而救之"还是"从而堕之"？"可逝"是"可使之往视""可使之往救""让他走开不再回来"抑或是"摧折"？孔安国说"仁人堕井"，道理难通，因为变成一个救人问题，不合常识，也接不上孔门义理。宰我是孔门言语科有成就的学生，弟子们辑录他的所言，不可能没有水准。皇侃在第二个"仁"后加"者"字、孔安国把"可逝"解读为"可使往视"，都太曲折，不近情理。俞樾《群经平议》说，宰我之意是，真正的仁者应该勇于追求和实践"仁"。他假设了一个问题：如果井里有"仁"，是不是应该跳进去追求呢？俞樾说，"逝"字与"折"字古代通用，如《周易·大有》《释文》"晢，陆本作逝，虞作折"，他认为孔子意思是，君子杀身成仁，可以摧折他，但不可弄些无厘头的事情来愚弄他，这就是可折不可陷。一说井为井卦，意思是是否应照《井》的仁德而行动，不取。

【意】宰我个性鲜明，"昼寝"惹孔子生气；质疑"三年之丧"，并说自己不会觉得不遵守丧制就不安；曲解周朝社树用"栗木"的原因是要"使民战栗"，引起孔子批评。可见，宰我长于深思明辨，能够独立思考，对于不懂之处，敢于提问，颇有智者气象。此处，宰我的设问应该是提出怎么"求仁"的问题，而不是如何去救一个掉进井里的"仁人"的问题。他想知道，如果明知前路有危险，君子是该不顾一切地跳进井里，去"成仁"以"求仁"，还是审时度势，权衡利弊，深思之后再采取合适的行动？宰我的用意是，仁者为了追求仁，是不是可以迂腐到"井里有仁义"也要跳下去的程度？孔子没有正面回答，而是反问宰我，你为什么要这样思考君子"求仁"的问题？你可以摧毁、折磨一个君子，甚至剥夺他的性命，可是你不可以陷害他；你可以用他一贯主张的去刁难他，但你不能愚弄他。

君子有自己持守意能的分寸，必须得到尊重，不可以被欺骗和蒙蔽。君子仁人之意接续天机，不可被愚弄。这就像海明威"人可以被毁灭，不可以被打败"的君子气度，认为君子可以被打死，不可被陷害；可以被欺骗，不可被愚弄，即不可以把君子的善良和纯粹视为愚蠢，加以利用。仁人轻货，于是有人就会设法去利用仁人。孔子意识到了，觉得这是不可接受的，因为这几乎接近于对仁人的欺负和侮辱。君子或许可以原谅善意的玩笑和欺骗，但不可容忍恶意的欺骗。[1]

6·27　子曰："君子博学于文，约之以礼，亦可以弗畔矣夫。"

【译】孔子说："君子广泛地学习文献典籍，又以礼节来约束自己，那就可以不偏离人生正途了啊。"

【解】约：一种释为约束；一种释为简要。畔：通"叛"，背叛，偏离。矣夫：语气词，表示较强烈的感叹。承续上章，君子明辨是非，不断学习求进，当然不能被欺罔，也不可能偏离他自己的仁义之途。回到现实当中，一个君子所吸收的其实非常有限，也就不过是好好读书提升自己，起心动念坚守仁人之意，做事符合礼乐之教，从而走在人生的正途上面。君子当然不会离经叛道，更不会犯上作乱，而会努力持守中庸之道。

【意】君子可以践行礼仪，守住经典为意量的边界。儒家可谓是守礼之教化，也可谓信礼之宗教，追求礼仪与教化和谐的文化事业和社会境界，并要求人在习礼之境中提升自己的神圣性。这里的人生正途是仁礼之道，即表现出内在的仁与外在的礼融会贯通的境界。实化仁礼之意，在实践中自然不会犯上作乱，因为遵从礼的约束意识已经自然把犯上作乱的可能性排除了。

6·28　子见南子，子路不说（yuè）。夫子矢之曰："予所否者，天厌之！天厌之！"

【译】孔子去见南子，子路对此事很不高兴。孔子指着他发誓说："如果我在见她的时候动过什么不合礼的念头，做了什么不合礼的事，让上天厌弃我吧！让上天谴责我吧！"

【解】南子：是卫灵公夫人，当时左右着卫国政权，早年淫乱。

---

[1] 马恒君：《论语正宗》，第97页。仁爱世人、仁爱众生是儒者自然的、本来的情怀，儒佛都对世界之本有所感悟，佛与儒虽然只差一个"仁"字，但是二者之间，从心意发动的温情到寂灭的境遇，可谓天差地别。

说：通"悦"。矢：通"誓"，此处讲发誓，一说如箭一般指着。否：是不对、不是，指做了不正当的事。一音pǐ，不的意思，当为不合于礼的念头及行为。关于"天厌之"的英译，理雅各、倪培民、许渊冲译为may heaven reject me；刘殿爵译为may Heaven's curse be on me，curse有诅咒义；安乐哲译为may tian abandon me，abandon有讨厌后的遗弃，要厌恨从而不管之意。安乐哲反对用Heaven译天，建议用tian。"天厌之"可能是当时发誓的习惯性语言，跟今天的"天哪"类似，也带有如果是事实，让天用不幸惩罚自己的诅咒意味，很难明确说天有宗教性与人格性，也不代表天的情感性、意志性和全知全能。

据《史记·孔子世家》，子路表达不满时，孔子已经见过南子，是迫于形势不得已而为之："孔子入门，北面稽首。夫人自帷中再拜，环佩玉声璆然。孔子曰：'吾乡为弗见，见之礼答焉。'子路不说。孔子矢之曰：'予所不者，天厌之！天厌之！'"看起来孔子答非所问，而且事先可能明知子路等学生们的建议，觉得孔子不应该去见南子，希望阻止他把意念付诸实践。可是他最后还是非见不可，当然这样的行动就必然会在师徒之间引发轩然大波。孔子当然是不希望修身养性的君子偏离人生正途的，那么他去见南子这件著名的事件是否偏离了人生正途呢？记述其言行的弟子们肯定都认为没有，毕竟孔子已经发誓，如果自己当时偏离了正道，上天也不会放过自己。周围的弟子们也不客气，把孔子发的誓言记录下来，立此存照，后来历代整理者也不删除，觉得这是先师孔子真性情的流露，正好可以说明当时社会政治形势的复杂性。学生们相信，自己的先生只是迫于形势不得已通权达变而已，并不可能真的偏离他平时教导弟子们要执着的仁人之意的中道。

【意】孔子见南子当然有点想法，说明孔子急于寻找机会推行自己的主张，他是有经国宏图的人，希望突破自身之道不得推行的尴尬处境。平时他教弟子们，君子守道就不可与没有道德的小人为伍，更不可讨有权势之人的欢心，所以弟子们对他去找南子这样的小人商量，希望小人来帮忙实现自己的宏图大业的行为，非常不满，感觉先生背离了自己平日的所言和教诲。但现实中孔子也知道，如果总是没有机会受到重用，那就可能永远无法实现自己的抱负。

孔子非常自信自己的意念之生，必然念念合乎仁人之意，苍天可以作证，不怕别人误会。王阳明临终之前，说"此心光明，亦复何言"，李叔同说"悲欣交集"，皆有类似的意思，就是心地光明，一生坦荡，无私无欲，心与天齐。

6·29 子曰："中庸之为德也，其至矣乎！民鲜久矣。"

【译】孔子说："中庸之道作为一种道德境界，实在是至高无上了吧！长久以来，已经很少有人能够达到这种境界了。"

【解】中：即正，指无过无不及，保持良好的平衡与完美的平静（well balanced and kept in perfect equilibrium，辜鸿铭）[1]。庸：是平常；一说庸通于用，类似安乐哲的翻译focusing the familiar（中于庸常、切中伦常）。亚里士多德也有相似观点："德行就是中道，是对中间的命中。……由此可断言，过度和不及都属于恶，中道才是德行。"[2]本章接上章强调孔子其实是走中庸之道的，只不过在见南子的事情上面有所权变，难以为当时一起周游列国的贴身弟子们所理解，可见实行中庸之道有多么困难，毕竟人们偏离中庸之道的境界很久了。当然，这也暗示和说明，学生们要长久地持守中庸之道并不容易，毕竟大多数人不是狂者就是狷者，这本来就是人伦社群成员们的常态，本不能要求太高，但是老师孔子对人伦家国的道德水准有着非常高的要求。

【意】"中庸"是诚中之意，即意念时刻切中于天道之中，或者天道通于人身，人之意念感悟天地气息通畅之道，并将此意念显现于人所经历的事件之中，集中于一种向人伦家国的礼乐中道对标的状态，即所谓"切中人伦"日用常行的状态。儒家的道在人伦日用之中，却隐微不显，故一般人不知，但君子诚于人伦日用之中道，知道时刻调适仁人之意以通达自然之意，即所谓"诚中之意"，此为《中庸》之精义所在。换言之，《中庸》经义的精髓在于，诚于人伦日用之"中"的心意不可一刻偏离仁人之

---

① 辜鸿铭：《西播〈论语〉回译——辜鸿铭英译〈论语〉详释》，王京涛译注，第125页。
② 亚里士多德：《尼各马可伦理学》，苗力田译，中国社会科学出版社1990年版。

意，要时刻保持在人天中道的自然之意之"中"，从而有一种"通神之意"的通乎先天之炁的意味。这种人天中道不是抽象外在的、遥不可及的中道，因为时时刻刻可以实化出来，在现实中可以表现为政治的中道，平衡社会中各种团体利益的中道，追求理想且不脱离人间现实的中道。这是中庸之道的最高境界，所以仁人之意的意念之生，当以中庸之道为最理想化的境界。

6·30 子贡曰："如有博施于民而能济众，何如？可谓仁乎？"子曰："何事于仁？必也圣乎！尧、舜其犹病诸！夫仁者，己欲立而立人，己欲达而达人。能近取譬，可谓仁之方也已。"

【译】子贡说："假若有一个人，他能广博地施予人民恩惠，又能救济大众，这个人怎么样？可以算是仁者了吗？"孔子说："岂止是仁者啊，一定要说的话，简直就是圣人了！恐怕就连尧、舜都难以做到（博施广济）吧！至于仁者，就是要想自己安身立命，就要先帮助他人安身立命；要想自己通达事理，就要先帮助他人一同通达事理。凡事能就近自身来反思，培养自己的仁人之意，再去亲比他人，从而推己及人，可以说就是实化仁人之意的最佳方法了。"

【解】施：旧读shì，给予。众：指众人。尧、舜：是传说中上古时代的两位帝王，也是孔子心目中的榜样，儒家认为是"圣人"。病诸：病是担忧。能近取譬是能够就近观察反省自己，比于他人，从而推己及人。把自己的心意状态，经过反省和修正，再推及到亲近的关系之中，去寻找心意发动的合适分寸状态，就是把仁爱他人的心意推致出去了。这里孔子轻轻敲打子贡，实化仁人之意应该从落实在身边的人身上开始，不必强求落实到天下国家所有之人。

到了最后一章，在往复辩难起伏转折之后，回到真正的"仁"人之境的总结上来，这就是著名的仁者之境：自立立人、自达达人。对于"己欲立而立人，己欲达而达人"，理雅各译为Now the man of perfect virtue, wishing to be established himself, seeks also to establish others; wishing to be enlarged himself, he seeks also to enlarge others。

许渊冲认为，enlarge（扩大）不容易理解，不如develop（发展）[1]。刘殿爵译为a benevolent man helps other to take their stand in so far as he himself wishes to take his stand, and gets others there in so for as he himself wishes to get there。安乐哲译为authoritative persons establish others in seeking to establish themselves and promote others in seeking to get there themselves。基本都是理解为自己要立则要先帮助他人立。葛瑞汉译为himself desiring to stand up he stands others up（自己欲立，也欲他人立），伍晓明认为这与李泽厚的译文一样"将立己和立人之间的关系仍然留在模棱两可之中"[2]。因为"而"可以有"就""却""因而""所以"等不同理解。[3]

无论如何理解，"而"都不能脱离"而且"的解释：君子不但要实化自己的意念，而且要帮助他人实化和成长。"而"这其实是君子实化自己意念的最高境界。仁爱他人的意境不是单纯的理想，而是要实践出来，但在实践过程当中，种种艰难困苦不为他人理解，都非常正常。每个人本性、才具和经历不同，成长的方式自然不同，但孔子最后要归结为实化仁人之意而自立立人、自达达人，从这个意义上，每个人没有什么不同。孔子的伟大在于能够总结出如此普遍性、普适化的伟大教育方向，让人民的心意都能够有所向往，从而开创儒家的气象，而这种气象正是儒家"可以南面"的伟岸气象，影响千年。

【意】虽然"人"相对"己"有他者意味，但实现"己欲立而立人，己欲达而达人"的前提仍然是人我一体，是人与他人共通共在，本体上相通为一，只是"人己"一体而有分。本来人就是天的一部分，分为人、己，也就是意念的分别，本体上还是相通为一的。仁者（仁爱他人的人）是由己，即自我的创造和挺立，通过推己及人到帮助他人的过程性存在。帮助他人的前提是心念当中一直有别人、关爱他人、在意他人，是意念当中视他人如己的状态。这是仁人实践之后的理想境界，让所有的人民得到恩惠与救济是极致的崇高境界，因此这种圣人的境界才很难达到。

---

① 许渊冲：《〈论语〉译话》，第93页。
② 参见伍晓明：《吾道一以贯之：重读孔子》，第39页。
③ 参见伍晓明：《吾道一以贯之：重读孔子》，第39—40页。

述而篇第七

7·1 子曰："述而不作，信而好古，窃比于我老彭。"

【译】孔子说："绍述（先人的仁爱之意）而不妄自创作，既坚信又喜好古代的文化，我私下觉得自己可以跟（好述古事的）老彭相提并论。"

【解】述：传述、绍述、整理、阐扬。作：创造、创作。理雅各把"述"译为transmitter（传承）；安乐哲译为following the proper way，强调追随的是前人之"道（path）"①。理雅各把"作"译为maker（制作）；辜鸿铭译为originate any new theory；刘殿爵译为innovate；安乐哲译为forge new paths；许渊冲译为create（创作），与译"述"的narrate（叙述）都是两个音节，押韵而且音美形美②。李泽厚认为，"孔子是'述而又作'。'述'者，'礼'也；'作'者，'仁'也"③。窃：指私、私自、私下，带有自谦的味道。老彭：有说是殷商时代的彭祖；或殷商时代一位好述古事的贤大夫；有说是老子和彭祖两人。

孔子开始讲自己的时候，第一句就是"述而不作"，这是孔子学说与功业的总纲。孔子自述自己继承转述而不创作，但孔子其实还是在转述当中，创作了非常原创而且博大精深的哲学体系，所以有顺着古代传承而"显微阐幽"的意味。④他的叙述以古文为意缘，或者说他定的意都源于古文，即古代文化是其思考和灵感的来源，而他之所以如此重视古代文本，是因为文本本身有内在的思想张力，意识生成和构成的丰沛力度。

【意】本篇回到对孔子本人的言谈上来，更多的是德行的记述与讨

---

① 参见Ames and Rosemont Jr., trans., *The Analects of Confucius: A Philosophical Translation*, 111, 241。
② 参见许渊冲：《〈论语〉译话》，第67页。
③ 李泽厚：《论语今读》，第125页。
④ 参见张祥龙：《孔子的现象学阐释九讲》，《儒家哲学史讲演录》（第一卷），第43页。张祥龙认为，孔子作《春秋》是在原来史官记载的基础上重述删减，做一些字句的调整，体现其"微言大义"，似乎没有提出新的学说，但他的意思已经包含在其中了。这是借助实事及其情境，让其思想深切著名。孔子的思想虽然通过"述"来体现，但其思想的影响超过了老子、墨子、孟子和荀子等。

论。本篇述古人之意，打开今人的意识境遇，让古人的思想境遇成为今人起心动念的背景。本章是孔子的谦辞，说自己致力于阐发传扬先人的仁爱之意，没有什么新的创造。其实，孔子创造了以仁（人之意）为中心的哲学思想体系，而且因为仁人之意如此切中人伦日用，足以成为后世儒学的思想起点。这说明在孔子时代，中国古代思想的创造已经形成了自己特殊的诠释与推阐方式。那时已经有丰富的经典，思想家很难凭空创造，而要回到既成的经典当中，从经典的诠释中转化。思想创造都要在表述、明白经典的原意和本意之后才能进行创造，虽然这种追问原意和本意的过程本身就是一种再诠释、再创造的过程。

7·2 子曰："默而识（zhì）之，学而不厌，诲人不倦，何有于我哉？"

【译】孔子说："默默地记住所见所闻，认真学习而不觉得厌烦，教化他人却不知道疲倦，这几个方面我做到了哪些呢？"

【解】识：记住。诲：教诲。何有于我哉：是对我来说有什么难呢？一解这对我能有什么困难呢？① 弟子们的编辑方式很特别，他们让孔子这样的伟大人物非常低调地登场，连话也不说，只是默默地记诵，不厌烦地学习，其实这些美德孔子都有，这更凸显他的谦虚。

【意】还应该从谦虚的角度来理解孔子。学习要记忆，要不厌烦，这是学习应有的态度，也是一种终身学习的理念。孔子在此还提出一生教育的理念，即诲人不倦，不断地教育他人。这两者都不易做到，孔子觉得心向往之，但做得还很不够。教育包含两方面：如何让学生好学而不厌烦，如何让教育者乐于教学。孔子不厌不倦，虽然都做到了，但因为乐在其中，所以总觉得自己可以做得更好。

7·3 子曰："德之不修，学之不讲，闻义不能徙，不善不能改，是吾忧也。"

【译】孔子说："仁爱之德不能按时修养，学问不去时常讲习，

---

① 参见马恒君：《论语正宗》。

听闻仁爱的礼义却不去随时实践，有了过失却还不适时改正，这些都是我所忧虑的啊。"

【解】徙：迁移，指靠近义、做到义。这是承上章讲教育思想的核心是仁爱之意。有一些不修德，不讲学的学生，他们不去实践仁爱之义，缺乏反省当下的念头以及及时改正的决心和勇气，孔子对他们忧心忡忡。有人译成忧虑自己，不是忧虑别人。综合来看，此处应该包含自己和他人两个方面。

【意】仁爱之意是孔子每天在教的，但有些学生不跟从、不理解、不学习、不实践，有缺点也不改，孔子当然忧虑。可见孔子自谦其意境似乎未至圣境，其实已经几近圣境。以圣境观常人之意境，则修养自己、讲习哲理、迁徙从善、改正缺点都是时机化的事情，是随时随地都可以完成的事情，可以机缘性地实化君子的仁人之意。这需要修养者心意柔和，因应时机而自我改变，可是有些人本性难移，心意僵化，没有弹性，无法自修自改，令师长担忧。即使时间流逝，对于不改的人，除了担心似乎也没有什么好办法。

7·4　子之燕居，申申如也，夭夭如也。

【译】孔子闲居在家的时候，仪态安宁舒展，悠闲自在。

【解】燕居：是安居、家居、闲居。申申：是衣冠整洁、舒展安适。夭夭：指行动迟缓、斯文舒和、从容和悦的样子；一解润泽的样子。可见，孔子日常境界并不是整天愁容满面，而是非常舒展自在的。

【意】孔子平时在家舒展平和，这也是一种内心安宁的境界，是仁爱之意在平时境界中的反映，即仁爱他人（仁人），自然仪容舒展，悠闲平和。其意境舒缓平和，意念生发，时刻如悠游于坤境，即道境之间。

7·5　子曰："甚矣，吾衰也！久矣，吾不复梦见周公。"

【译】孔子说："我衰老得实在太厉害了！竟然已经很久都没有再梦见周公了。"

【解】周公：姬姓名旦，周文王儿子，周武王之弟，成王的叔父，鲁国国君的始祖，传说是西周典章制度的制定者。孔子心中存着周公之道，希望常常梦到，如果梦不到，就觉得自己老了，感叹自己的意境离开周公之斯文很久了。可见孔子的文教，也可以说是周文之教，孔子心中念念不忘的是周代的文化，心念时时刻刻不偏离周公定型的"斯文"。

【意】孔子的意念之力，来自周公那种开创周朝礼乐制度的气魄。周公是孔子一生念念不忘的意缘，孔子塑造当下意识境遇以周公定的"斯文"为旨归，"斯文"可谓是孔子希望追求的极致境界。可以说，周公是孔子的太阳，是其意念之光，也成为孔子一生意识之下的潜意识。孔子老了，担心周公的潜意识不能再时时刻刻作用于自己当下的意识境遇，一旦发现自己梦里周公不再出现，就觉得自己潜意识的意缘不能再接续周公的先天之力，自己就会担心是不是无力存续周文的生生之力了。

孔子以周公之意为自己起心动念的意向指南，只要自己的意能允许，时时刻刻都要面对永恒，也就是心意的北斗星——周公的意念，一旦自己的意念衰弱，不足以时时刻刻对准周公的意念，就为自己的体能衰弱导致的意能无力而深感忧伤。周文之教塑造着文化人的意境和志向，至少孔子希望他的学生们继承斯文，这对后世读书人的影响巨大。确实来说，周文是后来儒家文化意识的原点和根本处境。

7·6 子曰："志于道，据于德，依于仁，游于艺。"

【译】孔子说："心志专注于仁爱之道，时刻据守于仁心之德，念念依从仁爱之意，自在悠游于六艺之间。"

【解】朱熹注曰："德者，得也。"可见"德"是能把道贯彻到自己心中，保持有所得而不失去的状态。艺：指孔子教授学生的礼、乐、射、御、书、数六艺，都是日常所用。学生们要培养气魄宏大、广博的"四于"，心意通天，灵魂接道，成就仁爱之德，依据仁爱之意游于艺术化的境界。理雅各把"道"理解为path of duty（责任之道）；安乐哲把"志于道"译为set your sights on the way（把目光放在道上），他反对韦利译为大写的Way；许渊冲译为aim at truth（瞄准真理）；理雅各把"据于德"理解为let every attainment in what is good be firmly grasped（紧紧掌握一切好的成就）；安乐哲译为sustain yourself with excellence；许渊冲译为depend on virtue；理雅各把"依于仁"理解为let perfect virtue be accorded with（与完善的道德保持一致）；安乐哲译为 leap upon authoritative conduct（超越权威行为）；许渊冲译为 rely on the good（依靠好的）；理雅各把"游于艺"理解为 let relaxation and enjoyment be found in the polite arts（在礼仪的艺术中寻找消遣和娱乐）；安乐哲译为 sojourn in the arts（在艺术中逗留）；许渊冲译为 delight in the arts（喜爱艺术），都希望传达自在悠游于六艺之间的意味。

【意】心志不可偏离仁人之意、仁爱之道，所以心志要专注于道。道是天道贯通人道之道，是仁爱之境化为仁人之德，是个人从道之得（德），构筑着个人的心灵境遇。"依"是个人的心念每时每刻依从仁爱之境，不让仁人之意出偏。达到前面三者，自然可以把仁人之意悠闲地落实在六艺之教上。在所有的六种学问当中，心念每时每刻都不离开仁人之意。

7·7 子曰："自行束脩以上，吾未尝无诲焉。"

【译】孔子说："只要自愿带着一捆干肉为拜师礼来见我的人，我从来没有不教诲他的。"

【解】脩：干肉，又叫脯；束脩就是十条干肉。孔子让来求学的学生初次见面时拿十条干肉作为学费。后来就把学生给老师的学费叫"束脩"。交学费有多重原因，一捆干肉不过是学费的象征，朱熹注曰："束脩，其至薄者"，孔子并不计较，但希望求学者有礼，表示倾心向学，老师就当启发他们的仁人之意，有朝一日成为君子和圣人。

傅佩荣、孙福万等将"束脩"解为"十五岁"，理解为凡是十五岁以上并立志求学者，孔子都去教诲他们，这当然是极而言之，表示自己有教无类，只要学生有志于学就收。只要学生有意向于圣学，孔子就尽量教诲他们。

这两种解释一重求学之礼，一重求学之潜质，都有道理。总的来说，孔子的话语都很平实而且具体，但教诲是对学生们求学意向的回应，如果这样的话，"一捆干肉"更代表求学意向之切，表示自己愿意发奋学习。毕竟，一些学生虽然有求学的能力，却未必倾心向学，他们也就不见得是合适的教育对象。

【意】孔子对于学生不挑剔，只要想学就来，不需要交多少学费，都去教他们。他有教而无类，对学生们不作区分，尽量广泛施教。有这种广大的心境和气魄，就能够广收天下英才而教之。通过"束脩"制度，他把最想学习的学生都收入门下，努力教化他们。

7·8　子曰："不愤不启，不悱（fěi）不发。举一隅（yǔ）不以三隅反，则不复也。"

【译】孔子说："教导学生，不到他冥思苦想而自己仍然没法领悟通达的时候，我不去开导他；不到他想说却无法恰当地表达出来的时候，我不去指点他。教给他一个方面的道理，他却不能由此而推知其他多个方面的道理，那我就不再继续解释了。"

【解】愤：苦思冥想而仍然领会不了导致激愤的心情，理雅各译为eager to get knowledge（渴望得到知识），想求知而尚未得；韦利用eagerness（渴望），许渊冲赞同[①]；安乐哲译为driven with eagerness（以渴望驱动）近之。辜鸿铭译为make an effort himself to find his way through a difficulty（自己努力寻找克服困难的办法），译出努力但没有强调急迫；刘殿爵译为driven to distraction by trying to understand a difficulty（因为试图理解难点而分心），但应是想解决问题而不能，不但不分心，而会愈加渴望解决。悱：想说又不能明确说出来，内心怀疑，还不太同意的样子。理雅各译为anxious to explain himself（渴望表达自己）；辜鸿铭译find his own illustrations（找到他自己的阐释），指向言语表达；刘殿爵got into a frenzy trying to put his ideas into words（疯狂地想要表达自己的想法），强调口欲言而不能；白牧之译为urgent（紧迫）过于单薄，没有说明是言语表达的紧迫；安乐哲译为trying desperately to find the language for their ideas（拼命为自己的思想寻找表达方法）；许渊冲译成not anxious to discover[②]（不急于发现）。开悟之前，需要努力寻找自己的表达方式。

"隅"是角落，一说墙角。学生们自己要努力学习，如果不发奋思考，那就很难开悟。《周易·蒙卦》讲到学生们主动学习是教学关系当中第一位的。"不复"代表孔子强调教学上的意念自制力，也就是说，学生不努力学，自己也就没有教的动力了；一解孔子不再重复

---

① 许渊冲：《〈论语〉译话》，第72页。
② 许渊冲：《〈论语〉译话》，第72页。

之前的例子或者教法。不同的解释其实都致力于改变学生的意向，以培养他们主动学习、有所收获的意识。

【意】对于意境打不开的学生，孔子认为重复解释也没有用。可见孔子对学生的要求其实很高。他强调学生如果不能举一反三，做老师的教育积极性就会被打击，这说明教育是师生互动的过程，是意识的融合和交流。学习是需要苦思冥想的，没有捷径可走，老师只有到了学生苦思不得的时刻才去启发开导他们，这样对学生才最有帮助。如果学生没有求学的热情，没有努力学习的意愿，哪怕老师不断变换教学理念和方法，教育的效果也必然事倍功半，收效甚微。

当然也可以说孔子重视启发式教学，而启发式教学的方式很多，禅宗的棒喝也是启发式教学。[①]但前提是要有主动学习，并且主动思考的学生。教学过程当中，心意的感通是有条件的，即双方的心意都要有足够的积累才行，这就是为什么求学的意愿需要越强烈，师生之间意能的交流越深，师生彼此的意境才不断水涨船高。

7·9　子食于有丧（sāng）者之侧，未尝饱也。

【译】孔子在有丧事的人旁边吃饭，从来不曾吃饱过。

【解】孔子心情悲伤的时候不能多吃，因为有同情之心，能够感同身受。共情的情感自然影响食欲，说明孔子对一般人不幸有深厚的感通恻隐之心，这种同情心是仁爱之意的根源，后来孟子的恻隐之心接近于此。

【意】孔子的心思意念都发乎情，而共情同情之心是仁人之意的根本。他对意念的控制力是很强的，也是多方面的。下面几章就从几个方面表现孔子极强的意志自制力。他的意量依境而生，依境而控制，如果身边的人有丧事，必然同情悲悯，也就不可能吃饱饭。

7·10　子于是日哭，则不歌。

【译】孔子如果在这一天为吊唁死者而哭过，就不再唱歌了。

---

① 参见李泽厚：《论语今读》，第130页。李泽厚认为，古往今来真正的哲学大家留给世人的是他们的真知灼见，而不是合乎规范与标准的长篇大论。

【解】朱熹的分章与上章相连，逻辑上可通。此章如上章，孔子感到悲伤，就不会歌唱，强调情感表达与情境的一致性，因为吊唁死者时大悲，心情非常难受，沉浸在逝者的悲痛中，很难唱歌表达欢乐之情。也可以理解为，没有相应的感情（欢快），就不可能歌唱。歌唱的前提都是自然情感的流露，这说明情感是应运而生、依境而生（情—生）的存在。

【意】这还是依据情境来控制自己的意量，意识到自己的意识付诸行动需要配合天时和情境的变化。这再次强调了同情之心与孟子的恻隐之心接近，是仁人之意的根源。孔子对于人生的悲苦有着深切的同情，不会因为离了丧事情境就马上嬉皮笑脸，而需要比较长的时间才能平复伤痛，这说明他不仅共情能力很强，而且悲情很深刻持久。这方面其实跟佛教讲同体大悲可通，可见儒道佛对人类苦难命运的共通感都有类似的同情与理解。

7·11 子谓颜渊曰："用之则行，舍之则藏，惟我与尔有是夫！"子路曰："子行三军，则谁与？"子曰："暴虎冯（píng）河，死而无悔者，吾不与也。必也临事而惧。好谋而成者也。"

【译】孔子对颜渊说："如果有人看中要用我的才能，我就出仕行道；如果没有人用我，我就隐藏修行，恐怕只有我和你才能做到这样吧！"子路问孔子说："老师您如果统率三军，那么您要选择跟谁一起共事呢？"孔子说："赤手空拳和老虎搏斗，徒步涉水过河，即使死了也不知道后悔的人，我是不会选择与他一起做事的。如果一定要我选择的话，那我就找面临情势知道要戒慎恐惧，善于谋划而终能把事情办成的人。"

【解】舍：舍弃不用。藏：隐藏。三军：当时大国所有的军队，每军约一万二千五百人。暴虎：是赤手空拳与老虎进行搏斗。冯河：是无船而徒步过河。临事而惧：指遇事谨慎、警惕，遇到事情格外小心谨慎，指意境特别小心的状态。第一句宾语应该是有人，主语跟后面的主语我与你不一致。孔子有这么强的自制力，觉得只有自己与颜渊两个人的意念控制境界达到了，但子路听了不爽，觉得自己孔武有力，如果要去打仗老师只有靠自己，但孔子的回答说明"临事而惧"

很重要，也就是意念的反思与控制力才是第一位的。如果没有机智的反思和控制力，是根本不能统率三军的。

【意】孔子对颜渊修行仁爱之意的分寸非常满意，觉得他跟自己的境界与分寸差不多，想做就可以去做。他批评子路有勇无谋，不能把事情谋划好了再去做，孔子觉得他修行意念的分寸是不合适的。尤其是打仗这样的事情，谋划比勇气重要得多。战争是极端危险的事情，所以必须要惧，要非常小心谨慎才可以，也就是对自己意念的控制力必须极强才行。通过与学生们的对话，孔子强调，仁人之意的意量其实一定要合乎时势，受到时空条件的影响，所以发动仁人之意需要认真琢磨和体会其中的意缘、意向等分寸。

7·12　子曰："富而可求也，虽执鞭之士，吾亦为之。如不可求，从吾所好。"

【译】孔子说："富贵如果可以去求取的话，即使是拿鞭子看门、开路的下等差事，我也愿意去做。如果富贵不可以求取的话，那我还是按我（追求仁人之意）的爱好去做我喜欢的事。"

【解】求：指合于道，可以去求。执鞭之士：古代为官员出入时手执皮鞭开路的人；一解拿着鞭子赶车的人，都指地位低下的职事。但孔子也说，自己的自制力虽强，但未必成事，也不能为自己谋取富贵，所以才有此议，只要有机会谋富贵，那就应该努力争取，既然如此缥缈，还是不如把握自己的内心。所以孔子的自白，其实还是追随自己内心的仁人之意，外在的表现就是随缘而不刻意。

【意】富贵求不来，不是完全靠自己努力就可以取得的，有命运之境非个人努力所能改变的味道。"死生有命，富贵在天。"孔子一心一意追求仁人之意，根本不在乎富贵与否。富贵不是心灵思考的必需品，富贵充满偶然性，跟合乎道没有关系。郭象认为，既然所遇为命，就要静其所遇。富贵贫贱都要坦然以对，珍惜缘分之"遇"。

面对不测的命运，如何控制自己的意念，孔子的回答是"从吾所好"，即每时每刻都追求仁人之意。孔子其实成功了，其学说的成功是当下的成功，即后来阳明说的圣人的纯粹，在学生们记录下来的瞬间，他的精神力量就已经超越时空，不朽于世。古往今来，伟大的圣人都是非常纯粹的人，他们在纯粹的神圣性当中建构自己特殊的思想和言行系统。

7·13 子之所慎：齐（zhāi）、战、疾。

【译】孔子所谨慎小心去对待的三件事是：斋戒、战争和疾病。

【解】齐：通"斋"，斋戒。古人在祭祀前要沐浴更衣，不吃荤，不饮酒，不与妻妾同寝，整洁身心，表示虔诚，叫作斋戒。孔子内心最注意的，就是这三件事。斋戒是与天，战争是与国，疾病是与己，三者都事关自己与世界一体性的存在，即在千变万化的世界中，如何让自己的意识存续，在自己的意识变化的世界面前，时刻都生死攸关。

【意】孔子处理与他者的关系，首先要"慎"，就是谨慎而且慎重。斋戒意味着祭祀，意味着人跟天的关系。战争是与人民与他国的关系，涉及世俗和利益得失等问题。疾病涉及如何对待自己身体的问题，而身体也是意识的他者，需要慎重对待。人的身体是人存在于世的根据，是涵养仁人之意的本根和基础。可见，持守仁人之意的意缘应当非常慎重，因为意缘意味着跟他者之缘发生缘发性的关系。而无论是人与天的关系，人与他国的关系，还是人与自己身体的关系，都与周围的他人甚至全体民众的生活密切相关，所以处理起来就要慎之又慎。

7·14 子在齐闻《韶》，三月不知肉味，曰："不图为乐（yuè）之至于斯也！"

【译】孔子在齐国闻习《韶》乐，有很长时间吃肉的时候都觉不出肉的滋味，后来他感慨道："没法想象古乐带给我的震撼，居然能达到如此不可思议的地步！"

【解】《韶》：是舜时的乐曲名。三月：极言时间之长。孔子想不到《韶》乐美到了如此迷人的地步，感叹音乐之美竟然能够达到如此完美的境界。其实这不仅指音乐本身的美，更指音乐产生的美感不可思议，孔子彻底沉醉于其中，不能自拔。纯粹的乐与美的境界，是极乐与极美，因为极美才导致极乐，也因为极乐反衬了极美。极乐与极美不可分割，它们之间是一体两面。

【意】心意被触动，感受到快乐，没想到意识的能量可以凝聚到如此不可思议的地步。孔子的意境如此之高妙，常"乐"在音"乐"之中，可谓长乐之境，沉醉在音乐之美中，忘了世俗的味道。孔子是能够享受极致之乐的人，乐在自己的意境之中，也可以说，音乐有助于提升意量和意境的修养。①

7·15 冉有曰："夫子为卫君乎？"子贡曰："诺，吾将问之。"入，曰："伯夷、叔齐何人也？"曰："古之贤人也。"曰："怨乎？"曰："求仁而得仁，又何怨。"出，曰："夫子不为也。"

【译】冉有（问子贡）说："老师会帮助卫国的国君吗？"子贡说："好吧，我去问问他。"子贡进了孔子的房间，问道："伯夷、叔齐是什么样的人呢？"（孔子）说："他们是古代的贤人啊。"（子贡又）问："他们对自己的行为会有怨悔吗？"（孔子）说："他们追求仁爱之道，最后也算达到仁爱的境界了，那他们还有什么可以怨悔的呢？"（子贡）出来（对冉有）说："老师不会去帮助卫君。"

【解】为：是帮助、支持。卫君：指卫出公蒯辄，卫灵公孙子，公元前492年—前481年在位。其父蒯聩因谋杀南子，被卫灵公驱逐出国。灵公死后，其孙蒯辄被立为国君，有人想让其父蒯聩回国与他争位。学生们好奇孔子会不会帮助卫君蒯辄跟他父亲蒯聩去争权夺利。

子贡知道老师很欣赏伯夷、叔齐等人，他想试探老师的分寸，所以很注意问话的艺术。孔子确实非常欣赏这些人，所以子贡觉得自己从老师对他们的评价中就能够理解老师孔子的进退之道。一种解释是，蒯聩的处境类似伯夷，本来应该继位，但父亲意图传位给三弟叔齐，没有传位给他；卫出公蒯辄的处境类似叔齐，叔齐是三兄弟中最小的弟弟，不应该跟哥哥相争。如果按照伯夷、叔齐的故事，结合后来孟子"窃负而逃"的方案，那就是卫出公蒯辄应弃国君之位，蒯聩应该逃脱晋国的控制，父子一起逃到天涯海角，父慈子孝，终其天

---

① 张祥龙指出，这种沉浸在古乐之美的思想力量，其实来自那个时代虽然有多个国家，但其实是同一种文化在不同地域长期发展形成的一多互摄，这对思想的激发很有力量，不像今天，如果去了美国，其实就到了另一个文化异质的国家。他说，那是一个"回旋着顶天立地的源发思想、豪侠风骨、决断奇气的时代，能够出现那么多彪炳千古的人物……孔思孟荀、申韩老庄都是从这个结构旋涡乘势而化，御长风而发浩歌者，岂是后辈弱化了的、被体制驯化了的思想蜘蛛、酸臭文人！"参见张祥龙：《孔子的现象学阐释九讲》，《儒家哲学史讲演录》（第一卷），第48页。

年，否则父子相残，有违孔子仁人之意的理想。

关键在于，孔子其实也了解到伯夷、叔齐他们后来生活得很惨，只是子贡不确定老师是否认可他们的心意方向与选择。孔子的回答肯定了子贡的猜测，凭他对老师平时的了解，他觉得八九不离十了。所以既然老师孔子仍然觉得伯夷、叔齐舍弃自己身家性命都要劝阻武王伐纣，那么就说明老师认可他们的选择和价值倾向，自然也就不会屈从于现实的压力去帮助不是圣君的卫君了。

【意】儒者从政最大的困境，除了自身的修养要达到相当的高度，还非常注重君主的品格，也就是说，如果君主不是一个好的君主，不是圣君，或者君主要做违背仁义的事情，都是坚决不能辅佐的，而这样的圣君可以说是难以求得的。当孔子谈论伯夷、叔齐乐在自己的意境之中的状态，其实也是夫子自况，觉得自己"求仁得仁"，能够活在仁爱之意的意境之中，自得其乐，无怨无悔。所以推行仁人之意，根本上是动机主义（motivationism），并不求在世有什么令人羡慕的结果，所以不是后果主义（consequentialism）。如果一个君主的动机不是仁人之意，那么就没有必要去帮助和支持。

7·16　子曰："饭疏食，饮水，曲肱（gōng）而枕之，乐亦在其中矣。不义而富且贵，于我如浮云。"

【译】孔子说："吃粗粮，喝冷水，弯着胳膊当枕头，即使在这样的清苦生活中，依然可以自得其乐。如果要用不正当的手段去谋求财富和地位，那对于我来讲就像是过眼云烟一样。"

【解】饭疏食："饭"作动词，"疏食"即粗粮。肱：胳膊，曲肱：即弯着胳膊。饮食和富贵不是乐的对象，强调乐是非对象化的，无待的大乐之境。这一章接续上一章肯定伯夷、叔齐"不义而富且贵，于我如浮云"的意境。这种无怨无悔的境界很高，可以让人放下世俗的享乐，过非常简单、行云流水般的生活，几乎可以说是吸风饮露，与天地精神相往来，不去考虑身外之物（如富与贵）的问题，因为富贵本身如浮云一般，都应该放下。

【意】儒家在乎自己的意念发动是否合乎仁爱之道，是否合乎礼义，可以说把"义"看得很重，儒者绝不拿仁义和礼义的理想来交换，因为儒者沉浸在建构基于礼仪的人伦家国当中，体会此中有真义，乐此不疲。可以说，"义"指的是意识发动悠然自得，觉得礼义世界美轮美奂，恰有合适自己的意量，可以放下身外艰难的生存环境带给自己的苦难。说明儒者的修为有稳定的意量，足以自得其乐，不向外求，对于外王的因缘，得之若命。

既然儒者看清圣君难求，那就甘于清贫，自得其乐，做自己喜欢做的事情，即所谓安贫乐道。毕竟，儒者认为仁爱之境中自有大乐，可以忘却世俗的艰难，富贵如天上的浮云，转瞬即逝，不可久居。如果采取不正当的手段获得和达到富贵，那就更是浮云。人生之乐不依托于外物，真正的乐趣在于悠游于基于礼仪的人伦家国之间。

清苦而静定的大乐，方是儒者的极致境界。对象化的饮食、富贵，都是浮云一般的身外之物，从未举起，也就无所谓放下。

7·17　子曰："加我数年，五十以学《易》，可以无'大过'矣。"

【译】孔子说："如果老天之前多给我几年时光，让我从五十岁就开始学习《易经》，那样我便真的可以没有大的过错了。"

【解】加：通"假"字，假借、给予之义。《易》：指《周易》，可以参考两条史料，《史记·孔子世家》："孔子晚而喜《易》。"《帛书周易·要篇》："若是，我于《易》则彬彬矣。"大多数学者如杨伯峻、廖名春、李学勤都认为"易"即《周易》。孙福万、刘强取"假设我还有几年时间"的意思。暗含自己现在45或46岁，觉得自己还没有资格读《周易》，怕理解不了，要到50岁才觉得自己有资格或者觉得才可能读懂《周易》。但孔子是好学之人，如果想学《周易》，没有必要再等几年，到50岁之后再学。古代人的寿命普遍不长，等几年就不一定等得到了，而且孔子作为那个时代最大的知识分子，不可能不了解《周易》，更不可能要求自己等到五十岁之后再来学习。所以，这句话应该是孔子50岁之后说的，是觉得自己有了"大过"之后才说的。所以本章当属于晚年追悔之言。[①]可能当时孔子已经年近70，对孔子来说，50多岁从政，那时他有了一些大的过

---

① 廖名春的判断有理，参见廖名春：《孔子真精神：〈论语〉疑难问题解读》，第169页。

错，如果到50岁学习《易》，那么孔子后来不会再犯大错了，这是一种后悔的表达，应该说是合情合理的。

孔子晚年"韦编三绝"，通过传述《易传》建构了儒学的宇宙论。把《论语》与《周易》互参加以研究，《论语》主要记录孔子从40多岁到73岁之间的言论，此章应是孔子晚年所言可能性大。毕竟，孔子晚年喜欢读《易》，史有定论，而且孔子觉得自己50多岁时候有"大过"，也比较有说服力。

梁涛按照郑玄的说法，认为孔子时年四十五六，宋代邢昺认为是47岁，江永、狄子奇也认可。但这不能理解为要等几年，到"五十而知天命"之后才学《易》。其实，"五十而知天命"这样的话，应该是他70岁前后说的，而不应该是40多岁的时候说的。毕竟，40多岁的时候年富力强，不积极学《易》，反而安排自己50岁之后才学《易》，如此就不是尽早学抓紧学，不符合孔子一贯努力好学的精神。而且，"大过"有明显感到后悔的意思，而不是平静的客观描述某种未来即将发生的可能性，何况，孔子的"大过"可以说是50多岁从政之后才发生的，而且是与大过卦的内涵一致的。

【意】《易传》与孔子之教紧密相连，传统的说法基本可取，近现代古史辨派的研究否定孔子作《易传》的论点刻意求新，不合于以传解经的易学传统。孔子这种境界的取得来之不易，要经历过无数的挫折。所以孔子感慨，如果自己早几年学会《周易》，就可能避免一些不必要的大过失。当然这只是回忆起来之后的一种假设，但孔子毕竟作了这样一个思想实验，想避免一些不必要的过错。

对于孔子来说，《周易》可谓改变意缘的艺术，因为领悟易道之后，对于人生的选择就非常微妙。孔子知易，以易为意缘，致力于传承易道，本来就是那个时代读书人的极致境界。孔子之道，因缘而生，其继承并发展文王八卦始自后天震卦开启的生生之缘，对易的生生之学有深刻体会，也就是说，易的缘生不仅是理论性的说法，而且是本体性的、体悟性的、彻天贯地的深刻认识和体会。

7·18　子所雅言，《诗》、《书》、执礼，皆雅言也。

【译】孔子平常用中原通用的雅正之言，读《诗经》《书经》，举行礼仪的时候，都说当时通行的雅正之言。

【解】雅言：一解平常、素常、日常之言；一解正言，即正音之言，国语或标准语；应该说二义皆有。就口音来说，雅言当指周王朝京畿之地（今陕西地区）以陕西语音为标准音的周王朝官话。孔子日常生活当中用鲁国方言，但诵读《诗》《书》和赞礼时，则以当时陕西语音为准。雅正之言应是当时约定俗成的。时过境迁，中国地理复杂，方言众多，考证虽多，但仍然没有确解。

孔子平时说的，或者早年讲的，以《诗》《书》《礼》《乐》为主。一说这一章表示孔子从上一章的回忆中缓过神来，回到对日常生活和平时状态的记述了，因为过去的是错还是不错，已经不必去讨论了，请弟子们都来看看老师孔子平时的状态吧。所以解释"雅言"，无论是常说的话，还是方言，都是可以理解的。

《诗》《书》《礼》基本上都是孔子早年编订的，并以此教弟子，所以一说"雅言"就是平常所说的内容。持此说者认为《易》和《春秋》是孔子晚年编订的，不属于日常所言。另外，"礼"强调"执"，是因为礼仪需要执行，而不是徒诵口说。

【意】《周易》关乎人一生的选择，但"《诗》、《书》、执礼"关涉日常话语体系。本章从孔子的日常言语入手，发掘"言"这个孔子思想存在的"家"，以"雅"明之。中国古代分口头语言（言）、文言与书面语言（文）这两大系统，这是古文非常稳定的重要原因，也是中国文化与心灵结构非常稳定的重要原因。中国文化的精神与文字书写、阅读系统密切相关，所以不可以随意改变。近代因为中国落后，曾经尝试拼音化，幸好没有像儒家文化圈的日本、韩国、越南那样改变汉字，变成接近于拼音文字的新系统。中国文字当中保存着中国文化纯正的气脉，是中国文化传统精气神的载体，不宜拼音化，这样才能保证中国文化的精神不被连根拔除。

7·19 叶（shè）公问孔子于子路，子路不对。子曰："女奚不曰：其为人也，发愤忘食，乐以忘忧，不知老之将至云尔。"

【译】叶公问子路你们的老师孔子是个什么样的人，子路答不上来。孔子（对子路）说："你为什么不这样说：他的为人啊，发愤用功起来常连吃饭都忘了，乐天知命以致把一切忧虑都忘了，还从来都感觉不到自己已经慢慢变老了，他就是一个这样的人啊。"

【解】叶公：沈诸梁，楚国大夫，封地在叶城（今河南叶县），所以叫叶公。云：代词，如此。尔：通"耳"，而已、罢了。理雅各对"发愤忘食"的译文是who in his eager pursuit (of knowledge) forgets his food；辜鸿铭的译文是in the efforts he makes to overcome the difficulty in acquiring knowledge, neglects his food；刘殿爵的译文是who forgets to eat when he trises to solve a problem that has been driving him to distraction；白牧之的译文是in his enthusiasm he forgets to eat；安乐哲的译文是is driven by such eagerness to teach and learn that he forgets to eat；许渊冲认为理雅各的译文太"质胜文"，可以改译为forgets his hunger while thirsty for knowledge[①]。

关于"乐以忘忧"，理雅各的译文是who in the joy of its attainment forges his sorrows；辜鸿铭的译文是in the joy of its attainment, forgets his sorrows of life；刘殿爵的译文是who is so full of joy that he forgets his worries；白牧之的译文是in his happiness he forgets his sorrows；安乐哲的译文是he enjoys himself so much that he forgets to worry；许渊冲认为可以改译为forgets his sorrow while drowned in delight[②]。

关于孔子为何"发愤忘食，乐以忘忧"，五个译本有四类对象：work（工作），knowledge（知识），enthusiasm（热情），teach and learn（教学）。《焦氏笔乘》引杨敬仲曰："孔子但言愤，不言所愤者何。"朱子认为是："自言其好学之笃耳。"钱穆认为："孔子生平，惟自言好学，而其好学之笃有如此。"可见朱子、钱穆解为"好学"，与前后各章意义一贯。安乐哲认为是teach and learn（教与学）近之，比单纯knowledge（知识）范围更广。

【意】孔子除"雅"之外，努力学到老而不松懈，坚决持守仁人之意，乐在其中，而且乐于接引学生们进入仁人之意的意境。这里孔子很谦虚，不说自己的事功，只说自己的心态，努力学习，和乐坦易，没有

---

① 参许渊冲：《〈论语〉译话》，第66—67页。
② 参许渊冲：《〈论语〉译话》，第67页。

忧愁。①

我学故我在，学以成人，学成而忘我是最高境界。忘忧其实是忘我之忧愁，而且忘却时间的流逝，忘却人间的烦忧。此为儒家版"存在与（于）时间"或在时间中存在，得道而忘于道，而且得道必忘道，这体现儒者与时间的深沉关系。儒者"连自己快要老了都不知道"，说明儒者与时间的关系应该是相忘于江湖式的，即心意生在时间之中，但不为时间所牵绊。这是一种心意没有在意时间流逝的境界，人在时间之中慢慢变老，这是自然规律，但专心致志地学习，似乎可以使得时间凝固停止，从而不觉得自己正在变老。

7·20　子曰："我非生而知之者，好古，敏以求之者也。"

【译】孔子说："我不是生来就有知识的人，而是爱好钻研古代的文化，勤奋敏捷地去追求知识的人。"

【解】孔子解释自己学问广博来源的意向状态，说是因为喜欢古代文化，而且关键在于敏感、敏锐地学习，也就是有极高的感受性。

【意】孔子强调自己不是生而知之，他早年家境贫寒，生活比较艰难，但学习非常用功。后来取得的成就和早年付出的艰辛成正比，所以不宜把孔子当作生而知之的圣人来看。孔子自己也认为自己不是生而知之的天才，根本达不到那种状态。有人认为，孔子太谦虚，既然他几乎无所不知，那么他就有非凡的过人之处。或许就如柏拉图"回忆说"所言，他一生的学习不过是在复习与生俱来的知识而已。但孔子并不同意人们如此评价他，他强调自己是努力好古、不断追求的，这也说明求学之道别无他途。孔子特别强调好古非常重要，因为古代的典籍是先人智慧的源泉，而"敏"锐地发掘前人之所未发，能够让自己的仁人之意依"古"境而生，从而求得划时代的伟大智慧，这是孔子的伟大之处。

7·21　子不语怪、力、乱、神。

【译】孔子不轻易谈论怪诞、暴力、悖乱、神异的事情和现象。

---

① 李泽厚对"乐"发挥比较多，参见李泽厚：《论语今读》，第183页。

【解】这种极高的感受性不包括对怪力乱神的感受，也就是说，孔子的感受性主要是关于人伦日用常行之间的，是爱人与爱民的，是关涉人伦家国的。所以孔子的意识不轻易离却人伦家国的存在物，不随便提及那些超自然的存在，或受到常识质疑的非存在物。

关于"怪"的英译，理雅各译为extraordinary things（异常、非凡、特别的事物）；辜鸿铭译为supernatural phenomena；刘殿爵译为prodigies；白牧之译为freaks of nature；安乐哲译为strange happenings（奇怪的发生），许渊冲认为这比理雅各译得好[①]。

关于"力"的英译，理雅各译为feats of strength（武功）；辜鸿铭译为extraordinary feats of strength近于白牧之译为feats of strength；刘殿爵译为force近于安乐哲译为the use of force；许渊冲认为不如用violence（暴力）[②]。

关于"乱"的英译，理雅各、刘殿爵、白牧之、安乐哲都译为disorder（无秩序，混乱）；辜鸿铭译为crime of unnatural depravity of men；许渊冲认为不如revolt（造反）[③]。

关于"神"的英译，理雅各译为spiritual being，许渊冲认为此译宗教气味稍浓，不如改为异教徒的deity或divinity（神）以减轻基督教色彩[④]；辜鸿铭译为of supernatural beings；刘殿爵译为gods；白牧之译为spirit；安乐哲译为the spirits。作为超越人伦家国的外在超越者的鬼神是否存在，孔子不轻易谈论，至少他的意识不愿意跃出人伦家国的意识境域边界。

【意】孔子还是谈鬼神的，只是不谈神异的情况。也就是说，孔子不是完全不谈鬼神，而是觉得不应当在意，即不应该让它们进入自己的意识。儒家智慧是理性的智慧，不可以认为是非理性的或者是缺乏理性的，更不可以认为，儒家思想仍然带着巫术文化的痕迹，因为传统文化理性化的源头至少可以上溯到周朝初期，孔子之前500年左右的时候。孔子明确提出，过分在意那些非理性的现象，可能会搅乱人的意识境遇，导致人们

---

① 许渊冲：《〈论语〉译话》，第75页。
② 许渊冲：《〈论语〉译话》，第75页。
③ 许渊冲：《〈论语〉译话》，第75页。
④ 参见许渊冲：《〈论语〉译话》，第76页。

扰乱自身合理的意识状态，把自己的心思意念搅乱。在孔门之教里面，不理性的内容会影响学生们对仁爱之意的涵养和追求。

7·22　子曰："三人行，必有我师焉。择其善者而从之，其不善者而改之。"

【译】孔子说："几个人一起走路，其中必定有人可以做我的老师。我选择他们善的优点来学习，看到他们身上不善的缺点就引以为鉴，如果自己也有就赶紧加以改正。"

【解】传世本最早的何晏《论语集解》作："子曰：'我三人行，必得我师焉。择其善者而从之，其不善者而改之。'"皇侃《论语义疏》所载同。唐代的石经本，陆德明《经典释文》，海外《论语》古本如高丽本、足利本、津藩本、正平本均作"我三人行"。从日本回流的唐人所辑《群书治要》、1973年在河北出土的《定州汉墓竹简论语》也是如此，可知汉代《论语》大都作："我三人行，必得我师焉。"唐以后有了变化。北宋邢昺疏还称"我三人行"，但经文已变为"三人行，必有我师焉"了。此后这一章在宋人的本子就统一了。近代康有为参考各家版本后认为当为"我三人行，必得我师焉"[①]。近人黄怀信也认为"孔子本必谓'我三人'"[②]。今人张礼永认为"三"不是数量名词，而是动词，"三"与"叁"相同，"叁"与"参"相通，"我三人行"当是"我参人行"，全章为："我参人行，必得我师焉。择其善者而从之，其不善者而改之。"意思是我参阅、检验别人的行为，一定可以找到我可以取法的地方，其中有助于善的养成的，我可以"从之"；其中不能有助于善之养成的，甚至可能养成恶的，我予以拒绝，并检讨自己是否也存有，若有，要加以改正。此意可通，正好说明孔子的道在人间，在人与人建构的人伦家国"之间"，所以他把所有人都尊为自己的老师，努力向周围人学

---

① 康有为：《论语注》，楼宇烈整理，第98页。
② 黄怀信主撰：《论语汇校集释》，上海古籍出版社2008年版，第622页。

习。①

【意】扩展意量要反思意缘，提炼意识，凝聚意能，修正意向，形成好的仁人之意的意识。善者善于学习其他善者的优点，知道善良品质的汇聚要比论断、评论他人好得多。虽然说人的善恶是复杂的，不同的人有不同的善恶之分，即使有些人不善，但也有善的地方值得学习，所谓即使最坏的人也可以有仁人之意，但善者总是那些最善于汇聚善良品质，即优点的人。有些善人虽然努力修行仁人之意，但是也可能会犯错误，而犯了错误若不能改正，这就真正地成为错误了。

7·23　子曰："天生德于予，桓魋（tuí）其如予何？"

【译】孔子说："上天把好生的仁爱之德专门赋予了我，桓魋他又能把我怎么样呢？"

【解】桓魋：名向魋，因为是宋桓公后代，所以又称桓魋，时任宋国司马（主管军事行政）。公元前492年，孔子从卫国去陈国时经过宋国。桓魋听说以后，带兵要去害孔子。当时孔子正与弟子们在大树下演习周礼的仪式，桓魋砍倒大树，表示要杀孔子，孔子在学生保护下连忙逃离宋国，在途中他说了这句话。孔子表现出一种与天相通的伟岸气魄与巨大自信，这种天命在身的大无畏精神让学生们很受震撼和感动。

【意】孔子认为天有好生之德，是生生不息的；自己的心意是通天的，自己的整个生命都是通天的。上天特别关爱我，因为我带着天的使

---

① 参见《道德经》第二十七章："故善人者，不善人之师；不善人者，善人之资。不贵其师，不爱其资，虽智大迷，是谓要妙。"老子认为，无论对自己好还是不好的人，都可以成为自己的借鉴，为我所用，关键在于意会与他人的关系，可以转换于一念之间。要接纳一切善与不善之人，超越相对，直达道体。通于道的意念，顺应自然之意而发动，好像用"道"把天下万物的运动都拴缚住了一样。因此，得道之境就是能够将道贯通万事万物，连接千万人之心，内在地心物融通，完全融合一体。得道的心意让人达到至圣达奥之境，圣人善于把他的心意贯通天下，其心念发动，皆在道中，把天下一切不在道中的万物，从偏离大道的状态中拯救回正道上来，并且随缘成就，如"继善成性"，顺道而成就天地自然之善，融注于天地万物之性中，完成实化自然之意于万事万物的伟业。参见温海明：《道德经明意》，中国社会科学出版社2019年版，第73页。

命；我自信自己有特殊性，因为天要让我传承文化，就不会让我轻易离开人间。难道桓魋他真的能够把我给杀了？他能够跟天叫板吗？这里想说的是，人不可能改变天命。

夫子意生顺天、随天而有德行，[1]德行稳定沉淀之后即成就德性，所以起心动念皆充满仁情厚意，此心之仁，通达天地之仁。天地仁善，故此心发动皆本善。人在世间，意向时刻发动，有所选择，形成意识，流动不息，而仁人之意时刻接天，天会佑助心念都通于天道的人。夫子非常自信天要助他传播仁人之意，这让他可以置生死于度外，其自信和气魄对后世儒者，如程颐、梁漱溟等影响巨大。

7·24 子曰："二三子以我为隐乎？吾无隐乎尔。吾无行而不与二三子者，是丘也。"

【译】孔子说："你们几位（学生）以为我对你们有何可以隐瞒的吗？我实在对你们丝毫没有隐瞒啊。我没有什么行为不是毫无保留地公开与你们在一起的，我孔丘就是这样的人啊。"

【解】这种自信是广大的、无边的，看起来虚无缥缈，但并没有隐藏的，所以孔子告诉自己的学生，自己天天跟学生们在一起，思想和行为都坦坦荡荡，没有什么需要向自己学生们隐瞒的地方。

【意】孔子的意思是说，我的意念生发对你们从来都没有隐瞒，我的意境全部展现给你们了，你们自己去体会吧。但学生们觉得老师孔子"隐"，说明孔子所教的仁人之意并不浅显易懂，常常有些学生不能明白。不明白的学生就怀疑老师是否隐藏了什么重要的东西，导致他们怎么都不能够搞明白。孔子其实没有那么复杂，他说我无所隐瞒，我在你们面前其实是透明的。说明孔子的仁人之境虽然在日用之间表现出来，但学生们要领会还是有困难的。大道不隐，圣意无形，但要显现出来，被学生们领略到，其实也并不容易。这是儒家仁爱之道传于世最为艰难的地方。

---

[1] 即道德和理智的力量（moral and intellectual power），参见辜鸿铭：《西播〈论语〉回译——辜鸿铭英译〈论语〉详释》，王京涛译注，第144页。

7·25　子以四教：文、行、忠、信。

【译】孔子教学有四个方面的重点：文献知识、行为规范、忠实敦厚、真诚守信。

【解】文：是文献、古籍等。行：指德行，也指社会实践。忠：尽己之谓忠，对人尽心竭力，忠心耿耿。信：诚实，保守信用。孔子没有隐藏地教学生们四个方面，等于在教很重要的思想品德，教学生成为忠信的君子。

【意】孔子教学生六艺，教学相长中不断整理、改编经典，经典和学生们的意缘，就是孔子此生修行仁人之意的助缘。他教学生如何思考与行动都合乎礼仪，由孝而忠，这样从个人到家国都可能实现和谐平顺的理想状态。信任是人与人的基本守则，更是交友和从事政治事务的重要技巧和基本内容。信任的可能性建立在人性相通的基础上，彼此共信才能有共识，尽一切努力把家园建设好，通向美好的未来。

7·26　子曰："圣人，吾不得而见之矣！得见君子者，斯可矣。"子曰："善人，吾不得而见之矣！得见有恒者，斯可矣。亡而为有，虚而为盈，约而为泰，难乎有恒矣。"

【译】孔子说："圣人我是不可能看到了！能见到君子，也就不错了。"孔子又说："善人我不可能看到了！能见到持之以恒的人，也就可以了。本来没有（仁爱之意）却装作有，本来虚情假意却装作仁爱充盈，无爱困约却装作仁爱舒泰，这样的人是难以持之以恒的。"

【解】斯：指就。恒：指恒心，君子要能够维持恒定的意缘。约：穷困；一解没有仁心。泰：奢侈；一解仁性饱满。能把君子教出来，就实现了教学目标了，可是很难，因为能够持恒稳守仁人之意就很不错了。学生即使明白了仁人之意是成为君子的根本，但能够持之以恒的实在太少了。

【意】孔子强调君子要恒守意缘。他对那个时代周围的人比较失望，不但圣人见不到，连善人都没有。孔子理想中的人是充满仁情，能够念念致力于仁人之意的人，这其实是非常难达到的境界。那跟有恒心有什么关系呢？君子要念念于仁人之意，要有常性，能够保持。然而更多的人本来没有仁人之意，却装作自己懂得仁爱之意、仁爱之情，本来心中很少有爱心，却冒充善人；本来没有什么仁心，却自我吹捧，充满人情，根本不是什么有恒之人。更不要说修养仁人之意到善人，到圣人的境界了。这说明修行仁人之意非常之难，念念持守非常不容易。

7·27 子钓而不纲，弋不射宿。

【译】孔子钓鱼的时候，只用（有一个鱼钩的）钓竿钓鱼，而不用网来捕捞鱼。他射鸟的时候只射飞鸟，从不射巢中栖息的鸟。

【解】纲：作动词，是用（系有许多鱼钩的）大绳来钓鱼，用心不仁。弋：用带绳子的箭来射鸟。宿：指归巢歇宿的鸟。本章承上章，说明持之以恒的仁人之意，还表现在意向发动的分寸上面，具体到动物的关爱、怜爱上。

【意】孔子的仁爱之意、仁人之意的表现不仅要爱人，而且能够推到爱动物的层次上，所谓仁民爱物的极致境界。孔子对鸟和鱼都有悲悯之心可见其大仁大爱。爱护刚出生的小动物不是为了显摆，而是真诚至极到了诚中之意的状态，而自然而然及于动物。仁爱动物及于仁爱天地，才是儒者仁爱之意的最高境界，即张载"民吾同胞，物吾与也"和程颢"仁者浑然与物同体"之境。由仁爱世人而仁爱万物，这是孔子仁人之意推而广之的自然境界，可见仁心与仁情可以扩展至天下万物。

7·28 子曰："盖有不知而作之者，我无是也。多闻，择其善者而从之，多见而识之，知之次也。"

【译】孔子说："可能有自己本来什么都不懂，却能够凭空创造的人，我却没有这样的本领。多多学习，选择其中好的部分加以遵行；多多地看，然后把正确的部分记在心里，这是仅次于'生而知之'的'知'了。"

【解】孔子为什么能够达到这种爱人至于爱物的高远境界呢？他说自己的境界不是凭空修来的，而是学来的（反对神秘主义），甚至不是生而知之的，都是努力学习而得的，肯定了心智的吸收和今后心灵境界的力量。有解"不知而作"为贬义，即不懂装懂却妄自创作①，孔子认为自己没有这样的毛病。此处理解为孔子自谦没有天才，一切都是学习而来的，也因为他谦虚，所以轻易不会去批判凭空创作的天才存在的可能性。

【意】孔子对自己的创造，一方面非常谦虚，认为自己基本上没有凭空创造（creatio *ex nihilo*），而所有的创造都是依境而生（creatio *in situ*）；另一方面他强调自己的意向依善人之境而生，以过去好的经典、善人善事作为意念生发之境。他传授了自己的学习和创作方法，也说明学习道路上需要择善而从，没有捷径。创造是一种本源性的冲动，但所有的冲动之发作都有其境域，因此创造都是境域创生（contextual creativity）。

7·29　互乡难与言，童子见，门人惑。子曰："与其进也，不与其退也，唯何甚？人洁己以进，与其洁也，不保其往也。"

【译】（当时的人认为）互乡那地方的人很难沟通，但互乡的一个少年却受到了孔子的接见，学生们都感到困惑不解。孔子解释说："我们应该肯定他的进步，不希望他退步。又何必做得太过分呢？人家洁身自好以求进步，我们应该鼓励他洁净自身改正错误，不要守着他过去的过失不放啊。"

【解】互乡：地名，无法考证具体所在。与：赞许。进退，一说进步、退步；一说进见请教，退出以后的作为。洁己：洁身自好，努力修养自己成为有德之人。保：担保或保守；"往"是过去或将来。孔子自己学习，也鼓励他人努力向学。即使不好学的人，也要鼓励他们好学。他不放过一个可能读好书的苗子，不放过一个可能成为君子的学生。

【意】孔子认为人时刻都应当注意意量的分寸。人无完人，都可能犯错，不应该抓住他的过去不放。人生如逆水行舟，不进则退。那些不断努力的人就应该得到鼓励。坚持仁人之意很艰难，必须要予以肯定。

---

① 参见刘强：《论语新识》，第207页。

7·30 子曰："仁远乎哉？我欲仁，斯仁至矣。"

【译】孔子说："仁爱之境难道离我们很远吗？只要我想要念念不离仁爱之意，仁爱的境界就可以达到了。"

【解】这种不放弃表现在每个人都可以开悟成为仁人，当下开悟成为仁爱他人的人，"我欲"就是我要成为、变成仁人（"欲仁"），意念转至仁爱之境，马上就可以成为仁人。但这里的"我"不是私我的意思，而是以"我"指代我和你一样都有这样的能力，而不是说，只有我有这样的能力，而你没有。所以这里的"欲"其实是欲求（want）、希望（wish）、寻觅（seek）、追求（desire），并达到或实现仁爱之境的意思。[1]

【意】意念生发于情境之中，一念生处即情境，一念可以至于意境全体，这是意念的特殊性之一，即意念可以是单向的，也可以是全景式的。念念通达于仁爱之意，构成仁爱之境，念念不离仁爱之意境。仁爱之意不仅感通他人，而且感通天地。仁人之意是动机主义，不是结果主义、功利主义，所以孟子、陆王心学和推崇心学的儒学流派属于儒学正脉，当代的政治儒学或者历史上儒学发展的政治维度，都是儒家思想因缘际会生成的余脉。[2]虽然孔子谈到很多为学、为政之道与政治治理的问题，但这些都是达到仁人之意以后自然形成的，不可离开内心而时刻达到仁人之意这个根本境界去谈政治治理之末。

7·31 陈司败问："昭公知礼乎？"孔子曰："知礼。"孔子退，揖巫马期而进之曰："吾闻君子不党，君子亦党乎？君取于吴，为同姓，谓之吴孟子。君而知礼，孰不知礼？"巫马期以告。子曰："丘也幸，苟有过，人必知之。"

【译】陈司败问："鲁昭公懂得礼吗？"孔子说："懂得礼。"等

---

① 参见温海明：《意欲主观主义——〈论语〉和〈法华经〉》，《比较境遇与中国哲学》，人民出版社2020年版，第279页。
② 刘强认为此章说明孔子仁学与佛家禅宗相类，开"孔式顿门"或"儒家心门"，即孟子、象山、阳明之心学。参见刘强：《论语新识》，第210页。

孔子退出来之后，陈司败向巫马期作揖，请他靠近自己，跟他说："我听说，君子是没有偏私的，难道君子还包庇别人吗？鲁君从吴国娶妻，是同姓女子，为了避讳称她'吴孟子'。如果鲁昭公算得上知礼，那还有谁不懂礼呢？"巫马期把陈司败的这些话转告孔子。孔子说："我孔丘真是幸运啊！一旦有了过错，就会一定有人给指出来。"

【解】陈司败：陈国主管司法的官（即司寇），姓名不详。昭公：鲁国君主，名稠，亦作裯，公元前541—前510年在位。昭：谥号。揖：作揖，行拱手礼。巫马期：姓巫马名施，字子期，小孔子30岁的学生。党：偏袒、包庇、护短。取：通"娶"。鲁国和吴国的国君同姓姬。按照周礼同姓不该通婚，昭公娶同姓女是违礼行为。鲁昭公为了避讳，不称这个吴国夫人"吴姬"，称"孟子"不称姬姓。一说鲁人讥讽称"吴孟子"[1]。孔子知道陈司败故意套他话的目的，当然也知道鲁昭公违背礼义的事情，但自己觉得当前最为要紧的还是为君王避讳。孔子的回答自然让陈司败不满，背后故意指出，孔子听说之后，自嘲说如果自己有错，人家一定知道。

孔子的境界虽然仰之弥高，但由于情境的特殊情况，比如此章一般人不会说君王的坏话，所以不是绝对不会犯任何错误，既然有人直接指出他的不是，孔子听说后就虚心接受，马上改正。从另一个角度来说，本来是孔子不得不受情境之迫而故意做的错误回答，事后能够有机会更改修正也是很好的事情。

【意】孔子言说依于情境、合于情境，不方便指责君王不知礼的时候，就不指责君王，可见他对忠君要求高于合乎礼仪的要求。既然别人看得明白，指出了自己的问题，也就大方地承认自己说的其实并不合适。可见，孔子比较讲求权变，不是迂腐不通的。孔子感恩别人帮助自己调整意量，其实等于自己通过权变的方式委曲迂回地达到了之前意向的目标。

7·32　子与人歌而善，必使反之，而后和之。

【译】孔子与人一起唱歌，如果那人唱得好，一定要请人家再唱一遍，然后他也跟着一起唱和。

---

① 参见刘强：《论语新识》，第210页。

【解】孔子喜欢歌唱，也愿意模仿。更重要的是，音乐的涵养是通过一种共通的情感来巩固的。和来自反，即多次各自模仿学习，彼此相通而成。

【意】孔子的意念依境而生，如果境遇适合他重复地唱歌，他就再来一遍，可见是性情中人。他的意向有饱满的开放性，充满合乎人情的融洽性。孔子把"和"当作一种礼，而学生们特地记下来，纪念老师对人恭而有礼的德行，也是一种为生敬师之礼。

7·33 子曰："文，莫吾犹人也。躬行君子，则吾未之有得。"

【译】孔子说："就文献典籍知识的研习来说，我和别人差不太多。但要做一个身体力行的君子，那我还没有取得多少心得和成就。"

【解】莫：疑辞，约摸、大概、差不多。模仿是情感的应和，也是互相学习。孔子觉得自己力行并不够，说明对自己严格，要求高。孔子谦虚，对于（仁人之意的）学习觉得自己没有多少心得，或者觉得自己力行不足，成就尚少。应该说，孔子对于身体力行是有心得的，毕竟这是他经常教学生的内容，他可以在这方面自谦，但更可能觉得自己离实践有成的成功状态来说，还是没有把最理想的境界实化出来。

【意】文化知识与行动实践密不可分，文化要落实于行动。仁人之意的学习，既是文化，也是践行。实化仁人之意很难，孔子说他自己都很难达到。意行就是让意念付诸实践，建构人伦家国的意向性不会自然投射出去，人伦家国的理想也不可能自然而然地就能建设成功，所以要在实践当中打磨，才可能真正成型。

7·34 子曰："若圣与仁，则吾岂敢？抑为之不厌，诲人不倦，则可谓云尔已矣。"公西华曰："正唯弟子不能学也！"

【译】孔子说："如果说到圣与仁，那我怎么敢当！不过（向圣与仁的方向）努力学习实践而不感厌烦，绝不满足，教诲别人也从不感觉疲倦懈怠，这样说或许还可以吧。"公西华说："这正是我们学不到的啊！"

【解】抑：表转折，"只不过是"。为之：是指向圣与仁的方向努力学习实践。云尔：这样说。孔子如此高的自我要求，还自认为没有达到"圣—仁"的境界，认为自己不过做了努力教学的本分而已。本章孔子继续表示自己的谦虚，他说自己努力做一个好老师，从来不懈怠，学生们很感动，知道自己远远做不到。

【意】孔子对自己的意量分寸有把握，不敢有过高的期待。这里把仁跟圣并列提得很高，说明孔子一直把"仁"看作一种具有神圣性的境界，不是一般的仁爱，而是具备仁爱所有人的那种大仁大爱，也只有爱所有人，才能称得上"仁人之意"，这有明显的宗教家情怀，当然这并不容易做到。当然，孔子其实是有圣人气象和仁人境界的，这是他之所以能够成为"至圣先师"的充足理由。

7·35 子疾病，子路请祷。子曰："有诸？"子路对曰："有之。《诔》（lěi）曰：'祷尔于上下神祇（qí）。'"子曰："丘之祷久矣。"

【译】孔子病情严重，子路向鬼神祈祷。孔子说："有这么回事吗？"子路说："有的。《诔》文上说：'为您向天神地祇祈祷。'"孔子说："那么说我向天地神灵祷告已经很久了。"

【解】疾：指有病，病指病情严重。请祷：向鬼神请求和祷告，即祈祷。《诔》：是祈祷文。无点"祇"读qí，表"地神"义，有时泛指神灵；有点"祇"读zhī，表"恭敬"义。古代称天神为神，地神为祇。孔子教育的内容包括心中的祈祷，也就是平时就对天地神祇心存敬畏，不像后世说的临时抱佛脚，而是平时心念时刻都通神，与天地精神相往来。"久"可以理解为孔子从小就有通神的精神体验，他的仁人之意一直有通神的境域性色彩。

【意】孔子意识通神，心意之境中一直有神祇，这是一种通神之心境和意境，也可以说他有非对象、非人格神的宗教感。总体来说，他的教导都是人文化成的理性系统，而没有人格神的宗教意味。那个时代如子路遇到急事向天神祈祷的反应和行为应该说都是正常的，现代社会很多人也会做类似的事情。孔子说自己一直比较尊敬天地鬼神（敬而远之），可见孔子并不赞成有形的、故意的祈祷，这也是儒学的宗教感不够强烈的源头。虽然讲求礼义，但没有强烈的宗教仪式，尤其没有对人格神的祈祷仪式。孔子不太在意神灵的佑护，也不是很赞成病急求祷如求医的做法。

7·36 子曰："奢则不孙，俭则固。与其不孙也，宁固。"

【译】孔子说："铺张奢侈就容易不知逊让，过分节俭就会寒酸鄙陋。与其骄泰不逊，宁可俭啬固陋。"

【解】孙：通"逊"，恭顺、逊让。不孙：即不顺，这里是越礼。固：简陋、鄙陋，这里是寒酸。孔子宁可选择简朴简陋的生活状态，也不肯因奢侈而违背礼仪，因为越礼是孔子不能接受的，而即使生活寒酸，还可以谨守礼仪。虽然这说明行礼要有物质基础，但这不是关键，一个人是否遵守礼仪，根本还是在于其心意状态。

【意】孔子的意念具有通天之境，自然简朴，而且合乎人间礼仪，即所谓"从心所欲不逾矩"。他不喜欢基于奢侈生活条件和权势基础之上的繁复礼数，认为那些都是虚伪浮泛的文饰，不如在一种简单平易的生活状态当中，保持着对礼仪的真情实感。这种对礼仪的真情实感是时时刻刻心中仁爱他人的情感，不希望自己因为奢侈、铺张、张扬而伤害周围的人，因为那样就不能恭顺地对待他人，而如果不知道谦让、逊让他人，就肯定会伤害他人，令他人心中产生对自己厌恶和不快的情感。正是因为了解这种负面的情感，君子才要千方百计避免让周围的人受到伤害，哪怕自己的生活过分节俭一些，即使令人感觉固陋也不要紧，因为简朴的生活最多让自己艰难一些，至少不会伤害他人，而任何时候都不去伤害他人肯定是仁爱他人的前提，也是仁人之意和谨守礼仪的真意所在。

7·37 子曰："君子坦荡荡，小人长戚戚。"

【译】孔子说："君子的意境坦荡宽广，小人则经常忧戚烦恼。"

【解】坦荡荡：心胸宽广、开阔、容忍。长戚戚：经常忧愁、烦恼、局促的样子。正因为达到了"从心所欲不逾矩"的至高心灵境界，孔子才有那种非常坦荡宽厚的胸怀。孔子在生活当中见过太多斤斤计较的小人，他们都长期生活在烦闷忧苦的心境中，这样描述小人其实也带有同情和悲悯其生活状态的意味在其中。

【意】君子选择了坦荡的心态，当然也就宁可选择简朴的生活。君子心广体胖，心境坦荡是一种空间感受性的状态，好像心意延展到整个天地之中，舒缓浩荡。君子心中充满仁人之意，意境同天，舒坦和乐，正是仲尼安居气象。

小人起心动念皆以私利为主，心心念念只在乎自己，不惜伤人，就比如多烦恼忧愁，其心意之境也就会常常陷入心烦意乱的状态，而且是一种时间延长性的感受状态，在很长时间当中都患得患失，不得安宁。可见，小人因为计较得失，虽然可能得到一些现实利益，但可能也会因为这些得失而整天提心吊胆，无法心安。与君子的心意之境比较起来，可谓一个天上一个地下。

7·38　子温而厉，威而不猛，恭而安。

【译】孔子气象温和而又不失严厉，神情威严但并不凶猛，仪容恭敬而又安详坦荡。

【解】本章最后强调孔子坦荡宽厚的意境，其中其实还有一种严厉、威严、恭敬、安详的状态，这是心念修行到了极高的境界以后，长期自持从而自然流露出来的状态。

【意】孔子的神态中于人伦日常，平和不离中道，这表明孔子的意念总是在"诚"于温和—严厉，威严—凶猛，恭敬—安详"之间"的"中"道状态，通于《中庸》"诚中之意"的极致意境。这是仁人之意和诚中之意相融合的一种意境，即意念既仁爱又诚于中道。这是一种阴阳相生、阴阳和合的极致融通意境，君子居之，从容中道，参赞化育；而小人动以私心，其心灵的宽度、心意的境界无法与君子相比。

泰伯篇第八

8·1　子曰："泰伯，其可谓至德也已矣。三以天下让，民无得而称焉。"

【译】孔子说："泰伯应该可以说是仁德最至高无上的人了吧！他多次主动把天下让给他人，这种极致无比的圣德连老百姓都找不出具体的德行来合适地称赞他。"

【解】本篇讨论君子人格的极致境界。泰伯：周代始祖（周太王）古公亶父的长子。传说古公亶父看出三子季历的儿子姬昌有圣德，认为他是治国的理想人选，就想把王位传给三子季历。长子泰伯看出了父王的心意，就和二弟仲雍一起去吴地避居。古公亶父去世时，泰伯也不回来奔丧，后来又断发文身，以示终身不返，这样就把君位主动让给了弟弟季历。季历后来就把王位传给儿子姬昌，即后来的周文王，周文王传位给武王，武王灭了殷商，建立了周朝。

孔子认为，没有三让天下的泰伯，就没有周朝的"斯文"，所以让位的泰伯功莫大焉。这成为儒家政治思想的渊源之一，即天下需要让与贤者、圣者，才可能得到最好的治理，所以孔子称颂让位者的高尚品格，并用人民至今传颂来证明。一解"民无得而称焉"为百姓找不到合适的词句来赞扬他。

这是弟子们把仁人之意的境界推上了一个小高潮。开篇即以泰伯作为礼让的典型，而泰伯的礼让是极致的礼让，因为是让天下，可谓放弃了自己全部可能的私利而让，实在是无以复加、不知如何称颂是好。礼让的极致境界定下了全篇的基调。

主动让出天下的德行是真正无私无我的。其至德无德，因为泰伯与二弟仲雍一起离开，把王位让给小弟季历，以便传给父亲看中的侄儿姬昌，即后来的文王。泰伯让位，纯粹是为了方便父亲传位，但也导致他后来没有为人所知的功德成就，人们实在找不到可以称赞他的功业。虽然如此，但孔子还是认为，泰伯有着至德，也就是至高无上的德行，因为他能够为了国之大局而放弃家的小我和个人私我。

【意】泰伯能够感通父亲的心意，帮助实化父亲的意向，并让国于三弟。这是相信涣散自己的状态和能量能够带给王朝更好的聚集。他相信父王的眼光之准确，所以为了自己的涣散能够换来国家的聚，宁可自我涣散，离国去家，也要换得未来几十上百年之后国家的兴盛，因为那会是更理想化的聚。这是超越小家而能够理解大家的眼光，是为了家族和家国奉献出自己的权位和一生的可能性，彻底放弃自己私利的情怀，他明白如何涣散自己，会有利于家族和国家更好地汇聚众人的意向，让人民的意能集中成为更加强有力的、能够实现家国目标的、可以传世的意向，他的让位实在太不简单了。

帝王传位的事情，看似家事，其实一直都是影响邦国和人民命运的大事，所以选择合适的人传位，从来都是历代政治的核心。为了社群和国家能够更好发展，有些时候需要个人牺牲自己的利益，不仅仅是一时的利益，甚至是一生的利益，这符合群体演进的规律和生存发展的法则，这样的家国情怀后来演变出传统社会的社群意识和集体主义。

"让"是意缘始终有他人的动机主义（导致的）行动，因为并非所有的"让"都能保证"让"的结果完全符合预期，但"让"的意识状态说明了主体以仁爱之意为人与人之情的根基。泰伯当然无愧于仁爱天下的典型，他因为仁爱天下到没有任何自我、小我的境界，而令人惊叹。孔子认为，泰伯的意念才是真正的仁爱之意，其意境才是仁爱之境。可见，仁人之意是心心念念都以仁爱天下苍生为念，为了仁爱众生，甚至可以放弃自己的一切前途和利益，只是为了让最合适的人来治理天下，从而真的可以造福万民。因此，为了家国发展和天下百姓的福祉，泰伯可以放弃自己本来应得的王位。也正因为在天下各种形式的"让"当中，以让出王位继承权为最难的事情，因为历来让出天下也最难，毕竟从古至今，为了最高权力，正常的情况不是想让，而是往往要杀得血流成河。所以孔子认为，泰伯让出天下，说明他有最高的德行。

这种"让"的品德后来成为儒家政治推崇的核心内容之一，希望贤德之人能够主动"让"出自己的人生缘分，让更有才华和能力的人有机会实化自己的人生缘分。可见，泰伯的仁人之意带有牺牲小家之私以成就国祚之公的意味。当然，后来儒家贤人也希望能够得到君王之"让"的机会而推行仁道和仁政。但是，泰伯让位其实有一个前提，就是相信父王的政治智慧和识人智慧，认为父王的选择必定符合家庭、家族和国家的最高利益，才会主动配合父王，为了帮助父王实化其心意，而主动让出可能的继承权，放弃小家的利益。①

8·2 子曰："恭而无礼则劳；慎而无礼则葸（xǐ）；勇而无礼则乱；直而无礼则绞。君子笃于亲，则民兴于仁，故旧不遗，则民不偷。"

【译】孔子说："总是恭敬而不讲究礼节，就会烦劳无功；过分谨慎而不在乎礼节，就会畏缩怯懦；一味勇猛而不讲礼节，就是无理取闹；老是直言而不在乎礼节，就要刻薄伤人。如果在上位的君子跟自己的亲属情深义厚，百姓当中就会兴起仁爱的风气，君子如果不遗弃旧友故人，百姓间的人情就不会浇薄冷漠。"

【解】礼：协调一切品德的中心要素，有礼则行为有度，进退合宜，推而广之，可以影响天下是否太平。对于"恭"的英译，理雅各和刘殿爵译为respectfulness / being respectful（一般尊重）；辜鸿铭译为earnestness（认真、诚挚）；韦利译为courtesy（礼节或繁文缛节）；安乐哲译为deference（语言或行为的尊重和服从他人）；许渊冲译为respect。"劳"是辛劳、劳苦。理雅各把"劳"译为laborious bustle（勤劳的、艰辛地四处奔走）；辜鸿铭译为pedantry（过分拘泥细节或传统；迂腐、卖弄学问）；刘殿爵译为wear himself out（精疲力竭）；安乐哲译为lethargy（无精打采，死气沉沉）。

理雅各和刘殿爵把"慎"译为carefulness / being careful（小心）；辜鸿铭、安乐哲和许渊冲都译为caution（小心加警告）。"葸"是拘谨，畏惧。理雅各、辜鸿铭、韦利、刘殿爵、安乐哲和许渊冲都把"葸"译为timidity / timid（对未知的害怕、胆怯，懦弱）。

理雅各、安乐哲把"勇"译为boldness（大胆加冒险）；韦利译

---

① 如果泰伯发现选择"让"反而有悖于国，事与愿违的话，他该重新回国吗？燕王哙让位给子之，结果没有成就如尧、舜一般的美名，没有合乎他期待的儒家理想的政治之道，反而给国家带来祸乱，等国家乱了，再想要回去，就根本不可能了。理想的政治之道，破灭之后就没有第二条路了。这就是政治从来都是当下性的，是基于利益的权力斗争，不能依靠假设，最多可以说事情是否合乎历史合理的，是否合乎理想的政道，但政治实践讲究当下的现实状态的唯一性，也就是当下性意义上存在的排他性，难以假设，甚至难以安排。可见，政道和历史理性的研究，都不能离开政治实践的当下性和唯一性。

成daring（勇敢、胆量）；辜鸿铭、刘殿爵和许渊冲译为courage（勇气、胆量）。理雅各把"乱"译为insubordination（不服从）；韦利译成turbulence（乱来）；辜鸿铭译为crime（犯罪）；刘殿爵译为unruly（不守规矩、任性、难驾驭的）；安乐哲译为rowdiness（粗暴行为）；许渊冲译成violence。

理雅各把"直"译为straightforwardness（不虚伪、坦率、直接、粗暴）；辜鸿铭译为uprightness（正直、诚实）；韦利译为inflexibility（毫不动摇）；刘殿爵译为forthright（直率、直截了当、不逃避）；安乐哲译为candor（不受外界影响做出判断的能力）；许渊冲译为frankness（爽直）。绞是说话尖刻，出口伤人，如理雅各、安乐哲把"绞"译成rudeness（无礼、粗暴）；韦利译成harshness（粗暴）；带有无理取闹、说话尖刻的意味，如刘殿爵译为intolerant（无法忍受的）；许渊冲译成hurt（伤人）[①]；可能有制造动乱局面的意思，如辜鸿铭译为tyrannical（残暴的、独裁的、绝对统治的、专横专制的）。

【意】礼是仁人之意的核心，也是实化意念、付诸行动，建构人伦家国的分寸，更是心意诚中的分寸。人生之情与人之意念实化迁延流变的过程密不可分，而风俗是人情的交融、沉淀、引导而成的分寸感。这种对于风俗的引导，就是教化，是唤醒人之意念深沉良知的过程。

君子讲礼，言行合乎情理，则百姓受到感化。礼与情是一体两面，礼是基于人情的现实，用以调节人情的规范，但这种人情，其实是"仁情"，即仁爱之情，并不包括孤独、荒谬、厌恶、憎恨、抱怨、仇视、绝望等一系列情感，儒家伦理学和心理学一般不对治这类情感。礼规范人情，但不能离开人情。人生与社会的实存，都来自颠扑不破的人情。在这点上，把儒家归于"情本体"有其道理，但道家与佛学就对人情保持超脱甚至否定的态度。可见，儒家的礼是"仁礼"，是仁爱之礼，并不是先天的存在，而是君子在后天时时刻刻不能忘却的意缘。可以说，仁爱之情是仁人之意落实于后天运用的核心和发端，有后天八卦以震卦起首的意缘意味。

孔子的"仁人之意"在先天意味上可以解析为"天—孝—礼—仁—学—知—政—命"八个维度，如果从后天意味来理解，就应该是"仁—

---

① 参见许渊冲：《〈论语〉译话》，第82—83页。

学—礼—命—孝—天—知—政"八个维度，按照后天八卦范畴表，儒家后天修养功夫可以分两步走，即内圣修身部分开始于仁，开悟于命；外王治世层面开始于孝，落实于政。后天内圣修身和外王治世的功夫，修到极致则可以达到先天的圣人境界。可见，这个后天结构拆分成为两部分之后，"仁—学—礼—命"可以成为内圣修身功夫的核心步骤；"孝—天—知—政"可以成为外王治世功夫的核心内容。

一、仁意是儒家意缘之始，即儒家的一切意缘，皆由仁爱开始。仁爱他人是人之为人之意，假如人不能保持仁爱他人的意识状态，从儒家的角度，就不再是人。作为儒者，需要念念不离仁爱他人之缘分、缘起、缘在基本意识状态。

二、学意是儒者成人的基本意识状态，儒者时时刻刻都在学习，通过对仁爱他人的意识状态进行有意识的反身修习，通过修养和练习仁人之意去学为君子。

三、礼意是儒者需要时刻保持学习礼仪的意向，沉潜和涵养在礼仪之意当中，只有接纳、涵养并操持礼仪的人，才是儒者，才能成为人伦家国合适角色的承担者，而这种承担者沉浸在礼仪当中，其基本意向性状态是意识时刻散发着礼仪的光辉。

四、命意是儒者的安身立命的意境。儒者仁爱他人，学习礼仪，沉浸其中，就是安于儒者之命。无论人生遭遇如何，儒者都不会改变自己仁爱他人之意识的根本状态，这种状态就是时时刻刻带出的安于儒者命运的意识，也可以说是乐天安命。

五、孝意是儒者修身养性的核心，也是儒者之为儒者的意能开端。孔子强调孝之意是意能的缘发端点，也是仁爱他人的基础。

六、天意是儒者对于天道的意识，因为对天道有领悟，让儒者的意识时刻处于"意生"状态，即儒者心意时刻接天，其人在天地之间，其意在心天之间，儒者必须是"天人"，即时刻处于天人合一之境当中的人。

七、知意是意识有知而落实于行，从知行合一的角度可以说是意行，其实，学习知识与付诸实践，本来就都是意念之行，都是意念实化的过程。

八、政意是儒者的意量，即儒者意念的分寸和量度。儒者将政治场域视为个人意念操作的境遇，个人之意识境遇汇聚成为社会和时代整体性的意识境域，小到家庭，大到国家和天下，都是由意念修行之境遇绵延而构成的意识境域。

8·3　曾子有疾，召门弟子曰："启予足！启予手！《诗》云：'战战兢兢，如临深渊，如履薄冰。'而今而后，吾知免夫，小子！"

【译】曾子病重时，把门下弟子召集到身边来，说道："掀开被子看看我的脚！看看我的手（看看有没有损伤）！《诗经》上说：'战战兢兢啊，好像站在深渊边沿上那样小心，好像踩在薄冰上面那样谨慎。'从今以后，我知道我不用担心身体再会受到损伤了，弟子们（记住要保持身体的完整以尽孝道）啊！"

【解】启：开启，曾子让学生掀开被子看自己的手脚。《诗》云以下三句引自《诗经·小雅·小旻》篇。礼的来源是经过反省而挺立的身体意识，即我们的身体不仅是"自己的"身体，而且是父母的身体的一部分，既然父母给予了我们身体，我们就要好好保养好这个身体，临终时再还给我们的父母（可能已经在天地之间），这才是完整过程性意义上的身体观。这种身体观，与身体只是孤独的、自我性的身体观大异其趣。儒家身体观是绵延在世代中的、跨越不同时间与空间的身体存在观，不是当下肉体支撑的、以肉身作为纯粹物理—化学—生理性存在的身体观。

【意】儒家身体观是儒者意念实化的根基，所以人每时每刻要爱惜自己的身体。孝、忠、仁等都以身体为根基。但可能因为小心而不敢冒险，等到成事的时候，分寸可能又过度了。每念皆以身体为意，其实对达到仁人之意的境界是不够的，因为仁人之意要爱人及物，及于天下，有放下自身肉体意识的意味，所以过分在意身体意识，难免限于小我。克尔凯郭尔在《恐惧与颤栗》中关于亚伯拉罕杀子的讨论，涉及身体与父母、天主的命令与亲情的矛盾。西方宗教之敬神（人格神）与中国古代敬自然神（祖先神）不同，中国更多的是无神味而有人味，即对生命生生之力量要在意念当中升起敬仰，对内心可能升起任何对不起祖先的意念表示畏惧。

如临深渊的"临"就是这样一种意境，一种宗教性的心意状态。"如履薄冰"的"履"，有"履虎尾"的味道，是意念对于边界的极度小心谨慎，也就是意量的维有高度的自知，这种自知和戒惧，是整个《周易》卦爻辞的精髓，儒家因为入世成就事业，所以对于戒惧的强调贯穿始终。其实，《孝经》所谓"身体发肤，受之父母，不敢毁伤"的身体边界意识，就是立身行事的戒惧意识的身体版，而戒惧是对意量边界的警醒和恐惧，因为身体和意识边界的维持，都是需要极度小心才可以持续下去的。身体一不小心就会受伤，而意量的边界一不小心就会掉入薄冰之下的深渊而招致灭顶之灾。坤卦初六爻辞："履霜坚冰至。"就是要看到意能的兴起和毁灭，从来都是闪电般的瞬间，所以看到霜意念就迅速联想到冰，如果没有戒惧警惕之心意，则随时可能带来意能崩溃的巨大风险。

8·4 曾子有疾，孟敬子问之。曾子言曰："鸟之将死，其鸣也哀；人之将死，其言也善。君子所贵乎道者三：动容貌，斯远暴慢矣；正颜色，斯近信矣；出辞气，斯远鄙倍矣。笾（biān）豆之事，则有司存。"

【译】曾子病重，（鲁国大夫）孟敬子（孙捷）前来看望。曾子对他说："鸟将要死的时候，它发出的叫声悲惨哀凄；人将要死的时候，他说出的话充满善意。在位的君子应当重视礼仪之道的三个方面：待人处世时要注意容貌举止，这样可以避免别人对你粗暴与怠慢；要端正面色和神情，这样他人才会尽可能相信你；言辞和语气要稳重，这样就能避免别人对你粗野顶撞。至于祭祀和礼节仪式方面的细节，自有主管这些事务的官吏会负责。"

【解】问：探望、探视。动容貌：动容改貌，注意自己内心感情时刻表现于面容。暴慢：粗暴、放肆、简慢。正颜色：使自己的脸色庄重严肃。出辞气：出言说话，指注意说话的言辞口气。鄙：粗野。"倍"，通"背"，背理。笾豆：都是古代祭祀和典礼中的用具。有司：在这里指主管祭祀、礼仪事务的官吏。

上章曾子强调全身，此章强调如何修身，通过向大夫孟敬子提建议，说明如何才能做一个好的掌权者，好像治国的高参。政治是持意的艺术，是把控意念分寸的艺术。我们的身体其实都是我们所爱者的身体，或者说，我们的所爱者分有或者分享我们身体的存在或者在世的状态。不仅身体的存在感被所爱者分享，我们的言语、辞气、容貌其实都被分享，我们只在分享当中真正存在。我们要对自己的容貌、言语、辞气负责，对每一口气都要负责，至于到了我们没有了生气的时候，自然有其他人来负责料理我们死后的事情。

【意】与他人分享自己从身体以至于自己与世共存的一切，是儒家极核心的生存观。容貌和辞气都是意量的实化。持意的分寸发之于外，具体事物不应该过问太细。应该担心他持意不够到位，另外也担心他事必躬亲。执政者最为核心的是持守意念的状态，因为执政者的意念会得到相应的感应，天下之人皆知之。

人的意识可以凝聚成为意丹，从而超脱意念短暂变幻无穷的消逝状态。人的意能可以凝聚，意量可以扩大。死亡只是身体在时间中的边界，未必是意量的边界，意丹之量可以不断延展扩大。

8·5　曾子曰："以能问于不能；以多问于寡；有若无；实若虚；犯而不校（jiào）——昔者吾友尝从事于斯矣。"

【译】曾子说："自己有才能，却向没有才能的人请教；自己知识丰富，却向见识寡少的人请教；自己有学问，却像没有学问一样；自己内心充实，却好像空虚无物；被人冒犯，自己却从不计较——从前我的一位好朋友就是这样做的。"

【解】校：通"较"，计较。吾友：我的朋友，汉朝马融认为这里指颜渊，多从。这说明曾子敬佩和信服颜渊的修身境界，并期待自己的弟子们能够继续感悟孔颜之乐的精髓。颜子得孔子之神髓，但仍然极度谦虚谨慎，总是感悟到自己的不足，谦下地向人求教。"有"可以理解为在思想财富方面富有（rich in the treasures of mind），"无"则是思想贫乏（poor），"若"是表现得好像（appearing as though）。[①]

【意】曾子强调孔颜之乐的圣境其实要在分享当中才能存在和接续，如此圣境是最高深的学问，又只能在分享当中才能够代代相传。如果感通孔颜之乐的后学们不能够分享如此圣境，孔子和颜子的学问境界就无从证明，后人也难感悟其学问曾经真正实存。

学习孔颜之乐的圣境是充实仁人之意的意量最快的过程，越能够感通圣境者，就越能够保持一种明察和反省的自知之明，犹如苏格拉底知道自己无知，反而总是不耻下问，体现出真正的谦虚。感通圣境就能够知道孔

---

① 参见辜鸿铭：《西播〈论语〉回译——辜鸿铭英译〈论语〉详释》，王京涛译注，第163页。

颜之意的真实不虚，孔颜之学如此真实，但其心传之意又如浮云太空，没有什么新的知识不能装下。所以学习体悟仁人之意，运用仁人之意去思考和做事，就可以沛然莫之能御，这可谓孔颜虚心而实意的哲学。

8·6 曾子曰："可以托六尺之孤，可以寄百里之命，临大节而不可夺也。君子人与？君子人也。"

【译】曾子说："可以把辅佐幼主的大事托付给他，可以把国家的命脉寄托于他，面临生死存亡的紧急关头而不能使他动摇屈服。这样的人算得上是君子吗？当然是君子那样的人啊！"

【解】孤：死去父亲的小孩，此处指继承君位的孤儿。六尺：指十五岁以下，古人以七尺指成年。托孤指受君主临终前嘱托辅佐未成年的幼君。寄：寄托、委托。百里之命：指掌握国家政权和命运。继位的孤儿是国家命脉，可以托付表示此人忠心耿耿，心底无私，说明曾子注重君子的心意状态，当为了国家与人民的福祉毫无保留地奉献自己。曾子强调君子品格中为天下和全民福祉拼尽全力这种仁爱民众的气度。这是君子重要的气节与节操，且绝对不当改变，要舍生忘死地去维系国家与民族的命脉。

【意】政治是如何把身体的存在状态延伸到"百里"之外的意识。一个分享身体和学问的人是一个开放的、无私的人，可以托孤，甚至寄托国家的命脉给他。因为他永远在分享中开放自我，是个坦荡的君子，而且能够在关键时刻挺身而出，救世人于水火之中，因各种缘分都保持其仁人之意。

生死存亡的艰难更加衬托君子意境之崇高，危难时刻更见君子之意有明确的道德意义，其意念忠于国家，全身心奉献给国家，其守仁人之意不为自己，而是为了天下国家。"临大节而不可夺"是修而能持，不因外在的条件变化而改变自己，此为动机意义上的持守，无论外在条件如何，都坚决要守住仁人之意不改，这是动机主义，而非结果主义。

8·7 曾子曰："士不可以不弘毅，任重而道远。仁以为己任，不亦重乎？死而后已，不亦远乎？"

【译】曾子说："读书人不可以没有恢宏的气度与坚毅的意志，因为他责任重大而道路遥远。把推广仁道，让人们念念不离仁爱之意作为自己的使命，这样的任务和使命难道还不沉重吗？（为了推广仁道）奋斗终生，死而后已，这样的征程难道还不遥远吗？"

【解】弘：胸襟广大。毅：见识过人，器量宽宏，意志坚强，胆略出众，刚毅恒久。一个开放的、分享的君子是宏伟、刚毅、伟岸、有雄心的状态，不惜死而后已。分享自我就是分享自己的生与死，可能跨越时空而永存，所以存在久远。

本章顺承上章君子可"寄百里"之弘毅，因为只有弘毅的君子才会把国家与人民的命运看得比自己命运更加重要。这样看来，此章的弘毅指的是人生使命的宏伟，后面"任重道远"，任不仅是责任，更有使命的意义。这里强调的应是意志而不是性格，要有刚硬的意志力才可能承担起国家与民族沉重的命运。

曾子这几章语言非常美，为后世所传颂，可见曾子在孔子之后得到推崇，不是没有道理的。应该说他得到孔子真传，且确实有过人的才学。曾子偏向内省，后来对宋明儒者的心性之学启发很大。

【意】实践仁需要刚强的意志、过人的胆识、无穷的热忱，因为起心动念皆在天下，不在私人。国士是心怀天下的豪杰之士，他们意能持恒，一生持守仁人之意境，又重又远。这种情况的仁人之意，不仅是通常意义上的仁爱他人，而且是把仁爱推向全民族和国家命运的大仁大爱。承担民族与国家命运之人，使命宏大，心念丝毫不可出偏，所以非常纯粹，努力精进，死而后已。这种意义上的君子意念之恢宏，气度之宏伟，意志之坚定，发心之纯粹，心念之深沉博大，是人间所有人的榜样。

8·8 子曰："兴于诗，立于礼，成于乐。"

【译】孔子说："兴发感性，修情养意，要靠诗教；通达人情，处世立身，要靠学礼；达成教化，创化成人，要靠习乐。"

【解】兴：兴发、鼓动（be first incited，韦利），兴起发动（is aroused，理雅各），指对心、性、意的刺激（be stimulated，刘殿爵）和兴发，以便使得意念兴盛广远，宏大而有韵味，从而可以提升修养，催人兴起诗意的想象力（find inspiration，安乐哲），进而奋进不止。张祥龙认为是"在主客分裂前的起兴、风化……以自由的方式凭空发生，蓬蓬浩浩而行，引导转化各种意识而不被规范，率性起止而绝不拼凑矫情"①。诗、礼、乐，一般不加书名号，本意应该指经书，也可以引申为一般意义上的诗、礼、乐。14·12有"子路问成人"。安乐哲认为儒家的人是human-becomings（成人），他把"成"译为find fulfillment（寻求实现）；理雅各译为the finish is received（画龙点睛）；韦利译为finally perfected（最终完美）；许渊冲译成perfected（完美成就）②；成人如同成就天乐，孔子终生享乐于音乐之中，并在天籁之乐中完成仁人之意的最高意识境界。

一个总是在分享的君子，其自我涵养并生存于《诗》《礼》《乐》的极致境界之中，这是最高的、最理想的君子之境中的和声，在人间起心动念之间时刻感应着天籁，帮助熏陶出更多的君子和志士仁人。张祥龙认为《诗》是"一种充满尺度感的兴发之言""以合乎心灵尺度的方式，到音—义初生的境界中去"③。他在比较阳明后学对良知的各种阐释之后，认为孔子"亲亲艺化而仁"的道术才是最中正、最有时机感和持久耐磨的，是良知生生不息的在场状态，所以六艺是涵养仁人之意最为切近和真实的道场。④

【意】承上两章，学诗可以帮助人们心意生发，使其清新明快，隽永悠扬；学礼帮助人们寻找心灵合于社群间隙的节度，使其严谨适中；学乐则提升心意的境界与存在之感，使其虚灵合天，臻乎人天大成之境。

君子的心念那么恢宏远大，所以需要在诗、礼、乐当中涵养、锤炼、打磨，才能立身成事。继承先人文献的智慧有助于人的心念修行，帮助人们把心念打开。当一个人沉浸在《诗》《礼》《乐》当中，心念的节奏通于人情、通天达地，可见经典可以帮助人们把心念的广度扩大到天地之中。⑤《诗》《礼》《乐》比较感性直接，与人们的生活日用紧密相关。相比之下，孔子早年教学生的时候，可能用《书》《易》《春秋》比较少，这也侧面说明这几部经典更加理性和抽象，难度更大，离人伦日用有

---

① 张祥龙：《孔子的现象学阐释九讲》，《儒家哲学史讲演录》（第一卷），第107页。
② 参见许渊冲：《〈论语〉译话》，第81—83页。
③ 张祥龙：《孔子的现象学阐释九讲》，《儒家哲学史讲演录》（第一卷），第93页。
④ 参见张祥龙：《儒家心学及其意识依据》，《儒家哲学史讲演录》（第四卷），商务印书馆2019年版，第478—479页。
⑤ 参见李泽厚：《论语今读》，第203页。

一定的距离，对塑造学生的仁人之意的帮助不那么直接明显。

8·9 子曰："民可使由之，不可使知之。"

【译】孔子说："对于老百姓，可以由着他们在日常生活当中按照仁爱之道行进，却不必使他们完全明白什么是仁爱之道。"

【解】仁人之意这种君子的极致境界需要达到君子之意境才能理解，普通人民不见得理解。他努力跟百姓解释君子的极致境界，其实也基本没用。

关于"可、不可"的英译，理雅各译为may be（可能）；刘殿爵译为possible / not possible（可能或者不能）；安乐哲、倪培民译为can/cannot（有能力或者没有能力）。

关于"使由之"的翻译，理雅各译为made to follow a path of action（使之随道而行）；辜鸿铭译为be educated in what they ought to do（应该被教育应该做什么）；刘殿爵译为 to follow a path（跟随政策）；安乐哲译为be induced to travel along the way（被引导上道）；倪培民译为made to follow（跟随）。

关于"使知之"，理雅各译为to be made to understand it（使之明白、懂得、领会）；辜鸿铭译为to ask why they should do it（不要问为什么要做，愚民）；刘殿爵译为to understand it（理解政策policy）；安乐哲译为be induced to realize it（被引导意识到）；倪培民译为to know（懂得、明白、通晓）。

一断为"民可，使由之；不可，使知之"（康有为、梁启超等），主要是为了接续朴素的民主思想，[1]意为：民可以使唤（知道礼仪并能够上行下效），就由着他们去；如果不能被使唤（不知礼仪并不能上行下效），就使其知道（礼乐教化）。听起来有理，但明显区分了可使的民和不可使的民，那么民就被区分了，不再是民的全体，而是可使之民与不可使之民，这就复杂化了，如此区分人民的说

---

① 试图把孔子民主化的人想把"为民做主""民为贵"理解进去，但毕竟与现代人民做主、公开透明的民主制度还是不同，李泽厚说，即使如康有为的解读，也"只是for the people，不是of the people 和by the people。"参见李泽厚：《论语今读》，第155页。

法，就不再是正常的君民关系，而是君主达成其教化目标的工具，不再是教化的目的。传统上"由"解释为"从"（郑玄），使民从之；"用"（何晏）；指路而行。

【意】大道"百姓日用而不知"（《易传》），百姓日用之间都在运用仁爱之道（即圣人之意），但无法说出仁爱之道是什么。[①]百姓本来就安于仁人之意的自然状态之中，只是没有反省而自知。至于为什么要仁爱众人，其实跟一般的百姓讲不清楚。他们为何行走在仁爱之道上？他们已经在道中了，但没有反省意念、反省机制。这样说来，意识的反省机制是君子之学的核心。

孔子有代表执政者（即君王）立言的意味，其立场与民有别。孔子推崇的仁爱之学在一定程度上更像是君子（君主）的学问，而不一定为百姓（人民）代言，也并不求百姓能够理解和践行。当然，儒家学问已经平民化，这一层含义就需要反思。仁爱之学是于反思之中建构的，孝是反思性的，是需要反思才能理解的，但孝又是儒学的底色，在儒学当中先行于其他品德，所以具有非反思的先行性[②]。仁是反思性的，仁人之意自然也是。从统治者的角度，统治者的意志不一定要让百姓都明白，甚至很多时候，统治者认为不要且不必让百姓明白，可能更好。

8·10 子曰："好勇疾贫，乱也。人而不仁，疾之已甚，乱也。"

【译】孔子说："喜好勇力的人，如果怨恨自己过分贫困，就会作乱生事。对于心中没有仁爱之意的人，如果厌恶嫉恨得太过分，就等于逼迫他作乱生事。"

【解】态度分享而且开放的君子不会有强烈的好恶，但如果有，还是麻烦事。辜鸿铭、刘殿爵译"勇"为 courage（勇气，勇敢）；理雅各、许渊冲译为daring（大胆，敢于冒险）；安乐哲译为boldness（勇敢，胆量，魄力，血气方刚）；倪培民译为bravery

---

[①] 刘强释为"民可使行道，不可使知道"，即让老百姓遵循道义而行，却无法让他们明白什么是道。参见刘强：《论语新识》，第225—229页。
[②] 参见温海明：《儒家实意伦理学》，中国人民大学出版社2014年版，第134—138页。

（大胆，英勇）。

关于"疾"，理雅各译为dissatisfied with（不满意），没有显示出程度；刘殿爵译为detesting（嫌恶、厌恶、憎恶）；安乐哲、倪培民译为despise（看不起、反感）；许渊冲转译为suffer from[1]。关于"贫"的翻译，理雅各、刘殿爵、安乐哲、倪培民都译成poverty，辜鸿铭译为poor；poverty比poor程度深。

关于"乱"的英译，理雅各译为will proceed to insubordination（会变得不服从）；辜鸿铭译为will be sure to commit a crime（一定会犯罪）；刘殿爵译为will lead to insubordination（将会导致不服、抗命、犯上）；安乐哲译为source of trouble（麻烦之源）；倪培民译为 will be rebellious（将会反叛、叛逆、叛乱）；许渊冲把第一个"乱"译为disobey the order，第二个译为will rise in revolt（起来造反、革命）[2]。对于"疾之已甚"的英译，主要是理解为主动不要过度厌恶（excessive detestation，刘殿爵），因为知道恨得过分会导致逼他们走上犯罪道路的不好结果，将你对他的厌恶推到极致（carry your dislike of him to an extreme，理雅各）；许渊冲用主动态，加上了恨的对象作宾语，译为he hates to excess those who are unkind（嫉恶如仇，痛恨为富不仁的人）[3]。或者做被动理解，如安乐哲、倪培民译为is overly despised（by others）（被人过度鄙视）；即如果被过分讨厌（if too much hated，辜鸿铭），他们就必然会去犯罪。虽然两种译法都有理，如果强调要结合前半句的主语来理解，那么后半句就应该"不仁"者做主语，这样看起来被动理解更符合前后语气和逻辑。不过，如果从《论语》全书对君子的教诲的角度来理解，君子的仁爱分寸在这里就特别彰显出来。那就是不要对"不仁"者过度厌恶，否则他们被逼上梁山，社会动荡，那么自己可能想继续维持君子的状态都维持不了了。

【意】爱好勇力的人，如果厌恶自己生活穷苦，就容易作乱。这样的说法显得对于贫困的老百姓的同情不够。孔子的说法虽然是一种客观的社

---

[1] 参见许渊冲：《〈论语〉译话》，第86页。
[2] 参见许渊冲：《〈论语〉译话》，第86—87页。
[3] 参见许渊冲：《〈论语〉译话》，第87页。

会观察，可谓知人论世，不过却没有检讨造成民生疾苦的社会原因，而是责备"好勇疾贫"的品格不行。其实如果底层的百姓生活艰难，到了连果腹都尚且为难的话，又如何能够去培养仁德、修身养性、遵纪守礼呢？可见，孔子所坚持的是超越现实的"理想—现实主义"，而不是《管子》所谓"仓廪实而知礼节"那种现实主义的态度。[1]

所以后半段的理解用主动态，就更体现出孔子对于仁者持守"仁人之意"的现实主义色彩。那就是，仁者的意念发动要时刻注意分寸，不过度明确地讨厌什么，也不带着过度强烈的情感色彩。如果能够过度厌恶（疾）他人的人，其实已经不再是仁者，因为仁者根本不会强烈地憎恨他人。所以要意识到那些好勇的人对于仁爱之意的修养往往不足，而且现实当中实实在在存在根本就缺乏仁爱之心的"不仁"之人，虽然他们未必是本性上不仁的天生坏人，而是被社会生活逼迫造就而导致充满仇恨，所以不仅是麻木不仁，而是确实存在充满仇恨的不仁之人。如果一个对这样的人充满恨意，在恶人面前表现出过度厌恶的情绪，那就等于把自己仇恨的对象逼上绝路，那就等于逼他们犯上作乱，那就可能导致社会混乱的局面，而混乱的社会其实是不利于君子修行和持守"仁人之意"的。

8·11 子曰："如有周公之才之美，使骄且吝，其余不足观也已。"

【译】孔子说："一个人即使有周公那样美善卓越的才华，如果他既骄傲自大而又器局狭隘，那么其他方面也就不值得欣赏了。"

【解】"周公之才"足够开放与分享，但如果骄傲且格局狭小，那就没有啥看头，因为那样也就没有人愿意继续分享了。那种开放也就会走向封闭了。

关于"才"，理雅各、辜鸿铭、白牧之译成abilities（现实才能），近quality（质量）和skill（技艺），较妥帖；韦利和刘殿爵译成gifted（天赋），安乐哲译成talent，都倾向于先天与生俱来的能力，但制礼作乐和治理国家的才能，应该后天的成分多一些。

---

[1] 相比之下，李泽厚的哲学思想偏向现实主义的实践哲学和荀学，对具有理想主义的孟子心性论、道统论传统较少认同。

"吝"有多义，傅佩荣译为吝啬；马恒君多译为不知羞悔；李泽厚理解为封闭，吝啬小气。吝惜是舍不得让他人也有才德之美。意思相近，都是格局小，自以为是，吝啬是比较小气，这里更偏小器，即格局小，封闭，不知羞悔。关于"骄"和"吝"的翻译，理雅各译为proud and niggardly；辜鸿铭译为proud and mean；刘殿爵译为arrogant and miserly；白牧之译为arrogant and stingy；安乐哲译为arrogant and niggardly；相比之下，arrogant（骄傲、妄自尊大）较负面，proud 有贬义的骄傲和褒义的自豪；孔子反对的不是自豪，而是妄自尊大，所以arrogant更合适[1]。"吝"此处的意思主要是心胸狭隘，所以译为miserly，mean和stingy都偏重钱财方面的吝啬，不太合语境；理雅各和安乐哲所译niggardly范围更广，有"do not give or provide"之义，较为妥帖。

【意】孔子认为，才能没有美德重要，这一点可以作为儒家伦理近于"美德伦理（virtue ethics）"的论据。但如果起心动念没有仁爱，即使再有才华，夫子也不认可，看都不看，不再值得继续为他生发新的意念。因为他觉得人心发动，皆有仁爱之心是第一位的，参见1•7，才华都是其次的，如果骄傲小气，就没有什么可以令人欣赏的。

起心动念皆当通于天地之仁，天地尚且不骄，况于人乎？主语有君主或一般普通人两种理解。如果理解为希望他人也有才有位，主语含义比较接近君主，但理解为一般人，则言说的对象，或者评论的主语，不一定都是周公那样在上位的君主，可以是努力修养自己的人。

孔子强调人不应该骄傲，更不可故步自封，格局狭小，不知羞悔，打击异己。孔子不喜欢有才华但不能宽容他人的人。有才华的人不难表现出仁爱之意，但只有宽宏大量的人才能持续保持仁爱之意至于仁爱之境，可见仁爱的境界比仁爱他人的意念本身更加重要。境界表现的是一个人心念的格局，如果心念狭隘，那么即使意念还能表现出仁爱他人的状态，孔子认为还是非常不够的。

① 参见许渊冲：《〈论语〉译话》，第85—86页。

8·12　子曰：“三年学，不至于谷，不易得也。”

【译】孔子说：“一个人学了多年，还没有起心动念想去做官的，实在是太难找到了。”

【解】谷：这里指代做官，古代以谷作为官吏的俸禄。“不至于谷”是没有发动做官的意念；一说做不了官，或许不去做官，还不抱怨。儒家学问的根本目的与境界在于安身立命，不在于出人头地，谋取功名利禄。学习开放和分享的君子人格，三年或多年都未必有成，去当官的火候还没有到，但一般人缺乏明白到位的自我意识，以为自己的修养已经到位了，因为他们有过度功利的意识，压过了人对自我定位的准确评判。

【意】君子忧道不忧贫，有机会（有人请）就出来做事，但不要刻意去求，否则就是舍本逐末。读圣贤书所带来的理智上的愉悦修养，扩大仁爱之境，胜过世间一切身外之物。读书人要心正意诚，因为读书本质上是为己之学，不起念做官就是要动机纯洁，以功利为目的的学习不是学习的正途。

读书首先要真正好学，致力于修身养性，至于为稻粱谋，则并不重要。但也说明，儒学的倾向确实不强调经世致用，时间长了对国民性的塑造、对国力的强盛当然会有一定的影响。近代以来，中国面对西方工业化的失败，批评以儒学为中心的传统古典思想，虽然在特定的历史阶段当中有道理，但主要还是攻击稻草人的策略，避重就轻，因为真正的失败并不是儒学，而是当时主政者持意的失败。

8·13　子曰：“笃信好学，守死善道。危邦不入，乱邦不居。天下有道则见（xiàn），无道则隐。邦有道，贫且贱焉，耻也；邦无道，富且贵焉，耻也。”

【译】孔子说：“坚定地相信善道，努力学习它，誓死保全它。不进入政局不稳的国家，不居住在动乱的国家。（邦国之主持守仁爱之意而）天下有仁爱之道就出来做事，（邦国之主不持守仁爱之意而）天下没有仁爱之道那就退隐不出。邦国之主推行仁爱之道而自己贫困低贱，真是耻辱；邦国之主不推行仁爱之道而自己富有尊贵，也是耻辱。”

【解】开放分享的君子人格坚守仁人之意，知道其中的分寸，会自己寻找好的环境去生活和居处。人的君子人格与其环境的有道无道相配，都是意识的选择。一解"居"为"尸居为官"，不是住。[①]

韦鸿铭把"笃信"译为scrupulously truthful（一丝不苟地真诚相信），安乐哲译为make an earnest commitment（热忱献身），都理解为很有诚信；理雅各译为sincere faith（真诚相信），刘殿爵译为firm faith（强烈相信），都理解为忠实信道。《子张》篇："信道不笃，焉能为有？"应是忠实信道之意。

关于"善道"的翻译，理雅各译为perfecting the excellence of his course；韦鸿铭译为the path of honesty；刘殿爵译为the good way；安乐哲译为the efficacious way（行之有效的，灵验的方法）。关于"道"的翻译，理雅各译为right principles of government（统治机构的原则规范）；韦鸿铭译为justice and order（正义与秩序）；刘殿爵、安乐哲译为the way；许渊冲译为truth（正确原则）[②]。

关于"天下"的翻译，理雅各译为kingdom（王国）；韦鸿铭、安乐哲译为the world（世界）；刘殿爵译为Empire（帝国）。关于"邦"的翻译，理雅各译为country（国家），侧重国土和疆域；刘殿爵、安乐哲、许渊冲译为state（国家，州、政府、邦国）；韦鸿铭将state与country共用。

天下有道无道，是孔子非常在意的问题。但是这个问题又不容易解答，因为涉及统治的有效性、民生的福祉，各种可见的指标又都不是全部，因为甚至要包括名分、合法性等没有办法明言的问题。

【意】此章言说的对象不是平民百姓，而是有一定权势地位的人。他们要修身以弘道，不要身死而道灭。也可以说，身为道本，身在道在，身死道灭。《论语》当中有多处对"身"意识的强调，可以分维度论述。关爱他人、邻人的仁爱，首先是仁爱其身。仁爱他人的身体，要从仁爱自身的身体开始，这种身体意识对养生非常有意义。仁爱起心动念本身即具有反省的意识，从意念升起即人的角度看，仁即意，仁意即意仁，也就是说，仁人之意即意识发动时刻保持仁爱他人的恒温状态。

---

① 参见林安梧：《论语译解：慧命与心法》，第126页。
② 参见许渊冲：《〈论语〉译话》，第86页。

孔子是保身主义（不是消极的专注于身体的保养意义上的，而是从积极地明哲保身以便建功立业的意义上说的），不是个人英雄主义，而是自信有道而无限推行仁爱之道。在政治上应该属于开明专制，跟承认君主在位的合理性有很大关系。但只要自己在守善道就要努力，谋事在人，成事在天。

为了善道可以牺牲生命，但又要善于选择，尤其是善于保身，因为儒家认为身为政本，没有了身体就没有选择的可能，也就不可能改变现实政治，所以为善道献身跟善于保身，并不矛盾。人一方面既要杀身成仁，但又不可以让自己白白送死，不要明知道危险和动乱的地方，还故意往里面扎堆，那样身死道灭就违背儒家以身弘道的本意了。

保身就要守中，内心有分寸，即持守《中庸》"诚中之意"，既要持守中道，但又不是一切随缘，而是尽量选择对自己生命成长有利的环境条件。守卫并完善治国与为人的大道。国家的仁爱之道，既可以理解为通于天地的大仁大善，可谓无善无恶，同时也体现在君主是否仁民爱物上面，即起心动念是否将百姓放在首要位置。

8·14　子曰："不在其位，不谋其政。"

【译】孔子说："不在那个职位上，就不去谋划和干涉跟那个职位相关的政务。"

【解】天下有道无道，都与自己的身体所在位置有关。有关就试图成事，无关就不要妄加谋划。由个人修身的身体观到政治的身体观，基于身体而有政治，首先判断和察知自己的身体是否在位，要在位才有政。孔子把政治作为身体的延伸看得极其清楚明白，非常清醒意量的边界。

谋划比考虑等要好。谋：主要是谋划，尤其不要去主动谋划，但可以批评、评论。可以帮助思考、考虑，但不宜跃跃欲试、尝试谋划，甚至到了越俎代庖、指手画脚的地步，那样就是干涉和影响在位者的工作。

此章与"天下兴亡，匹夫有责"的家国伦理意识有关系。天下之兴之亡通常指的是非常时刻，不是常态，那时所有人都应该出来救国救民，每个人都责无旁贷。但在太平时日，就不应该时时刻刻对天下指手画脚。表面上是主人翁精神，但其实是自以为是，随意僭越，破坏秩序，甚至搞乱社会。当然，百姓该说的还可以说，该监督的权利还是应该保留。但抢人家的角色和位置，就不仅是承担天下的责任可以解释了。孔子不主张人民过度积极地干预政治。

【意】其实孔子本人一直不在其位还在谋其政，他制礼作乐，教化百姓，这些本来都是帝王做的事情。所以不能够说孔子一概反对谋事，他主要反对破坏正常政教秩序，希望所有人各自分工，做好本职工作。

在上位者，如果经常为下位者谋其政，就成了干政；在下位者如果经常为上位者谋其政，就成了犯上，孔子认为这二者都是不合适的。"政"也特指政务，不应该指代所有的事情。一些事情，百姓的监督，正常的议论都应该是可以的，但对于当权者的政务，如果一定要横加干涉，递条子，托人情，就不见得合适了。

忠于职分，是责任伦理。一旦有了分工，就应该各安其位，各守其责，不要去谋划他人岗位的事情，对军队和行政系统来说，尤其如此。谋位容易搞乱既有的秩序。孔子注重人们对政治秩序的顺服，不注重人们对政治系统的参与和调配作用，也就是主观能动性。在上位的人，常常通过调节人事来改变政治秩序，而下位的人，本来也应该有相应的权力来参与和改变现实政治的不合理性。好的政治，是太平时代让"匹夫匹妇"们享受更多的成果，且危急时刻能够救百姓于危难之中。

从根本上来说，这是一种现代政治观念与古代政治观念之间的区别。现代政治观念预设了官民的对立和冲突，官的权力来自民，需要听命于民，但古代政治官民一体，天下一家，二者有很大的不同，如官如家长，很多思考和处理的方式就跟现代政治有很大的区别。可以说，孔子提倡官民中道：既不能干涉、越俎代庖，也不应该事不关己高高挂起。

8·15　子曰："师挚之始，《关雎》之乱，洋洋乎盈耳哉！"

【译】孔子说："从音乐大师师挚演奏的序曲开始，到最后演奏《关雎》篇的合奏结尾，耳朵里一直回荡着优美而盛大的音乐啊！"

【解】师挚：鲁国乐师。始：序曲，乐曲开端。古代奏乐，开端叫"升歌"，一般由太师演奏，师挚是太师，所以说"师挚之始"，有师挚就位，起始升歌之意。乱：乐曲终了，合声作结，即合奏乐，此时奏《关雎》乐章，所以叫"《关雎》之乱"。一断为："师挚之始，《关雎》，之乱，洋洋乎盈耳哉！"指以《关雎》为始，演奏到末章，耳畔充盈着华美的乐声。

乐接天机，也接人情，雅正之乐落实于人伦之善。不谋其政（8·14），就不会为政事烦心，而有心力欣赏音乐的优美盛大。

【意】孔子赞美雅正之乐的优美和盛大，主要是盛赞情爱之落实于人伦的儒家伦理崇高伟大。音乐不应该堕落成为原始冲动的直白表达，而应是一种文明、文化的形式美加情感的愉悦美。复兴传统雅正之乐，需要消化、嫁接、吸收优秀的西方音乐元素，重铸中国音乐千年本有的古朴雄浑、大气磅礴的气概。

8·16 子曰："狂而不直，侗（tóng）而不愿，悾（kōng）悾而不信，吾不知之矣。"

【译】孔子说："狂妄又不正直，无知又不谨慎，无能又不守信用，我真不知道该对这种人怎么办了。"

【解】狂：急躁、冒进。侗：幼稚无知，憨厚朴实。愿：谨慎、小心、朴实；一说憨厚到无知的地步。悾：通"空"，诚恳到无能、昏沉、愚钝的程度，愚昧到被欲望牵制而无信用的地步。

既不能介入现实（8·14），又不能欣赏音乐之美（8·15），就可能变成狂妄、无知、无能、无信之人，这种人不知道怎么教育，拿他们几乎没有办法。

【意】孔子认为如果无仁心，就难以接受礼的劝导，那懂礼的人也奈何不了他们，所以对待那些意识狂妄、内心无礼法约束的人，是没有什么办法的，估计只有用刑罚了。与儒教相比，基督教和佛教拯救堕落的人的魄力更大。

这里强调，一个人若缺乏仁爱之意，那就无论如何都没有办法了。可是，仁爱之意不是外来的，是内在自悟自省启发出来的。自省的机制是仁人之意涵养发动的前提。3·3孔子就提到，如果人没有仁爱之意，礼乐对这样的人是没有什么用的，礼乐改变的只是人的言行外表，不能改变人的内心。儒家强调内心的孝顺，这又需要反思才能，不是天生自然的。

8·17 子曰:"学如不及,犹恐失之。"

【译】孔子说:"学习就像担心自己追赶不上那样心情急迫,(如果自己不能有深刻的心得体会,那样学了之后)又担心把所学的忘掉。"

【解】不及:时间上来不及,要争分夺秒;赶不上学问,赶不上圣人,担心失去,担心忘却,比如听到了就需要立即把自己的想法写下来,记述下来。学生应该深切体悟学问的道理,努力去身体力行,让学问滋润自身。学习如不及,也有恐怕、担心之意,也就是担心自己无法学得深刻到位,容易忘却。因此本章讲的是孔子的学习精神和孔子教学生学习应有的状态。好的学生发现自己达不到,会很紧张,担心自己学会又忘掉,更担心怎样才能学到君子之境。

【意】好学生对意念的生发(意生)状态会有紧迫感。如果没有学到位,感觉不够透彻,也就是如果没有心得体会,所学的对象就不可能真正转化成为自己内在的部分,不可能真正记住和运用,所以要学到动心,穿透人心才行。

5·14有"子路有闻,未之能行,唯恐有闻",知识如果没有用心体贴,就不能够成为自己为人处世的经验,很容易忘却。仁人之意要有深切的体悟才能保持,否则稍纵即逝。单纯靠学习不行,还要在反省、思考、实践当中印证、体悟。

8·18 子曰:"巍巍乎,舜、禹之有天下也,而不与(yù)焉!"

【译】孔子说:"多么崇高啊!舜和禹虽然拥有天下,但不用私心去参与和干扰天道的运行。"

【解】巍巍:崇高、高大的样子。舜:传说中的圣君明主。禹:夏朝的第一个国君。传说上古时代,尧禅位给舜,舜后来又禅位给禹。与:参与、相关。学习了君子之意境,担心忘却,但如果领悟君子之意境依境而生,只要顺应自然之意,就能感悟君子境界之高妙难言,虽然不易理解,但只要不用私心去干扰体会和参与的状态,就能够感悟到这种极高的境界。君王应该顺承天道来治理国家,就是"不与"的应有之意,因为人起心动念难与天相争。

统治者不应该刻意去统治，如"舜有臣五人而天下治"（8·20），"无为而治者，其舜也与……恭己正南面而已矣"（15·5）。不亲自参与治理，近似于无为而治。也可以与下一章"唯天为大，唯尧则之"相参照，译为"不去参与和干扰天道的运行"比较合乎上下文意。跟《道德经》"自然之意"通。这种不私享，不谋求私利的境界，可参8·21"菲饮食而致孝乎鬼神；恶衣服而致美乎黻冕"；也可以说一点都不为自己，舜和禹整年为百姓勤劳，参见8·21"卑宫室而尽力乎沟洫"。一说天下是政治权利，统治力量，这是诉诸权力的政治儒学解读。

【意】孔子多次强调，圣人的意念当中不私有天下，比如伯夷、叔齐把礼节看得比天下更重。泰伯有至德，所以主动让出天下，说明最高的道德是对天下没有任何的占有、控制等私心，不认为天下必须属于自己，而后代的传颂，其实说明这样的君子才真正拥有天下，甚至可以说，天下真正属于君子们。

"天下"本无私意，心念一有私意，想把天下据为己有，反而立即失去天下。意量广大的心念因纯粹无私意而有巍巍崇高之感。舜和禹得到天下，靠的是他们仁人之意的修行境界。这是禅让来的，不是求来的，不是夺过来的。曹氏篡汉，司马氏篡魏，都假借三代禅让之名，而行篡杀谋夺之实，导致魏晋南北朝流行"不与求"的让贤论。

天子之位为世俗所重，但至德之人（如泰伯）并不在意，因其重道不重位。孔子如此强调泰伯的至德，有道统应该高于政统的意思。这种理解近于宋儒崇内圣而限外王的说法，毕竟有意识的道统建构是后来的事。泰伯之让，不是纯粹为道统之道，而是为了天下，是为了政统之道传递给合适的人。同样，孔子强调伯夷、叔齐，就是强调礼义应该高于现世权力。这里的天下是政治权力所及的、依道而生的、活生生的全体生民百姓。

8·19 子曰："大哉尧之为君也！巍巍乎，唯天为大，唯尧则之。荡荡乎，民无能名焉。巍巍乎其有成功也，焕乎其有文章！"

【译】孔子说："真伟大啊！尧帝这样的人间君王！巍巍崇高啊！只有天最高大，只有尧才能效法天道来治理国家。（他的恩德）多么浩荡广阔啊，百姓真不知道该怎么称赞他。他成就的功业多么崇高啊！他所制定的文制典章多么光辉灿烂啊！"

【解】则：效法、为准。荡荡：广大的样子，得道而充满乐感的样子。名：形容、称说、称赞。焕：光辉，光明。上一章说明舜治理天下顺天而行，本章跟上一章互相呼应，说明尧取法于天，所以功业辉煌灿烂。

【意】此章极言尧舜意量无穷，意境神圣而崇高，亦说明圣人法天，如《易传•文言》："大人者，与天地合其德，与日月合其明，与四时合其序，与鬼神合其吉凶。先天而天弗违，后天而奉天时。"《彖传》"大哉乾元"跟此处相对照，说明尧统治天下是顺承天道，更是顺承天地之乾阳之力来运作的。《孟子•滕文公上》引了这段话，稍加改动为"孔子曰：'大哉尧之为君！惟天为大，惟尧则之，荡荡乎民无能名焉。君哉舜也！巍巍乎有天下而不与焉！'尧舜之治天下，岂无所用其心哉？亦不用于耕耳"。孟子认为尧、舜还是用心的，但不是用于耕作的小心、私心，而应该是顺承天道的大心、道心，后来为朱熹所发挥。

起心动念皆合于天道，即顺承天道，起心动念从私心出发，不合天道，就是私心主导，这样就偏离了孔子倡导的仁爱之道、行仁之境了。念念合乎天道就是依道。圣王起心动念应该要达到依天道而行的境界。

8·20 舜有臣五人而天下治。武王曰："予有乱臣十人。"孔子曰："才难，不其然乎？唐虞之际，于斯为盛，有妇人焉，九人而已。三分天下有其二，以服事殷。周之德，其可谓至德也已矣。"

【译】舜帝有五位贤臣，天下便得到治理。周武王说过："我有十个帮助我治理国家乱象的臣子。"孔子说："人才难得，难道不是这样吗？唐尧和虞舜之间及周武王这个时期，人才是最兴盛的了。但十个治国大臣当中有一个是妇人，所以实际上只有九个人才而已。周文王得了天下的三分之二，还继续臣服殷朝，周朝先王的德行，可以说是极致之德了。"

【解】舜有臣五人指传说中的禹、稷、契（xiè）、皋陶、伯益等人。《说文》："乱，治也。"乱臣：即"治乱之臣"。唐虞之际：即尧舜之间，传说尧在位的时代叫唐，舜在位的时代叫虞。斯：指周武王时期。有妇人焉指武王的乱臣十人中有武王之妻邑姜。三分天下有其二，是天下分九州，六州归附文王，得了三分之二。

这一章还是继续前章讨论顺承天意而治理天下的意思，所谓的能臣，都是能够顺承君王之意，也就是天意的人。开头说舜有五位贤臣，天下便得到治理，这就是说治理天下不要太多的人为，只要有几个能够领悟天道运行的能臣就可以了。这里的天下指的是统治的疆域。

【意】先尧舜后周代，思考君子人格之极致境界。天意是最高的德，人间至德就是懂得顺承天意。周有实力，但这里不讲结果，只讲动机意识。孔子时代，诸侯强天子弱，私家强公室弱，篡代甚多，所以孔子盛称周德。文王明晓天道，知道天命流转需要假以时日，因此生前虽然已经得到三分之二的天下，依然臣服于殷，等待天命转换之后，再由武王伐纣，顺天应人而成就大业。所以文王之德，也可以说是已经拥有天下而不与的例子。

文王之前，文丁杀王季，杀机已然隐现。周文王当时是人心所向，有能力推翻殷朝，但他德行高，继续服事殷朝。也正是因为西伯侯姬昌已得天下之心，纣王才将其囚于羑里（今河南安阳）。纣王杀文王长子伯邑考并强迫其食之。文王为了生存下去而喝了用儿子伯邑考做成的肉汤，其后在狱中演《易》而改写了上古的精神文化史。

文王这种家恨国仇不可轻报、宁可交给能干的儿子来成事的人生智慧，其实有着了不起的预见性，能够让自己选中的人成为自己意识的延伸，并继续成就充满变数的国家大事。武王英明过人，如果没有这样大智慧的后继之人，如何能够一举成就大业？可见，孔子感慨周之至德，不仅仅是抽象的仁义道德，也是面对家仇国恨如何报仇雪耻的顶级生存智慧和成事大道。即使有实力，也不轻易去占有天下，当了天子也不据天下为己有，而是顺承天意来治理。文王靠文德，吸引了很多人来主动依附，好比舜帝吸引人才，说明文王的德行高。相比之下，文王比舜拥有的人才更多，即使如此文王还不称王。

8·21 子曰："禹，吾无间然矣。菲饮食而致孝乎鬼神；恶衣服而致美乎黻冕（fǔ miǎn）；卑宫室而尽力乎沟洫（xù）。禹，吾无间然矣。"

【译】孔子说："对于禹，我没有什么可以挑剔的了；他日常饮食粗茶淡饭，但他如孝亲一般尽心尽力去祭祀鬼神，准备的祭品非常丰盛；他平时穿的衣服粗糙简朴，而祭祀时的礼服却尽量华美；他自己住的宫室很低矮简陋，却竭尽全力地修治水利。对于禹，我确实没有什么可以挑剔的了。"

【解】间：空隙，缝隙，此处用作动词，找缺点，非难之意。无间：没有意见，不能评论，表示无可挑剔。菲是指饮食单薄，不丰厚。致：致力、努力。鬼神：一解自己祖先为神，其他人的祖先为鬼；一解为祖先。黻：祭祀时穿的礼服。冕：祭祀时戴的帽子。卑：低矮、低劣、简陋。沟洫：即沟渠，田间水道。禹：圣王，法三代之治。《泰伯》篇从泰伯到禹都讲君子人格的极致境界，那种崇高到极点的状态。

【意】这里既接续之前不参与和干扰天意的运行的意思，而且继续了不把天下据为己有的意思。以禹为例，说明他虽然贵为天子，但绝对不谋私利，即使自己衣食住行非常简单粗陋，但对于公事却尽善尽美。这样的处事方式，说明以公心为天下者，起心动念不能有一丝一毫的私意，只要起心动念有一丝一毫的私意，可以说就不再拥有天下。

禹在人间能够成就丰功伟业，当有通天智慧，他对天道的领悟登峰造极，后世难及。功业可以再造，智慧只能心悟。禹内修坤德，外成乾业，乾坤并进，阴阳不测，经天纬地，人天何言？坤德厚德载物，近于俭，不俭不能成其厚，故俭以养仁德，是奉己之事；乾德自强不息，近于勤，不勤不能成其大，故勤以致功业，是事公之事。他人不能挑剔禹的做法，有点像之前"无能名焉"的意思，也就是他做得如此尽善尽美，他人实在没有什么意见了。可见，孔子对于禹的意能无比佩服。

儒家政治理想是"理想—现实主义"，即把政治理想设定在古代的现实主义，这似乎比设定在未来更高明。一个非常重要的有利方面就是，古代虽然是传说，但可以美化，令人向往，而且古代比今天做得好的地方，也确实比比皆是。一方面儒家走现实主义政治路线，另一方面保持理想化的色彩，强调三代的理想政治，作为政道与治道的理想，这虽然带有一些理想化的色彩，但永远具备政治理想那种指引方向的意味。

现在很多人以为，政治理想应该设定在西方宪政的基础上，这既不是古代，也不是未来政治，而是因当下的现实与古代现实明显不同，转而活学活用制度设计的思路。其实，发展儒家政治不一定要照猫画虎。当然，有了西方近现代政治制度做参照，儒家政治制度设计的背景和思路跟古代整个政治制度设计与实践的视域已然完全不同。

子罕篇第九

9·1 子罕言利，与命与仁。

【译】孔子很少谈到利益，却赞颂天命，推许仁德。

【解】本篇讲命、讲仁。有些学生以为孔子不言，其实不是孔子不言，而是所言太深而难为学生所察。本篇致力于说明，孔子所言虽不直接，但话里话外，还是透露了很多关于人生命运和仁人之意的微言大义。孔子平时与学生们讨论心志确实不多，但因为非常重要，所以后面多章就反复强调。

利：指俗利，私利或功利。孔子反对人的心意发动着眼于私利，也反对人的意向之中带着功利的算计。孔子认为要过一种境界性的人生，要达到超越"利"的境界，通过"与仁"达到"与命"的境界。与有赞同、赞颂、肯定、重视、关注、有利于等意。

这句话解读分歧很大，焦点在"与"。主要有两种观点，一种认为，"与"是并列连词，相当于"和"，孔子很少谈论的是利、命、仁，代表有何晏、皇侃、程子[①]、朱熹，及近代以来的刘宝楠、程树德、杨树达、杨伯峻[②]、杨逢彬等。另一种认为，"与"是动词，有赞许、认同、遵从等义，孔子较少谈利，对命和仁其实持赞许、认同之态度。这派观点古代主要代表是《四书辨惑》《学斋占毕》《论语补疏》等，近代以来持此观点的有康有为、钱穆、李泽厚、杜道生[③]等人，还有日本近代的一些学者。[④]

分歧根本在于对"与仁"的理解，如果理解为孔子很少讲仁，这明显不通，孔子应该赞许、称许、推许仁和命，可是这么一来，赞许、称许、推许命就有问题了，因为孔子谈"命"谈得也不太多，而且孔子的思想倾向是人文主义，天道玄虚的内容谈得少，说孔子赞

---

① 如程子说："计利则害义，命之理微，仁之道大，皆夫子所罕言也。"

② 杨伯峻赞同前人以"吾与点也"的赞成、赞同之意解释"与"，不过他引刘宝楠《论语正义》的说法认为，问答之语与自言之语不同，学生问的时候，孔子谈仁不少，但学生不问，孔子自己谈得并不算多，这样学生听到的也少，这就没有完全否定传统的解释。参见杨伯峻：《论语译注》，第86页。

③ 参见杜道生注译：《论语新注新译：附主要字词、人名索引》，中华书局2011年版，第73页。

④ 参见唐文明：《与命与仁——原始儒家伦理精神与现代性问题》，河北大学出版社2002年版。

许、称许、推许"命",总觉得有点牵强。

不过,从孔子学生记述评论的角度来看,孔子很少谈利,是因为孔子确实不愿谈及私利问题。关于"利"的英译,理雅各译为profitableness(物质、金钱、收益);类似于韦利、刘殿爵、许渊冲译的profit(利润、收益);辜鸿铭译为interests(利益);安乐哲译为personal advantage(占优势,得到利益)。孔子不谈这些收益和利益,也不研究在现实当中如何占据高位,控制学术和政治权力。但这不影响孔子成为历史上最有影响的"万世师表"。

至于命和仁,因为比较难谈,学生也听不太懂,所以学生不问,孔子基本不答。关于"命"的英译,理雅各译为appointments of Heaven(天命);辜鸿铭译为religion(宗教);韦利、许渊冲译成fate(命运);刘殿爵译为destiny(既定命运);安乐哲译成the propensity of circumstances(环境的情势),有命定和限制,令人无法超越的意味。林安梧认为,"命"即是天道,是生化之源。[1] 每个人的自然生命都是有限的,都是天命于我们、大自然给予我们的限定,儒家精神意识的边界,其实就在于对天命有限性的先知先觉。

其实连孔子谈得最多的仁也是如此,都是学生问了,孔子才答,他自己不轻易谈,相比之下,谈命就更少了。理雅各译"仁"为perfect virtue(完美德性);韦利译为goodness(美德);辜鸿铭译为morality(道德);刘殿爵译为benevolence(仁慈);安乐哲译为authoritative conduct(模范行为);许渊冲译为humanism(人文主义)[2]。林安梧认为是"人之安宅"。[3]

其实,按照传统说法,孔子作《易传》,里面的人文倾向非常明显,而《易经》本身从文王确定经文开始,就是人文理性的代表性著作。[4] 在《易传》里,孔子也比较少谈论天命这样玄虚不定的问题,跟《论语》"敬鬼神而远之"的记述完全一致。

否则,"罕言仁"要解通,就要理解为很少自诩为仁,或者不知

---

[1] 林安梧:《论语译解:慧命与心法》,第132页。
[2] 许渊冲:《〈论语〉译话》,第89页。
[3] 林安梧:《论语译解:慧命与心法》,第132页。
[4] 参见温海明:《周易明意》,2021年第二次印刷的《庚子序言》。

谁推行了仁等说法，都有一些牵强的地方。当然，把赞许、称许、推许理解为重视、关注、念念在意这样的倾向，对仁没有问题，对命也似可通，孔子确实敬天命，畏天命，知天命，由天命，所以孔子的确在意天命。

【意】就《子罕》这一篇的内证来说，孔子似乎确实很少谈命谈仁，但他话里有意生与意缘，都与命运感和仁人之意密切相关。孔子不把利、命、仁放在一起谈，或说明孔子未给"仁"附加任何条件和目的，如他说"我欲仁，斯仁至矣"，可见"仁"境的实现是当下的，直接的，既不需要思考"利"，也不需要思考"命"就可以达到的。

如果要打通三者的关系，利就要讲成公利，于大家都有好处的公利是大家都需要的，也是社会发展所必须的，私利就相反；命也不再是个人的命运，而是人类整体的同呼吸共命运，或人与自然的互动、兴衰、得失问题；仁也不再是个人的修养，而是社会整体的道德水平和公平正义问题，是人们实现过更好的可能生活的内在机制问题。这样就把仁上升到与命相关的高度。安命当行仁，行仁即运命兴利，既自立立人，又自利利人。

可以说，孔子思想确实有这样的哲理内涵，他关心命与仁，利即在其中，不需要多谈利，但还是很重视命与仁。孔子仁人之意的境界不在乎名利，也可以说是排斥利的。一个君子念念都是仁人之意，就等于命令自己活着的每一个时刻都是仁爱之命的给予，给自己的生命注入仁爱的力量与光辉，把一生活出仁爱之命，成就爱人乐群之大利。

9·2　达巷党人曰："大哉孔子！博学而无所成名。"子闻之，谓门弟子曰："吾何执？执御乎？执射乎？吾执御矣。"

【译】达巷党这个地方有人说："伟大啊孔子！他学问渊博，可惜却没有一样赖以出名的专长。"孔子听到后，对弟子们说："我到底应该展示我哪方面的专长呢？是驾车呢？还是射箭呢？看来我还是展示我驾车的技艺吧。"

【解】达巷党人：说达巷党这地方的人，"党"，古代五百家为一党。一解"达"为通达，引出后面的话比较通达。执：执行、专长、专攻、擅长。"博学而无所成名"一解学问虽然广博，但可惜没有"一艺之长"以成其名。此说认为孔子表面伟大，但并不真正博学多识，可以说博而不精。此说有点求全责备，不取。

本章记录了孔子开自己命运的玩笑。他笑说自己早年命不好，所以驾车技艺很高，这是极致的自嘲式幽默，可以化解直接回应哪一项是自己真正的专长这样的问题。恰恰说明，孔子对命运的意会很深，他的意量广大无边，没有一点虚名。他故意反问"我用哪一点成名呢？或许是因为我驾车技术还不错吧"，此解亦合理。

达巷党这个地方的人说的话，一方面可以理解为对孔子的感叹，实在太伟大了，什么都会，没法说他是哪方面的专家，意思是说，孔子无论哪方面都造诣太高了，都是专家；博学而无所成名指学问渊博，因而不能以某一方面来称道他。另一方面则可以从有点惋惜，甚至嘲讽的口气来理解，那就是说，孔子懂得太多，可惜没有哪一方面是他足以成名的专长，有点讥讽孔子博而不精的味道。无论是哪一种解读，孔子的回答都轻松且幽默，用今天的话说，就是："我哪有那么了不起啊（或者他们说说也没关系），我不过就是车开得好点，打靶准点，恐怕还是车开得实在太好了吧。"可以想见学生们听后会心大笑，而且还要略去"此处有掌声"这样的记录。

【意】开车射箭跟讨论天道性命的学问是一体贯通的，毫无冲突。a射箭的道是要切中靶心，开车的道是在掌握一种动态的平衡，驾驭其中的分寸。孔子幽默亲切，但也更让人有崇高之感，合乎其大道在人伦日用之间，贯通射御之技的哲学思想。"无所成名"不是"不能以某一方面的专长来称赞他（无以名之）"。如果把"吾执御矣"理解为孔子隐藏着想当天下的司机，把握中华文化的发展与前进方向的心意，则是按照"斯文"的意思提高了此语的境界，不过理解为《论语》隐藏的密码也未尝不可。

9·3 子曰："麻冕，礼也；今也纯，俭，吾从众。拜下，礼也；今拜乎上，泰也。虽违众，吾从下。"

【译】孔子说："用麻线编织而成的礼帽，这符合传统礼制的规定。现在大家都用黑丝线织成的帛布来制作，这样比过去节俭省事

---

① 按照《庄子》"庖丁解牛"的说法，孔子已经达到技进乎道，化刀为刃，游刃有余的最高境界了。林安梧说："掌握方向，操之在我；追求目标，则外于我也。"（参见林安梧：《论语译解：慧命与心法》，第133页）

了，我随顺大家的做法。（臣下拜见君上）首先要在堂下跪拜，这也是符合传统礼制的。但现在大家都改到堂上跪拜，这是骄纵傲慢的表现。虽然与大家的作法有所违背，但我还是主张先在堂下跪拜（的传统礼仪）。"

【解】麻冕：麻布制成的礼帽。纯：丝绸，黑色的丝。俭：俭省，麻冕费工，用丝则俭省。拜下：指大臣面见君主前，先在堂下跪拜，再到堂上跪拜。泰：指骄纵、傲慢。臣下拜见君主的时候，臣子的意境从传统的谦和居下，到如今自居高大上的状态，孔子见微知著，对这一细节体现出意境的转换，表示不满。礼的形式以简约为指归。孔子认为，制作器物可以与时俱进，但行礼当从古，不可以改变太多、损益太过。在何处行跪拜之礼，体现出臣下对君上的尊敬程度不同，可见孔子看重身份和等级的区分，而且礼制对于不同的时位有不同的意义。

【意】当世的礼制如此，如果自己又想做一点改动，只要合乎简约即可。孔子的意能多用于复古，但意向是为了开新，虽然文化的革新都是当下的，但当下都来自悠远的传统，所以要在继承中发展，在当下给传统注入未来的眼光。

行跪拜礼时，臣子心中当有仁人之意，而古礼因为在堂下跪拜，孔子认为可以更好地体现臣下对君上的恭敬。可见，当以仁人之意为本，随顺时势变化之"义"，可以适当修正作为具体规范的"礼"，但一旦修正的规范不再能体现古代礼制本身的仁人之意，就改之太过，应当尽量恢复了。礼制的内涵是礼让谦敬，如果礼制的改变违背了谦让之内涵，就当恢复古礼以实践其内涵。

9·4　子绝四，毋意，毋必，毋固，毋我。

【译】老师孔子完全不会生发四种错误的意念，即他没有凭空臆测之意，没有期必专断之意，没有拘泥顽固之意，没有自我膨胀之意。

【解】对于命运，不可执定，不可坚持，要随缘确定意量的分寸与边界，让仁人之意依境而生。意，通"臆"，揣度、臆测、猜想、猜疑，事情还没有发生的时候主观无端猜测。理雅各译为foregone conclusions（先行臆度的结论）；辜鸿铭译为self-interest（私意、私利），将"意"解作名词；刘殿爵译为entertain conjectures（喜欢假设）；白牧之译为wish（希望），泛化；安乐哲译为speculate（推度）；韦利把"毋意"译成took nothing for granted；许渊冲译成supposition。孔子不依照某些特定的原则和主观猜测来判断事情，孔子的意向性随其境遇的变化而在当下（here-and-now）不断生成，与时势迁变，并与境遇互动。

必可以理解为固必或者期必，二者可通。带有"固必"意味的译文有刘殿爵的insist on certainty（认定必然性），与安乐哲译为certainty（必然确定）相近；韦利译为over-positive（过度有把握）；白牧之译为will（决心、意志）等。带有"期必"意味的有理雅各译arbitrary predeterminations（武断地先行决定），与辜鸿铭译为prepossessions（预先的偏见）相近；许渊冲译成predetermination（预先决定）。应该说，带有预先意味的译文更接近"期必"之意。孔子提醒，如果过分坚持自己的主观动机居先，可出现这几种问题，所以在起心动念上就要小心，时刻回到仁人之意的意识状态上来。[1]

"固"是固执己见，义与"必"近，"必"或更偏向于事物未萌之前，"固"更倾向于已成之后，无法适应情境变化之意；理雅各译为obstinacy（固执）；韦利译成obstinate，许渊冲译obstination近之；辜鸿铭译为bigotry（偏执、盲从）；白牧之译为set；刘殿爵、安乐哲译为inflexible（没有弹性）最为切近。

"我"是我私、我慢、我执等。关于"我"的英译，理雅各、辜鸿铭译为egoism（自我中心）；韦利译成egotistic（利己），刘殿爵译为egotistical（任性、傲慢）近之；白牧之译为self；安乐哲译为self-absorbed；许渊冲译成self-assertion[2]；ego侧重于自我认知以及受外在环境影响的调适，"毋我"指跳脱出自我认知以及封闭环境，即自己意识到自己的"同一性（identity）"或身份之后形成人格（personality）的意味。

---

① 仁爱的内心是一种动机，即心灵本身具有的主动性，所以孔子仁学是动机主义，即"做人做事从仁的动机出发"（参见夏海：《君子——〈论语〉与人生》，第67页）。
② 参见许渊冲：《〈论语〉译话》，第90页。

虽然上一章说孔子坚持传统，但这一章说明，孔子其实不是不愿与时俱进。这里的孔子译成"老师"更合适，因不完全是一种客观描述，更像一种对老师的特殊尊敬。在句读方面，"子绝四"后面应该是逗号，而不是冒号，因为后面是同义反复意义上的进一步解释，是对前者的描述，而不是语法上的双重否定表示肯定，所以用逗号，而不是冒号。

这段话是双重否定，但并不表示肯定。按照通常的理解，后面的主语都是孔子，但其实前面有绝、杜绝、摒弃、禁绝、绝断之意，禁绝的对象，本来是意、必、固、我，可是又有"毋"，似乎变得复杂了。"毋"在这里是强调要随顺生命之流，把生命看成一个展开的、未完成的历程，充满时机化的因素，充满面对未来的不确定性，也就是随时保持源生的创生力、生气和活力。既不能一定执着为有，也不一定要视同空境的无，而应该是一种有无之间的境界。如果把"意"理解为念头之"有"，那么"毋意"就是去掉念头之"无"，不仅不能有"意必固我"，而且连"绝"此"四"的念头都不能有，这就有点"应无所住而生其心"的意味，起有念于无念之间。①

【意】孔子的意识是圆融的，是无定的，其修行的最高境界在起心动念之间，保持高度的反省，从而对意念发动的分寸有良好的领悟、控制和把握，保持着对意念发动于事事物物之后可能回应的戒慎恐惧之心。儒者的心思要用在正道之上，不要在切己修行之外发动任何妄为的心思意念。儒家是有我论，不是无我论，并非没有我见，只是我见不可以拘泥封闭，而要有高度的开放性，不可以妄自尊大，不断消融与小我关联的臆测、期必、固执等心意倾向，才能升华自己的意识境界至于神明之域。

儒家道德生活不仅强调要遵守礼仪，而且强调反思性极强、自觉性极高的当下意识状态，让行动者在道德行动过程当中以当下自觉的方式务实参与（pragmatic engagement）。这种自觉是意向性投射到意识情境的过程当中，保持时刻反省和及时应对的灵敏状态，所以能够适当调整，让意向性表现得灵活合宜，从不固执己见，及时回应他人需求，保持对人与人关

---

① 程树德《论语集释》认可郑汝谐《论语意原》此解，近人李炳南同意："孔子志于道，能转意念，而不为意念所转。"（参见李炳南：《论语讲要》，第157页）

系的敏感度，从不过分关注自我利益。这种超越了自我的、时刻经营并使得人际关系和谐进步的意识努力，就是成圣成贤的动态过程。

9·5 子畏于匡，曰："文王既没，文不在兹乎？天之将丧斯文也，后死者不得与于斯文也；天之未丧斯文也，匡人其如予何？"

【译】老师孔子在匡地被围困遇到危险时，说："周文王已经去世了，文化道统不就都在我这里吗？上天如果想要丧灭这种文化，那我这个后死之人，就不可能参与、了解、学习、继承这个文化道统了；上天既然没有让这种文化道统丧灭断绝，那么匡人他们又能把我怎么样呢？"

【解】匡：在今河南省长垣县西南。畏：指受到威胁。公元前496年，孔子从卫国到陈国途中经过匡地。匡人曾遭受鲁国阳虎的掠夺和残杀。孔子相貌与阳虎相像，匡人误以为孔子就是阳虎，所以将他围困。匡人围困孔子师生，师生们觉得生命受到威胁，孔子跟学生们说了本章的话，体现出一种天命在我的大无畏精神，后面可能匡人看出孔子不是阳虎，也就不再有戒心[1]。文王：即周文王，姬姓名昌，西周开国之君周武王的父亲，因发明后天八卦、基于"文王卦变方圆图"确定卦爻辞，成为孔子认定的古代圣贤之一。兹：是这里，指孔子自己。后死者：是孔子指代自己；一说后代的人，后于文王的人。与：通"举"，掌握；一解同"预"。如予何：即奈我何，能把我怎么样。这是对孔子"与命"的注解，相信自己的命关联着整个民族文化的"慧命"。

【意】孔子的意量与文王的意量等齐。这章体现出孔子对文化"慧命"在身的自明和自信，是一种对于天命智慧的终极领悟，也是对传承文化道统之使命的自觉担当，把生存的生命看作传递斯文的历程，生死早已置之度外，这是一种为文化献身的情怀。从而对个人的吉凶祸福、荣辱毁誉不忧不惧、不忮不求，念念皆在斯文之道中，坚定不移地志于道，即便

---

[1] 康有为认为孔子是文明教主、文明之法王，"自命如此，并不谦逊矣"（参见康有为：《论语注》，楼宇烈整理，第127页）。

面临死亡的威胁，也坚持选择不动摇，认为如此选择无愧此生。

以文化为一生事业的文化传人，也需要参透生死，否则就会对无边厚重的文化责任产生畏惧感而退却。所以文化传人都需要参透生死，才能上接斯文，传承文脉，如王阳明龙场悟道。其他儒者如程颐、梁漱溟、唐君毅等，在生死危难关头，都体现出类似孔子这样的自信，相信文化的血脉在身，即使外在的艰困危险也不能够把他们的心灵意志摧毁。

儒者对于他人的境遇之艰难，有一种不忍之心和恻隐之情，在孟子那里表现得很明显，对于文化的存亡续绝，又有一种不肯逃的义，无论怎样，这就是我认定的使命，更是我注定的命运，我会一直承担下去，一直到死。儒者都发大愿，其愿力通天贯地，持之以恒，实践"士不可以不弘毅，任重而道远"，对国家、天下、人民以至国家民族文化的大仁大爱。儒者的愿力决定其心念的广大与深远，这种境界和情怀是儒学之所以历久弥新的原因。

9·6 太宰问于子贡曰："夫子圣者与？何其多能也？"子贡曰："固天纵之将圣，又多能也。"子闻之，曰："太宰知我乎？吾少也贱，故多能鄙事。君子多乎哉？不多也。"

【译】太宰问子贡说："你的老师孔先生是位圣人吧？他怎么会那么多才艺和技能呢？"子贡说："这本是天意让他成为圣人，而且使他多才多艺。"孔子听到后说："太宰怎么可能理解我呢？我小时候地位低贱，生活困苦，所以学会了许多卑贱琐碎的才艺技能。出身高贵的君子能够学会这么多技艺吗？不会有这么多的。"

【解】太宰：掌握国君宫廷事务的官。有说指吴国的太宰伯。纵：让、任、使，不加限量。鄙事：卑贱的事情，小的技艺。"太宰知我乎"有译"了解我啊"或"理解我吗？"译法不同，意思也有些不同。"多能"从一个方面突出了孔子的出身卑贱，所以太宰提出的问题可能带有嘲讽意味。在西周的时代背景中，在他的发问里，暗含着认为君子、圣人这样的称呼，其实是只有贵族才配享有的，孔子出身卑贱，空有一点贵族血统，太宰可能是很不屑的。话里话外的意思是，我们真正的贵族才是君子，你们老师有什么资格自称君子，（出身贵族的）君子怎么可能像你们老师那样什么事都会干啊？此处君子与"贱"相对，指出身高贵的人。孔子在强调自己一能多方之时，感叹的是自己早年社会地位很低，为了谋生而摸爬滚打，备尝人世艰辛，如今一句带过，似乎云淡风轻，其实话里话外的命运沧桑感非常强烈。而且有为君子辩护的意思，认为君子不能完全看出身，而应该指品德修养有成的人。

开章太宰说圣，子贡说天纵使然，孔子的回答是不同意，所以对于"太宰知我乎"的理解，应该是太宰怎么可能理解我啊？内涵的意思是我小时候摸爬滚打，多不容易啊！吃了多少苦你们知道吗？包含这样的意思在里面。相应来说，最后一句也就应该把君子理解为出身高贵的人，意思是出身高贵的君子能够学会这么多技艺吗？不会有这么多的。这样基本上意思就连贯了。当然，就语境来说，理解为"君子遭遇了很多不幸吗？不算多啊"也可以。或者"对一个君子来说，这些技艺就算多吗？不算多啊"这样的说法，是认为君子会这些技艺也是正常的，怎么能算多呢？不过跟前文还是不够呼应，因为太宰和子贡都认为孔子会得太多了，已经达到圣人的境界了，孔子并不否认自己会得多，只是说，不是什么天生的，都是学来的。所以无疑强调并肯定后天的苦学，技艺对个人修身成德也有辅助作用。[①]

太宰问圣，却提能，有点不对称。如果问圣的品格就比较合适，如果问能，就带有故意表示质疑的意思了：你老师他是圣人吗？他会的怎么那么多啊（言外之意你老师孔子会得太多，不能算圣人）。子贡为老师辩护，老师不仅是老天让他当圣人，而且又让他什么都会。孔子听说后，不回应太宰问的自己是不是圣人的问题，只是对于他何以质疑自己的多能进行辩护，至少是因为他不了解我小时候的苦难。最后说：作为一个君子（孔子不承认自己是圣人，但君子当仁不让），我会的这些算多吗？不算多吧。从一个侧面说明，君子不但要修德，而且掌握尽可能多的技艺也是应该的。这样的译法，有助于回到最初的语境，不可仅针对"贱"来理解君子。

---

① 张祥龙认为，少年孔子在成人化、礼仪化的"游戏"中，找回了缺失的父亲和家庭——家族的礼仪身份，驱散了笼罩在他们孤儿寡母头上的阴霾，而且正是因为他这一段凄凉悲哀的、像《二泉映月》的旋律所表现的境界，给他的博学知礼带来了背景深度。参见张祥龙：《孔子的现象学阐释九讲》，《儒家哲学史讲演录》（第一卷），第18页。

【意】孔子对自己早年命运深深感叹，因早年社会地位很低，艰难的生活教会了自己很多，也学会了很多技能。他用反讽的方式感叹说，多吗？不多吧。感叹自己被命运所迫而激发出深厚的潜能，学会了庞杂的技艺，既是命运的馈赠，也是命运的无奈。

孔子的命运感非常强烈，话里话外都有丰沛的命运意识。前人强调"能"特指才艺，尤其是技艺，跟后文通，但其实应该是命运之"能"，也是当下的意识之能，是被命运驱迫而不得不生存下来而学会的能力、增强的意能。看起来太宰和子贡的说法，已经明确区分圣与能，如果"圣"偏品德，那么"能"就更偏技艺。但孔子学到这些技艺背后有着深沉的无奈感和沧桑感，这才是学生记录这一条的深意，也有期待后人细细品味的意思。

君子从身份贵族到精神贵族的转化，在这一章非常典型。孔子的回答里面用的君子，是出身高贵的人，但明确含有为精神贵族辩护的意味。这等于给贵族重新下了一层定义，这一层定义在《论语》当中极其重要，对中国文化的贵族精神气质有巨大的影响，所以两种解释都可以。而后一种解释，更好地说明了儒家何以能够成为中国文化传统的精神贵族气质的核心，具有文化史上划时代的意义。①

9·7 牢曰："子云，'吾不试，故艺'。"

【译】子牢说："老师说过，'我（年轻时）没有机会实现抱负，所以才学会了许多技艺'。"

【解】牢：郑玄说"牢"是孔子学生，《孔子家语》说是孔子学生"琴张，一名牢，字子开，亦字子张，卫人也"。但在《史记•仲尼弟子列传》中未见此人。试：用，被任用，指从政做官。本章继续记录孔子感叹早年命运艰难，所以他学会了多种多样的才华和技艺，为了生存，他不得已学会很多技艺。

【意】孔子的意思是，如果我很早就有机会做官的话，就不用也就不可能学会那么多技艺了，是平凡的生活磨砺了他多方面的谋生技艺。暗含

---

① 孔子开创的儒家教育致力于让平民的精神贵族化。赵法生提倡"大众儒学"，致力于让儒学走向大众、回归大众，只是对培养贵族化精神气质的强调不够。参见赵法生编著：《总序：回归大众是当代儒学的天命》，《〈论语〉读本》，中国人民大学出版社2016年版。

了一个人去考试，总是想着为人所用，反而对学会真正的技艺不利。

9·8 子曰：“吾有知乎哉？无知也。有鄙夫问于我，空空如也。我叩其两端而竭焉。”

【译】孔子说：“我有天生什么都懂的智慧吗？我可没有这样的智慧啊。如果有一个乡下人来问我问题，我对他谈的问题本来一点成见也没有，但我只需要从问题的首尾、正反、本末两端去追问考察，把两者的好坏结果分析殆尽，这样我对他的问题就可以全部搞清楚了。”

【解】知：天生什么都懂的智者，天生而知和后天习知，这两层意思都有，都通。鄙夫：乡下人、社会下层的人。叩：叩问、询问。两端：即两头，首尾两端，或指正反两方面。竭：尽，指穷尽、尽力探究，搞明白。张祥龙认为是让你发问中的意思显露出来，把发问变成问发，进入问与答的中间状态，使人意识到答案藏在问题之中，让答案如水落石出一般竭尽而呈露出来。①

接上章“知”是会“多能”的智慧。孔子认为虽然大家觉得他像个天才，无所不知，但其实自己命中没有先天带来的知识，一生努力学习，所以才有所知，这是典型的苏格拉底式的“知道自己无知”，越是学得多，越知道天外有天，人外有人，不会有丝毫的知识满足感，越感到自己的意能空空如也。其实，这是一种随时清空自己意能，放下自己意识能量的修行功夫。

这章在教学法方面很重要，有些老师不跟学生对话讨论，而是宣传自己的观点，或者扭曲学生的说法。孔子算是一个很好的反例，他强调因材施教，因时制宜，什么人都能教，乡野匹夫也能够教会。这时的“空空如也”当理解为老师不应该先带成见，以便启发学生思考问题的不同侧面，而后把问题搞清楚。这是一个分析方法的问题，是从道如何落实到具体技艺的问题，不是天生的知识或智慧，所以孔子提出帮助一般人分析事情的两种不同情况，如朱子“终始、本末、上下、精粗”而找到解决问题的根本所在。

---

① 参见张祥龙：《孔子的现象学阐释九讲》，《儒家哲学史讲演录》（第一卷），第33—35页。

【意】"空空"的解释，前人有说是鄙夫态度诚恳而虚心。孔安国、郑玄都同意是鄙夫"其意空空然"，邢昺《论语注疏》："言设有鄙贱之夫来问于我，其意空空然。"皇侃《论语义疏》鄙夫"心报空虚如也"，今人多指孔子自己心中空空如也，理解为孔子自己说并不知道答案。结合前面孔子承认自己"无知"来理解，应该是说我自己并不是什么都知道的。

虽然此语可以跟《中庸》之道舜"执其两端，用其中于民"相联系，将其发挥得神乎其神，但毕竟原文并未讨论"中"，而是讨论"空"，"空空如也"是去面对事物实相本空的真"空"实相，即如无相，无见即是本见，这种智慧之道，发意即落两边，"叩其两端"，即用意深深琢磨叩问意念发动之后的相对状态，而后知两端之"中"即"空"，"空"必有"间"，而此"间"本空，用无知之"智"去应和这种本空之"空"，或者空与有两端之间的"意"才算是真空之意。①

9·9　子曰："凤鸟不至，河不出图，吾已矣夫！"

【译】孔子说："凤鸟不再飞来了，黄河中也不再出现河图了。（圣明的君王恐怕不会再出现了吧？）我这一生怕是没有什么指望了吧！"

【解】凤鸟：古代传说中的一种神鸟。传说凤鸟在舜和周文王时代都出现过，它的出现象征着"圣王"将要出世。河不出图：指传说在上古伏羲氏时代，黄河中有龙马背负河图而出，圣王则河图而作八卦，从而成就易的体系，所以河图的出现可谓象征"圣王"将要出世。颜回在前481年去世，第二年子路战死。孔子说此章之言时，应该已经回到鲁国三年，感叹自己的命运看来快不行了，可能再也没有机会推行自己的仁人之意了。

【意】凤鸟与河图代表上古文化的图腾，是文化之道的核心载体，也有道统的实体化意味。道统在中国传统当中，有其相对于政治的独立性，流传下来，生生而成一个相对独立的系统。后世儒家道统针对佛教的传法世系而建立，所以不可能是一个严密的传承系统，不过，继承道统者都认为存在一种相对现实的独立传承，即人文之道的学统，政治性的政统，还

---

① 参见温海明：《坛经明意》。

有依赖人的良心通于天的道统。

孔子是承续道统的人，自信一生当中必有神秘的机缘见证凤鸟与图书这样的天降祥瑞，那是天意在人间的显现。孔子的意能应天，而天时不应，他能够敏感地感到自己的时代即将过去了。他是承认天人感应的。孔子晚年读《易经》，对天命的理解加深，意识到人间成就一切事情都有预兆。孔子感慨自己还没有见到好兆头，又时日无多，担心壮志难酬，体现了生不逢时，不得其志的悲观情绪。

后代称孔子为文化之"素王"，其实际影响超过历代各有权势的帝王。孔子的政治智慧应对当时的政治不算成功，但从影响2000多年的文化大政治来看，孔子可谓有最杰出的贡献。当前的理想主义者多数都是"超现实—理想主义"者，也就是不从现实出发的理想主义者。孔子这样"现实—理性主义"的改良主义很有建设性，因为不主张与现实硬碰硬，既可进而从政，又可退而结网，这是在现实中保持理想主义的情怀。在该退的时候退出，可以如孔子一般，做些传播文化的工作，种下火种，等待时机又可燎原。

9·10　子见齐衰（zī cuī）者，冕衣裳者与瞽（gǔ）者，见之，虽少，必作；过之，必趋。

【译】先师孔子遇见穿丧服的人（无论斩衰之重、齐衰之轻）、穿礼服戴礼帽的人和盲人（乐师）时：即使对方是年轻人，他也一定要站起来表示敬意；从他们面前经过时，必然弯腰快步前行，以趋礼表示敬意。

【解】齐衰：古时用麻布制成的丧服，指轻的丧礼中穿的缝边整齐的丧服。古时丧礼有五等：斩衰、齐衰、大功、小功、缌麻，依人伦之远近亲疏而有区别。冕：是官帽，礼冠；衣：是上衣；裳：是下服。冕衣裳：统指官服；冕衣裳者借指贵族。

穿丧服的是家里刚刚死去亲人的人；穿礼服戴礼帽的是去参加葬礼的人，可以是亲戚朋友，行祭奠之礼，无须穿丧服，但是要穿整齐庄重的礼帽礼服；盲人可能是被请去做祭祀典礼活动的人，所以三种人都跟死去亲人朋友的不幸事件有关系。孔子在路上碰到这些人，对他们表示深刻的同情，体现的是孔子对人生不幸的丰富深刻的同情之心。后来由孟子发挥，成为儒家思想脉络的核心。如果理解为带官帽的人，就显得孔子遵礼到了机械的程度，即使对方是一个少年，只要戴着官帽，孔子就特别礼敬，虽然可能合乎他遵礼的一贯作风，但无论如何有点过了。

人的不幸，或是自身不幸，或是刚经历亲友的不幸。夫子重丧礼、祭祀之礼，对于有丧事的人家和参加丧事的人，都表现出特殊的同情之心。夫子对于人类不幸的那种极其深刻的感同身受、悲天悯人，穿越时空，感受之人，无不动容！儒家之为儒家，是因为先师孔子的行为背后表现出来的天人合一、人我一体，正如这一章对于有丧事的人家和参加丧事的人，都表现出一种感同身受的心灵力量感，穿越时空，几千年之后，仍旧震撼人心。

【意】孔子对死者的命运感同身受，其意能依境而生，而实化出来，恰到好处。《论语》当中，表示孔子真情实感的篇章很多，但深刻体现孔子同情心的篇章有限，这一章可见孔子深具同情之心。

前面说过，孔子参加过丧礼或哭过，当天就不唱歌，表示他有深切的同情之心。同情心是仁爱的根本。没有同情心或者孟子所谓的恻隐之心，就不可能有仁爱之意、仁人之意、仁爱之境。仁爱与同情是儒家伦理的根基，与基于心物两分的现象学意向性思考，以及基于物理主义的心灵哲学相关讨论，很不相同。

9·11 颜渊喟（kuì）然叹曰："仰之弥高，钻之弥坚，瞻（zhān）之在前，忽焉在后。夫子循循然善诱人，博我以文，约我以礼，欲罢不能，既竭吾才，如有所立，卓尔，虽欲从之，末由也已。"

【译】颜渊感慨地赞叹说："（对于老师仁人之意的学问和境界，）我抬头仰望，越望越觉得高；我努力钻研，越钻研越觉得思想核心坚固而无法琢磨透彻。明明看着它在前面，忽然又到后面去了。老师善于循序渐进地诱导我，用文献典籍来广博我的知识，用礼义廉耻来规范约束我的言行，使我想停止学习都不可能，（老师完全开发了我的才能）让我竭尽全力，使我觉得自己好像有所建立，可是，每当他树立一个新的思想，总是那么卓尔不群、崇高无限，虽然我一直想要追随上去，却总觉得根本没有道路可以遵循。"

【解】喟：深深长叹，感慨地赞叹。钻：钻研，大多数译者译为penetrate into（刺入、透入、理解）；刘殿爵译为bore into（钻孔）。坚：原意应该是坚不可摧，指核心越来越不易理解。瞻：即视、看。循循然：有次序地。诱：劝导，引导。"诱人"其实有引诱的意思，如韦利译为 lure；如果学生学得有收获，就是引诱得好，学得没有收获，引诱得就不太好了。孔子当然是善于引诱人的，尤其是对颜渊这样的好学生。

"文"主要包括"六经"等儒家经典，应当也包括文学、礼仪、技艺等。关于"博我以文"的英译，理雅各译为 enlarged my mind with learning（以学扩大我心）；辜鸿铭译为 enlarged my mind with an extensive knowledge of the arts（以广泛的知识和艺术扩大我心），把"文"译为六艺之知；刘殿爵、安乐哲译为 broadens me with culture（以文化来使我博大）。

"卓尔"是高大、超群的样子，有崇高意味。像颜渊这样的学生学有所得，自我感觉还不错。"如有所立，卓尔"的主语应该是老师孔子，他是遥不可及的天才，每句话、每个思想都是那样摄人心魄，颜回觉得自己这辈子应该是永远也跟不上老师了。如果主语是颜渊，颜渊因为非常谦虚，可能会说我"如有所立"，但不太可能说自己已经"卓尔"，超群出众的意思。这也从另一方面说明，像颜渊那样超出自己的本性，亦步亦趋地紧随一个过高的标准，可能会竭尽人的精神，耗尽人的精气，虽然可能年纪轻轻得到非同一般的赞誉，但基本上都是虚名幻誉，到最后伤害的其实还是自己的生命之光。

"末"是无、没有。古籍中多用"末"，现代人或用"未"，二者相通。由是经由的途径、路径。末由是没有办法，找不到路径。可是这种感觉却又不那么可靠，实在没有办法把握，大象无形，大音希声，孔子之道有种特殊的魔力。孔子后来被宗教化，跟这样的说法不无关系。①

孔子有大道境界，以文礼教学生。颜渊窥圣学之门，有得于心，

---

① 李泽厚认为："钱解甚好，'道在伦常日用之中'即此之谓。而颜回所说则是学生对老师的最高赞叹：老师那种神龙见首不见尾的风貌品德和自己虽追赶也不可企及的崇敬感。孔子对颜回、曾参的教导特征，远超出'学优则仕'的教育目的和范围，而成为完整人格和人生境界的追求企望。这便是孔学宗教性的道德方面。它起着拯救灵魂解除尘俗的准宗教功能。作为这种老师，孔子也才获得如此崇高而近乎神秘的形象描述。'欲罢不能'四字佳甚，展示学习之不断深入状态。"（参见李泽厚：《论语今读》，第171页）

登堂入室，自不待疑。可颜子却不知圣学境界不可单纯从文礼而得的更大道理。颜子被文和礼束缚住了，忘记了圣学气象不是就文和礼上可得的。关于"约我以礼"的英译，理雅各译为taught me the restraints of propriety（用礼仪约束教导我）；辜鸿铭译为guiding and correcting my judgment and taste（指导和改正我的判断和品味）；刘殿爵译为brings me back to essentials by means of the rites（通过礼来使我回到握道的本质）；安乐哲译为disciplines my behavior through the observance of ritual propriety（以礼来约束我的行为）。圣学固然不离文礼，但颜子仅通过文和礼观圣学气象，失之具体而微，所以容易迷失。文礼当学，圣学虽然不出文礼，但圣学却不可只于文礼上得之。

【意】孔子有点像今天的"学神"，一般学生怎么赶都赶不上，但他不是一般知识型的学霸，他更像一个得道的高人，一个神龙见首不见尾的超级武林高手。颜渊虽然在孔子身边，但因为孔子的光芒过分耀眼，导致他虽然努力睁大眼睛，但还是看不清自己前进的道路。学生们记录并借用颜回的感叹，共同表达对孔子仁人之意的境界那种高不可攀、遥不可及的瞻仰，和大家觉得永远难以望其项背那种强烈的限定感和命运感类似。

颜回把对夫子的敬仰上升为对夫子的信仰，可以理解他已经彻底臣服于孔子的崇高与豪迈感，也因信仰孔子而深深地谦卑。问题在于，信仰是有明确的道路的，可颜回已经看不清路了。所以颜子虽然乐处，但对于这种乐处之中的幸福和价值的悲观一面，他自己并没有自我意识。虽然他"退而省其私，亦足以发"，但主要是针对孔子具体的教导而言，不见得是对自己整个学习状态的反省与自我省察。孔子作为颜回一生的意缘，也成为限制颜回意识境遇的意量边界，颜渊没有能够推陈出新，非常可惜。

生命有限，所学有限，颜渊超越了自身本性去追求身外的超级学问，最后只剩下抓得住的"礼"了。他"居陋巷"，环境不好，巷子里的光越来越昏暗不明，颜渊的生命之光也越来越微弱。其实，生命的光辉需要靠自己反省和维护，只有从自身本性出发的独立思考才能够有自己的思想光芒。在任何时代，如果想仅靠追随名师就发出自己的光辉，其实是不可能的。任何一个人如果要发出思想之光，只能靠自己努力开掘内在宝藏，才能彰显同天合道的光辉。①

9·12 子疾病，子路使门人为臣。病间（jiàn），曰："久矣哉，由之行诈也！无臣而为有臣。吾谁欺？欺天乎？且予与其死于臣之手也，无宁死于二三子之手乎？且予纵不得大葬，予死于道路乎？"

【译】孔子患了重病，子路派了弟子们去充当（负责料理孔子后事的）家臣，后来，孔子的病稍缓和了一点，说："仲由！你跟我这么久，怎么能干这种弄虚作假的事情！我明明没资格拥有家臣，你们却偏偏要让我装作有家臣，你们要让我骗谁呢？难道你们是要我去欺骗老天吗？再说，我与其死在所谓家臣的身边，还不如在你们这些弟子的侍候下死去，这样不是更好吗？况且即使我得不到以大夫之礼举行的隆重葬礼，难道（有你们）我还会被丢弃在大路边没人管吗？"

【解】臣：指家臣，总管。孔子当时不是大夫，没有家臣，但子路叫门人扮演孔子的家臣，类似于治丧处，准备由他们来负责总管安葬孔子之事。"病间"是病情减轻。无宁：是宁可、宁肯。无：是发语词，无义。大葬指大夫的葬礼。

命运感总是与死有关。孔子希望身后事由弟子亲手处置办理，顺其自然而得好死，没有丝毫的造作，可谓死也讲礼。刘宝楠认为孔子是在回鲁国的路上生病。"欺天"字面似乎是欺骗天下人？其实是孔子要跟弟子们澄清：自己一方面到死都没官瘾，不必讲排场；另一方面，官的级别是原则问题，不可以糊弄，说明孔子看重身份的等级，认为这是不可以被修改的，也不可以被他人拿来做交易。

孔子对子路和学生们的批评体现出真性情，一副嬉笑怒骂都淋漓尽致的长者形象。孔子表示天不可欺，这是他一贯的看法，如同他七十"从心所欲不逾矩"一样，是一种心灵时刻跟天沟通的境界，也

---

① "博文约礼"可以说概括了中国儒家文明的主要精神，也融汇了西方文明的两大渊源。英国文学家Matthew Arnold在他的 *Culture and Anarchy* 中认为，西方文明有两个传统，是以希腊罗马为代表的甜的东西（sweetness）和希伯来为代表的光（light），也就是知识的追求和宗教启示的约束。理想的安身立命的生活，二者要均衡。参见 Matthew Arnold, *Culture and Anarchy*（Oxford: Oxford University Press, 2009）。

就是仁爱通天的境界。

【意】孔子看重师生关系重于君臣关系，认为师生关系有更深刻的情感。尊重现实礼制，敬畏天道，相信师生之谊。最后他说：难道我会死在路上吗？应该不会死在路边没人管吧？这样跟前面相信学生相呼应，表示知道学生们会照看好他的后事。那时他已病重，虽还在维护礼教，但也表达了不用自我抬高，自己仍然承载着"斯文"的那种自信，这种自信跟后来孟子"天爵"和"人爵"的区分类似。

孔子在这里拒绝把自己神化，他带着学生周游列国，学生们对他怀有一种强烈的宗教情怀，说是信仰也不为过。在求道朝圣的方向上，他不断用激发学生自身求仁求道的不言之教来感化学生。孔子因为与其弟子有密切关系，所以显得很自信。有这么多弟子跟着自己周游列国，儒家的宗教意味就是从这里开启的，这种教主一般的气象，似乎足以"粪土当年万户侯"了。

综观古今，那些万户侯到今天最多黄土一抔，绝大多数已经不知何处，然而，孔子的思想，还有孔教的意味，却历千秋万世依然栩栩如生，如在昨日。孔教既有孔家文教的意味，也有儒教的宗教情怀。康有为认为，孔子是教王，而不为人王，这是公羊家的素王意识在作祟，其实孔子是否当素王并不重要，因为孔子事实上就是儒家文化之王，也是儒教的教王。其实，孔子看着那帮跟着他风里来雨里去的弟子，就足以含笑九泉了，才不管什么王不王的虚名幻誉。他如果真的想当王，就会在乎死后的排场，可是这一段恰恰说明，孔子志在影响千秋万世，根本不求当现世的王。

9·13　子贡曰："有美玉于斯，韫椟（yùn dú）而藏诸？求善贾而沽诸？"子曰："沽之哉，沽之哉！我待贾者也。"

【译】子贡问孔子说："如果有一块美玉在这里，是把它包好收藏在柜子里呢？还是找一个识货的商人卖掉呢？"孔子说："卖掉吧，卖掉吧！我正在等着识货的人出个好价钱呢。"

【解】韫椟：收藏物件的柜子。贾：做买卖的商人。善贾：是识货的商人，比喻有眼光的政治领袖，也可以说是好的价钱。沽：卖出去，指希望有机会实现自己的理想，济助天下苍生。必须要借助识货的人，货物才能卖出个好价钱。

想要施展才华，就要有人赏识，更要抓住机会。孔子师徒刚脱离陈蔡之厄，孔子仍然念念不忘，希望找个机会出来做事情。本章非常强烈的命运感在于觉得努力一世，还是要尽可能地去争取机会发展自己。好像一件商品有好价钱的时候，就该出手。正如一个人的能力，得到好的机会，就要随时依境而生。

【意】虽然孔子反对隐士（书里多处），但孔子自己的"待"，在一定程度上与隐士的姿态有相似之处，只是隐士是隐中求变，出世之"待"，孔子是在世之"待"，等个识货的人出个好价钱，因为出好价钱的人不一定都是识货的人。毕竟自己有本事，就想等着验货识货的人上门，而且对识货的人多有挑剔，这说明孔子从己不从人，追求内圣大于追求外王。因为如果更在乎外王，就会像纵横家那样对外在的功业孜孜以求。

关键在于从求到待的区别，子贡认为是求，主动去求，带有主动推销自己的意思，也有点急切。孔子虽不否认自己想要入世做官，造福社会，但认为不能太急，所以孔子说是"待"，也就是他一贯说的"用之则行，舍之则藏"，是待聘乃仕，不可枉道以事人，一字之差，但意思确有分别。有才不得施用，就如无才一般，这是才华必依境而生的困境。意无缘不成，故意缘为意之本。①

9·14 子欲居九夷。或曰："陋，如之何？"子曰："君子居之，何陋之有？"

【译】孔子想要搬到九夷所处的地方去居住。有人说："那里非常落后闭塞，不开化，怎么能住呢？"孔子说："有君子去住，就不简陋落后了。"

【解】九夷：中国古代对于东方少数民族的通称。陋：鄙野，文化闭塞，不开化。命运的吊诡之处多有，如果在一个地方实现不了自己的意志，就离开此地，哪怕极度落后，因为那里没有了约束自己的条件，方便展开想象，觉得自己作为君子，有意生就能够有意识之能量，也就是说，觉得自己只要仁人之意时刻生发，在一个不开化的地

---

① 《周易明意》以后天八卦起始的震卦为意缘。参见温海明：《周易明意》。

方，一个君子很快就能够改变那个环境。君子不"陋"，因为君子是通达的人，其心气通达四方，可以跨越时空和文化的隔阂。

康有为非常新派西化地解释孔子"欲辟殖民之新地"，这种借助西方殖民主义的思路来理解孔子，比较大胆，但儒家从来没有建立殖民地奴役剥削其他民族的想法。

【意】相信自己的仁爱之意能够感化所有的人，即使是边远地区没有文化的人也能被感化。相信夷人可以被教化，相信君子的教化必成，这都是孔子在教化方面的乐观主义，也是一种自主性过人的表现。[①]近代以来，当西方文明通过剑与火征服世界的时候，他们也相信可以把文明的火种带到每一个角落，但首先靠的是军事的征服。中国文化从根本上说，不可能被外来力量征服，因为儒家教化的意念，在古圣先贤那里就被预设为先进于其他地域之人的意念。可见，孔子有类似柏拉图《理想国》一般的文化教化之梦。

9·15 子曰："吾自卫反鲁，然后乐正，《雅》《颂》各得其所。"

【译】孔子说："我从卫国返回到鲁国以后，才把音乐整理出规范来，《雅》乐和《颂》乐才各归其类。"

【解】自卫反鲁：指鲁哀公十一年（前484）冬，孔子69岁，从卫国返回鲁国，结束了14年游历不定的生活。乐正：厘正、订正、调整乐曲的篇章，一解正音，或许二者皆有。《雅》《颂》既是《诗经》中与《风》并列的两类不同诗的名称，也是雅乐、颂乐之名，《大雅》《小雅》是朝廷宴享之乐，《周颂》《鲁颂》《商颂》是宗庙祭祀之乐。孔子可能一路都在整理传播经典，但回鲁国之后比较安定，才能在弟子们的配合下高效率地把之前整理的各部经典的内容都分门别类，传之后世。

---

① 黄百锐认为孔子比大多数人更"自主"，他坚持理想，而不被他人影响，不受特定情境特征的影响，无论他走到哪里都能对他人施加影响。参见黄百锐：《人际关系的自我与自主的自我》，《中国哲学》2004年第4期。[David B. Wong, "Relational and Autonomous Selves," *Journal of Chinese Philosophy* 31, no. 4 (2004): 425] 转引自Ames, *Human Becomings: Theorizing Persons for Confucian Role Ethics*。

教化的第一件事是正乐，因为音乐超越文字，可以直达人心，所以孔子回到鲁国，第一件事就是修订《诗经》。孔子的命运与他历史性的大贡献联系在一起，他正音乐，正天下人心，成为万世师表。根据《史记•孔子世家》和《汉书•礼乐志》记载，孔子的工作主要是正其篇章。

在周游列国的过程中，孔子基本没有心情和机会演练朝廷宴享和宗庙祭祀的音乐，虽然它们都有教化意义，但如果没有机会演练，就难以品鉴评价。孔子回到鲁国后，心境平稳，条件也比较好，才能演练《雅》《颂》之乐，使之各归其类。孔子这样说，带着点为时稍晚的意思，因为一路上颠沛流离，没有时间安心整理，所以回到鲁国很快就整理出来了。孔子调整《诗经》的核心，是"思无邪"，也就是免于俗陋，免于邪念。

【意】诗教即乐教，有助于塑造人的意识境遇，使之达到"文—化"（文而化之）的目的，有巨大的作用。乐有超越文字的力量，能改变人的情绪和意识。君子的意识调整到人伦家国的中道，才能"诚"于"中"道，才能"正"。这说明乐对仁爱之境具有塑造作用，即"归正"。乐正能够正风俗，正人心，不是具体的心意，而是心境。让心思意念诚中于仁爱之意不出偏斜，帮助人们修行涵养仁爱之境。

9·16 子曰："出则事公卿，入则事父兄，丧事不敢不勉，不为酒困，何有于我哉。"

【译】孔子说："出门在外侍奉公卿，回到家里孝敬父兄，遇到丧事不敢不尽力去办，不嗜酒贪杯，这些事的分寸我真的都尽心尽力地做到位了吗？"

【解】"何有于我哉"的翻译众说纷纭，如"这些事对我来说有什么困难呢"？还是"我不过如此罢了，有什么呢"？"我做到了多少？""我还有什么长处吗？"《集释》按："此章之义本不可解。"①看起来容易，但古人也都觉得理解很难。何有是何难之有，从语气上可以理解为这些都很容易。但是，事实上要做到位并没有那

---

① 程树德：《论语集释》，程俊英、蒋见元点校，中华书局1990年版，第609页。

么容易。

理解为："我不过如此罢了，有什么呢？"虽然表示自谦，没啥了不起的，语气上好像很容易，但其实带有这样的意思：这些都做好哪是那么容易的事呢？所以也有译成："这些事情我都做到了多少？"不是说做不到，而是做不好，尽心尽力做得尽善尽美，未必都能够做到。

【意】孔子虽然知道要让意念依境而生到合适的状态，但其实自己对意念实化过程的把控并不是完美无缺，正是因为"诚"于"乐正"之后的"中"难乎其难，所以哪里有那么容易达到呢？本章可见儒家道德选择之难，不在"择善而从"本身，而在选择的分寸感，既要合情，又要合礼（理）。这特别表现在"不为酒困"的情境之中，孔子酒量好，而且知道自我控制，不受其困扰，虽然他做到不难，但别人真的要做到谈何容易。

忠、孝、情、乐等各个方面，每时每刻都要保持合情合理的分寸感，这样的"诚中之意"，是非常不容易的事情。孔子认为既要享受、也要承受生活带给我们的一切，还要把握好分寸。这里的分寸难乎其难，要想做到位，非常不易。

9·17　子在川上，曰："逝者如斯夫，不舍昼夜。"

【译】先生站在河岸之上，望着滔滔河水感慨地说："已经消逝的，和正在消逝的一切，正如这一去不返的流水啊，不管是白天，还是黑夜，它们都毫不留恋地、即使有情也无法留恋地向前飞奔而去。"

【解】本篇感叹命运，此章继续感叹命运和时间如流水转瞬即逝，逝川难回。虽然从其阳意的角度体察命运当中出现的一切，似乎都生生不息，但是，从阴意的角度考察生命的流动，则命中意识到的一切，都如流水消逝，转瞬之间全都过去，不再回来。关于生命的意识何其短暂，意识所能把控的，就只有珍惜当下，竭尽全力地改变自己意念生生之境。

关于"逝者"的英译，理雅各译为it passes on，许渊冲认为不明确，"只是景语而不是情语"；韦利译为one but go on and on（继续进行下去），许渊冲认为是情语①；辜鸿铭译为all things in nature are passing away；刘殿爵译为what passes away；都合乎郑玄注"凡往者如川之流也"之意；安乐哲译文life's passing能够"勉人以及时为学"，更近主旨。

【意】此章涉及意本论哲学问题较多。第一，时间与意本动静问题；第二，时间的起源，刻度化时间的来源与纯粹意识的体察问题；第三，生命意识与无常经验的关系问题；第四，情感在时间中的位置，人当下的生命意识是如何以情感为基础的，又是如何成为情感创生的存在（felt-creativity）；第五，时间意识与虚无意识，如存在与虚无的关系问题；第六，时间与意欲、意志、生生之意的关系问题，等等。

孔子体悟到的世界本体是流动的本体，而不是静止的本体。人生于世，古往今来，人对于流逝的时间有一种共通的意识。而对时间流逝的体会是以我们内在的意识流变为基础的，是我们反思到自己的身体在时光流逝中老去，这种内在经验和内时间意识构成了对时间流逝进行本体性体认的基础。

比感叹命运如逝水更难的是让意念时刻"诚"于天地之"中"，那就好比试图挽留住流水一般，难于登天。不仅珍惜时光如此，要体悟和沉浸在已经消逝的一切和正在消逝的当下，都是一种极度艰难的"依境而生"。所有当下的意念，都来自过往经验构筑的"境"，可是人通常既不能面对当下，也无力面对过往，好像面对消逝的洪流，徒叹奈何！

我们的心意对身有感，才会对外物和外在的世界有感。而流逝感最重要的是我们有记忆，还有情感，所以时间是物心一体的结构。康德认为，如果我们没有内在的时空结构，就不可能理解和整合时空中的一切，所以我们的内在时间意识构成了时空感悟的先天基础。人从自己与他人的身体变化，感受到自然世事的流变。古人的时空观是心对身外流逝的一切当中感悟出来的，所以身心是融通的。心不超越于身之上，是心对身有所感悟，而万物的存在感才因之而起。李泽厚认为，"情感即时间，时间即情感"②"只有在情感体验当中，才'有'，时间才获得它的本根性质"③，

---

① 参见许渊冲：《〈论语〉译话》，第94页。
② 李泽厚：《论语今读》，第227页。
③ 李泽厚：《论语今读》，第228页。

这就涉及时间与情感的关系问题。活着就是给虚无的视角注入意义的过程。

　　享受生命，也是把握生命中每一个瞬间的方式。儒家重视时空中生生不已的生机，创发努力；道家重返本复原，安宁无为；二者方向不太一样。儒家讲珍惜当下，自强不息，体会宇宙的生机，刚健有为地去努力，在人生的虚无当中寻求"有"。人生的意义取决于每个人当下的意识状态，对时间的体会跟人生态度息息相关，根本上还是当下的一念之间。同样流逝的河水，还可以感慨人生无常，一切转眼成空，不必拘泥执着，这就进入佛家境界，但肯定不是夫子的境界。可见，儒家强调自强不息是对消逝的时光之刚强一面的体悟和借鉴。

　　如果把"不舍"当作题眼进行意本论阐释，一方面人意识到万物之流奔腾不息，不舍昼夜，无情流逝；一方面人的意识面对流逝的时间和万物，总会有不舍之情，不弃之意。这就是人的意识在流动的时空当中，从来都不是当下瞬间就清空的，而会有所粘滞，这就是意识其实希望能够随附在流动的事物上，好像见分随附相分而升起，而这种随附，经反思就成为一种冗余意识，因为它是被反思和观照而成的，所以接近自证分。感慨流逝的万物，试图以舍不得（不舍）的情感去挽留，可是发现本体上，一切流动连昼和夜都无法留恋，意识当下证得如此不舍的本体，可谓证自证分。

　　如果强调天地不仁意义上的不舍，就近于道家，有无仁情都一样要顺应自然。如果强调仁情意义上的不舍，时刻要珍惜努力，自强不息，就是儒家。如果强调本体意义上一切如流，内观意识与万物的流体，证悟得本然如是，便是证悟自证分的佛家。儒家强调珍惜生命，珍爱一切，要有情地面对流逝但充满感情的时间片段。如果真正体会到的是时间消逝的无情，运用到人生中间，那就一切顺其自然，不必有情感，甚至不必起心动念，这就近于禅宗的"无念"之境。但儒家的真义恰恰在于，要让我们的心意真实实在地穿透人生的虚无，在起心动念之间，有情地赋予人生以意义。

　　儒道佛虽然都有着情感化的宇宙观，但情感的分际非常微妙。所谓道家无人情而有自然之意；佛家情空，但有空有之意和慈悲之情。确实，道家主张天情道情，不要私情，也可以说不要儒家基于人伦家国的人情，即仁情（仁爱之情）。佛家同体大悲，当然也有情，所谓慈悲之情，通于孟子"恻隐之心"延伸到人类全体那种对人类不幸的同情意识。但道家顺自然之情，佛家大慈悲之情，跟儒家见天地生意的生生之仁情，差别还是很明显的。所以相对儒家来说，道家的自然之意，不着私情私意，也要无情地放下自我，才能逍遥自在；儒家要自强不息，把仁爱之意发扬光大，也不是纯粹顺其自然。佛家一切皆流，一切皆空，因缘无自性，虽有而常无，空去对法、我、情的执念。面对滚滚长江东逝水般的世事人情，我们可以大致判断：有情偏向儒家，而无情偏向道家，对流变的世事毫无执着就是佛家。如此看来，对于流动事物的纯粹意识显化的一念之间，儒道佛的意识境界分界立判。

9·18　子曰："吾未见好德如好色者也。"

【译】孔子说："我还没有见过像爱好美色那样爱好仁德的人。"

【解】这句话在这里出现，其实是孔子一生经验的总结，也是对一般人修行之命运的整体感慨。孔子的核心思想是，人要涵养仁人之意才能有德，可是这实在太难了，自己一辈子看下来，几乎没有人能够控制好意能发动的分寸，好像"中庸不可能也"（《中庸》）一般。对于一般人来说，好色不难，好德却难以登天，如韦利的译文I have never seen anyone whose desire to build up his moral power as strong as sexual desire（没见过一个人要建立道德力量的欲望，像他的性欲一样强烈）所示。

这一章历代注多说爱好美色出于诚，即真诚无欺，这不是有意的诚，而毋宁说是自然之诚，或者说是出于自然之意诚，强调要在人生实践当中体会。好色不仅仅是好美色，应该说一切重外在的物质之欲、名相之欲、功利之欲皆为色心。一动欲念就在色界。夫子认为，不能通过好色这一关，看透好色境界的人，就难以到达好德（love virtue，理雅各）境界，所以好德要以好色的经验为基础。

孔子的判断近乎全称判断，意思是几乎所有人都是好色之徒。夫子的问题是：既然好色是天然的，也是真诚的，但为什么人们好德不能像好色那么天然，那么真诚呢？他认为，人应该把追求德性和德行作为人的第二天性，跟食、色、性等第一天性一样，只要习惯了，就都能成自然，这种功夫，接近宋儒"存天理，灭人欲"的当下功夫，要时时刻刻love his duty more than beauty（许渊冲）①。

【意】上一章刚刚感慨生命，面对万川难回的人间，逝者如斯可以作儒释道不同意识状态的解说，各有其理。但儒家之为儒家，还在于没有停留在本体意识本身，而是对本体意识赋予了仁人之意，也就是说，生生不息的本体就是仁人之意的本体（仁体），与万物为一体的仁者，感悟道的本体是有生命力的，有正面价值的，有催人奋进的力量的，不是道家的不仁之道，不是佛家缘起性空的寂灭本体。所以本章马上强调好德，就是仁爱他人之德，是儒家心性意识的根基。正如后来孟子强调人与禽兽有"几希"差异，因为人有仁情，有基于恻隐之心的四端，而禽兽无情，人能够发动仁爱之意，修身成德，成就人生，但动物只能因顺自然之性，因为动物没有四端，没有基于恻隐之心的人情，也就无法实化仁爱他人的能力，不可能在动物界建构人伦家国。

在一定程度上，儒家承认欲望有合理性，但强调欲望的方向不应该是"色"而应该是"德"。从另一个角度，好德不必跟好色彻底分开，也就是如何从好色进入好德境界，或者从好色进入好德，这样才能真正做到好德如好色，甚至比好色更好德。换言之，如何用好色之心来天然而且真诚地好德。一个说法，是好德之心跟好色之心一样，都有萌芽，但好色之心自然发动，很少被遮蔽，而好德之心常被遮蔽，所以需要下功夫。也就是说，好色不用学习，或者很容易习得，但好德需要认真学习，所以修行是努力像好色那样好德的过程。一般来说，好色易于持久，而好德容易萎靡间歇，所以夫子感慨没人坚持好德如好色一样历久弥坚。

好色与修德之关系，可以总结为五个阶段，从常人好色而不好德的阶段开始。

好色而不好德：此境界好德不如好色，如安乐哲译文I have yet to meet the person who is fonder of excellence than of physical beauty所表达的。

于色上无欲则刚，于色上不起欲念，不执着；要能够做到美色在前，心念不动，即欣赏美色而不动心，就不好色了，而动心就好色了。不动色心已经很难了，夫子还要大家动好德之心。

于色上生好德之心，为修心之始；一念不执着于色，即是好德之始。此境界知道要好德如好色，但主要要把色与德统一联系起来。打通来看，

---

① 参见许渊冲：《〈论语〉译话》，第91页。

可谓色就是德，德就是色，德中有色，色中有德。或者德中有德之美色，这样美色就不再跟欲望相连，而是"诚于中，形于外"的由内而外的统一体，如此一来，可谓在色中炼德，而且在德中炼色，就一念来说，好色之心下不去，好德之心上不来。动了好德之心，还要念念不离才行。

于色上护持好德之心，为修心之功夫；此境界知道好色不如好德，要好色以德，好德如色，色德打通，融为一片，持续做功夫。

于色上念念不离好德之心，或者说，念念不着色，即念念好德，还念念合乎中庸之道，难乎其难。念念不离好德，才算从心所欲不逾矩，功德圆满。如果用人心道心来说，道心起来还不够，要念念不离道心，让道心自然流行，犹如好色之心一般真诚无欺，心行如天行。每时每刻都是道心流行，则真正进入好德境界。

可见，"好德如好色"是要求修心修意达到"诚"于"正""中"之境界，即修行"仁人之意"的极致境界。

9·19 子曰："譬如为山，未成一篑（kuì），止，吾止也；譬如平地，虽覆一篑，进，吾往也。"

【译】先生说："比如用土堆山，只要再加一筐土就堆成山了，这时如果因为懒惰而停下来，那是我自己想要停下来的；又比如在平地上堆土成山，即使是刚刚倒下一筐土，如果这时决心继续努力前进，那是我自己想要前进的。"

【解】篑：土筐。命运不易，成事很难，该努力就去努力，不可功亏一篑。关键在于"吾止也""吾往也"是事实上的停止，还是心意上的停止。应该是心意上的停止，逆水行舟，关键的地方都只能靠心念上的自我控制，要么功亏一篑，要么持之以恒，一念操之在己。

本章与上一章联系起来，可以这样说，炼色成德，功亏一篑或者持之以恒，都在自己一念之止，一念之往，止则德不得，往则德之得。如"为山"由己之一念，"为仁"也同样由己之一念；德之成与不成，人之成与不成，还是由己之一念；或者说，在为与不为的一念之间。

【意】意能的持续和坚持是成事的关键，意生于境，生处即境。解释此章常联系《荀子·劝学》"锲而舍之，朽木不折；锲而不舍，金石可镂"同样先说锲而舍之，再说锲而不舍，区别是荀子说得直，孔子说得委婉。

荀子好像拿着教鞭，说得鞭辟入里，孔子则是好言好语，导人向善。所以孔子境界似乎又高一筹，一切取决于控制自己心意的分寸，看似自由，其实非常不易。止进皆在一念之间，然而或者功亏一篑，或者持之以恒，而境界却全然不同。虽然有"由己"之意，但随心所欲的分寸难乎其难。

儒学比儒教的高明之处在于色上修德，而不是色上执德。儒学是执着于锲而不舍，如果执着于信仰就是儒教。儒学是打井之学，儒教是打井之信。儒学如堆土成山，在于一念进退的分寸；而儒教则如相信地下有水，天上有神，在于一念之执着。好比打水井、打石油，不仅要靠学识、毅力，很多时候还要靠信仰，相信地下有水、有油，这有点像相信天上有天堂鬼神，有些人达到并印证了，但有些人达不到，也印证不了，但教之信与学之成不可完全分开。如果学是致力于觉，而教是求孝，那么《论语》的教导应该以求孝以致觉为中心，可惜后世多重求孝之教，而忽视致觉于仁人之意之学。

9·20　子曰："语之而不惰者，其回也与！"

【译】先生说："告诉他应该按照我说的话去做，而且从不懈怠的，大概只有颜回一个人吧！"

【解】孔子感慨，一生教人无数，听起来好像只有颜回一个好学生，听他的话并付诸实践的学生似乎不多。如果译成"不显得懈怠"（傅佩荣），说明的是颜渊专心听讲，心悦诚服，兴致勃勃，另外孔子讲得有理，但这主要强调的是讲课的生动有趣，而不是强调行动。只是这样就有点过了，因为似乎那么多学生，只有颜回一个能够专心听讲，不太合适。应该是在行动方面，颜回有突出表现。

【意】老师孔子强调似乎只有颜回能够坚定自己的意向不动摇。夫子这样说，有些教学心得的感慨之意，那就是学生们虽然听了自己的讲解，但大多数要么听课不够认真，要么行动不够积极，这可能是教学的常态。颜回好学，而且努力践行，所以特别突出，孔子不吝惜表扬他。

颜回心中天性仁爱，念念发动皆有仁爱之意，所以学习比较快速高效，对夫子的教导能够很快地有正面的回应和表现。颜回好学，让自己念念皆在仁爱之意当中，并且能够坚持载道之心，保持弘毅之胸怀，身体力行仁道实践进而达到知行合一，言行一致的境界。他既能领悟，又能够实践，最关键的是从不懈怠，说明其他学生或多或少有些懈怠。可惜颜回可能用功过度，导致身体很快就垮了。

9·21 子谓颜渊曰："惜乎！吾见其进也，未见其止也。"

【译】孔子对颜渊说："可惜呀！我只见他不断前进，从来没有看见他停止过。"

【解】这一章证实了上一章的推断，即颜回是一个进而不止的人，不仅仅在道德修养方面，在身体力行方面，颜回可能也从未停止。所以过早地耗尽了生命的力量，从而英年早逝，非常可惜。

【意】这是孔子对于颜渊命运的预测和感叹，担心颜回实在太过努力，不知道停下来，不明白刚柔并济的道理，可能会损伤寿数。也说明孔子早年非常刚强，学生们学到的多就是刚强的一面，不知道停止，到晚年学《易》，强调刚柔一道，阴阳不分，才能长久保持意向。这种对颜渊之命运的惋惜感，其实也带有对自己早年教诲过度阳刚的悔恨和自省。

意念的力量与身体的健康密切相关，所以修养体内的真气，使之与天地正气相贯通，才能使意念持续有力。意念的力量在于单纯、集中，在于聚焦，但需要身体的五脏和气来提供能量。如果身体不足以支撑意念，却勉强用力过度，生命力萎靡，意念就可能无力，这是修行人所要警醒和避免的。

9·22 子曰："苗而不秀者有矣夫；秀而不实者有矣夫！"

【译】孔子说："庄稼出了苗而不能吐穗扬花的情况是有的；吐穗扬花而不结果实的情况也是有的。"

【解】秀：指稻、麦等庄稼吐穗开花。苗、秀、实可谓生命三阶段，既是身体的，也是意识的（灵魂的）。本章还是接着借颜回感叹命运，努力学习的学生不一定最后会有成就，过度培养的孩子不一定能够成才，所以学生们在学习的过程中要善于培养意识，努力提升见识，真正的成长不是知识的积累，而是灵性的开悟。

【意】学习不可半途而废，要坚持，要向颜回学习。学习而没有成就（学业无成或不出仕），都是可能的。年轻人应当奋发努力，才能够既开花又结果，但过早崭露头角，进步太快，却不一定是好事，因为要有真正的成就，往往需要经历挫折和磨难。人的成就其实是意识能量的凝聚和积累，而真正要出类拔萃、屹立不倒，其意识的凝聚过程往往需要千锤百炼。因为身心是一体的，所以精神遭遇的苦难往往也伴随着身体的折磨，只有经过炼狱一般的锤炼，意识和精神的秀才能转化为实，这就是意识重生之难，由此可见实意之不易。

9·23　子曰："后生可畏，焉知来者之不如今也？四十、五十而无闻焉，斯亦不足畏也已。"

【译】孔子说："年轻后生是值得敬畏的，怎么就知道后一代的成就不如前一代呢？但他们如果到了四五十岁时还没有闻道，那就没有什么可以敬畏的了。"

【解】这是跟学生直接讲的，鼓励学生努力奋进。学生超过老师是自然的、应该的。四五十岁是人生的成就期，如果一个人到这个时间还没有开悟闻道，做出成就，就意味着一生很难有什么大的成就了。

【意】无论文化还是事功，人间成事是后浪不断推着前浪向前涌动，前浪理当对后浪有所敬畏。不过，如果后浪们到了应该有"实"的人生关键时刻，还"无闻"，那是因为他们的意量仍然很小，没有修成，相当于没有吐穗开花，更没有结出果实。其灵性意识没有真正被实化出来，就已经很难继续成长了。如果该结果的时节，没有结成"实"，还是无所成就，那么就不值得敬畏了。人间的浪头，本质上是心浪和意浪，是心灵的交流和激荡，而天地之间，最大的交流是心灵与天地的交流，是接续天意，而仁人之意就是天地生生之意的果实，可惜能够领悟并付诸实践的不多。

9·24　子曰："法语之言，能无从乎？改之为贵。巽与之言，能无说（yuè）乎？绎之为贵。说而不绎，从而不改，吾末如之何也已矣。"

【译】孔子说："符合情境（礼法）的正言规劝，谁能不听从呢？但（只有真正依照它来）改正自己的错误才算可贵。恭顺赞许的话，谁能听了不高兴呢？但只有认真推究它（的真伪是非）才算可贵。只是高兴而不去分析，只是表面听却不改正错误，（对这样的人）我拿他实在是没有办法了。"

【解】法：指礼仪规则，"法语之言"是以礼法规则正言规劝，帮助心意发动合乎社会规范，通乎天地的合理状态出来的言论。朱熹认为是正言，如孟子论王政、仁政之言。语，一读yù，强调告诫之意。"巽"是恭顺，谦逊，通于《周易·巽卦》之意；"与"是称许，赞许。巽与之言指恭顺赞许的话。说：同"悦"。绎：原义为"抽丝"，此处指推究、追求、分析、鉴别。末是无，没有办法。

从命运切换到仁，强调改过知仁。太多人知道规则而不遵循，表面上用言语认可规范和礼法，却不付诸行动。孔子认为，只有真心实意认可礼仪的合理性，人才会真正改过自新。没有人可以仅仅依赖外在的规范就改正过错，需要完全从内心认可礼仪规范的合理性，才能主动调整自己意识与行动的分寸。

【意】虽然改变言语就是改变意识，就是调整人的意识状态，但很多人调整言语，意识只是表面改变而已，孔子强调要从内心真诚至极地认可，必须要仁人之意发动，意识才会发生真正的改变。对于外在的礼法与好的规劝，如果一个人不能从自身主观意念上加以修正调整，真诚地接近仁人之意，那么意识的表面改变，其实不可能起任何效果。也就是说，改过要从内在的生命力加上意识能量的配合才行，如果仅有意缘，但缺乏生命力做支撑，则还是无法改正；如果没有意缘，即使有生命力作基础，也还是改不过来。可见，改过是身心一体的修行，既要有生命内在能动的力量，也要跟外在的意缘相配合才行。

9·25　子曰："主忠信，毋友不如己者，过则勿惮改。"

【译】孔子说："做人主要是要讲究忠诚信实，不要跟那些不如自己忠信的人交朋友，有了（不够忠信的）过错更不要害怕立即改正。"

【解】此章重出，见1·8。这里的重出，其实是很有意义的，因为强调的是修养自身需要强大的自我约束能力，而不是把外在朋友与自己进行对比分出高下或者作出道德评价。这一章对应上一章心意发动要合乎情境，合乎与否取决于自己持志力度是否加强，而且与下一章"不可夺帅"的志气相通，下一章是对这一章要求的进一步强化。

很多研究者认为重出就没有什么意义，这其实是一种误读，这种误读把每一章都孤立看待，以为章节之间没有关联，还以为章节的意义只在本章的文字本身之中，这是诠释的方法论错误。其实章节的意义就在其关联情境之中才能彰显而明晰起来。

【意】上一章讲"改"，本章继续讲"改"。"改"是"修改"的本义，更是修身养性的根本意涵。但孔子强调交朋友要以"忠信"为中心，也就是说，君子意识发动的境域性基础要确立，以忠诚信实为中心之主，上达天道之诚，自然能够观友人之"不如己"。那么忠信的部分，很清晰很明白，而且对自己意念与行为的过错也会洞若观火，能尽快改正。

君子要跟坚定持守仁人之意的人在一起，为人处世以忠诚信实为主导，时时刻刻筛查周围朋友是否忠信，一旦发现朋友不够忠信的缺点，就不要受朋友缺点的影响，如果自己身上也有类似的缺点，就要马上改正。

9·26 子曰："三军可夺帅也，匹夫不可夺志也。"

【译】孔子说："一国军队，可以夺去它的主帅；但一个男子汉，他的志向是不能强迫改变的。"

【解】三军：指代大国所有的军队，古代一万六千五百人为一军，此处言其多。匹夫：平民百姓，男子为主。此章强调人的内在心意的意志力才是根本。人的志向如果坚定，即使外在的压力再大也难以改变。

【意】志向就是要坚持护守仁人之意，使之有克敌制胜的巨大魄力。志向是意量的象征，当人的意量充盈，就要努力保持而不放弃。

内在持守心意的力量，即意志力和志向可以非常强大。心志之修养与成长，操之在己，不如军队权力，操之于人。志为气之帅，不为权力所影响改变，志通于道，则有生生不息之力。志之力量、意量之源并非纯在血肉之躯，而在天下。

9·27 子曰:"衣敝缊(yùn)袍,与衣狐貉(hé)者立而不耻者,其由也与?'不忮(zhì)不求,何用不臧?'"子路终身诵之。子曰:"是道也,何足以臧?"

【译】孔子说:"穿着破旧的丝棉袍子,与穿着狐皮貉袍的人站在一起,而不自觉羞耻的,大概只有仲由吧。(《诗经》上说,)'不因嫉妒而生害人之心,不因羞愧而生贪求之心,随心用意,无所不好。'"子路听后,终生反复诵咏这句诗。孔子又说:"起心动念从来不害人不求于物,这就是持守仁人之意的大道啊,又怎么值得反复诵念,以致称扬广远呢?"

【解】衣:穿,当动词用。敝:是坏。缊:旧的丝棉絮,指破旧的丝棉袍。狐貉:用狐和貉的皮做的裘皮衣服。"不忮不求,何用不臧"这两句见《诗经·邶风·雄雉》篇。忮:是害,嫉恨;臧:是善,好,称赞。何足以臧:一解"以臧何足",善不足以说尽道;真正的善不是我夸你就够了;一解这就是应该的道啊,又何必自我表扬呢?孔子认为,君子应该以平常心持志于日常之域,本来就要做到,又何必每天诵咏,让人听见?

【意】本章先扬后抑,"扬"是让学生专注于该努力的方向,"抑"是在鼓励学生不要满足于已经达到的成就和境界。核心还是心意的修持,不可耻是心上的感受,认为自己做得还不够,也还是希望学生形成合适的反思性的判断。

"道"就是持志的"道",心志之道。"平常心"与持守仁人之意,并不是最后的境界,值得特别表扬。孔子认为仁人之意的化境是一个人修为当下的基本状态,不值得特别表扬。仁人之意是内在自足的,不外求的,不需要求得他人的肯定来确认自己的意识境界,因为人的意识和意量都不因外在情境造成的意缘、意境而改变。

9·28 子曰:"岁寒,然后知松柏之后凋也。"

【译】孔子说:"到了岁末寒冷季节,才知道松柏常青,到最后也不凋谢。"

【解】松柏即使在寒冬也不凋谢,如此说法是修辞手法。本章继续强调持志，要能够在风霜雨雪当中挺立，如松柏之不屈服不败朽，这才是修行的关键所在。

【意】持守仁人之意要经历风霜雨雪，毫不退缩。哪怕君王无道，小人当道，也绝不改变其持守仁人之意的心志。意能之力量在于持之以恒。人的心智、意志一动，持守仁人之意的力量，需要经受得起非常残酷的现实的考验。要主动接受艰苦条件的考验。儒者要发扬乾卦"自强不息"的精神，面对苦难保持乐观和"乐感"，坚持人天之意以努力达致天人合一之境界。①

9·29　子曰："知者不惑，仁者不忧，勇者不惧。"

【译】孔子说："有智慧的（能够持守仁人之意的）人不会迷惑，有仁德的人不会忧愁，勇于持守仁人之意的人不会畏惧。"

【解】"不惑""不惧"是承续上章持守志向之不改不变，也就是持守志向要于一切遭遇和情境当中不改其志。关于"惑"的英译，理雅各译为perplexities（困惑、复杂、艰难）；辜鸿铭、白牧之译为doubts（不相信、怀疑）；刘殿爵译为in two minds（犹豫不决，举棋不定）；安乐哲译为in a quandary（困境、进退两难）。可见，聪明有智慧的人能够理解和解决迷惑，走出困境。

对不同的人，孔子的意识有所分判，并认定其不同的道德品质，这是从德行的角度来区分的，而不是从德性的根源上区分的。

关于"忧"的英译，理雅各、辜鸿铭、白牧之译为anxiety或anxieties；刘殿爵译为worries；安乐哲译为anxious；李泽厚认为，"忧"是concern（忧虑）而非worry（烦恼）②。时刻保持仁人之意的人，无论碰到任何事情和情境，都念念仁爱他人，所以不会忧愁、忧虑。仁者能够将心比心，不被具体的烦恼牵绊住。

关于"惧"的英译，理雅各、辜鸿铭、白牧之译为fear；刘殿爵

---

① 这种苦中作乐的忧患意识与《圣经》中约伯忍受苦难，接受上帝的考验而无怨言之"苦感"文化意识不同。参见李泽厚：《论语今读》，第5页。参见许渊冲：《〈论语〉译话》，第95页。刘小枫《拯救与逍遥》的说法，或可解为，面对苦难的人生，西方的上帝试图拯救人，而"苦感"还在；而中国文化教人逍遥而自得其乐，则是苦中作乐的"乐感"。
② 李泽厚：《论语今读》，第183页。

译为afraid；安乐哲译为timid。

【意】念念持守仁人之意的人，不起主观之分判而生忧愁等情绪。勇于持守仁人之意即实化"仁"，近于仁性天道，则毫不忧惧，其心志单纯有力，能够对抗变幻的人生困境。

9·30 子曰："可与共学，未可与适道；可与适道，未可与立；可与立，未可与权。"

【译】孔子说："可以一起学习的人，未必都能一起通往仁人之道；能够一起学道的人，未必能够一起坚守仁人正道；能够一起坚守正道的人，未必能够一起通权达变。"

【解】适道："适"是往，"适道"是志于道，追求道。理雅各和辜鸿铭把"道"译为principle，这是把道当成某种固定的原则。韦利和刘殿爵把"道"译为大写的the Way，这可能还有宗教意味；白牧之译为journeyed with；安乐哲译为walk the same path；这两种译法更能体现出一起旅行、走过人生之道的意味。

"立"是一起守道不变。理雅各译为established ... along with；辜鸿铭译为arrive with you at *general* principles；韦利译为take one's stand；刘殿爵译为in a common stand；白牧之译为taken stand with；安乐哲译为take your stand with。

"权"本义是秤锤，引申为权衡轻重。理雅各译为weigh occurring events with；辜鸿铭译为apply the general principles under exceptional circumstances（兼承"立"的原则在特殊情境中进行权衡评判）；韦利译为join in counsel（一起商讨）；刘殿爵译为in the exercise of moral discretion（行使道德自由裁量权）；白牧之译为conferred with（协商）；安乐哲译为weigh things up（权衡一下）。"权"衡的主体在"己"，对象是变动的时势和境遇中的"人"与"物"，可见辜意最近，理意次之。"权"是在"立"之后的事情，可以理解为一个人已经立起了自己的学问和思想事业，但一起建立事业的同志未必能与自己一起权衡变化，因为即使同道之人，各自领悟并顺从情境变化的分寸可能各不相同，所以有些时候可能会互不理解。

【意】意缘可以分为不同阶段，如共学之缘、适道之缘、与立之缘、与权之缘，因缘具足才能于人间成就一番功业。仁人之意（道）的大门虽然向所有学生开放，但只有少数有悟性的学生在机缘巧合之下才能窥见其门。

一起学道的人未必能够一起坚守道，因为外在的情境变化太快，很多人放弃了，离开了大道，不再继续朝曾经共同坚守的大道方向去努力了。而曾经一起努力坚守正道的同志友人，到头来可能未必能够理解自己对于外缘的应对和权变，这是非常知人论世的感慨。①"权"一方面是因为时势变化而被动做出调整，一方面是主动选择适宜的方式去积极权变，无论是积极还是消极的权变状态，其实并没有改变自己坚守仁人之道的内在情怀，但自己身边的人未必能够完全理解。

"与"是人与人心志相通，心气相投，但这种状态可能随着时势的变化而发生改变。人不可能不在"与人"的关系中存在，这是人伦家国的人己中道，但是这种中道状态不是恒定不变的，而是不断变化和调适的。孔子承认，简单直接地坚守大道是不够的，要随机应变才能把仁人之意坚持实化出来，因为在现实当中坚守仁人之意碰到各种各样的困难都是正常的。

既然已经志于仁人之意，就要在起心动念的每个瞬间不屈不挠地努力。但形势常常变化，持守仁人之意的大道不可能一成不变，所以志于仁人之意的仁者，真正要知人论世而通权达变，往往并不容易。如果发了愿要让仁人之意行于世间，那么无论遇到何种意缘，都要坚定地生发"仁"爱他人之意。任凭缘起缘灭，仁人之意总是时机化、境遇化地实化出来，所以必然充满权变的意味。当然，想要真正能够权变，就需要先证得"仁人之意"之中道才行，孔子感叹能够与自己一起持守仁人之意中道的师友，可谓少之又少。虽然如此，后世儒学大兴，说明儒家大道真实不虚，而证得儒学大道者，虽然层次和阶段可能有区别，但儒家门生都在持守仁人之意的大道上"乾"进不已。

9·31 "唐棣（dì）之华（huā），偏其反而。岂不尔思，室是远而。"子曰："未之思也，夫何远之有？"

【译】古代有一首逸诗这样写道："唐棣花儿开啊，翩翩地摇

---

① 《论语》当中人物众多，相关人物研究多有专论。蔡仁厚认为孔子对弟子和人物评价甚多，也体现其知人论世的"明哲之识"。参见蔡仁厚：《自序》，《论语人物论》，台湾商务印书馆1996年版，第3页。另参见仇德哉：《四书人物》，台湾商务印书馆1985年版。

摆。我的心旌随之摇曳，岂能不想念你呢？只是由于住的地方相距实在太远了啊。"孔子说："这个人好像并没有真正思念对方啊，（思念可以跨越时空，一念就传递过去了）如果真的起心动念了，怎么还会遥远呢？"

【解】唐：通"棠"，"唐棣"是属蔷薇科的落叶灌木，其花开时，先绽放，之后渐合为花苞，与众花看似相反。偏其反而：形容花摇动的样子，以花之随风摇摆兴起一个人心旌摇动的状态。林安梧认为："'反而'则返归于'意'也，化念归意也。"[1]想念他人，是一种起心动念的状态，使已发之"念"，归于未发之"意"。他继而认为："'岂不尔思'者，心也；转意回心者也。"因意念发动随花叶摇摆而反省内心已动，但还在寻找不见面的借口，因为住得实在太远了。[2]

但孔子的意思跟7•30"我欲仁，斯仁至矣"相通，其实是心念一动，就可以传递给对方。志向一发，就通天达地，覆水难收。没有发动志向，对方感应不到，不可以找其他借口。致力于仁的君子们啊，他们的志向都是在起心动念当中表现出来的，念头生起的那一瞬间，天下人都知道他是不是致力于做一个君子。

【意】本章借观花心动来比喻志向之朗现，犹如"岩中花树"强调物不离心而实在，棠棣之花在随风摇曳之间，已经有念头随之兴起传递遥远，而远近在心，思之就近。即使远在天边，物与人都不离开当下的意念，都在自己起心动念之间存续。

志于大道的君子与常人不同，犹如唐棣的花朵清新脱俗，志于大道者，见天下无一物不是大道的变化，而修行大道，就是时刻心意接天，时刻可以脱离流俗，参修大道，功夫从来只在一念之间。志于成为君子，就是去思于君子之意，去随物兴起仁爱之意，而且是在本心之上求，不在心外。此理跟7•30"我欲仁，斯仁至矣"相通，因心意的远近才是真正的远近，换言之，心通则百通，无有远近幽深，意到即物现。可见，心意相通，意能感应，一念即至，感而遂通。先师孔子的哲人境界，与《易》之教，表里无二。

---

[1] 林安梧：《论语译解：慧命与心法》，第151页。
[2] 跟上一章的"权"一起理解，比较接近公羊家的注，也可以跟郭店竹简《孔子诗论》参照。

乡党篇第十

10·1　孔子于乡党^①，恂（xún）恂如也，似不能言者。其在宗庙、朝廷，便（pián）便言，唯谨尔。

【译】孔子在父老乡亲面前，容貌温和恭敬，像是不善言辞的样子。但他在宗庙里、朝廷上，却很能言善辩，只是言辞容貌都很严谨而已。

【解】恂恂：温和、恭顺、信实。便便：善于辞令，言语流畅，侃侃而谈。家乡土地是孔子的生活世界，是他的仁人之意兴发的境域，他的意念在家乡注入了温情，犹如和煦的春风，有无言、不能言、不必言的意味在其中。孔子心意时刻通天，所以对宗庙有亲近感。宗庙是行礼之处，也是自己心意通天的展示之所。不同地方心意发动有不同分寸，而礼制的核心恰是分寸和尺度。所谓礼制的讲究，其实也是行礼的分寸，所以行礼要让意念与变化的情境，甚至偶发的人生境遇配合到恰到好处的程度。换言之，孔子"与时偕行"甚至到了不分公家和私人、日常和仪式的地步，^②在这样的一种状态当中，我们可以体悟其持守"仁人之意"的分寸感和融通性。^③

在那个礼崩乐坏的时代，孔子留下了一个行礼的样板。要恢复古礼，有"事君尽礼"等各种成分，但毕竟孔子活出了一种特立独行、值得为后世记述和讨论的样板。本篇大部分可以理解为孔子回到鲁国

---

① 用哲理且带着诗情的意味来理解，我们可以说孔子住在"家"里，这个"家"是"斯文"之家，儒家之"家"，后来成为中国文化的"家"，是儒家和中国文化永远的、诗意的"家"园。相比之下，现代人基本上都离开了"家"，不再有"家"园，也就没有了根基，漂泊无定。类似海德格尔所谓的"故乡"，还有"语言是存在的家"。"乡党"表现孔子在"家"、住"家"、安于"家"的这一方面，也告诉后来的儒者，我们应该如何才能让住的地方成为真正的文化之"家"？可以说，需要通过如孔子一般的不言之教，才可能在家园里面住得安宁、和谐，现代化让人民离开了住的地方，离开了家园的根基。
② 彭国翔从身心兼顾的功夫论的角度强调《乡党》篇孔子把生活的每个场景都当作礼仪实践的道场，也当作身心修炼之场所，实现一种"圣之时者也"的、于境遇交关、共建、融通的气象。参见彭国翔：《身心修炼：儒家传统的功夫论》，上海三联书店2022年版，第37—60页。
③ 《乡党》是仁人之意的内敛境界的彰显，由内而外推致，内敛不足，无法推出去。张祥龙认为，《乡党》篇说明孔子的一举一动都很动人，值得鉴赏，好像把周礼活出来了，于是周围的人都忙不迭地记下来。参张祥龙：《孔子的现象学阐释九讲》，《儒家哲学史讲演录》（第一卷），第193页。

之后才可能有的生活状态，孔子晚年生活条件好，可以相对讲究一点。孔子带着弟子们在外面周游列国十几年，很多时候可能没有好的生活条件，那就不能太讲究。不过，因为孔子身边记录的弟子一直不少，所以本篇也可能含有弟子们对他之前从政时生活习惯的回忆性记录。虽然看起来不过是孔子日常生活的记录，但这些日常言语充满了记录的学生们对孔子敬仰和崇拜的思想与意识，很自然地成为把孔子从凡人推崇到圣人境界的关键部分。

【意】本篇既是《论语》的中心部分，也说明了孔子之所以被称为"即凡而圣（secular as sacred）"的圣人①的核心理由。作为凡夫俗子的孔子，在日常生活当中，因为其意识之光能够照耀到周围的人，导人向善，所以举手投足之间都透着圣洁的光芒。孔子行礼，皆通天地，容貌神色，皆如天人。弟子记其庄严，以供后人品鉴，每个细节都大有深意，每个意向无不通天贯地。孔子举手投足，皆有天人气象，后人细品，可感受大了高山仰止的德行。

礼从意念通天的生成状态、实化状态当中延展出来，孔子的话是生命性情的自然分节，通于天地之大言，合则多言，不合则寡言。孔子说话依境而生，合适的就多说，对不同身份的人，因其构筑的心意之境不同，自然心意的发动也就不一样了。在宗庙和朝廷上，声音通于天地自然之意，所以言语发动都可以与天地的节奏合拍。

10·2　朝，与下大夫言，侃侃如也；与上大夫言，訚（yín）訚如也。君在，踧踖（cù jí）如也，与与如也。

【译】孔子在朝堂上（国君还没有到来）的时候，同下大夫说话，温和而愉快；同上大夫说话，明理而公正；国君已经来了，恭敬而庄重，谨慎而威严，但又仪态适中。

【解】侃侃：说话理直气壮，不卑不亢，从容不迫，温和快乐的样子。訚訚：正直、和颜悦色、中正适度、明理证道。踧踖：恭敬而不安的样子。与与：小心谨慎、威仪适中得体的样子。

---

① 参见赫伯特·芬格莱特：《孔子：即凡而圣》，彭国翔、张华译，江苏人民出版社2002年版。

【意】孔子能够把握好心意生发的尺度，他的言语依境而生，跟不同身份的人说话的状态不同，都很有分寸感。

10·3　君召使摈（bìn），色勃如也，足躩（jué）如也。揖所与立，左右手，衣前后，襜（chān）如也。趋进，翼如也。宾退，必复命曰："宾不顾矣。"

【译】国君召孔子去接待宾客，孔子脸色立即庄重起来，脚步也快起来。他向那些侍立两边的人拱手，再向左右两边的人作揖行礼，衣袍飘带前后摆动，却整齐不乱。快步走的时候，衣袍飘舞好像鸟儿展开双翅一般。宾客走后，必定向君主回报说："客人已经远去了，不再回头张望了。"

【解】摈：通"傧"，招待外宾。色勃如也：指脸色立即庄重起来。躩：是脚步快的样子。襜：是整齐之貌。翼如也：指像鸟儿展翅一样。

【意】待宾之礼的心意是要延伸君意，在接待的过程之中，把君主的意识状态延伸至于宾客，让宾客时刻感到君意的临场，所以孔子郑重其事，而且非常注意分寸，他代君行礼之时，如君主亲临现场，他的意境充分延展到宾客所在的场域，使之成为君主的心意之场。接待宾客的事情虽然结束，不过只是代表君主的意识状态进入另一个时空场域而已，所以要目送客人远去，让客人时刻感受到君主意识的延伸状态，并让君主意识到自己的意识能够通过孔子的接待工作不断延伸到正在远去的宾客们的意识状态之中。

10·4　入公门，鞠躬如也，如不容。立不中门，行不履阈（yù）。过位，色勃如也，足躩如也，其言似不足者。摄齐（zī）升堂，鞠躬如也，屏气似不息者。出，降一等，逞颜色，怡怡如也。没阶，趋进，翼如也。复其位，踧踖如也。

【译】孔子走进朝廷的官门，曲身鞠躬，谨慎而恭敬的样子，好像没有他的容身之地一般。他不站在公门中间，行走也不踩门槛。经过国君空着的座位时，他脸色立刻庄重起来，脚步也加快起来，说话轻柔，好像中气不足一样。提起衣服下摆向堂上走的时候，弯腰鞠躬，恭敬谨慎，憋住气好像没有呼吸一般。（从朝廷中）退出来，走下台阶，脸色便舒展开了，怡然自得的样子。下完台阶之后，便轻快地向前疾走，衣袍飘舞好像鸟儿展翅待飞。回到自己位子上的时候，又恢复持敬庄重的样子来。

【解】鞠躬如：谨慎而恭敬的样子。阈：门槛，履阈是脚踩门槛。摄：提起。齐：衣服的下摆。摄齐：即提起衣服下摆。降一等：指从台阶上走下一级。逞：舒展开，松口气。没阶：指走完了台阶。朝廷宫门的中位是尊贵之位，臣下不宜立于门中，以示尊君。行过国君之位，面色庄重，脚步加快，礼（理）所应当。

【意】朝廷为君臣相见之所，君臣之意交汇之处，臣下之心意要时刻保持对君王心意之敬重。所有的行动，如站或走，都是心意恭敬的流露与实化，在意识流动的状态当中，时刻要保持自己的仁人之意，并持礼如实化仁人之境的意识状态。

10·5　执圭，鞠躬如也，如不胜。上如揖，下如授。勃如战色，足蹜（sù）蹜，如有循。享礼，有容色。私觌（dí），愉愉如也。

【译】（孔子出使别的诸侯国，行觐见之礼时）手里拿着国君的命圭，恭敬谨慎，像是不胜其重的样子。上台阶时身体微俯好像在作揖，下台阶时身体稍直好像是要给人递东西。脸色庄重，战战兢兢，步子紧凑狭小，好像沿着一条直线往前走。在举行赠送礼物的仪式时，容色端庄和悦。而以私人身份与外国君臣会见的时候，则表现得轻松愉快。

【解】圭：一种上圆下方的玉器，举行典礼时，不同身份的人拿着不同的圭。出使邻国时，大夫要拿着圭，代表君主的凭信。不胜：指孔子拿着感觉很沉，好像举不起来，表示他对君主的意识状态特别重视，也就是觉得君主的赋意很沉重。战色：是战战兢兢的样子。蹜蹜：是小步走路的样子。循：沿着；"如有循"指好像沿着一条直线往前走一样。享：献上；享礼：指向对方贡献礼物的仪式。使者受到接见后，接着举行献礼仪式。觌：会见，指与宾客私下非官方性质的见面。

孔子是把礼制规定高度内化的人，行事都按照规定来，礼制对他来说，已经不再是外在的，一切都是由内而外的。他先有行礼的意识，之后才在各个细节当中实化出来，人们才敬重他。如果孔子只不过按照当时的礼制要求和原则去实践，基本被动而行的话，那么也不可能值得学生们如此敬重，专门记述他行止的分寸。

【意】可见，孔子行礼的"主动性"是本篇的灵魂，或者说，孔子行礼都是动机主义的。如果说孔子行礼是义务论或者后果论的，那孔子的行礼方式就不足观了，因为那样孔子不过是机械刻板地践行所谓礼仪原则，但显然孔子不是这样的。孔子公私有别，对礼制的修养由内而外，庄重和悦之中，透露着他持守仁人之意的境界。在履行公务的场合，他的心意代表国君意识的临场，所以他的神态言语庄严谨慎，是为了传递国君在场的意识状态。但以私人身份会晤外国君臣的时候，就可以让自己的意识状态更多地展示出来，所以显得平等和悦，不必过度受到礼仪的拘束，这就是意识状态当下场域当中所传递的主体变化导致的，以私人身份会晤的时候，可以更多让自己的意识状态自然流露出来。

10·6　君子不以绀（gàn）緅（zōu）饰，红紫不以为亵服。当暑，袗（zhěn）絺（chī）绤（xì），必表而出之。缁衣，羔裘；素衣，麑（ní）裘；黄衣，狐裘。亵裘长，短右袂（mèi）。必有寝衣，长一身有半。狐貉之厚以居。去丧，无所不佩。非帷裳（cháng），必杀（shài）之。羔裘玄冠不以吊。吉月，必朝服而朝。

【译】君子平时着装，不用深青透红或黑中透红的布镶边，不用红色或紫色的布做平常家居的便服。夏天，穿粗葛布或细葛布做成的单衣，但一定要套在内衣外面。（冬天穿）黑色的羔羊皮袍，配黑色罩衣；穿白色的鹿皮袍，配白色罩衣；穿黄色的狐皮袍，配黄色罩衣。平常在家穿的皮袍（比出门所穿者）长一些，右边的袖子稍短一些（便于做事情）。睡觉时一定要穿睡衣，其长度有身躯的一倍半长。冬天用狐貉的厚毛皮做垫褥。除了丧服期间，平时都佩戴各种各样的装饰品。如果不是礼服，一定要加以剪裁。不穿着黑色的羔羊皮袍和戴着黑色的帽子去吊丧。每月初一，一定要穿着礼服去朝拜君主。

【解】绀：深青透红，如天青色，是斋戒时服装的颜色。緅：

黑中透红，比绀更暗，丧服的颜色。"不以绀緅饰"是不以深青透红或黑中透红的颜色布料给平常穿的衣服镶边作饰。亵服是平时在家里穿的轻便衣服。"红紫不以为亵服"是因为古人认为红色和紫色不是正色，便服不宜用红色或紫色。袗：单衣，用作动词。绤：细葛布。绤：粗葛布。袗绤绤：指穿粗葛布或细葛布做成的单衣。必表而出之：是把葛布单衣穿在外面，里面还要衬有内衣。缁衣：黑色衣服。羔裘：羔皮衣。古代的羔裘都是黑羊皮，毛皮向外。麑：小鹿，毛色白。袂：袖子；短右袂是右袖短一点，为了便于做事。身是躯干。"一身有半"正好到膝盖。一说睡衣有一个半的身长，脚端可折，不会透风。狐貉之厚：指厚毛的狐貉皮；居：是坐；"狐貉之厚以居"指用有厚毛的狐貉皮来做坐垫。帷裳：上朝和祭祀时穿的礼服，用整幅布制作，不加以裁剪、折叠而缝制。杀：是减少、裁去；必杀之：指一定要裁去多余的布。羔裘玄冠：黑色的皮礼帽；不以吊是不用于丧事。吉月：每月初一；一说正月初一。

按照前后章，此处主语"君子"可理解为孔子。安乐哲把本章主语"君子"译为persons of nobility，复数，表示此处的君子是古意，是朝堂上的臣子和贵族之意。[①]

【意】此章之前多为君子在官场上的表现，此章之后多为孔子日常生活中穿戴的表现。孔子对颜色、衣料本身很讲究，对如何搭配也很讲究。孔子认为一个人所穿衣服的颜色和式样，都是心意的投射，所以为了表达心意，需要认真裁剪修饰，使得内外一致。

文明之象为文明之意的实化，礼之文明之象来自守礼、遵礼的意识状态。有些衣饰是对兽皮的利用，取其色，用其功能，是意念之力对物力（自然力）的转化，犹如开篇提到进食的意念节奏，这是运意转化事物承载的自然之意。衣饰的制作和穿戴都是意能的转化过程，物所本然内涵的天地自然之意为人的意念连绵转化，进而实化为礼乐文明所用。礼乐文明是对意识分寸的把控与实化，对衣服的裁剪过程，正好体现出不断修剪裁断意念，并使之合理实化的过程。

衣饰之美来自人不断沉淀和累积的意识能量，而衣饰在时空当中的适

---

① Ames, Roger T. and Henry Rosemont, Jr., trans. (1998). *The Analects of Confucius: A Philosophical Translation*. New York: Ballantine Books, p. 136, p. 244.

当展示和运用，则是这种意识能量的显示和展露过程。2000多年之后，人们体会孔子对衣饰的讲究，仍然能够感悟到他赋予和穿透其身上的衣饰所带出的美学力量。这种力量来自孔子仁爱他人的仁人之意，温润饱满地承载在他的衣饰上，这种意能不仅彰显在他曾生活过的时空里，而且在从古至今的时光隧道当中不时显露和呈现，焕发着仁民爱物的意识之光。由此可见，衣饰作为具体时代礼乐文明的载体，确实可以彰显某个时代的文明程度，而文明的根本其实是意识能量的沉淀。孔子如此讲究衣饰的细节，说明他要把仁人之意表现到无微不至的程度，他相信如果每个细节都充满仁人之意的能量，那么意识的光辉就可以穿透时空，永存于世。

10·7　齐（zhāi），必有明衣，布。齐必变食，居必迁坐。

【译】斋戒的时候，一定要有沐浴后所穿的明洁的衣服，一般是用布做的。斋戒的时候，一定要改变平常的饮食，还一定要搬移平常的居处。

【解】齐：同"斋"，斋戒是用自己的行为与过去告别，以启向未来的新生，是身体与意识的重整与重启。明衣：斋前沐浴后穿的浴衣，表示外表重整。变食：改变平常的饮食，指不饮酒，不吃葱等有刺激味的东西，清理体内，使身体清净，从而使得意识也随之清明。居必迁坐：指从内室迁到外室居住，斋戒期间不和妻妾同房。

【意】斋戒沐浴的时候，一定要有明洁的浴衣，既表示非常郑重，又表示心意的更新和焕发。改变饮食结构是对身体内部进行清理，使体内清洁，从而使得意识状态随之明快，通天而有力。这种意识能量的升起，自然会去改变身体外面的衣服和装饰，因为衣服和装饰是意识的外化，改变了服饰就好像容光焕发一般，由内而外都成为新人，是对意识场域的重整和新塑，让身体自内向外焕发出接天的生机，只有生机生发的时候才能去应对斋戒洁诚，此时需要意念接天的状态。

性不仅是私人和轻松的事情，更重要的是性力是阴力带有下沉的力量，是阻碍心灵接天的力量，所以不可在斋戒的时候从事性事。斋戒可谓是纯阳之事，是心灵和意力向纯阳之境升进的努力，阴阳和合可能会牵扯阳力使之下坠，为了让阳力升进和焕发，就要改变阳力所依之境，即身体内外的境遇，阻断身体内部的阴力对阳力的感应和牵扯，如此才能激发意念之阳力的新生。

10·8　食不厌精，脍不厌细。食饐（yì）而餲（ài），鱼馁（něi）而肉败，不食。色恶，不食。臭恶，不食。失饪，不食。不时，不食，割不正，不食。不得其酱，不食。肉虽多，不使胜食气（xì）。惟酒无量，不及乱。沽酒市脯（fǔ），不食。不撤姜食，不多食。

【译】粮食不嫌舂得精，鱼和肉不嫌切得细。饭食陈旧变味了，鱼和肉腐烂了，都不吃。食物的颜色变了，不吃。气味变臭，不吃。烹调失当，不吃。不合时令的食物，不吃。肉切得不方正，不吃。佐料放得不适当，不吃。席上的肉虽多，但吃的量不超过米面的量。只有酒没有限制，但不喝醉。从市集上零散买来的酒和肉干，不吃。每餐必须有姜，但也不多吃。

【解】食不厌精：谷物粮食不嫌舂得精，一解食材和加工食物的工序要精益求精，保证食物当中的生气能够为意所感和吸收。食材皆有生气，而加工的工序越精致，越能够保持食材的生气，转化成为身体的生意，促进仁人之意的蓄养，好像确定了仁人之意的"仁"与"善"，才能利于涵养人生的正气。脍：切细的生鱼片或生肉片。饐：陈旧，指食物放置时间长了变得腐臭。餲：变味了，也就是说食材的生气没有了。馁：指鱼腐烂，不新鲜。败：肉腐烂，指肉不新鲜。鱼和肉腐烂之后，本身积存的生气就散失了，也就不能够滋养人的生命了。饪：是烹调制作饭菜；失饪：是烹调不当，没熟或者过熟，都会破坏食材的生气。时：指应时，要吃时鲜、时新的食物；不时：指如果不合时令，就不得天地生气，不宜食用。割不正：指肉切得不方正，切割时不顺其肌理，犹如伦理失常之象，不合心意，则不食之。此内外意象必求合一，心物一体。这是表面的意思，真实的意思是厨师的意念要正，才能割得正，才能顺着带有生气之肉的纹路而割得顺理，割得正。所以如果感觉到肉切割不方正，其实就是厨师没有带着生意处理好有生气的食材，也就是说，食材的生气被破坏了，对身体的滋养作用就没有了，所以就不要吃了。气：通"饩"，即粮食。传统中国是农业立国的国家，所以日常食物以五谷杂粮为主，而不是以肉食为主。乱：指酒醉；不及乱：指不到酒醉时，表示有强大的意志控制力。脯：熟肉干，因为没有生气了，所以不要吃。平时注意饮食的分寸，不但食材要合于天时，烹煮和进食的方式也要顺天时之生气。而且孔子注意卫生，外面买的酒不一定清洁，做肉脯干的肉不一定干净，就都不吃。

【意】意念的根基在于健康的身体，健康是因为体内有和气，这种身体内的阴阳和合之气是心意和气的基础。生病是阴阳不调，体内阴力过强就会牵绊人的阳力即意识的发动，所以生病之后就需要多用意志力来调控和主宰身体的阳力，从而克服病体的阴力对生机的牵制。植物人的身体之和气出了问题，则意识难以发动。饮食是吸收食材的生气，让食材的生意与自己意念之生生相感应相和，从而滋养润泽身体的生意，可见，身体的生意与烹饪的生意密切相关。不进食气息不佳的食物，是为了防止气息不好的物气进入体内，干扰身体本来的和气，如果腐烂变质的食材气息为身体所吸收，就可能让身体淤堵不通，长此以往，就会不通则痛，甚至导致五脏六腑都出现问题。为了避免身体气息拥堵不堪，可用姜来通畅清理食物之气，身体清净之后，意念发动才能清明纯粹。

10·9　祭于公，不宿肉。祭肉不出三日。出三日，不食之矣。

【译】孔子参加国君祭祀典礼时分到的祭肉，不隔夜留到第二天。家中祭祀用过的肉不超过三天。超过三天，就不吃了。

【解】不宿肉：不使肉过夜。古代大夫参加国君祭祀以后，可以得到国君赐的祭肉。但祭祀活动一般要持续二三天，所以这些肉就已经不新鲜，生气散失，就不能再过夜了。如果超过三天，就没有生气了，不能再吃了。祭肉：祭祀用的肉。古时没有冰箱，肉容易坏，因此吃肉要注意时间。

【意】孔子弟子们认真记录老师的饮食起居习惯，不能单纯从孔子遵守礼的角度理解，因为孔子不是被动地做这些事情的，而是孔子主动选择的，这些行为是他意识的实化，代表着他内心独特的意识状态，值得后人体会和研究。

10·10　食不语，寝不言。

【译】吃饭的时候不与人交谈，睡觉的时候，不再说话。

【解】吃饭时说话不礼貌不卫生，孔子比较注意。以下记录先生平时的生活状态。

【意】吃饭和睡觉的时候说话，容易走漏生气，不是养生之法。人的一生都在泄露生气，说话不合时机，是意识无力控制生气流散的表现，所以要尽量避免。

10·11 虽疏食菜羹，瓜祭，必齐（zhāi）如也。

【译】即使是食用粗米饭蔬菜汤，吃饭前也要把它们取出一些来祭祖，而且表情要像斋戒时那样严肃恭敬。

【解】菜羹：用菜做成的汤。瓜祭：古人在吃饭前，把席上各种食品分出少许，放在餐具之间祭祖。齐：通"斋"。哪怕是吃粗米、饭蔬、菜汤，吃饭之前，也要先取出一些来祭祖，不能因为是日常习惯就不严肃，所以强调表情要像斋戒时那样严肃恭敬。可能孔子有祭祖的日常习惯，总是非常恭敬。

【意】吃饭之前祭祀，是一种感谢祖先、土地神和天地产出有生气的食物来供养我们的仪式，所以要非常恭敬。表示理解土地产出食物，与我们的身体一气联通，祖先到我们之间世世代代都享用大地产出的食物，我们在吸取大地给我们的能量的时候，应当表示敬畏和感恩。

10·12 席不正，不坐。

【译】铺在地上的坐席或席子上铺的垫子如果没有放端正，孔子就不坐下。

【解】古人坐在铺于地面的席子上；一解席指席子上铺的垫子。

【意】身体端正才能收拾精神，意念发动，才能从内而外，气息通畅，达乎天地之间。而身体的端正与座椅的端正相联通，如果座椅端正，身体气息就容易通畅，这是意识生发的情境。心意都依境而生，正境才能正心诚意。情境正是生机发动顺畅的前提。

10·13 乡人饮酒，杖者出，斯出矣。

【译】举行乡饮酒的礼仪结束后，（散席之时，孔子）一定要等拄杖的老人先走出去，然后自己才出去。

【解】乡人饮酒：指当时的乡饮酒礼，即同乡之人会聚饮酒。杖者：拿拐杖的人，指老年人。本章特别表示对老人的尊重。

【意】人的意识都是通过父母和祖辈的教导学习、传习而延续下来的，仁人之意投射给老人是非常正常和自然的，更是自己当下深远厚重的意识境遇的随顺机缘而发动的、自然而然的反应。

10·14 乡人傩（nuó），朝服而立于阼（zuò）阶。

【译】乡里人举行迎神驱鬼的宗教仪式时，孔子总是穿着朝服站在家庙前东边的台阶上迎送客人，以示恭敬。

【解】傩：古代迎神驱鬼的宗教仪式。阼阶：东面的台阶；主人立在大堂东面的台阶欢迎客人。那时的礼仪有宗教意味，孔子是人文主义者，对鬼神既不承认，也不否定，顺天道生生之自然，尊重乡民的民间信仰，不否定民间信仰当中鬼神有其功能上的合理性。在驱鬼逐疫的仪式当中站立于东方生位，在意识中加强人身正气，可见孔子主动加入到抗击鬼疫的仪式过程之中。

【意】朝服有威仪，有压过鬼疫的正气之势，并立于东方，借助生气所发之方位，可见《周易》后天八卦以东方为生位，是顺自然生气之理，古时生民之礼皆顺之。

10·15 问人于他邦，再拜而送之。

【译】（孔子）托人向他国的朋友问候送礼，要向受托者拜两次才送行告别。

【解】问：问候。古代人在问候时往往要致送礼物。再拜而送之：指在送别客人时，两次拜别，表示心下诚意相托。孔子希望恢复古礼，所以特别讲究一些，学生们记录下来他的一些特别复古的礼仪。

【意】从致问者和被问者两个角度理解，再拜是重礼，表示特别重视，送也包含送一程的意思，表示对受托者的特别体恤和关怀，希望他帮助传递意念。古代传递意念必须通过他人，所以受托人是否领会和忠实传达非常关键。今天意念的传达可以通过各种技术，而且非常快捷，但反而失去了意念本身的那种厚重深沉感。

10·16 康子馈药，拜而受之。曰："丘未达，不敢尝。"

【译】季康子赠送药品给孔子，孔子拜谢之后接受了，却又说："我孔丘对这种药的药性不够通达了解，还不敢贸然服用。"

【解】药有生杀之气，即所谓药性，如果不了解的话，就不能保证药有利于身体，所以孔子不轻易尝试。孔子对用药是理性的，因为了解药对人的作用需要有一个过程，而很多时候自己往往对药没有把握。

【意】药作用于身中之气，作用如何，当先问有经验的医生之后，再行尝服。可见药物与食物的功能近似，都可以调理五脏之气，只是药物的调理与时、身之症状和机理密切相关，应该用意与药性相结合之后，有所了解才能尝试。药以调身，终于调意，虽然如此，了解药性，并先用意调药，才是能否将药力充分发挥出来的关键。故药与意之关系，需要"达"，即意与药相通之后，药力才会发挥作用。

10·17 厩焚。子退朝，曰："伤人乎？"不问马。

【译】马棚失火了。孔子退朝回到家里，问说："伤着人了吗？"没有问马的情况怎么样。

【解】孔子家里的马棚失火被烧掉了。当他听到这个消息后，首先问人有没有受伤。有人说，儒家学说是"人学"，这一条可以作佐证材料。他只问人，不问马，表明他重人不重财，十分关心下面的人。事实上，这是中国自古以来人道主义思想的发端。

有断为：伤乎？不（否），问马。意思是先问人，在确定马厩被烧没有伤到人之后，再问下马的情况怎样。无论如何，先问人，体现的是孔子以人为中心的思想。"问马"体现出不仅关心人，还关心动物和财产，显得比较全面，有一定的道理。

【意】儒家的"仁人之意"以仁爱世上之"人"为中心，推广出去可以及于马和天地万物，当不必刻意强调马与人的平等。儒家世界的分寸是围绕"仁人之意"而层层叠叠地塑造出来的，人是世界的中心，马是人的财富，紧急之时，先问人后问马，正是"仁人之意"的实化状态。

孔子之问是心灵回应情境的直接的、直觉性的问，是其仁人之意的当下呈现，是其良知、良能、灵觉等的自然展露。说明孔子心灵有感通天地阴阳变化的能力，当体呈露，直通天地。内在良知来自天地之善，自然生生之意，通过身体机能的流转，借助意识实化的过程体现出来，发为言语，形成命题和论述，为人感知，化为行动，汇集成为儒学源远流长的文化系统。

在儒家的人伦家国之中，是人而不是动物构成家庭和国家生气场域的中心。人的生意流转过程首先与人发生交流，至于人的意识与马等动物之间的交流，需要特定时空在特殊的感应状态下才可能发生，所以通常来说，人的仁人之意的意识场域以人的生意为基础。

10·18　君赐食，必正席先尝之。君赐腥，必熟而荐之。君赐生，必畜之。侍食于君，君祭，先饭。

【译】国君赐给熟食，孔子一定摆正座席率先品尝。国君赐给他生鱼生肉，一定要煮熟了，先给祖宗上供。国君赐给的活物，一定先畜养起来。陪侍国君一道吃饭，在国君举行饭前祭礼的时候，先吃一点饭。

【解】腥：生肉。荐：供奉。"君祭，先饭"一般理解为国君举行祭祀祈祷仪式之后，先尝一下食物，但马恒君认为，帮君主尝饭不是孔子应该干的活，既然有专人尝饭，就不应该是客人来尝，所以应该是趁国君祭祀的时候，先在家吃点东西垫肚子，免得在国君面前吃相难看，这样通常理解的先尝一尝饭菜，似乎就不如先吃一点。[①]

【意】孔子在吃饭的每一个细节中，起心动念的心意里，都时刻装着君王，如果君王不在身边，仍保持好像君王在身边的那种状态；如果君王请他在身边，那就更加要为君王考虑好每一个细节。从这个角度看，国君先祭显其孝敬，人臣先饭显其忠义，其实也是相通的。

吃饭是食物穿过身体内部通道的过程，如果吃饭的时候，保持一种内观的状态，就好像食物从天地中来，"酒肉穿肠过"，人享受食物，不过是天地之精华气息暂时穿过我们的身体，滋养我们身体的过程。来自君王

---

① 参见马恒君：《论语正宗》，第160页。一解先尝饭为看看烹调是否得当。参见刘强：《论语新识》，第276页。

的食物，无论生食还是熟食，就不仅仅是天地之间的食物精华，还带着人间神圣的气息，这就是君王之礼、君王之意投射在食物当中，所以要以对君王的敬意来对待来自君王的食物，让君王的气息在品尝的每分每秒滋养和佑护自己，也正因为意识到自己蒙受了君王的恩泽，所以会决心忠义地为君王前驱，把"先饭"解读为率先尝饭，就带有为君王而舍生忘死的意味。

10·19　疾，君视之，东首，加朝服，拖绅。

【译】孔子病了，国君前来探视，他（身卧在床）便让人帮忙移动，让自己的头面朝东躺着，身上盖着朝服，拖配着朝会用的大带。

【解】东首：头朝东。绅：束在腰间的大带子。古代房子一般门朝东，所以让国君进门就能够看见自己。孔子患了病，躺在床上，国君来探视他，他无法起身穿朝服，这似乎对国君不尊重，有违于礼，于是他就把朝服盖在身上。这反映出孔子即使在病榻上，也努力不失礼于国君。

【意】孔子心中时时刻刻有国君，为臣的心意中时刻保持着君王之礼。良民和忠臣，不管君主是否在乎自己，但心里总是时刻装着父母和君主，这种忠诚是从家庭之孝延伸出去的。

10·20　君命召，不俟驾行矣。

【译】国君命令召见，（孔子）不等车马驾好，就着急先步行去了。

【解】这是学生们的观察，孔子之忠君，表现得淋漓尽致。

【意】在君王有命之时，孔子的表现并不从容，因他心里装着君主，时刻为君主担心。

10·21　入太庙，每事问。

【译】（孔子）进入鲁国祭祀周公的太庙，对每件礼器和摆设的相关事情都要过问。

【解】此章重出。一般觉得重出，就都不解，其实多有深意。之前3·15，是说他早年这样做，却被人讥讽，自己反问回去，表示自己强调古礼，而今人失礼却不知。这里再记一遍，其实是强调，孔子回到鲁国之后，晚年也是这样做的，表示对于宗庙之事，要严谨到极点才合适。

【意】孔子对于太庙祭祀礼仪的意识状态从早年到晚年都极其严谨。早年地位低微，谦虚求教，试图重树古礼，拨乱反正。重出表示虽然过了几十年，但是孔子仍然极其慎重，所以即使晚年已经位居近乎国师的高位，也仍然实事求是，对于具体的祭祀礼仪，只要稍有一点不清楚的地方，就一定要事先问清楚。如此实事求是、严谨求真的精神，是孔子意识之中对礼的崇敬足以永远打动后人的关键所在。

10·22　朋友死，无所归，曰："于我殡。"

【译】（孔子的）朋友去世了，如果没有亲族料理殓埋，孔子会说："那就让我来殡殓吧。"

【解】朋友：指与孔子志同道合的人。理雅各译为any of his friends（孔子的任何一个朋友），他用when时间状语，表示任何时候；韦利译成a friend（某一友人），他用if表示假设条件；许渊冲认为理雅各译文更合适①。安乐哲译为on the death of a friend（在一个朋友死的时候）。殡：指停放灵柩和埋葬，泛指丧葬事务。林安梧强调暂时"停殡"，等待归其乡里安葬。②理雅各译为bury（埋葬）；韦利译为funeral（葬礼）；安乐哲译为laying him out（抬他出去埋了）。许锡昌引用《说文》"殡，死在棺，将迁葬柩，宾遇之"解释为"停柩待葬"。③

【意】学生们觉得先生非常讲义气，尽朋友之道。这可能是因为孔子回到鲁国之后，晚年才有较好的条件帮助朋友处理丧葬事务。回到鲁国之前，孔子带着弟子们经常更换居住地，可能没有太合适的条件帮助朋友们处理丧葬事务。这也是孔子一生对自己朋友非常仗义的一种体现。

---

① 许渊冲：《〈论语〉译话》，第98页。
② 林安梧：《论语译解：慧命与心法》，第163页。
③ 参见许锡昌：《前言》，《论语精华研读》，厦门大学出版社2011年版，第7—8页。

10·23　朋友之馈，虽车马，非祭肉，不拜。

【译】朋友馈赠礼物，即使是车马，只要不是祭肉，（孔子在接受时）就不行答拜之礼。

【解】讲孔子接受礼物的礼节。礼物是气与意的交换，赋意于礼物，希望对方能够接收到，表达的是一种声气相通和交换。祭祀之肉有特殊的意味，表示其气息与君相连，所以要刻意行礼用意去答拜。

【意】孔子把祭肉看得比车马还重要，这是因为祭肉关系到"孝"的问题。用肉祭祀祖先之后，这块肉就不仅是一块可以食用的物体了，而是对祖先尽孝之意的一个载体，所以需要用庄敬严肃的态度，先行礼之后才能接受它。

10·24　寝不尸，居不客。

【译】（孔子）在内寝睡觉时，不会如尸神一般直挺挺地躺着；平日家居，也不像作客或接待客人时那样庄重严肃。

【解】孔子睡觉的时候，自然放松，不会直挺挺地躺着。[①]他平日在家，从不端坐，而是自然、平实、舒泰、和乐，一幅与天地时空融贯一体的自得美景。表现孔子在家从容不迫，悠然自得，意境宽舒和缓的状态。

【意】人的意识和身体都需要柔软才能有韧性，才能保养生机。本章表现孔子的生活方式，一张一弛，阴阳平和，刚柔有度，该放下的时候就放下，总是悠然自得，乐享生生之境。孔子在日常生活当中没有任何不必要的执着，也并不刻意保持什么习惯。孔子对自己的命运有感觉，在感到大限将近的时候，也会有悲观的情绪，在命运面前，孔子也会低头示弱，承认生命的有限性。

孔子日常的气场跟其所在的时空融贯一体，其心意接通天地之生机，从不刻意营为。他虽然传承斯文，任重道远，但随时可以忘掉自己的身体，放下身外之物安然入睡，他时刻能够忘掉天下，自在逍遥。他的心意富有弹性，"毋意，毋必，毋固，毋我"（9•4）与天地同化同流，其意本

---

① 许锡昌认为应据古代俯身葬法理解为"睡觉时不要像灵柩里的死尸那样面朝下"，此解有点太过具体。参见许锡昌：《前言》，《论语精华研读》，第8页。

真，归于天意。《乡党》篇就是孔子日常生活细节如何顺天化意而思而为的记录。

10·25 见齐衰者，虽狎（xiá），必变。见冕者与瞽者，虽亵，必以貌。凶服者式之。式负版者。有盛馔，必变色而作。迅雷风烈必变。

【译】（孔子）看见穿重丧服的人，即使是平时关系亲密，不拘礼节的熟人，也一定会把脸色变得凝重严肃，以示同情。看见带着正式礼帽的人和盲人乐师，即使是常在一起，不拘礼节的熟人，也一定要致以礼貌之意。在乘车时，遇见穿凶服送葬的人，便俯伏在车前横木上（行轼礼表示同情）。遇见背负国家图籍或拿着国家文件的人，也行俯身凭轼之礼（以示敬意）。（作客时）如果有丰盛的筵席，神色就变得严肃，并站起来致谢。遇见迅雷狂风，一定改变神色（神色庄肃以示敬畏上天）。

【解】齐衰：指丧服。狎：亲近。瞽者：盲人，指乐师。亵：常见、熟悉。凶服：指丧服。式：同"轼"，古代车辆前部的横木，这里作动词。遇见地位高的人或其他人时，驭手身子向前微俯，伏在横木上，以示尊敬或者同情。这在当时是一种礼节。负版者：背负国家图籍的人。当时无纸，用木版来书写，故称"版"。一解为负贩者，小生意人。馔：饮食。盛馔：盛大的宴席；一解丰盛的祭品陈列。作：指站起来。

【意】对家里有丧事的人，要表示严肃庄重。向他们行礼要依境而生，顺应情境的变化，意向表示同情，视人如己，情深意切。可以有各种行礼表示敬意和谢意的方式，其实并不拘泥，随时可以表达。在路上遇见他人有难，适时改变脸色表示同情；在车上就俯身凭在车前横木上表示尊敬或者同情；可以站起来的时候就站起来。这都是依着不同的情境来表达自己内心真情实意的感受，内心的生机来自天然的感应，对天地阴阳变化保持敏感，情境当中阴阳发生变化，自己的意识境遇就随时应变，可见，仁人之意的表现可以千变万化，"仁"可以有千百种面向和表现方式，不拘一格。

10·26 升车，必正立，执绥。车中，不内顾，不疾言，不亲指。

【译】（孔子）上车时，一定先端端正正地直立站好，然后拉着扶手带上车。在车上的时候，（孔子）不回头看，不高声说话，不指指点点。

【解】绥：上车时扶手用的索带。内顾：回头看。疾言：大声说话。不亲指：是不用自己的手指划。本章说明孔子坐车时讲究礼仪。古时坐车，不如今日舒适，但孔子丝毫没有流露出颠沛不适之感，显示出非常强烈的自觉力和自控力，其在颠动的车厢内，威仪一如平常，令人肃然起敬。

【意】孔子是动机主义者，他是自己主动完成这些礼仪的，不是按照外在礼仪的要求来行事的。他不是刻板的演员，而是从内心深处油然而生的，正因为都是内心真情实意的流露，所以学生们才记录并加以整理，因为其中富有深意。本篇当中孔子时刻讲求仁人之意的动机，是整部《论语》成就仁人之意图景的根源，也是儒家思想发生学的绝对起点和意识根基。从这个意义上说，《乡党》篇构成了儒家思想既日常又超越、既平常无生却又充满生机的本体论或者发生学的根源，是儒家思想的原发情态，相应的，其他篇章的师友问答，更多可谓缘发情态。

以上各章记录孔子日常生活细节，往往容易为不熟孔子者误解或诟病，以为这些细节与孔子所倡仁道无涉，甚至不知所谓。其实，这些日常的语默动静，恰恰是对仁人之意如何落实于生活中，从而"活着"起来的精微刻画，非常活泼亲切，灵动有味，可谓生机盎然，一派天人合一的祥和景象。领略此仁人之意贯通天机的祥和盛境，方能理解紧接着的下一章是何等地画龙点睛，尽透《论语》全书之核心气象。

10·27 色斯举矣，翔而后集。曰："山梁雌雉，时哉时哉！"子路共之，三嗅而作。

【译】（孔子在山谷中行走，看见一群野鸡自得其乐。）鸟儿们见到孔子神色动了一下（孔子观鸟伤神，不知不觉神色动了一下），鸟受了惊吓，都惊飞起来，在天上盘旋了几圈之后，又都停落下来。孔子（看到鸟儿在大自然当中如此开心快活，）不禁感慨说道："这些山坡上的母野鸡啊，它们如此快活，真是得其时呀！得其时呀！"
子路（特别理解老师此刻发出生不逢时的感慨，也意会到此刻的天赐
良机，于是特地）向鸟儿们拱拱手（表示对此天机的敬意和谢意），
野鸡们也好像有感应一般，没有马上飞走，而是叫了几声，才慢慢
飞走了。

【解】色：脸色、神色；与天地共其情，同其色。人之神色，或
鸟的神色，都是内心之气的流露，是内心回应天地变化而有其色，内
心之气应和天地之气的变化而生意成色，色即内通天气，二气合于一
气之状态。举：指鸟飞起来。一说雄雉求偶之时羽毛鲜艳，头顶举起
美丽羽角。翔而后集：指鸟群飞翔一阵，然后落到地上；一说雉鸡只
会翔飞，不会翱飞。描绘雄雉追逐雌雉，飞翔起来又集中落下来的情
景。山梁雌雉：指聚集在山梁上的母野鸡。时哉时哉：指得其时呀！
得其时呀！说野鸡时运好，能自由飞翔，自由落下。共是"拱"的本
字，拱手。嗅：一本作臭（jù），一本作"戛"字，鸟的长叫声；三
嗅而作：指鸟张开两翅，拍打几次而起飞。

"色斯举矣"因为以此说明孔子行礼那种通天的意识境遇，连山
鸡都感动。孔子神色动了一下，是自己感慨伤神，不知不觉当中动了
神色，并没有对鸟儿不怀好意，但鸟儿很敏感。山鸡看到孔子他们没
有威胁，又飞回来，这是进退，去就之道。人心之意，通乎天地，改
阴变阳，鸟儿感通人心意之阴阳，自然而然，合于天机一般地配合演
出，实化人天之际，神妙不可思议。

孔子"时哉时哉"的感叹，其实再次画龙点睛般地突出了《乡
党》篇"与时偕行"的圣者形象，也是后来孟子感叹"圣之时者也"
的气象所在。人的存在包括身体的存在过程和意念流行实化的过程，
都在具体的时间和空间之中。所以人是否能够领悟和转化时空本来的
能量，成为圣凡之别的关键性标志所在。圣者能够"即凡而圣"[①]，
把每一个平凡的时空，转化为具有神圣意味的、天人合一的情势，千
载以下仍然能够令人感叹。圣者不但能够吸收和转化时间和空间本来
的能量，而且能够因为自己持意的状态与时空共振而提升时空场域的
能量，最高明的圣者能够给其意识交接的每个生活场景和细节注入超

---

① 参见赫伯特·芬格莱特：《孔子：即凡而圣》，彭国翔、张华译。

越时空的永恒意识能量，孔子传达出来的永恒意识能量就是"仁人之意"。

本章孔子感慨自己生不逢时，而野鸡得其时，这无疑加重了自己的感伤。子路特别理解老师孔子生不逢时的感慨，于是代老师向鸟儿们深情地拱手拜谢。本篇多讲拜谢之礼，本章描绘孔子向天地自然行拜谢之礼，可见孔子对于人间一切机缘，都充满感恩之心。子路拱手感恩，随顺天地之机，此机缘因时因地，极其难得。可见，子路拱手之间，富含天地之机，可谓大有文章，因为子路实化孔子之意，时刻顺老师心意通天之机。妙极是连野鸡都有感应，与孔子师徒合作演出一幅天人感应的美妙图景，也正是《论语》全书中间的最高潮所在。

如果是子路把野鸡抓了，烤了给孔子吃，虽然孔子闻闻没有吃，但孔子弟子们记录这段话的深意就不能够彰显出来。弟子们的记录应该是要突出先师孔子之仁人之意实化在心心念念之间，时时刻刻感天动地。这种天人感应的极致境界，从家人延伸到邦国天下，再到天地莫测之机，才算达到真正的高潮。①

【意】本章最难理解的是天机以及孔子师徒对天机的感恩、感激之意。如果鸟儿飞得很欢快，又被抓来烤了，这是不合理的。应只是感慨孔子师徒的心通天地，他们的仁人之意通于大自然，但是却因为得不到合适的时机而难以实化，感慨万千。

但无论如何，孔子师徒感慨野鸡在大自然中得其时，又感伤自己颠沛流离，生不逢时，不得其位，却还是对于感应的天时时刻充满感恩之情。关键在于，好像野鸡也通人性，感通到孔子师徒感时伤怀的情感，心意感通而有心通天地之大境界。

意念一发，神色一动，天地为之变色。这就是儒者与天地万物一体的境界。整个《乡党》篇讲守礼，都应该从守礼的、心意通于天地的境界来理解才有高度，才有意义。孔子行礼真诚至极，时刻感天动地，此处以野鸡通灵来反证孔子行礼那种至诚感格天地的状态，连鸟也为之动容。孔子的意识是仁人之意，仁爱他人至于极致，并用行礼的方式表现出来，行礼

---

① 此章歧解很多，能够理解其中真意的少。钱穆认为"此章实千古妙文"，赵法生认可，参见赵法生编著：《论语读本》，中国人民大学出版社2016年版，第360页。

其实是实化通天意境。

再回到"色斯举"（无论是雄雉追逐雌雉，还是人的神色晃动）那种心意微妙的颤动，瞬间天地都为之变色的极致境界，来理解"时哉时哉"，就需要从鸟儿从容而不惊慌的状态出发，才能理解此章致力于表达鸟儿作为天地自然之力的一部分，也在配合孔子的仁人之意之流行，一起合作演出一幅行礼如意、意达通天的圣人化境之图画。

先进篇第十一

11·1 子曰："先进于礼乐，野人也；后进于礼乐，君子也。如用之，则吾从先进。"

【译】孔子说："先学习礼乐而后才有机会做官的人，多是（出身于原来没有爵禄家庭的）平民；先有机会当官之后再去进修学习礼乐的人，多是贵族之家出身的君子。如果要让我选用人才的话，那我还是主张多选用先把礼乐学好才有机会做官的人。"

【解】先进：先学习礼乐而后再做官的人；一解先进师门者。野人：朴素粗鲁的人；一解乡野平民。后进：先做官后学习礼乐的人；一解后进师门者。君子：贵族出身的掌权者。"野人""君子"素有争议。朱子以地位论，"野人"是"郊外之民"，"君子"是"贤士大夫"。李泽厚、林安梧以时代论，李泽厚认为"野人"是"居于城外的殷民族"；林安梧认为"先进"是前辈古人，文质彬彬，反而被认为是"质胜文"的"野人"；"后进"是后辈今人，因"文胜质"，反而被认为是"君子"。[1]不过李泽厚也承认"为何此章说要从野人之先进呢？不得解"[2]，可见此解难通。笔者同意刘强"解读此章，当从《论语》中寻找'内证'"[3]。

弟子按出身可以分成两部分，平民（先进）和贵族（后进），学生无非就这两类。孔子重视先进孔门的平民子弟，如颜回、子路、漆雕开、冉伯牛、仲弓等，他讨论、评价的也多是平民子弟。后进的弟子，如有若、子游、子夏、子张、公西华、曾参等，都出身殷实富贵之家。孔子这样说，是告诫后进弟子们，不可以重文轻质，否则可能舍礼乐之本而逐文饰之末。

【意】全书前半部分以孔子言语为主，后半部分以弟子为中心，学生们的资质不同，教育学习开导的尺度也都不同，所以要因材施教。一些对话的内容在周游列国之前还是之后并不重要，因为对于思想内容的理解，不必都回复到历史性的情境当中，毕竟孔子弟子们编纂《论语》不是为了说明史实，也不是严格基于史实来发挥思想。《论语》力图表明的是，孔

---

① 参见林安梧：《论语译解：慧命与心法》，第166页。
② 李泽厚：《论语今读》，第198页。
③ 刘强：《论语新识》，第282页。

子和他的弟子们作为儒家学派的创始人，他们有着共同的心思意向与基本倾向，《论语》本质上是说明儒者之意的哲学与思想，相关的历史资料只是辅助材料。

孔子选贤任能的意向首选平民子弟，这跟他自己早年基本上是平民子弟的成长经历有关系。平民子弟需要先把礼乐学好，要努力成为"先进"分子，出类拔萃之后才可能当官，所谓"学而优则仕"。但贵族子弟则未必都有真才实学，他们优先占有社会资源，可能先当官再学习，所谓"仕而优则学"。孔子区分学生的背景有着现实的根据，要求学生们意识到不同出身在做官和学习的过程中可能会有的区别，但都要努力修身养性，修持自己心意的力量，都要对自己高标准严要求，努力成为贤人君子。这等于要求每个学生无论出身如何，都必须有真才实学，将来才有机会担当国家重任，才可能把国家治理好。

11·2　子曰："从我于陈、蔡者，皆不及门也。"

【译】孔子说："曾跟随我在陈国和蔡国历练过的学生，现在都没有机会步入从政的大门。"

【解】公元前489年，孔子和弟子们从陈国到蔡国的途中被陈国人包围，绝粮七天，许多弟子饿到不能行走。当时跟随他的弟子有子路、子贡、颜渊等人。公元前484年，孔子回鲁国后，子路、子贡等先后离开了他，颜回也先他而去。所以孔子时常想念他们。此章反映了孔子的感伤之情。

一解孔子在陈、蔡时是最为落魄的时候，其实也是最没有门路的时候，孔子反省，觉得自己可能有点对不住这些弟子。"门"代表门路，也就是从政需要门路，如郑玄注："不及仕进之门而失其所"，无从政之门发展就不会顺利。一说"门前"，即身边之意（with me now）[1]。一解孔子没有权力，不能安排学生掌权，非常遗憾。另一解是学生不在身边了，孔子回到鲁国，油然而生一种人生感叹，因为自己无权无势，也可能因为学生们大多出身平民。这两方面的原因，学生们既没有机会从政，也因为形势变动，而没法一直跟随着自己。

---

① 许渊冲：《〈论语〉译话》，第100页。

一解鲁国孔子的家门，特别具体。[①]

【意】无论何解，都说明孔子之意是想让弟子有生机，其意向时时刻刻都生养学生，所以学生们后来都特别怀念孔子，后人把他称为"万世师表"。

11·3 德行：颜渊、闵子骞、冉伯牛、仲弓。言语：宰我、子贡。政事：冉有、季路。文学：子游、子夏。

【译】（及门弟子中）德行杰出的有：颜渊、闵子骞、冉伯牛、仲弓。善于辞令的有：宰我、子贡。有政治才干的有：冉有、季路。精通古代文献知识的有：子游、子夏。

【解】本章是弟子的"附记"，不是孔子所言。如果孔子所言当称名不称字。德行：具有孝悌、忠恕等美德。言语：善于辞令，有能力办理外交。政事：有能力从事政治事务。文学：对诗书礼乐等古代文献掌握比较好。毕竟孔子教了一些很棒的学生，所以可能曾经专门列出来，弟子和后学也都公认，于是记下来放在前两章之后。

关于这些弟子是否是"从我于陈、蔡者，皆不及门也"，李泽厚同意朱熹，但孙福万不同意。可能有些从于陈、蔡，有些不是，不过都不重要，这是一个比较整体但也比较粗略的评价。

【意】这是孔子弟子回忆老师孔子对弟子们的评价，记述孔子如何区分弟子们的意能，并对不同的意量作出相应的评价。

11·4 子曰："回也！非助我者也，于吾言无所不说。"

【译】孔子说："颜回啊！算不上是对我有帮助的人啊，他对我说过的话没有不心悦诚服的。"

【解】在记录老师表扬颜回之后，弟子们用这句老师说过的话接续上章，其实意味深长。弟子们都知道颜回其实对宣传孔子之教的贡献非常有限，但既然是孔子自己说过这样的话，就特地放进来，主要

---

① 参见刘强：《论语新识》，第285页。

说明颜回其实对弘扬孔子思想帮助很少（little help）①。颜回对增强孔子的意能没有什么帮助，如韦利译文not any help。

【意】朱熹、王阳明都认为孔子感慨而又深喜颜回。师徒二人心意相通，完全共享一个心意之境，这非常难得，有默契心通的感觉。颜回对增进孔子思想不算有帮助是孔子故意跟大家说的，好像其他学生更有帮助，但还是不掩饰自己对颜回的欣赏和喜爱。

11·5　子曰："孝哉闵子骞！人不间于其父母昆弟之言。"

【译】孔子说："闵子骞真是孝顺呀！人们对于他孝顺父母，友爱兄弟的孝心、孝情、孝行等方面，都说不出什么可以挑剔的话来。"

【解】闵子骞：著名孝子，位列孔门"德行"科，在人格、品行和道德方面堪称完美。据刘向《说苑》记载，闵子骞有兄弟二人，母亲去世后父亲再娶，又生两个弟弟。后母待继子很苛刻，给他穿的衣服单薄，闵父很不满，准备休妻，闵子骞跟父亲说："母在一子单，母去四子寒。"其父默然，全家得以保全。因此人们极力称赞闵子骞，认为他是上事父母，下顺兄弟的典范，他为孔子所称道也是理所当然。间：非难、批评、挑剔；"不间……之言"是没有挑剔的话可说。昆：哥哥，兄长。前面说闵子骞德行好，这里借孔子之口承认闵子骞确实孝顺，没的说。

"人不间于其父母昆弟之言"有两解，钱穆《论语新解》有评述。一是闵子骞父母兄弟皆称其孝，人无异词。所以朱熹《论语集注》引胡氏曰："父母兄弟称其孝友，人皆信之无异辞者，盖其孝友之实，有以积于中而著于外，故夫子叹而美之。"杨伯峻《论语译注》译文载，孔子说："闵子骞真是孝顺呀，别人对于他爹娘兄弟称赞他的言语并无异议。"一说是人无非间之言于其父母昆弟。如何晏《论语集解》引陈群曰："言闵子骞为人，上事父母，下顺兄弟，动

---

① 许渊冲译文，他认为理雅各译成no assistance（无助）否定太重，参见许渊冲：《〈论语〉译话》，第101页。

静尽善，故人不得有非间之言也。"①闵子骞以孝顺著名没有问题，问题在于如何理解"不间……之言"，他从小顾全大局，为父母兄弟考虑，宁可自己受冻，说明他是真正的孝顺，应该是第二种说法更加合情合理，就是人们对他孝顺父母友爱兄弟方面无话可说，无可挑剔。前一种说法除了不是直接表扬他的孝行之外，就他的事例而言，他的后母即使后来称赞他，当时也未必会真心称赞他，但周围人一定会称赞他，所以说，父母兄弟都称赞他的说法情理不通。杨伯峻跟着朱熹的说法，望文生义，强作解人，不顾真实的人情世故，这不是解经应有的态度。

【意】孔子与闵子骞师徒之间对孝有共识的意量可谓在无言之间。经文来自生活，解读时要还原到生活中，穿透和超越生活本身。既然后母不一定会称赞闵子骞，就不能说所有人都称赞他孝。汉代王祥多次差点被后母杀害，但他"卧冰求鲤"，这种匪夷所思的孝就有点太过，所以不该以孝的行为作为判断是否孝顺的唯一标准，而应该以是否有孝心为标准，即"论心不论迹"。

《论语》中强调孝是仁之本，但如果仅把孝理解为孝顺的行为，就失之过窄了。孝行本于孝心，发乎孝情，孝心孝情是为仁行仁的根本，虽然说孝行是为仁之本可通，但应该是孝心更为根本。闵子骞有孝心、孝情、孝行，千古之下人们传诵，但当时他的后母未必买账。可见如果要所有人都说他孝并不可能，但他的孝心仍然可以感天动地、穿透时空。

11·6 南容三复白圭，孔子以其兄之子妻（qì）之。

【译】南容多次反复诵读"白圭之玷，尚可磨也；斯言之玷，不可为也"这句诗，孔子欣赏他，把兄长的女儿嫁给了他。

【解】白圭：白玉制成的礼器，出自《诗经·大雅·抑》："白圭之玷，尚可磨也；斯言之玷，不可为也。"意思是白玉上有污点还可以磨掉，但如果我们言语上有毛病，就无法挽回了。这是告诫人们一言既出驷马难追，要对自己说过的话特别谨慎。

【意】南容非常努力地锤炼和塑造自己言行的境界，所以他接在德行

---

① 程树德：《论语集释》，程俊英、蒋见元点校，第747页。

最好的颜回和闵子骞后面。这说明南容的德行也不错，孔子因为信任他的品行，所以才把兄长的女儿嫁给他。反复品读这首诗，显示出南容能够不断扩充自己的意量，孔子欣赏其意识之量，认为能够反复锤炼仁人之意的人是可取的，这样的人会努力使自己的意识发动没有偏误，而且懂得谨慎顺应形势，所以是可靠的。

11·7　季康子问："弟子孰为好学？"孔子对曰："有颜回者好学，不幸短命死矣，今也则亡（wú）。"

【译】季康子问孔子："你的弟子中谁是好学的？"孔子回答说："有一个叫颜回的学生很好学，不幸短命死了。现在再也没有像他那样的学生了。"

【解】连续五章关于颜回，等于给了颜回浓墨重彩的记录，前面虽然给颜回定了调，他对老师的思想其实没有多少帮助，但大家跟颜回的关系都不错，于是就同意给颜回比较多的篇幅，以便向后人隆重推荐。首先大家都公认颜回非常好学，所以值得郑重推介。但这五章其实都围绕颜渊之死展开。首先是借先生哀叹他短命而死来登场，当时孔子也到了晚年，弟子们很可能都围着他，拿着笔记录他的话。

此章近似《雍也》篇鲁哀公问（6·3），可能孔子曾用类似的答案回复鲁哀公和季康子的问题，不同的弟子记录的答案略有不同。当时季康子当权，此问是想从学生中选拔人才。孔子表扬死去的颜回，其实是表明自己不想跟他们合作的态度，意思是唯一好学而且合适的学生已经不在了，今天没有可以推荐的学生了。

【意】颜回41岁去世。把"亡"解释成"今天没有"否定了很多身边的学生，应该是没有像颜渊那样好学的学生比较合理。在一定程度上也是对其他还活着的同学们的当面否定，弟子们看到老师孔子这样否定自己，不推荐弟子出仕为官，也无话可说，只能记录下来，可见这句有较深的政治姿态和意蕴。

11·8 颜渊死，颜路请子之车以为之椁（guǒ）。子曰："才不才，亦各言其子也。鲤也死，有棺而无椁。吾不徒行以为之椁。以吾从大夫之后，不可徒行也。"

【译】颜渊死的时候，（他的父亲）颜路请求孔子卖掉车子，给颜渊买个外椁。孔子说："无论（颜渊和我的儿子孔鲤）有才能还是没有才能，父亲终归都还是为自己的儿子好。我的儿子孔鲤死的时候，也是只有内棺而没有外椁。我不能卖掉自己的车子，自己徒步行走来给他买外椁。因为我有时候要跟着大夫们上朝议政，是不可以徒步走路去的。"

【解】颜路：颜无繇（yóu），字路，颜渊的父亲，也是孔子学生，生于公元前545年。古人所用棺材，内为棺，外为椁。鲤：孔子的儿子，字伯鱼，死时50岁，孔子70岁。一说孔鲤和颜回都在前481年去世，孔鲤死在颜回之前，死时50岁。颜渊是在孔子回到鲁国之后去世，死时应该是41岁。"从大夫之后"指跟随在大夫们的后面，意即孔子回到鲁国后，有时候出门参与朝政，需要坐车去，不能走路去；一解孔子当过大夫，在鲁国曾任司寇，是大夫一级的官员；一解好歹也曾经是个大夫，在名分上是不可以徒步行走的，但这不是最切合当时语境的解读。

一解为"借用孔子的车子作为出殡的棺椁"，但如果是借用，就不存在后面的问题，因为孔子说没有车坐，那就是要他卖车才合理。一解"我当时就没有卖掉自己的车子，自己徒步行走来给他买外椁"指孔子儿子死的时候，孔子不能卖自己的车子给儿子买外椁，所以现在对颜回也只能一视同仁，这样，"为之椁"的"之"指代孔鲤，也可指代颜回。

颜回之死是儒门一个非常重要的标志性事件，其他弟子的死，如伯牛之死、子路之死等，都不如颜回之死那么戏剧化。学生们记录先生的反应，孔子拿颜回跟自己的儿子孔鲤比较，孔鲤死的时候，孔子没有把车子卖掉，那么颜回死了，也不能做到把车子卖了。说明孔子回到鲁国，待遇并不算太高，还没有条件厚葬孔鲤和颜回。

按理说，那时孔子的地位相当于国师，但可能经济条件不见得非常好。一解孔鲤和颜回死的时候，孔子虽然有条件厚葬他们，但孔子觉得还是要维护礼制，无论是孔鲤还是颜回，因为他们生前没有做过官，社会地位不高，所以觉得不应该厚葬。学生们这么记录，可能也是要说明，老师孔子为了维护礼制，其实有点不讲私情，所以学生们后来还是出于感情厚葬了颜回。刘强认为孔子视颜回如子，不能有所不同；颜路的要求不合礼数；而且有欺伪之嫌。[①]

【意】一般都说孔子坚持礼仪制度的原则，如果这样解释，这里孔子显然对礼仪的坚持超越了对自己的孩子和最得意的门生的感情，无论如何，是原则性或者严谨性过强了一些。如果身份和礼仪是人必须坚守和无法放下的东西，并且为了坚持需要把人间最美好的、最深刻的情感都放在一边，说明孔子对于礼制的执着和坚守过了一些。如果确实这样的话，从好的方面说，是孔子遵守礼制非常严谨，一丝不苟；从不好的方面说，是孔子对礼制的形式性服从，压抑了对身边至亲之人的感情。

应该还是要从孔子的仁人之意与颜回的仁人之意彼此相通来解释，也就是说，孔子的仁人之意是仁爱颜回的，颜回的仁人之意当然是仁爱孔子的，颜回如果活着，是肯定不忍孔子把车拆了做成外椁，或者卖车买椁，如果那样的话，颜回的仁人之意必将无法安心存续，孔子是通于颜回之意而如此选择的。

11·9 颜渊死，子曰："噫！天丧予！天丧予！"

【译】颜渊死的时候，孔子说："哎呀！老天爷真要我的命呀！老天爷这是要毁了我啊！"

【解】这里主要抒发孔子的伤痛情感。孔子不同意厚葬颜回，但学生们记录下孔子的表现非常痛苦，好像天塌了一般，这其实可以理解，孔子确实对颜回寄予厚望，希望能够继承自己的学问，并发扬光大，没想到颜回走在自己之前。现代人说的"老天爷"，并不代表现代人这么说的时候，就真心信仰外在超越的人格神的存在。只是为了表达一种超越人力控制的力量，让自己非常痛苦和难受。把这种无法控制的力量归结为"天"，与相信一个外在超越的人格神他者，有着不一样的文化敏感性。不可把西方犹太—基督教的上帝观植入儒家的文本和思想系统，否则就是混为一谈，并且降低自己文化的特殊性，

---

① 参见刘强：《论语新识》，第290页。

消解儒家哲学深沉的哲学意味。

【意】颜回活着的时候，孔子的意向性几乎都是以颜渊存在作为意境，如今失去颜渊这个意缘，其意识似无所指，亦无所发一般。颜渊死后，孔子默会心通的弟子兼伙伴就没有了，所以非常悲痛。人的心灵都需要感通，而且最为在意那个最能感通的人。

孔颜心传成为后世儒者用功的原发境域，好像静中需要体认的、已发之前那种未发的天理一般。颜子如此纯粹好学，所得圣学血脉到底是什么？孔门强调学以成圣，为何夫子总是觉得颜子学得最好？其实，孔颜心传可谓以仁人之意为中心的心性之学，如颜回那样时刻保持仁人之意境才是修行的根本。至于所谓政治儒学，本来是应该植根于心性修养的，毕竟内圣是外王的前提，如果过分强调制度建设和礼制规范，至少从孔颜心传的角度看，可谓舍本逐末。

11·10　颜渊死，子哭之恸（tòng）。从者曰："子恸矣。"曰："有恸乎？非夫（fú）人之为恸而谁为？"

【译】颜渊死的时候，孔子哭得极其悲痛。随从孔子的人都劝说："先生您哭得实在太过悲痛了！"孔子说："这样就算过分悲伤了吗？我不为这样的人悲伤过度，又能去为谁呢？"

【解】恸：哀伤过度，过于悲痛。夫：指示代词，指颜渊。孔子想不到颜回先走一步，所以极其悲伤，而且无法掩饰，可以说有点失去他在《乡党》篇中的行为分寸的味道。

【意】孔子不掩饰自己对颜渊的偏爱。颜渊从此成为一个符号，但孔子的意向性仍然常依颜回而生。情感当然是一方面，最重要的是孔颜的心灵默契之境被打破了。孔子对文化的创造，一部分要归功于有颜回这样默契心通的弟子。儒家文化作为一种教化文化的品格来说，颜回可以说有相当的功劳，实际上让孔子一直沉醉于此师生对话的情境，从而开创了中国古典哲学思想艺术的高峰，也因其极度崇高而富含宗教性的意味。

如果没有对话者，再高明的天才也无法表达他们的思想。意丹所以能够超越时空，是因为阴阳和合。孔颜乐处即孔门意丹，是孔门圣人之意所结的丹，需要阴阳和合方能成丹。正是在这个意义上，孔子因其无权位之私，反而成就其圣学宏伟壮丽的品格，在与学生对话交流、共同创造的语境当中，生生不息，延续千年。

11·11 颜渊死，门人欲厚葬之，子曰："不可。"门人厚葬之。子曰："回也视予犹父也，予不得视犹子也。非我也，夫二三子也。"

【译】颜渊去世以后，孔子的弟子们打算隆重地安葬他。孔子说："不可以这样做。"但弟子们还是隆重地安葬了他。孔子说："颜回啊，你把我当父亲一样看待，我却不能像待亲生儿子那般待你。厚葬你不是我的本意啊，是你的那帮同学们干的呀。"

【解】"予不得视犹子也"虽然可解为我不能把他当亲生儿子一样看待，但孔子其实视颜回如子，这里指的是不能像对待孔鲤那样对待颜回，即给颜回置办丧事。颜渊与大家关系好，得到厚葬，孔子还说，这不是我的意思，即他的本意是不愿意厚葬颜回。可以说，学生们其实不理解，也不认可老师所谓颜渊与孔鲤一视同仁的说法。

一般注释都说孔子为了保持礼制的约束，即使对自己最厚爱的学生也是这样，并认可坚持理性压制自己的情感的做法。但人非草木，孰能无情？既然孔子哭得非常伤心，情感已经到位，本来厚葬颜渊也在情理之中。不应该因为自己的儿子没有厚葬，就成为反对厚葬颜回的理由。孔子的回答，似乎对待儿子的葬礼规格是最合适的，其他学生则已经过度地表达了他们对颜回的感情。孔子的话可能是他当着学生们的面，在有点出神的状态当中，跟已经去世的颜渊在天之灵自言自语，这样理解应该会更合理。

【意】颜回与孔子不是父子胜似父子，这不是简单的情感相依，而是心意都通于天地，彼此意念的发动有共同的默契，都以对方的意念为意识发动的境遇。

孔子与颜回一生共同习礼，而到了最后的时刻，不能依从礼制，这是孔子莫大的遗憾。所以他虽然对其他弟子厚葬颜回无可奈何，但又要跟颜回在天之灵说一声："实在遗憾啊，我带你学习了一生的礼仪，最后还是不能习于礼仪。"从另外一个角度讲，不能习于礼仪，其现实意义又是人间权变的常态，人的生活情境是不断变化的，人的心思意念的力量当随着情境而改变。

11·12　季路问事鬼神。子曰："未能事人，焉能事鬼？""敢问死。"曰："未知生，焉知死？"

【译】子路请教如何侍奉鬼神。孔子说："连活人都不能侍奉好，怎么能去侍奉鬼神呢？"子路又问："冒昧地请问您，死是怎么回事？"（孔子回答）说："连生是怎么回事都还弄不明白，怎么能把死弄明白呢？"

【解】颜回之死引出了子路请问鬼神的话题，非常自然，编者尽心。人死之后，孔子并不认为还有灵魂（鬼）之类，毕竟人要先理解生，好好活着才是正事。至于死亡，孔子的态度是面对但却悬隔，不耗费精神去琢磨，这是孔子思想偏重哲学而非宗教的分野所在。

儒家重生，但并不排斥死生一体，人鬼一如的气化自然观。关于"鬼神"的翻译，理雅各译为spirits of the dead；辜鸿铭译为spirits of dead man；他们都把"鬼神"连起来理解，即"死人之精神"，与问题相关；倪培民译为spirits，没有前面的精确；刘殿爵译为spirits of the dead and the gods；安乐哲译为the spirits and the gods；这些译文都把"鬼"和"神"分开理解。从孔子的回答看，对话与世外的神仙、神祇（ghosts，韦利）无关。陈荣捷借助陈淳的《北溪字义》，认为"鬼神"是"精神存在（spiritual beings）"，并认可张载所谓"鬼神者二气之良能［The negative spirit (*gui*) and positive spirit (*shen*) are the spontaneous activity of the two material forces (*yin* and *yang*)］"的定义。[①]

【意】生生为儒家意识通天之根本，"意生"为意之源泉，非有神之意，而是意本生意，意自然生，依生生身而生生，只要活着（生）就有生意，意念就可生生，而生生之意即是与死死之意相对而在。

心意之创造力着眼于现世人生，而不着眼于有出世、来世意味的、尖幻莫测的鬼神。人的心意来自生命，所以与生命性情相通，而不与鬼神相通。心灵意识时刻生，而好好生，就是让心灵好好感知（灵感）其存在于当下的过程，如果心意能够当下感知生生之动，就自然屏蔽了作为生存

---

① 参见陈荣捷：《新儒学的术语解释与翻译》，《深圳大学学报（人文社会科学版）》2013年第6期。

底色的死亡意识。换言之，死亡意识是活泼的灵魂对其生生存在过程的灵性感知的底色，这是儒家以生意收纳死意、化解死意、征服死意的意识转化，有了这种意识转化，就不需要把灵魂寄托于来世的宗教信仰。

11·13 闵子侍侧，訚訚如也；子路，行（hàng）行如也；冉有、子贡，侃侃如也。子乐。"若由也，不得其死然。"

【译】闵子骞陪侍在先师孔子身旁，一派温和诚恳的样子；子路在身边，一副刚强亢直、无拘无束的样子；冉有、子贡看上去坦率和乐的样子。孔子觉得其乐融融。但孔子忽然又感慨说："像仲由这样刚烈的，我真怕他得不到善终啊！"

【解】訚訚：和颜悦色、正直恭敬。理雅各译为bland and precise（乏味、准确）；辜鸿铭译为calm and self-possessed（冷静、镇静）；韦利译为of polite restraint；刘殿爵译为respectful and upright（恭敬有礼且正直）；安乐哲译为straightforward yet respectful（坦率且恭敬有礼）；倪培民译为affable and upright。

行行：刚强亢直。子路性情刚直，好勇尚武。理雅各译为bold and soldierly（勇敢、英勇）；辜鸿铭译为upright and soldier-like（正直如军人）；韦利译为of impatient energy；刘殿爵译为unbending；安乐哲译为intent（专心、急切、坚决）；倪培民译为unyielding and strong。

侃侃：说话理直气壮，一说和乐的样子。理雅各译为a free and straightforward manner（一种自由坦率的方式）；辜鸿铭译为frank and engaging（直率迷人）；韦利译为genial and affable；刘殿爵译为affable（和蔼可亲、易于交谈）；安乐哲译为congenial；倪培民译为congenial and pleasant（志趣相投的、令人快乐的）。

称"闵子"可能是其门下弟子记录，而未改，可见编辑者尽量保持原汁原味。子路太过大大咧咧，无拘无束，在孔子这里可以被包容，但在其他情境之中，可能会面临激烈的冲突。孔子有预感，而且最后不幸言中。预测学生之死本是老师最不愿意面对的事，但事实证明了孔子的判断正确，所以后来学生们都秉笔直书，引后人深思。

【意】此章开始本是其他弟子评价孔子与弟子们在一起的状态，最后却不经意提到子路之死，本身非常微妙，接续上章子路问死，可谓隐藏着儒门视死如归的密码所在。颜回死后，子路也死于卫国内乱，享年63岁。连带之前几章提及孔鲤和颜回之死，足以体现那种死亡阴云笼罩孔子晚年的悲惨状态。颜回死后孔子溘然而逝。

生死之间的那种隐藏的必然性和老师谶语般的语言，说明孔子作为老师对每个学生的心意倾向把握得极度精准到位，令不可思议。从师门学生的性格与最后的情形来看，学生的性格很难经过教化而被改变。所以，一切教化最后还是要顺性而为，也就是帮助教育的对象发挥出自己最大的潜能，走最合适的道路，而不是把任何道德原则或道德规则强加给教育的对象。如何把握意念依境而生的分寸和时机，基本上是难以教授的。

11·14　鲁人为长府。闵子骞曰："仍旧贯，如之何？何必改作？"子曰："夫人不言，言必有中。"

【译】鲁君派人翻修长府的国库（意在攻打季氏）。闵子骞感慨道："照老样子下去，（不是挺好的吗，）又怎么不行了呢？何必要去改建呢？"孔子（认可他的判断，）附和说道："这个人平日不大开口讲话，可是一开口讲话就切中要害。"

【解】鲁人指鲁国国君，当权者；用"人"突出古时人和民有别。为是改建。府是藏财货、兵器等的仓库，长府是鲁国聚藏财物的地方；一说是鲁国的国库名。贯指旧制度，旧事或陈例；仍旧贯意为因循、沿袭老样子。

一通与死有关的对话之后，回到闵子骞，他不仅孝顺，而且极有见识，能够见微知著，而且知道当时的情境，暗示出言外之意，孔子非常赏识。鲁昭公翻盖长府的目的，是为了攻打季氏。但是有身家性命的危险，觉得没有必要。

当时鲁国大权在季氏手里已三世，鲁君已丧政四公。鲁昭公翻盖长府是因长府离季氏家近，表面上翻盖府邸，其实在暗中等待机会，以便把长府作为攻打季氏的阵地。

闵子骞表面上评价翻盖长府之事，觉得老样子还可以，何必改修呢？但其实闵子骞暗指鲁昭公人为制造祸乱，局势明显对他不利，

"当时伐季之谋，路人皆知"①，鲁昭公的军队不如季氏，如果贸然攻打季氏，就是随便拿身家性命冒险，后果不堪设想。果不其然，昭公后来兵败流亡齐国。

【意】孔子当时正在鲁国为官，一听闵子骞的评论，就知道闵子骞话里有话，虽然没说破，但早已洞若观火。因为闵子骞有过人的见识，所以孔子非常赏识。闵子骞之意虽然及于修长府这件事情，但已暗含昭公二十五年（前517）鲁昭公必败的重大政治事件，如此见地当然让孔子很欣赏。

闵子骞之意有穿透力，只是因为局势不允许，还不能说破。孔子称赞其"言必有中"是有的放矢、有着深刻见识、对时势洞若观火的"言"。在当时的乱局中，"言必有中"的最高境界只能是闵子骞的话语，孔子心照不宣，暗暗称奇。起心动念的时候，能够具备切中情势的智慧和见识，是一个君子修行仁人之意以登堂入室的功夫所在。

11·15　子曰："由之瑟奚为于丘之门？"门人不敬子路。子曰："由也升堂矣，未入于室也。"

【译】孔子说："仲由这点弹瑟的水平，怎么还敢到我的门下来弹呢？"孔子的学生们因此都不再尊敬子路。孔子便解释说："仲由嘛，他已经达到升堂的程度了，只是还没有入室罢了。"

【解】瑟：与古琴相似的古乐器。奚：为什么。"为"是弹。"奚为于丘之门"意为什么在我这里弹呢？暗含贬低子路弹琴水平之意。"堂"是正厅，"室"是内室，升堂入室用以形容学习程度的不同阶段，要由浅入深。

门人受孔子评价的影响，相应地影响大家对其他同门如子路的判断，但孔子及时说明子路已升堂，这是先生的公平和为学生着想的情怀。如果说后面是表扬子路的另一方面，那么前后就不一致，可以说不通。还是都理解为关于弹琴的水平，前面孔子压得厉害，让同门不敬子路，后来又觉得不妥，说明子路水平还是不错的，超过了大部分门下弟子。

---

① 程树德：《论语集释》，程俊英、蒋见元点校，第768页。

【意】本章先抑后扬，主要是教学的方法，也有实事求是的意思。本章前面是把子路的水平跟自己的水平相比，所以批评子路弹得不好，被周围的学生听到传了出去。后面孔子意识到自己这样评价其实不对，子路并不比其他人差太多，所以特地告诉大家，子路的水平其实已经快登堂入室了。这说明老师给学生的评价常常对学生造成较大的影响，必要的时候需要加以修正。

11·16　子贡问："师与商也孰贤？"子曰："师也过，商也不及。"曰："然则师愈与？"子曰："过犹不及。"

【译】子贡问孔子："颛孙师和卜商两人，谁更贤能一些呢？"孔子回答说："子张有点过头，子夏略显不足。"子贡问："那么子张更胜一筹吧？"孔子说："过头了和达不到，都是一样（不合乎中道）。"

【解】师：颛孙师，字子张。商：卜商，字子夏。愈：胜过，更强一些。张祥龙认为，孔子的思想是彻底的情境构成式的，消除了"分离"与"同一"的两极（"过"与"不及"），而总能保持在"问—学"的游戏状态、太极图状态。这是他思想生命的生长点。[①]可以说，孔子的教学是"境域创生"的过程，而"境域"是由时刻新生的"境遇"之间不断生成和构成的。

孔子的教育是对性情之中道的追求，不希望学生过度或不及，其中的分寸难之又难。理雅各把"过犹不及"译为to go beyond is as wrong as to fall short；辜鸿铭译为to go beyond the mark is just as bad as not to come up to it；刘殿爵译为there is little to choose between overshooting the mark and falling short；安乐哲译为one (oversteps the mark) is as bad as the other (falls short of it)，"mark"可以理解为中庸之道；白牧之译为to go too far is as bad as not to go far enough；"过"理解为"走太远"；许渊冲译为to overdo is no better than to underdo[②]，"过"理解为"做太过"。"过犹不及"是为了让学生们

---

① 参见张祥龙：《孔子的现象学阐释九讲》，《儒家哲学史讲演录》（第一卷），第41页。
② 许渊冲：《〈论语〉译话》，第104页。

在修炼意识的时候知道要保持一种阴阳平衡的动态中道，要在"道"中问学，而走在"道"中，就是走"中道"而生成意识灵动的光辉。

【意】贤指心意合乎中道的分寸，一个人明白与通达，意念发动合乎事理之中，这一方面需要人持意于中道之"中"，即不论过分或者不足都不太合适。与《中庸》"诚中之意"相对照，"诚"于中道是心意发动的理想状态，但人的心意或因外物引发而出偏，或身体的修养、天生性情、气血的偏向而出偏，这里主要指的是因为自身修养不足而出偏，可以通过教育来调节意向中正的状态。

11·17　季氏富于周公，而求也为之聚敛而附益之。子曰："非吾徒也。小子鸣鼓而攻之可也。"

【译】季康子作鲁国卿相，但比周天子的三公还富有，可是冉求还帮他聚敛民财，继续增益他的财富。孔子生气地说："冉求不能再算是我的学生了，你们可以大张旗鼓地去攻击声讨他吧！"

【解】周公是鲁国始封之祖，这里指代鲁君，说明季氏已经比鲁君还要富有了；一解周公旦之次子世袭为周王朝之三公，简称周公，非周公旦本人。"聚敛"是积聚和收集钱财，即搜刮。"益"是增加，指一直想多搜刮财富。孔子认为冉求帮助他就过分了，孔子让大家群起而攻之。

【意】孔门之教认为为民请命的努力应该要高于政治才干。冉求是政事科的高足，其为政能力为孔子所欣赏，但孔子意识到冉求缺乏独立的见识，他的意量需要依附他人。孔子在意社会分配的公平公正，一贯反对不周急济贫的做法。他认为冉求处事的分寸不对，他的行为分寸已经违背了孔子的教导，不符合作为自己徒弟应该努力维护社会公平的准则。孔子对自己学生的心意分寸有明确要求，自己的学生应该帮助领导人持守藏富于民之心意，而不可带着与民争利之心意。

11·18　柴也愚，参也鲁，师也辟（pì），由也喭（yàn）。

【译】高柴（子羔）愚直，曾参（子舆）鲁钝，颛孙师外向偏激，仲由鲁莽草率。

【解】柴：高柴，字子羔，小孔子30岁的学生，前521年出生。

愚：愚直，指愚笨而耿直（simple，理雅各），不是傻（stupid，韦利、安乐哲）。传说其好仁失去节度，"好仁不好学，其蔽也愚"。

鲁：迟钝，理雅各、辜鸿铭译成dull（迟钝、愚钝），韦利译成dull-witted；刘殿爵译成slow（理解慢）。曾参学思绵长，能一以贯之，但有点愚笨，如安乐哲译thick（迟钝、愚笨）。辟：偏激，偏邪。理雅各、辜鸿铭译成specious（似是而非、貌似真实）；刘殿爵译成one-sided（片面、偏颇、不公）；安乐哲译成baised（偏见）。喭：鲁莽（rude，安乐哲）；理雅各、辜鸿铭译成coarse（粗鲁），指过度刚猛；韦利译成too free and easy；刘殿爵译成forthright（直率、直截了当、坦诚）。

【意】学生的天分和气质不同，性格各不相同，他们意能的状态不能让先生满意，孔子希望弟子们意识到他们的缺点，作为借鉴努力改变。虽然性格里有些因素是天生的，但也是由后天环境塑造形成的。意识想要诚于中道，就需要通过反省纠正自己性格本身的偏向。

11·19 子曰："回也其庶乎，屡空。赐不受命，而货殖焉，亿则屡中。"

【译】孔子说："（在学生们中间）只有颜回的学问还算是不错了吧，可是他常常陷于贫困之中。端木赐不愿意听命运的摆布，主动去做买卖赚钱，他善于猜测行情，常常都猜中了。"

【解】庶：庶几，相近；指颜渊的学问道德接近于完善。"空"是空乏、贫困、匮乏；理雅各译为in want；辜鸿铭译成reduced to want；刘殿爵译成in dire poverty（经济或物质匮乏）；安乐哲译为in dire straits（困境，窘迫）。"货殖"是经商做买卖。"亿"，同"臆"，臆度、猜测、估计。

这是另一些学生的例子，在经济方面的才华各不相同，有些不太擅长，如颜回；有些就能多钱善贾，像子贡。颜回接受命运的安排，安贫乐道，其"空"既指做不了投机生意，收获两手空空；也指他能够空去世俗的牵绊，让心灵回归天道之空灵，对外在的意缘做减法，而能通于大道。

孔子不把做生意看作才华，而看作不认命（not content with his lot，安乐哲）。"受命"意为命运安排，不取天命和人事任命的理解。子贡天命品行端正，曾经做官，都没有"不受命"。理雅各译成acquiesce in the appointments of Heaven（默许天命的委派、任命）；辜鸿铭译成believe in religion（信仰宗教），不妥；刘殿爵译成accept his lot；安乐哲译成content with his lot（满足于他的命运）；子贡因为不满足于命运的安排，所以主动经商。

【意】对命运的理解，求道要"空"，求人生富贵要"实"，得与不得虽然有命，但要主动转化命运。颜回学问好，但很穷，无法主动改变穷困的命运。孔子认同他不偏离仁人之意的境界，但对于其他学生如子贡这样求学有功利目的，想要通过学习来改变命运，变得富有，能够有更多机会去追求财富，争取权力和发展机会，孔子并无异议。

这说明不同人对于命运的态度、机缘和现实状态都不同。颜回继续修行，空去世俗之累，持守仁人之意不失，但外在的生存情境就难以改变。子贡这样的人努力建功立业改变命运，但其生命境界就不可能有纯粹追求仁人之境的颜回那么高。其实发扬夫子的意境，二者皆不可偏失，颜回凸显其意境之纯粹中正，子贡彰显其意命之深沉厚重。

11·20　子张问善人之道。子曰："不践迹，亦不入于室。"

【译】子张问做善人的方法。孔子说："如果不沿着前人的行迹前进（向前人学习），（即使本性善良）学问和修养也无法达到登堂入室的程度。

【解】善人：本质善良但没有学习、不能明觉大道的人。迹：行迹、脚印。"践迹"指踩着前人的行迹前进；可以指研读古人的经典并付诸实践。入于室：比喻学问和修养达到了精深地步。有善性的人或为善之人，虽然有利于世，但学习不够，最终未必能够达到善人之道的境界，所以孔子强调要多学习并付诸实践。因为发扬善性不是凭借天生善性就可以的，更不是凭借善性就自然能够学得会的，孔子强调如果不向他人学习，不研读前人之道，可能连入室的门道在哪儿都摸不着。

【意】孔子没有明确提出性善论，后来孟子提出天良之善，认为四端是人之为人的根本，以致后来继承孟子的儒者认为，为学不过是回复天良之善，犹若柏拉图之"回忆"。其实，此章孔子明确说明，善性不是得道的根本，而是要"践迹"，也就是要向先人学习，才有可能登堂入室，所以更有荀子"劝学"深意。可见，还是"学"和"践"即全书开篇的"习"相结合，才是孔子继善成道的正途。"善"性不过是前提，没有天良之善，人不可能成道，但善性不是充足理由，善性之人不能保证都能成学、成道、成人。

"善"为"学"本，更为"习"本，但"善"不能保证"入室"而"成"。孔子提倡即使是善人也要向前人学习，所以要"信而好古，窃比于我老彭""好古，敏以求之"等，都说明"好古"而学才是登堂入室的必然过程。只有跟前人学习才能继承和发扬先人的知识与智慧，才可能成就圣人之道。可以说，修身成圣要以圣贤为意缘，在学习和实践当中不断修身养性，入世锤炼善性，才能真正为善于世，而最终成就善道，成为善人。因此，对孔子来说，入世学习、理解揣摩前人意识留下的痕迹，努力领悟并付诸实践，才是真正成就大道的正途。这就要求学生们要尽心尽力地研读、琢磨先人留下的经典，这里面有着前人如何登堂入室的记录，只有这样，学者才可能把天生的善性发扬光大，止于至善。

11·21　子曰："论笃是与，君子者乎？色庄者乎？"

【译】孔子说："对言论被称赞为忠厚笃实（的人不应该马上）表示赞许，因为还应该看他是真君子呢？还是伪装成庄重的人呢？"

【解】论：言论。笃：诚恳。与：赞许。论笃是与：对说话笃实诚恳的人表示赞许。可以理解为不应该立即赞许，也可以理解为不应该总是赞许。

【意】孔子对人言行难以一致有深切的体会，所以不要立即称赞，也不应该总是称赞那些被认为诚恳笃行的人，因为这些人有可能经过伪装。这是孔子见多识广，阅人无数之后的经验之谈。孔子教学生要认真分辨，仔细考察对方心意，不能仅从表象判断，只有一个人心心念念为仁人之意所发，才是真君子。"真君子要能继道统，领天命。"①可见认识一个人是否是真君子需要一个过程，不能仅凭其表面的言论就下判断。

---

① 林安梧：《论语译解：慧命与心法》，第178页。

11·22　子路问："闻斯行诸？"子曰："有父兄在，如之何其闻斯行之？"冉有问："闻斯行诸？"子曰："闻斯行之。"公西华曰："由也问'闻斯行诸'，子曰'有父兄在'；求也问'闻斯行诸'，子曰'闻斯行之'。赤也惑，敢问。"子曰："求也退，故进之；由也兼人，故退之。"

【译】子路问："听闻道理就该立即去行动吗？"孔子说："有父兄健在，怎么能听到了就去行动呢？"

冉有问："知道了该怎么干就马上去干吗？"孔子说："知道了，这就应该马上将它付诸行动啊。"

公西华疑惑地问道："仲由问'听闻道理就立即去行动吗？'先生回答说'有父兄健在'，可是当冉求问'知道了该怎么干就马上去干吗？'先生回答说'知道了就应该马上去行动'。我对您的回答深感困惑，大胆想再问个明白。"

孔子说："冉求的个性总是退缩，所以我鼓励他进取；仲由行动刚猛过人，所以我要抑制他，使他谦虚礼让。"

【解】诸："之乎"二字的合音。兼人：好勇过人。教育是对性情的调节，需要顺性而化之，引导改变。萧阳受戴维森"语用学转向（pragmatic turn）"哲学的影响，语言交流实践比语言规则更要加重要。比如在语境不明确的情况下，"闻斯行之"可以有四种翻译和理解：1. What has just been learned is being immediately put into practice.（刚刚所学的正直接付诸实践。）2. Is what has just been learned being immediately put into practice?（刚刚所学的是否在直接付诸实践？）3. What has just been learned should be immediately put into practice.（刚刚所学的应直接付诸实践。）4. What has just been learned were to be（could have been）immediately put into practice.［刚刚所学的本应该（已经）直接付诸实践。］根据上下文语境，本文采取第三种翻译和理解。萧阳认为布鲁姆（Alfred H. Bloom）、陈汉生（Chad Hansen）那种认为汉语当中没有英语中那样的语气指示词，汉语就无法表达愿望、不具备反事实思维的论断是不合理的①。萧阳指出，外国研究者对于"诸""之"等表达语气的词汇理解不到位，所以无法区分析使句和陈述句。但《论语》和古代汉语当中明显存在表达语气的词汇。他认为戴维森的语言意义自主性理论②有道理，因为不应该拘泥于文字之间，囿于所谓规则字句的规定，应该考察人们如何用字句做事，人们的语言和实际交流超越了所谓共享结构的语法规则。

【意】对于不同的学生，孔子因材施教，其言语之发，基于他的意识对学生们意境的评断，是一种依境而生式的时机化指导，这种指导正如他对语言的灵活运用一样，没有固定不变的规则，也不受任何先行结构甚至风俗礼仪的约束。他的心意发动，诚于学生们的心境之中，其意识之意义通过语气词的变化来表达，千年之后，人们仍然能够清晰地感应到孔子的语气词后面的意识、意境和意义。孔子无疑是语言规则的大师，他通过删述经典重构了哲人言说的语境，也重塑了思想和表达的规则，而且，孔子也无疑是言语表达的大师，文字的语气穿过学生们的记述，仍然那么灵动、清明、意蕴丰厚，引人遐思。人的修身养性都要通过意识的改变，也要依靠自身的本性、也就是不能脱离自己的本性来加以调整。人贵有自知之明，因为有自知之明就能够理解进退之方，也能够理解老师教导的深情厚谊。

11·23　子畏于匡，颜渊后。子曰："吾以女为死矣。"曰："子在，回何敢死？"

【译】孔子在匡地受到当地人的围困非常危险，颜渊最后才逃出来。孔子（跟颜渊重逢的时候）说："我还以为你（没跟我们逃出来是因为）已经遇难了。"颜渊说："夫子您还活着，颜回我怎么敢先死呢？"

---

① 参见Alfred H. Bloom, *The Linguistic Shaping of Thought: A Study in the Impact of Language on Thinking in China and the West* (Hillsdale, NJ: Lawrence Erlbaum Associates, 1981); Chad Hansen, "Chinese Language, Chinese Philosophy, and 'Truth,'" *The Journal of Asian Studies* 44, no. 3 (1985): 491–519。
② 《语气与施行》的译文参见唐纳德·戴维森：《对真理与解释的探究》，牟博、江怡译，中国人民大学出版社2007年版，第137—149页。英文版参见Donald Davidson, "Moods and Performances," in *Inquiries into Truth and Interpretation* (Oxford: Oxford University Press, 1984), 109–110。

【解】孔子与颜回师徒之间的生死之意超越一般的师生之情。后是逃出，一解赶到，追上来。应该是颜渊最后逃出来，孔子开始非常担心，以为他死了，最后颜渊追上来，赶上了大家。颜回视师如父，师父还在，自己不敢轻生赴难，如果孔子遇害，就当舍生忘死。

【意】颜回念念向师而生，与孔子生死相依，这种精神性的依恋已经远超一般的家人和师生的关系，成为生死之交。师徒情深义笃，生死相依，彼此共同成就对方的仁人之境。所以颜渊死去时，孔子无比悲痛。

孔子与颜回相通之意凝成意丹，千古不败，后人品味其师徒相通之意，能为自己当下的意识境遇注入生机与活力，有若先天之生气，成为儒家文化的重要源泉之一。

11·24 季子然问："仲由、冉求可谓大臣与？"子曰："吾以子为异之问，曾由与求之问。所谓大臣者，以道事君，不可则止。今由与求也，可谓具臣矣。"曰："然则从之者与？"子曰："弑父与君，亦不从也。"

【译】季子然问孔子说："仲由和冉求可以算是能做大臣的人才吗？"孔子说："我以为你是问别人呢，没曾想你原来是要问仲由和冉求呀。所谓大臣，是能够用大道来侍奉辅佐君主，如果不能推行大道，那么他宁肯辞职不干的人。现在仲由和冉求这两个人，只能算是具备了条件，可以充数使役的能干臣子罢了。"季子然说："那么他们会一切都顺从着季氏干吗？"孔子说："（一般都没有问题，但）如果是杀父亲、杀君主的事，他们是肯定不会跟着干的。"

【解】季子然：鲁国季氏的同族人。曾：乃。具臣：普通的臣子。之：代名词，指季氏。当时冉求和子路都是季氏的家臣，季子然觉得季氏能够得到两位干才的辅佐，所以有此问。林安梧认为，大臣是能"正德利用厚生"明道之臣，能够"识其大体"，与"具臣"（有行事办事能力的臣子）不同。[①]

【意】意念持守仁人之意为大道。如果能推大道，即行之，不能就离去。孔子意义上的大臣是不在乎权力，而在乎心念是否总在仁人之道中的

---

① 林安梧：《论语译解：慧命与心法》，第180页。

人。孔子对学生们的意量有自信，知道分寸。不杀父亲、亲人、君主，这是仁人之意的底线，因为孔子是父教、君教，所以过线就不合适，必须守住大是大非。

11·25　子路使子羔为费宰。子曰："贼夫人之子。"子路曰："有民人焉，有社稷焉，何必读书，然后为学？"子曰："是故恶夫佞者。"

【译】子路让子羔（高柴）去作费地的县宰。孔子说："这简直是害人子弟。"子路说："那个地方有老百姓，有乡里社稷，（治理百姓和祭祀神灵都是学习，而且可以边干边学）何必非要读书，然后才能增长学问呢？"孔子说："正是像你这样的人啊，我讨厌花言巧语的人。"

【解】贼：害，误人子弟。夫人之子指子羔。孔子认为他年纪尚轻，没有经过很好的学习就去从政，这会害了他自己的。社是土地神；稷是谷神；社稷指祭祀土地神和谷神的地方，即社稷坛，古代国都及各地都设立社稷坛，分别由国君和地方长官主祭，故社稷成为国家政权的象征。一解治理的地盘。子路为子羔没有学好就去当官辩护，孔子觉得子路狡辩还要强词夺理。

【意】子路用孔子的教导来为自己辩解，孔子有点无话可说，因为孔子强调大家努力做事，天下是本大书，但他说"何必读书"就有点过了，让孔子不舒服。子羔还没有学好就出仕，给野心很大的季氏当家臣①，可能把握不住自己，会有危险，所以说，好机会可能害了他。但子路为自己强辩，引得孔子有点意见。心意修养有一个功夫问题，孔子知道学生们的功夫各异，不宜急于出仕，这是强调为政需要培养涵养，并要有所历练。

---

① 参见马恒君：《论语正宗》，第179页。

11·26 子路、曾皙、冉有、公西华侍坐。

子曰：“以吾一日长乎尔，毋吾以也。居则曰：‘不吾知也！’如或知尔，则何以哉？”

子路率尔而对曰：“千乘之国，摄乎大国之间，加之以师旅，因之以饥馑，由也为之，比（bì）及三年，可使有勇，且知方也。”夫子哂（shěn）之。

“求，尔何如？”对曰：“方六七十，如五六十，求也为之，比及三年，可使足民。如其礼乐，以俟君子。”

“赤，尔何如？”对曰：“非曰能之，愿学焉。宗庙之事，如会同，端章甫，愿为小相焉。”

“点，尔何如？”鼓瑟希，铿尔，舍瑟而作，对曰：“异乎三子者之撰。”子曰：“何伤乎？亦各言其志也。”

曰：“莫春者，春服既成，冠者五六人，童子六七人，浴乎沂，风乎舞雩（yú），咏而归。”

夫子喟然叹曰：“吾与（yù）点也！”

三子者出，曾皙后。曾皙曰：“夫三子者之言何如？”子曰：“亦各言其志也已矣。”

曰：“夫子何哂由也？”曰：“为国以礼。其言不让，是故哂之。”

“唯求则非邦也与？”“安见方六七十如五六十而非邦也者？”

“唯赤则非邦也与？”“宗庙会同，非诸侯而何？赤也为之小，孰能为之大？”

【译】子路、曾皙（曾点）、冉有、公西华（公西赤）四个弟子陪侍孔子坐着。孔子说：“我年龄比你们大一些，（不会再有人任用我了）请你们不要有顾虑。你们平时总说：‘没有人了解我呀！’假如有君主想了解你们，那你们准备要怎样有所作为呢？”

子路立即抢先回答说：“一个拥有一千辆兵车的国家，夹在几个大国中间，常常受到别国的军事侵犯，加上国内又闹饥荒。如果让我仲由去治理，只要三年，我就可以使百姓勇敢善战，而且知道礼义。”孔子听了，微微一笑。

孔子又问：“冉求，你会怎么做呢？”冉求答道：“方圆六七十里，或五六十里的小国家，让我去治理，三年以后，就可以使百姓丰衣足食。至于这个国家的礼乐教化，那就要等贤人君子来施行了。"

孔子又问："公西赤，你会怎么作为呢？"公西赤回答道："我不敢说我有治国的能力，只是愿意学习罢了。在宗庙祭祀的活动中，或者在同别国的盟会中，我愿意穿着礼服，戴上礼帽，做一个小小的司仪。"

孔子又问："曾点，你怎么样呢？"这时曾点逐渐放慢了弹瑟的节奏，接着"铿"的一声，离开瑟站了起来，回答说："我的想法和他们三位说的都不一样。"孔子说："那有什么关系呢？也就是各人讲讲自己的志向罢了。"

曾皙说："暮春三月时节，春天的单衣已经做好穿上了，我约上五六位年轻人，带上六七个儿童，一起去沂水里游泳洗浴，再到舞雩台上吹风纳凉，然后一路唱着歌儿走回来。"

老师孔子长叹一声，说："我赞成曾皙的想法啊。"

子路、冉有、公西华三个人都出去了，曾皙走在后边，他问孔子说："他们三人的话讲得怎么样？"孔子说："也不过就是各人谈谈自己的志向罢了。"

曾皙说："那老师为什么要笑仲由呢？"孔子说："治理国家，要讲礼让，可是他说话一点谦让的意思也没有，所以我笑他。"

曾皙又问："那么是不是冉求讲的不是治理国家呢？"孔子说："哪里见得六七十里或五六十里见方的地方就不是国家呢？"

曾皙又问："难道公西赤讲的不是治理国家吗？"孔子说："宗庙祭祀和诸侯会盟，这不是诸侯之间的国家大事又是什么？如果公孙赤这样的人都只能做一个小司仪，那谁又能做大司仪呢？"

【解】曾皙：名点，字子皙，曾参的父亲，同：孔子学生。以：用，或者因为，意为没人用我了；一解不要不敢说话。居：平日、平时。何以：以何，何以为用，做点什么。率尔：轻率、急切。摄：迫于、夹于、逼近。比：等到。治理国家是意念付诸行动的"意行"，好比师旅是战争力量，随时准备打仗，其存在的意念，就是随时可能被激发的战斗力。关于师旅的意念是时刻与行动中可能发生的战斗联系在一起的，意念时刻可以付诸行动的。这里的"比"虽然是等待，但意思是等待着随时准备把意能化为现实的意行，这是治理国政知行合一的状态。方：方向。哂：讥讽地微笑。方六七十：纵横各六七十里。如是或者。宗庙之事指祭祀之事。会同是诸侯会见。端是古代礼服的名称；章甫是古代礼帽的名称。相是赞礼人，司仪。希同"稀"，指弹瑟的速度放慢，节奏逐渐稀疏。作是站起来。莫同"暮"。冠者是成年人。古代子弟到20岁时行冠礼，表示已经成年。浴是在水边洗头面手足。沂是水名，今山东曲阜市东南。雩是地名，原是祭天求雨的地方，舞雩台在今山东曲阜。

关于"知方"的英译，理雅各译为recognise the rules of righteous conduct（正当行为的准则）；辜鸿铭译为know their duty（知道责任）；刘殿爵译为a sense of direction（对方向的认知）；安乐哲译为provided them with a sure direction（提供一个确定的方向）；倪培民译为have a sense of direction（对方向有感知）；此处"方"有义、行而宜之的意思，译为方向不够恰当。

关于"志"的英译，辜鸿铭、安乐哲译为mind（理智、精神、心灵），缺乏方向性；理雅各译为wishes（愿望、希望）；倪培民译为aspirations（愿望、壮志）程度强于wishes；刘殿爵译为set his heart upon（心之所向），最接近"志"包含的意向性意味。

不同的学生才性不同，志向有别，心意持守的分寸和角度都不一样。这其实是一篇总结文字，与上一篇最后"色斯举"异曲同工，是总结全篇，说明无论先进后进，都要有真才实学（通常只有平民子弟会努力学习，也才有真才实学），经过先生因材施教，才能各有成就，桃李芬芳。虽然学生们都想建功立业，但孔子的回答意味深长，可谓充满隐逸和道家气象，自得其乐，忘乎山水之间。孔子入世之极致，有一种超脱的、高远的、飘逸的、松弛的情怀。①

【意】曾点的意思是，即使有君主想了解我，我也要我行我素，只要我的心念皆在仁人之意上，能做事就做事，不能做事就与学生们自得其乐。孔子赞成曾点，即使有治国的机会也不可以改变自己持守仁人之意的境界。另外曾点讲的是礼乐之治的理想政治图景，大家安居乐业，舒畅和合。这里不必理解为理想的未来目的，而是一种时时刻刻保持仁人之意的当下美好境界。

---

① 孔子心胸可以容纳万物，消化痛苦和委屈。参见鲍鹏山编著：《论语导读》，复旦大学出版社2012年版，第188页。

　　本章透出了儒家宗教性的日常向度，而不是超越维度，所以有世俗宗教意味，即心意通于天地，不为世俗功利所拘。仁人之意的根本境界是仁爱天地、仁民爱物的化境，仁爱之意与天地自然之意和谐融通，即为人天之意和心天之意的化境，这也是诚中之意的境界。所以都是心意通天的境界。

颜渊篇第十二

12·1 颜渊问仁。子曰："克己复礼为仁。一日克己复礼，天下归仁焉。为仁由己，而由人乎哉？"颜渊曰："请问其目。"子曰："非礼勿视，非礼勿听，非礼勿言，非礼勿动。"颜渊曰："回虽不敏，请事斯语矣。"

【译】颜渊问怎样才能理解仁人之意。孔子说："克制自己的心思意念，起心动念皆合乎礼的要求，这就是仁人之意。一旦每个人的心思意念都达到这个状态，天下的一切其实就都归于仁爱之境了。实化仁人之意，完全从自己当下一念开始，难道要从别人开始吗？"颜渊说："请问实化仁人之意的具体细目。"孔子说："（起心动念之间）不看不合于礼的，不听不合于礼的，不说不合于礼的，不做不合于礼的。"颜渊说："我颜回虽然迟钝不敏，但我也会努力按照您这些话去实化自己的心思意念。"

【解】克己：通常理解为克制自己；一说为"能够使自己"。复礼通常解为言行符合于礼的要求。克：克制、胜克。己：克、制、胜的对象，多理解为过度的、不合理的欲望，所谓"人欲"。克己：克制己欲、放弃己执。[①]不过，如果能够克服对待化的工夫论解读，才能深入"一日克己复礼，天下归仁"那种仁人之意行布天下的非对象化境界。[②]

归：归顺；仁：仁道。归仁是让天下人都能够以礼为意境的仁道当中；并不应该理解为孔子要求基于更古老的周礼为"仁"之本，那样过度强调孔子的复古倾向。孔子其实还是与时俱进的，儒家之

---

① 辜鸿铭理解为舍弃自我并遵从高尚文雅与良好感知的理想（renounce yourself and conform to the ideal of decency and good sense）。参见辜鸿铭：《西播〈论语〉回译——辜鸿铭英译〈论语〉详释》，王京涛译注，第259页。
② 李泽厚的解读无疑是对象化的，他认为，"只有'克己'才能'复礼'，只有学习、习（人为）才能有善，所以荀子说'其善者伪也'，'伪'即人为。"参见杜维明、梁涛主编：《统合孟荀与儒学创新》，齐鲁书社2020年版，第16页。李泽厚主张"举孟旗，行荀学"，认为朱熹也是如此，所以强调"克己"有"人为"的维度和倾向，是教育的根本，但不强调"克己"其实主要是自我教育，自我反省，自我修行，是心意的内观、调整和意向的开显，所以实际是强调"复礼"，即恢复周礼，提倡守礼，进而尊礼重法，甚至可以开出法家的现实政治维度。

"礼"也是与时代一同发展的，关键在于古礼可以流布天下，帮助天下人心都回到仁人之意的境界当中。这里的天下是整个世界，但边界是归于"礼"的人类共同体，或者道德共同体。目是细目、细则、具体条目，和纲相对。事是从事，照着去做，把礼仪通过自己身体的修行实化出来；一解按照礼仪去规范自己的心思意念。

这里通过"礼"来定义"仁"，似乎礼作为一种外在规范，可内化为仁，但真正的前提不在"复礼"，而在"克己"，即克去"己"的心思意念的不合理（"礼"）之处，而实现一种无对象化的仁人之意之境界。"为仁由己"是将自己对心思意念的反省克制作为中心，而能够自己作主决定。

颜渊本是克己之人，自律而不越雷池一步。可是，当他问仁的时候，孔子没有像对待其他学生那样因材施教，比如劝他更加活泼、勇敢之类，而是更加严格地要求他，不要越过礼的界限一步。这虽然在提出实化仁人之意的原则，可以说内向化的意念修为可以达到心意通天的修养境界，但同时也强化了对颜渊的心理约束，让其心思意念都对礼仪进行规范和限定，似乎也成为后来颜渊难以突破自身格局的原因之一。

本篇跟在谈论颜渊最多的篇章之后，围绕"仁"师生们展开了很多对话，延伸到"仁政"的理想上面。

【意】本篇讲仁人之意通天贯地的境界，来自于对内心的"克"，才能有发动于外的境界与功夫。可见，君子克己，才能修成发于政治场域的境界与分寸，体现孔子具有极深的政治洞察力，及对于"政"之正意的深刻体会与炉火纯青的历练、洞若观火的体察，从中强调儒家政治的内涵与外延。修己安人，安百姓安天下，是从内圣到外王之道，内克己之欲望，而到外王与礼（天理节文）相和谐的境界。全天下的人都达到内圣外王的境界的时候，当然也是全体性的人都实化出仁人之意的境界。虽然修仁是内修，但可以达到天下皆仁的极致境界。天下的推动靠的是合于阴阳之道的仁意，仁意发动生生不息，可以推至天下万物。

在人伦家国当中实化仁人之意，要以礼为意缘，以礼所涵盖的天地之理为意量，为意念的边界和评判意识和意行的标准。由此可知，仁爱之意即仁礼之意，仁爱通于礼义之义。仁人之意的分寸在自己把握，但念念合乎礼仪。但是，这种礼仪并不是纯客观外在的，而是与心意发动一体不分的，所以强调礼仪的约束，其实还是强调"由己"的主观能动性，是主观的意识对礼的理解，再形成自我约束，才能克己，否则只是外在于意识的礼，不可能真正的克己。所以，关于礼的心意具有主动约束自己的力量，而且，关于礼的心意能够主动实化、主动创造自己，而且主动地意识到礼的边界感。这样，仁与礼就合一了。应该说，颜渊回答自己的意识主动合乎礼，并不是被动自我规范和修养心意。因为约束心意的努力其实是不可强迫的，不通过内心的修养，就会收效甚微，如2·3说"齐之以刑，民免而无耻"说明孔子强调内心的耻感去主动避免行恶。而前一章说明，不通过自己的主动修行与改变，外在的礼法不可能有任何作用。人的心意修行，就是对性命的改变，虽然"江山易改，本性难移"，但儒家修行，无疑要相信仁人之意的力量，通过知行合一，心意的改变就可以改变自己的修为，从而改变人的性命。[①]

12·2　仲弓问仁。子曰："出门如见大宾，使民如承大祭；己所不欲，勿施于人；在邦无怨，在家无怨。"仲弓曰："雍虽不敏，请事斯语矣。"

【译】仲弓问怎样才能实化仁爱之意。孔子说："出门交往办事（心意庄重严肃）如同要接待贵宾，使唤百姓（心意虔诚纯正）如同要去承担重大的祭祀。起心动念之间，意识到有些是自己不愿意要的，就不要再生强加于他人之心；做到在诸侯的朝廷上当领导而没人怨恨（自己）；在卿大夫的封地里当领导也没人怨恨（自己）。"仲弓说："我冉雍虽然迟钝不敏，但也要照您的话去修养实化自己的心思意念。"

【解】出门办事和役使百姓，都要像迎接贵宾和进行大祭时那样恭敬严肃。意念在人间平铺出去，使之达到极致的敬。意念上溯至祖宗，展示无穷的敬意，都是展现生命的一体与交融。邦是诸侯统治的国家，一解在朝；家是卿大夫统治的封地，一解在家，在家族之内。无怨指意识能够反省，不向外抱怨，自己仁人之意时刻发动，周围的

[①] 李泽厚要分解中国式的政教合一，但其实是西化的反传统努力，倒是其提出的最后一个问题，如何在政治与教化分离的现代化生活当中，重新建构心性与政治合一的政教体制？虽然实现这样的理想可能永远是童话，但理论的追求却有其合理性。参见李泽厚：《论语今读》，第219页。

人就不会有怨言。事是从事，照着去做。

韦利将"己所不欲，勿施于人"译为Do not do to others what you would not like yourself；安乐哲译为do not impose upon others what you yourself do not want，强调对情境的敬畏促使自己努力反省。

本章与上一章主旨一贯，思想连贯清晰。而且颜渊和仲弓都说自己迟钝不敏，"请事斯语"，说明会把老师的话看得非常严肃认真，自己不见得理解，先照做再说，起心动念都要实化老师的教导。

【意】孔子认为冉雍的才华、德行都非常好，说"仲弓可使南面"，其心意所在乎的都是治国理政的大事，他有能做领导独当一面的心思意念。实意的虔诚、纯正是仁爱之意之发，时刻与天地同流，意境相通，与天地精神相往来的神圣与庄严。坤境之道，敬恕为本。实意的过程需要充满同情心、同理心，才能不把自己不要的强加于人，领导人不要把私意强加于人，更不可以把自己不愿的强加于人，这样才能让从家族到国家的"家—人"都欢喜快乐。这对领导人来说其实是不易做到的。王阳明《传习录下》，"亦只是自家不怨"，强调主要因为自己内心不怨恨而不会招惹他人来怨恨自己。

12·3　司马牛问仁。子曰："仁者，其言也讱（rèn）。"曰："其言也讱，斯谓之仁已乎？"子曰："为之难，言之得无讱乎？"

【译】司马牛问怎样实化仁爱之意才是合适的。孔子说：有仁爱之意的人，他用言语实化意念是慎重忍耐不轻易出口的。"司马牛说："说话慎重忍耐，这就叫作实化仁爱之意了吗？"孔子说："仁爱之意实化起来非常困难，所以说起来能不慎重且忍耐吗？"

【解】司马牛姓司马名耕，字子牛，孔子学生。司马牛的哥哥桓魋曾试图加害孔子，故有"人皆有兄弟，我独亡"（12·5）之感慨。讱是说话能够忍耐不轻易出口，引申为说话谨慎，表示隐忍、知止，心意时刻感知世界的边界，知道止于至善，才能深思明辨，深明事理，推广至于天下。这里的慎重且忍耐，带着反省和意念时刻进行自我调整的意味。张祥龙认为"讱"是一种出言如在刀刃上行走、非常小心、轻妙的状态，结合孔子作《春秋》，如用刀刃削出来的文字之精妙和深邃，表达那种能在刀刃上舞蹈的含义。①

【意】言语表达是实化仁人之意的一种方式。孔子认为要慎重且忍耐，才能把仁人之意表达得好，可能是因为司马牛多言，所以孔子才专门指出。当司马牛理解成，如果我说得隐忍、缓慢、慎重了，老师你觉得我就达到了吗？这其实是有点只抓住表面形式的意思。孔子没有说，那样只是有表无实，而是跟司马牛强调"难"，不是你想得那么容易，好像只要改变说话方式就可以了似的。因为柔弱从容只是表象，关键在于仁爱、慈悲、同情、体恤，在沉默中思考、涵养、体会、伸展仁人之意，在意念实化的过程当中不断实践、默会，也就是体认当中力行，所以仁是付诸身体的"仁者精神"之仁爱，不仅止于他人，而通于人类，通达天地。志于仁者的勇气无惧无愧，俯仰天地之间，其君子"大人"通于天地，无愧于心，无愧于人，大写的人，大爱无疆。"为之"表明的是要主动为，强调仁是主动努力才能达到的境界。主动为之也不易，即主动实化仁人之意也不容易。关键不在于言的内容，而是出言的状态所带的力量是仁人之境。

12·4　司马牛问君子。子曰："君子不忧不惧。"曰："不忧不惧，斯谓之君子已乎？"子曰："内省不疚，夫何忧何惧？"

【译】司马牛问怎样做才能成为一个君子。孔子说："君子（的心思意念）从不忧愁，从不恐惧。"司马牛说："难道有了从不忧愁从不恐惧的心境，就可以叫作君子了吗？"孔子说："（君子们起心动念之间）反省自己的内心而无所愧疚，那还有什么能让他们的心思忧愁和恐惧的事呢？"

【解】司马牛跟上一章的逻辑一样，带着反问。"省"是核心，"不疚"是没有负罪感，无需忏悔的人不忧愁害怕，可见心安理得、不犯罪过是君子之为君子的关键所在，这种理解是动机主义的，也就是说，如果意念时刻反省，就可以无畏地面对一切可能的后果，虽然后果本身是心意无法彻底把控的，但不惧的底色是儒者

---

① 参见张祥龙：《孔子的现象学阐释九讲》，《儒家哲学史讲演录》（第一卷），第72页。

的根本心意状态。

【意】心意之发于坤境。于无生处即通天地，生生融贯乎天地，一往而无所畏惧。结合上章之"切"，君子的意念时刻有"四两拨千斤"撼动泰山之力。本章类似上一章，司马牛也反问孔子，表面做到是否就是了？孔子也用类似的方式回答仁人之意流行，心不恐惧，但层次比提问要更加深入。同样不是畏惧的对象，而是当下不忧不惧的心意状态才是仁人之境的核心。

相比于海德格尔"此在"的畏和惧，似乎"此在"对于对象化的生存情境还是保持对待性的理解，所以把自己的"意"降低到"物"或者"事"的程度，这样一来，与"物"或者"事"相对的"意"就会忧虑且畏惧。但在孔子回答司马牛的君子品格之问当中，君子是超越海德格尔意义上"此在"的生存状态的，君子没有任何对象化的、具体性的忧或惧，因为君子的心意超越了物质存在和世间事件的流变，所以君子的心底坦然、宽厚、平和、自然。

12·5 司马牛忧曰："人皆有兄弟，我独亡。"子夏曰："商闻之矣：死生有命，富贵在天。君子敬而无失，与人恭而有礼，四海之内，皆兄弟也。君子何患乎无兄弟也？"

【译】司马牛忧愁地说："别人都有兄弟，唯独我没有。"子夏说："我卜商听先生说过：'人的死生自有命数，人的富贵自有天数。'君子只要（起心动念之间）对待所做的事情庄敬严肃，不出差错，对人恭敬而合乎于礼数的规定，那么，四海之内，天下之人，就都是自己的兄弟了。君子又何必担心没有兄弟呢？"

【解】司马牛的哥哥桓魋曾任宋国司马，孔子师徒路过宋国的时候，曾被其所困，所以有"天生德于予，桓魋其如予何？"（7•23）之叹。桓魋逃亡卫国，司马牛为避祸逃亡鲁国，拜孔子为师，故有无兄弟之感慨。司马牛问仁、君子、兄弟。本章与上一章结尾的"友"有关，君子一生致力于建构人伦家国，所以不能没有朋友，因为有了朋友，人的意识境域才能超越家庭、家族，才能够友爱天下之人。因仁人之意及于天下，兄弟自然也就遍天下。

【意】学生记录的是文字，传达的是文字背后夫子通天贯地的仁爱化境。这是儒家宗教感的立足点，浩然正气的君子人格足以克服生存焦虑，征服人间烦扰，降伏生存之畏，因为念念的仁爱化境，可以超越和化解这种生存的孤独感和忧惧感。君子内养心性，实意工夫外推天下，恭谨处世，以友天地精神之意能，友天下可友之士，超越血缘生命的生力，而致力于天地生生之大力。

兄弟本是天地生力在家庭中的表现，但不必完全依赖血缘意义上的兄弟，心思意念相通的兄弟往往更加亲近。君子之意生乎天，君子的意向存于四海，达乎天数，通乎《周易》数理，坦然接受命数。君子时刻依乎礼数，与天命之数通，承认数理对时空、世界和人生都有限定性，而且数是人生有限性的显现状态。数理是君子仁人之意贯通天地，及于天下人民的直接证明，让天下之人皆成自己的兄弟才是君子想要实现的境界，既然如此，那就不必担心忧虑，交友天下的使命超越内在的一切担忧和恐惧。

12·6　子张问明。子曰："浸润之谮（zèn），肤受之愬（sù），不行焉，可谓明也已矣。浸润之谮，肤受之愬，不行焉，可谓远也已矣。"

【译】子张请教怎样的心意之境才算明白明智。孔子回答说："像水润万物那样一步步向你渗透以进行暗中挑拨的谗言恶语，像切肤之痛那样利益相关的直接诽谤，在你的心思意念之境里面都不起涟漪，对你来说都行不通，那你可以算是有明察智慧了啊。像水逐渐润物浸透那样暗中挑拨的谗言恶语，像切肤之痛那样的不实控诉，你的心思意念之行仍然丝毫不受影响，那你可以算是有高远的见识了啊。"

【解】谮：谗言。浸润之谮：像水那样一点一滴地渗进来的谗言，不易觉察。愬：诬告。肤受之愬：像皮肤感觉到疼痛那样的诬告，即直接的诽谤。远：明之至，明智的最高境界。

这个回答是孔子以极其深刻的人生经验为基础的，孔子历尽沧桑才讲出这样深刻的话，一个人近乎无感地面对人生的打击与风雨，孔子却称之为"明"。因为在不明的人生当中，被那些谗言和打击带到沟里去，那才是真正的不明，所以自己要有一个指路明灯，也就是心思意念要光明敞亮，自照前路之明。

【意】真正明于仁爱之意，通于天地仁爱之大明之远的君子，其意明行远，其意不行而行，不受风雨打击而改变仁爱之志。君子的意境明白，不受外缘侵扰；意向坚实而明。其心意清明透彻到这种极致境界，难乎其难。

孔子讲远见，包含见识（insight）和视野（vision），因一个有远见的君子，可以看透人生的未来，不会被现实所困。君子心如明镜，不受情绪感染，而且因为有远见，能够对当下洞察清明。君子意明达远，心意静如明镜照物，鉴明出意，意生则鉴明，意明而有远见，心意光明透亮，如阳光之于远方，意念之境玄深不测。

12·7 子贡问政。子曰："足食，足兵，民信之矣。"子贡曰："必不得已而去，于斯三者何先？"曰："去兵。"子贡曰："必不得已而去，于斯二者何先？"曰："去食。自古皆有死，民无信不立。"

【译】子贡问怎样治理国家。孔子说，"粮食充足，军备充分，人民信任统治者。"子贡说："如果不得已非得减去一项不可，那么在这三项中可以先减去哪一项呢？"孔子说："减去军备。"子贡说："如果不得已非得再减去一项，那么这两项中哪一项可以减去呢？"孔子说："减去粮食。自古以来，人总是要死的，如果人民对统治者不再信任，那么政治就建立不起来了。"

【解】去：减去，不应理解为完全去掉，裁减比全部去掉更加合理。信：信心（confidence），孔子把统治者给民众的信心看得很重，而这也是那个时代，甚至大部分政治所缺乏的。

国家存在的最根本的是人民对统治者的信心。如果说国家有存在的基础，那就是人们对统治者的信任。可见，孔子不认为国家是统治者的暴力机器，因为只要人民不信任统治者了，那么统治者就岌岌可危了。换言之，民要对国，其实是主导"民"的"主"有信心才行，否则民心崩溃，"民"心六神无"主"，则"信"心溃决，国本动摇，国之存续，就摇摇欲坠。

【意】领导人的心意有为人民的"明"，人民才能信任领导人，人民的心意才有亮光。儒家认为，领导人的意识要给人民以精神性的亮光，人民得到指引，才能信任领导人，才有出路，才能走向未来的人生。也可以说，领导人的意量之边界一定要时刻及于百姓，让百姓感受到自己的意识当中有他们，从而对自己有信心。如果没有信心，就没有统治的基石，家国政治也就无从谈起。可见人民的心意是立国之本，是人民的信任最终确定和支撑着国家当下的存续状态。

儒家认为，政赖信立，没有人民的信任，就没有政治、军事和经济等，所以政道的根本在人心的信任，不在暴力机器，不在经济发展，而"信"就是让人民相信仁人之意可以安身立命。为政之人要为民从政，而不是为己从政，从政者需要争取人民的信任，因为得到人民的信任，统治合法性才有源头活水。统治是一个过程，其合法性是进行时，不是某种原则和开端，所以刻意强调从某种抽象原则开始的合法性，都是刻舟求剑式的努力。

12·8　棘子成曰："君子质而已矣，何以文为？"子贡曰："惜乎，夫子之说君子也！驷不及舌。文犹质也，质犹文也，虎豹之鞟（kuò）犹犬羊之鞟。"

【译】棘子成说："君子只要心思意念质朴端正就行了，何须那些表面的礼仪文采来修饰呢？"子贡说："太可惜了！先生您怎么可以这样谈论君子呢！一言既出，驷马难追啊！文采就像本质一样关键，本质就如文采一般重要，它们同等重要，无法分割。虎皮和豹皮如果被去掉了带花纹的毛，就看不出跟去掉了毛的犬皮羊皮有什么区别了。"

【解】棘子成：卫国大夫。古代大夫都可以被尊称为夫子，所以子贡这样称呼他。驷：拉一辆车的四匹马。驷不及舌：话一说出口，就收不回来了。鞟：去掉毛的皮，即革。

孔子之教重起心动念，容易让人觉得只要心思质朴端正就足够，但其实文质都很重要。意念之行，应该注意文质相当。《周易·贲卦》讲"文明以止"，文质彬彬，不是华而不实的文，不是哗众取宠的过度修饰，而是通天的人文，自然通天，自然有质的人文。

【意】文采和本质不可分割。君子的外在文采很重要，单纯有本质也不够。礼仪需要讲究文质一体，体用一如，不可分割。仁人之意发动于外在功夫，需要文质配合。仁人之意的表现应该比较好才行。质是内在的本质，本来的文理，人性自然的性情与条理。文是修为、修养，自我调节与外来的教育。在自然材质上，加上文化的修饰。没有文，只有质，则如没有花纹的皮革，难以区分。其实，这里强调的是文的重要性，没有文的质，是过度质朴的。"斯文"之教是儒学使命，以儒学之思装饰修养人的身心，从而改天换地。

12·9 哀公问于有若曰："年饥，用不足，如之何？"有若对曰："盍彻乎？"曰："二，吾犹不足，如之何其彻也？"对曰："百姓足，君孰与不足？百姓不足，君孰与足？"

【译】鲁哀公问有若说："一年中收成不好，遭了饥荒，国家财用不足，那怎么办？"有若回答说："为什么不实行'彻'法，只抽十分之一的田税呢？"哀公又问："现在抽十分之二，我还用度不够，怎么能实行十一税呢？"有若回答说："如果百姓富足，国君您怎么会用度不够呢？如果百姓的用度不够，您怎么又会用度够呢？"

【解】盍：何不。彻：西周的一种田税制度。旧注曰："什一而税谓之彻。"二指抽取十分之二的税。对话发生时，孔子可能已经去世。从文质一体可以推出君民一体，互为文质，一损俱损，一荣俱荣。心中宽厚，待民宽，则自己宽；心中仁爱，藏富于民，则百姓富足。待民薄，则自己薄。百姓苦，国家自然就难。百姓富足，君主的用度就宽裕。

【意】君子的意量和百姓的意量之和是一个共域和限量。君主的意量升进，则百姓意量剥退，毕竟君王掌握国家重器，百姓多只能听命，但如果百姓被剥而退无可退，则必反抗以迫使君主的意量收缩，知道自己的分界。如果推翻君主，就是压缩君主的意量至于无形。不过，因为会形成新的君王，那么民众和君王之间还会需要形成新的意量张力和边界意识。

12·10 子张问崇德、辨惑。子曰："主忠信，徙义，崇德也。爱之欲其生，恶之欲其死，既欲其生，又欲其死，是惑也。'诚不以富，亦祇以异。'"

【译】子张请问怎样才能提高道德和辨别是非迷惑的能力。孔子说："以忠诚信实为主，使自己每时每刻的心思意念发动都合于礼义，这就可以提高道德了。（举例来说）爱一个人的时候，就希望他活着，可一旦厌恶他的时候，就恨不得他立刻去死，这样一会要他活，一会又要他死，这就是心思迷惑（而缺乏辨别的能力）。（正如《诗》中怨妇所说：）'我爱人的心思变来变去，没有常性，不守礼义，心思惑乱。他弃我而去，说明即使他的心思不是因富嫌贫，也是厌旧求新。'"

【解】崇德：尊崇道德，但一般人尊崇道德往往需要有一定的辨别力，也就是说，什么才是真正的道德，如何看穿统治者表面伪善的道德说教。徙：迁移，徙义即向义靠拢。"诚不以富，亦祇以异"是《诗经•小雅•我行其野》的最后两句。此诗表现了一个被遗弃的女子对其丈夫喜新厌旧的愤怒情绪，此处可引申为民众对君主政策朝令夕改的愤怒。

本章承前启后，说明君民之间，如若夫妻之间不可相互背叛。如果君主为了利益，宣传虚伪的道德，其实就是背叛百姓，老百姓虽然第一反应是迷惑，不能理解表面推崇道德的统治者为什么会做出那些虚伪的事情，但随后就会变成愤怒，所以会像怨妇那样，从爱之极变成恨之极。

本章承接上章，在变幻莫测的政治情境当中，政策总是变化不定，民众要如何维持自己的心志呢？孔子引用《诗经》，借用女子对男子的愤怒，说明这样的君主重视利益，背叛百姓，心思没有常性，更不要说忠信了。可见这两句《诗经》的引文在这里是相通的，前人多以为此句当是错简，其实是前人理解和解通得很少。

【意】孔子对《诗经》的引用境界很高，信手拈来就意义相合，几乎天衣无缝，令后人叹为观止。学生记录，字字珠玑，后人传诵，不敢走样。本章涉及一般百姓的情感与认知的矛盾，一般百姓从情感上都倾向于认可统治者的道德，可是统治者却常常想用虚伪的道德来迷惑百姓，所以百姓很快就被折腾得像怨妇一般，因为情感的苦痛而失去对道德的判断力。

本章强调一般人修意需要相当的功夫，尤其不可感情用事，否则很容易被迷惑，进而缺乏判断力。修身养性的君子需要保持心思的常性，也就是要念念不离仁人之意，不能满足于表面上自然而然合乎仁义，要意识到在变动不居、沧桑变化的世俗生活当中，在朝令夕改、动荡不安的政治生活当中，就像在朝秦暮楚、见异思迁的情感生活当中一样，真要做到唯"义"而迁，谈何容易！一不小心，就可能被情感给带跑了。所以，仁人之意的实化状态要随情境变化，要有能力抗拒统治者虚伪的道德说教，这样才能够不丧失正直公义的判断力。

12·11 齐景公问政于孔子。孔子对曰："君君、臣臣、父父、子子。"公曰："善哉！信如君不君，臣不臣，父不父，子不子，虽有粟，吾得而食诸？"

【译】齐景公向孔子请教为政之道。孔子回答说："做君主的要实化为君之道，做臣子的要实化为臣之道，做父亲的要实化为父之道，做儿子的要实化为子之道。"齐景公说："您讲得真好呀！如果君不实化为君之道，臣不实化为臣之道，父不实化为父之道，子不实化为子之道，即使有再多的粮食，我能吃得上饭吗？"

【解】齐景公名杵臼（chǔ jiù），齐国国君，前547年至前490年在位。接上章，正因为民众对君主的态度往往在两极之间摇摆徘徊，所以孔子提出著名的"正名"说法，强调君主要实化为君之道，即首先要正君（正君之心），否则天下大乱，老百姓连饭都吃不上。这是典型的中国政治论证，即民生第一，而民生来自君主的心意之生。如果君主的心意不生民众，人民根本得不到滋养，社会秩序乱套，一切就会土崩瓦解。所以需要通过"正名"来建立一套秩序，让天下人民各守其意境，知道行事的分寸和礼制的边界。

第二个作为动词的"君"通常译为要像个君的样子，其余类似如，"像个臣的样子，像个父亲的样子，像个儿子的样子"，虽然有理，但更准确地说，"君君"是君行君道。辜鸿铭译为let the prince be a prince，刘殿爵译为let the ruler be a ruler都有被动意味；理雅各译为the prince is prince，流于字面；安乐哲译为the ruler must rule和许渊冲译为the prince must do the duty of a prince近之，但duty有义务论意味，其实孔子的本意是动机论的，不是义务论的。

【意】承接上章，名分之正，来自心意之正，君臣父子心思意念皆当忠信乎其名，实意分寸分乎其义，方为有德，上下齐正，方才家齐国治而天下平。

对君主来说，能够让君臣、父子各正名分，首先自己心中要有仁人之意，发而皆正。不是外在的现象如社会要有秩序，而是君主要正心诚意，心意所发皆在正道之中。这个道理其实齐景公也觉得有理，国家名分不能乱，自己心意不能乱，否则可能连饭都吃不上，连身体的安全都没有保障。可见，君主的心灵秩序是百姓生活秩序的保证，也是君主与人民共同的生命秩序的来源。否则，家国失序，颗粒无收，民不聊生，背井离乡，完全失去"政"——既是使国正之"国政",也是安家正家之"家政"的本来意义。

君主治国的"正名",不是外在、表面地匡正名分,而是君王要从内心深处诚于其君王的名分,这样臣才能诚于其臣的名分。治理国家之"政"要"正名""正心""诚意",而且治理家政也是如此,家长的心灵秩序实化出来就是全家人从精神到物质生活的根本保证。

12·12 子曰:"片言可以折狱者,其由也与?"子路无宿诺。

【译】孔子说:"只听了单方面的供词就能够判决案件的,大概只有仲由能够做到吧。"子路在审理案件之前,从来不会对某一方先行承诺。

【解】片言:偏言,指诉讼双方中一方的言辞,即一面之词,古时也叫"单辞"。狱:案件;折狱:断案。宿诺:打官司之前,对某一方的承诺。不可理解为拖了很久而没有兑现的诺言。君主的一句话可以改变案情,自古如此,子路意识到了这个问题,他没有隔夜的诺言,意思是从不拖延,尽量谨慎而且迅速地处理。

【意】子路看起来鲁莽,但心意直通真相,明察秋毫,从不糊涂断案,这就是他作为孔子弟子的过人之处。因他听一面就知道全体,所以人们没有什么可以向作为法官的他隐瞒的。也正因子路的心思意念自然通达全境,所以不会偏听偏信,他的公平公正正是来自内心的明察秋毫。

子路的意行有力,他对意量的判断明白到位。可是,一般多用一个角度去看问题,只有少数人像子路那样有全境之眼,能够趋近于"God's-eye-view(上帝之眼)"那般不偏不倚,或者因为诚于"道"而有"Dao's-eye-view(道眼)"带来的"诚中之意"。子路的意识修炼仁人之意而有全体之眼光,其意能之强大也是令人感佩的。

12·13 子曰:"听讼,吾犹人也。必也使无讼乎!"

【译】孔子说:"听理诉讼案件,我同别人也是差不多的。(如果有什么不同的话,我认为重要的是)必须设法使诉讼的案件根本不会发生!"

【解】听讼:听理、审理诉讼,听治审理诉讼案件。本章接上一章继续讨论君民关系和诉讼问题，认为自己也没有过人的听讼的本事。诉讼时，人们之间意识针锋相对，谁听讼其实都是一样的，孔子觉得自己也没有特别的本事，但是有"无讼"的理想，而这种理想不可能通过解决争讼来达到，而要靠礼乐教化来实现。使无讼是使人们之间没有诉讼案件之事。儒家认为，人民经过教化，知道应该避免做会让自己陷入耻辱的事情。遵守礼仪，自然就减少诉讼甚至没有诉讼了。民之有讼，因其不平，认为君主没有生民之心意，才会有讼，所以有听讼的本领，并不值得说，最好听不到诉讼。潜台词是，如果在上者（君主）的心意都装着百姓，那么民众自然不必走诉讼程序了。

【意】孔子的理想是人们之间只有仁爱之意，没有争权夺利的诉讼之意。大家彼此仁爱就不会有听讼纷争了。无讼是理想，讼是人心意相互感应的一种状态，人心有些彼此吸引，自然有些就彼此分化、背离、冲突。讼卦讲意向，睽卦讲意量，可以说，是争讼使得彼此之间的意量抵消，消解心灵的正面意能。在听讼之时，断案者需要认真听取他人争讼的意向，那种针锋相对的意识能量和实化出来的言行之力量，着实令人担忧。因为如果任其扩大，必然会导致礼崩乐坏，而儒家理想之治的状态是人民之间的意向不再针锋相对，知道意量的分寸并主动守住争讼的边界，主动化解争讼于未起之时。

12·14　子张问政。子曰："居之无倦，行之以忠。"

【译】子张问如何治理政事。孔子说："居于官位不要厌倦懈怠，执行君令要忠诚真实。"

【解】一个好的官员，不仅要心中有百姓，尽可能消解诉讼，也要不倦怠地为人民工作，忠于自己上级发出的命令。如果能够以政事为意缘，即忠于政，自然不倦。一解因为子张志大才高，但不能持之以恒，不及仁境，所以要无倦地努力。[1]

【意】君子的心思意念要对自我进行反思和控制，以达到与君王共在相通的心境。儒家君子在家则心意与父母共在，在社会则心意与君王共在。问题在于，因为臣子为政没有选择的权力，所以对君王必须忠诚，只

---

① 参见林安梧：《论语译解：慧命与心法》，第194页。

有在君王无道的时候，才可以选择离开。儒者坚持政治有道的原则，如果与君王之道不合，就宁可离开，即所谓从道不从君。后来的儒者也是如此，变成儒家从政，以仁爱之道为本，不以权位为本的特色。

12·15 子曰："博学于文，约之以礼，亦可以弗畔矣夫！"

【译】孔子说："（君主要）广泛地学习文献典籍，又以礼节来约束自己，也就不会被百姓背叛了。"

【解】本章重出，见6•27。重出表示强调，在不同的语境中，不同是上下文里面，同样的句子，强调的意思有所不同。之前在《雍也》篇按照上下文译成"不偏离人生正途"，这里理解为不被黎民百姓背叛，因为前后章都与为政有关，所以讲的是君主要有君子之修养，如果在文化和礼乐方面要求自己不断提升，老百姓看在眼里，是不可能去犯上作乱，背叛君上的。

【意】为政者如果能够接受文化的熏陶，等于不断提升自己的心灵境界，老百姓自然归附而不可能背叛。从事政治，需要有文有礼。政治最高的境界，是文礼教化之政，虽然现实当中可能只是理想，但值得永远去努力追求。

12·16 子曰："君子成人之美，不成人之恶。小人反是。"

【译】孔子说："君子成全别人的美事，而不助成别人的恶事。小人与此正好相反。"

【解】在前后章都讨论政治的语脉里，本章指的是为政的君主要有君子的胸襟和气度，尽量成就老百姓的好事。一解鼓励发展人的本性当中好的品质，而不是坏的品质（encourages men to develop the good qualities in their nature, and not their bad qualities）。① 本章强调君子（在上者）之政，是君子（君主）心里有成人之美，才能减少诉

---

① 参见辜鸿铭：《西播〈论语〉回译——辜鸿铭英译〈论语〉详释》，王京涛译注，第276页。

讼，促进社会和谐。小人心中偏私，喜欢拆人的台，坏人的好事，不断制造事端。

【意】君子的意念发动都是利人的助缘，小人之意念发动都是败人好事的意缘。君子仁爱他人，在上位的君主也应该成人之美，不可与民争利，败坏人民的好事。为政之人的心肠，是君子还是小人，一念发动高下立判，而且效果立竿见影。小人心中只有私利，处处只在乎自己，总是因为自己的利益去伤害他人的利益。君子成人之美，所以自己变得更美，仁人之意的心意之光美不胜收。小人成人之恶而实化其恶，其恶无法遮掩。

12·17 季康子问政于孔子。孔子对曰："政者正也。子帅以正，孰敢不正？"

【译】季康子问孔子如何治理国家。孔子回答说："政就是正（也就是端正自己的心思意念）的意思。您本人带头把心思意念调整到正路上面，那么还有谁敢不跟从您的心思意念去走正道呢？"

【解】再次强调从政者要心正、身正，才可能率领天下百姓归于正。为政就是以自己仁人之意的心正，去成就天下人的美事，就是正事（政事），令天下之人名正言顺，导万民之心归于正道。

【意】主政者的意向是政治最核心的要素。主政者的心意约束人民的同时，也约束主政者自身。正是正念头，有正心才有正行。领导人的念头要正，是政治的关键，因为领导人的意识状态对人民有天然的影响力。这中间没有公德和私德的区分，这与西方政治生活试图严格区分领导者的能力和私德不同。

12·18 季康子患盗，问于孔子。孔子对曰："苟子之不欲，虽赏之不窃。"

【译】季康子苦于盗窃横行，问孔子该怎么办。孔子回答说："假如您自己不起贪图财利之心念，即使您悬赏奖励偷窃，也没有人会去干偷盗的事。"

【解】孔子很直，此章一是批评季康子，二是说明一切治乱都在君主的心意之间。当然，现实政治并没有那么简单。天下人民生活无着，盗贼蜂起，归根究底是君王贪欲太多，这与《老子》的批判异曲同工。君王的心念对天下苍生的影响可谓至关重要。主政者应当收缩自己的意量，明晰自己无欲的意向，造福天下民生。

【意】孔子所讲的是理想的政治形态，他认为政治就是导人向善，而不是简单的现实利益的再平衡。如果领导人无贪念，是不是人们自然就没有贪念呢？当然没有那么简单。动物为了资源而争斗，人类的争夺也有类似的近乎本能的意味，说明不是领导人减少了自私自利的欲望，整个社会和国家就可以达到无争无盗的理想状态。

领导人有影响力，就可以导人向善，这是孔子相信的，也是他强调的。领导人的领导力诉诸道德力量，这是古代儒家政治的核心，所以儒家政治就是道德政治，也是良心善政，这与西方近代民主政治的领导人将公德与私德相对分开，讲究权力制衡构成鲜明对比。儒家政治在领导力与道德感问题上很难分开，也不易取得突破，因为领导力的强弱来自君主是否能够担当道德表率，也因此有特殊政治魅力的卡里斯玛式的领袖往往集政治统治能力与道德力于一身。

12·19 季康子问政于孔子曰："如杀无道，以就有道，何如？"孔子对曰："子为政，焉用杀？子欲善而民善矣。君子之德风，小人之德草，草上之风，必偃。"

【译】季康子问孔子如何治理政事，说："如果杀掉无道的坏人，以便让老百姓来亲近有道的好人，怎么样？"孔子说："您治理政事，哪里用得着杀戮的手段呢？您只要心里想着行善，老百姓自然而然也会跟着行善。在位的君子的品德好比像风一样，在下的人民的品德好比像草一样，风吹到草上，草就必定跟着倒。"

【解】无道：无道的人。有道：有道的人。草上之风：风加于草上。偃：仆下，倒伏。为政者当要生民而不杀民。主政者的意识能够改变民众的意之生，转化人民的意识。主政者的心善，人民就行善。君子（在上者）的心意是社群心意的定海神针，是指导性和风向性的。好像君子的起心动念和一言一行都带着风，风行而教化，自然影响周围情境一般。

【意】这一章的逻辑与上一章一样，是孔子政治逻辑的展开。老百姓的心思必然跟从君子（为政者）的心思。这种民众追随君主的心意力量，可以通过权位的升高而放大。儒家相信人民必随从君主之意，这样的逻辑虽然简单，而且有理想化倾向，但可以说确实构成了儒家政治操作的中心部分。

儒家政治是生人的艺术，是转化天机之生而让人民生生的艺术。儒家反对杀戮，这点与法家截然不同。儒家政治有超越和理想化倾向，但又是具体而微的，也不排斥奖惩、法治等具体措施，只是反对将法律刑政的功效推到极致。儒家政治之要道在于君子（上位者）的意识要有仁人之意，这种关爱百姓的意识彰显出来，老百姓自然能够感受得到。

12·20 子张问："士何如斯可谓之达矣？"子曰："何哉，尔所谓达者？"子张对曰："在邦必闻，在家必闻。"子曰："是闻也，非达也。夫达也者，质直而好义，察言而观色，虑以下人。在邦必达，在家必达。夫闻也者，色取仁而行违，居之不疑。在邦必闻，在家必闻。"

【译】子张问："士人怎样才可以叫作通达？"孔子说："哪一种啊？你问的通达是什么意思？"子张答道："在诸侯国之间一定有声望，在大夫的封地里也一定有名声。"孔子说："你说的只是虚假的'声闻'，不是真正的'通达'。所谓'通达'之人，那是要品质正直，讲求礼义，善于揣摩别人的话语，体察他人的神色，总是考虑着如何谦恭礼让，卑下待人。有着这样心思意念的人，就一定会在诸侯国内外达到通达之境，一定会在大夫的封地内外、家族内外达到通达之境。至于有虚假名声的人，只是外表上装出有仁爱的样子，而行动上却完全违背了仁爱之道，自己还以仁人自居毫不羞愧，可是这样的人，无论在国君的朝廷里还是在大夫的封地里，都必定会只有虚名俗誉。"

【解】达：显达，通达，达乎大道的境界。达以实力为基础，求实际的影响。理雅各、辜鸿铭译为distinguished（杰出）；韦利译为influential（有影响的）；刘殿爵译为getting through；安乐哲译为being "prominent"，都未能译出通达大道的意境。

闻：有名望，此处贬义，指虚名。理雅各、辜鸿铭译为be heard of，notoriety，be notorious；韦利译为renown；刘殿爵、安乐哲译为be known；贬义的比较合适。

察言而观色：善于观察他人意识之生的状态。理雅各译为examines people's words, and looks at their countenances（审视人们的言语，并观察他们的面部表情）；辜鸿铭译为forms a correct judgment of men by observing how they look as well as by regarding what they say

（通过观察人民如何表现并倾听他们说什么，来形成对人们的正确评价）；刘殿爵译为sensitive to other people's words and observant of the expression on their faces（对别人的话敏感，善于观察别人的表情）；安乐哲译为examine what is said, are keen observes of demeanor（仔细观察所说的话，敏锐地观察卑鄙行为）。"察"以理雅各和安乐哲所译examine较合适；"观"以observe较贴切。

"下人"的"下"是动词，表示对人谦恭有礼；达者通达天下，自然下人。关于"虑以下人"，理雅各译为anxious to humble himself to others（急于对别人卑躬屈膝）；辜鸿铭译为reflection makes him humble in his estimate of himself as compared with other men（深思让他在评价自己时比评价别人更谦逊）；刘殿爵译为mindful of being modest（注意表现出谦虚）；安乐哲译为thoughtful in deferring to others（周到、体贴地顺从他人）。

政风如名声，传之久远，君主如有君子之风，内圣则必达，也就是内心充满仁人之意，则心意时刻通达天下百姓，为百姓所风闻，也就不需要专门去追求外在的声闻，而要努力追求内在的通达。

【意】通达是同时由内而外的。君子心意正，则达乎天下。君子的意量达于人心、天下。闻人的虚名并不等于真正的仁人之意量。孔子认为，人的名声可以有所分别。"达"之名是内圣而有实意之名，意行通天而有名，非身位之闻名。真正的名声，是对仁人之意的根本境界的通达，而不求身位所附益的虚名。

可是，子张却把"达"理解为有名，孔子就区分二者，尤其是有名的人不一定达，可见达者是心思有仁爱之意的人。但是，有名的人可能完全违背仁爱之道，内心毫无仁爱可言。所以"达"是因为心念通畅，而后达于天下，而闻只是外在的名声而已。

12·21 樊迟从游于舞雩之下，曰："敢问崇德、修慝（tè）、辨惑。"子曰："善哉问！先事后得，非崇德与？攻其恶，无攻人之恶，非修慝与？一朝之忿，忘其身，以及其亲，非惑与？"

【译】樊迟陪着孔子在舞雩台下散步，说："冒昧请问老师，怎样尊崇、提高道德水准？怎样改正自己的邪念？怎样辨明迷惑？"孔子说："你问得好啊！先努力把事做好，然后才考虑收获，不就是提高品德了吗？主动纠正自己的邪念，而不去攻击他人的恶处，不就是检讨修正自己的邪念了吗？由于一时的气愤，就忘记了自身的安危，以至于牵连自己的亲人，这不就是迷惑吗？"

【解】慝：邪恶的念头；修：改正；修慝：改正邪恶的念头。先事后得：先致力于事，把利禄放在后面。忿：忿怒、气愤、忿恨。政治的核心是正心，去邪念，孔子明确提出政治就是意识的分辨，如何正君子（上位者）之心，进而推至天下，正天下人心。人的起心动念可能影响自己身体的安危，进而牵连家人，所以不可不慎。

【意】孔子言谈之间有浓烈的政治权力色彩，主要是因为谈论君主的心意不可能离开权力场域。本章提示如果因气愤而忘却自己身在权力场域，导致心念一时偏离而犯下大错，就可能置自己与家人于危险之中，这是意识被利益迷惑，搞乱身心而不知利害的表现。如果心能够定于仁爱之意，自然就不再被诱惑或者迷惑。无论政治风波如何，人都要心平气和，如此方能仁爱他人。如果心为一时恶意所主，则可能成为恶意之奴，一旦自意为奴，则非自省无法脱离被奴役之境。可见，境遇改变的根源在当下一念之间，人的念头所关联的时空能量很大，一念之间打开一个时空，而同时就关上了另一个时空。

12·22 樊迟问仁。子曰："爱人。"问知。子曰："知人。"樊迟未达。子曰："举直错诸枉，能使枉者直。"樊迟退，见子夏曰："乡（xiàng）也吾见于夫子而问知，子曰'举直错诸枉，能使枉者直'，何谓也？"子夏曰："富哉言乎！舜有天下，选于众，举皋陶，不仁者远矣。汤有天下，选于众，举伊尹，不仁者远矣。"

【译】樊迟问什么是仁爱之意。孔子说："时时刻刻心里爱着他人。"樊迟问什么是明智，孔子说："去觉知了解他人。"樊迟还是没能通达其中道理。孔子说："选拔心思正直的人，放在心思邪恶的人之上，这样就能使心思邪恶的人改邪归正。"樊迟退出来，见到子夏，说："刚才我见到老师，问他什么是智，他说'选拔心思正直的人，放在心思邪恶的人之上，这样就能使心思邪恶的人改邪归正'。这是什么意思？"子夏说："这话的含义多么丰富深刻呀！舜有天下，在众人中挑选人才，把皋陶选拔出来，不仁的人就被疏远了。商汤有了天下，在众人中挑选人才，把伊尹选拔出来，不仁的人就被疏远了。"

【解】关于"直"的译文，辜鸿铭译为just，理雅各、倪培民译为upright，刘殿爵译为straight，安乐哲译为true（真）。"举直错诸枉"在2·19出现过，此处重出。错同"措"，放置、安置。诸是"之于"二字的合音。枉是不正直，邪恶。"举直错诸枉"意为选拔直者，罢黜枉者。辜鸿铭译为unjust，一般译为crooked。乡同"向"，过去、刚才。皋陶是传说中舜时掌握刑法的大臣。远作动词，远离，远去。汤是商朝第一个君主，名履。伊尹是汤的宰相，曾辅助汤灭夏兴商。

对于"不仁者远矣"，钱穆认为"远"有三层意思，一是不仁者都化为"仁"，所谓"使枉者直"；二是罢去其官职，不仁者的官职都被罢免了；三是子夏明白孔子的意思，比如尧、舜、禹、汤之为君，乃能尽用人之道，故钱穆解为"不仁的人都远去了"。杨伯峻解为"坏人就难以存在了"。应该说，枉者变直，是枉者转变了，所以用disappeared（消失）不太合适；远离不仁者，可通。理雅各译为devoid of virtue disappeared（无美德的人消失了）；辜鸿铭译为all immoral people disappeared（不道德的人都消失了）；刘殿爵译为put those who were not benevolent at a great distance（远离不仁者）；安乐哲译为the perverse gave them a wide berth（这种坚持让他们远远避开那些人）；倪培民译为devoid of human-heartedness disappeared（人的仇恨都消失了）。

【意】孔子的回答又回到政治场域，与前几章的主题完全贯通。仁人之意总是一直指向他人，与他人的心境相通。君子持守仁人之意是政治场域的仁爱艺术，爱所有有仁人之意的人，前提是知人。众人觉得他知道他人，所以才会推选他当众人的领袖，他才能改变人群的心意。

念念持守仁人之意的人，不会有不正的心思。正心就是为人正直，改正心意。道德教化如风吹草偃，并不太难。仁人有改变他人的心念的使命感，让天下都归于仁人之境的理想境界，并有相应的行动力。一个合适的、心里有仁人之意的人，会改变他人、整个社区，甚至天下人民的心向状态，因为他知道如何扶阳抑阴，如何扶正祛邪，这就是因为明君有既明且哲的智慧，因智慧而有明智、有远见所以能够引导世人的方向。对人很了解，"知人"就知人之意境。而政治意境老百姓能够感受得到，这是政治家所表现出的非同寻常的智慧。

君主必须爱人、知人，才能改变人民的心灵意向。君主有人文之心，上可知晓天地交错，知道文化的限度，也就是能够知天地之文的所止，自知意识形态发动在时空之中的空限上，并兴动其他意缘来参与意识之境，从而实现大育其德。"天下归仁"是君子仁人之意遍及万民的理想境域，君子应把自身充沛的仁人之意的意向性推广到全场域，使天下都达致至善德性全然实化之境。

12·23　子贡问友。子曰："忠告而善道之，不可则止，毋自辱焉。"

【译】子贡问怎样对待朋友。孔子说："忠心地劝告他，善意地引导他，他如果不听从，也就不要勉强了，不要自取其辱。"

【解】本章是接着直、枉之辩来的，导枉向直，就如交友一般，是有一个尺度的，说明孔子也承认，并不是全部枉都能导直。有些时候，即便是亲朋好友也没法导枉向直，其中的分寸以不要"自辱"为准，也就是不要激发对方的负面情绪，使枉者反对直道，导致朋友都做不成了。可见，导直的艺术和分寸之重要。友是共生，若反为杀生，则不可。

【意】在一定程度上，从政可以说就是交友的艺术。因为五伦当中其他四伦都带有相对固定的限制，而朋友似乎没有固定对象，所以朋友是最考验一个人的意念发动的倾向性和状态。所以处友的成败，基本决定了一个人处理政治事务的成败。如果试出别人意量的边界，那就不继续挑动它。对人民要教化，但对于朋友要平等礼让。该讲的讲，讲不通就算了，也就是要注意交友的艺术和分寸，对待朋友的意识，其实就是政治意识的基石。

12·24　曾子曰："君子以文会友，以友辅仁。"

【译】曾子说："君子以文章学问来结交朋友，依靠朋友帮助自己培养仁人之意。"

【解】会：生命相通，气息交会，是会心、会意、意通之会，是朋友之会，心意相与，同传文化之慧命。承接上章，如果能够注意好导直的分寸，那就可以落落大方地去交友，而交友的核心是"文"，因君子是"文"的载体，"文"的化身，以自己对"文"的心得体会来与人相会，与人真诚交流，从中发现与己同声相应的友人。找到同声相应之友人可以共振仁人之意，从而辅助扩大其仁境，即与友人的共生情境。

交友即政治，这样的意涵非常深刻。因为仁爱他人是交友，而从政是处理友谊的艺术。这个落脚点大有深意。友是建立与家人之外的人际关系，是政治的核心。其他四伦可以说都是无法选择的，而与什么样的人交朋友，是自己可以选择的。

【意】友的用处是共享一个心意之境。朋友之间彼此心通，彼此辅助。儒者之间的意识境域以"文"为核心，关键是彼此都有对于"斯文"的关怀和共通的心志，共同关心"文"的朋友可以帮助一起建构仁爱之境，帮助彼此的心意都更容易倾向于仁爱之意。

与什么样的人进行意识能量的交换，这是一个人可以选择的，而且如何交换意识能量，孔子也说得非常清楚。人首先要修养自己的仁人之意，之后以仁人之意凝聚的"文"来与朋友们交换意识能量，"文"本身就是人的意识能量的凝聚体和载体，如果有人欣赏，再跟朋友们一起来修行自己的仁人之意。

贲卦"文明以止"，用文明（离）来限制（艮）人们的心意与行为，就是人类文明的起源。按照弗洛伊德所谓文明源于对性欲的压抑之说，孔子是儒家文化的大建造师，对他之前的传统文化做了彻底的装修，把心性之学落实于儒家政治，千载大观，教化天下。

子路篇第十三

13·1 子路问政。子曰："先之，劳之。"请益。曰："无倦。"

【译】子路问施政之意。孔子说："先为老百姓做榜样，之后再勉励人民劳作。"子路请求多解释一些。孔子说："不要厌倦懈怠。"

【解】此篇讨论如何治国理政，谈政治教化，意在补救当时之失。政：从政施政之道。①先：引导，先导，即教化；指领导力的先行见识，没有先见之明，就不能做领导。之：老百姓。先之：做在老百姓之前。劳：自己勤劳还不够，要动员大家一起勤劳。②益：请求增加一些。无倦：不厌倦，不松懈。指要有以身作则的带头意识，自己正了，才能带动他人一起搞好政治，所以要有不能懈怠的意识。

【意】孔子再次重申自己的政治原则：君主自己先做一个好的榜样，大家自然跟随，君主必须身体力行，毫不懈怠，才能治国理政。君主的领导意识不可厌倦懈怠，要不断增加意量，而且持续如此表现。施政之意指施政之人的意念状态，要先立仁人之意的意向，以仁人之意的意向为本，相当于未发状态，即未有行动之先的状态，要时时刻刻保持这种未发状态，去发动和实化为仁人之意。可见，仁人之意与施政之意其实是一体两面，只是落实到施政之意就必须持续不能间断。也就是说，儒家政治就像开弓没有回头的箭，除非离开政治场域，否则就只能坚持到底。因此，儒者仁人之意的实化过程即儒家政治之道的实现过程，不能离开、更无法超越儒家仁人之意的道场（政治场域）。

13·2 仲弓为季氏宰，问政。子曰："先有司，赦小过，举贤才。"曰："焉知贤才而举之？"曰："举尔所知。尔所不知，人其舍诸？"

【译】仲弓做了季氏的家宰，向孔子请教施政之意。孔子说："先给手下负责具体事务的官吏做表率，让他们各负其责，赦免他们

---

① 参见马恒君：《论语正宗》。
② 林安梧认为，先是一种劳形，而"无倦"是时间的延长，结合在一起就是施政。参见林安梧：《论语译解：慧命与心法》，第203页。

的小过错，选拔贤才来任职。"仲弓又问："怎样知道是贤才而把他们选拔出来呢？"孔子说："提拔你所知道的，至于你不知道的贤才，别人难道还会舍弃他们而不提拔出来吗？"

【解】有司：古代负责具体事务的官吏，也指职能部门。为政的关键在于自己提拔的必须是贤才，才能保证不压制下面有才华的人，否则正好相反，坏人只提拔坏人，而且压制有才华的人。

处理好政治经济的要点之一是选拔好的人才，所以古今有不同的机制来选拔，如才学、品德及各种考察制度。当然，在一定程度上，制度最终还是要人来执行。孔子对人才的选拔是比较理想化的，认为仁人自然会脱颖而出，但其实未必。孔子这里的举措就是推荐制，有权的人任命认识的仁人来任职，其他仁人自然就来了。但这种制度的前提是当政者是仁人，而且有能力识别仁人、有权力提拔仁人，所以是比较理想化的情况。

"赦小过"涉及为政者对下属宽宏、信任的问题。所谓小过，或根本方向没问题，但有小的偏差，或仅是能力个性使然，未必是过，都需要上级有宽容之心，下属才能放心大胆、尽心尽力地去做事。夫子曾说："居上不宽，为礼不敬，临丧不哀，吾何以观之哉？"（3·26）不过，孔子所言其实是掌权者任命贤才的自然过程，他们不从自己认识的人当中去选，难道真的去海选自己不认识的人吗？后来施行的科举制比推荐制合理，虽然制度非常重要，但制度的核心其实还是人，如果领导人没有德行，好的制度也会弄得一团糟。

【意】要有合适的从政的意缘，即知道谁在先谁在后。这一章的假设是人才都会得到举荐。认为人才不会被埋没，这种人才观只有在社会政治保持清明和对社会政治保持乐观时才会有的。也就是说，在政策宽松、恕道得行的时代，人才自然能够脱颖而出，也就不会埋没，这其实还是比较理想化的。传统注释意味着可以把被推举者推举到比推举者更高的位子上，这是对他者神圣、他者优先的礼敬。如果提拔仅仅是使被提拔者比原来位子高一些而已，仅仅是在上位的人对在下位的某人的看重，那就是一种人身依附关系的体现。

当政者的德行、意念和判断力是选拔人才的核心，也是能否发现贤才的核心，更会影响大家的心态，是否给当政者推荐真正的好人。孔子倾向于认为，得到提拔的都是好人，好人在位，自然会把他知道的好人推荐过来给你用。其实，现实中推荐出来的主要是利益代言人。别人跟你推荐时都说推荐来的是仁人，其实可能不过是他们的利益共同体。

孔子强调的是有道德的政治，可以说，孔子不区分政治与伦理，认为现实的政治可以通过伦理来处理，而不必涉及现实利益。他认为，政治就是仁人做表率，带领的民众、臣民自然就会听话，而不认为政治是利益的平衡，这种道德政治是政治的理想状态，而不是政治的现实状态。但也因其是理想状态，所以保持了"政—道"的理想性、独立性、超越性，激发世代儒者为之努力。

13·3 子路曰："卫君待子而为政，子将奚先？"子曰："必也正名乎！"子路曰："有是哉，子之迂也！奚其正？"子曰："野哉，由也！君子于其所不知，盖阙如也。名不正则言不顺，言不顺则事不成，事不成则礼乐不兴，礼乐不兴则刑罚不中（zhòng），刑罚不中，则民无所措手足。故君子名之必可言也，言之必可行也。君子于其言，无所苟而已矣。"

【译】子路（对孔子）说："卫国国君等着您去治理朝政，您打算先从哪些事情做起呢？"孔子说："首先必须正名分啊！"

子路说："有这样做的吗？老师您想得也太迂腐不合时宜了啊！这名怎么正得过来呢？"

孔子说："仲由，你真是粗野啊！君子对于他所不知道的事情，总是应该采取谦虚存疑的态度为好。名分不正，说起话来就不顺当合理；说话不能顺理成章，事情就办不成；事情办不成，礼乐也就不能振兴；礼乐不能兴盛，刑罚的执行就不会得当；刑罚运用不能得当，百姓就会手足无措，不知如何是好。所以，君子一定要先理顺名实关系，名实相应之后，就一定能够说得明白，言之合理了就一定能够行得通。君子对于自己的名分对应的情实，是绝对不能够马马虎虎对待的。"

【解】卫君：卫出公，名辄，卫灵公之孙。其父蒯聩被卫灵公驱逐出国，卫灵公死后，蒯辄继位。蒯聩要回国争夺君位，遭到蒯辄反击。孔子对此事提出了自己的看法。正名：辨正、确定名分。迂：迂腐，一解绕远路。阙，同"缺"，存疑。中：得当。苟：苟且，马马虎虎。

正名是对既有解释体系（话语体系）的重新分判，也可以说，正名就是重新分配政治意量系统。其实运名成事的力量来自权力，意识的同心圆结构在孔子的回答中，权力占重大位置，无权则不能正名，正名不是空泛的说法，是与权力的运用密切相关的。

"正名"在历史上有三种解释，一是纠正改正"rectify""rectification"；理雅各把"正名"译为rectify names（改正名字）；近于刘殿爵所译the rectification（cheng）of names（把名改正）；二是定义，如辜鸿铭译为defining the names of things（给物用名定义）；三是使名处于合适的地位。正所以正人之不正也，使归于正，也就是使名归于正当（适当）的位置；如安乐哲译为insure that names are used properly（确保名称适当使用），近于许渊冲things must be properly named（事物必须适当命名）[1]。

张祥龙解释了历代注家对"正名"三重诠释意境的分析："正名分"是摆正一个人在礼制体系中应该扮演的角色；"正书字"[2]是按名分来合适地用字，《春秋》里面普遍依情境用字，一字定褒贬；"正百事之名"即"别同异，明是非"。张祥龙给出的第四种解释是拨乱反正，纠正混淆的意义，[3]也就是回到原初的涵义上去。[4]我在《儒家实意伦理学》中给出第四种解读，即"以'名'出'言'，以'言''行'事"，这是情境化、前理解式的解读，试图回到本章意义起源的原点，对其源生情境进行阐发思考。[5]

子路"卫君待子为政"的设问在几种方案中被忽略了，子路问孔子的是如果卫君辄请孔子去治理国家，孔子打算先从哪些事情做起？孔子认为如果自己掌握卫国政权之后首先必须正名分。但子路认为辄的名实在太难正了，所以觉得孔子的方案太不合时宜。其实历代注家多被子路的说法误导了，以为子路在这里不同意孔子的方案。而且既

---

① 许渊冲：《〈论语〉译话》，第120页。
② 程树德：《论语集释》，程俊英、蒋见元点校，第890页。
③ 张祥龙：《孔子的现象学阐释九讲》，《儒家哲学史讲演录》（第一卷），第196—197页。
④ 张祥龙：《孔子的现象学阐释九讲》，《儒家哲学史讲演录》（第一卷），第118页。
⑤ 参见温海明：《儒家实意伦理学》，第98—123页。

然子路拥护辄，后来也确实死于因辄父聩的复辟引起的战乱，那么孔子的"正名"就是关于立君的问题，结果围绕立谁为君的问题争得不可开交。其实，子路没有完全理解孔子"正名"的意思，历代注家也多被子路一个反问误入歧途，好像孔子讨论的是几乎不可能的立君方案似的，这是历代注家对于孔子"正名"观点的一大误解。孔子当时批评子路误解他的意思，其实已经非常明白："野哉，由也！君子于其所不知，盖阙如也。"孔子觉得仲由你这样误会我实在是很粗野的，而且敲打他：君子对于他所不知道的事情，总是该采取老实存疑的态度为好。言外之意是：老师我将如何"正名"，根本不是你现在所理解的，你这样怀疑我、批评我，其实你根本还没有搞明白我要说的是什么。你对自己还没有搞清楚的事情，应该心存疑虑、谦虚谨慎，假如老师我真得到这样的机会，我自有办法。

可见，孔子没有说出来的话，就是被子路的反问噎回去的话，孔子并不方便明说出来。孔子不过是顺着子路的设问，提出如果我来执掌卫国政权，我将以"正名"为先，根本没有说要废辄迎聩的意思，子路这个误会太大了。可以这么理解，孔子的"正名"是帮助辄如何把已经普遍被认为不正的名给正过来。正是因为辄是一个名分尚有待于正的国君，孔子才明确提出要先正名分，大抵也是由于辄名分未正，所以特别需要正。至于如何正，孔子没有明说，历代注家也多被子路误导而未加讨论。也就是说，恰是由于辄名分未正，所以孔子掌权后将特别作为第一大事来处理。在这个意义上，"正名"可以认为是孔子将要求卫国全国上下，还有当时周围各国都确认新君继承先君权力的合法性。

【意】君子对于自己的名分对应的情实，绝对不能够马虎对待，这是核心。要想正名，其实是要有实际的权力和位置才行，否则就有名而无实，因为有名无权，说了不算，名不符实，事情难成。也是因为无实权，所言之"名"就不会有实效，所以孔子特别强调要"无所苟"，即强调言与实之间应该有正常的关系，言语不行而无力的话，事情就没法做。

言语与行为内在的逻辑是，如果言语没有相应的权力和位置，那就无法落实，意念就不可能真正坚实，事情就做不成功。正名跟孔子个人的人生经验也有关系，他可能年轻的时候知道自己父亲出身贵族，所以努力学习礼仪以得到贵族的承认，但一直不顺利。后来（婚后）认为应该"正名"，其实如果社会对他的身份予以正名的话，他就应该得到更多的承认和尊重。但在那个礼崩乐坏的时代,统治阶层并没有给他应有的名分,所以他把"正名"当作一个重要的主张。在其一生当中,孔子看到现实中有能力、有名者常常不得位,深感失望。反之,一个人单有言不够,还要有言之必行的权力和位置,才有可能推行和实践自己的主张,这是孔子在意但不能明说的。

如果回到孔子、子路对话的原初情境,我们就能推陈出新地分析出孔子的真实意思。从中可以看出,孔子对"名—言—行"三者之间确定性的坚定追求。孔子认为"为政"就是要确保它们之间的确定性和一致性,否则一切努力都是徒劳,如果说了不算,无法落实,那么说了就等于白说。从另一个角度说,孔子"为政"追求的是言说的力量,是言之必信、信之必行的行动力。君子作为主事者的言必然要落实到行,是不可以打折扣的。这个意义上,"正名"的确是"政化之准绳",君子的言说就是政治,而政治的核心就是名正言顺地言说,说了就能够落实到国家事务,让百姓有所遵循,不可让他们不知如何是好。

由此可知,孔子帮助卫出公辄"正名"的工作主要包括两部分:首先是以"名"出"言",即"名之必可言",君子之"名"必须能够说得明白,讲得清楚;其次是以"言""行"事,即"言之必可行",话说出来一定要能行得通。何谓行得通?其实就是名正则言顺,言顺则事成,事成则礼乐兴,礼乐兴则刑罚中,刑罚中则民有所措手足。如此一来,"正名"就是"使名正",即可平定天下,万事可成。

13·4 樊迟请学稼。子曰:"吾不如老农。"请学为圃。曰:"吾不如老圃。"樊迟出。子曰:"小人哉,樊须也!上好礼,则民莫敢不敬;上好义,则民莫敢不服;上好信,则民莫敢不用情。夫如是,则四方之民襁负其子而至矣,焉用稼?"

【译】樊迟向孔子请教如何种庄稼。孔子回答:"我不如老农民。"樊迟又请教如何种菜。孔子回答:"我不如老菜农。"樊迟告退出去以后,孔子说:"樊迟真是心意志向狭隘的平头百姓啊。在上位的领导人只要重视倡导礼制,老百姓就不敢不敬畏;在上位的领导人只要重视倡导道义,老百姓就不敢不服从;在上位的领导人只要重视倡导诚信,老百姓就不敢不用真心实情来对待你。要是果真能做到这样，四面八方的老百姓就会背着自己的子女前来投奔，哪里用得着自己亲自去种庄稼呢？"

【解】圃：菜地，引申为种菜。情：情实；用情：以真心实情来对待。襁：背婴孩的背篓。先生的回答，好像樊迟给自己挖坑，跟我学习却不学我的长处——为政，反而要学我的短处——如何种五谷和蔬菜。这里讲种地的是小人，没有道德含义，指代社会地位低下的人。学治国之道，百姓都来投奔归附，他们自然就会把田种好。

【意】"小人"是目光短浅，意量狭隘的平头百姓，孔子之学超越一般百姓的心胸和格局，以修成为精神贵族通天贯地、仁爱世人的心思意念状态为理想。虽说"上好礼，则民莫敢不敬，上好义，则民莫敢不服"，这种没有百姓敢不跟领导人的说法，固然有其道德引导的合理性，但其实还是有权力约束的意味。这是因为，孔子为政其实要合理地基于权力对民众的要求甚至限定的原则，只是一般学生通常难以领悟到，而儒学后继者也往往陷入泛道德主义，忽视权力场域对于人身自由的限定，是领导人的道德引领民众的前提，而过于强调道德良心、道德责任与道德义务的现实可能效用。

跟前面正名的逻辑一样，孔子所教的是大人君子，如果能够得到权位，有道德的人自然能够影响全局。孔子只在意如何培养领导人，只要能够成为领导人，就有能力吸引老百姓来种地。总之孔子认为学生重要的是学习治国之术，这需要当下意识具备通达全境的修养功夫。

13·5　子曰："诵《诗》三百，授之以政，不达；使于四方，不能专对。虽多，亦奚以为？"

【译】孔子说："把《诗经》三百篇背得滚瓜烂熟，可是交给他政务却办不了；派他出国当外交使节，可是还是不能独立地应对事务。如果这样，即使背得再多，又有什么用呢？"

【解】达：通达，会运用。专对：独立作出恰当的回答。以：用。学习了花拳绣腿，但不能有真正的行动能力，孔子是打心眼里着急的，告诫学生们学习不可以只学皮毛。《诗经》是有政治力量的，可以随时运用到政治问题上去，他反对那种认为《诗经》只是表达感情的观点，认为《诗经》是政治之诗，是可以用意转化出政治力量的诗。

【意】诗教不仅可以涵养调节人的性情，而且是要付诸政治实践去检验。能不能调动《诗经》里包含的这种政治力量，在于一个人的意念是否有真正意能。如果一个人在兴、观、群、怨的过程当中，能够不断调节、增强自己的意能，那么《诗经》的王道理想就算能够学以致用。

13·6 子曰："其身正，不令而行；其身不正，虽令不从。"

【译】孔子说："（居上位者）自身的心思意念方向正确了，即使不发布命令，老百姓也会执行；自身的心思意念方向不正确了，即使发布命令，老百姓也不会听从。"

【解】有权位者其心意方向会影响、改变百姓的心意。一个比喻是百姓之意识如草，君子之意识如风；因为如果说百姓的身体如草，君子的身体如风，其实是不合理的，所以谈的是君子意识对于百姓意识的影响。安乐哲译"正"为proper，许渊冲译为upright，安乐哲反对带有宗教意味的词汇，也就是说，不是君子的意识带有上帝意味，不是"正"于上帝，而是"正"于情境。

【意】儒家的统治逻辑是，所有人都是身心一体的存在，身正其实指的是心正则行事正而能够成功。君子可以具备统治者和道德楷模的双重角色，当作为统治者的君子发心正，则百姓自然跟随。一方面是老百姓不敢不跟随，这是权力场域的影响使然；另一方面是百姓都主动佩服领导人的道德水平，顺应领导人的领导力，这是领导人的道德感召力使然。这与西方严格区分领导人公德与私德的政治文化形成鲜明对比。

在上位的君主具有君子意识，知道主动引导百姓，并对百姓进行正面培养，善于梳理人民心意中的正能量，提升人民心意的境界。儒家不是不知道严刑峻法的用处，而是觉得法律的限制是末，而伦理道德意识的培养是本。孔子眼中人民的道德意识，其实是有君子之德的君主，即统治者主动塑造的，人民本来没有自己的意识方向，应该要以君王的意识方向为方向。也可以说，政治的意向是以"主—意"或"君—意"为本，而"民—意"为末。

13·7 子曰："鲁、卫之政，兄弟也。"

【译】孔子说："鲁和卫两国的政治教化，就像兄弟之邦（的政治教化）一样。"

【解】政：政治教化。鲁国是周公旦的封地，卫国是康叔的封地，周公旦和康叔是兄弟，都是文王之后，所以两国的政治情况有些相似。孔子认为，鲁国的国事和卫国的国事，就像兄弟一样。这句话的情境不明，孔子祖上来自卫国，他在两国都有政治实践，感叹其中的相似之处比较正常，不仅仅是追忆历史上的相同。

【意】孔子的政治理想追求天下为公，世界大同，这超越了血缘政治，所以非常伟大，亘古不败。可是，现实鲁、卫都免不了大夫当权，礼崩乐坏，可谓难兄难弟。①这两个地方都不是自己实现政治理想的地方。两个国家，都是自己的父母之邦，也都是自己政治理想的破灭之地，何其相似！

孔子正是在如此挫折失意的政治历程当中，构筑了以"仁"发挥政治之道的新政治理想，因其超越了血缘政治而成为永远的政治理想。

13·8　子谓卫公子荆："善居室。始有，曰：'苟合矣。'少有，曰：'苟完矣。'富有，曰：'苟美矣。'"

【译】孔子评论卫国的公子荆时说："他善于居家理财。刚开始有一点财产的时候，他就说：'差不多也就够用了。'稍微多一点时，他说：'差不多就算完备了。'更多一点时，他说：'差不多算是完美了。'"

【解】卫公子荆是卫国大夫，字南楚，卫献公的儿子。善居室：善于管理家政，居家过日子。苟：差不多。合：足够，凑合够用。上面讲到卫国政治，这里就举卫公子荆，说明卫国还是有能人的，他易于满足，对百姓是好事情，能够改善民生。孔子表扬其为政意识对民生有利。

【意】孔子对物欲要求不高，所以对卫公子荆能够知足不贪表示赞赏。卫公子荆始有、少有、富有，每个阶段都很满足，有自然快乐的完美感受时都说"苟"，意思是差不多就行了，流露出他真诚地认为已经够了。公子荆这样的大夫淡泊名利，对人民有关怀之情意，则人民有盼望，也就更容易满足。

---

① 参见林安梧：《论语译解：慧命与心法》，第208页。

13·9 子适卫，冉有仆。子曰：“庶矣哉！”冉有曰：“既庶矣，又何加焉？”曰：“富之。”曰：“既富矣，又何加焉？”曰：“教之。”

【译】孔子到卫国去，冉有为他驾车。孔子说：“人口众多呀！”冉有说：“人口已经够多了，那下一步还要再做什么呢？”孔子说：“让他们富起来。”冉有说：“富了以后又要做些什么？”孔子说：“对他们进行教化。”

【解】仆：仆从，这里是驾车。庶：众多，指人口众多。治国的三部曲，合情合理，先富后教是典型的儒家理想，培养和教化民众是非常重要的。孔子希望君子的仁人之意成为万世理想，为政守则。

【意】先富后教是合理的，仓廪实而知礼节，衣食足而知荣辱，人民生活好了，才能去思考人生的意义，讨论人文教养的重要性。人民需要先生存，后发展。礼乐教化都是后起的。这样的治国思路是合理的，虽然有点理想化。

13·10 子曰：“苟有用我者，期（jī）月而已可也，三年有成。”

【译】孔子说：“如果有人用我治理国家，一年便可以理顺，搞出个样子来，三年就一定会有成效。”

【解】孔子在卫国，不为所用，故有此说。本章继续讲教人治国。孔子自信自己很快就会有治国的思路，如有机会实践会很快成功，虽然最后没有得到机会。

【意】孔子假设自己的意能如果有机会得到发挥，就可以改变很多事情，相信自己有教化民众的能力，短短三年之内就会有明显的改变。

13·11 子曰：“‘善人为邦百年，亦可以胜残去杀矣。’诚哉是言也！”

【译】孔子说：“‘善良的人治理邦国，经过一百年，也就可以使残暴之徒不敢作恶，可以废除刑罚杀戮了。’这话真是有道理呀！”

【解】善人：有恒心念念为善之人，虽然境界不及已修成的君子，但只要有领导者之位，能够持续百年，治理就会有效，只是这个假设很难实现。虽然具体的年头不过就是假设，可短可长，短当然会有所改变，百年就足够长，应该有相当大的改变。不过，没有一个人能治理邦国超过一百年，历史上最长的也就一个甲子左右，所以还要假定善良政治可以世代承袭，其实这在历史上几乎没有实现过。

【意】有着君子道德的君主长期坚持以仁人之意教化民众，其意量通过民众不断得到推进。有些时候，孔子认为如果自己去教化人民向善会非常迅速，但这里显然是说，引导人民和移风易俗其实需要很长时间。当然，善人统治不会用暴力手段，只以道德模范导民化俗，除恶向善，运用自然教化方式，只是不可能立竿见影。

13·12 子曰："如有王者，必世而后仁。"

【译】孔子说："如果有王者兴起，也一定要三十年才能使天下实现仁人之政。"

【解】本章继续说，王者（圣王，不是一般的王）改变世道也需要很长时间。君子掌权之后也需要一代人以上才能改变，可见实现仁道并不容易，等于要培养新一代人，换一代人才行。王者行仁人之意要持续很长时间，仁政方能大行。

【意】用王道之治使天下都达到仁爱之意很难。前面讲扩充个体的仁爱之意很慢且难，这里讲全体人民都达到仁爱境界很难。仁人之意本来就有推向天下人民的意思，但世界上没有立竿见影的仁政。推行仁政需要借助政治力量，需要一代又一代人用仁政养人、化人，通过自然教化，所以要用30年的时间。这说明王道很难落实，历史上30年时间持续完美的仁爱之道的政治实践实在太少了。王者推行仁人之意，导民化俗，时间非常之慢。这样的说法，带有孔子对自己所处时代深深的绝望，他认为这个世界已经不太可能变好了，变好基本上不过是一个纯粹的理论假设而已。

13·13 子曰："苟正其身矣，于从政乎何有？不能正其身，如正人何？"

【译】孔子说："如果端正了自身的心思意念，在推行政治之道方面哪里还有什么困难呢？如果不能端正自身的心思意念，又怎么可能使别人的心思意念端正呢？"

【解】正心而能正身，政治的第一要务在于修心。

【意】"身"是儒家哲学的开端，正身才能教化他人，但不是端正身体本身。身正其实是意正，心思意念之正，不仅端正身体发出的行为，而且端正从身体发出的一切，但身体发出的一切都跟人的心思意念有密切的关系。端正心思意念比行为更加根本。儒家认为，端正自己的心思意念，可以说必然导致他人也受到影响而跟着端正心意和言行，尽管这种必然性其实可以存疑，但这种必然关系可谓是儒家领导力逻辑的重要组成部分。

13·14　冉子退朝。子曰："何晏也？"对曰："有政。"子曰："其事也？如有政，虽不吾以，吾其与闻之。"

【译】冉求退朝回来，孔子说："为什么回来得这么晚呀？"冉求说："有政治事件发生。"孔子说："应该只是一般的事务吧？如果有政治事件，虽然国君不用我了，我也会听说一些的。"

【解】显然师生是住在一起的，所以很晚还能问候，而且其他同学听到还记录了下来。这里的"以"有侍坐章的任用之意。孔子虽然致仕了，但对朝廷发生的事情还非常关心。

本章提到国政和家事的区别，说明孔子虽然不在位，但心思时刻关心时政，有参政议政的意愿。同时贬抑季氏，教冉有知道衡量事情的轻重，不要把季氏的家事上升为国政，要意识到国家政治事件的影响要超过季氏的家庭具体事务。

【意】孔子希望学生不要把意能耗费在权臣的家事上，而应该放在国政上，否则那种意境就太小了。其实也告诉掌权者，要时刻面对历史的审判，不要把个人的家事凌驾于国家社稷人民的福祉之上。孔子认为自己的意向是灵敏的，是与国家政治息息相关的，能够时刻感应和感通。"闻"既是听闻，更是宽泛意义上感官的感通，是心意与国政一体性的存在状态。

政治以主政者的心意为主。民与主之间，是主（君主）的意念在政治生活中居于主导地位，而且能够改变民的意念状态。国家气象的变化，人民风俗的转化，来自王者仁爱人民心念的持续运用，这是典型的非暴力不扰民策略。国家越是强大，就越要实行仁政，让百姓安居乐业，不可故意区分高低阶层，而要让人民都能够自得其乐。

13·15 定公问："一言而可以兴邦，有诸？"孔子对曰："言不可以若是其几也。人之言曰：'为君难，为臣不易。'如知为君之难也，不几乎一言而兴邦乎？"曰："一言而丧邦，有诸？"孔子对曰："言不可以若是其几也。人之言曰：'予无乐乎为君，唯其言而莫予违也。'如其善而莫之违也，不亦善乎？如不善而莫之违也，不几乎一言而丧邦乎？"

【译】鲁定公问："一句话就可以使邦国兴盛，有这样的话吗？"孔子答道："话不可能有这样的威力啊，但接近的话还是有的，比如有人说：'做国君艰难，做臣下也很不容易。'如果真的能够理解做国君的艰难，这不近乎一句话就可以使国家兴盛吗？"

鲁定公又问："一句话就可以丧失国家，有这样的话吗？"孔子回答说："话不可能有这样的威力啊，但接近的话还是有的。比如有人说：'我做君主并没有什么可高兴的，（所高兴的）只不过我所说的话没有人敢于违抗罢了。'如果话说得正确，而且没有人敢违抗，不也很好吗？但是如果话说得不对，也没有人违抗，那不就是一句话就可以丧灭国家吗？"

【解】上一章孔子提醒掌权者要时刻面对历史的审判，这一章又接着警告掌权者要小心地运用权力。集权体制下领导人有巨大权力，孔子深有体会，但知道体制不可能改变，于是就提倡诉诸君王的良心，要他们行仁政。领导人一言一行都对民众影响巨大，民众都不敢违背，如果领导人不行仁政，人民就要遭殃。所以孔子要在一句话说出来的瞬间区分正误，让领导人反省自己的话是否从良心里出来，自己的良知是否通于民心。

邦：一般理解为国，可译为country（强调疆域、人口及政治组织形式），但更近state（强调政体、政府，还可指"州"），因"邦"强调君主统治的国家。"善"多译为"good"，此处"善"指统治的正当性、有效性，good的意思过于单薄。right（正确）好些，安乐哲译为 efficacious（有效的、有用的），此处指政令的有效、合理，较合适。

【意】君主的意识言语对国家时代政治的影响巨大。言生即意生，但意生的另一面即是意死，也就是说，意念一生可以生国政，也可以死国政。在集权体制之下，国君一句话出来，就会化成臣下万千行动，所以国君的修养不好，一句话说不对，都会造成很大问题。

要君主真心诚意的理论根据也在这里，因为君主一句话就可能有很大的影响，如果盲目不知真情，一言不顾民众利益，就有巨大的负面影响。领导者一言对于国家的影响巨大，其言行因其权力而容易放大影响，故在一言发动之前的意念未发状态、几微状态，需要十分小心。

13·16 叶公问政。子曰："近者说，远者来。"

【译】叶公问孔子为政之意。孔子说："先让附近的百姓喜悦高兴，远处的百姓自然就会来归附。"

【解】说：百姓由衷地快乐而喜悦。让近处的百姓开心生活，其他地域的人民自然就会迁徙过来。儒家的生生之政，一个明显的表现就是君主的意念生民，人们得到生养而萃聚，远方的人们过来聚集，进而促进生民那种生生不息的状态。可见，儒家生民之政的主要努力来自君主的意念之生民。

【意】国君有能力让百姓喜悦的意念之力传出去，实化仁人之意而让远方的人民自然归附。政治可以理解为领导人当下起心动念对周围情境的影响，心念的影响可谓立竿见影。

君主意量之广大、意境之宽广都以其生民之意为根基。君主要以百姓之悦作为端正为政者意念的指归，领导人的起念就要注意化成行为而有影响。只有让附近的人民开心满足于仁爱之意，远处的人民才会自动来归附。

儒家政治的首要功能是教化民众，导民向善，化民成俗。相比之下，西方近现代政治反政教合一，在反对宗教教化的同时，反而丢掉了政治本身应该具有的教化维度①，从而变成利益平衡的游戏，也就逐渐形成如今欧美个人主义盛行，资本利益最大化和赢家通吃的病症。

---

① 林安梧：《论语译解：慧命与心法》，第214—215页。

13·17 子夏为莒（jǔ）父宰，问政。子曰："无欲速，无见小利。欲速则不达，见小利则大事不成。"

【译】子夏做了莒父的县宰，向孔子请教为政之意。孔子说："不要贪求速成，不要只看到小的利益。贪求速成可能反而达不到目的，只看小利益就做不成大事。"

【解】莒：鲁国的一个城邑，今山东省莒县境内。一说莒在孔子时应先是一个独立的邦国，与鲁有战争，后被占领。本章强调政治的本质其实是心念的传递，而虽然心意感通很快，但真正要感化人民，还是有个自然的节奏和过程，不可一味图快，否则欲速不达。

【意】政治是要让百姓喜悦地成长和生活，儒家政治是"悦生政治"，而不仅是生活政治，悦生的政治是放养和开心的，是不为短见、不求速成的。悦生的政治是生命健康成长的大政治，不是功利驱迫的小政治。政治家如果没有"悦生"的意量，就成就不了大事。

13·18 叶公语孔子曰："吾党有直躬者，其父攘羊，而子证之。"孔子曰："吾党之直者异于是：父为子隐，子为父隐，直在其中矣。"

【译】叶公告诉孔子说："我的家乡有个正直的人，他的父亲顺手牵了人家的羊，做儿子的他就去告发了父亲。"孔子说："我家乡正直的人和你讲的正直人不一样：父亲为儿子隐瞒，儿子为父亲隐瞒。（父子之间的）正直就在其中了。"

【解】党：乡党，古代以五百户为一党。通常认为此对话发生在鲁哀公六年，公元前487年，孔子时年64岁，地点在时属楚国的叶县。[①] "直躬"有说"直人名弓"，如孔颖达疏云："躬，身也，言吾乡党中，有直身而行者。"直当：正直、直率。有说"直躬"为人名，如《吕氏春秋·当务篇》引孔子云："异哉，直躬之为信也。"《淮南子·氾论训》："直躬其父攘羊，而子证之。"高诱注："直

---

① 陈壁生：《经学、制度与生活——〈论语〉"父子相隐"章疏证》，华东师范大学出版社2010年版，第24页。

躬，楚叶县人也。"攘：应为"有因而盗"。孔颖达疏："言因羊来入己家，父即取之，而子言于失羊之主，证父之盗。"按学者考证，"攘羊"就是对误入己家的他人之羊，在别人不知情的情况下，顺便占为己有。证：告，相当于检举揭发。《说文》认为"直"是"正见也"，可见本义是明辨是非。①郑玄注"隐"为"不称扬也"，是"不说""不言"其过失，即现在的法律术语来所谓"保持沉默"。②

可见，孔子所谓"吾党之直"说明他主张的儒家文化重视亲情，对像"攘羊"这样的小过错主张"父为子隐、子为父隐"，认为不宜告发，强调亲子关系在儒家思想当中居于核心地位，不容动摇。郭齐勇、陈乔见认为"隐""并不是一些人所理解的包庇、窝藏，而是不称扬亲人的过失，知而不言，是消极的不作为，转化为法律层面就是'亲属作证豁免权'。因此，孔子提倡'子为父隐'也并非什么违法行为"。③他们进而总结了"亲亲互隐"的三个特征："隐"是沉默、知而不言，不是窝藏、包庇；只限于家庭成员的所作所为没有逾越社会公认的规范、原则；虽不对外人或官府称扬或告发其亲的过失，但家庭成员之间还当相互规劝、批评。④也就是说，父对子"隐而教之"，子对父"隐而谏之"⑤。

【意】儒家是悦生政治，关注百姓身心灵的健康，认为成长的大政治是有亲情的政治，不是简单的法制和条例政治。为了亲情政治，要让百姓有"直"的生存情境，觉得活得"直"，上可接天机，下可接地气，安

---

① 冯友兰解释"直"是根据自己真情实感做事说话。参见冯友兰：《中国哲学史新编》（第1册），人民出版社1982年版，第132页。陈壁生认为："从'直行'的意义上来说，'直'指的是一种发诸情感，未经礼乐文饰之真诚、直率。"参见陈壁生：《孔子"父子相隐"思想新解》，郭齐勇主编：《〈儒家伦理新批判〉之批判》，武汉大学出版社2011年版，第434页。
② 参见林桂榛：《苏格拉底对"子告父"表示赞赏吗？——就柏拉图〈欧绪弗洛篇〉的"虔敬"问题等商榷于邓晓芒教授》，郭齐勇主编：《〈儒家伦理新批判〉之批判》，第318—319页。
③ 郭齐勇、陈乔见：《苏格拉底、柏拉图与孔子的"亲亲互隐"及家庭伦理观》，郭齐勇主编：《〈儒家伦理新批判〉之批判》，第304页。
④ 郭齐勇、陈乔见：《苏格拉底、柏拉图与孔子的"亲亲互隐"及家庭伦理观》，郭齐勇主编：《〈儒家伦理新批判〉之批判》，第306页。
⑤ 参见林安梧：《论语译解：慧命与心法》，第216页。

全才能喜悦。人民有安全感，才能有喜乐感，让百姓悦生而直。可见，为政的一个原则是"直"，是保护家人和亲族的人情之"直"，人情"直"了，家风才"直"，风俗才"直"，家国一体，家"直"国才能"直"。所以朱熹说"直"是"天理人情之至"。

当然，在国家里建立"直"这个问题自古就有争议，孔子提出的是一个儒家化的版本。这个问题在任何时代都可能发生，发生之后的处理方式可能因为各种因素处理方式不一样，所以孔子的儒家版本强调其人情倾向。这个倾向是"直"中有人情，相信父子之情有不应该被伤害的合理性。

可以说，儒家仁人之意以亲情之"直"为第一要务。父子之情首先要得到保护，如果父子不睦，则人人自危，家族分崩离析，甚至国将不国。既然儒家的起心动念都要付诸人伦关系的实践，那么儒者行事就要特别注意起心动念的分寸，认为心思意念无论如何实化，都不可过度伤害父子关系这个儒家伦理的"天条"，否则整个儒家人伦共同体的立足点都崩塌了。

13·19　樊迟问仁。子曰："居处恭，执事敬，与人忠。虽之夷狄，不可弃也。"

【译】樊迟问怎样才能做到仁人之意。孔子说："平常在家恭敬庄重，办事敬业认真，待人忠诚信实。即使到了夷狄之地，这些品德也不可背弃。"

【解】先生这个关于"仁"的回答版本偏"政"，所以放在这里。儒家意向的具体实化状态其实是不论情境的，是仁人之意至上的，是动机第一的。

理雅各把"忠"译为sincere（真诚）；辜鸿铭译为conscientious（小心谨慎）；刘殿爵译为do your best（尽己）；安乐哲译为do your utmost（尽己）；倪培民译为wholeheartedly devoted（全身心投入、奉献）；许渊冲译为respects others in public life（在公共生活中尊敬他人，对人老实）[1]。"忠"是视他人之心如己之心而心意相通。

---

① 许渊冲：《〈论语〉译话》，第124页。

【意】心思意念保持仁爱之意的境界其实可以超越具体情境，即使到了没有文化的夷狄之邦，自己还可以保持仁人之意，所以儒家修身是典型的动机主义，认定个人的动机具有相对于情境的独立性。换言之，意念虽然依境而生，但持念具有相对的独立性，所谓择善固执的状态，只要心念定于仁人之意，就时时刻刻执守不失。

13·20　子贡问曰："何如斯可谓之士矣？"子曰："行己有耻，使于四方，不辱君命，可谓士矣。"

曰："敢问其次。"曰："宗族称孝焉，乡党称弟焉。"

曰："敢问其次。"曰："言必信，行必果，硁（kēng）硁然小人哉！抑亦可以为次矣。"曰："今之从政者何如？"子曰："噫！斗筲（shāo）之人，何足算也？"

【译】子贡问道："怎样做才可以叫作知识分子？"孔子说："自己在起心动念和行动做事时时刻保持知耻之心，出使外国各方，能够不玷辱君主交付的使命，这样的人可以叫作知识分子。"

子贡说："请问次一等的知识分子呢？"孔子说："宗族中的人称赞他孝顺父母，乡邻们称赞他尊敬兄长。"

子贡又问："请问再次一等的知识分子呢？"孔子说："说话讲信用，说到做到，做事很实在，坚决果敢，（不问是非地固执己见）那是拘于小节的小人啊。但也可以说是再次一等的知识分子了。"

子贡说："那当今的这些执政者，您看怎么样？"孔子说："唉！这些器量狭小、见识短浅的人，哪里能算得上呢？"

【解】士在周代贵族中位于最底层。此后，士成为古代社会知识分子的通称。果：果断、坚决。硁硁：象声词，敲击石头的声音。这里引申为像石块那样坚硬。筲：竹器，容一斗二升；斗筲之人：器量狭小的人。理雅各译"称弟（悌）"为 fraternal（兄弟般友好）；辜鸿铭译为 a good citizen（好公民），较西化；刘殿爵译为 being a respectful young man（令人尊敬、称颂的人）；安乐哲、倪培民译为 deferential to elders（恭顺长辈），与孝互文。

念头发动就反省而知耻，这与西方式的"忏悔"需要上帝或者神父大不相同，儒家的"耻"是相信自己念头发动即刻自省且具备知耻的能力。

【意】意念之行有其量，显其境。孔子评价了不同的意量层次，第一层四方等于天下；第二层家族等于家国；第三层言行一致；第四层言行不一，心意发动狭隘不堪，混乱无算，配不上士人的名称。孔子基本上否定了当时的为政者，体现儒家不跟现实权力妥协的品格，因为强调内在的道德修养，认为君子内在修养可以超越当政者。当时，很多当政者狭隘到不算读书人，乃至算不上知识分子的程度，因其眼中没有天下、家国、家族、信用、道德，可以说不仅对他人不负责任，对自己也完全不负责任。

13·21　子曰："不得中行而与之，必也狂狷（juàn）乎！狂者进取，狷者有所不为也。"

【译】孔子说："我找不到心思皆在诚中之意的人来交往，那就只能与心思狂放或狷介之人相交往了。心思狂放之人勇于进取，积极肯干，但心思狷介之人对有些事是不愿意去做的。"

【解】政治上"有为""无为"都是一定时势条件下的"为"，只是"为"的尺度有别，或者激进推动，或者保守不为。如此一来，"为"的中道就很难，也就是持守意念、实化意念的中间状态可谓难上加难。

朱熹说："狂者，志极高而行不掩。狷者，知未及而守有余。"本章可解为圣人追求"中行"，"中行"是心思意念皆在中道。理雅各译为pursue the due medium（追求中道、适度）；辜鸿铭译为equitable and reasonable（公平和理智）；刘殿爵译为moderate（中庸）；安乐哲译为temperate（温和，有节制）；倪培民译为travel the middle path（走中间道路）。

如果不得，必然导致"狂"或"狷"，"狂"表达轻率、鲁莽、动力足、行动力强、不守规矩的一端，理雅各译"狂"为ardent（过于热烈，狂热）；辜鸿铭译为enthusiastic and zealous（热情）；刘殿爵译为undisciplined（不受规则制约）；安乐哲译为rash（鲁莽、轻率）；倪培民译为impetuous（冲动鲁莽）。而"狷"代表过于谨慎、胆怯、不敢行动、固守原则的"不及"一端。"狷"是拘谨，有所不为。理雅各译为cautiously-decided（谨慎小心）；辜鸿铭译为fanatical（热情），有贬义；刘殿爵译为over-scrupulous（过于谨慎小心）；安乐哲、倪培民译为timid（胆小羞怯）。这两端都不好，刘殿爵、安乐哲、倪培民倾向于这样理解。

如果没有"中行"的人来交往，那么就只有与"狂狷"之人交往了，"狂"者能通过进取精神而达到一定境界，而"狷"则退而求其次，辜鸿铭意近之。

【意】中道其实是理想性的、纯粹的，最合适的中道，是难乎其难的中间状态，甚至可以说意识作为动态的过程，难于时中，而意识没法保持中间的状态就总有偏差，实意过程或者积极，或者消极。在消极与积极之间本来是难有中道，但孔子的教导创造了一个理想的中道，即仁人之意超越世俗情境，不为形势所拘的中道或正道，这是一种思考与形式的理想状态。可见，仁人之意境可以说是从现实之境出发的理想主义。

13·22　子曰："南人有言曰：'人而无恒，不可以作巫医。'善夫！'不恒其德，或承之羞。'"子曰："不占而已矣。"

【译】孔子说："南方人有句俗话说：'一个人如果做事没有恒心，就连靠通灵玄言谋生的巫医都干不了。'这句话说得真好啊！恒卦九三爻辞说：'一个人不能恒久地保持自己的心意德行，那就有可能要承受羞辱。'"孔子说："（这句话是说，不能恒久地保持自己的心意德行的人）就连占卜算卦都用不着了。"

【解】巫医：用卜筮为人治病的人；一解巫师和医生。上章讲中行本身之难，本章讲持中行道要有恒心之难。"不恒其德，或承之羞"：恒卦九三爻辞，其象辞说："'不恒其德'，无所容也。"指的是不能恒久持守自己的仁德，最后就没有容身之地。一个人到了不被众人接受的地步，就不仅是遗憾，而且是灾难。如果一个人为了谋取自己身外的地位和利禄而放弃自己恒定的操守，这样的心意缺乏节操，最后会不被世人包容，也就什么都干不成。所以孔子会说，如果没有恒心，那就肯定什么都干不好，也就没有必要去算卦占卜了，因为结果已经很清楚地摆在那里了。

【意】意念发动要影响时空，都要有一定的恒定性，即恒心持续才可能改变时空中的能量。换言之，一切的意念，只要坚持下去，就会介入关系从而具有政治意义。

只有对意缘的恒久持守才会有所成就。巫医本来是心意通天的神圣职业，但随着古代社会的转化，神权让位给世俗权力，巫医地位下降而变得低贱。孔子引用此爻之意，希望君子在变通的局势当中，持守恒久的仁人之意，修行成德。如果心意无恒，心的意向性随境发生变化，就难有恒稳的价值观与目标，没有恒心就一事难成。

13·23　子曰："君子和而不同，小人同而不和。"

【译】孔子说："君子追求和谐共处，所以不愿与流俗苟同；小人强求一致，所以无法和谐相处。"

【解】和：不同意向的共处、和谐配合。同：强求他人意向与己相同，致力于求意向之间完全相同，所以：强同、苟同。理雅各把"和而不同"译为affable, but not adulatory（和蔼可亲，但不讨好）；韦利译为accommodating but not conciliatory（和解但不迁就）；刘殿爵译为agrees with others without being an echo（同意他人意见，但不附和）；安乐哲译为seek harmony not sameness（追求和谐而非同一）；森柯蓝译为harmonizes, and does not merely agree（和谐，而不仅仅同意）。

【意】求同是意量狭小的表现，而君子意量宽广，不会一味求同。君子的心思充满仁爱之意，道通而随和，所以仁爱包容，努力致力于和谐，而小人不包容，依据势力驱迫他人强求一致，最后激化矛盾，制造事端。同不是简单的同一，也不是盲目苟同，而是强求一致，所以容易导致很多麻烦。

13·24　子贡问曰："乡人皆好之，何如？"子曰："未可也。""乡人皆恶之，何如？"子曰："未可也。不如乡人之善者好之，其不善者恶之。"

【译】子贡问孔子说："全乡人都喜欢、赞扬他，这样的人怎么样？"孔子说："这样的人不行啊。"

子贡又问孔子说："全乡人都厌恶、憎恨他，这样的人怎么样？"孔子说："这样的人也不行啊。还是不如全乡的好人都喜欢他，全乡的坏人都厌恶他。"

【解】本章接着"和而不同"加以说明善人之和的理想状态。仁人之意境通常吸引仁人，也自然好恶分明。仁人之意通常强调个体的仁德，但群体对某些"仁德"的判断，则往往不同的人有不同的道德评价。孔子认为，好人喜欢，坏人厌恶才是最好的状态，确实有理。这里假定了群体当中可以先行区分好人与坏人，而且好坏分界明显。

【意】人的意念自有吸引力，但意念本身并无好坏。有些时候，人不知道自己意念发动的影响力如何，所以需要通过情境的反应来判断自己的意念发动状态。儒学分善恶，强调对待好人、坏人要态度分明。众人都说好或坏，未必就一定好或坏，要看说他的人怎么样。在选举制度流行、信息网络化的今天，这一点特别明显。一个人通常只可得到部分选民的支持，而这部分选民通常有跟他一样的好恶，而且也因为有同类的好恶，所以就只接受某种有倾向性的信息。其结果是，科技在让人们心意沟通越来越方便的同时，也导致人们的心念越狭隘化、封闭化，使得人群、社群、不同利益团体之间平等协商的精神反而越来越差，导致和而不同的精神反而难以在高科技的时代具体落实下来。

13·25 子曰："君子易事而难说也。说之不以道，不说也。及其使人也，器之。小人难事而易说也。说之虽不以道，说也。及其使人也，求备焉。"

【译】孔子说："在君子手下做事很容易，但想讨他的欢心很难。心思不在正道上，却想讨他欢心，他是不会喜欢的。当他分配任务给他人的时候，总是称量才器而用，不会求全责备。在小人手下做事很难，但想要讨取他的欢心却很容易。心思不在正道上，去讨他的欢心，他也会喜欢。但等到他分配任务要用人之时，却总是求全责备。"

【解】易事：易于侍奉，不取"与人相处共事"。难说：难于取得他的欢喜。器之是量才使用他。这里的君子首先是领导人身份，而不是道德身份。君子之意顺道而发，别人也要顺道才能取悦他。心气相通，如兑卦两泽相连，才能真心相悦。君子是易于商量的，但小人却想浑水摸鱼，以谋私利。君子从政是为了做事，不是为了别人讨好自己，所以把客观的政事放第一位，但小人从政，是为了受人吹捧，所以对于帮他做事的人，反而求全责备。

【意】因为君子与小人从政的目的不同，所以其为政意识的指向也不同。君子只接续正当的意能，所以有品性的君子在高位的君子手下做事比较容易，但在小人底下做事就难。这里君子、小人是指有这样一种品质的领导人，君子心大无私，小人心小自私。林安梧认为，君子"觉"而小人"执"。①可以理解为君子的意念是觉悟开放的，而小人的意念是拘执萎缩的。帮助开放觉悟的君子做事，心意容易相通而成事；但跟心意拘泥于蝇头小利的小人共事，那就很难取悦他们。

13·26　子曰："君子泰而不骄，小人骄而不泰。"

【译】孔子说："君子泰然平和，从不傲慢骄纵，小人骄纵无礼，所以无法舒泰安坦。"

【解】君子之舒泰，如泰卦阴阳平衡，本于天地之平衡，阴阳通达，平安顺达。小人以自己的意识强加于天地的意识之上，执着私利，纠合成势，不愿意与阴阳之气息取得平衡，所以"骄"于阴阳，自然不可能舒泰。

【意】泰是一种意境，即君子长期持守仁人之意，而达到通乎阴阳的境界，自身后天之气阴阳平衡，通乎天地阴阳，并与先天真一之炁通为一体的境遇状态。这样君子意量自然宽大宏博，心胸开阔，收放自如。小人自身阴阳不平衡，意念发出来总是与境遇不和谐，自然与物不通，而骄于意念所接之物与事，小人的意念总是与境相刑或者相克，而意境也对小人构成刑冲克害的力量，反而加剧了小人的骄横蛮干。

可见，泰然自若，平和安宁是君子意念发动的风范。意中无私，天地宽阔。君子心中充满仁人之意，小人则意念发动总是偏离仁爱之境，也就总是与骄傲不顺相伴随。

13·27　子曰："刚、毅、木、讷，近仁。"

【译】孔子说："意志刚强、行动坚毅、性情朴实、言语谨慎，这四种状态接近于仁爱之境。"

【解】君子对自己的心意和意志都能够自作主宰，因为有恒心，所以其性情和行动都不为外境改变。讷：言在内，即隐忍少言，谨慎

---

① 参见林安梧：《论语译解：慧命与心法》，第221页。

发言。

【意】君子的仁人之意收敛而富于力量，不会随境而迁，飘忽无定，因为仁爱之意的意缘是稳定的，仁爱之意都投射于仁爱之境，是境由意生。

13·28 子路问曰："何如斯可谓之士矣？"子曰："切切偲（sī）偲，怡（yí）怡如也，可谓士矣。朋友切切偲偲，兄弟怡怡。"

【译】子路问孔子道："怎样才可以称为知识分子呢？"孔子说："（能够把人际关系处理到）互助切磋勉励，相处和睦愉快，可以算是知识分子了。朋友之间要互相督促勉励，好像兄弟之间那样相处和和气气。"

【解】偲偲：勉励、督促、诚恳的样子。怡怡：和气、亲切、顺从的样子。孔子认为交友就是政治的实践。君子如果说主要是道德意味概念的话，士人则是君子人格介入政治生活的身份。而介入政治的基本要素，其实就是交友的艺术。把朋友处成兄弟，是从政为士的基本条件。儒家不讲江湖义气，但这一章并不排斥江湖兄弟情义。江湖更有道家意味，士人与江湖似乎没有交集，其实声气相通。

【意】交友需要意量宽厚能容，否则无法介入关系，展开政治实践。后面是解释为什么这样说的原由，因为只有朋友和兄弟才做得到。知识分子之间，必须勉励才行。知识分子不是从学识上说的，而是从相处的状态说的，是从平等融洽、相互促进的角度来说的。要在关系中磨炼实践，处理好朋友关系，这其实是最难的，要把朋友之间的关系处理成兄弟，才是建立朋友关系的关键。

13·29 子曰："善人教民七年，亦可以即戎矣。"

【译】孔子说："（仁爱之意纯粹的）好人教化百姓七年之后，百姓也就可以应对战争，保家卫国了。"

【解】孔子承认战争的现实性，他指的是教化七年。按照下一章的逻辑，治国理政不可能没有军事训练内容，所以经过七年的有效训练，人们可以去打仗。但不是主动的战争，而是被动地应对战争，可以保家卫国就行。译成"善人教练百姓用七年的时候，也就可以叫他们去当兵打仗了"。在逻辑上有些勉强，因为教化七年并不是可以打仗的充足理由。

战争需要未雨绸缪，国家时刻要做战争准备，但孔子认为，战争的准备是由"善人"来教化民众的，这与战争的征战性质大不相同。换言之，孔子在这里提出了自己独特的战备观，不是反对战争，不是不做战争准备，但战争的动员者，必须是"善人"，也就是心思意念纯粹良善的人。可见，孔子明确反对仇恨式的战争教育和战争动员，反对心思邪恶的人去教人们走向战场。其实，孔子的这个说法大有深意。因为心思邪恶的人是让百姓为自己的利益打仗，是自私自利的，但"善人"是为国家和人民的利益打仗，所以是保家卫国，二者之间其实有着本质区别。"七"为周期之数，说明教化民众需要一段周期性的比较长的时间才可能有变化。

【意】知识分子是政治身份，这个身份要求用自己的政治意识与政治身份为社会情境创造动能，改变社会，使得社会中人的意识能量相互促动，彼此愉快而促进。（心思纯粹都是仁爱之意的）好人一样可以教导民众保家卫国，说明仁爱他人的心意并非没有力量，一个人仁爱他人，并不就因此变得软弱可欺。

13·30　子曰："以不教民战，是谓弃之。"

【译】孔子说："老百姓未经教化、不经训练就要他们去打仗，这其实就是抛弃他们啊。"

【解】教不仅是文化教化，也是军事教育。虽然孔子对于军事教育强调很少，但他意识到军事教化是文化教化的前提，人民得到文化教化的前提，是国家能够提供必要的军事教化，并保障人民的生命财产安全。如果人民没有基本的安全保障，也就不可能产生文化意识。可见，主动防御、主动避免战争才能开创安全坏境，这种安全意识是文化意识生发和滋养的前提。

本章当然是顺着上一章的意思的，认为老百姓需要善人的教化之后再去面对战争，知道保家卫国的正当性，而不是为了某姓一己之私利去作战。这可谓有"儒战"一说，即"善人之战"。从这个意义上讲，战争的正义与非正义，从是好人备战还是坏人备战开始就已经决定了。因为好人备战，意识中充满仁爱，不会轻启战端；而坏人备战，则完全为己私利，绑架人民，不惜生灵涂炭，战争的性质就完全不同。

【意】可见，领导人意不向民，即是弃民，不管人民的死活，不在乎他们生活在水深火热之中，让他们自生自灭。孔子是讲战争训练的，所以上一章单纯讲文教不可通，因为单纯的文教是无法预备战争的。如果军事训练一停，就等于让老百姓不具有应对战争的能力，一旦发生战争就没有办法保证老百姓的生命安全。儒家是非暴力主义，但孔子不是极端纯粹的非暴力主义者，也并不绝对反对运用暴力，他能够意识到绝对非暴力的局限性，所以要求领导人要教百姓基本自卫的能力，也是因为在当时国家之间发生战争是常态，人民能够自卫，国家才能立足于世。

宪问篇第十四

14·1 宪问耻。子曰："邦有道，谷；邦无道，谷，耻也。""克、伐、怨、欲不行焉，可以为仁矣？"子曰："可以为难矣，仁则吾不知也。"

【译】原宪请问什么是耻辱。孔子说："国家清明有道，做官拿俸禄；国家昏败无道，还继续做官拿俸禄，这就是可耻。"

原宪又问："好胜、自夸、怨恨、贪欲都没有的人，可以算做到达到仁爱之境了吧？"孔子说："（达到这些）可以说是难能可贵啦，但至于是不是达到了仁爱之境，那我就不知道了。"

【解】宪：原宪，孔子学生。本篇的主要编辑者可能是原宪，所以他把自己的问题放在开头。原宪在孔门当中"避世"倾向较明显，所以本篇多次提到入世出世相关问题，可能跟原宪关心的倾向性也有关系。谷：指做官者的俸禄。

克：好胜。理雅各译为love of superiority；韦利译成mastery；辜鸿铭译为ambition（野心、雄心、追求、抱负）；刘殿爵译为press one's advantage（利用自己的优势）；安乐哲译为intimidation（恐吓、威胁）；近于倪培民译的fondness of intimidating。

伐：自夸。理雅各、倪培民译为boasting；辜鸿铭、韦利译为vanity（虚荣、浮华、无价值）；刘殿爵译为brag about oneself；安乐哲译为self-importance（自负、自尊、自大）。

怨：怨恨。理雅各译为resentments；辜鸿铭译为envy（嫉妒、羡慕），程度浅；刘殿爵译为grudges；安乐哲译为ill will（恶意、憎恶）；倪培民译为resentfulness。

《宪问》篇讲修养与治国政术之间的微妙关系。通过评论各种政治人物，回归到君子品格的讨论。本篇的中心议题是做一个行己有耻、修己以敬的君子。从对卫灵公问陈的明日遂行，到对师冕的襄助之道，都体现了夫子坚守和践行道义的原则立场和精神追求。

此篇传为学生原宪编辑，强调知其不可而为之的精神。君子对于自己认定正确的事情，即使知道不会成功，也要竭尽全力努力去做，不以现实的利害、成败动摇自己的心志。强调儒者要择善固执。可能原宪有出世倾向，故此篇多隐士之对话，用隐士之言来衬托礼义的重要。

【意】原宪家贫，可能遭受过富家子弟的嘲笑，故在意"耻"的问题。家贫容易自知、自省而知耻，意念发动有自我反省的机制，耻在其中。在意念发动的反省之中，意识到心思意念行为不合适可能带给自己羞耻而预先有耻感。但是，通常意义上的耻，都是别人给自己的耻，可是孔子要求学生不要在无道之世谋食，要自省知耻，这是自律、自知之耻，非他律、他知之耻。

孔子希望学生能够自我调节心意，行为回归正当的心意状态和行为中道，以自己的意向不合正道为耻。耻是反思性的意向认知，以觉得不合道、不该做、做不好的事情为耻。仁爱之境是心意主动在仁人之境中，不仅要克服好胜、自夸、怨恨、贪欲等道德缺陷，更要主动回归仁境。可见，即使除了耻之外的其他情绪都克服掉了，未必就达到了仁爱之境，因为仁爱之境有特殊要求，即心心念念不离仁人之意境。

14·2　子曰："士而怀居，不足以为士矣。"

【译】孔子说："知识分子如果怀恋安逸的生活享受，那就不配称作知识分子了。"

【解】怀：思念，留恋。居：家居，安居。怀居：留恋家居的安逸生活。士：士君子，相当于今天的公共知识分子，是投入了公共生活的人，已经不再属于个人家庭生活意义上的知识分子了。

【意】士君子以天下为己任，其意量在国家天下。君子不仅关心社会，关心民生疾苦，而且投入社会，改造社会，才能叫"士"，即是出"仕"之人，未必是有官位的人，但一定是心忧天下苍生的人。士君子主要是能时时刻刻现实化自己的仁人之意。无论情境如何，知识分子都不仅有知识，而且要有情怀，要主动去改造社会，并将这种意愿付诸行动。"士"人的基本情怀是，既然已经投入社会了，那么就不能贪求个人生活的安逸。

14·3　子曰："邦有道，危言危行；邦无道，危行言孙。"

【译】孔子说："国家清明有道的话，可以说话大胆正直，行动按照正道直行；国家昏败无道的话，行动还应该继续按照正道直行，但说话就要退让谨慎了。"

【解】跟上一章相关，心意上要大胆，不然不能成事。国家有道了，就要敢于大干一场，国家无道了，说话自然得小心谨慎。这说的是一个公共知识分子介入社会的分寸与尺度，必须看社会的宽容度。

危：危峻、方正、正直。理雅各译为lofty and bold，bold有厚颜无耻之意；与辜鸿铭译bold and lofty近似；刘殿爵译为high-mindedness（高尚的、傲慢的、高洁的）；与安乐哲译high-minded近似；倪培民译为forthright（直截了当、直率），近于许渊冲译straightforward①。

孙：同"逊"，谦逊。理雅各译为with some reserve，和"危"相反；辜鸿铭译为reserved in the expression of his opinion（保留意见）；刘殿爵译为self-effacing diffidence；安乐哲译为prudent（谨慎、精明、节俭）；倪培民译为low key in speech（低调）；许渊冲译为cautious（小心）。表示无论国家有道无道，士君子都要正道直行，天下有道时可以高调行事，天下无道时，应该低调行事，以自修其德为主。

【意】知识分子的意识依其所在的政治情境而生。为了实现仁人之意的理想抱负，不可贪恋安逸舒适的生活。其言行的分寸要依据国家有道无道，这其实跟领导人是否推行仁人之意有关系。领导人推行仁人之意，则邦国有道，那么政治清明，人的行动就能相对自由，反之则邦国无道，人们只能道路以目了。

14·4 子曰："有德者必有言，有言者不必有德。仁者必有勇，勇者不必有仁。"

【译】孔子说："有仁爱之德的人，一定有流传于世的言论，但有流传于世言论的人不一定有仁爱之德。仁爱之人一定勇敢，但勇敢的人不一定有仁爱之德。"

【解】一个知识分子必然有言，但要考察他的言是否从内心的仁人之意出发。如果是的话，是有德而后有言，且皆有仁爱又有勇。如果不是的话，言论未必有德，表现勇，但未必仁。

理雅各译"有言者"为those whose speech is good（说话正

---

① 许渊冲：《〈论语〉译话》，第126页。

确）；韦利译为he who has eloquence（能言善辩）；安乐哲译为someone who has something to say（有话要说的人）；许渊冲译为one who says what is right（有正当言论的人）。

【意】内心有仁德，发于心意，自然有言，化于行动，自然有勇。但有言不等于有德，因为言论之有，不必本乎仁德，常有妖言惑众或者有勇气的行动，不见得仁爱他人，可能只是匹夫之勇，或者一时意气之勇。

有仁人之德的人一定会主动竭尽全力地去推行仁人之意，所以一定会有一整套的言论流传于世。但能够空口说仁人之意的人也大有人在，他们往往内心并没有仁爱之德。真有仁爱之德的人会竭尽全力、由内到外推致自己的仁人之意于天下，所以必然勇敢；只是勇敢的人不见得都发自仁人之意。

14·5　南宫适问于孔子曰："羿善射，奡（ào）荡舟，俱不得其死然。禹、稷躬稼，而有天下。"夫子不答。南宫适出。子曰："君子哉若人！尚德哉若人！"

【译】南宫适（南容）问孔子："后羿擅长射箭，夏奡力大可以推船，两个人最后都不得好死啊。大禹和后稷都亲自种植庄稼，最后却得到了天下。"老师孔子没有回答，南宫适出去后，孔子说："这个人真是个君子呀！这个人真崇尚道德啊！"

【解】南宫适：南容，适音同"括"。羿：传说中夏代有穷国的国君，善于射箭，曾夺夏太康的王位，后被其臣寒浞所杀。奡：传说中寒浞的儿子，后来为夏少康所杀。荡舟：用手推船。传说中奡力大，善于水战。禹：夏朝的开国之君，善于治水，注重发展农业。稷：传说是周朝先祖，又为谷神，教民种植庄稼。

上章讲勇，这一章与勇有关，对所谓"勇者不必有仁"是一个注脚。有勇，但无仁，不得好死。禹和稷有仁，而得天下。勇者无仁，仁者必有勇，即使种庄稼也是传递仁人之意的勇。王道就是推行仁人之意不遗余力而能成就。

孔子看到太多人口是心非，言不由衷，话说得很大很满，好似很大胆，其实内心毫无仁德。南宫适思考当中带有反思和谴责暴力的倾向，为孔子所欣赏。通过讨论仁与勇的问题，说明只有勇而无仁，则容易不得好死。

【意】仁即生意，仁人即有生生的生意，最后能够生天下。不杀人者，有生人之德，能够生养人。汉文化是生意文化，悟天地生意而为人间的生意，是推广自己的生意至于天下，所以儒家价值观不是崇尚勇力，而是崇尚生意。

儒家认为君子之王道生生不息，德性胜于霸道强力压迫。不当弓箭手，不使用蛮力，孔子就认为有当君主的潜质，这说明他强调统治者要以道德取天下，而不以暴力取天下，并以此作为是否是"君子"的关键分节点。这是君子从统治者过渡到道德楷模的中间环节。

14·6 子曰："君子而不仁者有矣夫，未有小人而仁者也。"

【译】孔子说："君子中达不到仁爱之意的人是有的，而小人中能够达到仁爱之意的人是没有的。"

【解】小人就是不仁之人。但君子未必是有仁爱之德的"仁者"，君子有可能达不到"仁"，说明"仁"比君子高。一解君子为在位者，有些在位者不仁。一解为不是只有小人才不仁，而是只有不仁者才是小人。[①]

【意】君子有仁人之意，但有些可能因为情境或自身的原因不去推致它，所以不是"仁者"。但王者之道就要竭力推仁人之意。小人本来就没有仁人之意，所推出来的当然都不是仁人之意，只是他们自私自利的欲望和利益。孔子勉励人们当君子，勉励人们多推致仁人之意。

14·7 子曰："爱之，能勿劳乎？忠焉，能勿诲乎？"

【译】孔子说："爱他们，能够不勉励他们劳作吗？忠于他们，能不教化劝告他们吗？"

【解】这是从君子（在上位的、有仁人之意的领导者）的角度说的，当然也可以是家长、老师等角色的感慨。

---

① 参见伍晓明：《吾道一以贯之：重读孔子》，第303页。

【意】领导人要保护民生，促进人民的生意，通过政治教化，勉励他们，希望他们通过人文化成，能够进入文明之境域。领导人把爱民体现在使民的过程当中，在使民的过程中，充分展示自己的生民之意（缘），让百姓成为自己生生不息的意缘。

14·8 子曰："为命，裨谌（bì chén）草创之，世叔讨论之，行人子羽修饰之，东里子产润色之。"

【译】孔子说："郑国发布的政令，先是由裨谌起草，然后交给世叔去研讨勘论，外交官子羽加以增删修饰，最后由东里的子产作文辞上的修改润色。"

【解】命：国家的政令。裨谌：郑国大夫，善谋划。世叔：子太叔，名游吉，郑国大夫，有文采。子产死后，继子产为郑国宰相。行人：官名，掌管朝觐聘问，即外交事务。子羽：郑国大夫公孙挥的字，善外交辞令。东里：今天的郑州，是郑国大夫子产即公孙侨居住的地方。

郑国子产发挥集体智慧来制定政令，让有能力的人分工协作，保障制定出来的政令万无一失，这也是处理政务的关键。这说明，用人是政治的核心，没有人才就做不成事情，而能够协调各种人才的人，其扮演的角色非常关键。

【意】政治之命令作为意念的实化，都有个修饰打磨的过程。让百姓接受和理解的政令，需要一个打磨的过程，后面也有仁爱百姓的情怀在其中，不是简单地命令百姓，而是要认真讨论，让百姓理解接受。政令与君子的意念实化过程一样，需要一个反省、讨论、自我省察和修改的过程，因为政令不能朝令夕改，制定政令之前先要认真讨论。

古代经典的成书过程是当时最有思想和文采的高明之士，仔细推敲文辞，历经千锤百炼而定型的，所以经典的遣词造句可谓无不恰到好处。近世由于新的研究方法和出土文献等证据，使得现当代人对于传承两三千年以上的经典缺乏敬畏之心，常常试图妄加己意随便篡改，看起来言之凿凿，其实是不尊敬经典的权威性，更不能理解经典本来就是那个时代顶级智慧的结晶，其成书过程是无数顶尖高手不断商讨、汇聚智慧、凝练文辞并最终修辞立诚的过程。

14·9 或问子产。子曰："惠人也。"问子西。曰："彼哉！彼哉！"问管仲。曰："人也。夺伯氏骈邑三百，饭疏食，没（mò）齿无怨言。"

【译】有人问子产是个怎样的人。孔子说："是个能够施恩惠给百姓的人。"又问子西是个怎样的人。孔子说："他呀！那个他呀！"又问管仲是个怎样的人。孔子说："管仲是个有才干的人物啊！他把伯氏骈邑的三百户封地削夺了，使伯氏终生吃粗茶淡饭，但伯氏一直到老死也没有怨言。"

【解】子西：楚国令尹，名申。人也：此人也。伯氏：齐国大夫。骈邑：地名，伯氏的采邑。没齿：到死，即终生。孔子说"他呀！就他呀"是不足道哉之意，好像没有什么可以说的，欲言又止，无法奉告。但对管仲还是很佩服的，认为他见识过人，手段到位，有谋略有胆识，令人叹服。

【意】管仲之仁，不是表面的仁爱天下，而是实际地让华夏文明之生意绵延不绝，是生意于天下的千秋伟业，所以是不言爱的大仁。仁人之意在不同人身上表现出来的意识状态不同，孔子对管仲的判断，告诉弟子们要试图把握他人起心动念的意向。

其实也可以说，孔子极推重致仁人之意于天下百姓的实际效果。这里对管仲儒法兼济、儒法互用的方式表示认可。孔子认为只要公正，百姓就无话可说，但这种无话可说有权力斗争的意味，只是孔子强调的是公正性。

14·10 子曰："贫而无怨，难；富而无骄，易。"

【译】孔子说："贫穷而没有怨恨，这是很难做到的；富裕而不骄奢，这是比较容易做到的。"

【解】上面讲到伯氏被夺，这里的"贫而无怨"可以说是对他的评价，他甘心被夺，没有怨言，当然很难，但管仲能够做到夺人而不被怨，更不容易，那是因为被剥夺者也服从于公平与正义，所以接受。

【意】说明管仲有强大的意能，善于把握公平正义的分寸，这个说法比较恰当而且到位，以致于让被剥夺者、贫困者都很少抱怨自己，因为哪怕让他们少怨社会不公，其实都不容易。伯氏不去抱怨实际带给自己厄运的管仲，那就是承认公平与正义的分寸真实无妄。

贫而无怨，因乐道而成君子人格，这就更难了。富人本来就有文化，有教养，所以本来就不应该显傲于人，这较容易。即使是一般的暴发户，就算本来修养不好，很难不骄傲奢侈，但因为有物质基础，要调整修养也比穷人难以改变其物质贫困的处境容易些。

14·11　子曰："孟公绰为赵、魏老则优，不可以为滕、薛大夫。"

【译】孔子说："孟公绰如果做大国如晋国赵氏、魏氏的家臣，是绰绰有余的，可是他却当不了像滕、薛这样小国的大夫。"

【解】孟公绰：鲁国大夫，属于孟孙氏家族。老：古代大夫的家臣。优：有余。滕：诸侯国家，在今山东滕县。薛：也是诸侯国家，在今山东滕县东南一带。

孟公绰有名望，有能力，可以胜任高而无权、尊而少责的大国事务，但小国可能事无巨细，琐碎繁杂，此人虽然克制（见后一章），但可能不善于处理过分繁杂的事务，未必有经世的才具。

【意】孔子判断人的意量大小很准确。孟公绰有德，但可能没有经营管理之才。可能德行高，但才华有限。有些人有推致仁人之意的意愿，但要有相应的品德，却不见得有相应的才能。可见孔子对推致仁人之意的具体能力也很重视。

14·12　子路问"成人"。子曰："若臧武仲之知，公绰之不欲，卞庄子之勇，冉求之艺，文之以礼乐，亦可以为'成人'矣。"曰："今之'成人'者何必然？见利思义，见危授命，久要（yāo）不忘平生之言，亦可以为'成人'矣。"

【译】子路问怎样做才是一个完美的"成人"。孔子说："如果达到像臧武仲那样智慧，像孟公绰那样克制欲望，像卞庄子那样勇敢，像冉求那样多才多艺，还能够运用礼乐加以修饰表现，也就应该可以算是一个完美的人了。"

孔子又说："今天所谓完美的人，又何必一定要符合这么高的要求呢？只要见到财货利益能够想到是否应得，遇到危险能够献出生命，跟人约定的时间长了，还能够不忘与人邀约时的诺言，这就已经可以算是一位完美的人啦。"

【解】接上章表扬孟公绰能克制欲望，有可取的一面，但显然"成人"比"仁人"还高，似乎仅低于圣人，可以理解为完成的人，人格完备、完美的人，相当于自我实现的人。臧武仲是鲁国大夫臧孙纥。卞庄子是鲁国下邑大夫。二位和孟公绰都是鲁国贤士大夫。要同"约"，"久要"是很久以前的要约或约定，一解长久处于穷困中，如辜鸿铭译为under long-continued trying circumstances, does not belie the professions of his life（处于长期令人难以忍受的环境下而不会违背他的人生誓言）。[①]

成人：完美无缺的人（perfect character，辜鸿铭[②]；perfect man，韦利）；完成的人（complete man/person，理雅各、刘殿爵、森柯澜）；都是道德virtuous或正直integrity达到极致完美之极点的人（consummate persons，安乐哲）。

朱熹认为是才全德备。子路要组合各位贤人的优点拼装成为理想人格，而孔子则从意识境界具体说明，完美的人对于身外之物有明确的反省意识，遇到危险有奋不顾身的献身精神，对朋友一诺千金，其人格之整全（integrity）几乎无懈可击。

【意】对于子路来说，他意识到实现"成人"状态基本是不可能的，所以只能是把很多人的优点收集在一起，表达可能的、理想化的"成人"状态，集智慧、克制、勇敢、才艺于一身，可见成人境界的意能层级达到极致。可以说，子路理解的"成人"是一种完美境界和状态，但孔子理解的"成人"是在具体生活世界当中表现出来的成为理想人格的修身过

---

① 参见辜鸿铭：《西播〈论语〉回译——辜鸿铭英译〈论语〉详释》，王京涛译注，第327页。
② 参见辜鸿铭：《西播〈论语〉回译——辜鸿铭英译〈论语〉详释》，王京涛译注，第326—327页。

程。[1]

今多讨论"成人"即如何成就理想人格问题。人生下来是"未成"之人，是意识自然流动的人，所以，带着天性流动的"意识流"，其实只相当于一件"未完成的作品"。如何才能通过有限的人生来修养成为真正的"人"？孟子提出要"扩充四端"，荀子认为要"化性起伪"。后来儒家不断深化相关讨论，蔚为大观。何以"成人"？其实就是要时刻涵养仁人之意。仁人之意帮助个体立足于家庭、家族和社群当中，不断成长以致推向国家和天下，这与西方原子个人主义的个人观，每个个体都需要通过联系和谈判来达成群体的观念，可谓形成鲜明对比。儒家"成人"观有助于解决个人主义引起的种种社会难题，而关键都在于如何修炼仁人之意，并持守至于极致，才能"成"。可见，修"成"需要在变幻莫测的人生境遇里、在纷繁复杂的利益选择面前、在极度艰难的人生困境当中，也时刻不忘对仁人之意加以锤炼，这种炼狱般的意识修炼过程，才是通往"成人"的必由之路。

14·13 子问公叔文子于公明贾，曰："信乎？夫子不言、不笑、不取乎？"公明贾对曰："以告者过也。夫子时然后言，人不厌其言；乐然后笑，人不厌其笑；义然后取，人不厌其取。"子曰："其然？岂其然乎？"

【译】孔子向公明贾打听公叔文子，问说："这是真的可信吗？这位老先生他不说话，也不笑，还丝毫不向别人索取吗？"

公明贾回答说："这是告诉你话的那个人说得太过分了啊。他老

---

[1] 2018年世界哲学大会的主题是"学以成人"，英译一般是learning to be human。安乐哲认为human being 不是人最合适的英译，应最好译成human becoming，以强调人是一个不断生成变化的过程，并突出中国哲学的过程性宇宙观，以与西方的实体性宇宙观相区别。安乐哲认为，如果要解决当前人类面临的诸多困境，就必须从个人主义转向另一种"关于人的概念"，所以他提倡儒学的新"成人"观，认为有助于改变现代文化秩序，变革个人主义所带来的种种困境。儒学和杜威的实用主义都主张人生活在关系当中，人需要通过与其他人的交往，提升人际关系的质量，使之"仁"化。安乐哲主张用"成人"（human becomings）这一新词来挑战人们所熟悉的、本质化的"人类"（human being）概念，以强调其生成性和过程性（processional），他强调中国古典宇宙观的三要素：关联互系性，通过增进有积极意义的关系而成长，以及在关系中实现和谐。

先生等到该说话的时候才说，因此别人不讨厌他说话；他到真快乐的时候才笑，因此别人不讨厌他笑；他认为合乎礼义的财利才去取用，因此别人不讨厌他取用。"孔子说："他原来是这样的人啊，难道他真的是这样境界的成人吗？"

【解】公叔之子：卫国大夫公孙拔，卫献公之子，谥号"文"。公明贾：姓公明字贾，卫国人。夫子：在文中指公叔文子。以是"这个"的意思。上一章问"成人"，这一章具体说明什么样的人是"成人"。

【意】孔子似乎怀疑如此完美的"成人"之存在，但更多的是感叹，说明是举例证明，世间的确存在"成人"（见上一章），即完美得令人叹为观止的人。意念之发讲求时机，合于情境，无所不成，完美无缺，通情达理，权变适中，所以是一般人难以企及的成人境界。

"成人"说话特别注意分寸，因为分寸很难，故意说对自己的意向，需要通过反省来明白把握时机，必须恰到好处。此人已经达到一种实现了仁人之意、接近于仁爱之境的状态，孔子觉得很少人能够达到，有惊叹，也有怀疑，但惊叹为主。

14·14　子曰："臧武仲以防，求为后于鲁，虽曰不要（yāo）君，吾不信也。"

【译】孔子说："臧武仲凭借着他的险要采邑，请求鲁君允许其后代子孙为鲁国卿大夫，虽然有人说他的做法算不上要挟国君，可是我才不相信这样的说法啊。"

【解】防：防城。臧武仲因得罪孟孙氏，逃离鲁国后回到防邑，向鲁君提要求，以立臧氏之后为卿大夫作为条件，自己才离开防邑。他以自己的封地为据点，在孔子看来是想要挟君主，这相当于犯上作乱，不忠于君。此事记载在《春秋》中。

本章开始评价政治家的手段了。从做交易的政治家臧文仲开始，后面的政治家的手段可谓五花八门，令人叹为观止，也作了后面引出隐士存在的合理性的铺垫，因为世道实在太乱了。在一个混乱的世道，没有"成人"的位置，即使道德再高尚，不能没有实力就去做交易，否则只能是政治与现实中的失败者。

【意】臧武仲的做法可能是形势不得已而为之，但孔子认为有违君臣之道。孔子不以成败论英雄，而以手段是否"合礼"来评价，反对不合礼仪的意生和意量，所以要求意念之生都合乎礼仪。孔子相信臧武仲的做法就是要挟，是跟鲁君做交易，在当时当地虽不是不可理解，但孔子从维护大一统的礼法制度出发，认为臣子都要无条件地服从君王，不可以跟君王讨价还价。

14·15　子曰："晋文公谲（jué）而不正，齐桓公正而不谲。"

【译】孔子说："晋文公诡诈、不正派，齐桓公正派、不诡诈。"

【解】晋文公：姓姬名重耳，春秋时期著名霸主之一，公元前636至前628年在位。晋文公称霸后召见周天子，孔子认为这是不可接受的，所以说晋文公诡诈。晋文公背叛秦并灭同姓诸侯，是以诈诡得位。谲是欺诈，玩弄手段。齐桓公：姓姜名小白，春秋时期著名霸主之一，公元前685至前643年在位。齐桓公打着"尊王"的旗号称霸，有召陵之盟，存亡续绝，孔子认为他表面仗义执言，并不诡诈。与晋文公相比，齐桓公对旧制度的保留较多。

【意】晋文公、齐桓公都是那个时代的霸主，但是否守礼法之正有所区别。孔子从维护周天子大一统的角度来判断，晋文公不合礼制所以诡诈。儒家政治的核心是意念之"正"，只有意念"正"了之后，才可能"正"而有"政"可治。"正"是正于儒家的政治理想，"政"是正于礼仪法度，齐家治国平天下。

14·16　子路曰："桓公杀公子纠，召（shào）忽死之，管仲不死。"曰："未仁乎？"子曰："桓公九合诸侯，不以兵车，管仲之力也。如其仁，如其仁。"

【译】子路说："齐桓公杀了公子纠，召忽为公子纠殉难自杀，但管仲却没有为了主君去自杀。"有人又问："（这样看来）管仲算不得仁爱之人吧？"孔子说："齐桓公多次召集各诸侯国会盟，没有使用武力就停止了战争，这都是管仲的力量啊。管仲这样就是仁爱之人啊，这样就达到了仁爱之境啊。"

【解】公子纠：齐桓公哥哥。齐桓公与他争位，兴兵伐鲁，迫使鲁国杀掉了他。管仲和召忽都是公子纠的家臣。公子纠被杀后，召忽自杀，管仲归服于齐桓公，并被任命为卿。九合诸侯：齐桓公十一次召集诸侯盟会。不以兵车：不用武力。如其仁：这就是管仲的仁德。

孔子之仁比忠高大，意义更广。管仲治理国家用法制和权术，可谓法家之始，但孔子认为他能够成功推致仁人之意于天下，也可以算是最高的仁爱之境。虽然孔子大部分情况下是动机主义者，但在这里是后果论者（consequantialism），他由管仲治国安邦的后果反推他有仁心，即有仁人之意。说明孔子之仁不仅是心意，更是推致天下的事功。或者说，有仁的事功，必须先有仁的心意，只有仁人之意才能实化出仁爱天下的事功。

【意】孔子的仁爱之意不是单纯的爱人之心，也不是单纯的为君主殉节的忠义之举，而是含有仁爱天下百姓的心意，这是政治意味的心意，推广天下的心意，都是以意境言生。如果没有仁爱天下的心意，就实现不了仁爱天下、造福天下的功业。孔子认为仁爱世人，并且用事功来实化、实现这样的大仁大义，并不容易。

管仲的心境属于仁爱之境，说明孔子的仁爱不是私人的、个人的，而是天下的、为公的。像管仲那种的心念发动，不是仅关乎君主，而是关乎天下苍生的生机，也可以算是大仁大爱。所以孔子的仁爱之境的境界很高，并不容易理解，容易把"如其仁"理解为谁如管仲那么仁。但显然管仲以力假仁，其他人都做不到像管仲那样仁，但这样解释似乎肯定"力"，认为孔子肯定、羡慕管仲之力，其实这不是孔子的本意，因为孔子的本意只是肯定管仲以小不仁赢得了大仁。孔子看到实现大仁的境界高于个人当下的权变，所以不当隐士，为了实现天下为公之大仁，必要的时候可以暂时牺牲个体心意之小仁。在这个意义上，本书"明意"部分以仁人之意，而不是仁爱之意为中心，强调"仁"是及物动词，要及于"人"（民），而不是不及物动词，不能只保持"仁爱"的状态，以为不及于具体的人（民）。可见，孔子的"仁"，既有动机主义，又有后果主义意味。

14·17 子贡曰："管仲非仁者与？桓公杀公子纠，不能死，又相（xiàng）之。"子曰："管仲相桓公，霸诸侯，一匡天下，民到于今受其赐。微管仲，吾其被（pī）发左衽（rèn）矣。岂若匹夫匹妇之为谅也，自经于沟渎而莫之知也。"

【译】 子贡问道："管仲不能算是仁人了吧？桓公杀了公子纠，他不但不为公子以身殉难，反而辅佐齐桓公。"孔子说："管仲辅佐桓公，称霸诸侯，协和并匡正了天下，老百姓直到今天还享受着他的恩惠。如果没有管仲，恐怕我们要（倒退至原始落后的状态）被迫披散着头发，衣襟向左开了。难道（你觉得管仲应该）像普通小老百姓那样，恪守小节小信，（因主君被杀等就）上吊自杀，被弃尸沟渠还没人知晓，那样才是对的吗？"

【解】 微：无，没有。被：同"披"。衽：衣襟。"被发左衽"是当时的夷狄之俗。华夏风俗是束发右衽。谅：遵守信用；指小节小信。自经：上吊自杀。渎：小沟渠。接上章孔子继续说管仲的好话。一定程度上，孔子美慕管仲得到机会能够干成大事，自然不应该像百姓一样随便死去，而得不到建功立业的机会。这还是以结果主义之境界来言其仁心仁意之生生。

管仲协和天下，虽然没有做到真正的统一，但孔子欣赏他能够做到的高度。显然，管仲仁与不仁，是孔子弟子议论很多的话题。所以把弟子中的代表人物，如子路和子贡等与老师的对话都记录下来，既形成鲜明的对照，又留给后人进一步思考和讨论的空间。孔子说过管仲"器量小"，有鄙夷之态，加上其背主求荣的行径，弟子们总觉得管仲说不上"仁"，但孔子不去追究其小不仁，而肯定其大仁，可见，孔子的境界超凡脱俗，有历史和全局的眼光。

【意】 孔子虽然有道德化的倾向，区分君子小人，但这里并不道德化，甚至连忠诚都不是他首先的考虑，而是考虑一个人的功绩和结果。这与他通常强调"忠""信"形成鲜明对照。这就说明，孔子真心希望他提倡的仁爱之意，能够实实在在地化为仁爱之境，能够及于人（民），而不是简单的心念修养功夫，可以说知"仁"的当下就要行"仁"于"人（民）"，有后来阳明"知行合一"之教的意味。

　　管仲不是有（道德意味的）仁德之人，而是能够把仁人之意推致天下之"人（民）"的天才。如前所言，推致实化仁人之意需要才华，而管仲正好有这样的大才。从另一个角度讲，为了推致大仁大爱于天下苍生，必要的权变是可以理解的，也是必须的。所谓"权"是为了推致大仁大爱于天下，有些时候必须要先生存和发展，而不必恪守道德教条。不可形势已改，却仍不知权变。"权"是依境而生，但不是一般意义上的依从境遇而变化创造，而是为了能够生存和发展，持续推致大仁大爱于天下，而不得不采取权变的手段。能够坚决地推致自己的仁人之意于天下的人，就需要理解其在形势变化当中必要的权变。

14·18　公叔文子之臣大夫僎（zhuàn）与文子同升诸公。子闻之，曰："可以为文矣。"

　　【译】公叔文子举荐其家臣僎和自己一同升做了卫国的朝廷公卿。孔子听说了这件事以后说："仅这一点，他就足以配得上'文'的谥号了。"

　　【解】僎：公叔文子的家臣之名。公：公室、公朝；这是说僎由家臣升为大夫，与公叔文子同位。公叔文子举贤不避亲，以平等之心待人处世，不但有见识，而且有胸襟，愿意把平民提升到卿大夫的层级。

　　【意】这里的"文"不仅是朱熹注的"顺理而成章"，因为推荐下级跟自己达到同一层级这样的事情，并不是顺人情之理就可以自然而成的，需要顺人心的仁爱之意才行。当然也可以说公叔文子把仁爱之意涵养到顺理成章的状态，就是仁爱之境了，这个境界就称得上"文"了。孔子所谓他配得上"文"，是他那种对贤人的宽容合乎仁义之意的理想状态。或者说，"文"就是仁爱之境。

14·19　子言卫灵公之无道也，康子曰："夫如是，奚而不丧？"孔子曰："仲叔圉（yǔ）治宾客，祝鮀治宗庙，王孙贾治军旅。夫如是，奚其丧？"

　　【译】孔子讲到卫灵公昏聩无道，季康子问道："既然如此，为什么他没有败亡呢？"孔子解释说："因为他有仲叔圉接待宾客（办理外交），祝鮀管理宗庙祭祀，王孙贾统率军队。有他们这样的贤臣辅助，又怎么会败亡呢？"

【解】仲叔圉：孔文子，与祝鮀、王孙贾都是卫国大夫，他们在位说明卫灵公虽然荒淫无道，但知人善任，懂得选用能臣护卫国家，生养国民，于是他的公爵就还可以维持，国家的命运也就可以维系下去。

【意】政治之道是与具体的政治场域及政治家的才能紧密联系在一起的，一个政治家要延续天地间之大道，成就其"德"。这样，昏君的心意就不是决定性的因素，而是一个统治阶层的共同意境构成了对现实政治的影响。如果外交能够维持，在国际上有一席之地，有抵御外侮的军事力量，还能维系自祖先延续下来的正统命运，则可能生生不息。

既然昏君也可以得到贤臣之助，可以维持国家于不败，说明虽然昏君可能没有多少仁人之意，但贤臣仍然可以发挥其仁人之意。这充分说明政治哲学因为牵涉现实，所以思考政治问题存在高度复杂性，不可简单以君王仁爱与否这样的道德判断来推测王朝兴亡的命运。

14·20　子曰："其言之不怍（zuò），则为之也难。"

【译】孔子说："一个人说话如果大言不惭，那么他把这些话付诸实践就很困难了。"

【解】怍：愧怍，惭愧。孔子强调言行一致，但整个官场文化言语是空心的，假大空的，不付诸实践的，孔子也见怪不怪了。当官的说表面的话，华而不实，古今同类。为了应付正面也好，为了讨好他人也好，反正说了都是空话，自己也不信，说了也不算，孔子是很反对的。

【意】言行的问题，话说出来不真诚，就当作空话在说，很多官员言不由衷，大言不惭，话中没有仁人之意，也就不可能身体力行，真当回事去实践。自己没有仁爱之心，既不能爱他人，实行也就谈不上了。自己没有真实的内涵，明明知道自己所言其实没有能力实现，说出来的话必然跟现实对不上，还不知惭愧，近于不知羞耻，简直是不把他人当人，也不把自己的话当回事。

14·21　陈成子弑简公。孔子沐浴而朝，告于哀公曰："陈恒弑其君，请讨之。"公曰："告夫三子。"孔子曰："以吾从大夫之后，不敢不告也。君曰'告夫三子'者。"之三子告，不可。孔子曰："以吾从大夫之后，不敢不告也。"

【译】齐国陈成子（陈恒）弑杀了齐简公。孔子斋戒沐浴之后，随即上朝，报告鲁哀公说："陈恒把他的国君杀了，请您出兵讨伐他。"鲁哀公说："你去报告孟孙、仲孙、季孙那三位大夫吧。"孔子退朝之后告诉大家说："只因为我曾经做过大夫，所以不敢不来报告，国君却说：'你去告诉那三位大夫吧！'"孔子去向那三位大夫一一报告，但三位大夫都不答应出兵讨伐。孔子又说："只因为我曾经做过大夫，所以不敢不来报告呀！"

【解】陈成子即陈恒，齐国大夫，又叫田成子。他以大斗借出，小斗收进的方法受到百姓拥护。公元前481年，他杀死齐简公，夺取了政权。简公即齐简公，姓姜名壬，公元前484至前481年在位。三子指季孙、孟孙、叔孙三家。从大夫之后是因为孔子曾任大夫职，但此时已经去官家居，所以说从大夫之后。

政治复杂，身在权力场中很无奈，只能做些该做的事情。孔子无法忍受陈成子杀死齐简公这样的事情发生，所以报告时说的都是实话，因为他的心中确实这么想，但也只能说说而已，因为他已经退官居家，除了尽量表达之外，做不了什么。至于表达之后，效果又如何，自己控制不了。既然无能为力，也就只能顺其自然。当然，学生们记载下来，说明还是赞成孔子当行则行的政治家风范。

【意】鲁哀公如果听了孔子的话出兵，可能就会发生战争。当然，从道德逻辑上讲，讨伐弑君之贼是应该的，但现实条件并不容许。三家大夫把持朝政，不可能认为陈成子弑君悖乱就要出兵去把他杀掉，另外实力可能也不允许，也觉得没有必要，毕竟对他们来说没有好处。

孔子有仁人之意，只要可能，非推行不可，即使自说自话，也一定要实化自己的意念。可以说孔子有点迂，只是因为当过官，就要过问国事，明知跟哀公是白说也要说；明知三位大夫有实权，说了白说，无法实行，但还要去说。说明即使真正地按照自己说的去做难度很大，也一定要想方设法把自己的仁人之意表达出来。这时候，礼就成为原则，忠君之礼不可违背，但现实未必如此，现实政治更多的时候是势力的平衡与消长，孔子不是不了解，只是他坚持自己的"理想—现实主义"，即理想高于现实的现实主义。

14·22　子路问事君。子曰："勿欺也，而犯之。"

【译】子路问侍奉君主之道。孔子说："不要去欺骗他，但（如果君主有过错）可以犯颜直谏。"

【解】事君不是事君主个人，而是侍奉高于君主个人的政治之道，或者是人伦家国合适的公义（义），或义道，所以如果臣子发现君主为了自己的私利背离公义之道，就可以不惜犯颜直谏，告诉君主不合于道义之处，从而实现"义"高于"君"的儒家政道。事君以忠诚于政治之道为第一，不可以欺骗君主，哪怕君王不高兴，这是把私人得失放在政治之道之下。

【意】这还是孔子的"理想—现实主义"的表现，即不能为现实政治所束缚，该坚持仁人之意理想的地方，宁可犯颜直谏，也要表达出来。儒者内心认为自己虽然不在君位，但掌握政道的真理，政道之真高于君王和现实政治，孟子的天爵人爵说法带有类似意味。君子的仁人之意超越现实政治而时刻上达于道，这就是君子心意的境界，上达于仁人之境，而小人是在一个私意之境，心意狭隘。

14·23　子曰："君子上达，小人下达。"

【译】孔子说："君子向上通达仁义，小人向下通达财利。"

【解】达：通达，实践，成就，上达高于君王的政治之道意。精神力是向上的，肉欲和物质力量是向下的。上达通道，难，需要悟性。下达不甘，缺少心得。小人下达，在乎形而下的利益。关于"上达"，理雅各译为progress...upward（发展向上）；韦利译为influence those who are above him；安乐哲译为takes the high road。关于"下达"，理雅各译为progress...downward（发展向下）；韦利译为influence those who are below him；安乐哲译为takes the low。小人表面上在乎君主，其实把自己的意能都向下转化而达于自己的私利。

【意】孔子区分人的根器和意识的分量。君子心思通达于道和理，小人心思固执于器与物，也就被限定了。上道下器，上义下利，上理下欲。就文字理解来说，有些人思想通达，思考力可以力透纸背，上达于哲学思想的大道；有些人被文字所拘束，其思想就只能达于文字本身，在文字上面打转，着相而下达。

14·24 子曰："古之学者为己，今之学者为人。"

【译】孔子说："古代的人学习是为了提高自己，而现在的人学习是为了给别人看。"

【解】孔子希望改变当时为人和学习的风气。"为己"之学是修身内省，自得其乐，改变提升自己。己为本，人为末，可读书人多为稻粱谋，为外在和他人看得见的功名利禄，为光宗耀祖。可见，"古今"实是虚说，因为古今的情况一样，"人己"倒是实说。其实己在人间，无人则无己，己的确立需要通过与他人的沟通互动。孔子不讨论孤立的自己，而是强调在人群之中建构自我。个人的精神境界也是在与他人精神的沟通甚至冲突当中彰显出来的，是在人生的风雨当中、在与他人交流的实践当中建构起来的，强调以立己为本，不可舍本逐末。

本章接续上章继续说明，孔子认为一般人的智慧可以说是下达的小人境界，君子修身养性需要追求上达天道的境界。君子之仁有纯粹为了仁之义本身，而去为仁的一面，也就是为仁而仁的纯粹目的性的一面，其崇高性和纯粹性不可一概否定。可见，"为己"才能纯粹，才能自我超越，才可能在自我反省和意识的修养上下功夫。

【意】政治之道要处理的关系就是自己与他人的关系，即如何交友的关系。政治的要诀不是为了利益与他人相交，而是为了自己心灵的成长，而建构人伦家国。古人学习高于君主的政治之道，并不是为了服侍君主，而是为了自己能够超越君臣之相，而上达于大道。这就是君主意向的方向性时刻处于反省之中的状态，虽然政治的意识生于政治的场域和情境，而政治情境相对自然固定，但意识随时可以超越。

儒学是修心之学，着重先成己，先要有得于心，这是圣学血脉所在。时时刻刻把当下的"意"修为"良意"，即回复到"天良之意"的本体状态、未发状态。在反省中，即知意之良，昭昭朗朗，在天地之间，如日月之行，光明灿烂。在这个意义上，可以不用借助先行的、先验的良知本体，而且不需要借助于超越的良知存在，因为良知就是意识之天然良善。

14·25 蘧（qú）伯玉使人于孔子，孔子与之坐而问焉。曰："夫子何为？"对曰："夫子欲寡其过而未能也。"使者出，子曰："使乎！使乎！"

【译】蘧伯玉派使者去拜访孔子。孔子让使者坐下，然后问道："蘧老先生最近在做什么？"使者回答说："他老先生总是想要减少自己的过失，可惜一直未能做到。"使者走了以后，孔子说："好一位使者啊，好一位使者啊！"

【解】蘧伯玉：卫国大夫，名瑗，孔子到卫国时曾住在他的家里。上章讲为己，此章讲为己而自修，而自修最重要的是减少过失。用"良意"在意的发动处自我反省减少"恶意"，即时减少过失。孔子对于蘧伯玉在"良意"层面主动"克己"，改变自己的意向性存在的问题的修养工夫由衷地佩服。当然，这个使者也不是一般人，他知道修身工夫的核心，所以其回答让孔子由衷叹服。[①]

关于使者，皇侃《疏》称："孔子美使者之为美，故再言'使乎'者，言伯玉所使为得其人也。颜子尚未能无过，况伯玉乎？而使者曰'未能'，是得伯玉之心而不见欺也。"又朱熹《论语集注》："言其但欲寡过而犹未能，则其省身克己，常若不及之意可见矣。使者之言愈自卑约，而其主之贤益彰，亦可谓深知君子之心，而善于辞令者矣。故夫子再言使乎以重美之。"这个使者虽未留下姓名，却是《论语》中最有价值的无名氏！他的一句话，"欲寡其过而未能"，何其精妙！毫无赞美之意，甚至有微微的贬抑，却因蕴意高远，而点亮了整个意境！千载之下，都会令人无限感佩。

记录这个场景的学生，是孔子真正的知音，寥寥数语，有若神来之笔，一切尽在不言中！犹如禅境，意义层出不穷！孔子虽然感叹知音难觅，但其实身边知音很多啊！没有这些知音弟子留下言简意赅的文字记录，后人如何可能悟得圣学呢？

---

① 刘强理解"过"为关键，点出了这个使者真不简单的核心所在。参见刘强：《论语新识》，第401页。

【意】这个使者洞彻自己主人的心意，更与孔子心心相印，修身之功更是非同寻常！通过孔子的表扬，一个作为为己之学样板的高明使者的形象呼之欲出！想想孔子目送使者出门，是何其感叹，世间还是有如此深入了解自己为己之学的人，这个使者才真是我的知音啊！一切尽在不言中，其实也有点机锋的味道，这可以说是"孔门机锋"。

儒家把修养自己看作人生第一等事。而修养的工夫，就是在意念的生发和实化为行动之时，都要时刻保持自省状态，才能寡过。圣学血脉，超言绝相，本章通过记述孔子与使者的心心相印，可谓孔门心法的典型说明。他也让后世儒者意识到大家都应该做孔门心法的传人，成为孔门心法的好使者。

14·26　子曰："不在其位，不谋其政。"曾子曰："君子思不出其位。"

【译】孔子说："如果不在那个职位上，就不要去谋划那个职位上的政务。"曾子说："君子考虑问题，从来不超出自己的身份和职位。"

【解】此章在8·14出现过，这里重出，其实是接续上章，说明减少过失最直接的方法，就是不要随便妄议朝政。既然不在政位，就不要随便讨论政事，影响君主的决策。也可以理解为在前后章谈论修养工夫的情境当中，再次对君主出仕，即参政议政时的心意状态加以强调。可见，本章虽然重出，但并非无意义，很可能最初编辑的时候，很多学生相互讨论，不可能没有意识到此章重出。但后来历代都不改，而且刻意保留，都说明为了尊重和保存最初编辑者们的苦心孤诣，一仍旧贯。希望后人能够理解最初的编者故意如此编辑，和赋予其中的用意。

【意】儒家政治之道要求君子知道自己与他人意念的分限，把心思意念调适到合理状态，才可能建设合理的人伦家国，而人伦家国是由各种权力网络和相应的权力位置构成的，所以离位就不要谋，要当位而谋，正言而行。谋政是政治念头，而政治念头受具体时位的限制和束缚，虽然意识可以超越具体的政治位置，但要自我约束，尽量不要逾越政治位置。自己的意念发动当适合其位，如忠君爱民之念，才是建构人伦家国的合理政治意念。

孔子之教的永恒性在于，他不只限于时空的政治思考，而是提升到政治哲学的层面来反思政治的念头与实践。虽然不是所有的念头都是政治性的念头，也就是说，不是所有的念头都可以被具体身体所在时空与位置所限定。有着儒家仁人之意的君子，可能因为没有君主之位，在身体上不是国家的主人。但在精神意识上他们仍然可以是国家的主人，虽然不谋划具体的政事，不介入具体的政治事务，但思想意识上仍然可以以主人翁的姿态思考政治哲学问题，时刻准备参与和介入，用自己的行动设法使不完美的世界变得更加完美。

14·27　子曰："君子耻其言而过其行。"

【译】孔子说："君子认为，一个人说的话超过了他行动所能够完成的，这是可耻的。"

【解】承接上章，如果君子影响了政治决策，君子的言语就超越了自身的本分，甚至超过了其行为可能的影响力，这种妄议朝政带来的负面结果是可耻的，士君子要尽量避免。尤其是自己关于政治的想法太多，说了但做不到，没法落实就不太合适。

政治行为有强烈的分寸感，如果自己知道做不到，就不要乱说乱做，否则容易自取其辱。从君子作为贵族的角度来理解，贵族不掌权就不能谋政，只能谋事，也就是只能谋国事，而不能谋国政。没有位置，就不能谋政。

【意】其实，即使是孔子自己都难以做到。一方面要竭尽全力地实化自己的仁人之意，但另一方面又不要过分越界，谋划不在职位上的事情。可见，推致仁人之意的分寸是非常难的。如言过行，大言欺世，则不合适，当慎言谨行。如王阳明所言知行合一，这是指知行一致，合一是后来发展的。仁者不忧，正念自趋有能。人持守正念，即有力量，不必言过行，而是行而成。

14·28　子曰："君子道者三，我无能焉：仁者不忧，知者不惑，勇者不惧。"子贡曰："夫子自道也。"

【译】孔子说："君子之道有三个方面，我都未能做到：充满仁爱之意的人没有忧愁，聪明智慧的人没有迷惑，勇敢果决的人不会畏惧。"子贡说："这正是老师对自己的表述啊！"

【解】三达德可以说是自谦，因为孔子说自己做不到，含有理想境界不易实现的意味。"自道"也可以理解为老师自己行的道，也就是说，以子贡为代表的学生们认为，老师其实是做到了的。

【意】仁者仁爱、包容、化敌为友，不必忧虑自己的业力有不好的回报。知者清明、灵动、判断准确，不会被外在的幻象所迷惑。勇者果决、坚毅、行动力强，努力实化意念而无所畏惧。

14·29　子贡方人。子曰："赐也贤乎哉？夫我则不暇。"

【译】子贡评论别人的长短是非。孔子说："端木赐啊，你自己真的就那么贤良吗？我可没有那闲工夫去说人长短。"

【解】方人：谤人、评谤、诽论别人。赐也贤乎哉：是用疑问语气，批评子贡不贤。随便议论他人，也是议论朝政的一种变形和延伸。孔子的意思是，我自己做个贤人都来不及啊，哪有时间去道他人的是非长短。孔子显然反对过度评论他人，认为不要花时间去对他人评头论足。孔子认为，自己根本没有时间去议论他人长短，何况这是一种可能带来负面效果的可耻行为。

【意】不过，孔子虽然评论他人不少，但认为不可说诽谤和过分的话。可见，就是评论的时候，意向也不可只是朝向他人，而要多反省自己，让评论之言保持中道和合适的分寸。议论他人非仁人之意所包含的意思，人的意识修养所应该保持的状态，毕竟议论人的是非不是仁人之意的状态，人都有长处和短处，不应该说别人的不是。

另外，评论他人是以自己为出发点，还是努力做到客观公正，是有区别的。不是不可以议论，但评论要公允，尽量公道、合乎中道、不为私利。

14·30　子曰："不患人之不己知，患其不能也。"

【译】孔子说："不要忧愁别人不了解自己，要担心自己没有能力。"

【解】议论他人，有担心别人不了解自己的潜意识心理，孔子认为，这样的担心是要不得的，要紧的是自己有没有足够的能力。这种能力是相信自己的意识能量，如相信好的作品、好的思想一定会流传后世。如果一个人没有那样的能力，即使追求闻达，最后也还是不能得偿所愿。

【意】儒学是为己之学，不为他人，因为己通于人，知己即是知人，知己有能，善于解剖自己，了解自己。越透彻就越能够了解他人和世界。否则，一个人没有真才实学，无法真正了解自己。这是一个人意识发动之间升起的反思力，即意能。可见，关键在于自己的意能如何，如果总是担心自己的意能不足，那就不足以成事。

14·31 子曰："不逆诈，不亿不信。抑亦先觉者，是贤乎！"

【译】孔子说："不预先猜测别人会欺诈你，也不要凭空臆测别人不信任自己。然而遇事总能事先觉察别人的欺诈和不诚实，这不就是贤明了吗？"

【解】逆：迎，逆测，预先猜测。亿：通"臆"，猜测。"不信"一解不信守承诺。同样是反省自己的潜意识，不应该去猜测别人可能会欺诈你，但遇事还是要有些先见之明，这是贤明的表现。

孔安国、何晏等汉晋学者以"抑亦"为表示承接的连词，将"先觉"理解为逆诈者或亿不信者，说明贤人修身养性不可逆诈，也不可亿不信。如果一个人预先猜忌他人，怀疑他人不守信用，这种人怎么可能是个贤人呢？程门子弟、朱熹、王阳明等宋明儒者不同意汉晋学者的解读，而以"抑亦"为表示转折的连词，强调贤者有先知先觉的能力，本章遵从宋明儒者的解释。

【意】仁者虽然不猜测他人，但对不合适的心意敏感且善于觉察，其实就是对他人意识境遇的深度和广度有深不可测的觉知。自己先有预感，先行知道别人对自己如何。孔子虽然不被别人理解，但有能力隐隐感知到别人的态度，所以说"贤"而能明，是能够提前感知，有一种直觉性的领悟，事先感觉出来。可见贤人是有见识的人。

贤者的世界观是心物一体的，其意识与天地万物的变化相感通。他们是能够夕惕若厉、履霜坚冰之人，对于世事变化的几微之处，能够有先知先觉的能力。贤者对于事物变化的征兆比较敏感，因为善察几微，所以能够躲过小人的欺罔，好像有先知先觉的预见力一般。王阳明认为是因为君子能够保持良知晶莹透彻的澄明状态，所以能够于飘忽不定的毫厘细微之变当中，领略到人情机诈的变化。这说明，良知的精明彻贯是打通后天与先天境界的，换言之，对后天境界当中人心变化的彻悟感，几乎是通达于先天境界一般。因为心力能够透于先天之境，所以能够贯通后天的阴阳之化。

14·32 微生亩谓孔子曰："丘，何为是栖（xī）栖者与？无乃为佞乎？"孔子曰："非敢为佞也，疾固也。"

【译】微生亩对孔子说："孔丘啊，你又何必这样四处奔波，来回游说呢？你莫不是就想显摆自己的口才？"孔子回答说："我还真是不敢卖弄自己的口才，只是想要医治世上那些顽固执拗的人啊。"

【解】微生亩：鲁国人，姓微生名亩。是：如此。栖栖：到处奔波，忙碌不安，好像鸟群一样，飞了又落下，翔集而不安定的样子。疾：恨、厌恶、讨厌，引申为医治。固：固执，一说陋习；一说顽固不化的人；另说指尾生高，固守诺言到固执不会变通的程度，可能孔子故意这样说，一语双关，带有反讽的意味，意即我到处游说就是为了改造您这样固执不化的人。

【意】孔子有巨大的改造世界的热情，竭尽全力地去实化它，被人误会也在所不惜。孔子是有着深远的见识和先知先觉的人，对于世上的病症深恶痛绝，每天都奔波教化众生，希望能够改变世风，不理解的人以为孔子只为了卖弄自己的才华。孔子发出仁人之意，济世救人，可是很多像微生亩这样的人并不买账，觉得孔子在卖弄自己的才学与口才，但孔子还是尽可能地修己救世。

14·33 子曰："骥不称其力，称其德也。"

【译】孔子说："千里马值得称赞的不是它的气力，而是应该称赞它的品质和才德。"

【解】骥：千里马。古代称善跑的马为骥。修己救世不是用气力，而是要借助德行来展示自己的能力和才华，不然，有能力也可能没有人知道，或者也没有机会展示出来。

【意】孔子坚持努力实化自己的仁人之意，不是靠力量，而是靠仁德，靠爱人不辍。有了德行之后，才可能有气力去致远千里。孔子强调品德高于才能、气力。

14·34 或曰："以德报怨，何如？"子曰："何以报德？以直报怨，以德报德。"

【译】有人说："用善德来报答怨恨怎么样？"孔子说："如果这样的话，那用什么来回报恩德呢？应该是用正直来回报怨恨，用善德来报答恩德。"

【解】以直报怨，与善心报恩，这是以区分善恶为前提的，善恶分明，带有准宗教的意味，但这种善恶，是天地自然之善，是天地良心发动的天良之善，不是超越的、外在的人格神以神谕方式规定的善恶之善。因为是以心通心的天良善德，所以怨也是违背天地良心的怨恨，所以不必抱怨，用正直合德的方式来回应，合情合理。

【意】"以直抱怨"不同于《道德经》七十九章"报怨以德"，追求合乎自然大道不同于佛家舍身饲虎，也不同于《圣经》爱敌如友，别人打你的右脸，你就把左脸转过去给他打。儒家认为，人怨恨你，你不怨他人就可以，不必给他仁德与爱心。以直报怨，不求怨上加新怨，而是继续以正直之道实化自己的仁人之意，不成功也不要悲观丧气。既然已经区分善恶，就要用仁爱通天的智慧，顺天道天良之理去争，而不要以仇怨之心用力去争。以直报怨设定了人与人的共通之处，认为用直道回复他人的怨恨，他人可以直接体悟到，也就是把怨直接还回去，他人恨你时，期待你收到的怨恨，他自己也会收到。

儒家否定绝对差异和绝对孤立的个体存在，不认为人都生活在自我孤独的感受之中，而是相信一切爱恨情仇都是关系性的，所有的情感都可以通过关系而达致他人，没有人可以独立于家国和社群关系之外，所有人都是关系性的存在，每个人都要致力于建构和谐的人际关系以促进人伦共同体的发育和成熟。

14·35 子曰："莫我知也夫！"子贡曰："何为其莫知子也？"子曰："不怨天，不尤人。下学而上达，知我者，其天乎！"

【译】孔子感叹说："没有人了解我啊！"子贡问："怎么可以说没有人了解您呢？"孔子回答："我不埋怨苍天，也不责备世人。下学人间世事，上达天道天命；能够了解我的，恐怕只有上天了吧！"

【解】尤：责怪、责备、怨恨。此章之"怨"与上章相通，上章是如何报怨，此章是无所怨。其实，无论天给的不公平，还是人给的不公平，常人多有所怨，抱怨命运不公，人情冷暖，而孔子说自己早已看破人世恩怨，既不怨天之不公，也不怨人之怨己。下学而上达：下学学人事，上达达天命。理雅各译为my studies lie low, and my penetration rises high（研究很低，眼光很高），译文含意不清；韦利译为the studies of men here below are felt on high（对世上苍生的研究，苍天也会有所感知）；安乐哲译为I study what is near at hand and aspire to what is lofty；许渊冲译为I only learn laws human and divine。[①]

本章开启后面整个隐士部分章节的头。我依从仁德行事，但了解我的人实在太少了！不了解也不怨人，我自己下学而上达天道，有老天理解我也就可以了！有人把老天理解为全知全能的人格神，以为非如此"天"不能"知"，但这其实是表达孔子的一种情绪，即人间没有人能够很好地理解他要推行的仁人之意，传达的是那种"难于上青天"的意味，主要是表示不可能、几乎没有的意味，并不是要强调作为一个外在超越的人格神之天，实实在在知道自己的一举一动，而弟子们明明看见自己的一举一动，却没有丝毫的理解。

【意】可以感觉到孔子晚年的时候很孤独，最后靠天来安慰自己。学生们虽然很多，但可以说都不是知音，颜回还过早离世，基本上孔子不可能与其他学生们成为知心朋友。此语比善德报恩德更有宗教意味，因为孔子不怨天不尤人，虽然既已看破人生恩怨，尘劳纷争，但一般学生和民众，根本不可能理解孔子的境界，所以他才会说恐怕只有老天才能理解自己吧。这样的说法，为后面孔子不断被隐士误解埋下了伏笔。

仁人之意的哲学思想非常不易被一般的学生和当政者所理解。孔子一生都怀才不遇，几乎没有合适的时机施展才学。君子安命而行，接近于《中庸》"居易以俟命"的说法，也跟庄子"知其不可奈何而安之若命"接近。天命既超越又内在，既代表着时势的限定性，也代表宇宙神妙的创化功能，天人一体。

---

① 许渊冲：《〈论语〉译话》，第131页。

14·36 公伯寮（liáo）愬子路于季孙。子服景伯以告，曰："夫子固有惑志于公伯寮，吾力犹能肆诸市朝。"子曰："道之将行也与，命也；道之将废也与，命也。公伯寮其如命何！"

【译】公伯寮向季孙氏诬告子路。子服景伯把这件事告诉孔子，并且说："季孙氏的心志本来就已经被公伯寮迷惑了，要不是那样的话，我还是有能力能够让季孙氏把公伯寮杀了，把他陈尸街市示众。"孔子说："我的道如果能够得到推行，这是天命决定的；我的道如果不能得到推行，也是天命决定的。公伯寮他又能把天命怎么样呢？"

【解】公伯寮：姓公伯名寮，字子周，孔子学生，是季氏的家臣。愬：同"诉"，告发，诽谤。子服景伯：鲁国大夫，姓子服名伯，景是他的谥号。肆诸市朝：古时处死罪人后陈尸示众。

本章与怨恨有关，举例说明如何以直报怨。其时当在鲁定公十二年（前498），孔子为鲁司寇并摄相事，子路为季氏宰，子路被诬告后，孔子没有让子服景伯动用手段把公伯寮杀了，而是顺天由命，认为天命会给予自己的道公平正义的回报，公伯寮这样的所作所为也必有报应。公伯寮迷惑季孙氏，是想改换天命，使之有利于自己，但孔子觉得，他是小人之心，小人之力，对自己的大道改变不了什么。

学生们学成之后，不少人进入权门并为之服务，他们之间的斗争，往往也是非常残酷的，动不动就涉及生死。作为先生的孔子，宅心仁厚，不愿意激化自己学生们之间的矛盾，觉得他们的命各有因果，自有报应，各安天命，随他们去吧，不要过度干扰他们的命运轨迹。

【意】孔子被迫离开鲁国之前就饱含这种无奈的天命观，这跟后面孔子与隐士的对话的底色相通。人间成事有太多的无奈，孔子无法改变鲁国政治，体会至深，既然大势已然无力回天，就不要继续用暴力去伤害任何人，大家各安天命，该怎么样就怎么样吧，这带有无奈和随缘的态度。

孔子反对暴力，儒家因此可以说是典型的非暴力主义，反对把私人恩怨上升到公共审判和煽动公权力暴力化的可能性，更反对直接性的群体暴力，如16•1"季氏将伐颛臾"，无论多大争端，暴力都不是首先的选项。他有意地避开了君主暴力政治最残酷的一面，而不断提倡人性最温情的一面，希望人性之光能够照亮时代，改变历史。他的言行当世没有实化出来，但后世激发了无数仁人志士继承其志而发扬仁爱的光辉。

14·37 子曰：“贤者辟（bì）世，其次辟地，其次辟色，其次辟言。”子曰：“作者七人矣。”

【译】孔子说：“贤明的人（看到天下无道）逃避乱世去隐居，次一等的人躲避乱地搬到另外一个地方去，再次一点的人看到别人难看的脸色就避开，更次一点的人听到别人说话不对劲就赶紧回避。”孔子又说：“因此而离去的（贤人）已经有七个了。”

【解】辟：通“避”，逃避，指积极隐遁，求生而续其生意。七人：伯夷、叔齐、虞仲、夷逸、朱张、柳下惠、少连，见18•8，指古代隐士中的贤人。能够回避是传说中的七贤，孔子虽然欣赏，但不采取他们的姿态。此章借助历代著名隐士的例子说明天命难以实现的无奈感，比上一章孔子被迫离开鲁国去周游列国的无奈意味又深了一层。本章开始讨论避世隐居，明确讲隐士，推进了隐遁的层次。“士”人不出“仕”，不入世，即为隐士，不介入政治。隐士多是主动退隐，孔子不是这样的人。

【意】入世还是出世，是一个永恒的问题，也是一个士人时刻要面对的选择。孔子之所以被后世推崇，是因为知道入世实化自己仁人之意之难，但还是要坚守对入世的责任和态度，尽可能地改善社会，建功立业，这是孔子不容易的地方，也是这种入世和出世之间饱满的张力，让孔子的人生意识状态成为后世儒家智慧不竭的源泉。

当个隐者，独善其身，保存自身，不是一种非常艰难的选择，真正难的是择善固执，在艰难的处境中不改变初心本意，如孔子无论何时何地，都坚持实化自己的仁人之意。在纷繁复杂的世事之中，磨炼和陶冶自己的真性情，建立自己的心灵宇宙，描绘爱意人生的风景，这是儒家的梦想，也是儒家的坚持，也是儒家在这个世界上得到认可的关键所在。

儒者的心意，包容天下，承担责任，造福社群，即使在异常艰难的时势当中，也要努力去实化自己的仁人之意，去行动和做事，这是儒家最让人感动和能够激发后人心志的地方。夫子尊重隐者，有时也想乘桴浮海，浴归放歌，跟隐者对答之后，有“怃然”之感，让我们感受到夫子对隐士出世境界的向往。可是，当下意念只有一个方面，或者指向内心，或者指向他人与世间，夫子毫不犹豫让自己的意向性指向他人与世界，让自己的仁人之意永远饱含丰沛的温情。

14·38 子路宿于石门。晨门曰："奚自？"子路曰："自孔氏。"曰："是知其不可而为之者与？"

【译】子路在石门过了一宿，第二天清晨，守城门的人问他："你从哪里来？"子路回答："从孔子那里来。"守城门的人感慨道："就是那个明知做不到却非要去做不可的人吗？"

【解】石门：地名，鲁国都城的外门。晨门：早上看守城门的人，但因为了解孔子，带有高明的隐士意味。其实孔子排斥各种层次的隐遁，主张"知其不可而为之"，非常努力去实践，听从内心的呼唤，不论结果如何。安乐哲译"是知其不可而为之者与"为isn't he the one who keeps trying although he knows that it is in vain? 许渊冲译为is it the man who would try the impossible?①孔子避世，其实是明知不可为而为之，开辟了另一片传道的时空和天地，赋予了那个时空更大的意能，而这种意能，延续千载，似乎无所成，其实有大成。

【意】孔子在这一章表现的是典型的实化仁人之意的坚持，更是开创了实化仁人之意千载不朽之境界。"知其不可"是智慧，"而为之"是道义，也就是智力上明知仁人之意在当世不可能实化实现，但出于对天下苍生、对文明继往开来的道义和责任一定去做不可。可是，正是这种不可而为，才成为大为，因为不是"人为"，而是"天为"，是天道之大为。

儒家仁人之意的正向发动不计后果，再一次说明，儒者是动机主义者，讲究的是意念发动瞬间的纯然至善，即使发于世间，用理智推测就知道仁人之意难以通达，但还必须坚持自己的善念，不轻易妥协改变。这是良意（天良之意）的自我反省，时刻通乎天意，而能够成就"天为"，成就"天事"。

儒家的悲剧色彩，在仁人之意发动的瞬间就已经铸成，但儒者绝不因为后果的艰难，和行之唯艰的悲凉色彩，就降低心念保持至善的勇气。这种至善的力量来自对天地自然之善的领悟，即天地本然如此至善，人在世间就当随顺天地至善。这不是简单的"我要入世"那么简单，不是一种外在的道

---

① 许渊冲：《〈论语〉译话》，第131页。

德命令，而是一种内在的、但通于天地自然至善的意念（也就是天良之善）的纯然驱动。正是这种悲凉，铸就了儒者伟大人格顶天立地的底色。

儒者的自由意志与道家要求意念顺应自然以期达到自由不同，可以说是纯粹至善的实意（实化仁人之意）主义，也就是说，是念念发动处皆在善中的实化意念的过程。换言之，念念发动以"良意"为本。这种意念发动的纯善从一开始就有一种决绝的崇高感，一种面对不测人生的英雄主义气概，一种"虽千万人，吾往矣"的决心和努力。

由纯粹至善的心念实化构筑的儒者人生，并因之凝练的天命，是可以究诘和质问的吗？儒者"尽人事，听天命"，即使在绝望中究诘和质问，也仅仅如此而已，只要发心纯正，足以问心无愧，而顺天地自然之善的仁人之意当下贯通天地，可以垂续后世。历史上无数儒者为了公平和正义前仆后继，甚至杀身成仁而在所不辞，正是这种决绝的崇高感，把儒者的精神境界提升并保持到人间最崇高的状态。

14·39　子击磬（qìng）于卫，有荷（hè）蒉（kuì）而过孔氏之门者，曰："有心哉，击磬乎！"既而曰："鄙哉！硁硁乎！莫己知也，斯己而已矣。深则厉，浅则揭（qì）。"子曰："果哉！末之难矣。"

【译】孔子在卫国，有一天正在敲着磬，有一位背扛草筐的人正好从孔子门前经过，说："这人把磬敲得真有心思啊！"过了一会儿，他又说："这声音硁硁的，可实在是不变通啊，没有人了解自己又能算什么呢？如果没有人了解自己，那就不要勉强自己就好了啊。（好像涉水一样）水深，就连带着衣服一起蹚过去；水浅，就撩起衣服涉水过去嘛。"孔子听到了，说："如果天下事果真都像他说得那么简单，那就实在没有什么难事啦。"

【解】磬：一种打击乐器名。荷：肩扛；蒉：草筐；荷蒉：肩背着草筐。鄙：原意是与都市相对的乡下，指边境和偏远之地，引申为没有文化。硁硁：形容磬发出的声音过分尖利，含有不通达，不能变通的蕴意。深则厉：穿着衣服涉水过河；一说踩着石头过河。浅则揭：提起衣裳涉水过河。"深则厉，浅则揭"出自《诗经·邶风·匏有苦叶》。末：无。难：责问、驳难、论难。

"知其不可而为之"的核心是"有心"，即有仁人之意，坚持不辍。孔子与隐士有知心之感，所以一听就有感觉，同样觉得没有人理解自己（的德性），而且敏感度相当高。不过，隐士觉得，没有人理解自己就算了吧，比较超然。对于隐士来说，既然不被人了解，就不再去求被人了解。但对孔子及儒者来说，即使不被人了解，也要努力去让人了解自己。[1]

荷蒉者闻磬"四言"可以理解为四个层次：1.听闻（有心哉，击磬乎）：听出安世济民的心思；2.欣赏（鄙哉！硁硁乎）：觉得夫子把实化仁人之意的执着强加于乐声之上，已经有点不够高雅了且饱含固执之用心；3.品鉴（莫己知也，斯已而已矣）：评论夫子，既然没人了解就别勉强自己；4.反驳（深则厉，浅则揭）：听懂了孔子的无心之言，否认孔子那么执着地实化自己的仁人之意的努力。

从人与政治情境的关系来理解，孔子执意要推致自己的仁人之意于天下，实化仁人之意既有原则，但也要权变。这里的场景据说是孔子第三次入卫国，在卫国不被重用，眼看实现不了理想，就在敲磬中流露出焦虑情绪，结果马上被路过的隐士农夫听出来了。可以说，孔子还没开始言说，只是他的心念刚刚动一动，马上就有人明白他的意境，也就是他的政治性心意。

【意】这位背扛草筐的人不是一个简单人，他能够听出孔子敲磬的深意，说明音乐的素养很高。在评论的时候，先是否定孔子的格调：你有想法可以抒发嘛，可是敲得不够高雅啊，内涵也太固执了吧。这是一种显摆自己音乐修养的表达方式。之后还能够脱口而出《诗经》的话，说明文学素养很高。可见他不是一般的农夫，可能是一个农夫打扮的隐士。其评论也是典型的隐士口吻：不要抱怨，不要强求，不行就不要努力了。隐士引用《诗经》的话，深厉浅揭就是根据不同的水深用不同的方法渡河，适时变易。《后汉书·张衡传》"深厉浅揭，随时为义"说的就是这个意思。

孔子实化仁人之意无比刚决，这里再一次通过他直接否定隐士的话得到强调。他不可能认同隐士心意发动的尺度，再一次强调说：我要把仁人之

---

[1] 参见康有为：《论语注》，楼宇烈整理，第224页，提道："圣人时时亦未济，处处不厌亦不舍，所以为孔子也。"参见孙福万：《论语易解》，第418页，引复卦象辞"其见天地之心"和益卦九五"有孚惠心"解释此章"有心"，皆张载"为天地立心"之"心"。

意推致天下的事情，哪里有你说的蹚水或者涉水过河那么简单、那么容易变通，如果是那样的话，天底下哪里有什么难的事情呢？这无疑表达一种择善固执的心意状态，也就是自己一定要把仁人之意推致到底的气魄和愿力。

从人己关系来说，孔子说过"不患人之不己知，患不知人也"，这里反而被荷蒉者责难为"莫己知"，确实是值得深思的问题。教育他人、了解他人是一回事，自己做事情、不被人理解又是另一回事。不是你理解了他人的能力和努力，你就一定能被他人理解。

14·40　子张曰："《书》云：'高宗谅阴，三年不言。'何谓也？"子曰："何必高宗？古之人皆然。君薨，百官总己以听于冢宰三年。"

【译】子张问道："《尚书》上说：'殷高宗守丧，三年不谈论国事。'这是什么意思？"孔子回答："何止高宗是这样，古时候的人都是这样做的。国君死了，（继位的国君三年不发表新的言论）这三年期间，百官各司其职，完全听命于宰相。"

【解】高宗：商王武丁。谅阴：古时天子守丧之称；《论语集释》："谅古作梁，阴古作暗，天子居丧之庐也。"可以理解为古人守孝三年住的茅草屋。故朱子曰："谅阴，天子居丧之名，未详其义。"一解表示诚信以继承；孔安国认为就是相信别人，自己不说话。一通"荫"，即继承祖先的荫庇。一解为与阳间对应的阴间，或者说鬼的世界，鬼即死去的父母或祖先，谅阴即对于死去的天子、或国君的丧礼。诚信阴间的存在，继位的天子或国君能够谅听、感通死去的天子、国君的精神性存在。薨：周代时诸侯死。冢宰：周代官名，也称太宰，相当于后世的宰相，因为君王三年不发表自己的言论，所以在事实上应该是前朝和当朝宰相。

【意】守丧的背后是政治。古代守丧三年，为的是保留传统的风俗，孔子认为传统之礼对于前朝之政，应该尽量不加改变。百姓之丧，三年无改于父之道①；天子诸侯之丧，则三年谅阴，虽然有所区别，精神相通。言经过修饰，如"立言"，可谓正式地讨论国事；语是对语，修饰较少。三年不言是指不发布政令，不谋其政，对国政持旁观者态度，以专注于谛听先帝先王和神明的启示。虽然如此，三年中宰相的政令相当于从君王出来。新君念念感通于旧君，便是让自己的"言"接续天机，表面没有对时政发表新言，但其实宰相的说法就通于天言。可见，对于君王心意接天的境界，正是"言"外之意，孔子对于制度设计很少，康有为希望借孔子来"改制"，改的只是试图西化的表面制度，而没有领悟儒家政治接天意的内在核心。孔子虽说"不谋其政"，强调君王的心思意念当不言而接续天言，其实就是最大的政治，也就是说，政治当是"天政"而不是"人政"，"天政"就是有道之政，符合儒家政道之政。

14·41　子曰："上好礼，则民易使也。"

【译】孔子说："如果在上位的人喜好并践行礼仪，那么百姓就容易役使了。"

【解】君上讲礼，守传统之礼，老百姓就守礼，知礼，就会听话，好使唤。儒家政治总是强调上位者的榜样作用。

【意】仁人之意实化于礼制，坚持实化，则移风易俗，令周围的百姓向往。儒家治理社会的理想是通过礼仪，上行下效，历史证明儒家治理的现实有效性有限，后来让位给法家。后世的现实政治基本是在法家的基础上，增强儒家的理想化因素。

儒家的领导者要从心底里喜欢礼，自己践行礼，并把守礼作为一种治理的方式。守礼可以延伸理解为只要愿意服从礼，就能够统合老百姓的政治意识，以增强自己的统治意识，这就是以"礼"为基础的儒家政治意味。

统治者要促进人民真心喜欢礼的意识，就需要自己能够感天动地，感动百姓。领导人做人谦卑、恭谨，礼敬天地鬼神人事，无一不以仁心和礼

---

① 参考《周易·蛊卦》卦义，《序卦传》解《蛊》为"事也"，指前人留下的积弊，有积弊就要整饬治理，故《杂卦传》又说"《蛊》则饬也"。蛊卦各爻都讲如何救治亲辈的积弊，又能使父辈的荣誉无损。或有助于理解"三年之丧""三年不言"。

意接应对待，则通达天道人情，明自然造化，得民情人心，于是百姓也易于使役。礼始于人类对差别的认识，亦是人与超自然力之间的精神对话。正如本书对《乡党》篇的阐发，儒家强调榜样的作用是认为在上位的君子知礼行礼的同时，都在接续天意的过程之中，而底层百姓只能遵守礼仪，并没有能力在守礼的同时理解并接续天意。

14·42　子路问君子。子曰："修己以敬。"曰："如斯而已乎？"曰："修己以安人。"曰："如斯而已乎？"曰："修己以安百姓。修己以安百姓，尧、舜其犹病诸？"

【译】子路问怎样才算是一个君子。孔子说："修养自己，努力保持庄严恭敬、心意接天的态度。"

子路说："这样就差不多了吗？"孔子说："修养自己，努力让周围的人们平安喜乐。"

子路说："这样就可以了吗？"孔子说："修养自己，努力让天下百姓都安宁快乐。如果能够修养自己，并使天下百姓都安居乐业，尧、舜恐怕都难以做到吧？"

【解】关于"修己"与"安人"的关系，历代注家或者个人以为二者是并列关系，或者是递进关系，或者是使用关系。当以体用关系最为合理。安人可以理解为使上层人物安乐，而安百姓是使老百姓安乐。礼教是为了教化百姓，让他们理解圣王理想，可以说，安百姓就是全部的政治，都集中于如何让老百姓知礼上面。安乐哲译"修己以安百姓"为they cultivate themselves by bringing accord to the peers；许渊冲译为an intelligentleman ... has to cultivate himself so as to ... make all the people live in comfort。[①]这里人民就是"天"，敬人民就是敬天，这是儒家政治的关键和核心所在。

【意】"敬"按照前后章是敬天，其实敬天最难，看子路的反应不到位，才说"安百姓"。"敬"天是君子心态庄严，不仅是严肃，而且要有一种由内而外的庄严和神圣，才能努力把仁人之意推行于天下。"敬"按照上下文是敬人民，即上层的人和下层的百姓，而政事不过是人民百姓的

---

① 参见许渊冲：《〈论语〉译话》，第133页。

政事。可见，敬就要"主一无适"，一心一意诚敬于政治意识的对象，即上层的人和下层的民。而在政治意识当中，上层君子敬天的意识状态对下层人民的意识状态是有引导性的。

14·43 原壤夷俟。子曰："幼而不孙弟（xùn tì），长而无述焉，老而不死，是为贼。"以杖叩其胫。

【译】原壤叉开双腿蹲踞着等待孔子到来。孔子看到他（不站起来迎接），骂他说："你年幼的时候不谦逊孝悌，长大了又没有什么可以让人称述的成就，老了还不死继续糟蹋粮食，你这样的人就是个偷生命的贼啊。"孔子一边说，一边用手杖敲叩他的小腿。

【解】原壤是鲁国人，《礼记·檀弓》说是孔子的旧友。他母亲死时还大声歌唱，孔子不认可他的行为。夷：双腿分开而坐。俟：等待。孙弟：同"逊悌"，谦逊恭谨。贼：一解祸害，一般理解为害群之贼，是群体的祸害。孔子敲打老朋友的小腿，是想告诉他这样蹲踞着迎接老朋友也太不合礼义了吧。一生没有成就的老朋友不可能理解孔子追求了一生的梦想。孔子不回避对无成的老友的鄙夷甚至责骂，因为熟悉，所以也就不避讳。

【意】原壤是孔子的老朋友，保持着自然朴质而无礼的状态等待孔子到来，孔子骂他，也是天机自然流露。最后用手杖叩打他的小腿，希望他起身力行，不要做依附于世、一无所成的"贼"。原壤就是一个从小不求上进的人，一生无所成就，没有向上的奋斗和努力。他无心无志，长而无所成，无所述，等于无用于世，浪费生命，如偷了生命却不善加利用一般。孔子在一种诙谐、教训之意当中批评老友，也等于直言老朋友的心思意念远远没有达到仁人之意的境界，不能跟自己年少学礼、中年有成、死而不亡的境界相比。

14·44 阙（què）党童子将命。或问之曰："益者与？"子曰："吾见其居于位也，见其与先生并行也。非求益者也，欲速成者也。"

【译】阙里的一个少年人来见孔子，孔子让他传递讯息。有人问孔子说："这是个努力学习上进的孩子吗？"孔子说："我看见他坐在大人的座位上，又见他与师长并肩而行，他不像想学习求上进的孩子，只是个急于求成的小大人。"

【解】阙党：阙里，孔子的家所在的地方。将命：在宾主之间传言。居于位：童子与长者同坐。本章接上章说明人要起身力行，实化仁人之意，不可像原壤那样一生无所用心，一无所成；也不可像这个少年人这样，一心只求速成，可能反倒欲速则不达。

【意】批评后生过度执着于速成。隐世与入世是多么复杂的人生决择，看到小孩急于入世，感叹其根本不知轻重，没法把握好意念和行动的分寸。孔子对少年人急于求成的心意的判断，表现在对长辈不够尊敬，不合礼义。在意识增进方面表现得过多过急，就走向了努力的反面，因为过度强求意识增进，为人所知，反而不合适。

本篇对于礼仪的分寸多加强调，可谓贯穿始终，并用隐士的言行来反称。

卫灵公篇第十五

15·1 卫灵公问陈（zhèn）于孔子。孔子对曰："俎（zǔ）豆之事，则尝闻之矣；军旅之事，未之学也。"明日遂行。

【译】卫灵公向孔子咨询列阵打仗的事情。孔子回答说："祭祀时摆放礼器等礼仪方面的事情，我听说过一些；至于用兵打仗的事，我从来就没有学过。"第二天，孔子就离开卫国走了。

【解】陈："阵"的古字，指军队作战时，布列的阵势。俎豆：古代盛食物的器皿，被用作祭祀时的礼器。

统治者认为自己代天照顾百姓，所以常常要祭祀。孔子以礼乐教化为治国之本，以运用礼乐将人民与统治者心意合一为务，而不以富国强兵为第一要务。在举世都谈军事的乱世之中，要想不谈军事（孔子不费心研究军事斗争之术），确实相当不容易，当面拒绝卫灵公需要勇气。祭祀有助于引导百姓学礼，而军事则引领百姓走向战争与杀戮。

孔子五入五出卫国，本章对话发生在第四次进出卫国之间。本篇以卫灵公开头，本身也是一种隐喻，就是儒者面对的世界，其实是个彼此不买账的世界。在孔子想宣说仁政之道的时候，卫灵公在想打仗的事情，彼此心意貌合神离，既然如此，就要知道如何选择进退之道。本篇开启了一个儒者的意向与残酷的现实交锋的场域。

在艰难困苦且充满变化的人生中，如何才能一直持守仁人之意？此篇以孔子的人生感悟为主，讨论如何守住仁道原则。坚持自己的仁人之意谈何容易！学生们记录的角度不同，更像是仁人之意的一幅全景画。

【意】君子的修养是在起心动念之处，要在念念推致仁人之意，在实化仁情爱意，不在军事征服。孔子周游列国的目的，是以礼制杀，希望通过推崇礼仪，扭转礼崩乐坏的世风，建立一个充满仁爱的王道世界。对于昏君，一念不合，孔子就已知道多言无益，宁可选择迅速离开。所谓"道不同，不相为谋"，自己有自己的道，不因利害而屈服，反而要坚守。孔子所重视的是仁、道、礼。念兹在兹，"君子无终食之间违仁，造次必于是，颠沛必于是"。不改变自己的初衷。

15·2　在陈绝粮，从者病，莫能兴。子路愠见曰："君子亦有穷乎？"子曰："君子固穷，小人穷斯滥矣。"

【译】（孔子一行）在陈国断绝了粮食，跟随的弟子们都饿病了，饿得都没有人能站起来了。子路满脸怨怒地来见孔子，说道："君子难道也有穷困窘迫到毫无办法的时候吗？"

孔子回答说："君子本来就常受穷困，所以习惯于在窘迫的境遇中坚持着仁爱之意；小人一遇穷困之境，就会胡作非为了。"

【解】愠：怒，怨恨。固穷：固守既穷又困的境遇，安守穷困。一解接上章，孔子一行走到陈国发生的事情。

即使在没有钱，生活无着的、艰困的、颠沛流离的人生境遇当中，也不能有一念离开仁人之意，要固守仁，如安乐哲所译steadfast in the face of adversity；这不是因为有外在的人格神，不是因为不守神的诫命就会被天谴，而是因为这是从内心一念发出的仁爱之善。没有外在的人格神，没有外在的威胁，没有生命受胁迫的危险，为什么儒者从念头生出的瞬间，就要选择仁或善？因为这是儒者与自己立约（不是人格神与上帝立约），要求自己成为一个仁人，并且立誓终生永不改变。

"固穷"是君子习惯于在穷困中坚持着仁爱之意，之前的译文很少强调这一点，多如许渊冲所译do nothing wrong even if he is in want（即使艰困也不会做错任何事），强调所作所为的正误。

【意】子路脾气大，时常生时代也生时势和境遇的气，这是他性情的天然本色。士君子有志向在身，为了找到认同理念的国君，宁可造次颠沛，小人没有理想，为了利益什么都可以干，这是士君子所不取的。

15·3　子曰："赐也！女以予为多学而识之者与？"对曰："然，非与？"曰："非也。予一以贯之。"

【译】夫子说："端木赐啊！你以为我是学习得多，又都能一一记住的人吗？"子贡答道："当然啦，难道不是这样吗？"夫子说："不是的。我是用仁人之意这样一个根本的中心思想把它们贯串起来的。"

【解】在明确跟弟子们对话的情境当中，把"孔子"用"夫子"

来称谓，显得更加亲切。"予一以贯之"，理雅各译成I seek a unity all-pervading；韦利译成I have one (thread) upon which I string them (many things) all；安乐哲译为I just pull it together on one continuous strand；许渊冲译成I know only one in many and many in one，他用one in many（多中见一）来译"一"，用many in one（一中有多）来译"贯之"①。

儒家的角色是通过礼仪来认定的，是外在的赋意，是在关系中、在社会情境中的自我限定；是在念头生起处要"仁"，也可以说是自我意念的约定，但"仁"与不仁，其实只是自我反省（良心）的安与不安，如宰我问三年之丧，强调当下念头的自我反省，自我了解。这么说来，虽然儒家角色有普遍性，但角色因人介入关系之"意"而有分别。

【意】儒家之宗教意味的一以贯之，不是为了来世上天堂，而是为了当下一念心安理得，安于仁人之意。林安梧认为，"儒家的一个世界是贯通生死幽明、神圣与凡俗的一个世界。绝不能只当成这俗尘世界的此生此世而已"②。孔子说，自己真正的学问不是博闻强识，而是有一个根本的思想——仁人之意。因为有了中心思想，所以千头万绪都能够回到中心上来。此一意贯通，生生世世，流动不息。

孔子"一以贯之"的气象来自闻《韶》的那种出神状态，带有神秘主义意味的宗教感受，尽美尽善地激发和感动了无数后来的儒者、仁者。如果没有这点，儒家既没有墨家那种信仰之坚定、改造社会之坚决、行动力之果决，也没有道家那种对天道的形而上体证和境域化表达，但是儒家成为中国文化的主流，靠的是入世的情怀和感人肺腑的精神力量。③

15·4 子曰："由！知德者鲜矣。"

【译】夫子说："仲由啊！懂得仁爱之德的人，实在是太少了啊。"

---

① 参见许渊冲：《〈论语〉译话》，第139页。
② 林安梧：《论语译解：慧命与心法》，第255页。
③ 参见张祥龙：《孔子的现象学阐释九讲》，《儒家哲学史讲演录》（第一卷），第57页。

【解】前有为政以德，后有无为而治，说明有德者居位，就是不做什么，天下百姓也都围着他，把所有的事情都做好了。知道（领悟）"德"之通天彻地，并"德"（得）于天地之道者，世间罕有。

【意】德是仁人之德，是长期持守仁爱之意修养出来的外在德行，并因此凝聚而成的内在德性。懂得仁爱之德的人有得于天地生生之仁，时刻感通而生成人间的仁爱之意。孔子的仁人之意通于天意，所以觉得自己的知音很少。他希望把个人修身的理想境界，即把仁人之意推致到天下和全人类，回到天地大道之中。可是，这种仁人之意的通天化境，是他人非常难以理解的。

15·5　子曰："无为而治者，其舜也与？夫何为哉？恭己正南面而已矣。"

【译】孔子说："能够无心任化、无所作为，就使得天下太平的人，恐怕只有舜一个人吧？他亲自做了些什么呢？好像只不过庄严恭敬地修正仁人之意，面南坐在王位上罢了吧。"

【解】"无为而治"指国家统治者不必有所作为便可以治理国家，更强调统治者没有私心，不私心作为而能够治理天下。通常把"无为而治"归于道家，或者黄老，强调国君治国不需要具体做事，能够听得明白、了解实情就可以治理。这样，臣子不停地说和做，但国君似乎什么都不做。其实，至少君要考核大臣是否全力以赴。可见，无为而治其实需要充分信任、合理授权，并不是无心于治理。

"无为而治"至少是表面上通过无所行动来统治（ruled by inactivity，韦利、许渊冲[①]）；似乎不费力就能够有效治理（having governed efficiently without exertion，理雅各）；应该说，是不主观强制而能有效维持合理秩序（have effected proper order while remaining nonassertive，安乐哲）；至于实行去政府的原则（carried out the principle of no-government，辜鸿铭），理解为"没有政府（或政府并不需发生作用）"，则未免把舜的圣治理解得太过理想化了。

【意】下一章的"忠信"与"笃敬"是本章"恭己"的内在意义，

①参见许渊冲：《〈论语〉译话》，第135页。

所以"忠信"与"笃敬"与"无为而治"是相通的。无为是行，"忠信"与"笃敬"的言行是行，也就是说，仁人之意实化出来，表面上当然是忠信而笃敬。但"忠信"与"笃敬"要置于天行的状态，无为而为，才能推行天下、行走世界、路路通达。自古以来，儒家君子持守仁人之意走遍天下，唯靠当下修心一意而已，并不需要借助强权和暴力。君主修正仁人之意，可以影响人民，大家都会自动遵守有位者的道德要求，并努力自我约束，实现"忠信"与"笃敬"。儒家和道家都讲"无为而治"，只是各自依从的"道"有所区别，"道家说的是'自然常道'，儒家说的是'人伦常道'"①。观天象而运作人事，儒道之无为，皆自天道而出。②

15·6 子张问行。子曰："言忠信，行笃敬，虽蛮貊（mò）之邦，行矣。言不忠信，行不笃敬，虽州里，行乎哉？立则见其参于前也，在舆则见其倚于衡也，夫然后行。"子张书诸绅。

【译】子张问如何才能让自己的仁人之意通达于世间。夫子说："说话忠诚信实，行事笃定恭敬，即使到了野蛮荒凉的边远地区，也会行得通。说话不忠诚信实，行事不笃定恭敬，即使在本乡本土，能行得通吗？站着的时候，就仿佛看到'忠信笃敬'这几个字显现在面前；坐车的时候，就好像看到这几个字刻在车辕前的横木上，这样才能使自己的仁人之意通达于世间。"子张于是把这些话写在腰间的大带上。

【解】行：意念通达于世间之"行"。韦利译为getting on with people（与人相处）；安乐哲译为proper conduct（合适的行为）；许渊冲译为good behavior（好行为）。蛮貊：古人对少数民族的贬称，蛮在南方，貊在北方。州：指近处。古时五家为邻，五邻为里，五党为州。参：列，显现。衡：车辕前面的横木。绅：贵族系在腰间的大带。

---

① 参见林安梧：《论语译解：慧命与心法》，第256页。
② 《周易》之人天之意，《中庸》之诚中之意，《论语》之仁人之意，都是要心意通达天地自然之意（参见《道德经明意》）的化境。其中《道德经明意》之"自然之意"对于意本论诸经之中心哲学思想有奠基意味，可以一"意"贯之。

【意】孔子给学生的座右铭，学生时时刻刻带着，不敢忘记。如果把孔子之道理解为"公理"[1]，似乎就变成外在的原则。可能子张的记录，偏向实践性的具体道德原则，虽然有理，但失去了"无为而治"的灵妙化境。推行仁人之意的状态具有普世性，即使在没有文化的边远地区，也能够被所有人接受。推行仁人之意的核心状态是"忠信笃敬"。

15·7 子曰："直哉史鱼！邦有道，如矢；邦无道，如矢。君子哉蘧伯玉！邦有道，则仕；邦无道，则可卷而怀之。"

【译】孔子说："真是正直啊，史鱼！国家清明有道的时候，他的言行像飞矢一样笔直平正；国家黑暗无道的时候，他的言行也像飞矢一样直来直去。真是一位君子啊，蘧伯玉！国家太平有道的时候，就出来做官；国家危乱无道的时候，就（辞官退职）把自己的仁人之意收藏在心里。"

【解】史鱼：卫国大夫，名鳝，字子鱼，他多次向卫灵公推荐蘧伯玉。矢是箭，如矢形容其直。卷：即收。两个完全不同的贤人，一个直言如飞矢，一个含敛锋芒，收而不露。

上一章的忠信与笃敬的直接表现就是本章的"直"，该做什么就去做什么，正直不违背仁人之意，社会环境允许自己仁爱他人，就努力去仁爱他人，为民服务，如果不允许自己仁爱他人，就收藏仁人之意，不表露仁爱之心，不彰显自己的才华，不表达自己的主张。

【意】儒者的心意一直在仁人之意中，在国家与社会生活中，不因为利害而改变自己的心向。儒者坚持自己的仁人之意，让心意每时每刻都像飞矢一样，犹如整装待发的军人、即将发射的导弹一般，处于正向的、时刻准备发动的状态。儒者的仁人之意是如此坚决地关注国家社会和人民，以致于倔强到抛弃个人身家性命的安危于不顾。孔子肯定史鱼这种"苟利国家生死以，岂因祸福避趋之"的心向，即使因此献身，也要让国君和人民知道，自己在参与国家和社会生活的时候，毫不动摇地坚持着某种正当的心向——即仁人之意。这种视死如归地坚守仁人之意的人是国家的贤

---

[1] 康有为：《论语注》，楼宇烈整理，第230页。

臣，哪怕君王和弄臣把政治生活弄得黑暗无光，贤臣仁爱人民的仁人之意依然光明闪耀。因此，儒者的仁人之意之所以成为万世之灯塔，恰恰在于仁人之意的意境无比宽容博大，体现出对国家社稷和人民的切身关注。

坚守仁人之意的儒者的言语成行为坦率、正直，就像飞驰的箭矢一样，"一言既出驷马难追"。言行是君子感天动地的枢机，发动之后就进入时空之中，层层叠叠地影响世道人心，既像一颗投入水潭的石子，也如一艘飞驰的船舶划开水波、乘风破浪。儒者发动言语和行动，有一种视死如归的王者气概，一经发出，好像在说经典之言（法言），相信言行可以穿透时空既成的能量系统，构筑形成新的意识矢量，层层叠叠地影响他人的意识状态。正如千载之后，人们的意识状态仍然受到孔子言行的影响，孔子的仁人之意仍然在持续塑造着人们的言语行为。如此看来，孔子仁人之意一经发动，就如箭一般穿透时空影响至今，还会继续如飞车般驶出人心的无垠荒漠，火箭般刺破无明的万古长空，其意识之波可及于无限广袤的意识宇宙之深处。

15·8　子曰："可与言而不与之言，失人；不可与言而与言，失言。知者不失人，亦不失言。"

【译】孔子说："可以同朋友谈的话，却错过时机没有跟他谈，这样就可能会失去朋友；不该跟朋友谈的话，却同他谈，这就是说错了话。有智慧的人（把握说话的分寸恰到好处）既不会失去朋友，也不会说错话。"

【解】"直"言也要看对象。言语与是否表达仁爱之意也是这样，可以表达就表达，不能表达就不要表达。知者跟"史鱼"一样，能把握好时机，不乱说话，时机合适才展现自己的仁人之意。这里的"人"，安乐哲译为someone who can be engaged（可以建立密切关系的人）；许渊冲译为an worthy man（有价值的大人物）；安乐哲把"不可与言"译为someone who cannot be engaged（无法建立密切关系的人）；许渊冲译为an unworthy man（无价值的人）。

【意】孔子很重视言说的分寸与时机，言说是关键所在。说话的艺术是成事的时机，是实践哲学的非纯哲思。仁人之意如阳光照物，自然会产生阴影，但不能因为会产生阴影就不照了。若阴影产生了，也就不必强照，不要有主观的意才是关键所在。其中仁人之意的表达，应争取朋友，仁人而友人，但有些人不接受仁人之意，说了白说，就不必强说。这样，仁人之意的实化过程，就是时机化的，不再是绝对命令，是等待时机、时遇、时境再展开仁人之意。

15·9 子曰："志士仁人，无求生以害仁，有杀身以成仁。"

【译】孔子说："志于道的士人和时刻发动仁人之意的仁人，是不会贪生怕死而损害仁人之意的，反而会宁肯牺牲自己的性命来成全仁人之境。"

【解】志士仁人"直"，会合适表达，所以绝不损仁，宁可杀身成仁，不得已用生命守护仁人之意，让内心之仁，彪炳史册（如文天祥）。这是"毫不妥协"的一面（能妥协就妥协）能退可退（前二章），但退无可退，宁可玉碎，不为瓦全，也要守仁，守住本心意念之善。

【意】志于仁人之意者，其发动仁爱之意如阳光，超越生死，让此生不过是载道之体，意念时刻通贯天地，超越此生当下的有限性。为了维护心念的仁人之意，个体可以献出自己的生命。仁是大仁，通乎天地，超越人己、社群的融贯状态，接续天地的生意，所以必要的时候，可以舍弃自己的生命。推行仁人之意于天下，可以舍生忘死，无比坚决。仁人之意应该通达于所有人，通达于天地。仁是宇宙的大生命，仁人之意是宇宙生命在人间的实化，所以仁高于个体生命，而每个个体都当献身于宇宙生命。

15·10 子贡问为仁。子曰："工欲善其事，必先利其器。居是邦也，事其大夫之贤者，友其士之仁者。"

【译】子贡问怎样实化自己的仁人之意。孔子说："工匠如果想把自己的活儿干好，就必须先把他的工具磨锋利。住在这个国家，想要（实化自己的仁人之意），就要先侍奉好大夫中的那些贤明之士，结交那些充满仁爱之意的知识分子。"

【解】为了把仁爱之意推广实化出来，就要把国家中的贤明人士作为刀锋磨好，这个比喻非常有趣，等于自己要有一帮相信自己提倡仁人之意的学生弟子，然后才依靠他们去推广自己的学说。推进仁人之意就是"善事"，但善事不是单纯靠心念就可以的，也要讲究方式方法。

【意】这是非常现实的行事策略，有仁人之意的人彼此鸣和，一起来推行仁爱之意。心意要先到仁人之意，推行仁人之意要先感动仁爱之人，构筑起仁人之境，再在仁人之境的基础上推进仁人之意。

15·11 颜渊问为邦。子曰："行夏之时，乘殷之辂（lù），服周之冕，乐则《韶》舞。放郑声，远佞人。郑声淫，佞人殆。"

【译】颜渊问治理国家之道。孔子回答说："采用夏代的历法，乘坐殷商时代的大车，穿戴周代的礼帽，表演舜时代的《韶》音乐舞。禁绝郑国的乐曲，疏远谗佞善辩的小人。因为郑国的乐曲淫靡不正，谗佞的小人非常危险。"

【解】夏之时：指夏代的历法，便于农业生产。辂：天子所乘的车。殷代的车是木制成，比较朴实。周之冕：周代的帽子。《韶》舞：舜时的舞乐，孔子认为这是尽善尽美的。放是禁绝、排斥、抛弃。郑声：郑国的乐曲，孔子认为是淫声。远是远离。殆是危险。《乾·文言》"嘉会足以合礼"，孔子跟颜渊说的是王道的最高理想状态，集合之前最后的礼乐文化的各个方面。

【意】治理国家之道，就是汲取前朝政治的成功经验，最重要的应该是以"仁人之意"一以贯之，融会贯通。孔子表现出对国家政治的理想化期待，即什么都要最好的，认为只要各方面都采用历史上最好的，那么就是正确的治国之道了。这与法家认为治国最关键的在于因地制宜，而不是有理想，很不一样。法家认为，一切从现实出发，根据现实情况采取最合理的治理手段。孔子从最高的理想状态出发，认为各方面都是最好的，那么国家一定大治，这其实是超现实的理想主义。

15·12 子曰："人无远虑，必有近忧。"

【译】孔子说："一个人如果没有长远的思虑谋划，就一定会有近在眼前的忧愁祸患。"

【解】前面展望王道之极致，这里就说明不可以没有远虑，即没有对王道的社会理想的展望，仁人之意就会被眼前的乱象所迷惑而忧愁。但是，如果能够保持理想，长远展望，就不易为眼前利害和乱象淆乱心意。

【意】本章是对生命和时间的展望和思考。推行仁人之意应该由近及远，在近处的仁爱，既要思考如何延伸到远方之人，所以人有远近，而仁无远近。具体被仁爱的人有远近的区分，而仁爱远人与仁爱近人并无不同。远首先指的是空间里的远人，其次指的是时间中的远，也就是未来的人。

15·13　子曰："已矣乎！吾未见好德如好色者也。"

【译】孔子说："算了吧！我从来就没有见到过喜欢仁爱之德能够像爱好美色那样，自然而然、自始至终的人啊。"

【解】这里的如，首先是自然，其次是持久。此章虽然重出9·18，但此章这里的前后章都是批评时人，人心不古，世风日下，德之不修，学之不讲。礼崩乐坏的世风让孔子近乎窒息无奈，无法释怀。

【意】人之好色是血性自然，人之好德是觉性接天，也是天良发动的开始，即仁人之意的显露与坚持。所以，保持仁人之意即是德，但人易被眼前的色相（社会乱象）所迷惑，而改变自己的意向，孔子强调要坚持好德。

15·14　子曰："臧文仲其窃位者与！知柳下惠之贤，而不与立也。"

【译】孔子说："臧文仲差不多算是一个窃居官位，尸位素餐的人吧！他明知道柳下惠有贤德，却不举荐他与自己同朝为官。"

【解】窃位：身居官位而不称职。柳下惠：春秋中期鲁国大夫，姓展名获，又名禽，他受封的地名是柳下，惠是他的私谥，人称其为柳下惠。本章接上章好德。柳下惠是好德的典型，坐怀不乱，其觉性能够自然而然地压过天然好色之心。

【意】臧文仲被私利所迷，看见贤人也不举用，就是被色心（利心）所影响，而不能坚持仁人之意。5·18说臧文仲不知自保，灾祸如影随形。这里说他在有权力的位置上，不能发动仁人之意举荐同行与贤才，孔子对其所作所为非常不满。

15·15　子曰："躬自厚而薄责于人，则远怨矣。"

【译】孔子说："对自己要求全责备，但要少去责备他人，那样他人的怨恨自然就远离你了。"

【解】好德的表现是自责、要求自己多（expects much from himself，辜鸿铭）；对自己设定严格要求（sets strict standards for oneself，刘殿爵），而不责人、对别人要求少（demands little from others，辜鸿铭）；在对别人提出要求、要求他人做到的时候，要尽量体谅他们，给予他人足够的回旋空间（makes allowances for others when making demands on them，刘殿爵）；这样就可以与恶意保持距离、远离他人怨恨的意欲（keep ill will at a distance，安乐哲），把他人的怨恨维持在远方（keep resentment at a distance，森柯澜）。这都翻译出了远离怨恨的字面本意，至于怨恨是否真的就少了，其实是另外一个引申出来的问题，不过引申理解为怨恨减少也很自然，所以就推出这样可以驱逐、消除不满（banish discontent，韦利）；也就永远不会有仇敌（will never have any enemies，辜鸿铭）[1]。把远离怨恨翻译出没有不满，甚至仇敌的意味，其实已经太过理想化了，最多是使自己免于成为被仇恨的对象（keep himself from being the object of resentment，理雅各）。应该说，作为一个君子，只能要求自己努力持守仁人之意，少责备他人不合适的地方，还确实能够跟恶意划清界限、尽量远离（stay clear of ill will，刘殿爵）。

【意】仁人之意是带着反思机制的仁爱他人的状态，所以是一种反身性的（reflexive）意念。君子对自己是否坚守仁人之意，应该要尽量求全责备，这样至少可以增强仁人之意意识向度的能量；如果责备他人过于严苛，则可能会损耗意识的能量。一个人起心动念去责备他人，通常都是因为他人没有达到自己的期待和要求，认为他人本来可以做得更好，或者他人应该按照某种方式去言说和行动，但他人的言行与自己的期待相违背。如果自己达不到仁人之意，就应该对自己提出更高的要求，并要求自己努力达到。

---

① 参见辜鸿铭：《西播〈论语〉回译——辜鸿铭英译〈论语〉详释》，王京涛译注，第369页。

当然，每个人都可能无法达到自己的期待，所以过度地责备自己也可能会带来心理伤害。弗洛伊德的心理分析提到自我试图超越，但仍然无法实现想要达到的超我状态，或者在阿德勒心理学当中，自卑的自我希望超越而未必能够实现，则可能导致失落和痛苦。儒者每当要责备他人的时候，就要换位思考，试图理解他人的难处。如果自己很难达到，甚至因为难以达到就可能会伤害自己，那么，其他人在追求成就自己的过程当中，也可能会出现难以达到自己期待的时刻。这时候就要理解和同情他人，以同理心宽以待人，"己所不欲，勿施于人"，以宽容宽厚的心态对待他人，避免让他人陷入自己无法自拔的处境当中去，从而对自己产生憎恨的情绪。

在以己度人、推己及人的过程当中，人心不仅是情境的被动观察者，而且能够创造性地吸纳事物并将它们变成自己的一部分。仁人之意的实化过程可以归结为如何通过"情感意向"的实化（actualization of felt-intentions）而达到和谐，机体应世而动的"情"是其存在的基本形态，在情感兴起的过程中，有一种"情感意向（felt-intention）"的存在，也就是情感的反身性（reflexive），就是在情感兴起的过程中反思到情感本身的倾向性。具备反身性的情感发动能够比较好地调整和控制情感的分寸和尺度，也就自然离开他人的抱怨和可能招致的损害。①

15·16 子曰："不曰'如之何，如之何'者，吾末如之何也已矣。"

【译】孔子说："从来遇事不问'怎么办，怎么办'的人，我（作为老师）拿他也真不知怎么办才好。"

【解】如之何：即怎么办，末指没有办法。社会的情况不如人意，很多人自己也不知道怎么办，就是被色（利）所迷，忘了要坚持仁人之意了，对于忘掉的人，先生也拿他没有办法了。要好问才会有所收获，有所进步。同时感叹要想教会差生和后进学生难于登天。

【意】如果好德但不去行动，没有实化仁人之意的意能，就不能从外得到意能，只能自己赋予，如《周易·蒙卦》所说，昏蒙的心志往往连老师都没有办法。启蒙其仁人之意需要参透天机，最后只能靠自悟。

---

① 参见温海明：《儒家实意伦理学》，第144—166页。

15·17 子曰："群居终日，言不及义，好行小慧，难矣哉！"

【译】孔子说："一伙人整天聚在一起，说的都毫不涉及仁人之意，只喜欢卖弄小聪明，这种人实在是太难教导了啊。"

【解】继续感叹一下思想上不了轨道的差生，怎么教他也学不会的那种感觉。好德但言不及义，仍然没有实化出来，心志浑浑噩噩。

【意】心思不在仁人之意的人，对他人没有足够的仁爱之心，还卖弄小聪明的话，就很难教他们走上仁人之意的正道了。

15·18 子曰："君子义以为质，礼以行之，孙以出之，信以成之。君子哉！"

【译】孔子说："君子以（推致仁人之意的）道义作为根本，用合乎礼节的心思意念来推行仁人之意，用谦逊的言语来表达仁人之意，用诚信的态度来成就仁人之意，这才是君子的仁人之境啊！"

【解】本章又回到君子修养的节奏与层次上来。君子好德实化出来，与义、礼、信相通。

【意】君子就是念念所发皆仁人之意，而把自己的心思构筑成仁人之境的人。按照五行配五德，义配金在西，礼配火在南，信配土在中，仁配木在东，智配水在北。谦逊当归于仁爱，因为仁爱他人，必然谦虚待人。这就是一种五行相配的智慧。

15·19 子曰："君子病无能焉，不病人之不己知也。"

【译】孔子说："君子只担心自己没有实化仁人之意的意能，不怕别人不了解自己。"

【解】前面感叹过差生，但还是要回到反省自己上来，不要抱怨学生。"能"一般解为才能，但在"好德"的语脉下，以"意能"为佳。

【意】这也是一个心意的分寸。君子要相信自己的能力，担心自己的才能，至于别人是否了解自己，不必在意。也说明如果自己真有能力，如果能够实化成为作品，就要自信作品将会被人了解，并且能够长久。这与《论语》开篇"人不知而不愠"相呼应。

15·20　子曰：“君子疾没世而名不称焉。”

【译】孔子说：“君子担心死亡以后他的名声与自己的实情不相配。”

【解】没世：死亡之后；一解为黑暗时代。孔子很在意身后之名，而身后之名靠自己的学生和后人来书写，只是意识上不全依赖学生，还得主要靠自己。即使名声自己控制不住，孔子也很在意名要符实。孔子的言行之中，对自己名声的塑造非常小心。理雅各译为dislikes the thought of his name not being mentioned after his death（不喜欢死后名字不被人提起的想法）；韦利译为to be distressed if he ends his days without making a reputation for himself（如果活到最后一天都不能为自己赢得名声，就会感到非常难受）；安乐哲译为despise the thought of ending their days without having established a name（看不起那种活到最后都不能建立自己名声的想法）。不去追求当世的名声，而是后世的名副其实。关键在于“称”是指自己还是表示称赞，但因为是君子，所以称赞的境界就不如名副其实的境界，名实相符是孔子在当世也要追求的境界。

【意】如果一个人没有意能，就实化不了自己的仁人之意，可能到离世一刻也实化不出来。君子生的时候通天达地，其仁人之意可以昭明日月，后世若非君子，并不能直契君子仁人之意境，故君子担心其心意之境不能为后世称扬。也就是说，君子担心自己的仁人之意是否能够为后世所理解、领悟、发扬。历史证明孔子弟子们可谓是历史上最成功的弟子群体，各自都在帮助老师传扬其思其意，《论语》文本就是孔子离世之后才编辑而成的，这其实成为孔子之“名”最真实的载体。

15·21　子曰：“君子求诸己，小人求诸人。”

【译】孔子说：“君子遇事责求自己，小人则求告他人。”

【解】求：责求，苛求，从要求转来。能否成为君子，主要靠自己努力，根本上靠的是自己修养自己，而不在于他人的肯定，小人反是。许渊冲说，西方人一般译成君子严格要求自己，小人严格要求别人；如“求”，理雅各译成seek；韦利译成demand；安乐哲译为make demands；中国人一般译成君子依靠自己，小人依靠别人，如许渊冲的译文是an intelligentleman relies on himself while an uncultured man relies on others。①

【意】人的意能反身内求，内心接天而从天而降，不求诸外人。心态和行为之间，强调心的能量可以转动世间各种因缘。君子责求自己继续推致仁人之意到更高的境界，认为只要推致仁人之意就可以把问题处理好。小人没有能力推致仁人之意，只有求助于他人来处理事情。

15·22　子曰："君子矜而不争，群而不党。"

【译】孔子说："君子矜持自重而没有与他人争执的心思，合群团结，但不会有结党营私的心思。"

【解】矜：矜持、自重、矜庄、稳重。韦利译为proud；安乐哲译为self-possessed；许渊冲译为dignified②。心意时刻与道相接通的君子，自然有一种接天的矜持和庄重，不必党同伐异。争是争执、争夺，不是正常的竞争。君子不争个人的私利，也不参与群体利益的争夺。君子不是集体利益的塑造者和争夺者，不符合法家与党争的思路，至于书院讲学聚人，后来成为风气，也不是君子争利的场所，只是传播思想与圣人之道的场所。

【意】君子有了意能，有实化仁人之意的能力之后，就不必与人争执，或结党营私，因为君子的意能时时刻刻接天。这主要是从心态上说，同时行为上也可以说得通。君子的心念是推致仁人之意，而不是与他人争执，主要是因为仁人之意是帮助和修正他人之心意，所以没有必要结党营私。

15·23　子曰："君子不以言举人，不以人废言。"

【译】孔子说："君子不会因为一个人会说话，或者说的话好听就举荐他，也不会因为一个人不好就否定他讲的有道理的话。"

【解】比言更重要的是行，不因言废事取人。"举"，安乐哲译为promote；许渊冲译为like③。说话的艺术，首先是如何听哪些是好

---

① 参见许渊冲：《〈论语〉译话》，第144页。
② 参见许渊冲：《〈论语〉译话》，第144页。
③ 许渊冲：《〈论语〉译话》，第145页。

话，哪些是有道理的话。前面要看行动，后面要把人说话的道理和做事的品行分开。

【意】言是意能实化之对象化的产物，言之出口，有其自己的存在与生命。君子有一定的地位，明白事理，所以这里的君子，是有位有权的人在位的时候运用权力的分寸。言这里指好听的、有道理的话。切中人情的话，是不是就一定切中事理，就需要明辨，不切中人情，但切中事理，要求语言的客观性和有效性。

15·24　子贡问曰："有一言而可以终身行之者乎？"子曰："其恕乎！己所不欲，勿施于人。"

【译】子贡问孔子："有没有一个字的教导可以终身遵循和奉行的呢？"孔子回答说："那大概就是'恕'这个字了吧！自己（意识到哪些是自己）所不愿意的，就（主动克制而）不要强加给别人。"

【解】"恕"是推己及人并理解别人不愿的部分，而自己也特别注意不把这部分强加于他人。"己所不欲，勿施于人"在《论语》中第二次出现，之前在12·2出现过。

接上章可以理解为自己也不希望因为言论被人误会，如果言论有理，即使不招人喜欢，如孔子仍然会被人理解，所以他希望天下人都行恕道，都能将心比心，互相理解。

【意】"恕"是如己本心，人同此心，心同此理，心意相通，人与人可以有同情和共感。恕（reflexive）是意识的战争，是典型的反省机制，在意念将发未发的状态中反省克制，改变自己意念发动的状态。觉得不合适就不要强加给他人。如宋儒所言，"恕"的精髓在于将廓然大公的仁人之意护持并推行天下。

15·25　子曰："吾之于人也，谁毁谁誉？如有所誉者，其有所试矣。斯民也，三代之所以直道而行也。"

【译】孔子说："在我对他人的判断中，真的诋毁、指责过谁吗？我又轻易表扬、称赞过谁吗？如果（我偶然对某人）有所赞誉的话，那他一定是遵守了历史上经得起检验考察的（恕道）。夏商周三代的人民都（依靠恕道）在正直公平的大道上行进啊。"

【解】直道：正直、公正的大道，孔子感慨后来之世很难实现了。接上章谈我与他人，人与他人，此间无非毁誉。恕道在这里变成了直道，而且是历史性的直道，也就是说，上一章的恕道，是一个人一生都要坚持的，这一章的恕道通于直道，而且是三代都如此坚守的，这就等于给恕道和直道设立了一个坚实的历史背景，古代人民都是这样做的。

【意】孔子认为夏商周三代皆行恕道，那么就是了不起的成就，也就给自己提倡的恕道设定了历史合法性。把恕道上溯至三代，"民"就不再是人民、老百姓，而是指前面自己考察过了的人。孔子写《春秋》，褒贬人物。这里的人，应该指历史人物，不指当世的人，他考察古人，而不是考验当代人。感慨当今之世，没有正常的是非曲直，不继续赞美那些应该赞美的历史人物。孔子相信榜样的力量，没有好的榜样，国家和人民就走不上正道。

仁人之意的恕道不仅是一种修身养性的意识状态，而且有现实和历史的维度，尤其在评价当世的人情世故与历史事件的时候，以仁人之意面对历史是公正平和、不偏不倚的。可见，仁人之意不是一种纯主观意识，而是一种心物融通的、主客合一的意识。正是因为发动仁人之意保持着对所有人类普遍的、深沉的理解，所以才对于人之为人的本性和人的生存境遇有深切的同情，也才能够生起对人类命运普遍的悲悯和宽容。这是经得起历史检验的客观意识，是融通了世界客观性的客观精神和自然之意。所以仁爱他人进而宽恕他人的客观意识状态，是经得起人类历史检验而且延续至今的正直大道。

15·26　子曰："吾犹及史之阙文也，有马者，借人乘之，今亡矣夫！"

【译】孔子说："我还能够看到历史文献当中空缺和存疑的地方，（这说明古代的作者好像）有马的人（知道自己调教不好），先让别人骑行来调教，有这种（自知之明）精神的人，今天找不到了啊！"

【解】史官记史，遇到有疑问的地方便缺而不记，这叫作阙文，表示实事求是，不强作解人的客观精神。有人认为"有马者借人乘之"此句系错出；一解有马的人自己不会调教，而靠别人训练，本书从后者。自己没有能力训练好自己的马，就找人帮忙训练，承认自己不行是求真务实的精神。就像写史书，自己写不了的部分，就承认自己能力有限，不勉强自己写，该空的就空着，让别人来写。

【意】自己知道训练马的意能之边界和分寸，而不勉强自己，也不勉强马，否则会坏事。让人训马，宁缺毋滥，实事求是，既不强己所难，又善于用人之长。空缺与存疑是实事求是的治学态度，知道自己的问题所在。自己的马自己调教不好就让人帮忙调教，有点像易子而教，都是不把自己的主观想法强加于文献，强加于别人和孩子。自己虽然有能力，但也非常小心地注意行动的分寸，不妄为、妄动，这是确定自己意识客观化的边界。

15·27　子曰："巧言乱德。小不忍则乱大谋。"

【译】孔子说："花言巧语会败乱人的德性和品行。小事情不能忍耐和自控，就会败乱大的谋略和计划。"

【解】上一章说不能加的文字不可加，就是要对文字非常慎重。这一章就说"巧言乱德"，就是不合适的"言"其实是对自己的"德"的伤害，尤其是自己不忍乱加文字，否则就等于乱讲话，就会坏了大事。儒家是讲"谋"的，虽然说谋事在人成事在天，但还是要努力经营策划。

【意】关键在于忍的分寸最难。德包括德性和德行，如果不能忍耐，即包括乱说，德之内外都会败坏，就可能会败坏大事情。可见，发动仁人之意要注意情境的合适程度与分寸。当然，"妇人之仁不能忍其爱"之"忍心"，放在此处有一定的合理性，一味强调文义的单一性大可不必。① "忍"强调的是意念的自控力，控制意念之难，犹如忍痛承受刀割一般，犹如"断舍离"需要决绝，"忍"是对一种意念的选择，对放弃可能性意念的坚持，尤其是对日常习惯性意念的舍弃，所以极度艰难。②

---

① 参见杨逢彬结合李零评论对钱穆《论语新解》的批评，见杨逢彬：《导言》，《论语新注新译》，北京大学出版社2016年版，第37页。
② 杨树达认为，"不忍"除了前面两层含义，即"不忍忿"（不能忍受怒气），"慈仁不忍"（太过仁慈，不能以义割恩）之外，还有第三层含义"吝不忍"（吝财不忍弃），即过于看重钱财而丢了性命。参见杨树达：《论语疏证》，江西人民出版社2007年版，第262—265页，并参见《前言》，第2页。

15·28　子曰："众恶之，必察焉；众好之，必察焉。"

【译】孔子说："大家都厌恶他，一定要自己考察一番；大家都喜欢他，也一定要自己再认真考察一下。"

【解】察：仔细研究，与"观"大略考察不同，"视"则指看的动作。此章表现出不可过分相信民意和简单多数的倾向，因为大众可能是被误导的，不可把大众的意见看得绝对化。

【意】孔子非常重视意识的独立性和主动性。他人的恶或者好是由于他人的意识实化的言行而得到评价，但自己不应该跟着别人评价而失去自己意识的主动性，不要人云亦云，从而使自己的意识消弭于大众意识之中。前面提到不如好人喜欢，坏人讨厌，也是确定不要被大众的意见牵着鼻子走，要相信自己的判断，而不是别人的判断。君子本着仁人之意会慎重地判断，找到证据来说明事情。

15·29　子曰："人能弘道，非道弘人。"

【译】孔子说："人在起心动念之间，就能够把道发扬光大，而不是等待道来扩大人的心念。"

【解】接上章，弘道需要士君子、得道之人来弘道，而不是众人来弘道。通达大道的人才能弘道。道不会直接让人开悟，而人要自己悟道弘道。理雅各译为A man can enlarge the principles which he follows, those principles do not enlarge the man；安乐哲译为It is the person who is able to broaden the way, not the way that broadens the person；许渊冲译为The subjective can amplify the objective, but the objective can not amplify the subjective。[①]

道不容易理解，所以需要人去弘扬，要弘扬圣人之道就更难了。儒家要通于道、弘扬道，不可私心用智。因心本通天，私心发动，心体就不再通天。反求诸己可以通达天道。所以离人无道，离开人，道只是自在于那里，道的彰显和存在都是离不开人的。人外无道，所以需要人们领悟自身的大道。

---

① 许渊冲：《〈论语〉译话》，第146页。

【意】道与心在，但不外于心，道既非主观，也非客观。对生生不息的宇宙本体需要本体性的体认，因为生机不是人的温情赋予，而是当下证成的，它从宇宙先天本体（道体）中源源不断地流到我们当下的意识之中。[①]从这个意义上，生生之仁有其"道性"，即如道一般的本体性。

人有意能弘扬大道，不能等着大道把人弘扬出去，不是道来弘扬自己的私，而是人自己的意念大公无私地将大道推致出去。人在起心动念间，就可以把道发扬光大。道需要意会，之后才能够作用于人，而不是道主动来作用于人。道就其存在本身来说，可以不需要弘扬，所以也不会来弘扬人，因为道没有主动的意志力、愿力和心力，但没人来领悟和了解道，道就只是自在存在而已，不能鲜活地存在起来，不能让人领悟其生生不息，就没法弘扬。

人心有领悟、推广和弘扬道的力量，通过尽心尽力推致仁人之意于天下万民，让自己的心念充满仁人之意的意愿和魄力。自己想觉，如果主观意愿过强，反而可能会不觉。全自动加全主动，如有天助。一般人的人心不能通天，不能直达天地之大仁大爱，天地虽有大爱而无言，但不会主动去弘扬一般人，所以人的修心和修意，领悟并保养仁人之意，是修行成贤成圣的核心。

15·30　子曰："过而不改，是谓过矣。"

【译】孔子说："意识到自己错了还不改正，这就是真正的过错了。"

【解】人都有过，但要及时改正。可以改而不主动从主观上改，就是真过错，如许渊冲所译Not to mend a fault is to make a fault[②]之意。意识到错是改错的前提，如果自己意念当中有感觉和反思，可还不改正意念或者行为，那样就是真正的过错了，如安乐哲所译Having gone astray, to fail to get right back on track is to stray indeed之意。但夫子说还是可以改的，所以说的是主观上铸成的过错，主观上是可以

---

① 李泽厚认为，人依靠自己建立道德，成就功业，似乎有悲剧意味，但他对生生之机不加强调，倾向于把世界看作冰冷的、无生机的世界，把人看作被抛的、孤独的个体，把"有情宇宙观"看作"人有意赋予宇宙以暖调情感"意味是主观色彩浓厚的。参见李泽厚：《论语今读》，第300—302页。
② 许渊冲：《〈论语〉译话》，第148页。

改正的。

【意】其实，一切过错都是过去式，从在时空中已经发生的角度看，过已铸成，难以更改。有些过错是覆水难收，收不回来，也改不了的。夫子强调一念之间，是非对错，虽然已经无法挽回，已经有过，但下一秒钟，改了就好。人不可能无过，圣人也会有过，所以很强调要求学生形成一个主动纠正过错的心理反省机制。这个主动纠正过错的心理反省机制，后来的儒者反反复复不断强调，帮助人们在一念萌动之处做圣贤功夫。

可以说孔子认为没有不能改的过错，强调教育者的积极态度，跟后来宋明儒讲随时随刻"存天理，灭人欲"一样，说起来简单，做起来难。子曰："已矣乎！吾未见能见其过而内自讼者也。""内自讼"就是自己跟自己打架，就是要有主动纠正过错的心理反省机制，就是跟自己琢磨一念萌动之处，深刻反省，研究自己是否能够做圣贤功夫。

人的成长是一个试错的过程，如果人从生下来就当圣贤，从来不犯错误，这样的人生虽然完美，但又很不精彩，中国古来的圣贤都拥有精彩的人生。可见，自讼反省的机制不在于不犯错误，而在于改过迁善。怕改过才是真正的"过"，因为让"过"延续下去，使得"过"存在本身不断绵延，这才令人害怕。过在哪里？过在其没有被改正的状态当中延续下去，所以怕改过才是让"过"真正存在和延续的状态，换言之，"过"是以畏、惧、担心、忧虑等心理感受方式存续其"过"[1]。但有意思的是，《周易》作为"寡过"之书，对"过"和"改过"多有论述，如以"善补过"解"无咎"，和《论语》有微妙不同之处。《周易》认为小过可以，有时也需要，《论语》的关键在于改不改。[2]《益·大象》："风雷益，君子以见善则迁，有过则改。"往往"大过"才可以成就大过人之大事，大的过错、大的过度反而会有大的机会。

15·31 子曰："吾尝终日不食，终夜不寝，以思，无益，不如学也。"

【译】孔子说："我曾经整天不吃饭，彻夜不睡觉，去苦思冥

---

[1] 参见海德格尔：《存在与时间》，陈嘉映、王庆节译，商务印书馆2019年版。
[2] 孙福万：《论语易解》，第453页。

想，但最后觉得没有收获到什么好处，还不如去努力学习为好。"

【解】学与思都有分寸，要把握好，都不可过度，更强调学思结合。需要经过苦学的阶段，才知道单纯的苦思会变成空想，转而应该多学习。这是经验主义倾向的结论，而思想的根基在于经验，论断必诉诸经验，也可以说，经验就是事实，对事实的深思、领悟和推理是思想的根本出发点。

【意】如果意能没有增进，那么心思就在空转，思考无效。这里的学习是意识转化为具体对象知识的学习过程，是通过思来消化的过程。

15·32　子曰："君子谋道不谋食。耕也，馁在其中矣；学也，禄在其中矣。君子忧道不忧贫。"

【译】孔子说："君子心思念念都在谋求如何推致仁人之意于天下，而心念完全不在如何谋求衣食方面。即使只是耕田，也难免常会缺衣少食；如果好好学习，那就可以得到俸禄啊！可见，君子的心思意念，时刻只担心自己是否得道、是否能够行道，从来都不去担心自己可能会贫穷。"

【解】馁：饥饿。禄：做官的俸禄。学道的君子要以忧道不行不得为本。韦利把"谋食"译成make a living（谋生）；安乐哲译为（make their plans）around their sustenance。韦利把"君子忧道不忧贫"译成a gentleman's anxieties concern the progress of the Way; he has no anxiety concerning poverty，近于安乐哲所译 exemplary persons are anxious about the way, and not about poverty；许渊冲译为he is more eager for truth than worried about poverty。[①]

【意】君子心念的状态在于天下大道，其意缘永远定格在社稷苍生的民生福祉，而不在于个人的衣食饱暖。因为君子没有花心思在耕田上，田如果耕得不好，就可能因为收成少而饿肚子。相信自己的努力会有能力谋生，不用一直去想具体俸禄的功利目标。

---

① 许渊冲：《〈论语〉译话》，第145页。

15·33　子曰："知及之，仁不能守之，虽得之，必失之。知及之，仁能守之，不庄以莅之，则民不敬。知及之，仁能守之，庄以莅之，动之不以礼，未善也。"

【译】孔子说："凭借聪明才智获得了官职地位，但没有每时每刻保持仁人之意来守护它，那么虽然得到了，也一定会失去它。凭借聪明才智获得了官职地位，并能用心念每时每刻发动的仁人之意来守护它，却不能保持庄敬严肃的态度来对待百姓，那么百姓就不会尊敬他。凭借聪明才智获得了官职地位，每时每刻发动仁人之意的心念来护持它，并能用庄敬严肃的态度来对待百姓，可是动员使唤百姓的时候，如果不能合乎礼仪的要求，那还是不够完美的。"

【解】知：同"智"。之：一说百姓。一解知识、学问（knowledge，理雅各，辜鸿铭）、认识（realization，安乐哲）；一解是宽泛而无所指，如许渊冲译为wise enough to attain，又如刘殿爵译为what is within the reach of；一解国家，应指禄位和国家天下，如韦利译为He whose wisdom brings him into power（那个依靠智慧使他掌权的人）。莅：即临，到。动：动员百姓，不仅是个人修养。善：完善、完美、尽善尽美之意。守仁是用仁人之意来持守当下的意念，为当下意念作主宰，念念不可失去仁人之意，一旦失去仁人之意，就难以守天下。

【意】聪明才智所能够获得的，无论是什么，都需要仁人之意来持守，才能使之不失。可见，聪明智慧的作用是向外的，而仁人之意的功能是向内的。也就是说，人通过发动自己的聪明才智从外在的时空情境当中转化并收获一些能量来归于自身，以为这些都是自己能够得到和收获的。其实，时空能量是时刻流转的，如果一个人有所得（德）之后，不能发动自己的仁人之意，就不能继续维持这些时空能量，于是，之前凝聚的时空能量就会穿透我们的身体和心灵，流转到时空中间的其他地方。仁人之意发动的状态是向内的，是时刻自省的，是一种觉知状态。仁人之意是觉醒的知觉，带着对天地之意与自身之意交融汇通的敏感性，能够体察气息流转的微妙过程，并时刻发动仁人之意来保持。气息是动态的，需要仁人之意才能"保合太和"，维持自身相关气息的和谐通透的状态。

与人的身体相关的能量场，权力和位置当然最为典型，其实不仅权力，包括知识和学问，并不是到一个人那里之后就不会动了，而是需要自己发动仁爱之心来小心守护才行。一个人的社会位置，尤其是官职地位，是自身凝聚的气息的外化，要维持自身相关的信息能量，即维持自身的德行，就需要涵养和保持内在的仁人之意，使之由内而外地发动。仁人之意的意识状态表现为保持庄敬严肃的态度，能够让百姓体察感知到，看起来只是在按照礼制的要求行事，其实是意识主体体会到自身的仁人之意本来就是民心民意，是人民集体意志的凝聚和体现，所以起心动念就跟百姓的命运息息相关，如何能够不谨慎小心呢？

15·34　子曰："君子不可小知，而可大受也。小人不可大受，而可小知也。"

【译】孔子说："君子的心思意念，不一定能够从小细节上看得清楚明白，但可以让君子承担重大的使命。小人不能让他们承担重要的任务，但他们的心思狭隘，往往从细节上就可以看得很清楚。"

【解】小知：管理、料理小事情，如安乐哲译为be given trivial assignments；但也有译为"知小"，如许渊冲译为know minor matters（知小）。大受：承受、承担、担当大责任，如安乐哲译为be relied upon for important responsibilities（被赋予大责任）；或如许渊冲译entrusted with major duties①（承担大任）。君子小人从心意上分辨，从细节与使命上看都不一样。小人是意识边界有限的人，所以不能担当大任，可以管理小事情。

【意】君子小人之别，根本在心思意念不同，在于能够承担的责任自然大不相同。君子的意识深谋远虑，雄才大略，小事情上反而看不出来。小人目光短浅，心胸狭隘，但也不见得一无是处。这些都是心灵意识之境遇的根本区别。

15·35　子曰："民之于仁也，甚于水火。水火，吾见蹈而死者矣，未见蹈仁而死者也。"

【译】孔子说："百姓们需要意识到，他们需要念念推致仁人之

① 许渊冲：《〈论语〉译话》，第147页。

意，其实比他们对于水和火（的生活需要）还更加迫切。可是，我虽然见过人跳到水里淹死和走到火中烤死的，但还没见过念念主动推致仁人之意却走向死亡的。"

【解】仁是爱人，不是害人，可是百姓看不明白，觉得仁很难，意味有危险，自己不敢主动去仁爱他人。

【意】水火是生活必需品，而仁人之意是人与天地之炁沟通的呼吸方式，所以比生活必需品重要，因为这是帮助人的精神自立的力量。仁人之意是天地生生之意的体现，是人的心意接续先天元炁的状态，是否定死亡的、生生不息的方向，犹如人的呼吸，是每时每刻存续世间必须的功课，必须从"好德"一般有意识的修行功课，变成如"好色"一般无意识的功课。

15·36　子曰："当仁，不让于师。"

【译】孔子说："每当碰到追求仁人之意这个问题，就是连自己的老师也没有必要谦让。"

【解】本章强调对仁的体悟，而不是知识性的学习，如果能够悟道，体悟到真理的存在，可能超过老师，也就不必谦让老师。安乐哲译为in striving to be authoritative in your conduct, do not yield even to your teacher；许渊冲译为a good man should not withdraw from being a better man than his teacher。[1] 仁人之意靠领悟，学生跟老师的领悟可能不同，甚至比老师更到位，这也非常正常。在关键的地方，不一定要执守师说，可以有自己的见解。

【意】在领悟仁人之境和推致仁人之意这个问题上，老师的见解未必永远比学生高明。所以如果学生自觉在领悟仁人之意的境界上和推行仁人之意的功夫上有超过老师的地方，就不必要太过谦虚。西方有"吾爱吾师吾更爱真理"的说法，因为"仁（仁人之意）"是关于仁爱他人和世界的，学生对这种温情的感悟可能会超过老师，所以可以当仁不让。

君子要坚守仁人之意，要持之以恒，守得好就不必让给老师。仁之行，即仁之实化。《周易·蒙卦》并没有说学生可以不让于师，在教与学过程中，意缘不仅仅是具体的老师与学生，而且包括老师所授、学生所

---

[1] 许渊冲：《〈论语〉译话》，第150页。

学，其中关于大道和真理，如对"仁"（仁人之意）的理解和领悟，不一定老师永远超过学生，学生理解到位之后，可以不必过度谦让。这里体现的是孔子作为老师谦恭居下，时刻向学生学习的胸襟。

15·37　子曰："君子贞而不谅。"

【译】孔子说："君子坚守仁人之意的正道不移，但不必拘泥于小节小信。"

【解】贞：一说是"正"，一说是"大信"。这里选用"正"的说法。谅是信，守信用。这里指不择是非地在小处守信用，如辜鸿铭译文merely constant（仅仅一成不变地忠诚）①。

接上章，师生之间，君子在教育学生的时候，要把握住正道的大方向，而不要计较小节。孔子作为老师是权变的，不是连小节都不放过的。这里的君子是有仁人之意者，也可以是在上位者，也可以兼而有之。

【意】内心忠于仁人之意的正道才是根本，君子有可能因为形势所迫，有时被迫委屈自己，这时同意，不必拘泥一些细枝末节。前面提及"权"，说明孔子同意，为了把仁人之意推致天下，可以像管仲那样顺应政治形势的需要，做出必要的权变。因为有仁人之意境界的人，对于时势有自己的领会和把握，如果实在不能推致仁人之意于天下，那就必须忍辱负重，等待时机。在形势不好的时候，就可以不必拘泥于小节小信，而要以内心之中追求实化仁人之意的机缘为目标，这样才可能得到机会，最终实化自己的仁人之意。

15·38　子曰："事君，敬其事而后其食。"

【译】孔子说："侍奉君主，心里要首先恭敬地把事情办好，之后再考虑领取俸禄的事。"

【解】食：食禄，俸禄。本章"敬其事"是"贞"的一种表现。君子教学生出仕之道，首先要忠君，把事做好，最后考虑个人待遇的

---

① 参见辜鸿铭：《西播〈论语〉回译——辜鸿铭英译〈论语〉详释》，王京涛译注，第383页。

高低。先忠君，后考虑个人利益，事君不要去区分君主是否是先天决定的、自己无法选择的君，先忠再说。这一点，未必符合现代社会的精神，但符合古代的君主制社会。世袭制的君主个人无法选择，想要为国为民做事的士人（知识分子），在做事的时候，除了先忠诚于君主，其实也别无选择。

【意】臣子要首先把事情办好，而不应该计较俸禄。心念之间，要仁爱君王，仁爱人民，仁爱天下第一，就是时刻推致仁人之意的境界，其次才是顾及自身利益。

15·39　子曰：“有教无类。”

【译】孔子说：“既然选择从事教育，就不要区分各种等类。”

【解】接上章，教育与事君一样，先天不可以有区分，要先教，所以“无类”，即不可以对教育对象，也就是学生有类别的区分，不可以去区分他们的资质、家庭背景等等。然而，现实中的教育过程，其实不可能做到绝对没有区分，教育者在主观意识上，应有意识地不去区分教育对象的先天条件，即不让家庭出身和身份、资质的区分影响教育的过程。但在具体的教育过程当中，教育者对被教者的各种情况肯定还是会有判断。可见，教育者要因材施教，这“材”其实是由教育者和受教者之间的各种条件和因缘构造而成的。

【意】教育应该本着仁爱学生，仁爱他人和世界的精神，也是平等和普世的精神。类：等类，族类，类别，泛指受教育者的公平。受教育者应该得到公平对待，不可以因为身份尊卑、资质高低、贤与不肖而被加以区别；更不可以因为出身、种族等个人无法控制的原因而被区分对待。选择从事教育，孔子表示对于自己的职业有操守，即自己从心里不要把教育的对象根据等级、身份等因素来区分出三六九等。

理解为“人人都可以接受教育，不分族类”有道理，但施教者不去主动区分族类才是最根本、最重要的。孔子认为，在施教者眼中本来就不应该有这种区分。当然，现实情况很难达到这种理想的境界，施教者往往都要面对人有差别的现实。教育者在心念上不可去区分他人，也是要求教育者有一种无分别心。其实，不知道受教育者的分别是不可能的，只是要求教育者不可被受教育者的分别所影响，要能不注重其区分，而生公平的教育平等之心。

15·40　子曰："道不同，不相为谋。"

【译】孔子说："既然所走的道路不同，就不必在一起互相商量谋划了。"

【解】教育学生之后，就分出不同的道来，道不同，即人生志趣不同，计划的人生大道不同，那就无法一同谋事。在教育的过程中，一些学生的心志与先生不同，就不可以跟这样的学生一起谋事。这是从人生发展方向这样的小道来说的。

小道不同，那么对于具体的主张各异，很难有共识，也有理解为信仰的处事原则不同，如果大原则不同，很难一起商量事情。商量事情是权变，但权变是在大原则不冲突的前提下才有可能的。

【意】如果从道是通天大道的角度来说，道是人心接通天地的状态。同与不同的表现就在于心意接通天地的分寸有别。道路不同是对天地之道的领悟不同，从而引导出共识与团结的问题。对道有共同感通的人，可以称为同道，而不是同党（为了具体的利益而结盟的人），君子因为对"道义"，即与道感通的义相通，而彼此认可都有高于各自利益的人。如果心念上已经确定对方与自己心意的境遇天差地别，那就不要继续商量牵扯没完。从对道的感悟落实到控制言词的分寸，也是控制意念的分寸，因为言词的分寸要回复到对道的反思和领悟当中去调整和把握。

15·41　子曰："辞达而已矣。"

【译】孔子说："言辞只要足以表达清楚意思就行了。"

【解】教学的过程当中，言辞清楚达意就可以了。如安乐哲译In expressing oneself, it is simply a matter of getting the point across；修辞立其诚，言语与思想的关系恰到好处就行，如许渊冲译为words are good only if they can express the idea。[①]

【意】不要言语花哨，浮华，言不及义，言辞不及、过分都不好。言辞的关键在于清楚，能够通达"道"，即达于"物"，辞被赋意而能够达物，这样才能表意。达意之辞本身是为了能够揭示事物本身存在的状态，

---

① 许渊冲：《〈论语〉译话》，第150页。

如林安梧意识到"达"是通达和"回到事物本身",认为象形文字"是最接近于存在本身的表达"[①],辞是为了表达人的心意对事物本身的理解和领悟。过度的修饰会使得心意重点偏离事实,如引起情绪上的剧烈反应而抛弃对客观事实的坚持,那样就背离了仁人之意的要求。

15·42 师冕见,及阶,子曰:"阶也。"及席,子曰:"席也。"皆坐,子告之曰:"某在斯,某在斯。"师冕出,子张问曰:"与师言之道与?"子曰:"然,固相师之道也。"

【译】盲人乐师冕来拜见孔子,走近台阶沿的时候,孔子提醒他说:"这儿有台阶。"走到坐席旁的时候,孔子提示他说:"到坐席了。"等大家都坐定下来之后,孔子给他介绍说:"某某人在这里,某某人在这里。"师冕走出去之后,子张就问孔子:"这就是与盲人乐师谈话的应有的礼节吗?"孔子教导说:"是啊,这本来就是帮助盲人乐师应有的礼节啊。"

【解】师冕:即乐师的名字是冕。相:帮助。此章接续上章,先生以身教学,如何尊敬盲人乐师,也就是如何尊敬老师。尊师的礼节是教学过程当中非常重要的。更为重要的是,此章举例说明如何做到"辞达",在一定的情境当中,提示最为核心的"辞"即可。而且,此章用孔子与盲人乐师的对话,特别突出了孔子之"辞"如何"达"致一个看不见的盲人的内心深处,说明了"辞"具备的温情、清晰的含义,情境的凸显、意念如何从"玄冥之境"中升起"道",如何与具体的情景(点)相和谐之境(场)。

【意】对待残疾人的人道主义并不是关键,而是"辞"对于无视力的盲人的意识境域所起的"明""达""通"的作用。对于他人的仁人之意,要落实到具体的情境当中,根据对方需要的情况来实施。表现为合于礼制的礼节,其实都是心意寻找到的合适的"辞",即传达自己意念之真意,被对方合理接受的过程。

孔子在事事物物上都推致仁人之意,推致到盲人乐师上的具体表现如

---

① 林安梧:《论语译解:慧命与心法》,第278页。

此。这是典型的依境而生，每个细节都彰显孔子的仁人之意。编者将此章放在此篇最后，有凸显夫子救万民于水火之中的救苦救难之苦心，揭示其仁人之意当可通过"辞达"即可传遍天下，即使是盲人也会因为明白仁人之意而心志清明、点亮其人生，从而有立身垂范后世之极致意味。

季氏篇第十六

16·1 季氏将伐颛臾。冉有、季路见于孔子曰："季氏将有事于颛臾。"孔子曰："求！无乃尔是过与？夫颛臾，昔者先王以为东蒙主，且在邦域之中矣，是社稷之臣也。何以伐为？"冉有曰："夫子欲之，吾二臣者皆不欲也。"孔子曰："求！周任有言曰：'陈力就列，不能者止。'危而不持，颠而不扶，则将焉用彼相矣？且尔言过矣，虎兕（sì）出于柙（xiá），龟玉毁于椟中，是谁之过与？"冉有曰："今夫颛臾，固而近于费。今不取，后世必为子孙忧。"孔子曰："求！君子疾夫舍曰欲之，而必为之辞。丘也闻有国有家者，不患寡而患不均，不患贫而患不安。盖均无贫，和无寡，安无倾。夫如是，故远人不服，则修文德以来之。既来之，则安之。今由与求也，相夫子，远人不服而不能来也，邦分崩离析而不能守也。而谋动干戈于邦内。吾恐季孙之忧，不在颛臾，而在萧墙之内也。"

【译】季孙氏准备攻打（鲁国的附属小国）颛臾。冉有、季路一起来报告孔子，说："季孙氏马上就要去攻打颛臾了。"孔子怒道："冉求！目前这样的局面难道不正是你的过错造成的吗？这个颛臾，以前周天子分封它的时候，让它主持东蒙山的祭祀，况且它就在鲁国疆界之内，本来就是国家社稷的臣属啊。有什么必要非去灭掉它不可呢？"

冉有争辩说："是季孙大夫决定了要去攻打它，其实我和仲由两个都不主张这样干。"孔子教导说："冉求啊！（古代著名的史官）周任曾经说过这样的话：'要掂量一下自己的能力再去担当相应的职责，实在不能胜任就去职别干。'眼看着盲人即将遇到危险却不去扶助，明知别人马上快要跌倒却不去搀扶，那还要你们这种领路的助手干什么用呢？何况你刚才说的话就不对，老虎、犀牛从笼子里跑出来撒野，龟甲、玉器装在匣子里好好的却毁坏了，这应该算是谁的过错呢？"

冉有继续解释说："如今那颛臾，城墙坚固，防守严密，不可小觑，而且距离季孙氏的封地费邑很近。如果现在不去攻占它，将来一定会给季孙氏子孙留下隐患。"孔子训斥道："冉求！君子痛恨你这样的，不老实说其实是自己很想那样干，却又一定要找出借口，以此来为之辩解。我就听说过，对于有国的诸侯和有家的大夫，不怕人少，就怕财富分配不公平；不怕缺衣少食，就怕民心不安。因为如果财富分配平均，也就无所谓贫穷；大家团结和睦，就不会感到人少；民心安定，就不会有倾覆的危险。如果能够这样，而远方的人还不来归降顺服，那就要修复仁、义、礼、乐的文德教化吸引他们来。如果他们已经来了，就要安顿他们的心思，让他们留下来。如今，仲由和冉求你们两个人辅助季孙氏，远方的人不归顺，你们也无力招他们来降服，民心离散，国家快要分崩离析，可是你们非但不能保全，反而策划在国内大动干戈。我只怕季孙氏应该担心的忧患，不在颛臾，而是在自己家内部吧！"

【解】颛臾：鲁国的附属国，在今山东省费县西。有事：指有军事行动，用兵作战。东蒙主：东蒙，蒙山。主：主持祭祀的人。周任：人名，周代史官。陈力：发挥能力，陈力就列是按才力担任适当的职务。相：搀扶盲人的人，这里指助手。兕：雌性犀牛。柙：用以关押野兽的木笼。椟：匣子。费：季氏的采邑。寡：人口稀少（his people are too few in number，安乐哲），或者财富寡少、人民贫困（his people are poor，安乐哲）。当如"不患贫而患不均"更合理。安：人心安定，有所依归；均：指分配公平，不一定是平均，可以是按照公平的原则公平正义地分配（wealth is equitably distributed，安乐哲）。一说"不患寡而患不安"与下文更通。许渊冲译为need not care for scarcity but for inequality, not for poverty but for security。[1]安乐哲译"修文德以来之"为they persuade them to join them through the cultivation of their refinement and excellence；许渊冲译为culture must be cultivated to attract them。[2]萧墙：照壁屏风，指宫廷之内。

孔子对自己两个学生如此辅助季氏，导致事与愿违，非常不满。学生不能执行推致老师的仁人之意，反而背道而驰，大动干戈，自己又无力制止，非常不悦。时刻都推致仁人之意应该是孔子的境界。虽然前面说过要30年，甚至更长的时间，但孔子认为是正道，而动用武

---

① 许渊冲：《〈论语〉译话》，第151页。
② 许渊冲：《〈论语〉译话》，第152页。

力是霸道，孔子后者，坚决反对。

本章体现出夫子对父母之邦饱含的深情，担心发生战争，难以忍受季氏的胡来，对弟子不能匡正社稷感到忧心忡忡。子路和冉有虽然没有故意助长季氏之恶，但也不敢规诫他，就是无勇；也找不到合适方法规诫他，就是无智；不能劝导季氏安守大夫之本分，就是无仁。如果君子入仕从政却不能尽此三职，那可就谓尸位素餐，有失君子之名。

儒家认为，良善的政治是有道义的政治，不可以找借口违背道义，否则政治的正当性就不足，因为不合政（正）道。无道义之政不可能真正防止恶政，也不能阻止恶人作恶。只有天子有权征伐，大夫不应该有权就乱来。大夫征伐先王封地，名不正，言不顺。这涉及征伐的正当性、命令的合法性等问题。

【意】孔子想通过弟子去劝季氏停止作恶，可是弟子似乎不愿意也几乎没有办法在季氏那里推行仁人之意。虽然不能说他们无仁心，但是他们确实不去推致，不尽力去改变坏的局面，可谓与孔子要求时刻推致仁人之意于天下的宗旨背道而驰，也给其他弟子做了很坏的榜样，所以孔子非常生气。

孔子认为，为臣的辅助责任是要持危扶颠，见到危险要及时阻止其发生。国家要尽量维持稳定，同时保持活力，要避免军事冲突，尽量用礼乐治国。对于小国家，不要去攻打，而要主动吸引他们来归附。只要人民均平，民心安顿，不贫不寡，人家就会主动来归附。更主要的是，大国要修文德吸引其他国家的人，毕竟礼乐文明是人之所好，也表明夫子持续推致仁人之意于天下的境界。更何况对于已经归附的小国，就更应该用文化教育的方式来归化他们，而不应该用武力去征服。

16·2 孔子曰："天下有道，则礼乐征伐自天子出；天下无道，则礼乐征伐自诸侯出。自诸侯出，盖十世希不失矣；自大夫出，五世希不失矣；陪臣执国命，三世希不失矣。天下有道，则政不在大夫。天下有道，则庶人不议。"

【译】孔子说："天下有道（政治清明太平）的时候，制定礼乐，决定战争，都出自天子作主决定的政令；天下无道（不太平）的时候，制作礼乐，出兵打伐，则不得不由着诸侯们来作主决定。由诸侯们作主决定，大概传到十代，很少有不失去政权的；由大夫把持做决定，很少有经过五代还能不垮台的；由家族臣子控制国政命脉的，很少有经过三代还不灭亡的。天下有道之时，国家政权决不会旁落在大夫手中。天下有道之时，普通百姓也就没有必要议论国家政事了。"

【解】道：道义，指合理的政治制度，合理的施政谋略、方针等等。天下有道无道指国家政治统治的合理性和合法性，而有道无道的标准通常是指是否合乎孔子提倡的政治之道。那个时代的政治之无道，与世代传承有关系。上章谈到季孙氏无道之征伐自己疆域之内的附属小国，本章继续说明有道的政治与无道政治的区别。无道的政治是因为权力由诸侯、大夫、家臣把持，过几代就很难继续维持下去。当时的现实是周天子名存实亡，诸侯纷争，甚至家臣当道，所以"天下无道"有几层意思：一是周天子的大权落入诸侯手中；二是诸侯国家的大权落入大夫和家臣手中；三是老百姓无力无权影响政治事务，政治清明和沟通的渠道被阻塞了，人民只能由着当权者胡作非为。

本章与前一章联系密切。孔子反对季氏的征伐，并对学生很不客气，觉得学生冉求不够讲求道义，谋食不谋道，不能坚持推致仁人之意，反证《论语》有一个连贯完备的主旨贯穿整个编排体系。

【意】其实，即使周天子的大权不旁落，任何一个国家要维持十世以上，都非常不容易。政治和政令的合法性，从名分的角度，当然来自天子，这是"理"，但从实权运作的角度，政治的操作来自各种力量的平衡、协调和掌控。而传统政治哲学就在理与势之中纠结，认为理有政治之道，高于现实政治本身，但是，"势"又有其现实的合理性，两者并不绝对冲突，理想的政治当然是理势合一，孔子作《春秋》，希望构筑理想政治的范型。[①]

关于政治权力的合法性问题，大权是否旁落其实不应该是唯一的标准。其他情况，比如国家的统一和完整、政权的独立性、人民生活的福祉和幸福程度、是否阻止庶人议政的问题等，如果有道，就没有必要议论，无道的话，议论是正常的。孔子的政治理想其实类似于柏拉图的哲人王政治，如果王有道，有权威性，那么政权就有合法性。

---

① 参见林安梧：《论语译解：慧命与心法》，第282页。

16·3 孔子曰："禄之去公室，五世矣，政逮于大夫，四世矣，故夫三桓之子孙微矣。"

【译】孔子说："鲁国的政权不由国君作主已经有五代了，大权旁落大夫手里已经四代了，所以三桓（鲁桓公的三房子孙）也都衰落了。"

【解】五世：鲁国宣公、成公、襄公、昭公、定公五世。逮：及。四世：季孙氏文子、武子、平子、桓子四世。鲁国仲孙、叔孙、季孙都出于鲁桓公，所以叫三桓。这里表达的是当时政治大权旁落，人民徒叹奈何，孔子感受到政治黑暗，复礼无望。

【意】这里主要是权力的合法性和继承权合理性的问题。政治权力的继承是古今政治哲学的核心问题，但也是最难解决的问题之一。从理论上讲，政治权力最后都落到某个时空当中的意能最强者那里，由此人重新进行权力的分配。

这里涉及意念的正道与身份的合理性问题。权力传承者的身份赋予的是意念之境，但意念的正道与身份带来的意念之境无关。权力的转移开始可能以身份为核心，但最后一定要以能力为核心，权力自然过渡到意能最强者手中。即使没有合理的自然过渡机制，权力在当下的分配也往往随着意能和意量的竞争比较而转移。

16·4 孔子曰："益者三友，损者三友。友直，友谅，友多闻，益矣。友便辟，友善柔，友便佞，损矣。"

【译】孔子说："有益的朋友有三种，有害的朋友有三种。交正直爽快的朋友，交诚信实在的朋友，交见闻广博的朋友，这是有益的。但如果交习惯邪曲虚浮的人，交善于阿谀奉承的人，交惯于花言巧语的人，那就有害了。"

【解】谅：忠诚老实（sincere，理雅各）而诚信实在，忠实忠贞（faithful，辜鸿铭），但没有体谅之意；安乐哲译为make good on their word（履行诺言）；韦利译为true-to-death（忠诚到死不变），语气更重。便辟：惯于邪曲虚浮。善柔：善于阿谀奉承、谄媚逢迎。便佞：惯于花言巧语、油腔滑调、油嘴滑舌、口齿伶俐。

本章承接上一章，讲统治者的交友，或者政治家的友谊，即政治上有益（帮助）的朋友有三种。"友"是一个人一生当中最为关键的意缘，所以如何交朋友非常重要，是决定一个人的政治地位与政治影响力的关键所在。"友"是政治的核心，所以益友、损友便是政治共同体的建构内容。

【意】朋友是能够增进自己意识能量，扩展自己意识境遇的人。所以朋友的选择，其实就代表一个人意量的边界。"直"的朋友因为其正直通达，是能够帮助自己直接领悟天地性命之道的人。"谅"的朋友是能够对自己的意识状态感同身受，忠诚忠贞于自己，进而理解并支持自己的人。"多闻"的朋友是见多识广、学问广博的人，会直接扩展我们的知识和眼界，让我们更加客观准确地看待世界。

此章主要讨论朋友的普世意义，所涉及的既是三种朋友，也主要是交友的方式，所谓近朱者赤，近墨者黑。人一方面被动地受环境的影响，环境当中的时空能量时时刻刻会对人产生一定的影响，但人又有主观能动性，时刻也可以选择环境。在这个意义上，选择朋友就是选择环境，而选择是人意识主动的表现方式。儒者的仁人之意发出，总是希望接受者也能够感受到仁人之意，从而与朋友一起来共同构筑仁爱之境。跟朋友交往时产生损益，表示人与人之间的互动必然有意能的交流，会表现为自身意能的得与失。可见，友人的意识状态肯定会影响自己的心意之境，因为人与朋友的意识一起构成一个人的心灵与他人共存共在的意识境遇。

16·5 孔子曰："益者三乐（lè），损者三乐（lè）。乐（lè）节礼乐（yuè），乐（lè）道人之善，乐（lè）多贤友，益矣。乐（lè）骄乐（lè），乐（lè）佚游，乐（lè）晏乐（yuè），损矣。"

【译】孔子说："对人有益的喜乐有三种，有害的快乐也有三种。乐意以礼乐调适身心，乐于引导别人走向善道，喜欢多交贤德之友，这是有益的。喜欢骄纵放肆，乐于游荡闲逛，耽于饮食宴乐，那样就有害了。"

【解】节礼乐：指孔子主张用礼乐来节制人。道：导。骄乐：骄纵不知节制的乐。佚：同"逸"。晏乐是沉溺于宴饮取乐，安乐哲译为finding enjoyment；许渊冲译为delightful/pleasure。

本章接上章"益者三友"继续谈"损益"之道。益是意能的增强，一般的意能是道与人之间意识交流的得失，最强的意能是接续天机的意能，而意能的发挥和打开可以超越时空，亘古不败。儒家修身修意的秘密在于集中心意，志于礼乐，以友养意。

其实孔子谈论的不仅是个人之乐，而是有政治意味的"乐"，或者"乐"的政治性，即对人的社会生活会产生影响，会再反过来对个人意能有得失损益的影响。好的"乐"是正能量，是合乎礼的、善的、贤的，可以提升自己，如安乐哲译be a source of personal improvement；有好处，如许渊冲译do you good。相反的则是负能量，成为对个人有损伤的源泉，如安乐哲译be a source of personal injury；有坏处，如许渊冲译do you harm①。

【意】音乐有助于增进自己意识的喜乐，利于培养仁人之意，这需要好的习惯。不好的习惯，让人的心思弛废，很难回到正道上。因为肉体的快乐是下降的，精神心思的快乐是上升的，君子修心，让意念之乐上升，在天际交融，达到心思融贯的顶级快乐，心意发动改变，不断增长能量。小人不修心，随着身体的堕落而堕落，只在意肉体和感官的快乐。如弗洛伊德认为文明来自对性能量的压抑，仁人之意的发动和推致，是与自我压抑求生与求乐的本能相伴的。

正所谓生生之乾意生于坤境，意识生发必有其缘，亦有其境。《礼记·乐记》："乐者，天地之和。"乐是天地的和谐的节奏和分寸。"礼者，天地之序也。"礼义合于天地的节奏，礼是根据自然的区别而加以建构的合理秩序，"乐由天作"乐是对大自然天籁之音的转化和创造。易是推天道以明人事的书。政治意念与分寸都从天地阴阳变化的分寸当中来。②人的意念的分寸之和谐，与天地自然的和谐贯通。气血之和推致心气之和推致仁人之意于天下，但念念皆在和中。

---

① 参见许渊冲：《〈论语〉译话》，第152页。
② 参见《礼记·乐记》："知乐则几于礼矣。礼乐皆得，谓之有德。德者，得也。……大乐与天地同和，大礼与天地同节。和，故百物不失。节，故祀天祭地。明则有礼乐，幽则有鬼神。如此，则四海之内合敬同爱矣。……乐者，天地之和也。礼者，天地之序也。和，故百物皆化。序，故群物皆别。乐由天作，礼以地制。过制则乱，过作则暴。明于天地，然后能兴礼乐也。"

16·6 孔子曰："侍于君子有三愆（qiān）：言未及之而言谓之躁，言及之而不言谓之隐，未见颜色而言谓之瞽。"

【译】孔子说："侍奉在身份高有德位的君子旁边，陪他说话的时候，应该注意避免犯三种过失：还没轮到自己说话就抢先说话，这是急躁；已经该你说话的时候你却故意不说，这是隐瞒；还没有体察君子的脸色就贸然发言，这是盲目。"

【解】君子：身份高、地位高、有德位的人。愆：过失，易犯之错。瞽：盲人，此处指盲目。政治上说话的分寸很要紧，言语的分寸决定政治的进退。

【意】这是仁人之意发动的分寸，是仁爱的言语的分寸。如果心念邪恶，其实不在此章讨论的范围之内。同身份高有德位的人说话要注意分寸，既是善言的分寸，也是仁人之意的分寸，对身份高的人的仁爱，就是对他的体察，同情的理解，从而自觉地约束自己言语的分寸，使自己的心意活动和发出的言语都尽量合于身份高的人创造的情境。这实际上是一种化被动随顺为主动的心意力量。

言为心声，在言语尚未从心意发出之前，要理解情境，并琢磨发言的分寸。言语要基于反思的意识，要有能力明了相应的情境，这就是言语的自知之明。要有明于反思的意念之力，才能主动控制意念的分寸，使之合乎情境的分寸和尺度。

16·7 孔子曰："君子有三戒：少之时，血气未定，戒之在色；及其壮也，血气方刚，戒之在斗；及其老也，血气既衰，戒之在得。"

【译】孔子说："君子对三种事情应主动警惕戒备：年轻的时候，血气还不稳定，要警惕自己沉迷于对情色的迷恋；壮年的时候，血气方刚，精力旺盛，要警惕自己争强好斗；年老的时候，血气已经衰弱，精力衰退，要警惕自己贪得无厌。"

【解】戒：分寸，通常是被动的，戒备坏事，但这里是主动地警戒、小心，彻底戒除却并不合理。因为儒者是"有"的人生观，不是"空""无"的人生观。所以彻底戒除，走向空虚寂灭并不合理。影射一个人在政治生活当中，时刻都要知戒。政治上知戒，色、斗、得，都是时刻要戒的。当然，孔子强调在特定的年龄阶段，要特别地戒除，否则容易出事。人的身体由气和血组成，血阴而气阳，血构成身体和生命的必要条件。但君子与小人的区别，不在血气，而在志气，即精神力量，心志和心意的力量和气度，君子通过修养志气来驾驭血气的运行。孔子这段话，就是要告诫学生们，在人生的不同阶段，任何时候都不可以不涵养志气，不可以失去志气对血气的驾驭，而这种驾驭需要有不同的警醒，也就是心思意念上有不同的戒备。

【意】人涵养志气，就是从心思和行为上，时刻要警惕戒备，要让志气的心思上升，而不要被气血下降的肉欲所牵引。毕竟心意的发动，与肉体构造的情况相关，即与血气的状态有关系。气血会影响人的心意状态，而血气运行，如果不受心意的主动调试，心气流溢，神散气虚，心气无法持久，则气血渐渐紊乱，伤神伤生。"嗜欲深者天机浅"，嗜欲深者除了悟性缺失之外，也有自控力的缺失，导致心神紊乱。

当人血气壮盛，就倾向于扩大自己的意境，而扩大的一个重要途径在于斗争。主动甚至被动地接受来自天地之节文的礼乐之节制，对人气血的和谐、心气的通畅都是有好处的。君子修身，首在修心，修心要实意，实意要实养心气，实养心气当持三戒（非三禁），少时戒色以养心之元气；壮年戒斗以养和气；老来戒得以养正气。气息生生而能运化自身，转化与自身有关的阴阳环境，有改天换地之实效。

16·8 孔子曰："君子有三畏：畏天命，畏大人，畏圣人之言。小人不知天命而不畏也，狎大人，侮圣人之言。"

【译】孔子说："（心意广博深厚的）君子有三种敬畏：敬畏天命，敬畏心灵宽广博大的人，敬畏圣人的言语。（心思狭隘目光短浅的）小人不可能领悟天命，因而也不知道要对天命加以敬畏，会轻慢看低心灵伟大的人，侮辱嘲笑圣人的言论。"

【解】王阳明和程颢等都认为大人是心思宽广博大的人，是通于《易传》"大人者，与天地合其德，与日月合其明，与四时合其序，与鬼神合其吉凶"，与天地、日月、四时、鬼神相合的"大人"。天命即天的命令与命运。好像日月经天，四时代序，有些天地的分寸是个人意志不可更改的，从而领悟到个人和国家的命运与遭际之间，有自己难以更改的分寸，需要特别敬畏。不一定是有意志的天，但对君子来说，天意是那么明显，起心动念都会主动不去违背。

君子在政治上知畏，这是基本的政治素质，知道天命的厉害，大人必须敬畏，圣人之言也要敬畏。敬畏：心意的状态，要调适到位。安乐哲译为hold it in awe。心灵的边界，不可逾越的边界，如宗教意识，神道设教的意识。

【意】现代社会世俗化比较彻底之后，就会表现出明显的后现代特征，即对天地鬼神等信仰的无所畏惧，似乎本章所谓要"畏"的都不科学，甚至斥之为迷信。其实这是现代人陷入对科学等现代化观念过度的迷信和执着，以所谓科学主义和现代性精神去衡量、扫荡一切，对传统文化不断革命，导致现代人的精神世界缺乏普遍的敬畏精神。本章指出每个时代都需要重建传统的敬畏精神，这是民族文化永恒的"心魂"所在。

本章虽然强调敬畏，但不应该把"天命"之"天"理解为外在超越的、神圣性的。天帝、天神的意志，不是上帝的诫命和律法，迫使每个人臣服而绝对不敢违背，否则就不会强调只是"君子"会去"畏"，而是要求所有人都要畏惧和害怕了。可见，此"畏"当是君子对于"天命之谓性，率性之谓道"（《中庸》）的大道充满敬畏，即天命实存时势往往超越人类意志力的把握和理解力，因此需要对自然之"天"之可能的"命"保持必要的敬意。如安乐哲译"天"为the propensities of tian（天的时势，运势），强调每个人都要承认自己处于难以超越改变的时空能量的实存状态之中。虽然如此，但敬畏天命并非仅仅是要强调天命无法改变，而是要在敬畏中涵养和调整自己当下的起心动念。

"大人"是修持自己的心意至于通天气象的人。"圣人之言"是大人通天、先成贤、后成圣之后，在历史的长河当中，披沙拣金之后留下来的、确定是古圣先贤本着通天的心意代天立言的文字，所以"圣人之言"是有通天神圣性的言论。但是圣人之言表面上看起来就像日常语言，似乎只是卑言而无甚高论，却可以历千秋万代而常新，正是因为其有内在通天的永恒气象。

16·9 孔子曰："生而知之者，上也；学而知之者，次也；困而学之，又其次也；困而不学，民斯为下矣。"

【译】孔子说："生来就领悟仁人之道的人，当然是最高境界了；经过学习以后才领悟仁人之道的人，那就是次一等的了；遇到困难再去学习仁人之道的，那就更次一等了；至于遇到困难还不去学习仁人之道的人，这样的人当然就是最低境界的人了。"

【解】上：最好的，最高的境界，不是上等人。政治之学，有的人天生就会，有的人学了也不见得会，有的人受挫后可以学会。人的政治意识的学习是一个比较复杂的过程，有人先天敏感，有人能够学会，有的人要经历困难而会，但也有的人遇到困难折磨之后还是学不会。"生而知之"，安乐哲译为knowledge acquired through a natural propensity for ... its highest level；许渊冲译为those who are born with the possession of knowledge。①

【意】这讲的是学习仁人之道的境界不同，不是区分上等人和下等人。单纯以学习的状态来区分上等、下等是不合适的。不是空泛的学习，而是学习领悟仁人之道，也就是如何达到仁人之意的境界，所以可以区分不同的境界。

16·10 孔子曰："君子有九思：视思明，听思聪，色思温，貌思恭，言思忠，事思敬，疑思问，忿思难，见得思义。"

【译】孔子说："君子在起心动念的时候，要反思九种心意发动的情境：看的时候，要反思是否看清楚了；听的时候，要反思是否听明白了；自己的脸色，要反思是否温和；自己的态度，要反思是否谦恭；言谈的时候，要反思是否忠实；做事的时候，要反思是否庄敬谨慎；有疑问的时候，要反思是否愿意向人请教；愤怒的时候，要反思是否会引发后患；获取财利的时候，要反思是否合适合理。"

【解】君子的政治品格，在意念发动的"反思"状态当中就可以评断出来。儒家的意念带有深刻的反思性，意念本身"发动"的那种投射性反而被遮蔽了，显得没有那么重要似的。思的含义有多重，如考虑关于（think about，安乐哲）；对什么有点担心（be anxious to，理雅各）；小心对付（be careful to，韦利）；集中精力于（focus one's attention on，森柯澜）；目标是（one's object is to，辜鸿铭）。

【意】心思意念在发动的时候，要随时反思（reflexive creativity）；

---

① 许渊冲：《〈论语〉译话》，第156页。

情境必须加入反思，才能够成为意念发动的意义背景；反思的情境是修养的关键，是实意的核心；这九种反思，都是极其深刻的人生智慧。之前的注释，很少有从反思，尤其是从意念发动的瞬间来理解的。

九为数之极，在易学体系中尤为重要。此极思之重要性而言之，可分九个维度，九种尺度。心思意念发动尺度最难，而孔子对于每一个尺度都给予了明确的规定，这就是心意发动的瞬间要反思心意发动的情境之状态。这种反思的状态是儒家心意哲学（Confucian Philosophy of Intentionality）最为特殊、最为核心的内容。

儒家心意哲学的几个重要特点：1.心身一体性（continuity of mind-heart and human body），即身心的交融互动性。2.心意的反身创造性（reflective creative intentionality），反身自省的意念状态是对意念修正的关键。此处谈的是对心意之境（intentional context）的反省明白。1•4 "三省吾身"的反身性就是对心意发动状态的反省，这种反省的机制是儒家心意哲学的重要特色，可与现象学、心灵哲学意向性问题做比较。3.心的主宰经过"思"为中心的转换可以过渡到"意"为中心的主宰与判断，没有反思性的意念，就不能形成判断命题和推理。

看到未必看见，听到未必听清，看见明白，听见清楚，既是意念的专注，也是意念情境的澈明。"思"是意识的回观，不仅仅是收敛的"观"，而且是由"观"入"思"，沉浸于"观"才能"思"。孟子说："心之官则思。"《朱子语类》称："心不在焉，则视而不见，听而不闻。"心之主宰义被理解为意念发动的当下意念之境的主宰。心好像一个帮助反思的主宰器官一样，能够主动控制意念的分寸，方法是"在"，也就是在看的时候心在，在听的时候心在，即作为主体的心主动参与，才能赋予心意与外界沟通的意念状态与记忆。这就涉及意念与其赋意的过程、赋意的主体性等问题。①

16·11 子曰："'见善如不及，见不善如探汤'。吾见其人矣，吾闻其语矣。'隐居以求其志，行义以达其道。'吾闻其语矣，未见其人也。"

【译】孔子说："'看见他人的善心善行，心里就担心自己达不

---

① 参见温海明：《儒家实意伦理学》，第95—123页。

到，看见他人的恶心恶行，就赶紧避开，就像手探触到开水一样。'我见过这样做的人，也听过这类人说话。'（他们既想要）隐居避世以便保全自己的志向，（又想要）推行仁义以便明达和实现自己主张之道。'我听到过他们这样说，却从来没有见到过他们（能够实现）。"

【解】这里其实是有点指责隐士们，他们虽然很想两全其美，但根本做不到。没有人能做到既保全名节，又践行道义。在孔子看来，隐士隐居就离开了"行义"的生活情境，而"义"又只能在生活情境当中行出来，所以他明确表示避世隐居不是自己的选择。"明达实现"是高层次的贯通，很难达到并落实。

这里再次强调，面对善恶，心里的感受特别关键。隐士能够独善其身，却不可能兼济天下，所以没有这样的人。隐士基本只能够空谈，孔子并不欣赏他们，也不愿意加入他们的行列，而要以闲适时泡汤的精神气度来理解和面对犹如滚烫之汤的滚滚红尘。

【意】隐士们一般都是方法一套一套的，说起来头头是道，好像天下的事情，如不按照他的方式处理就不可能解决。可是请他出山，他会说不愿意跟世俗之人同流合污，好像手碰到开水缩回来一样。孔子的可爱可敬之处在于看透隐士们的心灵处境，他颠沛流离，何尝不想避世隐居。但见过的隐士很多，反而不想跟隐士们岩栖谷饮。其实孔子想强调，避世隐居、独善其身，就基本上不可能兼济天下，他听人说得多，可是就没见过这样的人。他实际上是说，要想推行仁义之道于天下，只有赴汤蹈火地致力于人伦家国之中，而且要舍我其谁，别无他途！

"见不善如探汤"字面是把手伸进开水里，当然手都会自动缩回来，不知道缩回来被烫到的毕竟还是少数。这是批评隐士，见到坏人坏事避之唯恐不及，虽然高洁，但不能成事。孔子的意思是，如果都像隐士那样，看到坏人、坏事就赶紧跑，不敢直面，是不能够做成事情的。敢于由探而赴的人，是非常有勇气的，面对天下那么滚烫的汤，如果头脑简单地跳进去泡汤，这样是不行的，所以得有策略才行。夫子面对滚滚红尘的汤，不离又不弃。汤在《周易》以坎水为代表，要"习坎"，即习于坎，其实就是习于汤，以闲适的时候泡汤的精神气度"莫等闲"地去面对滚滚的红尘。理解坎卦的"维心亨"，才能习乎坎之世，与汤同在，才能探汤、赴汤、习于汤，而这个"汤"，就是已经被整得面目全非、礼崩乐坏的人伦家国。

16·12 "齐景公有马千驷，死之日，民无德而称焉。伯夷、叔齐饿于首阳之下，民到于今称之。其斯之谓与？"①

【译】"齐景公有四千匹马的财富，可是他死的时候，百姓们却找不到他有什么恩德可以称颂。伯夷、叔齐在首阳山下忍饥挨饿而死，百姓们到今天还在称颂他们。他们大概就是既能够隐居避世以便保全自己的志向，又想要推行仁义以便实现自己的主张的人吧。"

【解】斯：指代前章的人，即既想要隐居避世以便保全自己的志向，又想要推行仁义以便实现自己主张的人。本篇各章都是在一种长远甚至永恒的视角下来观照个人家国，褒贬明确，得失立见。所以通过比较，希望后人也能以长远的眼光看自己，看待事情的发展，从而建立关于权力、财富得失的正确态度。

《史记》说景公"好治宫室，聚狗马，奢侈，厚赋重刑"。齐景公用各种方式搜刮百姓手里的财富，每个新政策都从百姓手里抢钱，就算马厩里的马再多，百姓也不可能说他的好话。同时，田氏却以自己的名义向百姓广施恩义，"以公权私，有德于民，民爱之"。致使姜齐失政于田齐。景公虽未争而立，但其所作所为与争位者无异。夫子以伯夷、叔齐相继让位与之相比。景公聚敛财富，与伯夷、叔齐不食周粟形成鲜明对照。齐景公因踞君位而富，伯夷、叔齐因让国而贫。如此强烈的比较，说明功名利禄有用于一时，但道德仁义有益于千秋万代。

---

① 本章文本所阙难以考察清楚。第一种，程子认为第十二篇《颜渊》错简"诚不以富，亦祗以异"当在此章之首。第二种，《集注》引安定胡氏之说，认为此句当在"其斯之谓与"之前，说明"人之所称，不在于富，而在于异也"，章首加"子曰"。朱熹、程树德和钱穆都认可这种说法，即当是子曰："齐景公有马千驷，死之日，民无德而称焉。伯夷、叔齐饿于首阳之下，民到于今称之。'诚不以富，亦祗以异'，其斯之谓与？"第三种，认为本章与上章本为一章，合而观之，则完整而且贯通，"见善如不及，见不善如探汤"，指的是齐景公，"隐居以求其志，行义以达其道"，指的是伯夷、叔齐，以是人证是语，所以说"其斯之谓与"。蔡节《论语集说》、张栻《论语解》、孔广森《经学卮言》持这种看法。即当为孔子曰："'见善如不及，见不善如探汤。'吾见其人矣，吾闻其语矣。'隐居以求其志，行义以达其道。'吾闻其语矣，未见其人也。齐景公有马千驷，死之日，民无德而称焉。伯夷、叔齐饿于首阳之下，民到于今称之。其斯之谓与？"当代注者接受第二种的较多。

此章警告当政者，儒家的财富观有助于长治久安，要藏富于民，散财于民，方能国泰民安。《周易·益卦》云："损上益下，民说无疆。自上下下，其道大光。"齐景公的所作所为对国家构成很大损害。

【意】从政者要注重公平和正义，图一时之利可能毁掉千秋万世的名声。关于伯夷、叔齐，有多种解释：他们第一是孝顺；第二是让国（但国已乱，当求救之）；第三是忠于商君旧主，不迎新主。其有德，是一种一致性，并非权变，人民颂扬的是不权变的道德原则，他们当然都是有良心、有良知、但不入世也不权变的人，为了维持道德的整全性而拒绝融入时代，不顺应时代变化的人。

孔子真正欣赏的隐士是伯夷、叔齐，其心意通天，仁心可昭日月，对他们来说，权势、名声、财富皆身外之物，守义之意可以恒久不败。为了仁爱的原则，以及相应的礼制的规矩，如不可以暴制暴，儿子不可不守孝，臣子不可以讨伐国君等礼制原则，可以反抗王权，舍生忘死。他们反对武王伐纣，孔子认为是对的。伯夷、叔齐"清"，人格高洁，骨头够硬，成为儒家推崇的道德丰碑。

16·13　陈亢问于伯鱼曰："子亦有异闻乎？"对曰："未也。尝独立，鲤趋而过庭。曰：'学《诗》乎？'对曰：'未也。''不学《诗》，无以言。'鲤退而学《诗》。他日又独立，鲤趋而过庭。曰：'学《礼》乎？'对曰：'未也。''不学《礼》，无以立。'鲤退而学《礼》。闻斯二者。"陈亢退而喜曰："问一得三。闻《诗》，闻《礼》，又闻君子之远（yuàn）其子也。"

【译】陈亢问伯鱼："你作为老师的儿子，从他那里听到过什么特殊的教诲吗？"伯鱼回答说："没有呀。曾经有一次，父亲他独自站在堂上，我快步从庭前走过，他问我：'学习《诗》了没有啊？'我回答说：'还没有呢。'他说：'不学《诗》，话就说不好啊。'我下来就开始去学《诗》。又有一天，父亲他又一个人站在那儿，我还是快步从庭院里走过，他又问我：'学习了《礼》了吗？'我回答说：'还没有呢。'他就说：'不学《礼》，就不懂得怎样立身啊。'我下来就去学习《礼经》。我就听到过（他这么教导我）这两件事。"陈亢告退后，非常高兴地说："我问了一个问题，得到三方面的收获，知道了《诗》（对说话）的作用，知道了《礼》（对立身）的用处，又了解到做君子的，不应该偏爱自己的儿子。"

【解】陈亢：孔子学生陈子禽。异闻：指不同于对其他学生所讲的内容，好像特殊的课程。通常人会怀疑孔子对自己儿子的教育会跟其他人不一样，甚至质疑孔子的学说是否足够真诚，是不是有内学和外学之分。趋：晚辈在长辈面前快步走过，显得有礼貌。远：不格外、过分地亲近，不特别偏爱。

学习《诗经》有助于说话，学习《礼记》有助于立身，二者都非常重要。孔子对自己孩子没有特别偏爱，在对待学生的时候，有一种公平，即公开、持平、不搞特殊化的平等精神。

【意】孔子传道的境界没有私人性，不像宗教大师般彰显出特殊功能，不依赖神秘的、不可复制的神迹。孔子不变戏法，不表现特殊能力，而是完全以人文理性的精神教育学生、应对他人。但是在一般的学生眼中，可能会疑问老师是否会给自己的孩子特别的教导，让自己的孩子学得比一般学生们更好，帮助自己的孩子变得更杰出，这似乎是人之常情，这样的疑问其实是假设孔子作为老师和一般人一样可能有私心。

从孔子与伯鱼的对话看，他没有私心，从无隐瞒，也不需要隐瞒，更不会给自己的孩子开小灶。孔子之所以表现出彻底公开和没有私心的境界，是因为他明白，传承斯文大道需要依赖师生，而不依赖于血缘。他非常理解，继承发展学术思想的大道几乎需要依赖天选之人，即对大道有切身体会的人是可遇不可求的，这与政治权力的传承需要借助血缘和私人关系，二者之间存在非常重大的区别。自古圣道传承，命若游丝，孔子体会很深，所以常常感叹，担心自己大道不传。不过，从《论语》可谓中国人的《圣经》来看，孔子的弟子们已经是有史以来传承斯文大道最为杰出的学生群体了。

16·14　邦君之妻，君称之曰"夫人"，夫人自称曰"小童"；邦人称之曰"君夫人"，称诸异邦曰"寡小君"；异邦人称之亦曰"君夫人"。

【译】国君的妻子，国君称她为"夫人"，夫人自称为"小童"；国内人称她为"君夫人"，但对外国人称呼她时就要称她为"寡小君"；外国人称呼她也要称"君夫人"。

【解】本章是上一章学礼的例证。朱子《论语集注》引吴氏曰："……不知何谓……不可考也。"后人附议的很多，但这章应该不是随便说的。生活在政治生活情境中的人，如何称呼他人，可以说是讲礼需要修养的第一功课。

【意】不同的情境、不同的对象要有不同的称谓。汉语中的称谓文化比起英语等其他语境的称谓要复杂得多。学习礼就必然涉及各种称谓，同一个人，不同的人对其称谓完全不同，这只是一个例证而已。"不学礼"不知称谓，无法立足于世。这就是一个政治生活的前提。这样是"正名"和"以名行事"的一个例证，通过正名循礼来行事，则言顺而事成。

本篇讨论政治的方方面面，从政治的复杂、无道到教学中涉及的几乎所有负面的例证和问题，都集中在此章。

阳货篇第十七

17·1 　阳货欲见孔子，孔子不见，归（kuì）孔子豚（tún）。孔子时其亡也，而往拜之，遇诸涂。谓孔子曰："来！予与尔言。"曰："怀其宝而迷其邦，可谓仁乎？"曰："不可。""好从事而亟失时，可谓知乎？"曰："不可。""日月逝矣，岁不我与。"孔子曰："诺，吾将仕矣。"

【译】阳货想让孔子来见他，孔子不愿意和他相见，阳货就故意送了一只蒸熟的乳猪给孔子（以便让孔子为了回礼而去拜见他）。

孔子故意打听到阳货不在家时，去往他家回拜答谢，却在回来的半路上碰上了阳货。阳货对孔子说："过来，我有话要跟你说。"

（孔子走过去，）阳货接着说："把自己的一身本领怀藏起来，听任国家陷入迷乱状态，这难道可以叫作实行仁人之意吗？"（孔子回答）说："不可以。"（阳货）又问："喜欢参与政事，可是又屡次错过机会，这难道可以说是明智吗？"（孔子回答）说："也不可以。"（阳货故意感慨地）说道："时间一天天在流逝啊，年岁可是不等人的呀。"孔子只得接话说："好吧，我将要出仕为官了。"

【解】阳货又叫阳虎，季孙氏的家臣。许渊冲译文加了 in power，说明他是当权派。归：赠送。豚：小猪。归孔子豚：赠给孔子一只熟小猪。时其亡：等他外出的时候。涂：同"途"，道路；遇诸涂：在路上遇到了他。迷其邦：听任国家迷乱。亟：屡次。与：在一起，等待。

本章讨论的是出仕的分寸。阳货是一个让孔子有很多负面体验的人，孔子不喜欢跟他正面打交道。许渊冲译文最后说孔子回答得 ironically（口是心非），认为这是帮助外国读者理解的必要补充。①

【意】阳货当时有权，想试探孔子的真实意向，孔子显然不接受试探、故意躲避，在不得不面对的时候，也基本都在敷衍，即使最后表面答应，也不是真正答应，不想为恶人所用。"仁"这里是实行仁人之意，实化仁爱的意念。孔子想实化，但一直在等待合适的时机，但他推行自己的

---

① 参见许渊冲：《〈论语〉译话》，第165—166页。

仁人之意，无论如何也不愿意跟阳货合作。按照前面孔子的想法，只有等到掌权者理解仁人之意的时候他才会出来做事，也就是说，需要等待顺天地生意的时机，才是真正出仕做官的合适时机。

17·2　子曰："性相近也，习相远也。"

【译】孔子说："人的先天本性是相互近似的，（可是后天的习性）由于习染不同差距就越来越远了。"

【解】接续上章，说明阳货与孔子是熟人，但时间越长，习气不同，越走越远。出仕从政的前提是知道人性会变，要习惯人性会随时间变化，而且变化越来越大。理雅各译为By nature men are nearly alike, by practice they get to be wide apart；安乐哲译为Human beings are similar in their natural tendencies, but vary greatly by virtue of their habits。安乐哲强调，"性"是变化的倾向，而不是一成不变的本质，这与张祥龙的观点相同。张祥龙认为相近之性是"家族相（近）似性（Familienähnlichkeiten）"[①]。

【意】人的本性都是彼此互相近似的，也就是说，本性生来或者本来很像，没有多少区别。但随着时间的推移，人生经历的变化，差别会越来越大。这当中"习"为关键，"习"代表后天的习性，主要有两部分，既指学习是主动的，也指环境习俗的熏染、被动的习染，应该说两方面都有。"性"包括先天本性和后天习性。习是习惯，渐渐被环境同化，这是被动的一面；但也可以指主动养成的好或坏的习惯。主动习得的习性与习惯于环境的被动习性，常常是超出意念主动控制的，甚至是进入潜意识的部分。

17·3　子曰："唯上知与下愚不移。"

【译】孔子说："只有最聪明的智者与最愚蠢的愚者是不可能改变的。"

【解】孔子与阳货资质不同，所以很难改变。出仕首先要知道人与人是不同的，有些人很难改变。孔子承认上智和下愚之人不可通过

---

① 参见张祥龙：《孔子的现象学阐释九讲》，《儒家哲学史讲演录》（第一卷），第111页。

教育、教化来改变。他当然相信大部分人都可以通过教化而改变，但对少部分人无法被教化和改变的情形充满无奈。这来自于教学经验的总结。孔子以两种极端的人作为教化的假设状态来鼓励学生们努力学习，勉励大家都还是可以造就的，只有很少人无法成为教学的对象。

【意】善恶有报，不指道德、阶级、能力。伦理道德难以灌输，而指品行。上智的人无法让其作恶，下智的人无法教其为善，这个并不是非常合理。人的天生资质跟善恶无关，承认现实中有这样的情况，存在上智之人，即通于仁人之意的人，时刻意念接天，不会改变；但愚蠢的人习染深重，习气难改，没有自我意识，随波逐流，属于被改变但又无法被改造的对象，他们没有行动力，也缺乏付诸行动的意能。①

17·4 子之武城，闻弦歌之声。夫子莞尔而笑，曰："割鸡焉用牛刀？"子游对曰："昔者偃也闻诸夫子曰：'君子学道则爱人，小人学道则易使也。'"子曰："二三子！偃之言是也。前言戏之耳。"

【译】孔子到武城去的时候，听到一片琴瑟弦歌的声音。孔子微微一笑说："杀鸡哪里用得着宰牛的刀呢？"子游回答说："以前言偃我听先生教导：'君子学习了礼乐之道就知道仁爱他人，百姓学习了礼乐之道就容易听从指挥。'"孔子于是说："同学们哪，言偃刚才说的话是对的。我前面说的话，不过是跟他开个玩笑而已。"

【解】武城是鲁国的一个小城，当时子游是武城宰。弦：琴瑟；弦歌：以琴瑟伴奏歌唱。阳货为政拉帮结派谋取私利，孔子为政教化众生，替天行道。教化百姓是从政的主要任务，即使改变不了（上一章），也要努力教化他们。孔子在这里其实还是致力于导人向善的。安乐哲译"割鸡焉用牛刀"为why would one use an ox cleaver to kill a chicken；许渊冲译为is it necessary to kill a chicken with an ox-Knife。

【意】子游是孔子的好学生，文学方面十分精通。孔子怀有礼乐教

---

① 林安梧引用佛教的观点，认为愚人即陷溺于"贪嗔痴"三毒者。参见林安梧：《论语译解：慧命与心法》，第294页。如此解来，佛教要帮助众生脱离苦海，儒学却要放弃一部分已经在苦海中的人，因为难以被教化，他们精神无力，提不上来。可见，儒学偏重向上提的心力，而佛学相比更重个体"明心见性"之觉悟。

化人们的理想，由弟子们付诸实践，所以看到弟子们的成功，孔子非常感动。牛刀比喻子游有大才，在武城小地方受委屈了，孔子很遗憾。不过，地方小就易被教化，虽然子游有点大动干戈的感觉，但从回答来看，后面更接近于子游在为自己辩护，自己照着老师所教的在做，等于实化老师的仁人之意。孔子教的是治国理政、经天纬地的大事业，虽然在武城这个小地方、小试验田会有点委屈，但孔子后来赞同子游的解释，由点滴做起，逐渐积累。

《礼记·礼运》篇，记载孔子说"大道之行也，天下为公"之前有"言偃在侧曰：君子何叹"。言偃的提问引发了孔子著名的"大同理想"，进而提出"夫礼，先王以承天之道，以治人之情"，认为天、道、人情都本诸人心——孔子定义为仁心——仁爱他人之心，爱每一个人，爱全人类，即对人民彻底的人道主义，接续的是儒家仁爱每个人的思想。可见，孔子意图在乱世之中，心心念念找机会建立其"大同"理想。

17·5 公山弗扰以费畔，召，子欲往。子路不说，曰："末之也已，何必公山氏之之也。"子曰："夫召我者，而岂徒哉？如有用我者，吾其为东周乎？"

【译】公山弗扰盘踞费邑反叛季氏，来召请孔子，孔子打算应召前去。子路很不高兴，说："没有地方去就算了，干吗非要去公山弗扰那里呢？"孔子解释说："他来召我，难道我会白去吗？假如有人任用我，我没准可以在东方复兴周礼，重建一个东方的周王朝呢。"

【解】公山弗扰是人名，又称公山不狃，字子泄，季氏的家臣。此章当在定公八年（前502），孔子50岁的时候，正是他"知天命"的阶段。末是无；之是到、往；末之是无处去。已是止，算了。之之也的第一个"之"字是助词，后一个"之"字是动词，去到。徒是徒然，空无所据。为东周指建造一个东方的周王朝，在东方复兴周礼。安乐哲译为I would give him a "Zhou of the east"；许渊冲译为I would make ritual and music proper as in East Zhou。孔子自信能够很快改变一个地方，从政可以立竿见影，充满乐观精神。①

【意】孔子"五十而知天命"，对自己将来肯定有改朝换代的影响力深信不疑，所以急于建功立业。可见，50岁正是孔子兴发自己人生大业的前奏，后来他跌宕起伏、影响广泛的人生画卷也恰都是在50岁之后展开的。②人生苦短，做点事不容易，机会也不多，孔子很想抓住机会做事情，改变的格局意味着机会。孔子对自己复兴周礼的理想和期待非常执着，每一个念头都与重建大同世界、人伦家国有关。

17·6 子张问仁于孔子。孔子曰："能行五者于天下为仁矣。""请问之。"曰："恭、宽、信、敏、惠。恭则不侮，宽则得众，信则人任焉，敏则有功，惠则足以使人。"

【译】子张向孔子请教什么是仁人之意。孔子说："如果起心动念处能够推行五种意识境界于天下的话，那就达到仁爱之境了。"子张请教说："请问是哪五种？"孔子回答说："（起心动念处处）恭敬、宽厚、诚信、勤敏、恩惠。心念恭敬，就不会招致侮辱；心地宽厚，就会得到众人拥护；意念诚信，就能得到人民的信任；持心勤敏，工作就会有成效；心存恩惠，就能够使唤他人。"

【解】接上章讨论外王的具体操作方式。如果孔子得到外王的机会，他一定会把"仁"人之意彻底转化为外王的政治实践。"行五者"就是从政于天下，（乐观地）改变靠五种主要的仁心状态。理雅各译"恭"为gravity；韦利译为courtesy；安乐哲译为deference。理雅各译"宽"为generosity；韦利译为breadth；安乐哲译为tolerance。理雅各译"信"为sincerity；韦利译为good faith；安乐哲译为making good on one's word。"信则人任"一解别人就放心任用你。理雅各译"敏"为earnestness；韦利和安乐哲都译为diligence。理雅各译

---

① 吴天明认为曾参师徒把如此明显有损圣人的章节选入的错误难以原谅，参见吴天明：《论语本意》，第34页。他的说法，可谓不解编辑者的良苦用心。
② 张祥龙注意到孔子政治生涯50岁后才拉开帷幕，所以他50岁的时候刚刚生机焕发，"注满了他个体和时代的生命血脉与乐感，正在进行自主，带着摸索的谨慎与敬畏，又具有与之共生死的大决断"。所以要反对传统上那些认为知天命就是明了命运的穷通，从而安分守己的解读。参见张祥龙：《孔子的现象学阐释九讲》，《儒家哲学史讲演录》（第一卷），第63页。

"惠"为kindness；韦利译为clemency；安乐哲译为generosity；许渊冲认可译文reverence, lenience, confidence, diligence and benevolence，因可做到"意美、音美、形美"①。

【意】仁人之意发动时每个意念都与他人有关，这是起心动念处处仁爱，也是修心到极致境界。惠既是恩惠，也是存有恩惠之心，便于使唤他人。既感恩，也予人恩德，方便指挥他人。

17·7 佛肸（bì xī）召，子欲往。子路曰："昔者由也闻诸夫子曰：'亲于其身为不善者，君子不入也。'佛肸以中牟畔，子之往也，如之何？"子曰："然，有是言也。不曰坚乎，磨而不磷；不曰白乎，涅而不缁（zī）。吾岂匏（páo）瓜也哉？焉能系（jì）而不食？"

【译】佛肸召请孔子去，孔子打算应召前往。子路阻止说："从前我听先生说过：'亲自做坏事的人那边，君子是不会去的。'现在佛肸占据中牟反叛晋国，你却要前去，这怎么说得过去啊？"孔子解释说："是的，我有说过这样的话。（可是，）不是说坚硬的东西，磨也磨不坏吗？不是说洁白的东西，染也染不黑吗？我难道要像那个苦味的葫芦吗？怎么能老是挂在那里，而不采来食用呢？"

【解】佛肸：晋国大夫范氏家臣，中牟城的地方官。中牟：地名，在晋国，今河北邢台与邯郸之间。磷：损伤；一说薄；一解磨下的碎屑。涅：一种矿物质，可用作颜料染衣服。缁：黑色。匏瓜：葫芦中的一种，味苦不能吃。系：结、扣。

【意】本章继续举例说明孔子急于找机会出山做事，他有实化仁人之意的一整套方案，急于付诸实践，但不容易找到机会，所以但凡有点可能，孔子都去尝试。孔子如此急切地想出来做事，甚至不惜改变之前跟学生们解释过的话，因为他相信自己内在的品格不会被外在肮脏的环境所污染。

《史记·孔子世家》用几乎一半的篇幅记载孔子周游列国，孔子带着学生们出行，是希望能够在其他国家找到施展才能的机会，但是政局动

---

① 参见许渊冲：《〈论语〉译话》，第161页。

荡，很少有国君敢于起用孔子和他的弟子们，所以孔子最后还真的成了他口中所讲的"匏瓜"，没有得到把自己的仁人之意实化成为政治行动的时间和机会。但是，带着弟子们周游列国传播儒门的仁人之意，也是另一种意义上的实化，加上晚年孔子删述六经，奠定了儒家思想不败于世，万古流芳的根基。

17·8　子曰："由也，女闻六言六蔽矣乎？"对曰："未也。""居，吾语女。好仁不好学，其蔽也愚；好知不好学，其蔽也荡；好信不好学，其蔽也贼；好直不好学，其蔽也绞；好勇不好学，其蔽也乱；好刚不好学，其蔽也狂。"

【译】孔子说："仲由呀，你听说过六个字的六种弊病了吗？"子路回答说："没有啊。"孔子解释说："坐下，我告诉你。心意仁爱，但不喜欢学习，弊病是愚昧无知，被人愚弄；心求明智，却不扎实好学，弊病是言语空荡，游学无根；心怀诚信，却不好学尺度，弊病是心胸狭隘，信实害人；心念直率，但不好学改正，弊病是话语尖刻，出言逼人；心地勇敢，却不好学调适，弊病是犯上作乱，闯出祸害；心意刚强，却不好学自控，弊病是自以为是，狂妄自大。"

【解】居：坐。"蔽"在中文里作为"弊病"不难理解，但英译就多样，首先，弊病当然是一种不足、失败（failures，辜鸿铭）；是缺陷或瑕疵（flaws，安乐哲）；是正常状态的堕落、衰退、蜕化（degenerations，韦利）；都是由于心志被蒙蔽，如太阳被云遮蔽（becloudings，理雅各），因此陷入黑暗而变得愚昧（benightedness，金安平）[①]。愚：受人愚弄（be duped，安乐哲），一解愚蠢（英译一般是foolish、simplicity、silliness；许渊冲译为fool）。荡：放荡；指好高骛远而没有根基。辜鸿铭理解为浅涉文艺（dilettantism），指业余文艺爱好者修养一般，流于似是而非的碎片化知识，对真正的学问没有体悟和感受。许渊冲认为dissipation of mind（心思散乱，恣情纵欲）比utter lack of principle（彻底丧失原则，浪荡无归）更接近原义，他译为wanton［嬉闹，挥霍（精

---

① 金安平译注：《论语英译及评注》，鄢秀译，第342页。

力）〕①；安乐哲译为self-indulgence（自我陷溺）。贼：害；一解伤害于物。许渊冲认为injurious disregard of consequences（对伤害后果不管不顾）比villainy（邪恶、罪恶）更具体，他译为cheated（蒙骗、欺蔽）。绞：说话尖刻；可译为rudeness、harshness，许渊冲译为rash（轻率鲁莽）②。

【意】好学仁人之意的君子自然善于涵养美德，知道要努力在涵养之中体会真正的好学深思与业余爱好有着天壤之别。学习好比驾车、游泳，也如冲浪，是需要认真花功夫下去训练和实践的，才能实践出真知的。否则，流于一般的业余状态，就可能永远不知道学会和学好之间的分寸所在。所以学习需要用心摸索，更需要顺从有经验的老师的指点和教导，并在实践当中不断摸爬滚打，才能逐渐理解和体悟学好需要达到的分寸，这种经验，也可以理解为从具体生活实践当中体悟出来的边界感。

学习政治的边界感非常之难。首先，学习政治并不容易谋到出路，孔子自己也是因为仕途不顺才退而教学。他自己好学，要求学生们也要热爱学习，找到自己真心热爱的学问，并全身心投入去理解体悟真知。千万不要流于叮当作响的半桶水，看起来似乎有修养、热爱学问、表面正直还有勇气。其实，由于学得不够深入，无法获得真正的修养，难以深入学问的堂奥，缺乏自身真实的体会，就容易变得专横无礼，那样也就不可能产生真正的勇气。

本章似乎上来就是纲领法则，等于颁布教学总原则，说明推行仁人之意之意量于天下会有不同的分寸感。无疑，学习的目标就是要学好，而学好的状态就是不断修正意识发动的尺度，使每个念头发动都具有客观化的内在力量，既充满意识能量（意能），又有明确的意识分寸感（意量）。这种意量感，是从受制于外在情境的刺激反应，形成意识发动的反思性调适，上升到发动仁人之意时意识当下的主动自控。孔子对儒者修养由外而内的经验内在化过程总结得精妙深入，其"修辞立其诚"真诚至极的内在分寸感，千载之下都引人无限玄思。

---

① 参见许渊冲：《〈论语〉译话》，第163页。
② 参见许渊冲：《〈论语〉译话》，第163页。

17·9　子曰："小子何莫学夫《诗》。《诗》，可以兴，可以观，可以群，可以怨。迩（ěr）之事父，远之事君；多识于鸟兽草木之名。"

【译】孔子说："同学们，你们为什么不学习《诗经》呢？学《诗经》可以学会用关联类比来兴发志气，可以学会观察天地万物及人间的盛衰得失，可以学会让自己的心意通于人群，可以学会委婉哀怨的批评方法。往近里说，对侍奉父母有帮助，往远里讲，对侍奉君主有启发；还可以多多认识和记住一些鸟兽和草木的名字。"

【解】兴：激发感情、引发想象，是人因为感动而兴发情感（incite people's emotions，韦利），进而兴发意义的一种表达性的努力，所以一说是诗的比兴，把情感用诗情画意来表达出来，所以有理雅各stimulate the mind（刺激心灵），许渊冲inspire（启发）的意味，这个过程是对感受性的唤起（arouse your sensibilities，安乐哲）。对少年人来说，更重要的是兴发通天的志气，激发少年激情，让心意直通天地，养成少年气象。

观：兴发了情感之后，观察了解天地万物与人间万象，既是为了观察自己（for purpose of self-contemplation，理雅各），又是观察人们的情感（observe their feelings，韦利），更是在"观"中加强"观"的力量和能量（strengthen your power of observation，安乐哲），所有这些"观"都是"反观"，反省之"观"（reflect，许渊冲）。可见，"观"的对象很多，包括观风观气观万化迁变，而最为重要的，其实是"观"从父到君以及"鸟兽草木之名"，这就说明，"名"称的兴起是一种特殊的观，是一种力图表达原初含义的努力，是对前表达、前语言状态的"观"。

群：合群。理雅各译为the art of sociability（社交的艺术）；韦利译成keep company；安乐哲译为enhance your ability to get on with others；许渊冲译成communicate；指的是基于心气相通的交友合群之道。

怨：讽谏上级，怨而不怨。理雅各译为regulate feelings of resentment（调节怨恨的情感）；韦利译成express your grievances；

安乐哲译为sharpen your critical skills；许渊冲译成communicate。[①]因为意向受到压制和压抑，从而使得怨气诗化，让心气抒发通畅，心意通达天下。

【意】学《诗》可以扩展自己的心念之境。《诗经》对培养人的意能、意向有很大帮助。帮助人们心意通于他人，通达群体和天地。心之兴观群怨都是一片天机，如《诗》皆四时气象，心意融贯天地之气象。

17·10　子谓伯鱼曰："女为《周南》《召南》矣乎？人而不为《周南》《召南》，其犹正墙面而立也与？"

【译】孔子对伯鱼说："你研习《周南》《召南》了吗？一个人如果没有研读过《周南》《召南》，那就好像面对墙壁站着一样啊？"

【解】《周南》《召南》：《诗经·国风》中的第一、二两部分篇名。周南和召南都是地名，这是当地的民歌。正墙面而立：面向墙壁站立着，会导致视野受限。

【意】《诗经》可以帮助人立身于世，可以帮助大家学会调节意能的分寸。儒家认为，一切人伦关系都始自夫妇关系，夫妻的阴阳互动是生命的原点。儒家通过《诗》《书》《礼》《乐》来调节人的性情，梳理其接地通天的心志和气象。

17·11　子曰："礼云礼云，玉帛云乎哉？乐云乐云，钟鼓云乎哉？"

【译】孔子感慨说："大家说礼呀！礼呀！难道指的不是玉帛之类的礼仪用品吗？大家说乐呀！乐呀！难道指的不是钟鼓之类的乐器吗？"

【解】《诗经》之后，强调礼的重要性。要复兴的礼乐教化都是活的，不是冰冷的器物。安乐哲的译文加了I just be talking about强调孔子自己说礼说乐的意思是超出具体的用品和器物的。

---

① 参许渊冲：《〈论语〉译话》，第165页。

【意】礼乐本诸性情，既不是外在的形式，也不是器物本身。所以礼乐强调情感，强调身心一如，强调心意通过情感表达，可以通人、通天地，因为情感是人的一种在世状态，礼乐是这种在世状态的合宜化、条理化。

17·12　子曰："色厉而内荏，譬诸小人，其犹穿窬（yú）之盗也与？"

【译】孔子说："外表严厉而内心怯弱，用小人来作比喻，应该就像是穿洞钻墙的小偷吧？"

【解】本章开始贬斥几种修为失败的情况，并举负面的例子说明，即使礼乐教化也有改变不了的小人，好像小偷一样。厉：威严（strong、stern）；荏：虚弱（weak、pulp）；色厉内荏：外表严厉而内心虚弱。

【意】人们运用礼乐要发自真诚的意念，反对虚情假意，更反对色厉内荏。这是明显反对如当小偷一般的意识，外表严厉，可是内心惶惶不可终日，担心随时被抓。一个人如果在那种时时刻刻觊觎他人财物，又时时刻刻处在担心被抓住的意识状态当中，绝对不可能培植任何仁爱他人的爱心。

17·13　子曰："乡愿，德之贼也。"

【译】孔子说："圆滑的好好先生，（表面上看似在维护道德，）其实才是真正败坏道德的人啊。"

【解】贼：贼害，败坏。继续从负面的角度，认为圆滑的人不想区分好人坏人，不去辨别君子之善与小人之恶，会败坏道德。理雅各译"乡愿"为your good, careful people of the villages（乡村里你总是好的、陪尽小心的人）；韦利译成honest villagers（诚实的乡下人）；安乐哲译成village worthy（乡贤）；许渊冲译成yesman，最接近好好先生。

【意】君子的意量大，小人的意量小。道德有是非对错，孔子反对不分是非的态度。儒家在这点上类似于基督教要区分正义和邪恶。好好先生是有道德修养的伪君子，因为不同意还圆滑附和，只是未必处处作假，应该说好好先生坏的程度不如真正意义上的伪君子深具欺骗性，可能直接做很多大坏事。

好好先生不敢表达自己的观点，总是附和他人。当附和的是小人和坏人的时候，就已经在破坏风俗和道德了。问题在于，儒者的好坏是问动机，少问结果的，不是原则性的，也不是功利性的。这样好人和坏人的标准最不明确，毕竟，好人的动机和坏人的动机之别虽然天上地下，可是那个念头发动的瞬间，因为还没有形诸于外，所以是最难的。

从这个意义上说，儒家伦理学是最难理解的伦理学，也因为其难，怎么讲的都有，而且似乎都有道理。从另一个角度讲，孔子的仁德即推行仁人之意于天下，与乡愿、不随波逐流的状态迥异，也很不讨当时人们所好。在这个意义上说，孔子推动仁人之意的努力，可以说是非常特立独行的。

17·14　子曰："道听而涂说，德之弃也。"

【译】孔子说："在路上听到传言，（没有思考和证实）就到处去传播，这是背弃道德的做法。"

【解】本章还是从负面的角度，认为抛弃德性的人，不会很好地反省思考。没有自己的判断就随意传播传言是没有道德的做法，言行都应该经过自己的思考消化。"道听而涂说"是传播在路上听到的谣言（spread the rumor you have heard on the way，许渊冲），也就是不加思考就去重复在街上听到的任何东西（repeat whatever they hear in the streets，安乐哲）。

【意】这里违背的是仁爱之德的整体性（integrity），未经反思是不对的，对传言多方都是不负责任的。反思是"意"的本性，是接道成德的基础。道听本身无法反对，这句话的意思是不可仅仅道听，而后不加分辨就去途说（转述，传播），这样的做法是抛弃"意德"（意念的德性）的表现。"涂说"是没有自己的体会就贩卖，比喻轻率对待学问的态度，不会增长学问，是放弃修养自己的德性的做法。

17·15　子曰："鄙夫可与事君也与哉？其未得之也，患得之。既得之，患失之。苟患失之，无所不至矣。"

【译】孔子说："怎么可以跟一个性情粗鄙的人一起侍奉君主呢？这种人在没有得到官位时，总是担心忧虑自己得不到。一旦得到，又总是担心忧虑，生怕失掉它。如果一个人担心忧虑随时可能失掉官职，那他就没有什么事不敢去做了。"

【解】在乎官位的人做不了真正的事情，没有担当，但会不择手段地图谋私利。

【意】小人意量小，所以患得患失。为了维持官位，很多人无所不用其极。孔子非常讨厌这种只在乎身外的权势，而丝毫不在意道德品节的人。他们只是一群心思狭隘的小人而已。

17·16　子曰："古者民有三疾，今也或是之亡也。古之狂也肆，今之狂也荡；古之矜也廉，今之矜也忿戾；古之愚也直，今之愚也诈而已矣。"

【译】孔子说："古代的时候，人民有三种毛病，不过现在恐怕连这三种毛病也不再是原先的情形了吧。古代的狂妄不过是肆意率性，愿望过高，今天那些狂妄的人却是放荡不羁，胡作非为；古代的矜持不过是清廉自洁，棱角分明，难以接近，今天那些骄矜的人却是骄横恶毒，好勇斗狠，不择手段；古代的愚笨不过是直截坦率，简单明了，可是今天那些愚笨的人却是装疯卖傻，阴险狡诈啊！"

【解】狂：狂妄自大，愿望太高。肆：放肆，不拘礼节。荡：放荡，不守礼，空谈无根。廉：不可触犯。戾：火气太大，蛮横不讲理。孔子感叹民风极坏，无以复加；世风日下，莫过于此。理雅各把"疾"译成failings（弱点）；韦利和安乐哲译为faults，更重了。理雅各把"狂"译成high-mindedness；韦利译成impetuous；安乐哲译成rash。理雅各把"肆"译成disregard of small things（不顾细枝末节）；韦利译成merely impatient of small restraints；安乐哲译成merely reckless。理雅各把"荡"译成wild licence（放浪形骸之外）；韦利译成utterly insubordinate；安乐哲译成have managed to overcome all restraint。理雅各把"矜"译成stern dignity（一丝不苟的尊严）；韦利、安乐哲译成proud。理雅各把"廉"译成grave reserve（稳重的保留态度）；韦利译成stiff and formal；安乐哲译成merely smug。理雅各把"忿戾"译成quarrelsome perverseness（喜欢抬杠，不肯服输）；韦利译成touchy and quarrelsome；安乐哲译成quarrelsome and easily provoked。理雅各把"愚"译成stupidity；韦利译成simpletons / simple-mindedness；安乐哲译成stupid。理雅各把"直"译成straightforwardness（直截了当）；韦利译成at any rate straightforward；安乐哲译成frank and direct。理雅各把"诈"译成

sheer deceit（不过是欺诈而已）；韦利译成 a device of the imposter；安乐哲译成positively deceitful。

【意】孔子对当世很不满，但以这种姿态在今天看任何一个社会的黑暗面都会发出这样的感慨。风清气正才是国家和人民之福。

17·17　子曰："巧言令色，鲜矣仁。"

【译】孔子说："言语华而不实，神色谄媚讨好，这种（虚情假意的）人很少发动仁爱他人的真心真意。"

【解】本章重出，见于《学而》篇三章。本章强调前几章说的这些人，一句话，就是巧言令色，毫无仁人之意。

【意】巧言令色之人，比上章所谓既愚昧且狡诈的人，还更次一等，更缺乏仁爱之心。

17·18　子曰："恶紫之夺朱也，恶郑声之乱雅乐也，恶利口之覆邦家者。"

【译】孔子说："我讨厌紫色（杂色）排挤了朱红色（正色）啊，厌恶郑国的声乐扰乱雅正之乐啊，更憎恨那些动用辩口利舌颠覆国家的人和他们做的事情。"

【解】接上章继续具体解释"巧言令色"。假的不可能成为真的，上下皆作假成风的时代，到处金玉其外，败絮其中。

【意】孔子讨厌扰乱世风的人，认为风清气正才是国家和人民之福。他年轻的时候听《韶》乐而神往，所以如果有机会，他会试图调正乐音，使之和谐于人心和现世。

17·19　子曰："予欲无言。"子贡曰："子如不言，则小子何述焉？"子曰："天何言哉？四时行焉，百物生焉，天何言哉？"

【译】孔子感慨说："我不想再说什么话了。"子贡说："先生您如果不讲话，那么我们这些学生还传述什么呢？"孔子回答说："天何尝说过什么话呢？可四季还不是照常运行，万物还不是照样生长，天说过什么话了吗？"

【解】数落了前面七种令人无语的各色人等之后，孔子几乎气得说不出话来了。与其批评一般人的各种缺点让自己生气，不如体悟天道的无言之境，反正多言无益。无论一个人能否修成仁人之意，天道本然，生生不息，不知道夫子的仁人之意本天道生生，做的就都是表面功夫。

巧言令色的小人太多，造成世风日下，黑白颠倒，令人窒息，孔子感叹自己没有办法再说了，因为说了也没有用。负面情形数不胜数，多到自己说不出话的地步，实在不想多说了。感叹天的无言，是哀叹自己一生拼搏、从政、为学、推广仁人之意的艰辛，如今无话可说，好像没有什么可以付诸实践似的。其实不是为了单纯地描述，记录的学生可以说能够对孔子奔波的苦难和无言的困境感同身受。

【意】得道之言是通天之言，是无言之言为大言，为天言。这正好说明儒家之"天"的自然性，那种认为天无言但有人格的说法，显然是假设天有人格而且能说话，只是不说而已。这就假定了人不可能得道，而需要天来布道，而孔子恰恰说，得道的人，是通天而无言的。孔子的道言，是代天立言，但不是代一个外在超越的人格神上帝来立言，因为孔子说的不是上帝的诫命，不是不可更改的教条和律法，而是对人伦家国的沉思。

所有大智慧全部都是"无中生有"的大智慧，但并不等于我们领悟了"无中生有"的境界就可以把经典的文字都抛弃了。正是这样的"无中生有"，我们后世才可以领略到绝地通天的智慧美景。无言之教，才是天地的大教化，孔子的所有教化都从天地无言的教化之中来。领悟了无言之境，然后才有有言之境，可谓无中生有。维特根斯坦在《逻辑哲学论》里说最根本的逻辑形式无法言说，老庄、禅宗都早有"不言""忘言"之无言之意。

仁人之意归根结底与天地之大仁大爱相通，所以虽然不得不通过言语行为推致他人，但根本上与天相通，不需言语。仁人之意的本体无善无恶，通于天地的仁善本体。如王阳明四句教中"无善无恶心之体"，心体本然通于天体。道无法言说，仁人之意也难于言说，真正的道只能在无言的状态中去体悟。

17·20 孺悲欲见孔子，孔子辞以疾。将命者出户，取瑟而歌，使之闻之。

【译】孺悲想来拜见孔子，孔子以有病为由推辞不见。传话的人刚走出门，（孔子）便取过瑟来，边弹边歌唱起来，（故意）让孺悲听到弹唱的声音。

【解】孺悲是鲁国人，鲁哀公曾派他向孔子学礼。或者不喜欢他作为一个学生，或者不喜欢一个学生的来路，越是有这种背景，孔子越是以某种政治化的姿态来面对他；一说是悲伤的少年人。本章的意思是：一个非常悲伤的少年想来拜见孔子，孔子（担心无法平复他的悲伤）以有病为由推辞不见。少年刚走出门，（孔子）便取过瑟来，边弹边歌唱起来，（故意）让少年听到他弹唱的声音（表示对他哀伤的深切同情，希望以此表达怜悯和慰藉）。如果不看上下文，这种理解其实很通情达理。不过这种解释并不符合前后几章的语脉。

本章接续上章要求学生们在无言之境当中去领会超言绝相的意义。按照上下文语脉，孺悲应该曾经让孔子非常不喜欢，可能巧言令色，曾经让孔子气到说不出话来的无言之境，所以不愿意再看见他。

【意】这是典型的把天道的无言之教付诸实践的教化方式。本章举例说，孺悲想见孔子，虽然孔子不想见他，但孔子还是想教他，用的是"天何言哉"的不言之教。传话的人刚刚走出书房内室的门，孔子就想故意告诉他，我不想见你，是因为我有不能见你的疾病（身体的或心理的），其实更多是心理因素，因为我还能弹瑟，还能传达我的意识境遇给你，让你感知到，体悟到我不见你的另一种教导。孔子弹奏的音乐是天籁之音，其中接天的乐音内涵天机，至于孺悲是否能够听得懂孔子的无言之教、弦外之音，那就看他的悟性了。

17·21 宰我问："三年之丧，期已久矣。君子三年不为礼，礼必坏；三年不为乐，乐必崩。旧谷既没，新谷既升，钻燧改火，期（jī）可已矣。"子曰："食夫稻，衣夫锦，于女安乎？"曰："安。""女安，则为之。夫君子之居丧，食旨不甘，闻乐不乐，居处不安，故不为也。今女安，则为之！"宰我出，子曰："予之不仁也！子生三年，然后免于父母之怀，夫三年之丧，天下之通丧也。予也有三年之爱于其父母乎？"

【译】宰我问道："（父母过世）三年服丧守孝的期限，时间也实在是太长了吧？君子三年不参加礼仪活动，礼仪方面的修养就必然下滑；三年不演奏音乐，音乐方面的修养就必然下降。陈粮吃完了，新谷物已经成熟了，取火的燧木也用过了一轮，有一周年的时间也就可以了吧。"

孔子反问说："（才过了一年时间，）你就吃好的粮食，穿锦缎衣服，你觉得心安吗？"宰我回答说："我心安。"

孔子生气地说："你心安，那你就那样做去吧！君子服丧守孝期间，吃美食都觉得不香甜，听美妙的音乐都觉得不快乐，平常起居不敢求舒服，所以才自觉地不做这些事。如今你既然觉得心安，那你就那样做去吧！"

等宰我出去之后，孔子感慨道："宰予也太没有仁人之意了啊！儿女生下来，要到三岁之后才能离开父母的怀抱。为父母服丧守孝三年，这早就是天下通行的丧礼了啊。难道宰予没有得到过他父母三年的关爱吗？"

【解】钻燧改火指古人钻木取火，四季所用木头不同，每年轮一遍，叫改火。期是一年。食夫稻指古代北方少种稻米，故大米很珍贵，意思是说吃好的。旨是甜美，指吃好的食物。本章直接批评学生违背天道，质疑心安的主观意识，是否比天下既已通行的礼法更重要，这是一个比较难讨论清楚的问题。我们可以说孔子力图证明三年的合理性，但他用的更多是解释而不是论证或辩护（explaining rather than justifying / defending），辩护（defense）当指为三年辩护，孔子开始有点像辩护，但后面主要是解释。辩护和解释的逻辑不同，如果按照父母关照孩子需要很多年来看，三年其实并不够。傅佩荣从生物、物理、心理、伦理四个维度分析。李泽厚认为，应该允许别人这样选择，因为人们有自主性。其实孔子并不同意，或者说孔子虽然坚持，只是没有到强制这一步。林安梧说："存心伦理学，是依据着人伦共同体而生长出来的。""这样的伦理学上通天道，惧之、畏之、敬之，内契于心性之源，诚之、慎之、存之。"[1] 可以说，儒家伦理是心对存乎世间的觉察和反思，其实就是对"意"的反身观照。儒家

---

① 林安梧认为儒家伦理学是"存心伦理学"，这与"实意伦理学"相关说法可通。参见林安梧：《论语译解：慧命与心法》，第308页。

伦理的实践最后靠的还是良心和良意的分寸，而其落脚点就是孟子所谓"恻隐之心"。

【意】孝顺的心理机制来自对父母之爱的反思，使这种反思性变成先行结构，要求人们在起心动念之间，就保持一种无法遏制的恻隐之心，既是对无助的幼儿的，也是对年长将逝或者已逝的父母的，不鼓励改变礼制的奇思异想。

本章说明三年之丧从很早就开始被制度化，而作为老师的孔子显然反对学生离经叛道的想法。慎终追远是仁人之意的重要情境，人心的安宁关乎情感的深厚、时间的长短，而不仅仅关乎礼制。这里面的关键应该在于尽心才能安心，其中的节律、节奏，是操之在我还是操之在礼俗当中？按照孔子的看法，是礼俗为重，不可轻易违背，因为礼俗有它合理的人情，就应该尽快配合。但宰我觉得时间太长，那么他的节奏，或者自己认为应该重节的方式，与一般人不同。历史已经证明，三年之丧的风俗不可能延续到现代社会当中，宰我的怀疑有其合理性和实践意义。

如何守丧，本质在于心安，孔子的说法可以说没有问题，但守丧多长时间还是问题。如果孔子的要求变成道德义务，那就有为什么一定要三年的问题？人需要三年才能完全脱离父母的怀抱。这是父母走了之后为他们守丧三年的原因吗？二者是因果关系吗？还是因为其他关系才让礼俗如此规定？二者之间有关系是肯定的，可以从心理、生物、物理等多角度分析论证。不过，但无论从哪里开始，孔子认为都要回到"心安"这个核心。

祭祀是孝顺父母的社会功能之延续，合理性来自对三年的体悟和反思。应该说，根本确实是对逝者的感情与对逝者在世间存续的时间延续感，要求后人心念当中一直保存有逝者，让逝者尽可能长时间地存在于后人的意念之境中。换言之，后人要保持对逝者的追忆状态。要的不是守丧的地点，或者时间长度，而是在心里的那种心理状态。

可见，礼的状态可以说起源于心思意念都在意父母的状态。孔子认为心里有父母非常重要，但同时也要在与父母生活有关的具体时间和空间当中去体现。所以他要求官员们要回到故乡，那里才能作为祭祀的地点，其实是回到父母养大自己的物理性场域中，去继续感通父母在的心意状态，以此作为哀思之心意实化的环境。因为哀痛的情感要在生养自己的具体生活场域中，才能最好地、最有生气地、活泼地存续下去。

17·22 子曰："饱食终日，无所用心，难矣哉！不有博奕者乎？为之，犹贤乎已。"

【译】孔子说："吃饱了饭玩一整天，什么心思意念也不动用，（要这种人觉悟清醒）也太难了！不是还有玩下棋游戏的吗？没事干干这个，也比闲着什么都不干好啊。"

【解】本章继续举负面的例子，不用意念，不发心为仁，还不如下棋呢。在儒家看来，心意要实化出来，就要有点志气，因生生之道而有生生之意。人的意识都需要操心锻炼，一个人不练习自己的意识，不修行，不提升自己，就白过一生。安乐哲译"饱食终日，无所用心"为 those who spend their whole day filling their stomachs without ever exercising their heart-and-mind；许渊冲译为 those who cram themselves with food all day long without applying their mind to anything good。①

"难矣哉"可以理解为那真是做什么都难了。"难"有很多翻译，应该是做什么都做不成，说明要做事就一定要花心思，如果什么心思意念都不想动，那什么也做不成。

【意】心思意念发动是成事的关键，没动心思什么也做不了。儒家认为人的脑子要一直动，这跟道家"绝圣弃智"、佛家"无念"的说法很不相同。

17·23 子路曰："君子尚勇乎？"子曰："君子义以为上。君子有勇而无义为乱，小人有勇而无义为盗。"

【译】子路说："君子会崇尚勇敢吗？"孔子答道："君子以礼义作为最高尚的品德，君子只有勇敢但不讲礼义就会犯上作乱，小人只有勇敢而不知正义就会抢劫偷盗。"

【解】义：礼义，正义。上一章心思意念无本章之"义"，也就是说没有规矩和规范，所以本章强调心意要有规矩，才能有范型。从君子和小人的对比当中，可以看出心意之"义"很重要，就是要知道

---

① 许渊冲：《〈论语〉译话》，第175页。

分寸，否则只有勇而无分寸，就会作乱，或者当强盗，所以只有勇是不行的。

【意】儒家仁人之意的修炼，需要有主动把外在的礼转化成为内在的仁的意识能动性，这种能动性的表现之一就是勇敢，敢于做爱人的仁者，无论在什么情境下都坚持。不过，仁爱表现出勇力的时候，仁爱的意境需要主动接受礼制的约束，否则，就可能失去勇力的分寸，而导致自居仁者而犯上作乱。一旦失去正义感的合理分寸，仁爱的勇气甚至可能让人变成危险的强盗。

子路勇敢，所以非常关心修炼成为君子是否应该强调勇敢这个维度，孔子当然知道他很勇敢，所以总是很在乎这个问题，但需要不断地敲打他，让他明白分寸感的重要性。本章里孔子教导他说，正义感要高于勇气，也就是勇敢一定要用在正义的地方，君子要勇敢且合乎礼仪。否则，因为有勇气而无正义，就可能丧失是非感，失去合理的尺度感，变成危险的害群之马。孔子从侧面警告子路，强调起心动念的时候，正义感对勇气具有优先性，也强调礼仪的分寸感对勇气要有制约性。

17·24　子贡曰："君子亦有恶（wù）乎？"子曰："有恶：恶称人之恶者，恶居下流而讪（shàn）上者，恶勇而无礼者，恶果敢而窒者。"曰："赐也亦有恶乎？""恶徼（jiǎo）以为知者，恶不孙以为勇者，恶讦（jié）以为直者。"

【译】子贡说："君子也会有憎恶的人和事吗？"孔子说："当然会有憎恶的人和事：憎恶讲别人坏话的人，憎恶身居下位却讪谤上级的人，憎恶勇敢而不懂礼节的人，憎恶专断固执而又不通事理的人。"

孔子反问道："端木赐啊，你也有憎恶的人和事吗？"子贡回答说："憎恶抄袭别人的观点来彰显自己聪明智慧的人，憎恶不谦让还冒充勇敢的人，憎恶揭发别人的隐私还冒充正直的人。"

【解】恶：厌恶（detest，安乐哲；dislike，许渊冲）。许渊冲译

"君子"为cultured man[1]。下流：下等的，在下的。讪：诽谤。窒：阻塞，不通事理，顽固不化。徼：窃取，抄袭。知：同"智"。孙：同"逊"。讦：攻击、揭发别人。

本章继续讨论负面的例子，吐槽各种意识发动充满恶意的人。孔子厌恶冒充君子的真小人，因为他们性情过度，恶意满满，所以容易导致悖乱、伤人的言行。一些人过着低俗的生活，声名狼藉，却总是试图诋毁那些努力过高尚生活、也帮助他人过上美好生活的人；一些人看起来似乎英勇过人，其实常常没有判断力，总是因为不懂礼节而冒犯他人，把人都得罪光了，还毫无自我意识，居然还敢于不断自我标榜；一些人看起来似乎果决而有行动力，其实好像无头苍蝇一样，心胸狭隘，自私自利到没有底线，遇事从来只考虑眼前的利益，而丝毫不为他人考虑。这些人可能都表面看起来像个好人，骨子里却是不断伤人的恶人。孔子如此论断，说明他知人论世到了精细入微的境界。

子贡尤其厌恶内心不真诚的伪君子。一些人自以为自己绝顶聪明，对他人不断吹毛求疵；一些人专横冒失，还鼓吹自己如何勇敢过人；一些人一心搜集他人恶行，试图公开揭发他人来表示自己的正直。这些人都是以邪为正，不明是非的人。

【意】君子善恶分明，其意量的分寸与立场和身份有关系。君子的厌恶来自对仁爱的坚持，所以对于那些心里发动都是负面心意的人，会天然地敏感并产生厌恶。孔子所厌恶的对象是冒充君子的真小人，表示如果有这样的学生或下级，他就不喜欢。而子贡厌恶内心不真诚的伪君子，这些厌恶对象基本上可以换成同学，表示自己不喜欢那些虚伪的同辈，因为觉得他们的恶意可能让他们做坏事。

只是对于所厌恶的人，是理解为他们的本性邪恶，还是因为他们起心动念就带有恶念，其中有着微妙区别。一个充满仁爱意念的人，能够非常敏感地感知到伪君子和真小人那种恶意，对他们的厌恶之情也就油然而生。对伪君子的恶意需要一定的交往和判断，才能逐渐明白其表面下的虚伪；真小人其实也有所区别，有些小人不在意自己低俗的言行，所以是内外一致的小人，这才是真正的小人，但因为其真诚，反而是小人中的光明

---

[1] 许渊冲：《〈论语〉译话》，第171页。

正大者；有些恶意满满的小人，打扮得好像一个君子，却是真正的小人，其念头之恶，都用表面的善意来掩护，这是小人之真正恶极者。

在上下文都讨论讨厌的人的情境中，对于伪君子和真小人的思考和判断其实有一些正面的意义，甚至包含某些难以明确表达出来的微言大义，下一章聚讼纷纭，更是这种难以道明的典型表达。

17·25　子曰：“唯女子与小人为难养也，近之则不孙，远之则怨。”

【译】孔子说：“只有女子和小人最难教养、培养他们的仁人之意了。如果亲近他们的话，他们就会无理取闹；可是，如果一旦疏远他们的话，他们马上就会埋怨愤恨。”

【解】养：通常理解为教养、伺候和应付，此处理解为培养仁人之意。女子：传统男权社会中男子眼中的女子，主要指妻妾，缺乏财产和社会地位的独立性，所以不同于现代社会男女平等意义上的女性。小人：在家庭当中指仆人、小妾等地位低下的人；在国家层面指地位高的君子身边不掌握权力和生活资料，没有实权的贵族和他们的集团，这些人依附权力生活，近就嚣张跋扈，远就抱怨生事。

上章说君子讨厌的人和事，本章就举例说明君子讨厌女子与小人，可见这里的君子主要是指地位高的掌握实权的领导人。女子和小人都是君子讨厌、憎恶的，但并不是说所有的情况下都讨厌，也不是说都不好。之所以用“难养”，这就涉及君子要养女子和小人的问题，这样，“养”就成了理解情境的关键。也就是说，女子和小人都是由地位高的君子来养的，所以不能简单地把君子和小人作道德对立，从而空泛地发议论，下道德断语。在养的过程中，并不对他们表现出纯粹情感性厌恶，而是实在觉得有些问题不好处理。认真思考所谓“近之则不孙，远之则怨”，其实又非常符合人之常情。因为传统社会里面，家长或者国君亲近家里、国内的女人（妻妾）和下人（仆人、佣人），近了就容易失去分寸，远了就容易抱怨，所以难以把握“养”的分寸。

“女子”一词多解，大概有六种：1.泛指一般女人，但不包括圣人妻母。邢昺《论语注疏》：“此言女子，举其大率耳。若其禀性贤明，若文母之类，则非所论也。”2.地位低下的婢妾。林希元《四书存疑》卷七："女子，婢妾也。"3.同"竖子"，奴仆，与"小人"同义。康有为《论语注》："'女子'，本又作'竖子'。……竖子，谓仆隶之类。"4.你们这些弟子，认为同"汝子"，汝为代词，子为弟子。①5.你的儿子，"女"同汝，"子"指儿子。②6."子"指女子，"女子"即"女女子"，指"女人中的小人"。③

这些说法为圣人辩护，认为圣人不是一位女性歧视主义者。前两种尚把"女子"视作女人，后面已经不是女人，而泛指一般人，甚至主要指男人。如果要为进行这种说法辩护，光改"女子"之意还不行，还需要改"与"的意思，认为：1.同"欤"，不是连词，而是语末助词。此句应该断为："唯！女子与！小人为难养也。"意思是：唉！您这位先生（说得对）呀！小人实在是很难对付的。④一解"女"同"汝"，"汝"指冉有，"子"指季氏；"与"同"欤"。句子变成"唯汝子欤！小人，为难养也"。意即：冉有你那主子呀，禄不好食呀。⑤2.嘉许、赞成义。《说文》："与，党与也。"此句意为：女人赞成、支持小人，女人与小人相互勾结，那就更难对付了。⑥3.亲近之义。韦昭注《国语·齐语》"桓公知天下诸侯多与己也"："与，从也。"郭沫若注《管子·大匡》"公先与百姓而藏其兵"："与，亲也。"意即女人亲近、随从小人，甚至下嫁给小人，那女人就难以为继，无法生活。⑦

另外，"养"有二解：1.畜养。邢昺："女子与小人皆无正性，

---

① 参见金池主编：《〈论语〉新译》，人民日报出版社2005年版。金池认为本意是，只有你们这几个学生和小人一样是不好教养的，传授给你们浅近的知识就不谦逊，传授给你们深远的知识就埋怨。这样一来，就给孔子承担的千古骂名平反了。参见高尚榘主编：《论语歧解辑录》，第19页。
② 参见刘明武：《为孔子辩："唯女子与小人为难养也"中的"女子"非指"女人"》，《妇女研究论丛》1998年第4期。
③ 参见廖小鸿：《"女子"——"小人"辨——谈孔子的妇女观》，《中华女子学院山东分院学报》2003年第8期。
④ 参见吴正中、于淮仁：《"唯女子与小人为难养也"新解——为孔子正名》，《甘肃社会科学》1999年第5期。
⑤ 参见乔一凡：《论语通义》，台湾中华书局1983年版。
⑥ 参见牛多安：《孔子曰"唯女子与小人为难养也"释义》，《孔子研究》2002年第5期。
⑦ 参见刘兆伟：《论语通要》，人民教育出版社2008年版。

难畜养。"2.对待。蔡清《论语蒙引》："养犹待也。"此章其他字词如"小人""逊""怨"等，众说虽有稍异，但大致相同。本章解"养"为"培养仁人之意"。

【意】在男性中心的传统叙述语境当中，男性的意识不可避免需要处理女性作为他者角色的存在。其实，所谓男性本身就是相对于女性而言的，不存在脱离相对女性意义的男性角色或者男性意识。所以"孔子对女子和小人的评论语气既是对女子的异性或者她性的贬抑，同时也是对于这一作为他/她者的异性的承认。……'难养'则是因为，我作为我始终已经对他者负有无限的伦理责任"①。可见，对女性的他者意识不仅是一种相对男性的存在意识，而且这种存在意识本身意味着男性需要承担无限的社会责任，正因为这种责任是无限的，所以才"难养"，也就给男性的社会意识提供了不仅是存在论意义上的他者境域，而且是社会伦理意义上的无限的接纳和承担。

人的意识不可能凭空发动，所以发动都有他者作为境域，而男性意识，是不可能离开女性意识作为其意识发动的境遇。天地氤氲才能化生万物，男女不仅生理上需要阴阳交融，心理上阳意的发动，从来也不可能脱离阴意而单独存在。所以"易以道阴阳"，其实是"意以道阴阳"，也就是阴阳之意彼此交融方能产生人间百态，事业生生不息。所以意识的境域性其实是意识发动的根源所在，而女性的境域性存在，对于男性的意识发动，就是永恒的意境，也是意缘。

每当意识发出，就要有规矩，才能齐家治国。意识生发要合乎礼仪，但无论如何，意识的发动都受到性情的宰制。本章传统解释认为女子与小人的心意容易失去规范，不管是亲近还是疏远，都容易没有规矩，因为用情过礼，不能让性得到有效的宰制。所以孔子所言，是要宰制女子与小人心意的分寸，否则没有规矩就家不成家、国不成国。孔子说这句话的着眼点在于齐家治国，认为其中的分寸极难把握。

不同的人，意量的分寸不同，守礼就是持守意量的分寸。其实只有动了感情的女子，才会对自己在乎的男子"近之则不孙，远之则怨"，否则就没有感情，自然也就不会关心。孔子显然对男女之间纯粹的爱情、感情缺乏怜惜和歌颂，认为这种情感是要压抑的。后世儒家都倾向于压抑这样

---

① 伍晓明：《吾道一以贯之：重读孔子》，第298页。

的人欲，在宋明理学里面特别明显。其实，仁人之意是要"养"的，女子与小人性情太过，难"养"（培养、蓄养）仁人之意，本来非常正常。

17·26　子曰："年四十而见恶焉，其终也已。"

【译】孔子说："一个人到了四十岁的时候还被人厌恶，他这一生也就算是终结了。"

【解】古代人平均寿命不长，人到了40岁，基本上一生的成败得失就定了。不过，也不能够简单而论，孔子本人就是50多岁才开始做官的，才有较大的现实影响力，才有后来的周游列国，删述六经，定不世之业。

本章继续说明孔子论断各种人，负面的情况多了，不想多说了。另一处讲"四十、五十而无闻"（9·23），说明孔子认为到了40岁以后还没有成就、没有名声，就彻底完了。

【意】这么多负面的例子，归为一点，就是四五十岁的人，还被人讨厌，那就没救了，因为已经被天道给抛弃了。一个人到了40岁还调控不好自己的心意，还不显出其意量，那就没有什么建功立业的希望了，其一生的修身功夫也都破败了，人也没有什么指望了。如果一个人的心意发动为人所厌恶还不自知，一生往后的心意发动都没有什么可以观察的了。换言之，其心意流动的生命，已经结束了，其肉体生命的苟延残喘，本身已经是失去有意义的意识状态了。

《论语》开篇充满阳光，到这一篇基本上都是负面经历和负面例子，令人悲伤哀叹。

微子篇第十八

18·1　微子去之，箕（jī）子为之奴，比干谏而死。孔子曰："殷有三仁焉。"

【译】微子离开商纣王而去，箕子被纣王囚为奴隶，比干进谏被纣王杀死了。孔子说："殷朝有三位（能够尽心竭力推致仁人之意的）仁人啊！"

【解】微子：殷纣王的同母兄长，见纣王无道，劝他不听，遂离开纣王。箕子：殷纣王的叔父。他去劝纣王，见王不听，便披发装疯，被降为奴隶。比干是殷纣王的叔父，屡次强谏，激怒纣王而被杀。

孔子感叹自己的命运，劝谏时代的君王推行仁人之意，跟微子、箕子、比干一样，最后卒以身殉。孔子周游列国的悲怆情感，其实与岳飞《满江红》之壮志难酬相当。仁者是见识过人之人，所谓有见地的人，如果受到一定时空条件的限制，就可能壮志难酬，甚至被诬陷杀害。

上一篇孔子批评了很多他看不惯的人与事，到末尾可谓不想说话继续批评了，这种心灰意冷导致孔子在不同场合向弟子们多次流露自己的隐逸倾向，本章就从欣赏离开自己母国的古代圣贤开始。

孔子的时代，世风很差，所以用商末来比较，如果朝代要稳定，就要留用老臣、旧臣，但时代既然不好，可能只有隐居了。本篇多讲孔子去国归隐的情怀以及相关的交往等，用隐士来反衬老臣本来可以谋国，一旦去国则国衰朝亡。

【意】本章虽然记述孔子神圣的未完成的理想，但更多是说明孔子奔波一生壮志难酬的苦闷心情，而这种不为同时代人理解和为君王所用的命运，其实是历代圣贤的共同命运，并与最后强烈的"命运"感相呼应。

能够心心念念地推致仁人之意的仁人关联全书主题。本章这几位仁人都是王族，但为了推致仁人之意都舍生忘死，甚至有的以身殉国，所以孔子对他们非常敬佩。孔子认为要想推致仁人之意于天下，就必须有他们这种推行仁人之意的气魄，即使这需要付出自己全部的身家性命，到头来都可能成为文化上的悲剧，也要坚持到底，毫不动摇。

18·2 柳下惠为士师，三黜。人曰："子未可以去乎？"曰："直道而事人，焉往而不三黜？枉道而事人，何必去父母之邦？"

【译】柳下惠当典狱官，多次被黜退罢免。有人对他说："你不是可以离开鲁国吗？"柳下惠说："我按正直之道侍奉君主，到哪里不都要多次被罢免吗？假如我能够按照邪枉之道来违心侍奉君主，那你又何必建议我离开父母之国呢？"

【解】士师：典狱官，掌管刑狱；一解法官，司法官。黜：罢免不用。这里讨论离开母国的问题，因为那时的世风太差，影射孔子离开母国，但保持着"直道"，不改初心，有不为时势所移的内在气度在。一解前面的意思是建议他离开，即为什么不离开鲁国呢？

【意】朱子《论语集注》认为柳下惠"有确乎其不可拔者"，乃《易·文言》赞《乾卦》初九"潜龙勿用"之龙德，能够持守自己的仁人之意至于坚定而不动摇的境界，如此持守仁人之意的状态，就好像龙潜在水中，深藏不露，不为水面上波涛汹涌、万千物换而改变自己的仁人之意一般。

仁人之意必须要生于一定的时空之境中。而天底下君主都是差不多的，为臣之道也是大致相似的，以正直之道去做官的人，很难摆脱被罢免的命运。

18·3 齐景公待孔子，曰："若季氏，则吾不能；以季、孟之间待之。"曰："吾老矣，不能用也。"孔子行。

【译】齐景公讲到对待孔子的礼节时，说："用像鲁君对待季氏的规格那样对你，我做不到；我可以用介于季氏和孟氏之间的待遇那样对待你。"又说："我老了，不能任用你了。"孔子于是离开了齐国。

【解】按照《史记·孔子世家》，孔子时年35岁，入齐，齐景公想用仅次于上卿之礼待他。后来孔子的政治理想得不到施展，景公托辞自己已老，孔子于是离开了齐国。[①]

[①] 林安梧认为："取予去就，须有觉醒力，也要有当下的决断力。"参见林安梧：《论语译解：慧命与心法》，第314页。

【意】说明孔子离开是因为齐景公无用人之量，不以孔子为善缘。孔子之"行"既是身之行，更是心之行，也是他对于齐国文化思想之意的偏离和行动，从此他对于政治的努力意向不再那么强烈，而致力于文化和教育意识的培养和传承。

18·4 齐人归女乐，季桓子受之，三日不朝。孔子行。

【译】齐国人赠送了一些歌舞女妓给鲁君，季桓子接受了，鲁君三天不上朝理政。孔子于是就离开了鲁国。

【解】归：同馈，赠送。季桓子即鲁国宰相季孙斯。本章说明孔子去国是因为鲁君昏昧，国政昏乱。

【意】鲁国国君没有用孔子的意量，孔子接受不了国君不用自己的事实，于是离开，去广大天地当中宣扬圣贤大道。

18·5 楚狂接舆歌而过孔子曰："凤兮凤兮！何德之衰？往者不可谏，来者犹可追。已而！已而！今之从政者殆而！"孔子下，欲与之言。趋而辟之，不得与之言。

【译】楚国的狂人接舆唱着歌从孔子的车前走过，他唱道："凤凰啊，凤凰啊！你的德运怎么会这么衰败啊？过去的事已经无法谏阻挽回了，未来的事还来得及追赶挽救呢。算了吧，别干了吧！今天搞政治的人实在危殆差劲啊！"孔子从车上下来，想与他谈谈，他却快步避开了，孔子没能和他交谈。

【解】楚狂接舆：一说是楚国的狂人接（近）孔子之车；一说楚国叫接舆的狂人；一说楚国狂人姓接名舆。德：德运，暗指孔子时运不济，如果解释为孔子的道德或德行衰落，不合适。殆：危险、差劲。孔子有隐士情结，一章章铺垫下来，章章隐逸的情感不断递进。安乐哲译"往者不可谏，来者犹可追"为no use rebuking what has already past; but you can still give chase to what is yet to come!（没有必要责备过去；你还可以去追求即将开始的未来）许渊冲译为the past cannot be repaired, but the future can be remedied（过去不可能被修复，但未来还可能被改造）。

【意】孔子周游到楚国时已经63岁，他的心意当时的隐士们都很了解，有些公开表示质疑，甚至反对，这毫不奇怪。孔子也多有为自己的姿态辩护的时候，肯定也有想辩护而不得的时候。孔子之为孔子，正在于他没有避世隐居，反而是知其不可为而为之，坚决让他的思想之光穿透时空，千载以下，仍然能够感天动地，发挥着正万世人心之效。

18·6 长沮、桀溺耦而耕。孔子过之，使子路问津焉。长沮曰："夫执舆者为谁？"子路曰："为孔丘。"曰："是鲁孔丘与？"曰："是也。"曰："是知津矣。"问于桀溺。桀溺曰："子为谁？"曰："为仲由。"曰："是鲁孔丘之徒与？"对曰："然。"曰："滔滔者天下皆是也，而谁以易之？且而与其从辟人之士也，岂若从辟世之士哉？"耰（yōu）而不辍。子路行以告。夫子怃然曰："鸟兽不可与同群，吾非斯人之徒与而谁与？天下有道，丘不与易也。"

【译】长沮、桀溺结伴耕种，孔子一行从他们的田边路过，（看到他们，就）让子路去向他们打听渡口在哪里。

长沮问子路："那个手里拿着缰绳驾车的人是谁啊？"子路说："是孔丘。"

长沮又问："是鲁国的那个孔丘吗？"子路说："是的。"

长沮说："那这个人早就应该知道渡口在哪儿了。"

子路又去问桀溺。桀溺问他："你是谁？"子路说："我是仲由。"

桀溺问说："你是鲁国孔丘的学生吗？"子路说："是的。"

桀溺说："滔滔洪水，四处泛滥，天下都是这样的啊！可是谁能够改变它呢？况且，与其跟着不受世人待见的人，还不如跟着我们这些躲避世事的人呢。"一边说，一边仍旧继续耕种而不停歇。子路回来后把情况报告给孔子。孔子很失望地感慨道："我们总不能与飞鸟走兽一起

生活吧？我如果不与这个人的徒弟们在一起，那我跟谁打交道去呢？如果天下有道太平，我也就没有必要与你们一道来改天换地啦。"

【解】长沮、桀溺：两位隐士，真实姓名和身世不详。耦而耕：两个人合力耕作。津：渡口，"问津"是寻问渡口；暗藏孔子到处指点人生迷津的象征意味，那就应该知道渡口何在①。执舆：执辔。之：与。滔滔：一解人们随波逐流的现状，而不是指文明的普遍混乱（all men in the world are now in a hopeless drift）②。辟：同"避"。耰：用土覆盖种子。怃然：即怅然，失意；惆怅而悲慈。斯人之徒：指代世上的人们，与人类一起生活（associate with mankind）③；一解不跟那位先生的徒弟，调侃子路为他这个人（指孔子自己）的徒弟们。④

这一章继续说孔子在路上遇到隐士，也开始正式讨论隐士。当然，孔子明确反对这些人的隐逸姿态，因为隐士其实还是不可能真正离开尘世，不可能真正离开政治生活，只是他们选择政治管制较弱的地方生活，努力自得其乐罢了。

【意】孔子坚持要与"人"一起生活，生活在人伦家国当中，一起改变世事。即使在隐士们的眼中，他什么也改变不了，最后只不过被人回避抛弃，所以这些隐士们对孔子的态度就是"避"，不理他，不正面地回答"渡口在哪里？"这么简单的问题。其实是告诉孔子，你的那套在世上行不通，不仅在君王那里行不通，连在我们隐士这里都行不通。

隐士们告诉孔子："你不过就是一个避人的人，其实是被人避的人，也就是被世人抛弃的人，还不如我们耕田来得脚踏实地。"但孔子不为所动，他觉得人生的意义（这里有点堂吉诃德式的味道）在于为了不能实现的理想去竭尽全力，即使无法实现也要千方百计在人群当中去努力实现。

孔子没有躲避世人，但因为不受人待见，被隐士们当作躲避世人的人。其实伦理是不可回避的，即使在隐士那里也有人伦，只是没有君臣。子路认为回避君臣大伦是非常不合适的。自然隐士的生活里面没有君臣，

---

① 参见林安梧：《论语译解：慧命与心法》，第316页。
② 参见辜鸿铭：《西播〈论语〉回译——辜鸿铭英译〈论语〉详释》，王京涛译注，第452页。
③ 参见辜鸿铭：《西播〈论语〉回译——辜鸿铭英译〈论语〉详释》，王京涛译注，第452页。
④ 参见刘定一：《论语求真》，第467页。

但君臣在人的社会当中非常难以背弃。子路的逻辑有先行预设的成分，他就假设一个人要推行仁人之意的大道一定在世间。天下有道是指当时的统治者的统治合乎孔子的政治理想才算有道。

儒家是有"家"的哲学，与西方哲学"无家可归"形成鲜明对照，这方面安乐哲、杨效思、张祥龙、孙向晨等皆有专门论著加以说明和阐发。而家的本质是"人伦"与"人道"[①]，即人伦家国之道。儒家认为人必须生活在人伦家国之中，要在人伦当中安身立命。这与道家在自然之中安身立命不同，也因为在自然当中安身立命有隐逸的倾向。人生于自然，本是天道自然的一部分，长于人伦之中，因人伦而成人。有些人擅长经营人际关系而成为他人的榜样，也就善于成为君子；而另一些人，并不善于处理人际关系，或者得不到人际关系的滋养，或者不愿意为复杂的人际关系所烦扰，为了减少消耗心力，选择重新回到天地大自然当中。所以，仁人之意作用的场域是人伦家国，是家人与社群之人，是一生一世与人共在，而自然之意作用的场域是自然，是天地。儒家与道家的分野，在心意发动的当下，其境域的意味已判然区分。如果从"心—场（focus-field）"角度来看，儒家的"场"是人伦，是人场；而道家的场是自然，是"道"场。儒家的道在人间，道家的道在天地之间。

18·7 子路从而后，遇丈人，以杖荷蓧（tiáo）。子路问曰："子见夫子乎？"丈人曰："四体不勤，五谷不分，孰为夫子？"植其杖而芸。子路拱而立。止子路宿，杀鸡为黍（shǔ）而食（sì）之。见其二子焉。明日，子路行以告。子曰："隐者也。"使子路反见之。至，则行矣。子路曰："不仕无义。长幼之节，不可废也；君臣之义，如之何其废之？欲洁其身，而乱大伦。君子之仕也，行其义也。道之不行，已知之矣。"

【译】子路跟随孔子出行，落在了后面，遇到一个老人，手杖扛在肩上，后面挂了锄草的用具。子路问道："老人家看到过我的老师

---

① 刘强：《四书通讲》，广西师范大学出版社2021年版，第315页。

吗？"老人回答说："四肢不劳动，五谷都分不清，凭什么说他是老师啊！"一边说，一边把手杖树立起来，拿上锄具就去除起草来。子路拱着手，恭敬地站在一旁。

老人留子路到他家住宿，杀了鸡，做了小米饭给他吃，还让自己的两个儿子出来与子路见面。

第二天，子路赶上孔子一行，把见到老人的情况告诉了孔子。孔子说："他真是个隐士啊。"叫子路再回去看看他。子路到了老人家里，可老人已经走了。

子路感慨说："不出来做官，是不符合道义的。既然长幼间的伦理和礼节是不可能废弃的，那么君臣之间礼义关系又怎么能废弃呢？一个人想洁身自好，却破坏了根本的、重大的伦理关系（如君臣关系）。君子出仕为官，为的是在人间建立道义和秩序。至于讲究道义的主张却行不通，这是我们早就知道了的事情。"

【解】蓧：古代耘田所用的竹器。四体不勤，五谷不分：一说是丈人指自己，意为我忙于播种五谷，没有闲暇，怎知你夫子是谁？另一说是丈人责备子路，说子路手脚不勤，五谷不分。多数人持第二种说法。但子路与丈人刚说了一句话，丈人并不知道子路是否真的四体不勤，五谷不分，是没有可能说出这样的话。但还是指"夫子"更合理。隐者说孔子四肢不劳动，五谷都分不清，凭什么说他是老师啊。这是他不同意文化人所定的关于老师的标准。

四体不勤，五谷不分：不工作且没有能力区分谷物的人（a person who does no work and who can't tell one grain from another，安乐哲），其实这种人倒不见得不工作，只是不去田间地头工作；手脚不能在田里操劳，也无力从五种粮食中挑选种子的人（unable to toil with four limbs and to choose from among five grains for seeding，许渊冲）。这就译出了引申义，是那种从来没有亲身下地辛苦劳作过，自然也就说不出五种谷类之间区别的人（your body has never known toil and you cannot tell the difference between the five kinds of grain，辜鸿铭）[1]。黍：黏小米。食：拿东西给人吃。

---

[1] 参见辜鸿铭：《西播〈论语〉回译——辜鸿铭英译〈论语〉详释》，王京涛译注，第455页。

【意】儒家认为，君臣之义不可能废掉，也放不下。从这个意义上讲，君臣之义，确实是儒家的底色，道家和佛家都不重视，也不讨论君臣之义。子路见其子，说明隐者认长幼之序，子路据此推论，既然长幼是自然的，不能废，那么君臣之义也应该是自然的啊。其实，子路的说法混淆了儒家和道家的区别，或者说，儒家要把君臣人伦变成自然人伦，而道家则认为，君臣人伦是社会人伦，不是自然人伦；长幼之序是自然人伦，不可与君臣人伦混为一谈。

推行仁人之意于世间的一个基本意念之境就是君臣关系，带有在上位的君子向人民推行仁人之意的意思，所以不仅仅是仁爱而已，而是上位的君子要把他的仁人之意推向所有的人民。在这种理想的指引下，避世隐居就不是选项，而是要积极从政，介入君臣关系，主动改造君臣关系，为己所用，进而移风易俗，改变世间缺乏仁人之意的情境，所以推行仁人之意是主动改变情境的不懈努力。

18·8 逸民：伯夷、叔齐、虞仲、夷逸、朱张、柳下惠、少连。子曰："不降其志，不辱其身，伯夷、叔齐与？"谓柳下惠、少连："降志辱身矣，言中伦，行中虑，其斯而已矣。"谓虞仲、夷逸："隐居放言，身中清，废中权。""我则异于是，无可无不可。"

【译】避世隐逸的贤人有：伯夷、叔齐、虞仲、夷逸、朱张、柳下惠、少连。孔子说："不委屈自己的心思意志，不辱没自己的身份，伯夷、叔齐做到了吧。"他认为柳下惠、少连："不委屈自己的心思意志，不怕辱没自己的身份，说话仍然合乎伦理，行动还是意虑的实化，也就是这样了吧。"他评论虞仲、夷逸说，他们"虽然过着隐居的生活，却爱放言高论，自身所思所为算得上洁身自爱，放弃官职算得上合乎权宜。我跟这些人都不同，没有什么可以做，也没有什么不可以做"。

【解】逸：同"佚"，散失、遗弃。虞仲、夷逸、朱张、少连：此四人身世无从考，从文中意思看，都是没落贵族。放：放置，不再谈论世事。

孔子反对上一章道家式的隐逸方式，高举儒家式的逸民，自己也算一个。无可无不可：表示不一定非得这样说、这样做，也不一定要那样说、那样做，表示自己更善于权变，更加随缘变化，表示儒家的逸民有不同的尺度，可以随缘权变，关键在于时刻实化仁人之意，仁爱天下万民。为了"承天命、继道统、传斯文"，什么都可以努力去做。

【意】虽然孔子在运世过程当中，确实有权变思想，但他不认为君臣之义是可以权变的，因为在他看来君臣之义是不可以去掉的。一个儒者，即使被国君抛弃，流浪四方，完全没有政治地位，也要心心念念思考国家政治的出路，这是儒家仁人之意的政治维度。

同时，这里也表现实化仁人之意时，意能要有弹性。孔子的权变尺度更大一些，因为他的原则比其他人更清楚，那就是推致仁人之意于天下，为此可以向管仲那样做一些必要的权变。所以有时要比避世隐居的著名贤人的意能伸缩尺度更大。

18·9 大（tài）师挚适齐，亚饭干适楚，三饭缭适蔡，四饭缺适秦，鼓方叔入于河，播鼗（táo）武入于汉，少师阳、击磬襄入于海。

【译】首席乐师挚流落到齐国，二餐乐师干流落到楚国，三餐乐师缭流落到蔡国，四餐乐师缺流落到秦国，打鼓的乐师方叔避隐到了黄河地区，敲小鼓的乐师武流浪到了汉水地区，少乐师阳和击磬乐师襄隐居到了海滨。

【解】大：同"太"；太师：鲁国乐官之长。挚：人名。亚饭、三饭、四饭：都是乐官名，是天子、诸侯用餐时听音乐伴奏的乐师。干、缭、缺：人名。鼓方叔：击鼓的乐师，名方叔。鼗：小鼓；一说长柄摇鼓（即今拨浪鼓）。少师：乐官名，副乐师，太师的副手。击磬襄：击磬的乐师，名襄。这一章继续讨论国家无道，有才之人被迫离国去家的悲苦故事，他们的悲惨命运反衬孔子去国离家，和他们一样，也曾经历过很多年颠沛流离的悲惨生活。

【意】盲人乐师只能用音乐表达其对文化的全部理解，他们活在音乐之中，他们活着是为了音乐，所以他们的生命就代表那个时代音乐的宿命。本章借此描绘说明音乐家背井离乡去流浪，成为那个文化凋零时代的象征。当然，国家混乱的时候，流浪几乎是有文、执文者的宿命，所以

"云天苍凉，斯人寥落"，带有文化飘零域外的感伤。[①]不过，有"文"之人虽然被迫到处流浪，但"斯文"得到传播。这就是一个悖论，如果没有孔子周游列国，在那个交通和信息不发达的时代，儒家思想可能得不到那么有效的传播。而儒家思想是致力于改变"礼崩乐坏"的惨状，试图为乱世重建礼仪制度的。然而，一旦国泰民安，礼乐齐备，思想的多元性就容易受到影响。

18·10　周公谓鲁公曰："君子不施其亲，不使大臣怨乎不以。故旧无大故，则不弃也。无求备于一人。"

【译】周公嘱咐鲁公说："君子（仁爱亲人）不疏远他的亲族，（尊重臣属）不让大臣们抱怨不被任用。（爱护旧部）老臣旧部没有大的过失，就不要罢免、抛弃他们。不要对人求全责备。"

【解】鲁公：周公的儿子伯禽，封于鲁。施：同"弛"，怠慢、疏远。以：用，立国以人伦为本。这与上一章大臣流浪四方形成鲜明对比。不能爱护旧臣，让旧臣流落四方是违背周公之教的。这里学生们记录下来，是要表明孔子认为旧臣好用，为政要重视旧臣或者老臣，这是从政的常识，相当正常，不宜吹毛求疵。

【意】意能有弹性，尽量调动手下人的意能。这里是孔子为君之道的投射，可以说是好的君王的标准。要宽以待人，人皆有过，所以要"立人伦，用大臣，善氛围，付有司"[②]。

18·11　周有八士：伯达、伯适、仲突、仲忽、叔夜、叔夏、季随、季骑（guā）。

【译】周朝有八个贤士：伯达、伯适、仲突、仲忽、叔夜、叔夏、季随、季骑。

【解】八士：已不可考，传说是四对双胞胎。本章详细列举此八士是为了具体说明旧臣可用，即使不能重振朝纲，也能延续国祚。也就是说，本章继续强调，有老臣才可以支撑王朝。这些人都是周朝的

---

① 林安梧：《论语译解：慧命与心法》，第319—320页。
② 林安梧：《论语译解：慧命与心法》，第320页。

老臣，因为有他们，所以才能守住周代家业。

【意】国士的意能足以支撑国家的命运。本章强调士人之意，而下一篇开篇就定义"士"，贤士相当于今天知识分子中的中流砥柱。由此可见《论语》有其内在的编辑线索，先人编辑的时候存在隐秘的、不易察觉的连贯性。

本篇表面叙述孔子与隐士交流的故事，其实，通过孔子对时贤往圣的赞叹，加上他周游途中偶遇民间隐者时流露的情怀，反而凸显孔子"既仁且智"的圣人品格，为下一篇弟子后学们继续升华其大成境界打好伏笔。孔子的意能接续历史上的仁人，其意量如木铎声声，传遍华夏，传扬后世；其意行"无可无不可"，达到"圣之时者"的至圣"大成"境界。可见，本篇的真正意旨在于推崇和建构孔子仁人之意的圣人境界，使之具有跨越时空的故事性和传承性。

子张篇第十九

19·1 子张曰："士见危致命，见得思义，祭思敬，丧思哀，其可已矣。"

【译】子张说："士人遇见危险时，要能够豁得出自己的性命；看见有利可得时，要反思是否合于道意的合理性；祭祀的时候，要反思是否严肃恭敬；举办丧事之时和居丧期间，要反思是否哀戚悲伤，做到这些应该就差不多了。"

【解】本章上来就说，士君子持守仁人之意的修养是守道，这高于个人生命。说明孔子的思想在流传过程当中，后学对修养提出越来越高的道德要求，到最后就有点上升到接近齐天的极致状态了。

本篇记录弟子之教，说明后学记述孔子弟子的心得体会，表示儒学传述有得，最后再突出儒家士君子修养的气节、气度，或者君子修养最高的道德要求。接上篇，说明无论世道如何衰微，君子持守仁人之意的修养一日不可荒废。

【意】修养仁人之意要有献身精神，要拼死努力，才能让意能涵养到达峻极于天的高度。前面有九种反思，这里又有三思，也是有反思的意思。仁人之意一思即至家国天下，心中念念有人伦，有家国，说明反思意向或反身意向性（reflexive intentionality）极为重要。心念一动，要有反思的能力，反思的机制是推致仁人之意于众人的关键所在。因为众人的心意之场域（field）要根据一个人当下的心意之"中"来定，即焦点（focus）来作出判断和反应。

19·2 子张曰："执德不弘，信道不笃，焉能为有？焉能为亡？"

【译】子张说："理解把握了仁人之意的德性，却不去发扬光大；相信仁人之意是大道，可是又不忠实坚定地推行，（这样的人不能救世济民）怎么能算他有所领悟和作为？又怎么能说他什么都没做？"

【解】要拼命行仁弘道，这是对士人行仁的基本要求。理雅各译"焉能为有？焉能为亡？"为What account can be made of his existence or non-existence? 许渊冲认为，存在与不存在说得太大，主要问题是有没有道德，所以译为Could he be said to hold and believe in what is right? ①安乐哲译为It makes no difference if they live or die。

【意】要相信仁人之意的大道，不能蜻蜓点水，不能点到为止，如果能够在颠沛流离当中继续执着不改，就说明意能强悍，而且意量巨大。

19·3 子夏之门人问交于子张。子张曰："子夏云何？"对曰："子夏曰：'可者与之，其不可者拒之。'"子张曰："异乎吾所闻：君子尊贤而容众，嘉善而矜不能。我之大贤与，于人何所不容？我之不贤与，人将拒我，如之何其拒人也？"

【译】子夏的学生问子张怎样结交朋友。子张反问道："子夏先生是怎么教你们的？"答道："子夏先生说：'可以交结的就和他交朋友，不可以交结的就拒绝与他交朋友。'"子张说："这跟我（从先师孔子那里）所听到的说法不同：君子既尊重贤人，又能包容众人；既能够称赞鼓励善人，又能够同情怜悯能力不足的人。假如我是十分贤良的人，那我对别人有什么不能容纳的呢？假如我非常不贤良，那人家自然就会拒绝我，我又怎么可能去拒绝别人呢？"

【解】君子之友道，是有德有位之人的交友之道，当然也适用于一般人之间的交友之道。王阳明认为子夏谈论的，应该是小孩子的交友之道，强调人与人（human beings）自己因为固定性情而以类相交；子张是成人的交友之道②，也就是儒家修养有成之人，即"成人"（human becoming）之间如何与世迁变，与社群相交，与天地同化，成人而达到大人境界。

【意】交友是为政的核心，所以如何交友就决定了为政的格局。子张交友有选择，有分别，强调性情相投，心意相交。子张则格局宏阔，能够包容众人，强调士君子要努力行仁，扩展其意能，充其意量于天下。

---

① 许渊冲：《〈论语〉译话》，第180页。
② 参见王守仁：《传习录上》，《王阳明全集》卷一，吴光等编校，第36页。

19·4 子夏曰："虽小道，必有可观者焉，致远恐泥（nì），是以君子不为也。"

【译】子夏说："即使一个人只会某方面的技艺，他一定有可观可取的地方，但一个人如果通过某方面的技艺有所成就必须基于大道的远大事业，那就容易陷入其中难以自拔，所以君子不陷入任何具体的技艺。"

【解】小道：比道低的技艺，如农、工、商、医、卜之类的技能；一说异端邪说，因无可观，故不取。泥：阻滞，不通，妨碍。为：专务。远：兼有远大事业和深远大道，此处指领悟孔子教导核心的仁人之意发用出来的伟大事业，如治国理政。此处的"君子"是指治国理政的父母官，一解为聪慧、明智的人，他的心智格局深远广大。

【意】虽然君子能够在哪怕非常微小而不重要的技艺和艺术专长当中，看出一些值得琢磨和考虑的大道，但是君子意量广大，不会沉迷、拘泥于某些看起来非常吸引人的小道、小术，因为君子所要学的是治国屠龙之大术。虽然孔子说过"割鸡焉用牛刀"，但君子学会治国理政之大术以后，意念生生，就可以持续发动而成就大的事业，所以君子不会被业余嗜好所遮蔽和困住。君子的意量及于天下，所以不会允许自己的意识只是专注在微不足道的嗜好里面。君子不器，因为君子的意识深远广大、无可限量，不可能沉迷小道、小术，好像能够具体量度的器物，被其边界所限制。君子的意识是善于从有限当中领悟无限的，从来都能在有限的时空状态当中，时刻保持无限的通天气象。

19·5 子夏曰："日知其所亡，月无忘其所能，可谓好学也已矣。"

【译】子夏说："每天学懂一些过去所不知道的知识，每月还能不忘记已经学会的内容，这样就可以叫作爱好学习了。"

【解】学生对老师的好学重新定义，推陈出新，温故而知新，但没有孔子温故知新的境界，只是强调知识的积累，孔子更强调知新（智慧）。

【意】学习是要好学大道，扩充自己的意能。虽然"好学"通常被理解为知识的积累，但孔子的"好学"通乎"觉悟"之境，仁人之气象，远不是知识性的学习可以达到的。

19·6　子夏曰："博学而笃志，切问而近思，仁在其中矣。"

【译】子夏说："广泛学习，意志笃定，从切身问题出发，由近及远地推想思考，仁人之意就在其中了。"

【解】志：意为"识"，此为强记之义；一解"博学而笃志"不等于"博学而强记"，可理解为志于仁人之意。切问：问与切身有关的问题。

【意】在学习当中不断扩大仁人之意，仁人而扩充意量。仁人之意需要仁爱之境，需要学习加思考。仁在这里是推己及人，通过反思而不断扩大自己意量的状态，这基本就是仁人之意的境界。子夏没有老师孔子那种要把仁人之意无保留地推致下去，推到天下苍生的那种无往不胜的魄力和气概。

19·7　子夏曰："百工居肆以成其事，君子学以致其道。"

【译】子夏说："各行各业的工匠在作坊里（制造器物），完成他们自己的工作，君子应该（像他们那样）努力学习来推致仁人之意的大道。"

【解】百工：各行各业的工匠。肆：古代社会制作物品的作坊。君子学道，不为生计。君子成学、成事，跟农夫耕田、工匠造物一个道理，都需要付出时间和精力，专心致志地努力才行。

【意】道意的培养离不开对具体意识的锻炼，道不远工，君子不可以远离百工。百工作坊经验的场域其实就是仁人之意的生活世界，也就是说，弘扬仁人之意要接地气，要施肥浇水，付出辛劳，从而接续天地阴阳和气，而成就"成人"之道，即君子之道。

19·8　子夏曰："小人之过也必文。"

【译】子夏说："小人如果犯了过错，就一定要掩饰。"

【解】君子不掩饰，小人准备好借口（has an excuse ready），随时掩饰。文过饰非，就是不愿意面对错误，改正错误。

【意】小人有错，急于掩饰，而越掩饰，他的意量就会变得越小，因为越掩饰表示越不想及时更正过错，那样心念就变得更小。①

19·9 子夏曰："君子有三变：望之俨然，即之也温，听其言也厉。"

【译】子夏说："外人看（在上位的）君子好像有三种变化：远望过去，庄严可敬；接近了他，温和可亲；听他说话，准确犀利。"

【解】君子正直真诚，以真面目示人，其生命有庄严气象，心灵有温暖的温度，思想有敏感的力度。②

【意】接下章，子夏之君子不是一般的有德者，而且是有位者，所以是在上位者。观乎君子养仁人之意之气（神气），可知君子之神通天而有其气，气韵生动，依境而生，依境而变。这种感受是对君子的仁人之境的感受与领会。

19·10 子夏曰："君子信而后劳其民；未信，则以为厉己也。信而后谏；未信，则以为谤己也。"

【译】子夏说："（居上位的）君子必须先取信于民，之后才去役使百姓；没有得到百姓的信任就去役使他们，百姓就会以为你想虐待伤害他们。君子要先取得国君的信任，然后才加以进谏规劝；否则，没有得到信任，（君主）就会以为你在诽谤他。"

【解】劳：使人劳动，去使役百姓、让他们承担繁重工作的意思。使役他人、让人民从事艰巨的劳动，需要先取得人民的信任，否则运用虐待和伤害的方式去压迫人民，是不可能持久的。公务人员在向领导他的人提出建议，或者指出错误的时候，是要先取得他们的信任才行的，否则，他的上级以为他在挑剔、找茬。可见，官员系统和

---

① 康有为认为："小人魂昏魄重，卑污诡曲，外托无过，而不肯改过。"康有为：《论语注》，楼宇烈整理，第288页。
② 参见林安梧：《论语译解：慧命与心法》，第326页。

人民对领导人的真诚信服、信任，才是一个国家稳定的关键所在。

这里面有霸道和王道的区别，用霸道使役人民就是用暴力压迫人民，而用王道使役人民是努力先取得人民的信任，再去调动人民群众的积极性和创造性。用霸道统治的时候，不仅一般的百姓被压迫，几乎所有的官员也只能服从，基本上不可能有进谏改变领导人政策制定的可能性。历史上有些国家在一定的历史时期用霸道统治，用军事的暴力不断镇压人民，强迫人民劳苦工作，虽然可能取得一时一地的短暂成功，但最后证明，霸道的统治不可能永远持续，宽仁的政治才有利于人民的发展和国家的长治久安。

【意】子夏提出应该施行的政治是王道政治，而不是霸道政治。子夏希望人民被使役的时候，能够提前信任他们的领导人，而不是被压迫着去执行领导人要求他们必须去做的苦役。他希望人民心甘情愿地去劳作和努力，在为国家奉献的同时，也为自己创造价值。

王道从来都比霸道要持久，所以不可简单迷信暴力征服和强力压迫。领导人创造人伦家国需要有足够的协同度，但这种协同度不应该单纯依赖暴力机器，即军事和强力机构。如果在统治过程当中仅仅依赖暴力去强化人民表面的向心力，那么看起来人民对领袖的顶礼膜拜，其实并不是精神性的真正信服和皈依。一旦暴力机器的力量减弱，人民精神性的向心力就会瞬间减弱甚至消失，君主和百姓之间意向的协同度也会迅速受影响。

可见，君子在领导一般百姓的时候，和作为命令的执行者去理解领导人的意念之境的时候，会有不同的理解与感受。所以，领导人在推致仁人之意于天下的时候，要特别注意其中的分寸，应对百姓的时候，需要柔性地引导他们信任自己；应对发号施令者，更需要充分取得他们的信任，这样才能更好地化解各种紧张感。

以仁义礼智信配五行来说，施行王道就是推行仁（木）于天下，这需要人民对国家有信（土），而土配意，无论是人民还是领导人的意识都要运向身体之内，才能调动脾土之信去运化全身、推动整个国家机体。可见，领导人要想把意识运向身体之外，要通过培植信（土），才能把握自己与百姓交往的关键。所以，领导人的仁（木）人之意（土）引人信任（土），成为感动官员，进而使动人民的前提。归根结底，王道和仁道，是人间正道；霸道和仇恨之道，最多只是昙花一现，不可能长长久久。

19·11　子夏曰："大德不逾闲，小德出入可也。"

【译】子夏说："大的节操方面不能超越界限，小的节操上有点出入是可以的。"

【解】大德、小德：指大节、小节，指一个有道德的人自有其不可更改的道德原则和稍微可以更改的次要问题。闲：木栏，这里指界限。推动仁人之意，要抓大放小，不要过度计较小节。大：就是要接续天机，通天贯地，有道的生机在其中时刻生长，这样才能让自己的道德不断发育，进而涵养万物。

【意】子夏不是拘泥和死板的人，但他的权变是以推致仁人之意为核心。也就是说，在保持核心的、仁爱他人的意念之分寸的前提下，子夏认为可以有所权变，当然只是在小的、无关大局的小节操上，作适当的调整和改变。当然，在关键的问题上，人需要把握好道德原则，最好的情况是，一个人不仅本性仁爱，而且能够持续不断地涵养仁人之意。但是，如果一个人本性虽然仁爱，但因为具体情境的约束而难以充分发挥其仁爱之心意，那么在一些无关紧要的小节上面有所出入和变化，是可以理解的。当然，要成为心念通天、意量广大的大人，就需要持续涵养纯粹的德行，才能不断锻造精粹的德性。

19·12　子游曰："子夏之门人小子，当洒扫应对进退，则可矣，抑末也。本之则无，如之何？"子夏闻之，曰："噫，言游过矣！君子之道，孰先传焉？孰后倦焉？譬诸草木，区以别矣。君子之道，焉可诬也？有始有卒者，其惟圣人乎？"

【译】子游说："子夏的学生，做些洒水扫地、迎送客人、周旋进退的事情应该还可以吧，不过这些都是细枝末节。（老师孔子关于）孝仁礼义的根本大道却都没有学到，这又怎么可以呢？"

子夏听到了，说："唉，子游的话错啦！（老师孔子所教的）关于君子之道的学问，哪一部分要一开头教授给学生，哪一部分要在收尾的时候传授给学生，就如同树木、花草一样，各自都是要分类区别开来才行。（我们老师孔子关于）君子之道的学问，（子游你）又怎么可以如此歪曲，乱了顺序呢？真正能按次序有始有终地教授给学生们的，恐怕只有我们的老师孔圣人了吧！"

【解】抑：但是、不过，表转折的意思。倦：诲人不倦。诬：欺骗。有始有卒者：不取融会贯通，也不取头尾合一，而是从头到尾按照次序来。子夏比较刻板，倾向于重复老师的理念，而子游比较灵活，知道要抓大本大源。子夏认为，有所变通是应该的，但子游认为，要抓住根本不放，而根本在于《礼运·大同》的气象。应该说，推动仁人之意要抓住根本，子游强调的这一点没有什么问题，只是子夏相对来说比较死板。可见，弟子们对于如何推行仁人之意，如何由小及大，扩大意量，存在从理解到实践等多方面的差别，有些地方甚至有根本性的不同。

【意】孔子去世之后，弟子们争夺孔门正统，彼此拿其他弟子开刀，批评对方对孔子学说的理解出现了偏差。子夏认为自己是忠实原本，按照老师的意见来的，可是子游的批评就有点发挥过度了。如果非得要说清楚哪些在先，哪些在后，只有我们的老师孔子本人才是自始至终都掌握着这些原则，我们做学生的，有所发挥和变化都是正常的。

本章记录弟子们讨论如何理解老师孔子的传授，说明在《论语》编纂过程中，孔子的学生们已经开始尊称他为圣人了，当然每个学生都希望表现出自己对老师教授的内容有着最正确的理解。子游批评子夏，认为他捡了芝麻丢了西瓜，抓住的都是次要的事情，没有引导学生们去学习圣人之道的本质。子夏为自己辩护，一方面说自己学的是对的，知道分门别类，抓住主次；另一方面也不敢自负，说真正能够循序渐进地教给学生东西的，应该还是我们的老师孔子，我不过依葫芦画瓢罢了。意思是子游的批评有点过分了，我们作为学生，如果对老师圣人之意的理解有偏差，最后也只有老师孔子本人才能从头到尾，真正诠释出来圣人之意本身。比如孝仁礼义当中，是否以孝为仁本，还是以礼义为本，学生们在老师在世的时候，就可能有不同理解，如今老师孔子不在了，学生们对仁人之意有不同角度的理解，就更加正常了，也是任何学说自然发展的客观规律。

19·13 子夏曰："仕而优则学，学而优则仕。"

【译】子夏说："官做好了还有余力的人，就可以去继续学习；学问做好了还有余力的人，就可以去出仕为官，服务生民。"

【解】优：有余力，如安乐哲译为a surplus of energy，与通常理解的优秀和杰出有区别。这成为中国社会的基本生态，学问做得好还心有余力的去做官，而官员在本职工作之外还有心力，可以去进修学习。当然，内涵的意思是学问做得好的人较为可能把官当好，而官当好了就还需学习进修。学习可以提升处世的境界，把官当得更好。

【意】推动仁人之意进入人文教化需要有余力，心意的力量足以应对目前的情境之余，还能够实化更多的意能，因为意能相通，所以人可以从一种意境转化到另一种意境，扩充意能，服务民生而生民。

学问好的人通常智慧出众，可以为做官、做事打下良好基础。毕竟做事必须要有学问，学要在事中学，不是学了再做，而是知行合一。当然，一种解释是儒者修行到仁人之意的境界就应该要入世谋官做事，才能把仁人之意推致天下，而那些正在当官推行仁人之意的人，还需要随时注意学习，提升自己。其实，这种古代说法保留着做学问与做官融为一体的基本预设，与今天把做学问和做官完全分开不同。

19·14　子游曰："丧致乎哀而止。"

【译】子游说："居丧期间，保持悲哀之心境也就可以了。"

【解】无论是办丧事，还是居丧期间，都不可以因哀痛过分而伤身心、心意之生，哀以发乎情为止。这里应该是居丧更合理些，因为时间长，不可以过分哀痛，否则可能有损身心，所以子游强调要保持好分寸，适可而止。应该是子游提出自己的见解，其他弟子或者他的门人觉得有理，便记录下来。

【意】丧礼期间，仍然要推行仁人之意，只是不可以伤害自己的生气、和气。也就是说，丧礼期间，保持悲哀之心境就可以，但是不要哀伤过分。

19·15　子游曰："吾友张也，为难能也，然而未仁。"

【译】子游说："我的朋友子张可以说是难能可贵了，然而还没有达到仁人之意的境界。"

【解】弟子之间互相批评。子游前面不同意子夏，后面不同意子张，认为他们没有达到老师的仁的境界，此处主要说明子游有自己的独立判断。①

【意】子游的意思是，子张的境界已经很不错，很不容易了。口气有点像孔子，可见孔子去世之后，学生们之间分了很多派别。能否推致仁人之意，就成为他们彼此评判对方的一个标准。

19·16　曾子曰："堂堂乎张也，难与并为仁矣。"

【译】曾子说："子张虽然外表堂堂，可惜我难以与他一起推致仁人之意啊。"

【解】曾子继续批评子张。堂堂乎张也：一解子张打扮奢侈；一解作风、气派过度奢华。这都导致曾子觉得自己或者其他人，根本就没有办法跟子张一起过有道德的生活，或者跟子张一起追求圣人之道。

【意】曾子与子游一样，也故意说子张仪容可观、看起来外表堂堂；或者他的作风、气派过度奢华。子张这样的表面现象，使曾子觉得自己不能跟他一起去达到推致仁人之意的境界。曾子话里隐藏的意思是，一般人追求仁爱的境界，外表都比较朴实无华，所以子张那样堂堂的外表、奢侈的做派，反而成为一起带领大家追求仁人之意的障碍。虽然曾子所言有理，但按理说，无论一个人长相如何，或者打扮怎样，都不应该成为追求仁人之意的阻碍才对。

19·17　曾子曰："吾闻诸夫子：'人未有自致者也，必也亲丧乎！'"

【译】曾子说："我以前听老师孔子说过，人不太可能自发地充分表达自己的感情，（如果有的话，）那也一定是在亲临生养自己的父母之丧事的时候吧。"

【解】父母去世的时候，人的哀伤是天然迸发出来的哭天抢地的悲戚意识。

---

① 孙福万解"然而未仁"为"但我到不了他那种仁德的境界"，转朱子批评之意为敬佩子张，并引阎若璩考证子张与子游还是儿女亲家，不可能相互指责。孙此解恐怕不合"儒分为八"的历史潮流。参见孙福万：《论语易解》，第537—538页。

【意】自己推致仁人之意要带着真感情，好像丧亲一样自然，也隐藏着推致仁人之意于天下人民，应该是顺着感情自然流露出来的状态。对于重视与他人关系，强调必须时刻仁爱他人的孔子来说，父母的离去，是仁爱对象的退场，是完全不可能重新回来的，是根本性的缺憾，所以这种丧失之痛苦，是人生伤痛之极致。

情感性的缺憾，超越人世间一切外在的附属物，人生的意念，首先是仁爱与自己有关系的人，而不是过度把意念投射到物质上面，任由意识被物质化，哀莫大于自我意识之主动物质化。

19·18　曾子曰："吾闻诸夫子，孟庄子之孝也，其他可能也；其不改父之臣与父之政，是难能也。"

【译】曾子说："我以前听老师孔子说过，孟庄子的孝顺，其他方面人们都能做到；但他不撤换父亲的旧臣，不改变父亲的政策，这是别人很难做到的。"

【解】孟庄子：鲁国大夫孟孙速。接上一章关于孝情之极致，继续讨论孝的可能状态。不换旧臣，与之前的意思相同，孝不但是念念接续丧亲之痛的真情，更是继续先人之政。孔子在政治方面思路看起来是保守的，但这种保守相对他那个礼崩乐坏的时代来说，其实又是有革新意味的，因为当时的政治家都做得不到位。

【意】"三年无改于父之道"与此接近，即三年之内意念中时时刻刻如有父亲一样。这里是指父亲去世之后，人子时刻心中还有父亲，不改变父亲的旧臣，继续父亲的政策，这都是人子心心念念不离开父亲的表现。

仁道的根本是对父的孝情，曾子之所以强调孟庄子不改现实政治，不是因为难改所以不改，而是虽然父亲不了，但还要继续满心欢喜地孝顺他，跟他在的时候一样，所以父亲之政要尽量维持。在政治方面，《论语》要比《周易》保守得多，一方面《论语》很少讨论革新，而《周易》强调革故鼎新；另一方面，《论语》的基本精神是和平的和非暴力的，但《周易》为暴力革命和诉诸暴力留下了可能性和操作空间。

父虽去，但子在服丧三年期间都应该保持着父在时的心境，心里对待父亲的方式不改变。即"事死如事生，事亡如事存"。父不在了，但心境还是要尽量维持父在的时候那种感觉。其实，其他亲人去世了，感情好也应该这样的。无改不是什么都不改，只是孝顺父母之心境一以贯之。

19·19 孟氏使阳肤为士师，问于曾子。曾子曰："上失其道，民散久矣。如得其情，则哀矜而勿喜。"

【译】孟氏任命阳肤做法官（典狱官），阳肤向老师曾子讨教。曾子说："在上位的统治者偏离了正道，人民早就堕落失散了。你如果能审问出他们犯罪的实情，反而应当悲哀地心存怜悯，千万不要沾沾自喜。"

【解】阳肤：曾子的学生。矜：怜悯，可怜。散：堕落涣散，一说离心走散。民散不仅仅是离心离德，更重要的是百姓的道德水准堕落得很厉害，违法犯罪的很多，所以抓到罪犯不说明你厉害，而是说明这个社会已经堕落到非常可怜的地步了。

天下无道不是百姓的问题，而是时代坏了，是君主的治理出了问题。本章要求有这种意识才能对社会的真实情况有所见。即便如此，也不可自鸣得意，因为儒家追求的是人性化、有温情的政治，政治不仅是权力斗争，而且是有温情厚义的道德人伦。

曾子的逻辑是，如果人民道德堕落，那就是因为天子失道。其实，任何时代都有堕落的百姓，但不能说每个时代的天子都是失道的。所以曾子的逻辑是从存在部分失道的民众这一现实情况推出天子失道的结论，应该是可以检讨的，其结论并不具备普遍性。

【意】如果天子有道，视民如子，那么民心就不会散了。这是把老百姓的堕落和民心的离散都归结到天子是否有道这个核心问题上面。天子第一，人民第二。人民作为对象性的存在，模糊地保留在天子的主体意识当中，人民的聚散作为天子的意识边界，隐隐约约地折射出天子施政之道的状况，儒家政治哲学是以天子意识为中心和主线的政治意识系统，曾子和他的学生在这一章隐约而外在地审视这种意识系统，并肯定地说明，儒家政治哲学体系以天子意识为中心，延续至今。

中国古代政治不是天子与人民的约定，而主要可以理解为天子和天（上）的约定，天子有天下、有天命，儒家希望他们再有仁心、仁术、仁道。虽然这种逻辑可以检讨，但自我反省的精神很有意义。曾子的这种归因，当然违背现代法治的精神，也就是应该自己为自己的行为负责。那是否可以因为仁心发动，就认为一个人不需要为自己的行为后果，尤其是对犯罪行为负责？当然不应该，但可以适当宽恕，必要的时候赦免一些。儒家政治需要有良心的、时刻仁心发动的刑狱官和士师们，但儒家政治更强调同情、怜悯百姓的苦难。毕竟儒家体察民生多艰，因为在上之人无论如何努力都永远不足，所以永远要同情和帮助生民。

19·20　子贡曰："纣之不善，不如是之甚也。是以君子恶居下流，天下之恶皆归焉。"

【译】子贡说："商纣王的不善，并不像人们传说的那么严重。所以（在上位的）君子憎恨自己被迫处在道德方面下等的不利之处，导致天下所有的罪恶坏事都被推到自己身上来。"

【解】纣：商代最后一个君主，名辛，纣是其谥号，历来被认为是一个暴君。下流：原意是地形低洼各处来水汇集之处，比喻不利的位置，或者道德上下等的状态；流是品类，等级。安乐哲译"恶居下流"为hates to dwell in the sewer；许渊冲译为would not stay in a low place。应该避免像纣王一样，被后人夸大其恶。

子贡：夫子高足，擅长经商，所以，经商和政治这两者的结合，使得子贡在内涵上更为深刻。孔子也不喜欢单纯的道德评价，子贡走得更远一些。孔子对管仲的评价就能一分为二，说他不知礼，但是也说他是伟人。子贡这段话是说，纣没那么坏，对他过度的道德审判其实很可怕，也是要不得的。可见，子贡是一个不过度强调道德感的人，可以说有非道德倾向。看来他的话从道德角度和政治角度理解，意义还是有点区别的。子贡反对的是从道德的角度来鄙视别人，纣王就是例子。虽然子贡的立足点在政治，但不能简单地理解为他认可成王败寇。

【意】一般的评价都是两极化，自古皆然。但子贡觉得，单极化的评价是不客观的。君子之意当上行，不可非此即彼。老子则超越了道德和世俗评价，愿意如水一样自动选择就下。这是知人论世的说法，一个人一旦在道德上处于弱势，就可能被迫承担他原先不应该承担的罪过。这个与老子"大国者下流"意思相近，下流不能成为对纣或者大坏人的批评之语。单就"下"来说，儒家也讲谦下。当然，如果要把"下"理解成价值判断（坏），那可以指坏人。第二句话"天下之恶归焉"，这个更不能说不好，古代天子承天下之垢，天下有罪，罪在朕躬，这恰恰是天子之德。

一个失败的人就可以被污名化，从古至今都是这样，所以历史上的成功与否还是对后世有影响的。有些人理解为主动住下流之地，也就是纣王主动堕落，最后不可救药，纣王自己不堕落，你就不能逼他堕落，君子不能像纣王那样没出息，自己主动堕落到下流的道德状态去。这是似是而非的解法。从纣王的例子推论，是被迫居下，所有的坏事都被认为是他做的。

19·21　子贡曰："君子之过也，如日月之食焉。过也，人皆见之；更也，人皆仰之。"

【译】子贡说："君子的过错，好比日食和月食一样：他犯过错，人们都看得见；他更改过错，人们都敬仰他。"

【解】接续前章，讲过错，有过错改了就好，不是根本性的原罪，也不是无明带来的苦业。仰望不如敬仰，因为要表达更多敬的成分，一般把敬仰译成look up to，韦利译成every gaze is turned up towards him（每一个目光都转向他）。

【意】孔子前面说自己"丘也幸，苟有过，人必知之"（7•31），人家就知道，表示自己并非完人，有过就改，坦承行意于世间。

19·22　卫公孙朝问于子贡曰："仲尼焉学？"子贡曰："文武之道，未坠于地，在人。贤者识（zhì）其大者，不贤者识其小者，莫不有文武之道焉。夫子焉不学？而亦何常师之有？"

【译】卫国的大夫公孙朝问子贡说："孔仲尼先生的学问是从哪里学来的？"子贡回答说："周文王、周武王的圣人之道，并没有失传坠落到地上，还流传在人们中间。贤能的人还了解它的大本大源，不贤能的人也还了解它的细枝末节，到处都还有文王、武王的圣人之道啊。我们老师孔子何处不学？又何必要有一个固定的老师呢？"

【解】孔子多方面学习，没有固定的师父。今天学《论语》也应该听子贡的话，只学圣人之道。子贡把文武之道，即圣人之道突显出来了，这是夫子学问的核心思想。孔子没有学历（无常师），被当朝大夫质问，子贡毫不客气啊，需要吗？我老师需要学历（常师）吗！这等于是问孔子的博士是从哪个大学毕业的。子贡没有回答说，我老师什么都会。他回答说，我老师的核心思想是圣人之道，跟谁学都是学圣人之道。

【意】关键在于孔子自己悟出了圣人之道，所以跟谁学都是学圣人之道。圣人之道还在人间，今天也在，但需要参悟才能知道。宪章文武，每时每刻都要学习，来充实自己的意能，扩大自己的意量。

历代好多大学问家，一生笑傲江湖，纵横天下，才成为一代学林高手，反观那些学院派的学者们，即使风光一时，最后大都灰飞烟灭，在历史上消失无踪。可见，真学问不在当世的话语霸权和一家一姓的强权中间，而在以纵横天下的豪情行走在江湖之间。能够在起心动念当中装着天下苍生，涵纳着整个时代，好像沉醉在圣人之道当中，好学至于"濡首"不愿醒来，其实已经到了登堂入室的高明境界。

19·23 叔孙武叔语大夫于朝曰："子贡贤于仲尼。"子服景伯以告子贡。子贡曰："譬之宫墙，赐之墙也及肩，窥见室家之好。夫子之墙数仞（rèn），不得其门而入，不见宗庙之美，百官之富。得其门者或寡矣。夫子之云，不亦宜乎！"

【译】叔孙武叔在朝廷上对同朝的大夫们说："子贡比孔子更贤明。"子服景伯把这一番话告诉了子贡。子贡说："拿围墙来作比喻，我端木赐家的围墙只有齐肩那么高，人们从墙外就可以窥见院内房屋各种美好。我老师孔子家的围墙却有数仞之高，如果找不到门走进去，你就看不见里面宗庙的雄美堂皇，百官治事场所的富丽多彩。能够找到门进去的人，应该是很少吧。武叔先生那样讲，不也就是很自然的事了吗？"

【解】叔孙武叔：鲁国大夫，名州仇，三桓之一。子服景伯：鲁国大夫。宫：墙，指围墙，不是房屋的墙。古时七尺为仞，一说八尺为仞，一说五尺六寸为仞。官：在这里指房舍，指代百官富丽堂皇的办公场所。

当时很多人诋毁夫子，所以子贡在听到敬爱的宗主批评自己老师的时候，开始纠结，后来反击。子贡在反击的时候比较委婉，没有对叔孙氏进行人身攻击，这句和下句都用比喻句来说孔子的伟大，而不是直接说"主公您错了"。子贡不愧言语第二，最后还说"不亦宜乎"，不仅维护了孔子，也维护了宗主。很多人读这段话不得其门而入，虽然有点外交辞令的意味，但这正是子贡厉害之处。

孔子"堕三都"的时候，只有叔孙氏听孔子的话，把自己最大的私邑拆了，但季孙氏、孟孙氏都没有拆。叔孙氏作战也比季孙氏、孟孙氏勇敢。不过，三桓相比起来，叔孙氏对孔子最不友善，而孟孙氏跟孔子的关系最好，所以叔孙氏这样讲是话里有话。从叔孙氏的角度看，子贡通情达理，长袖善舞，是个好政客，而孔子是个任性的刺头。可见，听话能干可能就是叔孙所谓"贤"的定义，相比之下，孔子显然是不听话，比较任性的，随意批评时政，让他们很没面子。

【意】孔子仁人之意的门道好像文武之道，高不可攀，叔孙武叔这样的人不得其门而入，自然在情理之中。当时好多人都认为子贡贤于夫子。他的意思是，自己的墙里风景也不错，可是我都已经这么高了，但还是没法看清里面的风景。所以，您跟我一样看不清风景，其实很正常。子贡暗含的意思是，因为夫子家的门墙太高了，所以一般人看不清是正常的。

子贡可能会同情颜渊，虽然整天仰视，但未必看清了老师墙内的风景。天天睁着眼睛看老师，"仰之弥高，钻之弥坚，瞻之在前，忽焉在后"，好像孔子是春秋时代高耸入云的摩天大厦，跟日月同辉，底下仰视看楼的天天看得头晕目眩。孔子这栋摩天大楼入门的门墙就很高，子贡说自己也没能看到多少，大部分人连门墙那么高都没有，就更看不到什么了。

子贡见识过圣人之道又富又美的境界，他领悟出来，孔子的境界高不可攀，内容之丰富深刻，一般人根本无法企及。如果有谁说孔子其实没那么神圣高明，那其实是他根本不了解孔子高深莫测的境界。

19·24 叔孙武叔毁仲尼。子贡曰："无以为也！仲尼不可毁也。他人之贤者，丘陵也，犹可逾也；仲尼，日月也，无得而逾焉。人虽欲自绝，其何伤于日月乎？多见其不知量也。"

【译】叔孙武叔毁谤孔子。子贡说："（这样做）是没有用的！仲尼先生是毁谤不了的。别人的贤德，好比小丘陵，还可以逾越过去；仲尼先生的贤德，如同太阳和月亮一般，是不可能逾越的。虽然有人想要自己遮蔽断绝日月的光明，可是这样做对日月又能够有什么伤害呢？只不过更加表明他太不知晓自己的意量边界罢了。"

【解】多：用作副词，只是。继续反衬孔子之崇高境界。

【意】孔子与日月同辉，其意有日月之量，是毁不掉的，这就比上一章程度更重了。"人虽欲自绝"前人多解释不清。不是自己找绝路，也不是自己绝于日月，而是自己想遮蔽断绝日月的光明，这是无法做到的事情。这明确比喻孔子推致仁人之意于天下的境界，与日月的光明无条件照耀天下一致。

19·25 陈子禽谓子贡曰："子为恭也，仲尼岂贤于子乎？"子贡曰："君子一言以为知，一言以为不知，言不可不慎也。夫子之不可及也，犹天之不可阶而升也。夫子之得邦家者，所谓立之斯立，道之斯行，绥之斯来，动之斯和。其生也荣，其死也哀，如之何其可及也？"

【译】陈子禽对子贡说："你也太过谦恭了吧，孔子怎么能比你更加贤明呢？"子贡说："君子说出一句话，就足以表现他的才智见识；说出一句话，也足以表现他的愚昧不智，所以说话不可以不谨慎啊！我老师孔子是如此的高不可及，就好像天是不可能登着梯子爬上去的一样。我老师孔子如果有机会为诸侯或大夫重用，（能够放手搞政治）那就会像人们传说的那样，说要树立什么，就可以树立起来；说要引导人们走向哪里，百姓就会跟着走；他去安抚百姓，人们都就会来归服；他去动员百姓，人民就会和谐响应。（老师孔子）生前十分荣耀尊贵，逝去之后也极尽哀荣。我怎么可能赶得上他呢？"

【解】孔子有齐天之量，高不可攀，不可企及。全篇都在讼赞君子之道的高妙境界，极尽提升之能事，表明孔子的精髓境界高不可攀，但并不是神圣的、绝对的宗教性，而是有"素王"的味道，表示孔子如果有机会，是一定可以实现他礼乐治国的梦想。

【意】孔子推致其仁人之意于天下，如日月一样高不可攀。如果能够介入政治就会很快成功，他自己相信，他的学生们也相信，这里面有一点宗教性的成分，即学生对老师有宗教性情感的认同。

尧曰篇第二十

20·1　尧曰："咨！尔舜！天之历数在尔躬，允执其中。四海困穷，天禄永终。"舜亦以命禹。

曰："予小子履，敢用玄牡，敢昭告于皇皇后帝：有罪不敢赦。帝臣不蔽，简在帝心。朕躬有罪，无以万方；万方有罪，罪在朕躬。"

周有大赉（lài），善人是富。"虽有周亲，不如仁人。百姓有过，在予一人。"

谨权量，审法度，修废官，四方之政行焉。兴灭国，继绝世，举逸民，天下之民归心焉。

所重：民、食、丧、祭。

宽则得众，信则民任焉。敏则有功，公则说。

【译】尧让位给舜的时候，谆谆告诫说："啊！你虞舜呀！上天的运数已经落在你的身上了。你可要胸怀诚信地维持诚中之意，把握中正公平之道啊！如果天下百姓因你的治理而陷入困苦和贫穷，上天赐给你的禄位也就会永远终止了。"舜把帝位让给禹的时候，也用这番话告诫过禹。

（商汤王）说："我履，真诚谨慎地用黑色的公牛来祭祀，明明白白向皇天后土祷告：有罪的人，我不敢擅自赦免。我作为天帝的臣仆，丝毫不敢掩蔽（自己的起心动念和行为举止），天帝之心早就分辨明白，选择清楚。如果我本人有罪，请不要牵连天下万方百姓，天下万方百姓如果有罪，都由我一个人承担。"

周王朝封赏诸侯，有功的善人因此都富贵起来。（周武王）说："我虽然有王室宗亲，但是不如有仁义之德的人。天下百姓如果有过错，责任就都在我一人身上。"

谨慎地审定度量衡的标准，周密地审查法令制度，修治废弛的官纪，天下四方的政令就会畅通无阻了。复兴被灭亡的国家，接续已经断绝的宗族世系，推举起用隐逸的贤人，天下百姓就会真心归服了。

周王朝所重视的四件大事：人民、粮食、丧事和祭祀。

宽厚，就能得到众人的拥护；诚信，就能得到百姓的信任；勤敏，就能成就功业；公平，老百姓就皆大欢喜。

【解】"尧曰"后面引号内的话是尧在禅让帝位时给舜说的话。理雅各译"天之历数"为the Heaven-determined order of succession

（上天规定的继承顺序）；安乐哲译为The line of succession conferred by tian，近于朱熹"帝王相继之次第，犹岁时气节之先后也"。此是以帝王相继次序如同天道节气时历按序变化。咨：即"嗟"，感叹词，表示赞誉。允：真诚，诚信。理雅各译"允执其中"为sincerely hold fast the due Mean（适当的中道）；安乐哲译为grasp it sincerely and without deviation（不要偏离，不走邪路弯路）。中：一解测日影的圭表或标杆，一解"中庸"之"中"；测量日影日常变化，而协同于天下之中，非地理方位之中，而是天下人心意识之"中"。

履：商汤的名字。玄牡：玄是黑色；牡是公牛。简：阅，这里是知道。朕：我，后从秦始皇起，专用作帝王自称。赉：赏赐。

下面几句是说周武王。周亲：至亲。权量：权是秤锤。指量轻重的标准。量：斗斛，指量容积的标准。法度：指量长度的标准。

本篇是儒家的永久和平宣言，[①]也是儒家版的道德理想国，儒家哲人王的理想世界。本章明确承接上章，孔子可能的治国理想来展开。本篇宣示孔子的政治理想，即中庸之道，以民为本。

上一篇讲孔子弟子们继承发展孔子之道后的情境，本篇强调弟子与孔子之间有一种"允执其中"的天道，是古圣先贤代代相传的政道、文道，高于历代现实政治之道，宋儒认为这种选择和执着要在人心和道心之间的中道去体会，我们可以理解为"诚中之意"，也就是意向性地要选择和偏向道心，所谓道心承载了天下百姓人民的福祉和命运，而他们的命运，跟自己的命运是联系一体的，这是极其微妙的。

【意】诚中即诚于仁人之意，这是儒家政治哲学的道心高于作为趋利避害的现实政治的核心所在。而且，圣圣之间的心传，不过就是仁人之意的传递而已，这是极其微妙难言的极致境界。本章强烈的政治哲学意味也隐喻后代学人，如果要学习仁人之意，就要由诚中转向"中庸"致世的境界，即要把意能推致天下，就要能够执两用中，把握中道。不仅要精挑细选之后认真选择道心，而且要把所有的注意力都集中和聚焦在道心之中，所谓诚于其中，就是要中（zhòng）于庸常之中（zhōng），而且这种"中（zhòng）"要"惟精惟一"，心心念念绝不偏离仁人之意。

儒家认为，圣王要保持心念诚中之"中庸"境界，才能为民作主，才

---

① 参见林安梧：《论语译解：慧命与心法》，第336页。

能治理好天下，但不是让民意来主导选举。好的君王有担当的意识，如何推致仁人之意于天下，心怀天下之民，念念皆仁。天下指的是国土上的人民。这看起来是有的境界，但有以摄无，孔子之境着眼于世间之有，而又有着无限宽广通天的心念向度。

《论语》推致仁人之意的艺术境界接续《中庸》的诚中之意，强调君子（主）的诚中，而君子诚中，"天地位焉，万物育焉"，心意真诚到极致，与天地共生共创，如此方能时时刻刻把仁人之意推行到天下万方的每一个角落。

20·2 子张问于孔子曰："何如斯可以从政矣？"子曰："尊五美，屏（bǐng）四恶，斯可以从政矣。"

子张曰："何谓五美？"子曰："君子惠而不费，劳而不怨，欲而不贪，泰而不骄，威而不猛。"

子张曰："何谓惠而不费？"子曰："因民之所利而利之，斯不亦惠而不费乎？择可劳而劳之，又谁怨？欲仁而得仁，又焉贪？君子无众寡，无小大，无敢慢，斯不亦泰而不骄乎？君子正其衣冠，尊其瞻视，俨然人望而畏之，斯不亦威而不猛乎？"

子张曰："何谓四恶？"子曰："不教而杀谓之虐；不戒视成谓之暴；慢令致期谓之贼；犹之与人也，出纳之吝谓之有司。"

【译】子张问孔子说："怎样才可以从事政治事务呢？"孔子说："尊崇五种美德美政，摒除四种恶行恶政，这样就可以从事政治事务了。"

子张问："什么是五种美德美政？"孔子说："君子要给百姓以恩惠，而自己却无所耗费；役使百姓劳作，但不被他们怨恨；有欲望但不贪婪；庄重矜持而不傲慢；威严而不凶猛。"

子张说："怎样叫作要给百姓以恩惠，而自己却无所耗费呢？"孔子说："就着老百姓能够得到利益的事情去做，让他们得利，这不就是让百姓得利，而无所耗费吗？选择让百姓可以劳作的时间和事情，去役使愿意做事的百姓，又有谁会去怨恨呢？自己有追求仁人之意的欲望，便达到了仁爱之境，又还有什么可贪的呢？君子对人，无论多少，势力大小，勇敢还是怯懦，都不怠慢他们，这不就是庄重矜持而不傲慢吗？君子衣冠齐整，重视形象，目不斜视，庄严地让人见了就生敬畏之心，这不就是威严而不凶猛吗？"

子张问："什么叫四种恶行恶政呢？"孔子说："事先不经教化便加以杀戮叫作残酷暴虐；事先不加告诫便立即要求成功，叫作残忍粗暴；开始不加监督，而突然限期要求完成，叫作故意贼害；正如答应给人财物，却出手吝啬小气，叫作守财之奴。"

【解】了解从政的"五美四恶"，有助于把握儒家政治哲学的大纲和方向，让后代学者知道，儒家政治哲学的关键在于能与中①。理雅各译"从政"为conduct government（管理政府）；韦利译成govern the land（治理一个地方）；安乐哲译成be given the reins of government（给予他驾驭政府的缰绳和权力）。理雅各译"尊五美，屏四恶"为honor the five excellent things, banish away the four bad things（尊重五种好极了的品质，排除四种坏事）；韦利译为pay attention to the five Lovely Things, put away the four Ugly Things（注重五种可爱的品质，远离四种丑恶的行为）；安乐哲译为honors the five virtues (*mei*美) and rejects the four vices (*e*恶)（尊五德拒四恶）；许渊冲译为good in five aspects and free from four evils（五善四害）；辜鸿铭译为five good principles and four bad principles（五种好的原则和四种坏的原则）②。

【意】这是子张向孔子请教为官从政的要领。孔子讲了"五美四恶"，这是他王道政治主张的基本点，其中包含丰富的"民本"思想，比如"因民之所利而利之"，"择可劳而劳之"，反对"不教而杀""不戒视成"的暴虐之政。从这里可以看出，孔子对德治、礼治社会有自己独到的主张，在今天仍不失为重要的借鉴价值。推崇王道的政治家自然会保持庄重矜持的意境，动止不离仁人之意，这也是为官理想的意念状态。

---

① 许渊冲认为，西方更重民治（by the people），中国更重民享（for the people），参见许渊冲：《〈论语〉译话》，第188页。
② 辜鸿铭：《西播〈论语〉回译——辜鸿铭英译〈论语〉详释》，王京涛译注，第498页。

20·3　孔子曰："不知命，无以为君子也；不知礼，无以立也；不知信，无以知人也。"

【译】孔子说："不能领悟知晓天命，那就无法成为君子；不通晓礼仪，就无法立身处世；不善于辨识领会他人的话语，就无法认识判断他人。"

【解】千言万语，整部《论语》最后一章以"命"作结，其实是《论语》文本的"命"，因为近五百章的记述，到此结束，这就是学生们编辑先生话语的"命"。无论如何，"命"代表一种完成状态，一种不可改变的状态。换言之，无论一个君子在世间多么入世，多么竭尽全力地努力，每一个念头实化的时刻，当下即是此念头的"命"，即确定的、不可更改的、不可移易的状态。君子有为，也有边界与界限，有不得不适可而止的边界。在一个无爱的、礼崩乐坏的世界里，君子付出自己全部的仁人之意，最后也必须面对难以彻底完成自己美好理想的"命"这种现实和本来的结局情况。

至于"礼"和"言"，只是一种权变，再次强调儒者以"礼"立身处世，以"言"知人论世，适当权变才是核心要素，但"命"止于权变的边界。夫子努力一生，奔波一世，留下了这样了不起的言论集——《论语》，最后也就是此"命"——万世师表之命。而历代君子，皆以夫子为木铎钟声，滋润世人，移风易俗，力求大同，不仅现实之命要延续，而且这个理想之"命"也永恒不变。韦利把"命"译为will of Heaven（上帝的意志）；安乐哲译为propensity of circumstances（情势难以改变的倾向）。

【意】《论语》全书决定了儒家的"命"，是孔子言行与弟子们的记述框定了儒家哲学思想的"命"，既命其名，又命其命，因为儒学的概念、范畴、命题、视域都在此书之中了。文章千古事，得失寸心知。孔子弟子编纂《论语》，精细入微，环环相扣，其中用词运字，遣词造句，必以流传千古为期待，而其中叙事为文之得失，千载以下，已有公论。故后人品读《论语》，亦多继承孔子"斯文"之志，品弟子千载流传的心意，而以其气度流传千古，恒久有望为盼。

《论语》全书以"学"开篇，以"命"终篇，正是孔子自己一生的写照，学仁人之意即可知、可期、可待仁人之意的命运。君子的意量时刻及于天下，承天命而继仁人之意之命于当下，此为天的节文及礼之分寸，本乎天地的秩序。夫子之言是心通天地而代天立言，即仁人之意实化为仁人之言，而成就仁人之境。

全篇最后总结天命，孔子推广礼乐，取信天下。一部《论语》，信及万民，泽及万世，木铎钟声，弦歌之治，万世不朽。

参考文献

《论语》类：

何晏等注，邢昺疏：《论语注疏》，上海古籍出版社1990年版。

安乐哲、罗思文译著：《哲读论语：安乐哲与罗思文论语译注》，彭萍译，中译出版社2022年版。

金安平译注：《论语英译及评注》，鄢秀译，广西师范大学出版社2019年版。

鲍鹏山编著：《论语导读》，复旦大学出版社2012年版。

鲍鹏山：《〈论语〉导读》，中国青年出版社2017年版。

陈来、王志民主编：《论语解读》，齐鲁书社2021年版。

程树德：《论语集释》，程俊英、蒋见元点校，中华书局1990年版。

董楚平：《论语钩沉》，中华书局2011年版。

杜道生注译：《论语新注新译：附主要字词、人名索引》，中华书局2011年版。

富金壁：《论语新编译注》，北京大学出版社2015年版。

黄克剑：《〈论语〉解读》，中国人民大学出版社2008年版。

康有为：《论语注》，楼宇烈整理，中华书局1984年版。

李炳南：《论语讲要》，长江文艺出版社2011年版。

李零：《丧家狗：我读〈论语〉》，中华书局2022年版。

李泽厚：《论语今读》，中华书局2015年版。

李泽厚：《论语今读》，安徽文艺出版社1998年版。

林安梧：《论语译解：慧命与心法》，上海古籍出版社2023年版。

刘宝楠：《论语正义》，高流水点校，中华书局1990年版。

刘定一：《论语求真》，上海教育出版社2021年版。

刘强：《论语新识》，岳麓书社2016年版。

马恒君：《论语正宗》，华夏出版社2007年版。

潘重规：《论语今注》，台湾里仁书局2000年版。

彭富春：《论孔子》，人民出版社2016年版。

钱穆：《论语新解》，生活·读书·新知三联书店2002年版。

孔子述，孔门弟子撰，钱宁重编：《新论语》，生活·读书·新知三联书店2016年版。

孙福万：《论语易解：〈论语〉与〈周易〉的对话》，团结出版社2018年版。

辜鸿铭：《西播〈论语〉回译——辜鸿铭英译〈论语〉详释》，王京涛译注，东方出版中心2013年版。

王世宗：《孔子之道》，（台湾）非马劝学会2020年版。

王云五主编，毛子水注译：《论语今注今译》，台湾商务印书馆2009年版。

毛子水注译：《论语今注今译》，重庆出版社2009年版。

吴宏一：《论语新绎》，北京联合出版公司2018年版。

吴天明：《论语本意》，商务印书馆2019年版。

许锡昌：《论语精华研读》，厦门大学出版社2011年版。

许渊冲：《〈论语〉译话》，北京大学出版社2017年版。

薛永武：《〈论语〉译评》，中国书籍出版社2019年版。

闫合作：《〈论语〉说》，河南人民出版社2006年版。

杨伯峻译注：《论语译注》，中华书局1980年版。

杨逢彬：《论语新注新译》，北京大学出版社2016年版。

杨军：《论语今释》，长春出版社2020年版。

赵法生编著：《〈论语〉读本》，中国人民大学出版社2016年版。

赵又春：《〈论语〉真义》，湖南师范大学出版社2016年版。

周志文：《论语讲析》，北京出版社2019年版。

朱熹：《四书集注》，岳麓书社1987年版。

出土文献和古籍类：

荆门市博物馆编：《郭店楚墓竹简》，文物出版社1998年版。

陈淳：《北溪字义》，熊国祯、高流水点校，中华书局1983年版。

程颢、程颐：《二程集》，王孝鱼点校，中华书局1981年版。

王夫之：《船山全书》，岳麓书社1988年版。

王守仁：《王阳明全集》，吴光等编校，上海古籍出版社1992年版。

朱熹：《朱文公文集》，《四部丛刊初编》缩印本，商务印书馆1936年版。

朱熹：《朱子全书》，朱杰人、严佐之、刘永翔主编，上海古籍出版社2002年版。

朱熹：《朱子语类》，王星贤点校，中华书局1986年版。

现当代研究类：

安乐哲：《儒家角色伦理学——一套特色伦理学词汇》，孟巍隆译，山东人民出版社2017年版。

安乐哲主编：《一多不分：儒学与世界文化新秩序》，山东友谊出版社2021年版。

罗思文、安乐哲：《儒家角色伦理——21世纪道德视野》，吕伟译，浙江大学出版社2020年版。

詹启华：《制造儒家：中国传统与全球文明》，徐思源译，北京大学出版社2019年版。

海德格尔：《存在与时间》，陈嘉映、王庆节译，商务印书馆2019年版。

白彤东：《旧邦新命——古今中西参照下的古典儒家政治哲学》，北京大学出版社2009年版。

蔡仁厚：《论语人物论》，台湾商务印书馆1996年版。

陈壁生：《经学、制度与生活——〈论语〉"父子相隐"章疏证》，华东师范大学出版社2010年版。

郭齐勇主编：《〈儒家伦理新批判〉之批判》，武汉大学出版社2011年版。

陈少明主编：《思史之间——〈论语〉的观念史释读》，上海三联书店2009年版。

陈来：《古代宗教与伦理：儒家思想的根源》，生活·读书·新知三联书店2009年版。

陈来：《仁学本体论》，生活·读书·新知三联书店2014年版。

陈来：《朱熹哲学研究》，中国社会科学出版社1993年版。

陈荣捷：《新儒学的术语解释与翻译》，张加才、席文编译，高黎校，《深圳大学学报（人文社会科学版）》2013年第6期。

狄百瑞：《儒家的困境》，黄水婴译，北京大学出版社2009年版。

丁耘：《道体学引论》，华东师范大学出版社2019年版。

杜维明、梁涛主编：《统合孟荀与儒学创新》，齐鲁书社2020年版。

杜维明：《现代精神与儒家传统》，（台湾）联经出版事业公司1996年版。

方朝晖：《文明的毁灭与新生：儒学与中国现代性研究》，中国人民大学出版社2011年版。

方旭东：《"庄子蔽于天而不知人"新议——基于当代动物权利论争的背景》，《深圳大学学报（人文社会科学版）》2014年第1期。

冯友兰：《中国哲学史新编》，人民出版社1982年版。

傅伟勋：《从西方哲学到禅佛教》，生活·读书·新知三联书店1989年版。

高尚榘主编：《论语歧解辑录》，中华书局2011年版。

顾红亮：《儒家生活世界》，上海人民出版社2008年版。

郭齐勇编：《儒家伦理争鸣集——以"亲亲互隐"为中心》，湖北教育出版社2004年版。

郝大维、安乐哲：《通过孔子而思》，何金俐译，北京大学出版社2005年版。

韩星：《〈论语〉之道》，陕西人民出版社2022年版。

赫伯特·芬格莱特：《孔子：即凡而圣》，彭国翔、张华译，江苏人民出版社2002年版。

伍晓明：《吾道一以贯之：重读孔子》，北京大学出版社2003年版。

黄怀信主撰：《论语汇校集释》，上海古籍出版社2008年版。

黄玉顺、彭华、任文利主编：《情与理："情感儒学"与"新理学"研究》，中央文献出版社2008年版。

江晓原：《中国古代技术文化》，中华书局2017年版。

李泽厚、刘绪源：《该中国哲学登场了？——李泽厚2010谈话录》，上海译文出版社2011年版。

梁涛：《郭店竹简与思孟学派》，中国人民大学出版社2008年版。

梁涛、斯云龙编：《出土文献与君子慎独——慎独问题讨论集》，漓江出版社2012年版。

廖名春：《孔子真精神：〈论语〉疑难问题解读》，孔学堂书局2014年版。

刘梁剑：《天·人·际：对王船山的形而上学阐明》，上海人民出版社2007年版。

刘明武：《为孔子辩："唯女子与小人为难养也"中的"女子"非指"女人"》，《妇女研究论丛》1998年第4期。

刘强：《四书通讲》，广西师范大学出版社2021年版。

刘兆伟：《论语通要》，人民教育出版社2008年版。

骆承烈：《孔学研究》，齐鲁书社2002年版。

蒙培元：《孔子》，北京大学出版社2019年版。

蒙培元：《心灵超越与境界》，人民出版社1998年版。

孟旦：《早期中国"人"的观念》，丁栋、张兴东译，北京大学出版社2009年版。

牛多安：《孔子曰"唯女子与小人为难养也"释义》，《孔子研究》2002年第5期。

彭国翔：《身心修炼：儒家传统的功夫论》，上海三联书店2022年版。

彭亚非：《论语析义》，河北人民出版社2017年版

乔一凡：《论语通义》，台湾中华书局1983年版。

仇德哉：《四书人物》，台湾商务印书馆1985年版。

沈顺福：《儒家道德哲学研究——德性伦理学视野中的儒学》，山东大学出版社2005年版。

孙向晨：《论家：个体与亲亲》，华东师范大学出版社2019年版。

唐纳德·戴维森：《对真理与解释的探究》（第二版），牟博、江怡译，中国人民大学出版社2007年版。

唐文明：《与命与仁——原始儒家伦理精神与现代性问题》，河

北大学出版社2002年版。

田辰山：《中国辩证法：从〈易经〉到马克思主义》，萧延中译，中国人民大学出版社2008年版。

王邦雄、曾昭旭、杨祖汉：《论语义理疏解》，（台湾）鹅湖月刊杂志社1982年版。

温海明：《儒家实意伦理学》，中国人民大学出版社2014年版。

温海明：《坛经明意》，宗教文化出版社2021年版。

温海明：《新古本周易参同契明意》，上海三联书店2022年版。

温海明：《比较境遇与中国哲学》，人民出版社2020年版。

温海明：《周易明意》，北京大学出版社2019年版。

温海明：《道德经明意》，中国社会科学出版社2019年版。

吴正中、于淮仁：《"唯女子与小人为难养也"新解——为孔子正名》，《甘肃社会科学》1999年第5期。

夏海：《君子——〈论语〉与人生》，孔学堂书局2014年版。

向世陵主编：《理学与易学》，长春出版社2011年版。

亚里士多德：《尼各马可伦理学》，苗力田译，中国社会科学出版社1990年版。

杨国荣：《伦理与存在——道德哲学研究》，北京大学出版社2011年版。

杨国荣：《再思儒学》，济南出版社2019年版。

杨国荣：《何为儒学？——儒学的内核及其多重向度》，《文史哲》2018年第5期。

杨克勤：《孔子与保罗：天道与圣言的相遇》，华东师范大学出版社2009年版。

杨立华：《中国哲学十五讲》，北京大学出版社2019年版。

杨美俊、温海明主编：《中华优秀传统文化经典导读》，华东师范大学出版社2021年版。

杨少涵：《孔子中庸的三重境界》，《人文杂志》2010年第5期。

杨泽波：《中国文化之根：先秦七子对中国文化的奠基》，生活·读书·新知三联书店2022年版。

余纪元：《德性之镜：孔子与亚里士多德的伦理学》，林航译，中国人民大学出版社2009年版。

俞荣根：《走出"律令体制"——重新认识中华法系》，《兰州大学学报（社会科学版）》2020年第4期。

张其成：《张其成全解论语》，华夏出版社2017年版。

张祥龙：《从现象学到孔夫子》，商务印书馆2001年版。

张祥龙：《孔子的现象学阐释九讲——礼乐人生与哲理》，华东师范大学出版社2009年版。

张祥龙：《儒家心学及其意识依据》，《儒家哲学史讲演录》（第四卷），商务印书馆2019年版。

张祥龙：《先秦儒家哲学九讲：从〈春秋〉到荀子》，广西师范大学出版社2010年版。

赵薇、王汉苗：《正心——传统文化与人格养成》，中华书局2018年版。

周濂：《现代政治的正当性基础》，生活·读书·新知三联书店2008年版。

安乐哲：《A Conceptual Lexicon for Classical Confucian Philosophy经典儒学核心概念》，商务印书馆2021年版。

《论语》英译本：

Ames, Roger T., and Henry Rosemont Jr., trans. *The Analects of Confucius: A Philosophical Translation*. New York: Ballantine Books, 1998.

Huang, Chichung. *The Analects of Confucius (Lun Yu)*. New York: Oxford University Press, 1997.

Lau, D. C., trans. *Confucius: The Analects*. New York: Penguin Books, 1979.

Slingerland, Edward, trans. *The Essential Analects: Selected Passages with Traditional Commentary*. Indianapolis: Hackett Publishing Company, 2006.

Waley, Arthur, trans. *The Analects of Confucius*. New York: Vintage Books, 1938.

英文类现当代研究：

Ames, Roger T. *A Conceptual Lexicon for Classical Confucian Philosophy* [经典儒学的核心概念]. Beijing: Commercial Press, 2021.

———. *Confucian Role Ethics: A Vocabulary*. Hongkong: The Chinese University Press, 2011.

———. *Human Becomings: Theorizing Persons for Confucian Role Ethics*. Albany, NY: State University of New York Press, 2021.

Ames, Roger T., and David L. Hall. *Daodejing: 'Making This Life Significant': A Philosophical Translation*. New York: Ballantine Books, 2003.

———. *Focusing the Familiar: A Translation and Philosophical Interpretation of the Zhongyong*. Honolulu: University of Hawai'i Press, 2001.

Arnold, Matthew. *Culture and Anarchy*. Oxford: Oxford University Press, 2009.

Bell, Daniel A. *Beyond Liberal Democracy: Political Thinking for an East Asian Context*. Princeton, NJ: Princeton University Press, 2006.

Bloom, Alfred H. *The Linguistic Shaping of Thought: A Study in the Impact of Language on Thinking in China and the West*. Hillsdale, NJ: Lawrence Erlbaum Associates, 1981.

Bol, Peter K. *'This Culture of Ours': Intellectual Transitions in T'ang and Sung China*. Stanford: Stanford University Press, 1992.

Brooks, E. Bruce, and A. Teako Brooks. *The Original Analects: Sayings of Confucius and His Successors*. New York: Columbia University Press, 1998.

Chan, Wing-tsit. "The Evolution of the Confucian Concept *Jên*." *Philosophy East and West* 4, no. 4 (1995): 295–319.

———, ed. and trans. *A Source Book in Chinese Philosophy*. Princeton, NJ: Princeton University Press, 1963.

Davidson, Donald. "Moods and Performances." In *Inquiries into Truth and Interpretation*. Oxford: Oxford University Press, 1984.

De Bary, Wm. Theodore. "Chinese Communism and Confucian Communitarianism." Chap. 8 in *Asian Values and Human Rights: A Confucian Communitarian Perspective*. Cambridge, MA: Harvard University Press,

1998.

Dewey, John. "Lecture Notes: Political Philosophy." John Dewey Papers, 1892. Bentley Historical Library.

Fung, Yu-lan. *A Short History of Chinese Philosophy*. Edited by Derk Bodde. New York: Macmillan, 1960.

Graham, A. C. *Reason and Spontaneity*. London: Curzon Press; Totowa, NJ: Barnes & Noble Books, 1985.

Hall, David L., and Roger T. Ames. *Thinking Through Confucius*. Albany, NY: State University of New York Press, 1987.

Hansen, Chad. "Chinese Language, Chinese Philosophy, and 'Truth.'" *The Journal of Asian Studies* 44, no. 3 (1985): 491–519.

———. *A Daoist Theory of Chinese Thought: A Philosophical Interpretation*. New York: Oxford University Press, 1992.

Herbert, Fingarette. *Confucius: The Secular as Sacred*. New York: Harper & Row, 1972.

Hsiao, Kung-chuan. *A History of Chinese Political Though*t. Vol. 1, *From the Beginnings to the Sixth Century A.D.* Translated by Frederick W. Mote. Princeton, NJ: Princeton University Press, 1979.

Hsu, Cho-yun. *Ancient China in Transition: An Analysis of Social Mobility, 722–222 B.C.* Stanford, CA: Stanford University Press, 1965.

Ivanhoe, Philip J. *Confucian Moral Self Cultivation*. New York: Peter Lang, 1993.

James, William. *Essays in Radical Empiricism*. New York: Longmans, Green and Co., 1912. Reprinted with introduction by Ellen Dappy Suckiel. Lincoln: University of Nebraska Press, 1996.

Jensen, Lionel M. *Manufacturing Confucianism: Chinese Traditions and Universal Civilization*. Durham, NC: Duke University Press, 1997.

Jullien, François. *Propensity of Things: Toward a History of Efficacy in China*. New York: Zone Books, 1999.

Kuhn, Thomas S. *The Structure of Scientific Revolutions*. Chicago: The University of Chicago Press, 1962.

Lai, Karyn L. *An Introduction to Chinese Philosophy*. Cambridge: Cambridge University Press, 2008.

論
語
明
意

Legge, James. *The Chinese Classics*. Vol. 1. Oxford: Clarendon Press. 1893.

MacIntyre, Alasdair. *After Virtue: A Study in Moral Theory*. 2nd ed. Notre Dame, IN: University of Notre Dame Press, 1984.

Munro, Donald J. *The Concept of Man in Early China*. Stanford: Stanford University Press, 1969.

Nagel, Thomas. *The View from Nowhere*. New York: Oxford University Press, 1989.

Needham, Joseph, and Christoph Harbsmeier. *Science and Civilisation in China*. Vol. 7, *The Social Background*. Pt. 1, *Language and Logic*. Cambridge: Cambridge University Press, 1998.

Neville, Robert C. *Creativity and God: A Challenge to Process Theology*. New York: Seabury Press, 1980.

Parkes, Graham, ed. *Nietzsche and Asian Thought*. Chicago: University of Chicago Press, 1991.

Rawls, John. *A Theory of Justice*. Cambridge MA: Harvard University Press, 1971.

Rorty, Richard. *Philosophy and the Mirror of Nature*. Princeton, NJ: Princeton University Press, 1979.

Rosemont Jr., Henry, and Roger T. Ames. *The Chinese Classic of Family Reverence: A Philosophical Translation of the Xiaojing*. Honolulu: University of Hawai'i Press, 2009.

Russell, Bertrand. *The Problems of Philosophy*. New York: Henry Holt and Company, 1912.

Sartre, Jean-Paul. "Existentialism Is a Humanism." In *Existentialist Philosophy*. Edited by James A. Gould. Encino, CA: Dickenson Publishing Company, 1973.

Schwartz, Benjamin I. *The World of Thought in Ancient China*. Cambridge, MA: Belknap Press of Harvard University Press, 1985.

Shun, Kwong-loi. *Mencius and Early Chinese Thought*. Stanford, CA: Stanford University Press, 1997.

Shusterman, Richard. *Practicing Philosophy: Pragmatism and the Philosophical Life*. New York: Routledge, 1997.

Sivin, Nathan. *Medicine, Philosophy and Religion in Ancient China: Researches and Reflections*. Aldershot: Variorum, 1995.

Taylor, Charles. *Sources of the Self: The Making of Modern Identity*. Cambridge, MA: Harvard University Press, 1992.

Taylor, Richard. *Metaphysics*. Englewood Cliffs, NJ: Prentice-Hall, 1974.

Tu, Wei-ming. *Confucian Thought: Selfhood as Creative Transformation*. Albany, NY: State University of New York Press, 1985.

———. "*Jen* as a Living Metaphor in the Confucian Analects." *Philosophy East and West* 31, no. 1 (1981): 45–54.

Whitehead, Alfred North. *Process and Reality: An Essay in Cosmology*. Edited by David Ray Griffin and Donald W. Sherburne. New York: Free Press, 1978.

Williams, Bernard. *Moral Luck: Philosophical Papers 1973–1980*. New York: Cambridge University Press, 1981.

Wong, David B. "Relational and Autonomous Selves." *Journal of Chinese Philosophy* 31, no. 4 (2004): 419–432.

———. "Rights and Community in Confucianism." In *Confucian Ethics: A Comparative Study of Self, Autonomy, and Community*. Edited by Kwong-loi Shun and David B. Wong. Cambridge: Cambridge University Press, 2004.

Yu, Jiyuan, "Xiong Shili's Metaphysics of Virtue." In *Contemporary Chinese Philosophy*. Edited by Chung-ying Cheng and Nicholas Bunnin. Malden, MA: Blackwell Publisher, 2002.

后记：永葆"仁人之意"的温情

虽然《论语》是我青少年时代文化记忆的一部分，但在20世纪80年代五彩斑斓的"欧风美雨"当中，显得那么灰白阴暗而缺乏色彩。因此，写作《论语明意》本身就成为如显影一般的"明意"过程，即孔子乃至儒家色彩在我不断接近知天命之年的过程中，逐渐明晰、光亮起来的过程。回首本书的由来和完善之路，可以确信思考和写作帮助自己尽力接近并保持夫子"仁人之意"的恒温状态，并在这个过程当中，让仁爱他人的意念的哲学化不断"明"白、"明"晰起来。

硕士期间研读宋明理学，受陈来、张学智、李中华、王博、杨立华各位老师的影响，通读《论语》多次，但真正研究性的深入品读还是在夏威夷大学留学期间。那时参与、组织学校的《论语》读书会，汇聚若干中外同道，每周一起研读中英文《论语》的不同版本，前后合计两三年才算读完全书。阅读时认真参考过理雅各、刘殿爵、安乐哲等译本，而中文本中，从李泽厚《论语今读》和马恒君《论语正宗》中受益尤多。回国任教之后，多次开过《论语》导读课，也曾带学生研读过多个版本的《论语》，如康有为《论语注》等，故于《论语》一书一直留心用功。在写作《儒家实意伦理学》期间，希望基于《论语》儒家义理发挥"意本论"，试图以"意"为中心，建构出一个条理融贯的哲学系统。后来觉得，如果"意"与"心"和"理"一样，能够成为一个自洽的哲学系统，那么就应该能够一"意"孤行地贯通诸经。如今看来，《论语明意》与《儒家实意伦理学》互为表里，如果《儒家实意伦理学》算是"意本论"的初级版，那么《论语明意》就是"意本论"的升级版。

李泽厚《论语今读》的《前言》（1998年版）中提到，他有意继续解读《道德经》《周易》等经典，我一直抱着期待。可惜直到他去世，20多年也没有等到他对其他经典的解读。李泽厚2019年6月在《文化纵横》上发表《为什么巫术才是中国独特传统的核心根源？》重复早年的观点，他对于儒释道的理性起源、对中国上古理性主义不需要西方绝对外在的神、不需要基于语言分析的逻辑系统等问题，似乎理解还欠到位，过度强调上古思想和哲学与"巫"传统之间的关系。其实，西方和其他文明也有"巫"的传统，西方现代社会也有"巫术"现象，用类似的逻辑，我们或许可以说，西方理性主义和现代思想的发展是因为西方走出了"巫"的传统。可是，不能因为中华文明至今不仅有"巫"的传统，还有"巫"的现实，就说巫术不是西方文化传统的核心根源，而是中国文化传统的特色和核心根源，那样中华文明相比西方文明来说，似乎属于前现代阶段。李泽厚把《周易》和《道德经》的"道""气"一体论当作是巫术思维和体验，似乎对于中国哲学的大道本源的真切体会不足，对中国古代的道—气—心—性一体论理解还不到位。他的《论语今读》尚未走出心物、主客二元论，当然也就难以走近中国传统心通物论的智慧。《论语明意》认为"意本论"更贴近孔子的哲学和思想境界，希望能够以"意本论"超越"情本论"，努力在译文、注释和哲学诠释各方面贯彻"意"。当然，《论语明意》的意本论解读，既试图超越历史上的理本论解读，也超越历史上的哲学解读，包括刘宗周《论语学案》对"意"的哲学理解。

我2010年指导硕士生高静研究刘宗周《论语学案》，对于刘宗周之重"意"哲学多有留意。从2014年年底开始，我在崔茂新教授组织的《论语汇》微信群担任导读老师，每天早晨七点跟几百群友共学《论语》。导读期间受师友们思想碰撞和激发，每有新见，常得孙福万、干春松、白彤东、王大惟、于闽梅、赵薇、张国明、刘悦笛、何善蒙、张弛弘弢、程姝诸友的共鸣，后来在刘强的"《论语》讲师群"和刘国鹏"知止读书会"、赵薇"明诚精舍"、张国明"明易学堂"、樊沁永"止隅读书会"等群里都有所分享，各群师友们的坦诚交流和思想碰撞让我受益良多。正是在师友们长期支持和鼓励下，我把自己对《论语》哲学解读加以整理的想法逐渐实化出来，由注释、翻译而成"意本论"哲学诠释系统。正是这些解读传统经典的文化平台让大家见证了《论语》经久不息的丰厚内涵。在群里导读《论语》是典型的教学相长过程，虽然开始可能翻译和理解都不够到位，但经过群里师友们讨论，甚至争论、辩论，不断比较总结，大家的翻译和理解水平共同得到提高。在群里导读学习《论语》确实对理解儒家义理有促进作用，常对很多句意的理解有力透纸背、穿透时空之感。这个时代很多线上群同时导读《论语》，共同促进了经典的生活化解读，在一定程度上是历史性的伟大转变，把夫子的文字理解从几千年的注疏和著述系统当中，用生动活泼的语言和共时性的表达方式给解救出来。

2015年7月到9月，我到贵阳孔学堂研修，带着我的研究生们把《论语》译解一过，基本确定了重译和明解《论语》的规模与基础。翻译解读的难度远大于晨读，晨读时心灵意向关注群友，努力跟大家解释清楚，翻译讲究行文的精确和美妙、义理的贯通以及哲理辨析的精微。2016年春天，我到洛杉矶罗耀拉大学访学，作为Malatasta学者，有幸住在这所全美名列前茅的美丽校园里，在第十四任校长Robert B. Lawton曾居住的公寓中，我完成了多部经典哲学体系建构的初稿，其中就有对《论语》的哲学诠释，所以特别感谢其间王蓉蓉（Robin Wang）、Tom Backley神父、王艳杰等师友的支持与帮助。

在那"七经证意"的时期当中，我每天仰观洛城壮丽的日出日落，临观太平洋的浩渺无垠，抬眼面对洛城航班分分秒秒的起起落落，感叹后工业时代的中心区里，保持一种田园牧歌式的意境何其艰难。每日面对流传2000多年的经典，认真写下自己的思考和体会，好像"意"本乎天，从天顶倾泻贯注下来，借笔端汩汩流淌，精一纯粹、华美至极，天文与人文融贯一体的天地人之大美，融铸日新，成为今生心物同一意的绝佳鸿运和境遇。苦心孤诣解读千年圣典，悟圣贤心意，品道贯三生，或是良知本意，流动本然。多少年来，学习哲学的初衷几乎就是在浮华都市里凝聚永恒，这种恒意的情愫催使自己在日益现代化的社会中，止住时空变幻般复古沉思，至少也立意做古意重生的点缀吧。那段难忘的时光，和着洛城上空瑰丽壮美的日往月来，随着《明意》系列的陆续完成和出版，或将成为一生仁人之意持续发动的根源性境遇。

《论语明意》的写作过程非常曲折，而且拉锯太久，好像一个满身是伤的旅人，蹒跚地行走在江湖，不时因为各种伤痛而需疗愈，稍微好转却需再刮骨疗伤，再接续真烝而奋发，跌跌撞撞之后面对山海，无法不感叹世事无常、沧桑无限。《论语明意》和之前完成的每部"明意"的对话，都感慨万千。与《周易明意》的对话在2016年的夏天就开始了，我惊叹于《论语》之难于推陈出新，貌似白话，其实深刻，个中分寸极其难以把握。2017—2018年常常品读孙福万《论语易解》，希图打通《易》与《论语》，可是又担心过度形式化地分解和解析"仁人之意"会失去夫子意念原初的洪荒之力。2018—2019年与《道德经明意》对话，让我深味孔子的热情与老子的冷静形成鲜明对比，好像写《存在与虚无》的萨特奔走在街头不失少年壮志与豪情，而写《存在与时间》的海德格尔更像猫在黑森林小木屋当中静观体会空谷余音的老人。2019—2020年与《坛经明意》的对话，在佛境的"空"与《论语》的"有"之间，能够体会韩愈之立道统、张载宣告"知太虚即气则无无"那种希望破除佛老，振臂一呼希望知识分子关注"有"而不可耽"空"的气魄。2020—2021年与《新古本周易参同契明意》的对话，更是体会到个人身体修炼从来都是在世修行，所谓修成而出世，其实也只是一种精神性的出世而已，否则"涅槃""飞仙"就成为宗教信仰之彼岸，而不再是当下此岸的哲学思考。2020年夏天，疫情稍微稳定，我开始深层次修改《论语明意》。2020年秋天，带领学生研读有代表性的《论语》英译本。2022年年初，我在海南补写初稿，3月回京之后进度放缓，直到8月在圣城曲阜闭关一月，认真品读体悟林安梧、刘强等当代《论语》研究的"新识"，才逐渐完成全书初稿。投入精修《论语明意》的时间前后逾3年。《论语明意》之难产，让自己不断体悟当年弟子们守孝期间给夫子编语录的过程，夫子的教导总是反反复复、斟酌再三，拿起又放下。其间阅读和写作的工作量之繁复艰巨，远远超过自己初期预想。

在最接近天边的大自然中间，在开开合合、起起落落的旅途当中，我没有放下《论语》带起的儒学意识洪流。与《周易》《道德经》《坛经》《周易参同契》等切近的相关思考比起来，虽然这4部书也关乎社会人生，但《论语》和儒学对社会的关注，不是"观"，而是本来就"如是"，这种"如是"几乎没有反思和离却观照的空间。如果说其他经典讨论和思考社会，那么《论语》本身就是社会，不仅因为里面有那么多社会生活的实录和反思，而且因为这些社会生活的思考早已成为整个中国传统社会思考社会问题的根基和出发点。所谓"半部论语治天下"，就是因为《论语》其实就是半个"天下"，而在其他经典中，"天下"不过是思考和反思的对象。换言之，其他经典讨论如何观察、面对、治理"天下"，而《论语》直接就是"天下"本身。

写作《论语明意》的过程，是感通孔子心意通天、代天立言气魄的过程，是领会"天将以夫子为木铎"之启示的过程。2020年8月，感谢孟坡、马顾菲的安排，在三孔边上昔日衍圣公之弟的府邸、今日"慎修书院"清幽典雅的庭院里，在每日游荡在曲阜城体会的烟火气息中，得以品味孔子与弟子们弦歌不辍、相与讲学的生动画面。似乎可与孔子、颜子等进行跨越时空的心灵对话，那种发思古之幽情的哲思情感，已"依境而生"地融入书中的字里行间。体悟儒学乐教和礼教的极致境界与孔子木铎钟声的关系，好像孔子复生不断向我传递他的理想，不仅是他那时那刻的理想，更是可以推广到整个历史和全部人类中去的永恒理想。我感到孔子当年那种无法释怀的使命感，也感觉来到孔子生活过的地方写作确实有助于接续儒家思想原生的元炁。2022年我加盟中国孔子基金会《孔子研究》编辑部，参与编辑《走近孔子》，协助组织"尼山文库•儒学学者口述史"项目，与当代儒学研究的专家和编辑团队的互动，让我不时体悟到儒学的原始气魄，接通儒学本来改天换地的气象，玩味乐教和礼教的当代复兴，并致力于继续改造当下的世道和人心。

今天，儒学仍可为社会科学的发展和全球人文思想的进步，提供新的思路和灵感。从少年时代开始，我就含着儒学入世的情怀，领悟夫子的冲天壮志，不忘他试图改天换地的豪情。正是那种致力于改变时代和人民命运的豪迈情感，坚定儒学是为了改变时代，甚至改天换地才如此生生不息、存亡续绝。儒学绝不当停止于作为文史哲学问的一部分，而应当成为全部社会科学的基础。虽然近代以来，儒学长期被边缘化，但今天中华优秀传统文化复兴的时代大潮已经开始，当代儒者应全方位含摄西方哲学、思想和文化，把儒学建构成为普遍社会科学的基础。《论语明意》意本论不停留在西方哲人著书立说的气象之上，而期待在"为往圣继绝学"的志向上努力"为生民立命"，进而"为万世开太平"，接续夫子的儒家气象。

儒家文化的复兴要去面对世界历史的发展气势，进而去面对世界哲学思想的行进气脉，我们不能把儒家复兴演变成为《满江红》《花妖》一般的悲歌，而至少应该努力重回"子在齐闻《韶》，三月不知肉味"（7•14）的人天乐境，让世界各民族文化都因儒家文化的复兴而得以沐浴在如《韶》乐之境界一般尽美尽善、令人神往的天人气象之中。如果尼山圣境和尼山世界儒学中心昭示着儒学复兴进入历史性的全新阶段，那么从2023年初受印尼和谐文化基金会（大道文化研究会）黄愿字（Kasino）会长邀请开始，我多次赴印尼开会考察，与印尼孔教总会（MATAKIN）前会长Chandra Setiawan（黄金泉）先生，印尼孔教总会会长陈清明（Budi S. Tanuwibowo）先生，印度尼西亚孔教总会前会长黄德耀（Wawan Wiratma）先生，印度尼西亚孔教最高理事会副理事长、印度尼西亚广东社团联合总会新任总主席张锦泉（Haris Chandra）先生，《印尼新报》总编李卓辉（Bambang Suryono）先生等多次交流；让我对儒学的国际化传播与儒教的发展、儒学与世界其他文明的对话有了更深的体会。印尼之行也让我对康有为当年到了东南亚之后提倡儒教，对张祥龙提倡儒家文化保护区的观点有了更深的同情和理解。

2023年4月26日，我赴新加坡南洋孔教会讲座并交流，会后考察霍韬晦先生遗迹，深受感动。2023年11月29日，我赴吉隆坡出席"回儒领导对话峰会"（Islam-Confucianism Leadership Dialogue），在杜维明先生和马来西亚安瓦尔·易卜拉欣（Dato' Seri Anwar bin Ibrahim）总理的对话之后作大会主旨演讲，会后向郑文泉（Tee Boon Chuan）教授讨教。2023年12月20日，在印度尼西亚万隆参加由国家宗教事务部主办的第一届亚非拉宗教宽容会议（Asian-African and Latin American Conference on Religious Moderation），主办方致力于弘扬1955年万隆会议精神——宗教宽容、文明对话、和平共处。2023年我在国际儒联多次主持并参与会员联络委员会主办的"国际儒联之友——会员对话会"，与全球各地的儒学研究者线上对话。对东南亚儒教文化的深入了解，与西方儒学研究者的交流，让我体会到儒家文化的世界化需要因地制宜，因时而变。儒家不仅有哲学的维度，还有深刻的宗教性，在哲学、思想、礼制、文化等方面，儒学仁人之意的中心思想的传播都需要做当代的理论创构和推进。

2021年底过世的朱高正先生，立身行事洋溢着充沛的儒者精神，其一生思考行动，都在证成儒学不是书斋里的学问，而是改变世道人心的学问。《论语》充满珍惜家庭、家族和社群如手足亲情般的强调，我把这种温情转化为"仁人之意"的中心思想。恩师安乐哲先生认为，"儒"是发展的，温故而知新的，所以我们可以把自己的思想加进去，用它面对我们现代的问题。写作《论语明意》是为了面对这个时代的问题——应对西方激进的个人主义、种族中心主义的挑战，改变世界认为儒家哲学的哲学意味太弱的陈腐观念。幸好有不少前辈已经做出过类似的努力，如今正好继承和发展他们的思想事业。

此书从“仁人之意”的角度延伸展开《道德经明意》的“自然之意”，让《周易明意》“人天之意”的智慧持续发动。针对那种认为儒释道经典难以转化为现代哲学话语的成见，小书试图说明，经典表面限定了诠释的维度，其实中国自古真正的思想创造，从来都是从最艰深的经典义理当中转化出来的。对经典的义理琢磨得越深，哲思创造的力度越大。那种不去直接面对经典本身深不可测的义理，而随意借用西方概念来比附或者以为让西方概念翻译转化成汉语就成为“汉语哲学”的说法，既不尊重汉语哲学范畴本身深不可测的意境，又随意把西方哲学的问题和语境嫁接、拼凑到汉语思想界里面来。这不是真正焕发中华古学思想生命力的正途，即使趋之若骛，也难有深层而持续的生命力，因为古学的生命力来自经典的字里行间，那种先圣书写经典之时时刻接天的意识状态。

写作书稿的过程中，得益于跟林安梧、刘强、丁四新、梁涛、孔德立、李虎群、杨桂萍、姜丹丹、刘定一、王庆泓、胡丹、薄士荣、王伟、李靖等师友们的讨论和交流，也要感谢学生们如韩盟、孙世柳、李占科、秦凯丽、贡哲、周俊勇、袁传志、鲁龙胜、许萃、刘科迪、邹紫玲、胡继月、庞子文、唐军、边玉殊、赵宇男、刘熳淳、高小慧、陈建军等的帮助，还有家人多年来的理解和支持。感谢2020年秋季“比较哲学”课程的同学们：甘文图（Artur Ganczarski）、陈迪芳、黄天夷、钱玉玺、邹昱州、孟高樊、叶晴、李明明、黄和川、覃源、刘天惠、李天欣、王蕾和我一起体悟不同《论语》译本之间深厚浓郁的文化韵味，我们意味深长的讨论、跨越时空的参研，把《论语》哲理的边界一层层扩展到文字、语言、历史、文化甚至文明的深层意境当中去。

在比较哲学的视域当中，如何理解理雅各、韦利、辜鸿铭、陈荣捷、刘殿爵、安乐哲、森柯澜等的译文，并在跨文化的语境当中，成就一个新的《论语》哲学义理体系，是此书一直留意的视角。《论语》的成人之学、为己之学，是有道之学，不能因为其中没有西方的科学和逻辑，就认为它是私人话语，而不具备公共性。成书过程离不开师友论学，如2015年9月参加牛喜平、李焕梅等主办的国际儒联学术会议，与威尼斯Ca’ Foscari University of Venice 的Attilio Andreini教授讨论；2018年9月底参加在波士顿大学儒家“正名”会议，与刘增光、安靖如（Steven Angle）等交流。2023年7月，我赴纽伦堡参加朗宓榭（Michael Lackner）、徐艳组织的《论语》讨论会，与费乐仁（Lauren Pfister）、何莫邪（Christoph Harbsmeier）、方旭东、李雪涛等交流，这些学术讨论对完善文本多有助益。

感谢郝立新、王利明、刘元春、王易、臧峰宇、韩东晖、杨慧林、张靖、杨庆中等的长期支持。感谢国承彦、杨朝明、路则权、孟坡、赵龙等让我在"泰山学者"研修期间到孔子研究院，在东方儒家花园、慎修书院、尼山圣境、尼山圣湖书院等地续写此书，体会如有孔子亲临一般的加持之感。仁人之意本自天地生生之意，此书写作的时间跨度已近10年。其间数易其稿，要时刻接续天地生意而不可得，反复多次，乃至犹豫再三，而本书最终能够完成，不至于功亏一篑，应该还是得益于夫子"造次必于是，颠沛必于是"的教导。

本书能够写成，要特别感谢孔学堂在2015年到2018年间为我和学生们提供良好的研修条件，感谢李筑、赵宇飞、肖立斌、周之江、徐圻、索晓霞、张发贤、张忠兰、陈真等的支持和帮助。本课题为"贵州省2019年度哲学社会科学规划国学单列课题研究成果"，感谢"贵州省孔学堂发展基金会资助"，感谢郭晓东、张春香、杜常春、黎明、龚晓康等的支持和帮助。

镜天斋主人
2014年12月草于京城
2015年8月译于花溪
2016年5月创于洛城
2019年2月改于泉城
2021年8月成于曲阜
2023年7月定于柏林